Klaus Hock / Johannes Lähnemann (Hrsg.)

Die Darstellung des Christentums in Schulbüchern islamisch geprägter Länder

Teil I

Wolfram Reiss

Ägypten und Palästina

Klaus Hock / Johannes Lähnemann (Hrsg.)

Die Darstellung des Christentums in Schulbüchern islamisch geprägter Länder

Teil I

Wolfram Reiss

Ägypten und Palästina

ebv
Hamburg

EB-Verlag

PÄDAGOGISCHE BEITRÄGE ZUR KULTURBEGEGNUNG Band 21
hrsg. von *Johannes Lähnemann*

Bibliografische Information
Der Deutschen Bibliothek
Die Deutsche Bibliothek verzeichnet
diese Publikation in der Deutschen
Nationalbibliografie; detaillierte
bibliografische Daten sind im Internet über
http://dnb.ddb.de abrufbar.

Umschlagbild: *»Wir machen dasselbe auf verschiedene Weisen«*
Bild aus einer Lektion über die religiöse Toleranz
in einem palästinensischen Schulbuch
(Staatsbürgerkunde für die 3. Klasse, Band 2, S. 23)
Nachdruck mit freundlicher Genehmigung des
Palästinensischen Curriculum-Zentrums, Ramallah

Satz/Layout: Wolfram Reiss

Umschlaggestaltung: Rainer Kuhl

E-Mail: post@ebverlag.de
Internet: www.ebverlag.de

ISBN: 3-936912-27-0

Druck und Bindung: buch bücher dd ag, Birkach
Printed in Germany

Inhalt

Teil 1:
Die Darstellung des Christentums in ägyptischen Schulbüchern

Teil 2: Die Darstellung des Christentums in palästinensischen Schulbüchern

Vorwort der Herausgeber

„Das Christentum in Schulbüchern islamisch geprägter Länder“: Mit den beiden Bänden über Ägypten und Palästina sowie über die Türkei und den Iran wird der erste Teil der seit langem geforderten Gegenuntersuchung zu „Islam in deutschen (wie auch in weiteren europäischen) Schulbüchern“, dem bekannten Kölner Schulbuchprojekt aus den 80er Jahren des 20. Jahrhunderts, geleitet von den Professoren Aboldjavad Falaturi und Udo Tworuschka, vorgelegt. Der Erfolg dieses ersten interreligiösen Schulbuchprojekts – eine deutliche Verbesserung hinsichtlich einer authentischeren Darstellung des Islam in neueren deutschen Schulbüchern, wie jüngst auch nochmals in einer Untersuchung des Georg-Eckert-Instituts für internationale Schulbuchforschung bestätigt[1] – hat uns Mut gemacht, das komplementäre Projekt anzugehen.

Dabei war uns von vornherein klar, dass dieses Vorhaben mit erheblichen Schwierigkeiten belastet sein würde: in der Beschaffung der Unterlagen, hinsichtlich der Sprachen, von den politischen Konstellationen her, beim Aufbau von Kontakten zu Institutionen, Kolleginnen und Kollegen in den ins Auge gefassten Ländern und natürlich hinsichtlich der wissenschaftlichen Methodik. Die jahrelangen Erfahrungen durch die interreligiösen pädagogischen Nürnberger Foren mit den dabei aufgebauten vielfältigen Kontakten in islamisch geprägter Länder hinein boten aber eine solide Ausgangsbasis, einen entsprechenden Förderantrag bei der Deutschen Forschungsgemeinschaft zu stellen. Ein Pilotprojekt mit den beiden Mitarbeitern Patrick Bartsch und Christian Schäfer zur Türkei und zu Ägypten zeigte, dass hinreichende Perspektiven vorhanden waren, um das Vorhaben in größerem Umfang anzugehen.

Unsere Ausgangsthese war, dass die Schulbuchanalyse ein Schlüssel für den internationalen pädagogischen und interreligiösen Dialog sein kann; denn Schulbücher verdeutlichen die Grundstrukturen und –elemente der gegenseitigen Wahrnehmung, spiegeln den Stand der theologischen und pädagogischen Diskussion in dem jeweiligen Land, ermöglichen den Dialog an einem umgrenzten, exemplarischen Gegenstand.

Wie notwendig dieser Dialog ist, erweist sich gegenwärtig immer wieder angesichts von Vorurteilen und Stereotypen über die jeweils andere Religion und Kultur („So sind die Muslime“ - „So ist der Westen“), häufig genug politisch instrumentalisiert und medial verstärkt. Dabei spielen die Schulbücher – auch im Zeitalter audiovisueller Medien – weiterhin eine zentrale Rolle bei elementarer Wissensvermittlung an die nachwachsenden Generationen. Sie sind – zumal in vielen islamisch geprägten Ländern – oft auch gleichsam die „Lehrer der Lehrenden“, wenn deren fachliche Vorbildung begrenzt ist.

[1] IHTIYAR/JALIL/ZUMBRINK 2004.

Ausgewählt haben wir im ersten Projektdurchlauf die vier Länder Türkei (mit ihrer kemalistisch-laizistischen Tradition), Iran (als „Islamische Republik"), Ägypten (mit Azhar Universität als Zentrum islamischer Gelehrsamkeit und mit seiner starken christlichen Minderheit) und Palästina (als Ursprungsland des Christentums und problembeladener Brennpunktregion). Mit Patrick Bartsch M.A. (Turkologe, Iranist und Islamwissenschaftler) und - als Nachfolger von Christian Schäfer - Dr. Wolfram Reiss (Theologe und Religionswissenschaftler mit Schwerpunkt Islam, Orientalisches Christentum und Judentum) fanden wir sprachlich und fachlich kompetente Mitarbeiter.

Die Detailarbeit begann mit der Beschaffung der Schulbücher, der Erschließung der schulisch-pädagogischen Rahmenbedingungen, der Erarbeitung von Fragestellungen und Kriterien für die Raum- und Inhaltsanalyse, der Anfertigung von Schulbuchprofilen sowie der Übersetzung der relevanten Passagen und Kapitel. Gleichzeitig bauten wir Kontakte zu Theologen, Religionspädagogen, Vertretern der Kultusbehörden und der Kirchen in den vier Ländern auf. Dabei fanden wir mehr an Aufgeschlossenheit und Interesse, als wir zunächst annahmen. Dass im pädagogischen Feld international gedacht werden muss, dass der interreligiöse Dialog die praktische Ebene der Schulen erreichen sollte, ist eine von Kolleginnen und Kollegen unserer Partnerländer geteilte Überzeugung.

Die Untersuchung ist kontextuell angelegt: Der Rahmen der schulischen Gesamtentwicklung in den Ländern wird umrissen, ebenso die religiöse bzw. interreligiöse Grundkonstellation, einschließlich der Situation der einheimischen Kirchen innerhalb ihres jeweiligen kulturellen Kontextes und vor dem Hintergrund der jüngeren politischen Entwicklungen. Die Schulbuchprofile gehen von den jeweiligen Gesamtwerken aus und bilden die Ausgangsbasis für die quantitative und qualitative Analyse der Darstellung des Christentums. In leichter Unterscheidung zum Kölner Schulbuchprojekt erhält die qualitative Analyse das erheblich stärkere Gewicht, ohne die quantitativen Überblicke zu relativieren. Für die qualitative Analyse wird kein fester Rahmen von unerlässlichen Inhalten des Christentums vorgegeben, sondern ein Kriterienkatalog von Fragen, die im Bewusstsein zu halten sind, wobei aber immer von der Beschreibung der konkreten über das Christentum dargebotenen Inhalte ausgegangen wird.

Insgesamt ist damit ein sehr differenziertes Bild entstanden, dessen Konturen – wenn auch nur elementar – in aller Kürze so skizzieren lassen: Es gibt Gemeinsames in der Betrachtung des Christentums in allen vier untersuchten Ländern. Das Christentum wird - gemäß dem Koran - als Buchreligion betrachtet, und damit prinzipiell als anerkannte Religion. Das Gesamtbild des Christentums ist deshalb nirgendwo absolut negativ. Andererseits gilt das Christentum weitgehend als unvollkommene „Vorläuferreligion" des Islam - mit angeblichen Verfälschungen in seinen heiligen Schriften und mit Lehren, die mit dem Glauben an den einen Gott scheinbar nicht in Einklang zu bringen sind (Gottessohnschaft Jesu, Dreieinigkeitslehre etc.). Weiterhin spielen Belastungen durch die Geschichte eine Rolle, vor allem die Kreuzzüge und der Kolonialismus. Insgesamt findet sich ein nur sehr punktuelles, selektives Eingehen auf das Christentum - ganz überwiegend dargeboten in der Form vermeintlich objektiver Fakten. Erkenntnisse einer neueren Weltreligionen-Didaktik haben - außer in der Türkei - noch keinen Eingang in die Schulbücher gefunden.

Es gibt aber auch große Unterschiede in den verschiedenen Ländern. In der *Türkei* hat die laizistische Tradition einen starken Einfluss: Das Fach „Religions- und Sittenkunde" versteht sich als objektiv informierend, wobei allerdings eine islamisch-positionelle Konzeption faktisch dominiert. Gleichwohl wird dort auf objektive Information über die Religionen und Erziehung zur Toleranz großer Wert gelegt. Das hat sich besonders in der neuesten Schulbuchgeneration in z. T. erstaunlich differenzierten Darstellungen auch solch komplexer Themen wie den Kreuzzügen und der Dreieinigkeitslehre niedergeschlagen. Auffällig ist, dass das einheimische Christentum kaum behandelt wird.

Im *Iran* als Islamischer Republik spielt Religion in der schulischen Erziehung eine zentrale Rolle. Dabei wird in Schulen der Minderheiten (es gibt z.B. 36 armenische Schulen in Teheran) auch Religionsunterricht in deren Tradition erteilt. Insgesamt aber ist der Islam in den Schulbüchern (auch den Geschichtsbüchern) das Maß aller Dinge - die Überlegenheitsreligion schlechthin.

In *Ägypten* wird ein maßvoll islamisch-konservativer Kurs verfolgt, für den auch die altehrwürdige Institution der Azhar steht. Die christlichen Kirchen gelten als anerkannte Religionsgemeinschaften und stützen den nationalen Kurs der Regierung. Über die Lehren des Christentums werden nur minimale Informationen gegeben. Dafür erfährt die Geschichte des koptischen Christentums bis 640 n. Chr. eine ausführliche Behandlung. Die Beziehung zum Christentum im Westen wird als dauerhafte Feindschaft charakterisiert, die mit den Kriegen gegen Byzanz begann, in den Kreuzzügen eskalierte und sich im Kolonialismus bis in die Gegenwart fortsetzte.

In *Palästina* erfolgt die Schaffung eines eigenständigen palästinensischen Curriculums (bis 2000 waren in Gaza nur ägyptische und in der Westbank nur jordanische Schulbücher in Gebrauch) unter bürgerkriegsähnlichen Verhältnissen. In Politik und Medien wird den palästinensischen Schulbüchern Antisemitismus, Anstachelung zur Gewalt und ein wesentlicher Beitrag zur Eskalation der Gewalt zugeschrieben. Angesichts dieser Vorwürfe sind die Resultate der Untersuchung überraschend: Die Erziehung zur Toleranz, zur Demokratie, zur Wahrung der Menschenrechte nimmt eine zentrale Rolle ein und das Christentum wird als Religion mit gleichen Rechten dargestellt. Die Bücher sind um ausgewogene Geschichtsdarstellungen bemüht, allerdings wird die Geschichte des orientalischen Christentums nur marginal behandelt.

Das Besondere unseres Projekts ist, dass wir nicht nur zu Analysen gelangt sind, sondern dass sich konstruktive Gespräche in den Partnerländern initiieren und führen ließen - in Teheran und Kairo ebenso wie in Istanbul, wo wir bereits im November 2001 einen Runden Tisch mit Vertreterinnen und Vertretern der islamischen Religionspädagogik und der türkischen Minderheitskirchen (griechisch-orthodox, armenisch, katholisch) organisieren konnten, in dessen Folge die Kirchen auf Bitten des Erziehungsministeriums eine Kommission gebildet haben, die an der Verbesserungen der Schulbuchkapitel über das Christentum gearbeitet hat. Im Iran sind wir vom Zentrum für den Dialog der Zivilisationen gebeten worden, dem Staatspräsidenten selbst einen Bericht vorzulegen. Das ist erfolgt, und Präsident Khatami hat in einer Antwort die Wichtigkeit dieser Arbeit betont. In Ägypten hat es Gespräche auf schulischer wie ministerieller Ebene gegeben, bei denen allerdings eine sehr kritische Haltung gegenüber unserer „von außen“ kommenden Analyse eingenommen wurde. In Palästina ist unsere Arbeit bei religionspädagogischen Fachleuten auf besonders großes Interesse und weitgehende Zustimmung gestoßen.

Dabei tauchten immer wieder folgende Fragen auf: Kann es gelingen, das Selbstverständnis christlicher Kirchen (und ebenso das anderer Religionsgemeinschaften) konstitutiv zu berücksichtigen? - eine schwierige Frage angesichts der im Koran festgelegten Sicht der nichtmuslimischen Religionen! Lässt sich erreichen, aus der Selektivität des Dargestellten zu einer ganzheitlicheren Darstellung (auch im Sinne aufbauenden Lernens) zu gelangen? Werden Schulbuchkapitel vor ihrer Veröffentlichung von kompetenten Fachleuten der anderen Seite gegengelesen? Lassen sich altersgemäß lebendige Darstellungsformen finden?

Einen Teil dieser Fragen konnten wir bei einem Symposium am 27. 9. 2003 (im Anschluss an das VIII. Nürnberger Forum) mit unseren Partnerinnen und Partnern aus den vier Ländern bearbeiten.[2] Diesen Kolleginnen und Kollegen gilt unser besonderer Dank, wenn wir jetzt die Untersuchungsergebnisse im Einzelnen vorlegen. Eine kürzere Zusammenfassung und Auswertung in englischer und deutscher Sprache ist in Vorbereitung. Die Erfahrungen aus der bisherigen internationalen Zusammenarbeit sind auch eine wertvolle Hilfe bei der Weiterarbeit in den Ländern Jordanien, Libanon, Syrien und Algerien.

Rostock/Nürnberg, im Juni 2005 — Klaus Hock/Johannes Lähnemann

[2] Die Symposiumsbeiträge und eine Analyse der Gespräche mit ägyptischen Vertretern (= Reiss 2004 Habil C) werden in Kürze veröffentlicht.

Vorwort des Autors

Die vorliegende Studie über die Darstellung des Christentums in ägyptischen und palästinensischen Schulbüchern ist Teil des Forschungsprojekts "Die Darstellung des Christentums in Schulbüchern islamisch geprägter Länder", das von Prof. Dr. Klaus Hock (Universität Rostock) und Prof. Dr. Johannes Lähnemann (Universität Erlangen-Nürnberg) initiiert und betreut wurde. Der Verfasser wurde im Frühjahr 2001 angesprochen bei dem Projekt mitzuwirken, weil Christian Schäfer, der für den Projektbereich Ägypten und Palästina in der Pilotphase 1999-2000 verantwortlich war, aus persönlichen Gründen seine Mitarbeit nicht mehr fortsetzen konnte.

Die Einarbeitung in das Forschungsprojekt gelang relativ schnell, da ich in Vielem an meine Dissertation über die "Erneuerung in der Koptisch-Orthodoxen Kirche" anknüpfen konnte. Das Hintergrundwissen über Ägypten, die Beziehung zu manchen Gesprächspartnern in Ägypten und in Deutschland, das Studium der Islamwissenschaft, der muslimisch-christlichen Beziehungen und der pädagogischen Entwicklungen, die Ortskenntnis von Kairo durch meinen Studienaufenthalt im Jahr 1988-89 und die gute Dokumentation der bisherigen Projektergebnisse durch Christian Schäfer trugen viel dazu bei, den Einstieg in das Projekt zu erleichtern. Die Analyse der ägyptischen Schulbücher war Teil einer Habilitationsschrift, die an der Universität Rostock im Sommersemester 2004 eingereicht wurde.

Vielen Menschen ist Dank zu sagen für ihre Unterstützung. An erster Stelle muss hier Prof. Dr. Klaus Hock von der Universität Rostock genannt werden, der die Forschungsarbeit mit außergewöhnlich starkem Interesse und Engagement begleitete und dem ich viele kritische Anmerkungen und konstruktive Anregungen verdanke. Ein Habilitand kann sich keine bessere Betreuung erhoffen. Des Weiteren ist Prof. Dr. Johannes Lähnemann Dank zu sagen für die gewährte Gastfreundschaft, die anregende Kritik und die effizienten Dienstbesprechungen in freundlicher Atmosphäre bei den regelmäßigen Treffen in Nürnberg. Gleiches gilt für die Zusammenarbeit mit den Teamkollegen Patrick Bartsch und Dr. Hans-Jörg Biener.

An zweiter Stelle ist insbesondere den muslimischen Gesprächspartnern in Ägypten zu danken, die allesamt an dem Forschungsprojekt großes Interesse zeigten und Gesprächsbereitschaft signalisierten, selbst dann, wenn grundsätzliche Vorbehalte gegen das Forschungsprojekt bestanden und massive Kritik vorhanden war. Oftmals dauerten die Gespräche mehrere Stunden. Sie erfolgten trotz aller inhaltlicher Differenzen in großem Respekt, in einer freundlichen Atmosphäre und in einer Offenheit, die Mut macht, den Dialog fortzuführen. Ich schulde besonderen Dank Scheich Fauzî Az-Zafzâf, Vorsitzender der Abteilung der Al-Azhar für den Dialog mit monotheistischen Religionen, Prof. Dr. As-Sayid Aš-Šâhid von der Al-Azhar Universität (jetzt

Wien), Prof. Dr. Muḥammad Šâma von der Al-Azhar Universität, Prof. Dr. Nadya Ğamâl Ad-Dîn, Direktorin des National Center for Educational Research and Development, Prof. Dr. Kauthar Kojok vom äyptischen Curriculumzentrum und Dr. Samîḥa Sidhum-Petersen, Beraterin des ägyptischen Erziehungsministeriums. Des Weiteren danke ich auch den christlichen Gesprächspartnern aus den verschiedenen Kirchen Ägyptens für alle Anregungen und Kritik: Rev. Dr. Safwat Al-Bayâḍî, Kirchenpräsident der Koptisch-Evangelischen Kirche, S. E. Yuḥannâ Qulta, Metropolit der Koptisch-Katholischen Kirche, Dr. Bahîğ Ramzy, Exekutivsekretär von Bischof Munîr, Anglikanische Kirche, Dr. Rasmî ʿAbd Al-Malik, Dekan des Hohen Institutes für Koptische Studien der Koptisch-Orthodoxen Kirche, der die Möglichkeit der Vorstellung des Projektes in einer Versammlung der Abteilungsleiter bot. Dr. Michael Ġaṭṭâs, Referatsleiter im Institut gebührt besonderer Dank für die sorgfältige Übersetzung der gesamten Studie ins Arabische, was neue Möglichkeiten des Dialoges eröffnet.[3]

Beim Projektbereich Palästina habe ich an vorderster Stelle dem Direktor des Zentrums für Curriculumsentwicklung, Dr. Ṣalâḥ Yassîn, für den intensiven Gedankenaustausch per email seit November 2002 zu danken. Obwohl eine Reise nach Palästina zu Gesprächen und Diskussion der Forschungsergebnisse mit muslimischen und christlichen Repräsentanten noch aussteht, zeichnet sich doch ab, dass in Palästina großes Interesse und Kooperationsbereitschaft an dem Forschungsprojekt besteht und dass es weniger grundsätzliche Vorbehalte gegen die Studie wie in Ägypten gibt. Dies bestätigte sich auch bei einem Treffen in Oslo im September 2004, bei dem Dr. Ṣalâh Yâsîn und Prof. Dr. Sâmî ʿAdwân aus Bethlehem für das Jahr 2005 Begegnungen in Palästina vorschlugen, um die Ergebnisse des Forschungsprojekts Lehrern, Schulbuchautoren und den Nationalen Komitees für die Schulbuchreihen vorzustellen.

Herrn Helmut Goller von der Deutschen Schule Talitha Kumi in Beit Jala und Frau Dr. Bärbel Stark, die im palästinensischen Erziehungsministerium mitarbeitete, habe ich für die Besorgung der palästinensischen Schulbücher zu danken, was wegen der anhaltenden Ausgangssperren und der Militäraktionen Israels teilweise sehr schwierig zu realisieren war. Ebenso danke ich Herrn Ralf Freytag von der deutschen Vertretung in den palästinensischen Gebieten für die Hilfe bei dem Transfer der Bücher nach Deutschland. Herrn Pfarrer Hansjochen Steinbrecher von der Deutschen Evangelischen Oberschule in Kairo (jetzt Gemeindeberater in der Ev. Kirche im Rheinland) danke ich für die freundliche Hilfe bei dem Transfer der ägyptischen Schulbücher, Cornelis Hulsman, Chefredakteur des Arab West Report in Kairo (AWR) für deren Besorgung, den regelmäßigen Austausch über islamisch-christliche Fragestel-

[3] Die Gespräche mit christlichen und muslimischen Repräsentanten in Ägypten über die Ergebnisse des Forschungsprojektes für den Projektbereich Ägypten waren neben der Analyse der Schulbücher Bestandteil der Untersuchung in der Habilitationsschrift (Reiss 2004 Habil). Um die Einheitlichkeit der Analyse der verschiedenen Länder zu bewahren, wird dieser Teil der Habilitationsschrift an anderem Ort publiziert.

lungen, für die Aufnahme in den Beraterkreis des AWR und manche Kontaktherstellung vor Ort. Oberin Xaveria vom Konvent der Borromäerinnen/Deutsche Schule der Borromäerinnen in Kairo danke ich für die herzliche Gastfreundschaft und die Gespräche bei meinem Besuch in Kairo im Herbst 2003. Hilfreich und eine wichtige Ergänzung waren die Gespräche mit den Religionslehrern der beiden deutschen Schulen in Kairo, Reinhard Meßling, Dr. Hermann Müller, Hans Rahm, Jan Hensen (DEO) und Karl Pilgram (DSB). Ebenso habe ich Frau Sybilla Bendig (Kulturreferentin der Deutschen Botschaft in Kairo), Herrn Wolfgang Bindseil (Islamreferent der Deutschen Botschaft Kairo) und Herrn Dr. Frank van der Velden (Mitarbeiter in der Deutschen Katholischen Gemeinde, Kairo) dafür zu danken, dass ich die Ergebnisse des Forschungsprojektes bei einer Veranstaltung der Deutschen Botschaft vorstellen konnte.

Wichtiger Gesprächspartner bei der Analyse der palästinensischen Schulbücher war Prof. Dr. Nathan Brown von der George Washington Universität in Washington. Obwohl er als Politikwissenschaftler eine etwas andere Fragestellung an die palästinensischen Schulbücher herantrug, war der regelmäßige Austausch mit ihm per email und auf internationalen Tagungen sehr fruchtbar. Bereichernd war auch die Zusammenarbeit mit dem Georg-Eckert-Institut, das ein ähnliches Forschungsprojekt im Blick auf die Darstellung des Judentums und Israels in den palästinensischen Schulbüchern durchführt und 2002 zu einer Tagung über die Debatte über die palästinensischen und israelischen Schulbücher einlud. Internationalem fachlichem Austausch dienten die Konferenz des Watson Institutes for International Affairs in Providence, RI im Jahr 2003 sowie die Konferenz des Oslo Coalition Projects on Peace and Tolerance Education in Oslo 2004. Dr. Eleanore A. Doumato und Dr. Oddbjørn Leirvik habe ich für die Einladungen zu diesen Tagungen zu danken und die Möglichkeit, das Forschungsprojekt mit westlichen und orientalischen Fachwissenschaftlern zu diskutieren. Der Evangelischen Landeskirche in Hessen und Nassau danke ich für die Beurlaubung aus dem Pfarrdienst. Die Kollegen Pfr. Dr. Tharwat Kades (Langen) und Ramy Wanous (Marburg) halfen mir bisweilen, schwierige Satzkonstruktionen im Arabischen zu enträtseln. Unschätzbare Verdienste erwarben sich Pfr. Uwe Grieser (Bonn) und Michael Menzlaw (Langen) mit der gründlichen Korrekturlektüre. Raquel Micheletti-Ment sah die englischen Projektdarstellungen auf Fehler durch. Freundlich beraten wurde ich bei der Erstellung der Druckvorlage von Rainer Kuhl vom EB-Verlag. Lea und Amina sei für die Hilfe beim Übertragen der Zeilenzählung gedankt. Meine Frau Rita Kämmerer unterstützte und ermutigte mich während des gesamten Forschungsprojektes, besonders aber in der Endphase. Ihr ist diese Arbeit gewidmet.

Langen, im Juni 2005 Wolfram Reiss

Einleitung

"If you ask a Muslim about Christianity he would tell you: crusades, colonialism, and American aggression on Iraq a. s .o. And if you ask a Muslim about Europe he would tell you: materialism, anarchism, violence, rationalism a .s. o. If you ask Europeans about the Muslims they will tell you: backwardness, ignorance, violence, terrorism. These are stereo-typed images which prevent dialogue."[1]

Hassan Hanafi

Begründung

In einer Welt, in der die Völker mit ihren Kulturen und Religionen immer enger zusammenleben, in der die Märkte zu einem globalen Markt zusammenwachsen und in dem die Kommunikations- und Informationsmittel völlig neue Formen der Begegnung eröffnen, kommt der Erziehung zur Kultur- und Religionsbegegnung ein besonderes Gewicht zu. Viele der jüngsten gesellschaftlichen und politischen Konflikte verlaufen – im Orient gleichermaßen wie im Westen – entlang religiös-kultureller Frontlinien. Oft sind diese zwar nicht die Ursache der Konflikte, aber religiöse und kulturelle Faktoren können die ökonomischen und politischen überdecken, die Konflikte verschärfen und durch das Wiederaufleben von uralten religiösen und historischen Feindbildern zu äußerst problematischen Polarisierungen führen.

Die durch Arbeitsmigration und Flüchtlingsbewegungen hervorgerufene dauerhafte Präsenz einer größeren Anzahl von Muslimen in Westeuropa hat die europäischen Staaten und die westlichen Kirchen vor neue gesellschaftliche und theologische Herausforderungen gestellt. Ihnen widmete man sich seit den 70er und 80er Jahren verstärkt[2] nachdem man feststellte, welche massiven Feindbilder und Aggressionspotenziale in den westlichen Gesellschaften gegenüber Ausländern und Nichtchristen vorhanden sind, was bis zur Verletzung und Tötung von Menschen gehen konnte. Bemühte man sich in Deutschland zunächst vor allem um den Abbau von Feindlichkeit gegenüber "Gastarbeitern" und "Asylanten", so verschoben sich die Gewichte allmählich stärker in Richtung auf die spezielle Notwendigkeit der Integration von Muslimen, die eine große Zahl der Einwanderer bildeten, die sich zu organisieren begannen und im Rahmen der Religionsfreiheit demokratische Rechte einforderten, die bisher vor-

[1] ID 2 (2003), 34.

nehmlich den christlichen und jüdischen Religionsgemeinschaften in den europäischen Staaten gewährt wurden (Religionsunterricht, Bau von Gotteshäusern, Ermöglichung der Einhaltung religiöser Riten, religiöse Kennzeichen im öffentlichen Raum u. a.).[3]

Aber auch in den internationalen politischen Konflikten begannen religiöse Faktoren wieder eine größere Rolle zu spielen. Maßgeblich dazu beigetragen haben die Bestrebungen zur "Re-Islamisierung" nahöstlicher Staaten, die zwar bereits in den 30er und 40er Jahren begannen, aber in den meisten Ländern unterdrückt wurden (z. B. in Ägypten, Syrien, Jordanien und Algerien) bis sie dann doch in einigen Ländern politische Macht erringen konnten (Iran, Sudan, Afghanistan) oder sich innerhalb des politischen Systems zu den wichtigsten Oppositionsgruppen formierten. Die politische Wende in Russland und (darauf folgend) in zahlreichen Ländern Osteuropas hat ebenfalls dazu beigetragen, dass der Konflikt zwischen "dem" Islam und "dem" Westen wieder stärker in den Medien und in der Politik zum Vorschein kam. In jüngerer Zeit trugen insbesondere die "ethnischen Säuberungen" in den Staaten des ehemaligen Jugoslawiens und die Eskalation des Nahost-Konflikts dazu bei, dass Konflikte unter dem Gesichtspunkt ethnisch-religiöser Auseinandersetzungen gesehen und dargestellt wurden. Diese Entwicklungen brachte einige politische Analysten dazu, den kulturell-religiösen "clash of the civilisations" für das 21. Jahrhundert zu prophezeien.[4]

Die Terror-Anschläge auf das World-Trade-Center und das Pentagon am 11. September 2001, die darauf folgende Bombardierung und Entmachtung des Taliban-Regimes in Afghanistan, der zweite Irak-Krieg mit der Entmachtung Saddam Husseins und der Besetzung Iraks sowie die Al-Aqsa-Intifada und die Anschläge islamistischer Terroristen in verschiedenen Teilen der Welt sind schließlich gegenwärtige politische Entwicklungen, die die Spannungen und Konflikte zwischen dem Islam und dem Westen nochmals erheblich verschärften. Terroristische Attentate bisher nicht gekannten Ausmaßes, die den eigenen Tod und den Tod vieler Unschuldiger in Kauf nehmen, haben zur Emotionalisierung beigetragen. Die Rede des amerikanischen Präsidenten Bush von einem "crusade" gegen den islamischen Terrorismus und andere religiöse Formulierungen in offiziellen Erklärungen wecken tief sitzende Ängste und Vorurteile

---

2 Vgl. die Dokumente der Konferenz Europäischer Kirchen: KEK 1978; KEK 1982; KEK 1991.

3 Zu berücksichtigen ist, dass die Situation in den europäischen Ländern nicht einheitlich ist, sondern differenziert betrachtet werden muss: In Ost- und Südeuropa (Bulgarien, Rumänien, Ungarn, Jugoslawien, Griechenland) hat es durch die osmanische Besetzung im 16. Jh. und durch das osmanische Reich z.B. schon weit ältere Erfahrungen im Zusammenleben mit Muslimen gegeben, die bei der Gestaltung der Beziehungen in der Gegenwart eine Rolle spielen. In Frankreich, England und Holland sind Beziehungen zu Muslimen durch die Kolonialherrschaft im 19./20. Jh. geprägt. In Spanien und Italien (Sizilien!) ist das Erbe der islamisch-arabischen Kultur aus dem Mittelalter von besonderer Bedeutung.

4 Samuel HUNTINGTON: The clash of the civilisations? In: Foreign Affairs 72 (1993), Nr. 3, 22-49; HUNTINGTON 1996.

gegenüber dem christlich geprägten Westen in der islamischen Welt. Uralte Feindbilder geschichtlichen und religiösen Ursprungs werden reaktiviert und tauchen in den Medien sowohl im Westen als auch in den Staaten des Nahen Ostens häufig auf.

Dagegen wird von besonnenen Intellektuellen auf beiden Seiten seit den 80er Jahren und mit besonderem Nachdruck seit dem 11. September der Dialog zwischen den Kulturen und den Religionen gesucht. Kirchen bemühten sich darum, in einen Dialog mit den Muslimen in Europa zu treten, Politiker versuchten die Beziehungen auf wirtschaftlicher, politischer und kultureller Ebene zu verbessern und zur Integration der Muslime beizutragen. Hans Küng initiierte 1990 das "Projekt Weltethos" auf der Basis der These, dass kein Weltfriede ohne Religionsfriede zustande komme und dass daher alle Vertreter der Religionen aufgefordert seien, das in ihnen liegende Friedenspotential zu entfalten und ethische Richtlinien gemeinsam zu erarbeiten, die von allen anerkannt werden können.[5] Bundespräsident Rau hat 1999 eine Dialog-Initiative "Westen-Islam" begonnen und sie zum Schwerpunkt seiner außenpolitischen Aktivitäten gemacht.[6] Die Al-Azhar-Universität in Kairo hat eine Abteilung zum Dialog mit den monotheistischen Religionen errichtet und offizielle Dialoge mit der Römisch-Katholischen Kirche und der Anglican Communion begonnen.[7] Das Jahr 2001 wurde auf Anregung des Präsidenten der Islamischen Republik Iran, Seyed Mohammad Chatami, von den Vereinten Nationen zum Jahr des "Dialogs zwischen den Kulturen" erklärt.[8] Auf pädagogischer Ebene bemüht sich Prof. Johannes Lähnemann seit Anfang der 80er Jahre intensiv um eine Pädagogik, die andere Religionen mit berücksichtigt und bietet seit 1982 dazu internationale "Foren" an, die interreligiöse und interkulturelle Fragen auf pädagogischer Ebene behandeln.[9] Sebastian Körber hat die Notwendigkeit des Kulturdialogs in der Einleitung zu einem Sonderheft der Zeitschrift Kulturaustausch folgendermaßen zum Ausdruck gebracht:

---

5 KÜNG 1990 Weltethos.

6 Unter Beteiligung von 12 Staatsoberhäuptern aus dem westlichen und islamischen Kulturkreis sollen Forschungsprojekte gefördert und koordiniert werden, bei denen es "insbesondere um die Früherkennung von Gefahren, Annäherungen auf der Grundlage gemeinsamer Werte und Strategien zur Überwindung von Missverständnissen und Gegensätzen" geht. Zitat gemäß Kurzdarstellung der Initiative durch das Bundespräsidialamt vom April 2001. Vgl. BIELEFELDT 1999.

7 Vgl. www.alazharinterfaith.org.

8 Vgl. die Aufforderung von Chatami vom 21.9.2001 und Resolution der 53. Generalversammlung der Vereinten Nationen vom 16.11.1998 in: ANAN 2001, 16f.

9 1. Nürnberger Forum 1982 (LÄHNEMANN 1983 I. Forum), 2. Nürnberger Forum 1985 (LÄHNEMANN 1986 II. Forum), 3. Nürnberger Forum 1988 (LÄHNEMANN 1989 III. Forum), 4. Nürnberger Forum 1991 (LÄHNEMANN 1992 IV. Forum), 5. Nürnberger Forum 1994 (LÄHNEMANN 1995 V. Forum), 6. Nürnberger Forum 1997 (LÄHNEMANN 1998 VI. Forum), 7. Nürnberger Forum 2000 (LÄHNEMANN 2001 VII. Forum), 8. Nürnberger Forum 2003 (wird 2004 veröffentlicht).

"Spätestens seit dem 11. September ist auch dem letzten Skeptiker klar geworden, dass der Dialog der Kulturen nicht nur eine akademische Beschäftigung für Schöngeister und abstrakte Oberseminare ist, sondern ein zentraler Aspekt internationaler Beziehungen. Im Vordergrund steht das in weiten Teilen der Bevölkerung – neben aller Angst und Bedrohungsvorstellungen – wieder erwachte Interesse an der arabischen Welt und dem Islam".[10]

Die Konflikte und Polarisationen machen deutlich, dass eine Erziehung zur Begegnung und Verständigung noch eine große Aufgabe ist. Vorurteile, stereotype Klischees und Abwehrhaltungen müssen langfristig und grundlegend zugunsten eines besseren Verstehens abgebaut werden. Je früher damit begonnen wird, desto besser. Die Schulen sind neben Familie und den Massenmedien einer der wichtigsten Orte, wo Einstellungen geprägt werden. Die Schulbücher stellen innerhalb des Unterrichts wiederum das wichtigste Medium dar, um sachgemäße Kenntnisse und Vorstellungen zu vermitteln. Internationale Schulbuchforschung hat gezeigt, dass

"Textbooks are one of the most important educational inputs: texts reflect basic ideas about a national culture, and ... are often a flashpoint of cultural struggle and controversy."[11]

In ihnen findet sich in konzentrierter Form das gesammelte Wissen einer Gesellschaft, das eine Generation an die folgende weitergeben möchte. Darüber hinaus werden die Normen und Werte vermittelt, die eine Gesellschaft als wesentlich ansieht:

"In addition to transmitting knowledge, textbooks also seek to anchor the political and social norms of a society. Textbooks convey a global understanding of history and of the rules of society as well as norms of living with other people."[12]

Auf der anderen Seite können falsche, unzureichende und vorurteilsbeladene Informationen in Schulbüchern problematische Vorstellungen in den Schülern fixieren und dadurch eventuell sogar Konflikte fördern.[13]

---

[10] ZKA (52) 2002, Nr. 1 (Der Dialog mit dem Islam), 3.

[11] So Philipp Altbach in APPLE 1991, 257.

[12] So Hanna Schissler zitiert nach PINGEL 1999 UNESCO, 7.

[13] Damit soll nicht gesagt werden, dass die Inhalte von Schulbüchern unmittelbare und direkte Rückwirkungen auf die Einstellungen von Schülern und Lehrern haben. Natürlich spielen Massenmedien, die Familie, die Religions- und Konfessionsgemeinschaften sowie die nationale Identität ebenso bedeutende Rollen im Prozess der Identitätsbildung. Die Auswirkungen der verschiedenen Faktoren zu erforschen ist jedoch ein sehr komplexes Unterfangen, das soziologischer, politikwissenschaftlicher und sozialpsychologischer Studien bedarf. Im Rahmen dieses Projekts konnte und sollte eine solche Untersuchung nicht geleistet werden. Mit Sicherheit wird man nur sagen können, dass die Schulbücher *ein* Mosaikstein in der Identitätsbildung darstellen. Es bedarf also begleitender grundsätzlicher Wirkungsforschung, um die Ergebnisse dieser Untersuchung in ihren weiteren Kontext einzuordnen. So auch FALATURI 1986 Bd. 1, 6.

Projekte der internationalen Schulbuchforschung wie sie hier in Deutschland insbesondere von dem Georg-Eckert-Institut für Internationale Schulbuchforschung betrieben und begleitet wurden haben gezeigt, dass es durchaus möglich ist, durch vergleichende Schulbuchforschung positive Impulse zur Konfliktentschärfung und –beilegung zu geben. Insbesondere die Erfahrungen in den deutsch-polnischen und der deutsch-israelischen Schulbuchkommissionen haben dies bewiesen.[14] Neben den konkreten Ergebnissen hinsichtlich der Schulbuchempfehlungen zeigte sich, dass der Dialog von Fachwissenschaftlern und Pädagogen über kontroverse Fragen der Darstellung von Geschichte, Religion und Kultur bereits ein wichtiger Bestandteil des Vertrauen fördernden Austauschs zwischen den Kulturen ist. 1974 hat die Generalkonferenz der UNESCO die Bedeutung vergleichender Studien über Schulbücher hervorgehoben und die Mitgliedsstaaten explizit zum Austausch und zum Studium von Schulbüchern aufgefordert:

> *"Member states should encourage wider exchange of textbooks, especially history and geography textbooks, and should, where appropriate, take measures, by concluding, if possible, bilateral and multilateral agreements, for the reciprocal study and revision of textbooks and other educational materials in order to ensure that they are accurate, balanced, up-to-date and unprejudiced and will enhance mutual knowledge and understanding between different peoples."*[15]

Die Annahme und Durchführung dieser Empfehlungen führte nach 1974 zu einer ganzen Reihe von neuen Schulbuchuntersuchungen in Europa, Lateinamerika und Afrika.[16] Unter anderem wurde vor dem Hintergrund der gesellschaftlichen Konflikte und der pädagogischen Herausforderungen, die sich durch die dauerhafte Präsenz von Muslimen in Deutschland ergaben, aber auch aufgrund der historischen Vorbehalte, Vorurteile und Gegnerschaften, die zwischen Christentum und Islam bestehen, ein Forschungsprojekt initiiert, das sich zur Aufgabe machte, die Darstellung des Islam in Schulbüchern der Bundesrepublik Deutschland zu untersuchen. Unter der Federführung des muslimischen Wissenschaftlers Prof. Dr. Abd Al-Javad Falaturi und der Islamischen Wissenschaftlichen Akademie in Köln sowie des christlichen Religionswissenschaftlers und Religionspädagogen Prof. Dr. Udo Tworuschka beteiligten sich zahlreiche Wissenschaftler verschiedener Fachrichtungen und muslimischer Rechtsschulen. Untersucht wurden die zwischen 1979 und 1986 in der Bundesrepublik Deutschland und West-Berlin zugelassenen Schulbücher der Fächer Geschichte, Geografie, Evangelischer und Katholischer Religionsunterricht. Die Ergebnisse wurden festgehalten in einer wissenschaftlichen Dokumentation, die insgesamt 6 Bände um-

14 Vgl. GEI 1977; GEI 1992.

15 Zitat nach PINGEL 1999, 16.

16 Ebda.

fasst, wovon ein eigener Band den im Unterrichtszeitraum geltenden Richtlinien und Lehrplänen gewidmet wurde.[17] Ein ergänzender Band bietet Nachträge zu Schulbüchern von 1986-1988.[18] Ein weiterer Band faßt die wichtigsten Ergebnisse in einer Informationsbroschüre zusammen, die sich an Lehrer und Schulbuchautoren richtet.[19]

Bei dieser Untersuchung wurden trotz vieler guter Bemühungen zahlreiche Verzerrungen, einseitige, pauschale und verkürzte Darstellungen entdeckt, die sich auf ein Verständnis des Islam negativ auswirken und Feindbilder und eventuell sogar Konflikte verstärken können. Diese Beobachtungen wurden gründlich ausgewertet. Die Projektarbeiter entwickelten Verbesserungsvorschläge, die sich bei neuen Schulbuchveröffentlichungen positiv auswirkten und eine Produktion von zahlreichem zusätzlichem Unterrichtsmaterial zum Islam zur Folge hatte.[20]

Der große Erfolg dieses Projekts führte dazu, dass es auf fast alle anderen europäischen Länder seit 1988 ausgedehnt wurde. Es ist damit eines der wenigen Forschungsprojekte, das ein Gebiet vom Mittelmeer bis nach Skandinavien, von Großbritannien bis nach Mitteleuropa umfasst.[21] Trotz erheblicher Unterschiede im Schulsystem und in den Bildungsvoraussetzungen der verschiedenen Länder sind doch auch Ähnlichkeiten bei der Darstellung des Islam feststellbar gewesen und es wurden ähnliche Verbesserungsvorschläge wie in Deutschland gemacht.[22] Von Anfang an war jedoch auch eine Ausdehnung des erfolgreichen Projektes in eine andere Richtung im Blick: Wenn man die islamisch-christlichen Beziehungen durch eine bessere und sachgerechtere Information in der Schule verbessern will, so reicht es nicht aus, nur danach zu fragen, wie das Christentum in Europa dargestellt wird und Empfehlungen für die Schulbücher in Europa auszuarbeiten. Ebenso ist es notwendig, die Fragestellung umzukehren und die Schulbücher in islamisch geprägten Ländern auf die Darstellung des Christentums hin zu analysieren und entsprechende Empfehlungen auszuarbeiten. Ernst Hinrichs, der damalige Direktor des Georg-Eckert-Institutes formulierte dies bereits 1986 im Vorwort der Herausgabe des ersten Bandes der Studie wie folgt:

> *"'Der Islam in den Schulbüchern der Bundesrepublik Deutschland' stellt nur eine Seite des zukünftigen, auf die Schulbücher bezogenen interkulturellen Dialogs*

---

17 FALATURI 1986-1988 Bände 1-6.

18 FALATURI 1990 Bd. 7.

19 Missverständnisse, Fehleinschätzungen und Klischees werden hier nochmals in Kurzfassung rekapituliert, die in den untersuchten Schulbüchern besonders häufig vorkamen, und in systematischer Form wird konkrete Anleitung gegeben zu einer sachgemäßen Darstellung des Islam in deutschen Schulen. Die Zusammenfassung erschien in deutsch und in englisch: FALATURI/TWORUSCHKA 1991 Bd. 8.

20 Vgl. HOCK 1995, 322f.

21 Vgl. SCHULTZE 1994.

22 Vgl. FOEHRLÉ 1992; HOLM 1993; HÄRENSTAM 1993.

zwischen dem Islam und dem Christentum dar. Es wäre wünschenswert, ihn eines Tages um eine Untersuchung zum 'Christentum in den Schulbüchern der Welt des Islam' zu ergänzen."[23]

Monika Tworuschka formulierte die Aufgabe folgendermaßen:

"Als Hoffnung sei an dieser Stelle vermerkt, daß entsprechende Untersuchungen in islamischen Ländern über die Darstellung des Christentums vorgenommen werden, die von einer ähnlichen Absicht getragen sind, d. h. das christliche Selbstverständnis als Herausforderung zu begreifen und nach Kräften zu berücksichtigen. Daß hier noch viel zu tun bleibt, belegt die Untersuchung von X. Jacob über türkische Schulbücher mehr als deutlich."[24]

Vor dem Hintergrund der Erfahrungen in vergleichenden binationalen Schulbuchuntersuchungen ist dies jedoch nicht nur wünschenswert, sondern auch eine notwendige Ergänzung, um Einseitigkeit zu vermeiden. Bei dem Forschungsprojekt "Die Darstellung des Christentums in islamisch geprägten Ländern", das ab 1999 als gemeinsames Projekt der Professoren Johannes Lähnemann (Lehrstuhl für Religionspädagogik und Didaktik des Evangelischen Religionsunterrichts) und Klaus Hock (Lehrstuhl für Religionsgeschichte – Religion und Gesellschaft) umgesetzt werden konnte, ging es vor allem darum, eine Reziprozität zu dem Kölner Schulbuchprojekt herzustellen, um das "Defizit bisheriger Schulbuchforschung"[25] auszugleichen, da man bisher nur in einer Richtung eine Analyse vorantrieb und Empfehlungen zu Verbesserungen aussprach.[26]

Dass bei der Durchführung dieses komplementären Vorhabens erhebliche neue Probleme auftauchen würden, wurde schon damals gesehen. Hinrichs meinte 1986, dass "die Schwierigkeiten eines solchen Unternehmens [...] gewiß nicht unterschätzt werden" dürfen und "die des jetzt abgeschlossenen Projektes gewiß um ein vielfaches übersteigen". Hock wies auf organisatorische, sprachliche, pädagogische, hermeneutische und theologische Schwierigkeiten hin, die mit einem Projekt in verschiedenen Ländern und Bildungssystemen wahrscheinlich verbunden sind.[27] Die tatsächlich auftretenden Schwierigkeiten waren teilweise kleiner als vermutet – so insbesondere bei dem Forschungsbereich Türkei – teilweise jedoch auch größer, so insbesondere beim Forschungsbereich Ägypten. Dies hat vornehmlich mit den aktuellen politischen Entwicklungen zu tun.[28] Zum Teil wurden jedoch auch prinzipielle Probleme des interre-

23 FALATURI 1 1986, Vorwort.

24 FALATURI 1986 Bd. 1, 11.

25 HOCK 1995, 325.

26 Vgl. LÄHNEMANN, 1999 (Materialdienst), 6; LÄHNEMANN/HOCK 2001, 23; REISS 2001 Verständnis, 7.

27 HOCK 1995, 325f.

28 Die aktuellen Bemühungen der Türkei um eine EU-Mitgliedschaft spielten neben dem laizistischen Charakter des Staates eine besondere Rolle. Vgl. hierzu die Studie von Patrick

ligiösen und des interkulturellen Dialoges aufgeworfen, die deutlich machten, dass man das in Deutschland und Europa begonnene Projekt nicht einfach schematisch auf die Länder des Nahen Ostens übertragen kann. Aufgrund dieser Schwierigkeiten wurde beschlossen, dass über die Analyse der Schulbücher hinaus beim Forschungsbereich Ägypten ergänzende Überlegungen angestellt werden sollen, die den Prozess des Dialogs über die Schulbuchuntersuchung und die Rezeption der Ergebnisse betreffen.

Von zentraler Bedeutung für die Einordnung des Projekts ist, dass es nicht aufgrund der aktuellen Verschärfung des Konfliktes zwischen dem Islam und dem Westen seit dem 11. September und den Kriegen in Afghanistan und Irak erfolgte, sondern lange vorher angedacht und initiiert wurde und als komplementäre Ergänzung zu dem Kölner Schulbuchprojekt konzipiert ist. Ausgangspunkt war nicht die Verschärfung der politischen Lage im Nahen Osten, sondern die der Lage in Europa und speziell die in Deutschland. Die Analyse der islamischen Schulbücher erfolgte erst, nachdem man die eigenen Schulbücher einer ausführlichen Kritik unterzog. Die gegenwärtigen politischen Entwicklungen im Nahen Osten haben die Dringlichkeit des Forschungsprojekts nur verstärkt. Die Verbesserung der Darstellung der Religionen in den Schulbüchern zu erreichen bleibt jedoch eine gemeinsame Aufgabe. Sie ist nicht nur auf die Schulbücher in islamisch geprägten Ländern ausgerichtet, sondern genauso auch auf die Schulbücher im Westen.[29]

Ziele

Primäres Ziel der vorliegenden Untersuchung ist es, die Repräsentation und Darstellungsweise des Christentums in ägyptischen und palästinensischen Schulbüchern herauszuarbeiten, sie quantitativ zu erfassen und qualitativ zu analysieren. Die Darstellung soll darüber hinaus evaluiert werden. Kritische Anfragen werden formuliert, um Anregung zu einer fachwissenschaftlichen Diskussion zu bieten. Die Studie versteht sich damit als ein akademischer Beitrag, der die Kölner Schulbuchstudie über die Darstellung des Islam in Deutschland bzw. in Europa ergänzt. Die Darstellung beansprucht nicht, eine für alle Christen gültige Perspektive darzubieten. Es ist die Sicht eines westlichen, evangelischen Theologen. Allerdings wurde insbesondere beim Forschungsbereich Ägypten versucht, vor dem Hintergrund früherer ausführlicher Studien

Bartsch über die türkischen und iranischen Schulbücher, die parallel zu der Analyse der ägyptischen und palästinensischen Schulbücher erfolgte und 2004 gemeinsam im EB-Verlag Hamburg veröffentlicht wird (BARTSCH 2004).

29 Es war insoweit von Bedeutung, dass bei den Sitzungen des Forschungsteams auch Hans-Jörg Biener teilnahm, der die bisherigen Bemühungen um eine Verbesserung der Darstellung des Islam in deutschen Schulbüchern kritisch beleuchtet und konkrete Vorschläge zur Verbesserung der Praxis in zwei Bänden vorlegen wird (EB-Verlag, Hamburg 2004).

zum ägyptischen Christentum und zahlreicher Gespräche mit christlichen Vertretern in Ägypten, auch die Perspektive ägyptischer Christen (koptisch-orthodoxer, koptisch-katholischer, koptisch-evangelischer und griechisch-orthodoxer Tradition) soweit möglich mit einzubeziehen.

Ein zweites Ziel war es, durch den Forschungsprozess eine Diskussion mit Historikern, Pädagogen, Vertretern von Ministerien und christlichen und muslimischen Repräsentanten über die Darstellung des Christentums anzustoßen. Beim Forschungsbereich Ägypten ist dies bereits gelungen. Das Interesse an der Fragestellung erwies sich als sehr groß. Aber mindestens ebenso groß waren auch die Einwände und Bedenken, die man gegen das Projekt vorbrachte. Im Grundsatz verschiedene Herangehensweisen und Sichtweisen der islamisch-christlichen Begegnung bzw. des Dialogs zwischen dem Islam und dem Westen traten zu Tage. Es kam zu Missverständnissen und Verständnisschwierigkeiten theologisch-hermeneutischer, pädagogischer und politischer Art. Diese Schwierigkeiten wurden in der Habilitationsschrift, die sich auf die Analyse der ägyptischen Schulbücher beschränkte, aufgezeigt und analysiert, um die tiefer gehenden Fragestellungen in der Debatte um die Schulbuchanalyse zu verdeutlichen. Sie wurde hier bei der Veröffentlichung jedoch weggelassen, um eine methodische Einheitlichkeit der Behandlung der verschiedenen Länder zu erreichen.

Im Gegensatz zu dem Kölner Schulbuchprojekt, das sich als "Beitrag zur Integrationshilfe" für muslimische Schüler in Deutschland verstand und sich vornahm, daraus "Konsequenzen für die Formulierung neuer Lernziele und bildungspolitischer Konzeptionen"[30] folgen zu lassen, werden solche Ziele hier nicht verfolgt. Ägyptische Christen in die ägyptische Gesellschaft integrieren zu wollen, die schon seit über 1300 Jahren mit Muslimen zusammenleben und ihrerseits nach Bekehrungen von Teilen der Bevölkerung den Islam in die ägyptische Gesellschaft integriert haben, wäre ein ebenso unsinniges wie vermessenes Unterfangen. Ebenso wird jeder Versuch, auf die ägyptische Bildungspolitik unmittelbar Einfluss nehmen zu wollen aus Prinzip abgelehnt. Die Gestaltung der Bildungspolitik ist eine nationale Aufgabe, die nur von Ägyptern geleistet werden kann.[31]

---

30 FALATURI 1 1986, 2f.

31 Dies muss deshalb besonders betont werden, da es zur Zeit durchaus andere Ansätze gibt. Das israelisch-amerikanische Center for Monitoring the Impact of Peace (CMIP), das bereits palästinensische, syrische und saudiarabische Schulbücher untersuchte (dazu unten XXVII) und jüngst auch eine Studie zu ägyptischen Schulbüchern ausarbeitete (dazu unten XXVf.), hat durch plakative Anschuldigungen in den Medien, durch massiven Druck auf amerikanische und europäische Politiker versucht, auf die nationale Bildungspolitik nahöstlicher Staaten Einfluss zu nehmen ohne auch nur den Versuch zu unternehmen, mit den Bildungspolitikern der jeweiligen Staaten in ein konstruktives fachliches Gespräch zu treten. Dies ist *nicht* das Anliegen der hier vorliegenden Studie. Kritisch zum Vorgehen von CMIP vgl. KRIENER 2001; REISS 2001 Debatte um Antisemitismen; REISS 2002 Weniger Hass; BROWN 2002.

Dennoch muss auch die Darstellung der Kopten in der ägyptischen Gesellschaft angesprochen werden, denn christliches Gegenüber sind in Ägypten vor allem die koptischen Christen. Außerdem ist es gerade in den 70er-90er Jahren auch in der ägyptischen Gesellschaft zu interreligiösen Auseinandersetzungen gekommen, die eine pädagogische Herausforderung für jeden darstellen, der daran interessiert ist, interreligiöse Konflikte zu entschärfen. Es ist die Hoffnung des Autors, dass vielleicht einige der Anregungen von ägyptischen Pädagogen aufgegriffen werden.[32] Im Blick auf die Darstellung des Christentums als Religion ist es eine der Absichten der Studie, auf fehlerhafte, unzulängliche oder tendenziöse Aussagen aufmerksam zu machen und Fragen hinsichtlich einer einseitigen oder verzerrten Darstellung aufzuwerfen. Ebenso wird die Darstellung des orientalischen und westlichen Christentums dieser Kritik unterzogen.[33] Eine ähnliche Aufgabe stellt sich auch bei dem Forschungsbereich Palästina. Die Spannungen zwischen Christen und Muslimen kommen zwar in der Gegenwart nicht so stark zum Ausdruck, da man gemeinsam unter der israelischen Besatzung leidet und gemeinsam für eine Unbahängigkeit kämpft, aber in der Vergangenheit hat es ebenfalls zahlreiche interreligiöse Konflikte gegeben und es gibt unter der christlichen Bevölkerung Befürchtungen dass die Islamisierung der Gesellschaft die Entwicklungsmöglichkeiten der palästinensischen Christen stark einschränkt.

Keinesfalls geht es um Anprangerung der ägyptischen oder palästinensischen Schulbücher aus politischen Zwecken. Die Studie basiert auf der Erkenntnis um die Schwierigkeiten des muslimisch-christlichen Zusammenlebens in der eigenen Gesellschaft und dem Wissen um fehlerhafte Darstellungen des Islams in den eigenen Schulbüchern, die nur in einem langen Prozess mühsam korrigiert wurden und in dem Wissen darum, dass vieles noch immer verbesserungswürdig ist. Der Dialog um eine Verbesserung der Darstellung der Religionen darf jedoch nicht nur in eine Richtung gehen. Er muss auch die Schulbücher und die Darstellung des Christentums in der islamischen Welt einbeziehen.

---

[32] Ein großes Interesse daran wurde ausdrücklich von Rasmy Abd Al-Malik, dem Dekan des Hohen Institutes für Koptische Studien und Mitglied im National Center for Educational Research and Development signalisiert. Vgl. REISS 2002 Bericht, 20. Aber auch von Prof. Dr. El-Sayed El-Shahed wurde bei aller grundsätzlichen Kritik an der Studie an manchen Stellen Offenheit für Verbesserungsvorschläge signalisiert. Insbesondere wurde die Bildung einer gemeinsamen Kommission von ihm positiv aufgegriffen: "Die sonstigen Verbesserungsvorschläge sind in Ordnung und ich kann sie voll und ganz unterstützen, insbesondere den letzten Vorschlag, in dem zur Bildung einer Kommission von Historikern und Pädagogen aus Ägypten und dem Westen zu diesem Zweck aufgerufen wird." SHAHED 2003, 7.

[33] Die genauen Fragestellungen, die an die Schulbücher herangetragen wurden, sind unter dem Abschnitt Methodologie aufgelistet.

Es ist eine Aufgabe und Herausforderung, die sich westlichen und östlichen Pädagogen gleichermaßen stellt und die nur gemeinsam bewältigt werden kann. Die Studie will hierzu einen Beitrag aus westlicher christlicher Sicht liefern.

Forschungsstand

Untersuchungen ägyptischer Schulbücher

Bis jetzt hat es nur einige punktuelle Versuche gegeben, die Darstellung des Christentums in den ägyptischen Schulbüchern zu untersuchen. Eine erste Untersuchung führte Peter Antes Anfang der 80er Jahre durch. Er sichtete die im Schuljahr 1981/82 in Ägypten gebräuchlichen Schulbücher in den Fächern Arabisch, Gemeinschaftskunde, Geografie, Geschichte und christliche und islamische Religion. In einem 18seitigen Bericht werden das ägyptische Schulsystem kurz vorgestellt, die Erziehungsziele benannt und die Vorgehensweise bei der Untersuchung beschrieben.[34] Auf eine Vorstellung der einzelnen Bücher oder eine genaue Erfassung und Auswertung aller Erwähnungen des Christentums wird verzichtet, "weil auch für den Fall einer ausführlicheren Besprechung jedes einzelnen der ca. 80 Bücher mit Blick auf die hier zu behandelnde Thematik kein anderes Gesamtergebnis erwartet werden kann."[35] Entsprechend diesem Vorsatz werden dann einige Passagen herausgegriffen, die nach Ansicht des Verfassers "allgemein zutreffende Aussagen" sind, die "jeweils nur mit wenigen, charakteristischen Stellen belegt" werden.[36] Zu den Fächern Arabisch und Geografie wird festgehalten, dass dort nur marginal das Christentum erwähnt wird.[37] Im Fach Islamische Religion beschränkt sich die Interpretation auf zwei Korantexte, von denen einer (61,5-14) komplett zitiert wird.[38] Im Fach Gemeinschaftskunde/Staatsbürgerkunde wird neben dem Hinweis auf einige marginale Erwähnungen und Auslassungen eine Passage zitiert, die von dem "Auftreten des Herrn Messias" spricht.[39] Eine etwas ausführlichere Besprechung erfahren die Geschichtsbücher, in denen nochmals eine Passage über "das Auftreten des Christentums und seinen Eintritt nach Ägypten" zitiert wird. Die Deutung beschränkt sich darauf, dass hier eine "diplomatische Sprechweise des Lehrbuchtextes" vermerkt wird, die "jede präzise Aussage ... vermeidet". Ebenso wird erwähnt, dass von "der Ausbreitung und – hier nicht mitübersetzt – von den Christenverfolgungen die Rede ist." Im Weiteren werde vermittelt, dass die ägypti-

34 Antes 1983.
35 A.a.O., 5.
36 Ebda.
37 A.a.O., 6 und 8.
38 A.a.O., 12f.
39 A.a.O., 7f.

schen Christen auch unter den Byzantinern zu leiden hatten, und dass die arabische Eroberung für die ägyptischen Christen eine Befreiung darstellte.[40] Antes weist im Folgenden auf die Darstellung der Kreuzzüge hin, die nach den Schulbüchern nicht nur religiöse Gründe hatten, sondern auch durch "Machtgelüste" ausgelöst wurden und dem "Wunsch, sich der Errungenschaften des Orients zu bedienen".[41] Antes kritisiert, dass der Beitrag der orientalischen Christen an der Entwicklung der arabischen Wissenschaft verschwiegen wird, dass die Überlegenheit der Muslime den europäischen Christen gegenübergestellt wird und dass der Beitrag des Christentums zur westlichen Kultur kaum Erwähnung findet. Antes fällt auf, dass in der Neuzeit "kein Bezug mehr zum Christentum hergestellt" wird und stellt abschließend die Frage, "ob diese Bücher nicht letztlich jener heute im Orient weitverbreiteten Grundvorstellung folgen, daß die europäische Neuzeit mit dem Christentum eigentlich nichts mehr zu tun hat, sondern Ausdruck eines post-christlichen Denkens ist." Antes meint dazu aber: "Die Bücher selbst enthalten zu wenig Material, um diese Frage zu beantworten."[42] Obwohl diese Ausführungen durchaus einen ersten Einblick in die ägyptischen Schulbücher gewähren und auf bestimmte Schwerpunkte und Akzente der Darstellung des Christentums aufmerksam machen, wird deutlich, dass hier eine systematische Erfassung und Auswertung aller Erwähnungen des Christentums in Analogie zum Kölner Schulbuchprojekt weder intendiert noch praktiziert wurde. Die qualitative Bewertung beschränkt sich auf einige Anmerkungen, eine quantitative Erfassung und Auswertung aller relevanten Stellen ist nicht im Blick. Darüber hinaus wurden keine Schulbuchprofile der untersuchten Bücher erstellt, keine konstruktiven Vorschläge zur Verbesserung gemacht oder ein Dialog mit Ägyptern über diese Darstellung gesucht. Nicht zuletzt liegt die Untersuchung ca. 20 Jahre zurück, so dass sich die Aufgabe einer detaillierten Analyse der Darstellung des Christentums in ägyptischen Schulbüchern analog zu dem Kölner Schulbuchprojekt unverändert stellt.

Neben der Untersuchung von Antes wurden bisher nur einige begrenzte Untersuchungen zu speziellen Fächern in Ägypten durchgeführt, die die beschriebene Thematik am Rand berühren. So berichteten Wolfram Hausmann 1981 und Udo Petersen 1995 über den Erdkundeunterricht an ägyptischen Schulen.[43] Eine anders angelegte Studie legte Fawzia al-Ashmawi 1994 vor. Im Rahmen einer UNESCO-Studie verglich sie 32 Schulbücher des fünften und sechsten Schuljahres aus sieben Staaten um das Mittelmeer miteinander. Während sie in den Ländern Spanien, Frankreich, Griechenland und Libanon eine stark christlich geprägte Sicht des Islam beobachtete, kons-

40 A.a.O., 10.

41 A.a.O., 11.

42 A.a.O., 12.

tatierte sie für die Länder Tunesien, Ägypten und Jordanien eine stark islamisch geprägte Sicht des Christentums.[44] Aber diese Berichte sind so kurz und die Erwähnung des christlichen Aspekts ist so geringfügig, dass sie im Rahmen dieser Studie kaum Anknüpfungspunkte bieten.

Wichtiger sind dagegen neuere Untersuchungen, die in Reaktion auf den 11. September 2001 bzw. im Zusammenhang mit der Eskalation der Gewalt in Israel/Palästina und im Zusammenhang mit der Verschärfung der Polarisation zwischen dem Islam und dem Westen in jüngster Zeit erfolgten. So haben James A. Toronto und Muhammad Eissa bei einer Konferenz im November 2003[45] eine detaillierte Analyse der aktuellen islamischen Religionsbücher Ägyptens vorgelegt (Edition 2002/03)[46] und Gregory Starret, der die Islamisierung des ägyptischen Bildungssystems in einer ausgezeichneten Studie beschrieb,[47] hat einige Schulbücher desselben Faches vom Ende der 80er Jahren einer Untersuchung unterzogen.[48] Eissa und Toronto kommen zu dem Ergebnis, dass "the curriculum materials do not evince an attitude of confrontation or rivalry with the West".[49] Hinsichtlich der religiösen Toleranz wird gesagt:

> *"In general, a spirit of inclusiveness characterizes Islamic education curricula in Egypt. Textbooks reflect an admirable effort to teach students to respect all people and religions, though a few glaring exceptions to that general rule appear when the discussion moves from the domestic to the international arena. The emphasis is almost entirely on promoting tolerance and respect among Egyptians. With the increase of sectarian violence that has traumatized Egyptian society during the past several decades, promoting tolerance between Christians and Muslims has become an urgent priority for curriculum writers."*[50]

Nicht ganz mit diesen Aussagen stimmt allerdings überein, dass dieselben Autoren auf die prinzipiell negative Darstellung des Judentums und auf die exklusiven Aussagen hinweisen. Diese werden auf Unstimmigkeiten zurückgeführt:

---

43 HAUSMANN 1981; PETERSEN 1995.

44 AL-ASHMAWI 1996.

45 Das Watson Institute for International Studies der Brown University, Providence, RI hat vom 14.-15.11. 2003 zu einer Konferenz zum Thema "Constructs of Inclusion and Exclusion: Religions and Identity Formation in Middle Eastern School Curricula" eingeladen. Vor dem Hintergrund des 11. Septembers wurden Politikwissenschaftler, Soziologen und Anthropologen dazu aufgefordert, islamische Religionsbücher aus verschiedenen Staaten des Nahen Ostens zu analysieren.

46 EISSA/TORONTO 2003.

47 STARRET 1998.

48 STARRET 2003. Der Untersuchung liegen 4 Schulbücher aus verschiedenen Schuljahren zugrunde, die ältesten aus dem Jahre 1986/87, die jüngsten aus dem Jahr 1989/90.

49 EISSA/TORONTO 2003, 8.

50 A.a.O., 8f.

"In some instances, the religious education textbooks exhibit serious inconsistencies. One example is the inherent contradiction in promoting tolerance and respect for other religions and at the same time including material that instills an exclusivist, triumphalist attitude by emphasizing the preeminence of the Muslim community. A glaring example of incongruity between curriculum content and government policy is the portrayal of the Jews as dirty and duplicitous, enemies of Muslims, at a time when Egypt is at peace with Israel and trying, ostensibly, to build stronger relations with the Jews."[51]

Starret konzentriert seine Untersuchung vornehmlich auf die Texte der islamischen Religionsbücher, die das Verhältnis zum Judentum beschreiben und leitet davon prinzipielle Thesen hinsichtlich der Darstellung des "Anderen" ab. Das Christentum erfährt dabei keine spezielle Erwähnung.[52]

Kurz vor Abschluss der vorliegenden Studie veröffentlichte das Center for Monitoring the Impact of Peace (CMIP) einen Bericht über die ägyptischen Schulbücher, in dem auch die Darstellung des christlichen Westens und der Kopten Berücksichtigung findet.[53] Darin werden allerdings nur einige der relevanten Passagen in englischer Übersetzung wiedergegeben und kurz kommentiert. Die ausführliche Darstellung des koptischen Christentums im Geschichtsbuch der Oberstufe wird z. B. auf einige wenige wörtliche Zitate und paraphrasierende Sätze reduziert, viele relevante Stellen werden überhaupt nicht berücksichtigt.[54] Wie schon in früheren Untersuchungen der Organisation besteht ein wesentliches methodologisches Problem darin, dass der Bericht vornehmlich in einer Aneinanderreihung von Zitaten besteht, deren Kontext nicht beschrieben wird. Die Kommentierung besteht oftmals nur darin, dass man die Stellen

---

51 A.a.O., 23. Im Gegensatz zu Eissa und Toronto sieht der Verf. in der negativen Darstellung des Judentums ein bewusstes Instrument der ägyptischen Politik: Die Polemik gegen Juden in den Schulbüchern (und in den Medien) wird zugelassen, weil man dringend ein Ventil für die in der Bevölkerung allseits vorhandene Verärgerung über die Zurückhaltung der offiziellen Politik gegenüber Israel braucht. Ähnliche Funktion haben die Demonstrationen, die streng kontrolliert während der Al-Aqsa-Intifada zugelassen werden. Vgl. REISS 2003 Juden I-III.

52 STARRET 2003, 7-14.

53 CMIP 2004. Der Bericht wurde Mitte März 2004 veröffentlicht und sofort ins Netz gestellt (www.edume.org/reports/13/toc.htm).

54 Gerade an der Behandlung des ausführlichen Kapitels über die Kopten zeigt sich, dass es sich bei der Studie von CMIP mehr um ein selektives Blütenlesen denn um eine ernsthafte Untersuchung der Darstellung des Christentums handelt. Die ausführliche Darstellung des koptischen Christentums im Geschichtsbuch der 9. Klasse wird auf eine Seite reduziert und mit keinem einzigen kommentierenden Wort versehen. Gerade der Schlussteil, der auf die christlich-muslimischen Beziehungen in der Gegenwart explizit Bezug nimmt und eine theologische Begründung liefert, wird weggelassen (vgl. www.edume.org/reports/13/28a.htm bzw. CMIP 2004, 54-56). Andererseits werden Texte, die kaum etwas zum Thema sagen, so herausgehoben als ob sie repräsentativen Charakter hätten. So wird auf einen zweizeiligen Abschnitt über koptische Altertümer in Sozialkunde der Klasse 4 hingewiesen (CMIP 2004, 53), aber nicht auf die achtseitige Abhandlung in der 1. Klasse der Mittelstufe (SK MS 1/2, 70-77).

einer bestimmten Überschrift subsumiert oder einige wenige erläuternde Sätze voranstellt.[55]

Diese Ausführungen zeigen, dass eine Studie nach wie vor erforderlich ist, die sich nicht auf ein Fach beschränkt, sondern alle relevanten Fächer mit berücksichtigt, die eine detaillierte quantitative und qualitative Auswertung vornimmt, die die Darstellung des Christentums in das Zentrum stellt, die alle relevanten Texte heranzieht, die die Texte unter Einbeziehung ihres Kontextes kommentiert. Erst dadurch kann man zu einer Analyse gelangen, die ein Äquivalent zu der Kölner Schulbuchstudie darstellt. Die Habilitationsschrift will diese Lücke schließen.

Untersuchungen palästinensischer Schulbücher

Während die ägyptischen Schulbücher (und die anderer Länder im Nahen Osten) noch kaum untersucht wurden, stehen die palästinensischen Schulbücher von Anfang an im Kreuzfeuer der Kritik. Die Evaluation erfolgte von ganz verschiedenen Seiten und ist begleitet von heftiger öffentlicher Kritik in den internationalen Medien.

Begonnen hat die Debatte über die palästinensischen Schulbücher nicht mit einer Kritik von außen, sondern von innen. Gleich nach der Übernahme der Verantwortung für die Bildungspolitik durch die Palästinensische Autonomiebehörde im Jahr 1994 wurde im Palästinensischen Curriculumzentrum (*Markaz taṭwîr al-manâhiǧ al-filasṭîniyya*/Palestinian Curriculum Development Center) unter der Leitung von

55 Zur Darstellung des "Christian West" und des "Western Imperialism" werden jeweils 3 Sätze zur Einleitung formuliert, zur Darstellung des "Attitude toward Western Civilisation" sogar nur ein einziger (www.edume.org/reports/13/20a-23a; CMIP 2004, 34.36f.50). Es folgen drei Seiten Zitate zu den Kreuzzügen aus verschiedenen Schulfächern und Stufen, deren Auswahlkriterien nicht deutlich werden, zumal wichtige Stellen wie die Motivation und Deutung der Kreuzzüge übergangen werden (CMIP 2004, 34-36). Ebenso sind die Auswahlkriterien für die Zitate zum westlichen Imperialismus (CMIP 2004, 37-50) oder für die Haltung gegenüber der westlichen Zivilisation nicht nachvollziehbar. Wenn z. B. die kurze Bemerkung, dass ein Wiederaufbau in Deutschland nach dem Krieg erfolgt ist, als "positive reference to a Western-European nation" herangezogen wird, so fragt man sich, warum gerade dieser lapidare Nebensatz als Beispiel zitiert wird, wo doch ein ganzes Hauptkapitel über Frankreich im Sozialkundebuch zur Verfügung steht, in dem die ökonomischen, gesellschaftlichen und politischen Strukturen eines europäischen Landes ausführlich dargestellt werden. Befremdlich ist des Weiteren, warum die zahlreichen Gegenüberstellungen zwischen Orient und Okzident in den Geografiebüchern, die die kulturelle und religiöse Überlegenheit der arabisch-islamischen Kultur zum Ausdruck bringen, nicht berücksichtigt werden, zumal diese Problemstellung den Autoren bereits bekannt war (vgl. die email von Yohanan Manor an den Verf vom 7. 10.2003, in der er auf die Ergebnisse von Reiss in http://www.religioscope.com/dossiers/manuels/2002_01_reiss_a.htm explizit Bezug nimmt). Positiv muss man jedoch einräumen, dass im Gegensatz zu früheren Veröffentlichungen die Studie über die ägyptischen Schulbücher in einem weit sachlicheren Ton gehalten ist. Obwohl in den ägyptischen Schulbüchern Antisemitismen vorhanden sind, wurden diese nicht so propagandistisch angeprangert wie die Fundstellen in den Schulbüchern anderer Länder des Nahen Ostens.

Ibrâhîm Abû Luġud eine Bestandsaufnahme der vorhandenen jordanischen und ägyptischen Lehrpläne durchgeführt, die in der Westbank bzw. in Gaza gebräuchlich waren, und das gesamte Bildungssystem einer grundlegenden Kritik unterzogen. Sie mündete in einen fast 700 Seiten umfassenden Bericht, der die vorhandenen Pläne, die bisherige Pädagogik und die Erziehungseinrichtungen auf allen Ebenen scharf angriff.[56] Bei der Gruppe, die diese Analyse anleitete, handelte es sich um palästinensische Intellektuelle mit säkular-linkem Hintergrund, die sich der Erziehung zuwandten. Sie sahen in der Curriculumsentwicklung ein Instrument, die palästinensische Gesellschaft zu mehr Partizipation, Demokratie und Nationalismus zu erziehen.[57] Auf der anderen Seite standen Erziehungsfachleute, die vor dem Hintergrund von Studien im Westen vor allem an didaktischen Fragen Interesse hatten. Mit der Kenntnis neuester Lerntheorien des Westens stand bei ihnen die Einführung von aktivem und kritischem Lernen, experimentellem, kreativem und innovativem Lernen im Vordergrund.[58] Eine dritte Gruppe, die das Erziehungssystem und die Schulbücher kritisierte, bestand aus engagierten Lehrern, die statt theoretischen Diskussionen vor allem praktische Hilfen für die Umsetzung eines attraktiven Unterrichtes einforderten und in den 90er Jahren mehrere Einrichtungen gründeten, die Workshops für Lehrer anboten, in denen Unterrichtseinheiten vorbereitet wurden. Sie sollten die direkte Umgebung der Schüler in die Erziehung einzubeziehen und konkrete Hilfen für Lehrer bieten.[59]

Gemeinsam war allen drei Gruppen die schonungslose Kritik am bestehenden Bildungssystem. In einer Beilage zur Tageszeitschrift *Al-Ayyâm* (*"Al-Multaqa At-Tarbawî"*) wurden breite Diskussionen z. B. über die Rolle des Lehrers, die Geschlechterproblematik, die Gewaltlosigkeit im Unterricht, die christliche Erziehung, die Didaktik und Pädagogik sowie über die vorhandenen Lehrbücher öffentlich geführt. Oft war die Kritik vernichtend. So wird z. B. in einem Artikel vom Dezember 1999 gesagt, dass das gesamte 20. Jh. "ein verlorenes Jahrhundert für die arabische Erziehung" gewesen sei[60] – eine radikale Selbstkritik, die im Arab Human Development Report 2003 auf internationaler Ebene ihre Vorsetzung fand.[61] Und diese grundlegende Kritik drückt sich auch unverblümt in der offiziellen ersten Bestandsaufnahme des Curriculumszentrums aus. Nathan Brown sagt zu Recht über

56 PCDC 1997.

57 Vgl. BROWN 2001, 17. Ausführlichere Informationen dazu in Kap. II des Teil 2.A.

58 Vgl. BROWN 2001, 18f.

59 So entstanden z. B. das Tamer-Institute, das Al-Mawrid Teacher Development Center, das Teacher Creativity Center, das Educational Information and Coordination Center, der Young Scientists Club in Ramallah sowie das Early Childhood Resource Center in Jerusalem und die Conciousness and Participation Foundation in Bethlehem. Vgl. BROWN 2001, 19f.

60 AS-SUBANI 1999.

61 AHDR 2003

des Curriculumszentrums aus. Nathan Brown sagt zu Recht über diese Bestandsaufnahme:

> *"The resulting report[62] constitutes perhaps the most stinging and detailed indictment of existing education in Arab countries and the most radical reform proposed by an official body since universal education was introduced. [...]*
>
> *It is merciless in some of its prose; it also replete with terminology far more common in conversations about education in the United States than in the Arab world. Abu Lughod himself claims credit for introducing the term 'empowerment' (tamkîn) into Arabic; the report also refers repeatedly to 'critical' and 'creative' thought, denounces 'memorization' and treating students as 'empty vessels'. [...]*
>
> *Even in areas where they settled on recommending only mild reform, the committee showed a willingness to rethink established procedures in fundamental ways. [...]*
>
> *The committee even considered reform of religious education – such as greatly reducing it or switching to an emphasis on comparative religion or ethics rather than religious knowledge. [...]*
>
> *The report did emphasize a more complex national identity than was traditional by including not only specifically Palestinian and broader Arab and Islamic dimensions, but also international elements. With a large and diverse diaspora, and with ambitions to learn to participate in global economic and political affairs, Palestinian children were to learn that their identity encompassed a cosmopolitan, global dimension."[63]*

In völliger Ignoranz dieser inneren Debatte über die Reform des palästinensischen Bildungswesens unternahm es eine jüdisch-amerikanische Organisation mit dem Namen "Center for Monitoring the Impact of Peace" (CMIP) im Jahr 1997/98, die "palästinensischen" Schulbücher zu untersuchen.[64] Das Institut belieferte die Regierung Israels mit schlagkräftigen Argumenten für die angeblich unverändert kompromisslose Haltung der Palästinenser nach Oslo. Einzelne Sätze aus den Schulbüchern wurden in Großanzeigen in Israel und Amerika abgedruckt, um aufzuzeigen, dass die Palästinensische Autonomiebehörde nach wie vor ein Klima des Hasses und des Fanatismus gegen Israel fördere. Nicht die israelische Besatzung, sondern die palästinensische Bildungspolitik sei verantwortlich für die Eskalation der Gewalt. Die Pressemeldungen hatten eine nicht geringe Auswirkung auf die Friedensverhandlungen, denn selbst Friedensbefürworter kamen in Zweifel, ob angesichts solcher antisemitischer Zitate in „palästinensischen" Schulbüchern die Friedenspartner glaubwürdig waren. Forderungen wurden laut, dass die Palästinenser erst einmal ihr Bildungssystem reformieren

---

62 Gemeint ist die Bestandaufnahme von 1996, publiziert im Jahr 1997 = PCDC 1997.

63 BROWN 2001, 20f.

64 CMIP 1998 Palestinian Authority.

müssten, bevor der Friedensprozess weitergehen könne. Niemand könne von Israel Zugeständnisse erwarten, solange man mit jemandem verhandle, der seine Kinder zum Hass gegen Israel erzieht. Auf den amerikanischen Kongress, die EU, die UN bzw. UNESCO und einige europäische Länder wurde massiver Druck ausgeübt, von den Palästinensern zu fordern, die "antisemitische Hetze" in den Schulbüchern sofort zu beenden bzw. umgehend die Zahlungen für die Palästinensische Autonomiebehörde zu stoppen.

Im August 2001 gelangte die Debatte durch den EU-Parlamentarier Armin Laschet auch nach Deutschland, der die Öffentlichkeit von den Ergebnissen der CMIP-Studie informierte und ein sofortiges Einfrieren der Gelder für die PNA forderte. Dabei wurde allerdings übersehen, dass die in allen Zeitungen kolportierten antisemitischen Zitate durch die Revision bzw. Neuausgabe der ersten palästinensischen Schulbücher erstmals zum Schuljahr 2000/01 gerade beseitigt worden waren, was sogar vom CMIP bereits im Januar 2001 explizit bestätigt worden war! Das deutsche Außenministerium kündigte eine Überprüfung der Vorwürfe an. [65]

Völlig unbeachtet blieb dabei auch, dass es sich bei allen untersuchten Schulbüchern ausschließlich um Nachdrucke ägyptischer und jordanischer Schulbücher älteren Datums handelte, deren Ersetzung 1998 längst vom palästinensischen Bildungsministerium beschlossen war und die nur in Ermangelung eigener Bücher noch vorübergehend in Benutzung waren. Ebenso wurde bei dieser Debatte nicht berücksichtigt, dass die israelische Besatzungsmacht genau dieselben Schulbücher mehr als 20 Jahre lang nachgedruckt hatte und keinerlei Anstrengungen zu einer Bildungsreform in den besetzten Gebieten unternommen hatte. Unberücksichtigt blieb auch die fundamentale Kritik, die die Palästinenser selbst an diesen Schulbüchern, darüber hinaus aber auch am gesamten Bildungssystem geäußert hatten und dass sie sich mitten in einem Reformprozess befanden, in dem diese Bücher abgeschafft werden sollten. Die palästinensischen Bildungspolitiker sahen sich deshalb in der seltsamen Lage, etwas verteidigen zu müssen, was sie selbst gerade verworfen hatten. In den Entgegnungen verwahrt man sich vor allem gegen die Einmischung in die nationale Aufgabe und die Politisierung und medienwirksame Verwendung. Zugleich weist man jedoch darauf hin, dass man sich in einem Reformprozess befindet, und dass man nicht vorschnell urteilen dürfe bevor man die Ergebnisse dieses Prozesses in Händen hält.[66]

Aufgrund der breiten internationalen Diskussion um "Antisemitismen" und "Hetze gegen Israel" haben sich mehrere Organisationen und Einzelpersonen in den nächsten Jahren mit den palästinensischen Schulbüchern intensiv beschäftigt, um die erhobenen

65 Dazu ausführlich: REISS 2001 Debatte um Antisemitismen.

66 Vgl. ebda.

Vorwürfe zu überprüfen. Dazu gehören die Veröffentlichungen des Middle East Media Research Institute (MEMRI)[67], des Israel/Palestine Center for Research and Information (IPCRI)[68], des Harry S. Truman-Instituts in Jerusalem,[69] des Georg-Eckert-Instituts in Braunschweig[70], die Studien von Nathan Brown von der George-Washington Universität,[71] sowie die Studien des Verfassers, die in Ergänzung zu der hier vorliegenden Untersuchung durchgeführt wurden.[72] Dazu kommen die neueren Studien des Center for Monitoring the Impact of Peace (CMIP) zu den seit 2000 neu herausgegebenen Schulbüchern des palästinensischen Curriculumzentrums.[73] Alle diese Studien (sogar die des CMIP!) kamen übereinstimmend zu dem Ergebnis, dass es in den *neuen* palästinensischen Schulbüchern keine offenen Antisemitismen oder schroffen Feindbilder gegenüber Israel mehr gibt. Trotzdem halten sich die 1998 aufgestellten Vorwürfe des CMIP hartnäckig.[74]

Alle diese Untersuchungen konzentrieren sich auf die Darstellung Israels und des Judentums in palästinensischen Schulbüchern und haben ein vorwiegend politisches Interesse, weil die Schulbuchthematik eine wesentliche Rolle im politischen Konflikt spielt.[75] Da es sich um denselben Forschungsgegenstand handelt und die Fragestellung

67 NORDBRUCH 2002.

68 IPCRI 2003.

69 Die Hauptergebnisse der Studie (FIRER/ADWAN 2004) waren seit 1999 bereits Gegenstand der Debatte. Die Veröffentlichung, die aus politischen Gründen erst im April 2004 durch das Georg-Eckert-Institut erfolgen konnte, hat demgegenüber weit weniger Resonanz gefunden.

70 Das Internetprojekt mit Rezensionen zu palästinensischen und israelischen Schulbüchern wurde im Frühjahr freigeschaltet und ist zu finden unter: www.gei.de/english/projekte/israel.shtml.

71 BROWN 2001; Brown 2002; BROWN 2003.

72 REISS 2001 Antisemitismen; REISS 2002 Weniger Hass; REISS 2002 Image of Jews; REISS 2003 Juden; REISS 2003 Weltbank; Reiss 2004 Religious Education in: GEI = Georg-Eckert-Institut für Internationale Schulbuchforschung: Textbook Projekt with Israel and Palestine = www.gei.de/english/projekte/israel.shtml, 7.5.04; REISS 2004 Visions.

73 CMIP 2000 Grades one and six; CMIP 2000 Palestinian Authority; CMIP 2000 Teachers' Guides; CMIP 2002 Examinations.

74 So hat Sharon Ende November 2004 weitere Verhandlungen der Umsetzung der Roadmap wiederum davon abhängig gemacht, dass erst die Hetze gegen Israel in den Schulbüchern (und Medien) aufhören müsse. Vgl. die Meldung in HAARETZ, 19.11.2004: "Antiisrael-Propaganda is the 'root and foundation for the spreading of the phenomenon of terror and suicide bombers," Sharon said. 'Palestinian education and propaganda are more dangerous to Israel than Palestinian weapons." He called on the Palestinian leaders to put an 'immidiate' end to incitement in media outlets and in the education system – including some of the textbooks now in use. Sharon said the changes must be made 'before the first phase of the road map is fully implemented'." Ein Kommentar dazu bietet AEI 2004.

75 Wie hoch die Debatte über die Schulbücher auch von palästinensischer Seite eingeschätzt wird kann dem entnommen werden, dass auf der Webseite der PLO, die über die Friedensverhandlungen informiert, ausführliche Informationen zur Diskussion um die Schulbücher gegeben werden und dass das Schulbuchthema beim Mitchell-Report explizit behandelt wird.

eine ähnliche ist, waren die Untersuchungen allesamt wahrzunehmen und zu berücksichtigen. Andererseits unterscheidet sich die hier vorgelegte Analyse doch erheblich durch ihre Fragestellung (Darstellung des *Christentums*), durch ihre Methodik (quantitative *und* qualitative Analyse aller relevanter Stellen in allen relevanten Schulbuchreihen) und durch die ausführlichen Informationen zum Bildungssystem und den einzelnen Schulbüchern (Schulbuchprofile), was einen genaueren Einblick in die Schulbücher geben soll. Gerade die etwas andere Fragestellung, der Vergleich mit der Darstellung in anderen islamisch geprägten Ländern aber auch die Tatsache, dass es sich bei der hier vorgelegten Untersuchung um eine Studie handelt, die an die Kritik europäischer Schulbücher anschließt, kann wesentlich zur Versachlichung der Debatte beitragen und helfen, die Analyse der palästinensischen Schulbücher in einen größeren Kontext zu stellen.

In eine etwas andere Richtung gehen die Forschungsprojekte "Living in the Holy Land", das vom Truman-Institut gefördert wird,[76] und vom Peace Research Institute of the Middle East (PRIME), die sich mit palästinensischen Schulbüchern befassen. Hier geht es nicht um eine Analyse vorhandener Lehrbücher, sondern um die Erstellung praktischer Unterrichtsmaterialien zum Nahostkonflikt für Schulen in Israel-Palästina.[77] Da sie eine ganz andere, praktische Zielsetzung haben, spielten sie bei der hier vorgelegten Analyse nur eine untergeordnete Rolle. Sollte jedoch von den Erziehungsministerien intendiert werden, Vorschläge der Untersuchung aufzugreifen, so bieten diese Studien sehr gute Anknüpfungspunkte.[78]

Weitere Forschungsprojekte über arabische Schulbücher

Neben den Untersuchungen, die die ägyptischen und palästinensischen Schulbücher zum Gegenstand haben, gibt es noch einige weitere Untersuchungen zu Schulbüchern in anderen Ländern des Nahen Ostens, die im weiteren Umfeld der hier vorgelegten

[76] Informationen über das Projekt wurden von Jacob Schonefeld und Fuad Giacaman auf dem 8. Nürnberger Forum 2003 gegeben. Die Dokumentierung des Kongresses erfolgt im Laufe des Jahres 2004 im EBV-Verlag, Hamburg in der Reihe Pädagogische Beiträge zur Kulturbegegnung. Ein erster Bericht hat Arab Educational Institute im Internet zugänglich gemacht: www.aeicenter.org.

[77] Vgl. den Bericht "Shared History Booklet Project" von Samy Adwan und Bar-On im Internet http://vispo.com/PRIME/internat.htm und das bemerkenswerte Buch "Learning each other's historical narrative", Bethlehem 2003, das auch in hebräischer und arabischer Fassung (Taʿallum ar-ruwâya at-târiḫiyya lil-âḫir, Beit Jala 2002) erschien und in einem Modellversuch an der deutschen Schule Talitha Kumi benutzt wird.

[78] In Anknüpfung an die Veröffentlichung von PRIME könnte z. B. erwogen werden, ob es z. B. in Ägypten und Palästina nicht auch möglich wäre, eine Geschichtsschreibung aus christlicher Sicht der Geschichtsschreibung aus islamischer Sicht an manchen Stellen gegenüberzustellen, um eine Multiperspektivität zu erreichen.

Analyse betrieben wurden und Berücksichtigung fanden, auch wenn sie für die vorliegende Studie keine unmittelbare Bedeutung haben: Monika Tworuschka führte eine Studie über das Europabild in libyschen Geschichtsbüchern durch[79]; Mostafa Hassan Idrissi führte eine Studie über Geschichtsbücher in Marokko durch[80], Khairallah Assar eine Studie über Friedenserziehung in algerischen und syrischen Schulbüchern.[81] Studien zu Schulbüchern in Syrien wurden weiters durch die amerikanisch-israelischen Organisationen CMIP und MEMRI vorgelegt,[82] die sich ebenso auf die Darstellung Israels und des Judentums konzentrieren. CMIP hat darüber hinaus eine Studie zu saudiarabischen Schulbüchern im Jahr 2003 vorgelegt. [83]Auf der Tagung in Providence wurden 2003 neben den Referaten zu Ägypten auch Länderberichte zu Jordanien, Syrien, der Türkei, Palästina, Kuwait, Iran, Oman und Saudi-Arabien gegeben. Diese (bisher unveröffentlichten) Berichte wurden allesamt bei der Abfassung der hier vorgelegten Habilitationsschrift mit berücksichtigt, allerdings werden sie ausführlicher erst im Rahmen der Analyse der anderen Länder des Forschungsprojekts ausgewertet (Iran, Türkei, Syrien, Jordanien, Algerien, Libanon). Andere Darstellungen erfahren erst im Zusammenhang mit der Ausweitung des Projekts auf die Länder Algerien, Syrien und Jordanien größere Bedeutung.

Methodologie

Gegenstand der Analyse

Gegenstand der Analyse waren zunächst *alle* Schulbücher *aller* Fächer von der Grundstufe bis zur Oberstufe. Das heißt, dass nicht nur die humanwissenschaftlichen, sondern auch z. B. naturwissenschaftliche Bücher der Länder Ägypten und Palästina auf Erwähnungen des Christentums hin überprüft wurden. Bei der Sichtung zeigte sich jedoch, dass sich die Erwähnungen des Christentums auf die Fächer Islamischer Religionsunterricht, Geschichte, Sozialkunde bzw. Staatsbürgerkunde/Nationale Erziehung und Geografie konzentrieren. Um das Projekt nicht zu überladen wurde daher beschlossen, dass man sich auf diese Fächer weitgehend beschränkt.[84] Damit ist auch eine Entsprechung zu dem Kölner Schulbuchprojekt gewahrt, das sich ebenfalls auf die Geschichtsbücher, die Religionsbücher und Geografiebücher konzentrierte. Nicht

79 TWORUSCHKA 1977/78.

80 HASSAN-IDRISSI 1996.

81 ASSAR 2001

82 WURMSER 2000; CMIP 2001 Syrian School Textbooks.

83 CMIP 2003 Saudi Arabian Schoolbooks.

84 Teilergebnisse der Sichtung naturwissenschaftlicher und mathematischer Bücher wurden an anderem Ort veröffentlicht: REISS 2003 Weltbank.

zuletzt ermöglicht die Auswertung der gleichen Schulbücher in allen Ländern einen besseren Ländervergleich. Entgegen der Pilotphase des Forschungsprojekts, bei der Interviews mit ägyptischen Pädagogen maßgeblich herangezogen[85] und ergänzende Schulbücher des freien Buchmarktes analysiert wurden, stützt sich die jetzt angefertigte Untersuchung in ihrem Hauptteil ausschließlich auf die offiziell zugelassenen Schulbücher des Erziehungsministeriums.[86]

Die straffe zentralistische Organisation und Exklusivität der offiziellen Schulbücher[87] stellt für die Analyse des Forschungsbereichs Ägypten und Palästina einen großen Vorteil dar: Für jedes Fach gibt es in der Regel jeweils ein bis zwei Bücher pro Jahr, die von dem Erziehungsministerium in speziellen Auslieferungsstellen an Schüler und Lehrer ausgegeben werden. Diese Bücher müssen im Unterricht auf jeden Fall herangezogen werden. Sie stellen auch in den Privatschulen die Hauptgrundlage des Unterrichts und der zentralen Prüfungen dar. Zudem liefern sie durch die immer noch nachwirkende Tradition des Auswendiglernens und der Rezitation von Texten den Wissensstoff, der bei den Schülern rezipiert und gefestigt wird. Was hier über das Christentum und die abendländisch-christliche Welt vermittelt wird, prägt entscheidend das Bild vom Christentum, das ägyptische und palästinensische Schüler während ihrer Schulzeit erhalten.

Grundlage der Untersuchung waren beim Forschungsbereich Ägypten die 209 offiziellen Schulbücher, die an zwei Verteilungsstellen in Kairo im August 2001 für das neue Schuljahr 2001/02 ausgegeben wurden.[88] Einige der offensichtlich fehlenden Bücher aus den Reihen wurden im Frühjahr 2002 an den genannten Stellen nachträglich besorgt.[89] Nach einer ersten Sichtung wurde das Material der Detailanalyse auf die

---

85 Vgl. SCHÄFER 2000, 13f. und 25f. Die vorliegenden Interviews, deren Inhalt auch nur schwer wissenschaftlich überprüfbar ist, wurden nur als ergänzende Informationen herangezogen, sofern sie durch die Analyse der Schulbücher verifiziert werden konnten.

86 Zur Bewertung der Bücher des freien Buchmarktes vgl. SCHÄFER 2000, 9: „In Buchhandlungen werden neben wenigen Restexpemplaren auch sogenannte ‚unterrichtsbegleitende Schülerhandbücher' angeboten, die den Unterrichtsstoff ergänzen und insbesondere auf die Prüfungen vorbereiten sollen. Die bekanntesten sind der ‚Safir-Verlag' – von der Al-Azhar finanziert – und der halbstaatliche Verlag ‚Aufstieg Ägyptens'. Der Safir-Verlag interpretiert in seinen Publikationen die staatlichen Lernziele und Unterrichtstexte im Sinne eines islamisch-konservativen Gesellschaftsideals. Die Schülerhandbücher des Verlags ‚Aufstieg Ägyptens' bieten lediglich eine Erweiterung der Lehrsätze und Textfragen der Schulbücher.".

87 Vgl. unten Teil A, Kap. III.4 Die obligatorischen Schulbücher

88 Selbst wenn es noch weitere Schulbücher geben sollte, so ist diese Schulbuchsammlung doch repräsentativ: es sind die Bücher, die ein muslimischer Lehrer zu diesem Zeitpunkt für seinen Unterricht erhalten konnte.

89 In der Mittel- und Oberstufe, in der es Schulen gibt, die bestimmte Schwerpunkte setzen, wurden nur die Schulbücher der allgemeinen Mittelstufe und der allgemeinen Sekundarstufe analysiert, die den normalen Bildungsgang darstellen und von den meisten Schülern durchlaufen werden.

Fächer Islamische Religion, Sozialkunde, Geschichte und Geographie der Grund-, Mittel- und Oberstufe beschränkt. In der Mittel- und Oberstufe, in der es in Ägypten Schulen gibt, die bestimmte Schwerpunkte setzen, wurden nur die Schulbücher für die allgemeine Mittelstufe und die allgemeine Sekundarstufe herangezogen, die den normalen Bildungsgang darstellen und von den meisten Schülern durchlaufen werden. Ebenso wurde zusätzliches Lehrmaterial, das an privaten Schulen, an Schulen für Behinderte oder Experimentalschulen[90] existiert, nicht analysiert.

Beim Forschungsbereich Palästina stützt sich die Untersuchung auf die Schulbücher für Islamische Religion, Staatsbürgerkunde, Nationale Erziehung und Geschichte.[91] Grundlage waren vornehmlich die Schulbücher der Edition 2002/2003, so dass auch hier eine Homogenität des Untersuchungsmaterials gegeben ist. Es wurden ausschließlich die neuen Schulbücher analysiert, die nach dem Curriculumsplan von 1998 von den Palästinensern selbst konzipiert und herausgegeben wurden. Dies hat den Vorteil, dass die Verantwortlichkeit des palästinensischen Bildungsministeriums unstrittig ist und dass das Untersuchungsmaterial klar abzugrenzen war. Zudem werden diese seit 2000 neu konzipierten Bücher auch noch in den nächsten Jahren in Gebrauch sein, während die jordanischen und ägyptischen Nachdrucke, die nur noch zum Teil benutzt werden, im Zuge der Revisionsarbeit in den nächsten Jahren abgeschafft werden. Durch die Beschränkung auf die offiziellen Schulbücher und die Edition eines Jahres ist methodisch eine große Klarheit und Homogenität des Untersuchungsmaterials gegeben. Ältere Schulbücher wurden bei der Analyse nur herangezogen, um auf redaktionelle Überarbeitungsschritte bzw. Veränderungen der Schulbücher hinzuweisen.[92]

Im Unterschied zu der Pilotphase wurden die Schulbücher des christlichen Religionsunterrichts nicht mit einbezogen, denn an diesem nehmen die muslimischen Schüler nicht teil. Da es die Frage des Forschungsprojekts nicht ist, was orientalische Christen an ihre Gemeindemitglieder vermitteln, sondern welches Bild ein *muslimischer* Schüler vom Christentum erhält, wenn er die normale Schullaufbahn in Ägypten

Zusätzliches Lehrmaterial, das an Behinderten- oder Experimentalschulen, die in Fremdsprachen, Naturwissenschaften oder Sport Schwerpunkte setzen, eingesetzt wurde, wurde nicht analysiert.

90 Vgl. unten Teil A, Kap. III.2.3.

91 Die Analyse der Schulbücher für Geographie wurden in einer letzten Bearbeitungsphase ausgesondert. Grund dafür war, dass die Erwähnungen des Christentums hier so geringfügig waren, dass sich eine Aufnahme kaum gelohnt hätte.

92 Ein Nachteil dieses Vorgehens ist, dass in Palästina die Bücher für die Oberstufe nicht berücksichtigt werden konnten, da diese erst im Zuge der zweiten Phase der vorgesehenen Reform in den Jahren 2005-2006 revidiert werden. Bei einem Ländervergleich zwischen Ägypten und Palästina ist dies zu berücksichtigen. Die palästinensischen Geschichtsbücher sind z.B. nur eingeschränkt mit den ägyptischen Schulbüchern vergleichbar, denn sie sind Bücher, die in der Elementarstufe in den Klassen 6-8 benutzt werden, während die analysierten Geschichtsbücher in Ägypten in der Oberstufe, Klasse 9-11 benutzt werden.

durchläuft, erschien es nicht sinnvoll, dieses Material einzubeziehen. Wenn also in der Analyse Kritik daran geübt wird, was über das Christentum in ägyptischen Schulbüchern vermittelt wird, so bezieht sich das ausschließlich auf das, was *Muslime* während ihrer Schulbildung vermittelt bekommen. Das, was Christen im christlichen Religionsunterricht über ihre eigene Religion bzw. über das christliche Abendland vermittelt wird, steht außerhalb der Fragestellung des Forschungsprojekts und bedürfte einer eigenständigen Untersuchung.

Ebenfalls waren Lehrpläne nicht Gegenstand der Untersuchung. Dies liegt daran, dass solche Lehrpläne bzw. Richtlinien in Ägypten im Moment erst erstellt werden, wenn man nicht die handschriftlichen Instruktionen an die Direktoren von Schulen als solche bezeichnen will. Zum anderen liegt es an dem zentralistischen Erziehungssystem, dass solche Lehrpläne auch kaum notwendig sind, da die Produktion jedes Schulbuchs streng überwacht und kontrolliert wird. Jedes von der Schulbuchabteilung des Erziehungsministeriums produzierte Schulbuch ist gewissermaßen unmittelbare Umsetzung der im Erziehungsministerium gefassten Bildungspläne. Dementsprechend meint der der arabische Begriff *minhağ* (Lehrplan, Curriculum) in Ägypten nicht nur die Lehrpläne, sondern auch die Schulbücher selbst. In Palästina sind parallel zu den Schulbüchern auch Handbücher für die Lehrer entstanden. Diese wurden wegen der Einheitlichkeit und der Notwendigkeit der Beschränkung des Untersuchungsmaterials jedoch nicht in die Analyse mit einbezogen.

Methodischer Ansatz

Die Methodik lehnt sich grundlegend an die Methodik an, die bei dem Kölner Schulbuchprojekt angewandt wurde.[93] Das heißt, dass im Zentrum der Untersuchung eine qualitative inhaltliche Analyse steht, die durch eine quantitative Analyse ergänzt und unterfüttert wird. Im Unterschied zu der Kölner Schulbuchstudie wurden jedoch keine "Dimensionen", "Kategorien" und "Subkategorien" vorab durch Fachleute erarbeitet, nach denen die Schulbücher beurteilt bzw. denen die Schulbuchtexte dann zugeordnet wurden.[94] Ebenso wurde kein "Vorverständnis" den Untersuchungen vorangestellt[95], in

93 Vgl. FALATURI 1986 Bd. 1, 5ff. Diese lehnt sich ihrerseits an Methoden an, die von dem Geschichtsdidaktiker Wolfgang Marienfeld beschrieben wurden bzw. vom Georg-Eckert-Institut für Internationale Schulbuchforschung in verschiedenen bilateralen Studien durchgeführt bzw. begleitet wurden. Vgl. MARIENFELD 1976; PINGEL 1999 UNESCO.

94 Die Kölner Schulbuchstudie hatte unter Beteiligung von Fachleuten fächerspezifische Kriterien und Erfassungskategorien entwickelt, "die einen systematischen Zugriff auf sämtliches in den Schulbüchern vorhandene Material zum Thema Islam erlauben." Das gesamte Material wurde bestimmten Dimensionen, Kategorien und Subkategorien zugeordnet. Hierunter verstand man "systematisierte Listen von Kontextbeschreibungen [...], in deren Zusammenhang das Auftreten

dem islamisches und christliches Selbstverständnis oder religionswissenschaftliche Erkenntnisse zu den jeweiligen Themen vorab erörtert werden. Vielmehr wurden die Themen induktiv aus dem vorgefundenen Material jeweils aus den Schulbuchreihen eines Fachs und einer Stufe abgeleitet. Die in der qualitativen Analyse benutzten Überschriften sind keine übergeordneten "Kategorien", denen Texte zugeordnet werden, sondern stellen lediglich den Versuch dar, den Inhalt eines Textes bzw. mehrerer Textpassagen zusammenzufassen. Dieses Vorgehen hatte zwei Gründe: Erstens waren die expliziten Erwähnungen des Christentums im Projektbereich Ägypten so gering, dass eine quantitative Bemessung an einer Vorgabe, was aus christlicher oder religionswissenschaftlicher Sicht zur Darstellung des Christentums gehört, kaum Sinn gemacht hätte. Zweitens ist es auch methodisch fragwürdig, im Vorhinein bereits festzulegen, was essentiell zur sachgerechten Darstellung des Christentums gehört, denn dies kann bereits Bestandteil einer kontroversen Diskussion sein.[96] Schließlich hat dies auch den Vorteil, dass die inhaltliche Analyse noch stärker in den Vordergrund rückt.

Bei der Bewertung der Aussagen zum Christentum spielten Erkenntnisse der christlichen Theologie, der Ökumenik und einer Religionswissenschaft eine maßgebliche Rolle, die sich am Selbstverständnis der Religionen orientiert. Das Postulat von Cantwell Smith, das für die Kölner Schulbuchstudie leitend war, war auch für die Beurteilung der ägyptischen und palästinensischen Schulbücher leitend: "Wenn ihn [sc. Der Glaube] der Gläubige in der Darstellung des Wissenschaftlers nicht wieder erkennen kann, ist es nicht sein Glaube, der dargestellt wurde."[97] Dass das Selbstverständnis dargestellt wird, ist insoweit ein notwendiges Kriterium bei der Beurteilung. Es sollte zumindest deutlich werden, dass man um das christliche Selbstverständnis weiß und versucht, es in einer empathischen Weise darzustellen. Insoweit folgt die Studie dem Ansatz der Kölner Schulbuchstudie.[98] Andererseits darf dies nicht das alleinige Kriterium oder das Hauptkriterium sein, denn dies würde nicht religionswissenschaftlichen Ansprüchen genügen. Zudem ist dies kaum zu realisieren. Zu Recht hat Esko Kähkönen in einer grundlegenden Kritik der Kölner Schulbuchstudie moniert, dass die Gefahr besteht, dass man einem idealistischen Bild des Islam bzw. des Christentums

eines dazugehörigen Inhaltes zu erwarten ist." FALATURI 1986 Bd 1, 12f. bzw. FALATURI 1986 Bd 2, 16f.

95 Z.B. FALATURI 1986 Bd 1, 44f.; 59f.; 74ff. u. a. Ebenso FALATURI 1986 Bd 2, 92f.; 116f. u.a.

96 Vgl. REISS 2004 Habil C.

97 So Smith in: ELIADE, 1963, 87.

98 Vgl. FALATURI 1986 Bd. 1, 11: "Dieses Selbstverständnis darf zum einen nicht verabsolutiert werden und einziger Gesichtspunkt der Kritik sein. Zumindest sollte es dem Schulbuchautor aber bekannt sein. Auch wenn dieser beispielsweise nicht an die Offenbarung des Koran 'glaubt', so sollte er sich wenigstens bemühen, die islamische Auffassung auf eine sympathische Weise darzustellen."

möglicherweise anheim fällt bzw. verschiedene Kriterien zur Bewertung des Islam und des Christentums heranzieht, die zu einem Zerrbild der Religionen führen: "... the phenomena and history of Islam are studied in the light of Islamic ideals or by observing secrecy as to its negative aspects, where as the phenomena and history of Christianity are reflected as negative and inconsistent in the viewpoint of its ideals."[99] Entsprechend diesen Beobachtungen wird die Darstellung des Selbstverständnisses als wichtiges und notwendiges Kriterium betrachtet, das jedoch ergänzt werden muss durch die Kriterien der Wahrhaftigkeit und der Multiperspektivität bei der Darstellung der Geschichte und Gegenwart. Diese Kriterien werden gleichermaßen an die Darstellung des Christentums wie des Islams angelegt. Eine bestimmte konfessionelle Sicht des Christentums oder eine Unterscheidung von offiziellem oder Volksglauben wird nicht vorausgesetzt. Bei der Bewertung war vielmehr die Frage leitend, ob die wesentlichen Elemente des Christentums dargestellt werden. Sofern verschiedene Konfessionen erwähnt werden, bestand die Erwartung, dass deren Besonderheiten ebenfalls in empathischer Weise skizziert werden.[100]

Um sich nicht nur auf die wenigen Passagen zu beschränken, in denen vom Christentum ausdrücklich die Rede ist, wurden drei Kategorien im Verlaufe des Forschungsprozesses entwickelt, unter denen die Erwähnungen des Christentums erfasst wurden.

1. Explizite Erwähnungen

Unter "expliziten" Erwähnungen werden die Stellen quantitativ erfasst, dargestellt und ausgewertet, in denen das Christentum als *andere Religion bzw. Religionsgemeinschaft* ausdrücklich thematisiert wird.[101]

2. Inklusive Erwähnungen

Der Kategorie "inklusiv" werden die Passagen zugeordnet, in denen man *im Rahmen islamischer Lehre* über die Propheten, die Offenbarung und die Heiligen Schriften *in-*

---

99 KÄHKÖNEN 2000, 233. Vgl. a.a.O., 234: "From the pedagogical viewpoint, Falaturi's and Tworuschka's research is characterised by the omission of such material and information that – according to them – could be a burden in forming attitudes toward Islam and could cause trouble in integrating Muslim children into the school community. For example, the expansion of Islam must be concealed although they blame the Christian idea of mission. They isolate jihad as a historical phenomenon and do not risk to discuss it. Their relation to the conditions of Christian minorities in the Islamic Orient is reflected in Falaturi's statement that dialogue has not been needed there because the Koran is open to dialogue."

100 Die Studie entspricht damit genau dem Vorgehen bei der Analyse des Islam in deutschen Schulbüchern. Vgl. FALATURI 1986 Bd. 1, 9-11.

101 Erwähnungen des Christentums in Suren, die nicht im Schulbuchtext aufgegriffen wurden, werden allerdings nicht statistisch nicht erfasst.

klusiv auch auf Jesus und die christliche Offenbarung zu sprechen kommt. Dies sind zum einen die Kapitel, in denen das Evangelium als Offenbarungsschrift beschrieben wird, welches nach islamischer Tradition (ähnlich wie der Koran auf Muhammad) auf Jesus herab gesandt wurde. Zum anderen handelt es sich um die Kapitel und Passagen, in denen Jesus als Prophet des Islam und Empfänger der gleichen Offenbarung wie Muhammad beschrieben wird.[102]

3. Implizite Erwähnungen

Unter der Bezeichnung "implizite" Erwähnungen werden die Textstellen behandelt, in denen das Christentum zwar nicht ausdrücklich thematisiert wird, die jedoch *für die Darstellung des Christentums relevant* sind. [103] Unter diese Kategorie fallen sehr verschiedenartige Texte. Es handelt sich z. B. um die Texte, die von den Schriftbesitzern allgemein sprechen, womit Christen stets mitgemeint sind; es geht um Texte zur Religionsfreiheit und Toleranz; ebenso fallen unter diese Kategorie finanzpolitische Erörterungen, die besonders die Christen betrafen (*al-ğizya und al-ḫarâğ*) oder um Aussagen zur christlichen Kultur, Geschichte und Politik.[104]

Beschreibung der Methode

Die Untersuchung der ägyptischen und palästinensischen Schulbücher besteht jeweils aus zwei Hauptteilen: A: Religiöse und pädagogische Rahmenbedingungen, B: Analyse der Schulbücher.

---

[102] Diese Kategorie wird jedoch nicht auf weitere gemeinsame bzw. ähnliche Glaubensinhalte ausgedehnt, da z. B. bei dem Glauben an den einen Gott, das Jenseits, den jüngsten Tag, die Engel man nicht auf die christliche oder jüdische Tradition zu sprechen kommt.

[103] Bereits die Kölner Schulbuchstudie unterschied zwischen "direkten" und "indirekten" Thematisierungen. FALATURI 1986 Bd. 1, 36. Die Begrifflichkeit und Abgrenzung ist jedoch schwierig, denn es ist kaum einzusehen, warum "islamische Geschichte" als direkte Thematisierung behandelt wird, während die "Türken vor Wien" oder die Abwehr der Kreuzzüge unter indirekter Thematisierung aufgeführt wird. Deshalb wird hier eher vom Gegensatz von "expliziter" Erwähnung als Religion bzw. Religionsgemeinschaft und "impliziter" Erwähnung des Christentums gesprochen, worunter alle geschichtlichen, kulturellen und politischen Aspekte der Darstellung des Christentums fallen und die Kategorie der "inklusiven" Erwähnung ergänzt, die es in der Kölner Schulbuchstudie nicht geben konnte, da ein solcher inklusiver Ansatz traditionell in der christlichen Theologie gegenüber dem Islam nicht vorhanden ist. Zu neueren Entwicklungen in der christlichen Theologie, in der auch inklusive Ansätze zum Tragen kommen vgl. REISS 2004 Habil C, 270-340.

[104] Kapitel und Stellen, in denen nur von machtpolitischen Auseinandersetzungen gesprochen wird (z. B. fast die gesamte Zeit des Kolonialismus und der militärische Verlauf der Kreuzzüge) wurden nicht bei der quantitativen Analyse berücksichtigt. Nur die Passagen, in denen die Auseinandersetzungen als muslimisch-christliche Auseinandersetzungen gekennzeichnet wurden, wurden in die Analyse einbezogen.

Teil A

Im Teil A werden die religiösen und pädagogischen Rahmenbedingungen beschrieben. In einem kurzen historischen Abriss werden die Geschichte des einheimischen Christentums und die Entwicklung der Pädagogik und Religionspädagogik sowie das gegenwärtige Schulsystem in Ägypten und Palästina dargestellt.[105] In einem weiteren Unterabschnitt wird erläutert, welche Schulbücher es gibt, von wem sie produziert und redigiert, wie sie an Schüler und Lehrer verteilt und wo diese benutzt werden.

Teil B

Teil B ist das Zentrum der Untersuchung. Hier wird die quantitative und qualitative Analyse sowie die Evaluation der Schulbücher vorgenommen. Die Schulbücher der verschiedenen Fächer werden nach einem gleich bleibenden Schema bearbeitet.

In der *Einleitung* (1) werden die Bücher für jedes Fach zunächst vorgestellt (Zahl der Schulbücher für jede Klassenstufe, äußere und innere Gestaltung, Bildmaterial, Druck). Die Autoren, Redaktoren und Überarbeiter der Schulbücher bzw. ihrer Teile und Anhänge werden hier genau angegeben, da sie teilweise etwas über die Entstehung der Schulbücher aussagen bzw. für die Interpretation der Texte wichtig sind.[106] Sodann wird der Aufbau und der Inhalt der Schulbücher beschrieben sowie eine Gliederung der Bücher wiedergegeben. Im Unterschied zu der Kölner Schulbuchstudie werden also die Schulbuchprofile nicht als ergänzende Informationen unverbunden hintan- oder vorangestellt,[107] sondern sie sind ein integraler Bestandteil der Analyse. Der Gesamtinhalt der untersuchten Schulbücher und der Rahmen werden deutlich, in dem Erwähnungen des Christentums erfolgen.[108] Bevor man sich den Schulbüchern unter einem bestimmten Blickwinkel widmet, werden sie erst zumindest in einer Übersicht in ihrem vollen Umfang wahrgenommen. In der Gliederung der Bücher werden die Kapitel hervorgehoben, in denen Erwähnungen des Christentums gefunden wur-

[105] Diese Geschichte kann nur in ihren Grundzügen dargestellt werden, da es nicht Anliegen der Studie sein kann, eine Geschichte des ägyptischen Christentums oder eine Geschichte der Pädagogik in Ägypten zu schreiben. Im Zusammenhang mit der Interpretation der Schulbuchtexte wird jedoch teilweise auf einzelne geschichtliche Epochen stärker Bezug genommen.

[106] Um Redundanzen zu vermeiden wird dagegen auf die nochmalige Aufzählung der zahlreichen Autoren und Redaktoren im Literaturverzeichnis verzichtet.

[107] Hintanstellung bei FALATURI 1986 Bd. 1, 257-309; FALATURI 1988 Bd. 3, 99-159; Voranstellung bei Falaturi 1986 Bd. 2, 33-71. Bei den Geografiebüchern und dem Ergängzungsband mit den Nachträgen von 1986-1988 wurde auf Schulbuchprofile ganz verzichtet FALATURI 1987, Bd. 4; FALATURI 1990 Bd. 7.

[108] Biener kritisiert zu Recht, dass in der Kölner Schulbuchstudie "kein Bezug auf den Gesamtinhalt der untersuchten Schulbücher ... genommen" wird. BIENER 2004, 93.

den. Dies ermöglicht es, einen ersten optischen Überblick zu erhalten, in welchen Zusammenhängen das Christentum erwähnt wird (und wo nicht).[109]

Diese Ortung der Erwähnungen des Christentums wird dann in der *quantitativen Analyse* spezifiziert (2). Die Einheiten, in denen das Christentum erwähnt wird, werden kurz beschrieben, die Erwähnung als explizite, inklusive oder implizite Erwähnung klassifiziert und der Umfang in Zeilen angegeben (Raumanalyse). Die Zeilenzahl wird für jedes Schulbuch summiert in eine Tabelle übertragen und der Gesamtzeilenzahl des Buches gegenüber gestellt.[110] Entgegen dem ursprünglichen Vorhaben wurde die Auswertung der quantitativen Analyse nicht direkt angeschlossen, sondern mit der qualitativen Analyse verbunden und ganz an das Ende der Analyse jeder Schulbuchreihe gestellt. Dies half Redundanzen zu vermeiden, da bei der quantitativen und qualitativen Bewertung oftmals dieselben Phänomene angesprochen werden mussten.

In der *qualitativen Inhaltsanalyse* (3) werden alle expliziten, inklusiven und impliziten Erwähnungen, die zuvor quantitativ erfasst und ausgewertet wurden, auf ihren Inhalt hin analysiert. Um Redundanzen zu vermeiden, werden dabei teilweise mehrere Stellen zu einem Themenkomplex zusammengefasst. Dabei werden jedoch nur die Passagen eines Fachs auf einer bestimmten Schulstufe zusammengefasst. Dies ermöglicht, dass sowohl horizontale als auch vertikale Betrachtungsweisen der Analyse möglich sind.[111] Die Themen wurden aus den Texten selbst abgeleitet, und wurden nicht wie in der Kölner Schulbuchstudie an einem "Vorverständnis" der zu entfaltenden Themen gemessen. Dieses Vorgehen ermöglichte es, noch stärker die Analyse des tatsächlich vorhandenen Inhalts in den Mittelpunkt zu stellen. In der qualitativen Analyse werden die Inhalte der Erwähnungen meistens durch wörtliche Übersetzung der Passagen wiedergegeben und kurz kommentiert. Bei sehr langen Passagen wurde der Text bisweilen nur paraphrasiert wiedergegeben. Teilweise wird auch darauf hingewiesen, was nicht in den Texten zu finden ist.

---

109 Aus der Gliederung der Islamischen Religionsbücher in der Mittelstufe (vgl. Kap. II.1.3) ist z. B. auf einen Blick zu entnehmen, dass in 8 von 25 Einheiten das Christentum erwähnt wird und dass die meisten Erwähnungen im Zusammenhang des ǧihâds und des Heilsplans Gottes erfolgen.

110 Im Unterschied zur Kölner Schulbuchstudie wurde keine durchschnittliche Zeilenzahl der Bücher ermittelt, sondern es wurden die Zeilen aller Bücher grundsätzlich durchgezählt und dann ins Verhältnis gesetzt zu den Zeilen, in denen Erwähnungen des Christentums vorkommen.

111 Wenn man zum Beispiel wissen will, was in dem Fach Islamischer Religionsunterricht im Blick auf das Christentum vermittelt wird, so braucht man nur die Kapitel I-III (Islamische Religionserziehung, GS, MS und OS) zu lesen. Wenn man dagegen wissen möchte, was ein muslimischer Schüler bis zum Ende der Schulpflicht (Mittelstufe) über das Christentum gelernt hat, so können die Kapitel I-II (Islamische Religionserziehung, GS und MS) sowie die Kapitel IV-V (Sozialkunde, GS und MS) zusammenfassend gelesen werden. Will man wissen, was in der Oberstufe über das Christentum vermittelt wird, kann man die Kapitel III (Islamischer Religionsunterricht OS), VI (Geschichte, OS) und VII (Geografie, OS) zusammennehmen.

In der *Evaluation* (4) erfolgt zunächst eine kurze Zusammenfassung der quantitativen und qualitativen Analyse sowie eine zusammenfassende Bewertung hinsichtlich der Quantität und Qualität der Darstellung (4.1). Bei der Bewertung der statistischen Erhebungen mit Rückblick auf die sonstigen Themen der Bücher lässt sich nicht abschließend entscheiden, ob einem Thema zuviel, zuwenig oder ausreichend Raum zugedacht wird. Da dies die erste umfassende Untersuchung zum Thema ist, können Soll-Vorstellungen erst in der Diskussion zwischen christlichen und muslimischen Pädagogen, Didaktikern und Bildungspolitikern festgelegt werden. Dennoch finden sich in dem Bewertungsteil persönliche Einschätzungen, die als Anregung zu einer Diskussion verstanden werden sollen.[112] Die Bewertung der quantitativen Analyse kann auf bestimmte Tendenzen und Richtungen in den Schulbüchern hinweisen und helfen, die Beobachtungen intersubjektiv überprüfbar zu machen. Sie kann auf den Anteil der Erwähnungen in den verschiedenen Kategorien und auf auffällige Lücken bei der Darstellung hinweisen oder z. B. auf besondere Betonungen. Die quantitative Analyse stößt bei genauerer Betrachtung jedoch schnell an ihre Grenzen. Denn wie bei der Kölner Schulbuchstudie ist die Zuordnung zu den verschiedenen Kategorien oft problematisch und eine bestimmte Interpretation des Textes liegt ihr bereits zugrunde.[113] Außerdem kann die ausschließliche Beachtung des quantitativen Zahlenmaterials leicht zu Fehlinterpretationen führen.[114] Die in den Tabellen eingetragenen Zahlen sehen "objektiv" aus und sind es auch bis zu einem gewissen Grad, aber sie allein reichen zu einer Bewertung nicht aus, da der Inhalt dabei nicht berücksichtigt wird.[115] Wie in der Kölner Schulbuchstudie hat die quantitative Analyse daher nur eine Hilfsfunktion. Der Schwerpunkt der Analyse liegt nicht in der quantitativen Raumanalyse, sondern in der qualitativen Inhaltsanalyse und deren Bewertung.[116]

Letztere wird im zweiten Teil der Evaluation (4.2) – teilweise vor dem Hintergrund ausführlicher religionswissenschaftlicher Exkurse – im Detail zu den verschiedenen Themen vorgenommen. Es werden kritische Fragen aufgeworfen und Problem-

---

[112] In dieser Weise ging auch die Kölner Schulbuchstudie vor. Vgl. FALATURI 1986 Bd. 1, 14.

[113] Ebda.

[114] Wenn z. B. im Geografiebuch der Oberstufe der 9. Klasse keine einzige Erwähnung des Christentums zu finden ist, so scheint dies kritikwürdig zu sein. Wenn man jedoch berücksichtigt, dass es bei diesem Buch fast ausschließlich um geologische Themen geht, so ist klar, dass hier auch keine Erwähnungen sinnvoll und zu erwarten sind.

[115] Zurecht weisen die Autoren der Kölner Schulbuchstudie darauf hin, dass die "*quantifizierende* Methode ... leicht zum Selbstzweck werden und 'mit beträchtlichem Aufwand eindrucksvolle Banalitäten' produzieren" kann. FALATURI 1986 Bd. 1, 15.

[116] So auch die Kölner Schulbuchstudie FALATURI 1986 Bd. 1, 15.

felder der Darstellung benannt, die als Anregung zu weiterer fachdidaktischer Diskussion dienen sollen.[117]

Fragenkatalog

Bei der Beurteilung der Wahrnehmungsmuster und Urteilsstrukturen stand ein Fragenkatalog zur Verfügung, der jedoch ebenso wenig wie der in der Kölner Schulbuchstudie schematisch Punkt für Punkt beantwortet wurde. Vielmehr bildeten diese Fragen den geistigen Horizont, vor dem das gesamte Material bei der Analyse befragt wurde.[118] Die Fragen lauteten:

I. Hauptinhalte des Christentums

1. Welche Inhalte des Christentums werden vermittelt?
2. Handelt es sich bei der Behandlung des Christentums um eine eigenständige oder um eine beiläufige Thematisierung? In welchen sachlichen Bezugsrahmen bzw. unter welche Überschrift werden die Erwähnungen des Christentums gestellt?
3. Berücksichtigt die Darstellung die christliche Sicht, oder handelt es sich um Schilderungen, die nur die islamische Perspektive vermitteln?
4. Wie werden die dargestellten Inhalte bewertet und gedeutet?
5. Wird die historische Entwicklung der christlichen Lehren berücksichtigt?
6. Werden die inhaltlichen Unterschiede der verschiedenen christlichen Konfessionen wahrgenommen oder gilt das Christentum als einheitliche Größe?
7. Stimmen die dargestellten Inhalte des Christentums mit dem christlichen Selbstverständnis in den Hauptkonfessionen in Ägypten überein?

---

[117] In einer ersten Version der Habiliationsschrift wurden darüber hinaus an vielen Stellen Versuche unternommen, konstruktive Hinweise zu geben, wie eine konkrete Verbesserung der vorhandenen Schulbücher erfolgen könnte. Dies auf dem Hintergrund dessen, dass der Verfasser der Meinung war, dass die Aufgabe einer Schulbuchuntersuchung nicht nur darin bestehen kann, zu zeigen, was alles falsch ist. Sie besteht vielmehr auch darin, "über die Analyse und Kritik von Lehr- und Lernmitteln hinaus praxisnahe Impulse zur Verbesserung und Weiterentwicklung didaktischer Medien zu geben".So SCHALLENBERGER 1976, 7. Biener kritisiert dies auch zu Recht im Blick auf die Kölner Schulbuchstudie (BIENER 2004, 93): "Die Durchsicht der Analysen [der Kölner Schulbuchstudie] ergibt eine Reihe von Punkten, die weitergeführt werden müssen. Erstens fällt auf, dass seit Jahrzehnten beim Umfang und bei den Inhalten der Schulbuchkapitel zum Thema Islam vor allem Defizite moniert wurden, wobei die Erwartungshorizonte für die Beurteilung oder wenigstens Hinweise auf Musterlösungen zu kurz kamen. Für die Praxis geht es aber nicht nur darum, zu zeigen, was alles falsch ist, sondern wie man es besser oder richtig macht." In der Schlussversion der Habiliationsschrift wurde aber nach ausführlicher Beratung im Forscherteam beschlossen, auf diese konkreten Verbesserungsvorschläge zu verzichten, da eine offene Ausgangslage die Weiterführung des Dialoges mit ägyptischen Fachdidaktikern erleichtert.

[118] Die Fragen wurden in Anlehnung an den Fragenkatalog der Kölner Schulbuchstudie (vgl. FALATURI 1986 Bd. 1, 17f.; FALATURI 1986, Bd. 2, 21-24; FALATURI 1988, Bd. 3, 3-5) im Forschungsteam unter Leitung von Professor Hock und Professor Lähnemann weiterentwickelt.

II. Geschichte des Christentums

1. Welche Epochen der christlichen Geschichte werden behandelt? Welche nicht?
2. Werden wichtige Personen in der Geschichte des Christentums beschrieben?
3. Wie und aus welcher Perspektive wird die Geschichte des Christentums dargestellt? Berücksichtigt die Darstellung die christliche Sicht der Geschichte oder handelt es sich ausschließlich oder vorwiegend um eine islamisch-arabische Sicht?
4. In welchem Zusammenhang wird die Geschichte des Christentums wahrgenommen? Nur im Zusammenhang politisch-militärischer Konflikte oder auch im Zusammenhang einer Darstellung verschiedener Kulturen? Erfolgt die Darstellung christlicher Geschichte punktuell oder ist eine Kontinuität zu bemerken?
5. Wird die Geschichte des Christentums in Ägypten und in Palästina berücksichtigt? Wird die Geschichte verschiedener Konfessionen zumindest ansatzweise entfaltet?
6. Stimmt die Darstellung des Christentums mit dem aktuellen Stand der historischen, religionswissenschaftlichen und christlich-theologischen Forschung überein?
7. Wird bei historischen Darstellungen, die für das Christentum und den Islam gleichermaßen relevant sind, der Grundsatz der Multiperspektivität verwirklicht?

III. Aktuelle Gestalt des Christentums

1. Wird die aktuelle Gestalt und Entwicklung des Christentums auf der Welt und im eigenen Land beschrieben? Wird das ägyptische Christentum als lebendige Religion oder als historische Epoche geschildert?
2. Wie wird das ägyptische Christentum der Gegenwart dargestellt? Werden die verschiedenen Konfessionen und ihr Beitrag zur ägyptischen Gesellschaft wahrgenommen? Ist die Darstellung ägyptischer Christen geeignet, das Selbstbild eines Christen zu stärken, der in Ägypten lebt und möglicherweise sogar Schüler der gleichen Klasse ist?
3. Wird das Christentum außerhalb Ägyptens geschildert? Wenn ja, wie? Stimmt die Darstellung der mit dem Selbstbild eines europäischen Christen überein?
4. Wird neben den lehrmäßigen Inhalten und der Geschichte auch auf das Glaubensleben Bezug genommen? Wenn ja, wie wird dieses beschrieben?

IV. Die islamisch-christlichen Beziehungen

1. Wie wird das Christentum gegenüber dem Islam beschrieben, wahrgenommen und gedeutet? Gibt es eine Höherrangigkeit oder eine Gleichwertigkeit? Welche Vergleichspunkte mit dem Islam werden gewählt?
2. Unterscheidet sich das islamisch-christliche Verhältnis grundlegend von der Beziehung des Islam zu anderen Religionen?
3. Werden Vorurteile, Klischees und Stereotypen gegenüber dem Christentum identifiziert und kritisiert oder weiterhin tradiert?
4. Stimmt die Beschreibung mit der christlich-islamischen Realität überein? Wird auf neuere interreligiöse Begegnungen eingegangen?

V. Pädagogische Analyse

1. Ist das Lernen der Altersstufe angemessen? Findet ein aufbauendes Lernen statt?
2. Werden die Beziehung der Religionen zueinander, fächerübergreifende Aspekte und verschiedene Lernebenen (kognitiv, existentiell, sozial) angesprochen?

3. Welche pädagogischen Konzepte lassen sich erkennen?
4. Wird vorwiegend kognitiv informiert oder sind auch neuere pädagogische Zugangsformen im Blick (Anknüpfung an Erfahrungen und Fragen der Schüler, "Begegnungslernen", "Beispiellernen an Personen")?

Dieser Fragenkatalog bedeutet nicht, dass nun doch indirekt ein vorgefertigtes, allgemein gültiges Schema vorgegeben wurde, an dem die Schulbücher gemessen werden. Es wurde vielmehr – wie oben ausgeführt – prinzipiell versucht, die Themen aus den Texten selbst abzuleiten. Andererseits wäre es unredlich zu verschweigen, dass jede Leserin und jeder Leser schon einen bestimmten Fragehorizont und eine spezifische Erwartungshaltung mitbringt. Dieser Erwartungshorizont, der bei der Analyse mitschwang, soll mit den Fragen offen gelegt werden.

Die Darstellung des Christentums in ägyptischen Schulbüchern

Religiöse und pädagogische Rahmenbedingungen in Ägypten

I. Das Christentum in Ägypten[1]

Ägyptische Christen führen die Gründung ihrer Kirche auf die Mission des Evangelisten Markus zurück. Er soll in der Mitte des 1. Jh. n. Chr. nach Ägypten gekommen sein, Gemeinden gegründet und dann 68 n. Chr. in Alexandria das Martyrium erlitten haben.[2] Bis heute versteht sich der koptische Patriarch als Nachfolger des Hl. Markus, so wie sich der römische Papst auf den Hl. Petrus beruft.[3] Ägyptische Christen weisen meist auch darauf hin, dass Ägypten schon zuvor durch Jesus Christus selbst gesegnet worden sei, da ja die Heilige Familie wegen der Verfolgung durch Herodes bereits kurz nach der Geburt Jesu für einige Zeit nach Ägypten fliehen musste (Mt 2, 13ff.), damit sich Gottes Voraussage bewahrheitete (Hos 11,1): "Aus Ägypten habe ich meinen Sohn gerufen." Wallfahrten zu Stationen der Heiligen Familie bis nach Oberägypten, die von Christen wie von Muslimen bis heute eifrig aufgesucht werden, halten diese Tradition lebendig und spielen eine bedeutende Rolle für das Selbstverständnis der ägyptischen Christen.[4] Auch wenn diese Traditionen erst in späteren Jahrhunderten greifbar sind und historisch nicht als gesichert gelten können, spricht doch vieles dafür, dass das Christentum schon in apostolischer Zeit in Ägypten beheimatet wurde.[5] Bereits im 2. Jh. n. Chr. tritt jedenfalls die Katechetenschule von Alexandria wohl organisiert in das Licht der Geschichte, so dass die ersten Gemeindegründungen schon einige Generationen zuvor erfolgt sein müssen.

Das 2. und 3. Jh. gilt als die Zeit der Märtyrer. Es gab unter verschiedenen römischen Kaisern, so unter Septimus Severus (193-211 n. Chr.), unter Decius (249-251

---

1 In diesem Kapitel soll nur ein sehr knapper Überblick über maßgebliche Prägungen und historische Entwicklungen des Christentums in Ägypten gegeben werden. In groben Strichen soll damit das christliche Gegenüber skizziert werden, mit dem ägyptische Schulbuchautoren, Lehrer und muslimische Schüler unmittelbar konfrontiert sind. Auf geschichtliche oder konfessionelle Details des Christentums in Ägypten wird bisweilen im Zusammenhang mit der Auswertung der Darstellung in den Schulbüchern ausführlicher eingegangen. Zur weiteren Information über das Christentum in Ägypten sei hier auf einige Standardeinführungen hingewiesen: WATSON 1904 (Zur "American Mission" in Ägypten); STROTHMANN 1932; WAKIN 1963; SPULER 1964; ATIYA 1968; MÜLLER 1969; MEINARDUS 1970; VERGHESE 1973; MEINARDUS 1977; MASRI 1978; KHELLA/FARAG Bd.1-3 1980-83; GERHARDS/BRAKMANN 1994.

2 Zu den verschiedenen Tradtionen um St. Markus, den Traditionen um seine Reliquien und die Rückführung eines Teils der Reliquien von Venedig an die koptische Kirche vgl. MEINARDUS 1977 Ancient, 25-54.

3 Papst Schenuda wird als 117. Nachfolger auf dem Stuhl des Evangelisten Markus bezeichnet.

4 Vgl. MEINARDUS 1988 Heilige Familie; GABRA 2001.

5 Es sei darauf hingewiesen, dass beim Pfingstwunder in Jerusalem sich nach dem biblischen Bericht von Apg. 2, 10 auch Ägypter befanden. In der Apostelgeschichte (18, 24-28) erfahren wir des Weiteren von einem Judenchristen Apollo aus Ägypten, "der bereits unterwiesen war im Weg des Herrn und brennend im Geist redete und richtig von Jesus lehrte, aber nur von der Taufe des Johannes wusste" (Apg 18, 25). Auch die Geschichte von dem "Kämmerer aus Äthiopien" (Apg 8,26-40) weist auf sehr frühe Verbindungen zum Niltal hin.

n. Chr.), unter Valerian (252-260 n. Chr.), unter Diokletian (284-305 n. Chr.) und unter Maximinus Daja (307-310 n. Chr.) mehrere Wellen der Verfolgungen. Die schweren Verfolgungen unter Diokletian prägten sich so ein, dass man schon bald nach einer diokletianischen Märtyrerära rechnete. Dieser Kalender, der mit dem Regierungsantritt von Diokletian beginnt (284 n. Chr.), ist auch heute noch bei den Kopten in Gebrauch. Für das Selbstverständnis der Kopten ist es bis heute von Bedeutung, dass man nie eine Staatskirche geworden und stets eine Kirche des Kreuzes geblieben ist.[6]

In der frühen Kirchengeschichte war das Patriarchat von Alexandria eine der bedeutendsten Stätten des Christentums. In Ägypten wurde die erste christliche Bildungseinrichtung gegründet, die katechetische Schule von Alexandria. Sie brachte große Theologen hervor, die maßgeblichen Anteil an der Formulierung des christlichen Glaubens hatten. Die unmittelbare Nähe zur heidnischen platonischen Schule in Alexandria forderte dazu heraus, den christlichen Glauben mit Hilfe philosophischer Begriffe und Denkkategorien der griechisch-hellenistischen Welt zu erläutern. Theologen wie Klemens († vor 215 n. Chr.), Origenes († 253/4 n. Chr.) und Athanasius († 373 n. Chr.) prägten die theologischen Entwicklungen über Jahrhunderte. Formulierungen des christlichen Glaubens, die damals debattiert wurden, gingen ein in die ältesten Glaubensbekenntnisse, die bis heute die Grundlage des christlichen Glaubens darstellen. Die ägyptischen Patriarchen und Theologen nahmen bei den ersten drei ökumenischen Konzilien der Christenheit führende Rollen ein.[7]

Erst im Laufe des 5. Jh. wurde die Führungsrolle Ägyptens in der christlichen Welt allmählich in Frage gestellt. Kyrill († 444 n. Chr.) war zwar noch bei dem Konzil von Ephesus 431 und bei der Unionsformel von 433 die dominante Gestalt, aber auf dem Konzil von Chalzedon wurde 451 n. Chr. der mächtigste Patriarch des Ostens, Dioskur von Alexandrien, abgesetzt. Gegenstand des Streites war, dass er die "Zweinaturenlehre" nicht akzeptieren wollte, die bis heute die dogmatische Grundlage der byzantinisch-orthodoxen, katholischen und evangelischen Kirchen bildet. Zwar blieb

---

6 Vgl. VERGHESE 1973, 12.

7 In den theologischen Auseinandersetzungen des 3.-5. Jh., bei denen das Patriarchat von Antiochia eine Antipode zu Alexandria darstellte, ging es vornehmlich um die Klärung des Verhältnisses zwischen Gott, dem Schöpfer, und Jesus Christus, der nach den Berichten des Neuen Testamentes zum einen als Gottes Sohn mit göttlichen Attributen, andererseits aber auch als Mensch beschrieben wird. Daraus entwickelten sich im frühen Christentum verschiedene Lehren von der Trinität und der Christologie. In ihnen wird versucht, einerseits an der Einheit Gottes festzuhalten, andererseits aber das besondere Verhältnis Jesu zu Gott zum Ausdruck zu bringen. Alexandrinische Theologen betonten in der Diskussion in besonderer Weise die Göttlichkeit Jesu Christi und seine Einheit mit Gott dem Schöpfer, während in der Schule von Antiochia eher die Menschlichkeit Jesu Christi betont wurde und Gottheit und Menschheit eher getrennt wurde. Zu den dogmatischen Entwicklungen vgl. GRILLMEIER/HAINTHALER, Jesus der Christus im Glauben der Kirche Bd. I-II/4 1979-2002. Zu einzelnen Personen vgl. ALTANER/STUIBER 1978.

noch lange nicht entschieden, ob die Gegner oder die Befürworter von Chalzedon die Oberhand behalten würden, aber nun formierte sich in Ägypten immer stärker eine Front gegenüber Byzanz. Neben den theologischen spielten machtpolitische, national-ethnische und sprachliche Faktoren bei der Auseinandersetzung eine Rolle. In Ägypten, das bis dahin Zentrum der griechisch-sprechenden Reflexion des christlichen Glaubens gewesen war, wandte man sich in Abgrenzung zu Byzanz nun der nationalen Kultur und Sprache zu und lehnte die Dominanz Konstantinopels ab.[8]

Bei der Formierung dieses Widerstandes spielte das Mönchtum unter Führung von Schenute von Atripe († 466 n. Chr.) eine wichtige Rolle. Während die alexandrinischen Kirchenväter bis dahin fast ausschließlich in Griechisch geschrieben und sich als Teil der griechisch-hellenistischen Welt verstanden hatten, formulierte er seine Gedanken in koptisch, der Spätform der alt-ägyptischen Sprache, mit der er insbesondere die Landbevölkerung des Niltals gewann. Statt sich von der heidnischen Kultur abzugrenzen, begann man sich nun als Bewahrer der ägyptischen Kultur zu verstehen. Das Mönchtum war in Ägypten im 4. Jh. entstanden. Antonius († 356 n. Chr.), der sich in die Wüste am Roten Meer zurückzog und dort als Anachoret lebte, war neben Pachomius († 346 n. Chr.), der erste Regeln für das Zusammenleben von Mönchen formulierte, zum Vorbild des Mönchtums in Ägypten und für das gesamte Christentum geworden. An vielen Stellen in Ägypten waren Mönchskolonien entstanden, wohin Christen pilgerten und seelsorgerlichen Rat suchten. Eine der bedeutendsten Zentren lag in der Sketischen Wüste (Senke zwischen Alexandria und Kairo), wo auch Makarius der Große lebte.[9]

Während im 5. Jh. noch heftig um Patriarchen- und Bischofssitze gestritten wurde, kristallisierte sich im 6. Jh. allmählich eine klare Trennung zwischen einem Patriarchat heraus, das zu Konstantinopel hielt und das Konzil von Chalzedon akzeptierte und einem Patriarchat, das sich um die Gegner von Chalzedon scharte. Damit war die Spaltung besiegelt. Die beiden Patriarchate, die beide beanspruchen, das Erbe der frühen ägyptischen Christenheit zu vertreten, sind bis heute in Ägypten vertreten. Es ist das "Griechisch"-Orthodoxe Patriarchat von Alexandrien, das heute in Ägypten nur noch mit mehreren tausend Gläubigen vertreten ist, das aber in der kirchlichen Hierarchie der Orthodoxie bis heute an zweiter Stelle nach Konstantinopel steht. Zum anderen ist

---

8 Zum Konzil von Chalzedon: GRILLMEIER/BACHT 1962; zur Rezeption: GRILLMEIER/ HAINTHALER (Bd II/1-II/4) 1986-2002. Einen Überblick über die komplizierten dogmatischen Streitigkeiten mit besonderer Konzentration auf die Koptisch-Orthodoxe Kirche bietet WINKLER 1997, 23-200.

9 Vgl. LILIENFELD: Art. "Mönchtum, II. Christlich" in TRE 23, 150-193; GUILLAUMONT: Art. Antony of Egypt, Saint in: CEnc 1, 149-151; VEILLEUX: Art. "Pachomius, Saint" in: CEnc 6, 1859-1864; KUHN, K. H.: "Shenute, Saint" in: CEnc 7, 2131-2133; GUILLAUMONT, Antoine: Art. "Macarius the Egyptian, Saint" in CEnc 5, 1491f.

dies das "Koptisch"[10]-Orthodoxe Patriarchat von Alexandrien, das bis heute die Mehrheit der Christenheit in Ägypten bildet.

Byzanz übte im 5.-7. Jahrhundert erheblichen Druck auf die ägyptischen Christen aus, um diese zur Annahme von Chalzedon zu zwingen. Dies gelang jedoch nicht. Die meisten koptischen Patriarchen, Bischöfe und Gläubigen weigerten sich hartnäckig und nahmen zum Teil Verfolgung und die Flucht in den Untergrund in Kauf. Es ist daher nicht verwunderlich, dass sich große Teile der ägyptischen Christen den arabischen Eroberern 640 neutral gegenüber verhielten, da diese zusagten, sich nicht in kirchliche Dinge einzumischen. Die Kopten profitierten sogar erheblich von den neuen Machthabern, denn der koptische Patriarch konnte nicht nur rehabilitiert werden, sondern erhielt nach Verlassen des griechischen Patriarchen nun auch Zugriff zu einigen Kirchen und Klöster in Ägypten, die bis dahin in der Hand der Christen waren, die zu Byzanz gehalten hatten.[11]

Die christlich-muslimischen Beziehungen wurden durch die so genannten *ḏimma*-Verträge (Schutzverträge) geregelt. In ihnen verpflichteten sich die Christen zur Loyalität gegenüber den islamischen Besatzern, zu Tributabgaben (Kopfsteuer und Bodensteuer) und zur Unterordnung. Dafür erhielten sie das Recht auf Leib und Leben, zum Besitz, zum Erhalt der vorhandenen Kirchen, zur weiteren Religionsausübung und zur Regelung der privatrechtlichen Angelegenheiten nach dem eigenen Rechtssystem (insbesondere Eherecht und Erbrecht).[12]

Die Kopten begannen im 8. Jh. allerdings allmählich zu realisieren, dass es sich nicht nur um eine vorübergehende Besetzung handelte, sondern dass sich das islamische Reich fest etablierte und dass die hohen Tributabgaben auf Dauer zu entrichten waren. Es kam zu mehreren lokalen Aufständen (sechs Aufstände zwischen 725 und 773, Aufstand von 832), die jedoch von den arabischen Machthabern mit Leichtigkeit

---

10 Die Bezeichnung "koptisch" leitet sich von der alten pharaonischen Bezeichnung für die ägyptische Hauptstadt Memphis ab, "Ḥiw-Ka-Ptaḥ". Dies bedeutet "Haus der Seele (Ka) des (Gottes) Ptaḥ". Im Griechischen wurde aus dieser Buchstabenverbindung "αἰγύπτος" und dies wiederum wurde im Arabischen mit der Bezeichnung "*al-qibt*" als Bezeichnung für die ägyptische Bevölkerung übernommen, die mittlerweile größtenteils zum Christentum übergetreten war. Die Bezeichnung "Kopten" ist also keine Bezeichnung einer bestimmten Konfession, sondern weist daraufhin, dass es sich um die ägyptische Bevölkerung handelt.Vgl. KOLTA 1985, 9. Dementsprechend gibt es neben der Koptisch-Orthodoxen, auch eine Koptisch-Katholische und eine Koptisch-Evangelische. Koptisch bedeutetet also nur, dass sich diese Kirchen aus der ägyptischen Bevölkerung formierte. Entsprechend diesem Sprachgebrauch wurden teilweise auch zum Islam übergetretene ägyptische Christen oftmals noch längere Zeit als al-Qibt bezeichnet. Vgl. PETRY, Carl F.: Art. "Copts in late medieval Egypt" in: CEnc II, 618.

11 MÜLLER 1956 Benjamin; MÜLLER 1959 Neues; MÜLLER 1969 Stand.

12 Zu den Verträgen und dem ḏimmî-Status vgl. KHOURY 1980, 61-95; 138-176; zum koptischen Recht SCHILLER 1932; SCHILLER 1934; MACCOULL: Art. "Law, Coptic" in CEnc 5, 1428-1432. Zum in der Gegenwart geltenden Personalstatusrecht vgl. PRADER 1991.

niedergeworfen werden konnten. Andere Versuche, dem Steuerdruck zu entkommen waren die Konversion und die Landflucht. Im 8./9. Jh. wurde das Koptische allmählich durch das Arabische verdrängt. Es gab bisweilen erniedrigende Kleidervorschriften und Einschränkungen der Bewegungsfreiheit.[13] Dennoch konnte noch im 12./13. Jh. die Kirche eine wissenschaftliche Blüte erleben. Es war die Zeit der Enzyklopädisten. Die koptische Kirche bezeichnet diese Zeit sogar als "Goldene Ära". Die Beziehungen zu den arabischen Herrschern waren sehr wechselhaft. Mal gab es recht gute Beziehungen und Christen konnten bis in höchste Ämter aufsteigen, dann wieder wurden sie mit einem Schlag aus allen Posten entfernt und diskriminiert. Insgesamt ging es den Kopten jedoch relativ gut, sieht man einmal von dem Steuerdruck, dem sozialen Druck und den gelegentlichen Willkürmaßnahmen ab. Es kam nur selten zu Pogromen, für die meist eher der Mob der Straße als die Herrschenden verantwortlich war.

Der allmähliche Niedergang der koptischen Kultur erfolgte erst seit der Zeit der Mamelucken und der Osmanen. Insbesondere die Zeit der Mamelucken (1250-1517) wird als eine Zeit großer Rechtsunsicherheit und Instabilität angesehen. Mehrfach wurde (mit nicht dauerhaftem Erfolg) versucht, die Kopten aus allen Ämtern zu vertreiben. Es kam zu Brandschatzungen von Kirchen, marodierende Banden überfielen Klöster und Kirchen. Diskriminierende Kleidervorschriften wurden erlassen. Zeitweise konnten Gottesdienste nur im Geheimen gefeiert werden. Es kam zu Zwangskonversionen. Der traditionelle Schutzstatus der Christen wurde in Frage gestellt. Die Zahl der Märtyrer war groß. Angesichts dieser Repressionen verringerte sich in dieser Zeit der Anteil der christlichen Bevölkerung auf ca. 10-12%.[14] Obwohl sich die Lebensbedingungen mit Beginn der osmanischen Zeit (seit 1517) wieder etwas verbesserten, setzte sich doch der Niedergang der koptischen Kultur fort. Die Zahl der Christen sank auf ca. 5%. Die Bischofssitze wurden von ca. 70 auf 12 reduziert, nur noch 4 Klöster waren besiedelt. Das geistige Leben verkümmerte zur Memoration der Liturgien. Die koptische Kirche wurde für die Simonie bekannt.[15]

Die Neuzeit beginnt mit dem französischen Feldzug von 1798. Die Kopten stellten sich zunächst auf die Seite der Franzosen. Als der französische Feldzug scheiterte, kam es zu Ausschreitungen gegen Christen. 1854-1861 führte Kyrill IV., der "Vater der Reform", die Kopten in die Neuzeit. Er gründete erste Schulen nach modernem europäischem Vorbild, begründete die Ausbildung für Mädchen in Ägypten, führte die erste private Druckerei ein und führte Verwaltungsreformen durch. Diese Maßnahmen stießen innerhalb der koptischen Kirche bald auf Widerstand. Konservative Priester,

---

13 Vgl. WAARDENBURG 1993, 95f.; BAT YE'OR 2002, 71-153.

14 ATIYA, Aziz S.: Art. "Mamluks and the Copts" in: CEnc V, 1517f.; WAARDENBURG 1993, 97f.; COURBAGES/FARGUES 1998, 54-58; MEINARDUS 2000 Mamluckenzeit.

15 ATIYA, Aziz S.: Art. "Ottomans, Copts under the" in: CEnc VI, 1856f.

Bischöfe und Patriarchen blockierten weitere Reformen fast ein ganzes Jahrhundert. Reformen mussten in Wohlfahrtsgesellschaften ausgelagert werden.[16]

Angesichts dieser Situation gewinnen protestantische und katholische Missionen ab Mitte des 19. Jh. in Ägypten großen Zulauf. Ihr Schwerpunkt ist die Evangelisation, die Verbreitung und Übersetzung der Bibel, die Bildung (Gründung von zahlreichen Schulen sowie der American University of Kairo durch die presbyterianische Mission) und die Verbesserung der medizinischen Versorgung. Vornehmlich aus der Amerikanischen Mission der Presbyterianer entsteht die Koptisch-Evangelische Kirche, die ihr Zentrum in Asyut ansiedelt und noch heute in Mittelägypten ihren Schwerpunkt hat. 1895 wird ein Koptisch-Katholisches Patriarchat gegründet, das ähnliche pädagogische und diakonische Schwerpunkte wie die Protestanten setzt.[17]

Nach anfänglicher Unterstützung der Engländer beteiligen sich die Kopten gemeinsam mit den Muslimen am Kampf um die Unabhängigkeit. Bis heute gilt dies als Glanzzeit der christlich-muslimischen Beziehungen. Die "nationale Einheit" von Christen und Muslimen in Abgrenzung zu der westlichen Besatzungsmacht England wird zum einigenden Band.[18] In den 30er und 40er Jahren wird in der Koptisch-Orthodoxen Kirche eine innerkirchliche Erneuerung durch die Sonntagsschulen durchgeführt. Sie dringt ab 1948 in den Klerus und ab 1962 in das Episkopat ein und führt umfassende Erneuerungen auf allen Gebieten des kirchlichen Lebens durch.[19] Parallel findet auch unter den Muslimen eine stärkere Hinwendung zur Religion wieder statt: Die Moslembruderschaft (*al-iḫwân al-muslimûn*) unter Führung von Ḥassan Al-Bannâ organisiert sich in den 30er und 40er Jahren, wird allerdings von Nasser dann verfolgt und verboten. Erst im Rahmen der Öffnungspolitik Sadats findet eine Reorganisation statt. Muslime, die eine stärkere Islamisierung des Landes fordern, beginnen in den 70er Jahren einen Großteil der Berufs- und Studentenverbände zu erobern und auf politischem Weg eine stärkere Islamisierung des Staates zu fordern. Die Spannungen zwischen Muslimen und Christen, die keine Islamisierung des Staates wollen, eskalieren. Es kommt zu Straßenkämpfen.[20] 1980 versucht sich Sadat durch eine Verhaftungswelle von seinen wichtigsten Opponenten zu befreien (Nasseristen, Moslembrüder und Kopten). Patriarch Schenuda wird ins Kloster verbannt und erst unter Mubarak

16 Vgl. REISS: Art. "Kyrill IV." und "Kyrill V." in: RGG⁴ Bd. 4 (I-K), 1920f.

17 Allerdings kann die Katholische Kirche bereits an sehr viel ältere Kontakte anknüpfen: Bereits 1439 fanden beim Konzil von Basel-Ferrara-Florenz Unionsverhandlungen mit den Kopten statt. Im 17. Jh. waren Franziskaner in Ägypten präsent und im 18. Jh. wechselt ein koptischer Bischof zum katholischen Glauben über.

18 AL-BIŠRÎ 1988.

19 REISS 1998 Erneuerung.

20 BÜREN 1970, 33f.; KRÄMER 1986, 93-95; SCHÖLCH/MEJCHER 1992, 121; KÜHN 1992; FARAH 1986.

1985 wieder rehabilitiert.[21] Patriarch Schenuda drängt seine innerkirchlichen Rivalen in den Hintergrund und bildet in der Kirche eine strenge Hierarchie aus.[22] In den 90er Jahren tritt der virulente Konflikt zwischen Islamisten und dem ägyptischen Regime offen in militärischen Aktionen zu Tage. Die Christen geraten dadurch aus dem Schussfeld. Die Regierung bekämpft erfolgreich die militanten islamistischen Kräfte durch drastische Maßnahmen. Gleichzeitig gibt sie dem politischen Arm der Islamisten mehr Einfluss. Dadurch wächst der politische Druck zur Islamisierung allmählich aber stetig.[23]

Die Koptisch-Orthodoxe Kirche bildet mit ca. 95% die Mehrheit der Christen des Landes. Die genaue Zahl schwankt zwischen 5-10% der gesamten Bevölkerung Ägyptens und ist ein Politikum.[24] Die Emigration ägyptischer Christen in den Westen seit den 60er Jahren ist zwar hoch, hat jedoch im Gegensatz zu vielen anderen Kirchen des Orients nicht zur Schwächung, sondern eher zu ihrer Stärkung geführt, denn die Kirche nutzt die dadurch entstandenen internationalen Kontakte intensiv.[25] Die Beziehungen zur Koptisch-Evangelischen Kirche sind kühl. In den 80er Jahren gab es Versuche eines theologischen Dialogs, nachdem man bereits auf internationaler Ebene ökumenische Gespräche erfolgreich geführt hatte.[26] Aber wegen politischer und persönlicher Differenzen wurden die Gespräche schon bald wieder abgebrochen.[27] Die Koptisch-Evangelische Kirche leistet trotz ihrer geringen Größe (ca. 150.000) wichtige Beiträge im Blick auf die Sozialarbeit und engagiert sich sehr stark im christlich-muslimischen Dialog.[28] Die Kontakte zur Koptisch-Katholischen Kirche, die ebenfalls heute ca. 150.000 Gläubige hat, sind gut. Es bestehen gute Chancen, dass die christliche Ökumene zwischen den verschiedenen Kirchen in Ägypten gerade in den nächsten Jahren Auftrieb bekommt, denn seit der Neukonstituierung des Mittelöstlichen Kirchenrates

---

21 MUḤAMMAD 1990.

22 REISS 1998, Erneuerung 298-310; REISS 1995 Episkopat, 550-560.

23 Vgl. ARAB WEST REPORT 2003 Freedom of Religion.

24 Vgl. dazu unten Kap. V.2.3. und VII.2.3.

25 REISS 2001 Nationalkirche.

26 Zu den ökumenischen Gesprächen vgl. WINKLER 1997, 202-334.

27 Vgl. die Dokumentation der Koptischen Kirche mit anglikanischen, lutherischen und reformierten Kirchen in: REISS 1994 Gespräche, 154-167; 182-195, 235-240.

28 Vgl. CEOSS 1999; CEOSS 2002. Gerade in jüngster Zeit wurde von der Sozialorganisation ein ägyptisch-deutscher Dialog zu politischen Themen angestoßen. Erstes Treffen 7.-13.4.2003 zum Thema "Staatsbürgerschaft" in der Evangelischen Akademie Loccum; zweites Treffen 19.-13.9.2003 zum Thema "Wertsysteme und politische Entwicklung" in Alexandria und Kairo; drittes Treffen zum Thema "Staat, Gesellschaft und Religion – Auswirkungen der Modernisierung", 2.-4.4.2004, Evangelische Akademie Loccum.

kommen zum ersten Mal in der Geschichte alle vier Präsidenten dieses ökumenischen Gremiums wie auch der neue Generalsekretär aus Ägypten.[29]

Christen genießen nach der ägyptischen Verfassung von 1923 gleiche Rechte wie Muslime. Probleme tauchen jedoch dadurch auf, dass der Scharia, dem islamischen Recht, seit 1980 eine gewisse Vorrangigkeit bei der Rechtsfindung eingeräumt wird. Da im traditionellen islamischen Rechtssystem den Schriftbesitzern aber nur ein untergeordneter Rechtsstatus eingeräumt wird, kommt es immer wieder zu Rechtskonflikten. Kopten pochen auf die Verfassung, in der gleiche Rechte garantiert sind. Muslime machen die Priorität des islamischen Rechts geltend, die ebenfalls in der Verfassung garantiert ist. Die Bereiche, in denen Konflikte auftauchen, sind der Kirchbau, die Repräsentanz in der Öffentlichkeit, der mangelnde Schutz vor Angriffen militanter Muslime, die Apostasie. Es gibt bisweilen Diskriminierungen, aber von einer Verfolgung der Christen in Ägypten zu sprechen, ist nicht angemessen.[30]

II. Entwicklung der Pädagogik und Religionspädagogik

1. Pädagogische Entwicklungen in der Neuzeit

Von der Zeit der arabischen Eroberung bis hin zum 19. Jh. erfolgte die elementare Schulbildung in Ägypten in privaten Elementarschulen, die als "Kuttâb" (pl. "Katâtîb") bezeichnet wurden. Diese Schulen waren selbst auf dem Land verbreitet und eng mit den lokalen Moscheen bzw. Kirchen verbunden. Der Unterricht wurde von einem Lehrer in der Kirche, in der Moschee oder in seinem Haus erteilt. Die Kopten nannten ihn "Muᶜallim" (w: Lehrer) oder "ᶜArîf" (w: Sachverständiger). Die Lehrer der islamischen Katâtîb wurden dagegen meist "Šayḫ" (w: Ältester) oder "Faqîh" (w: Rechtsgelehrter) genannt.[31] Der Unterricht bestand im Wesentlichen darin, das Lesen des Arabischen anhand von religiösen Texten zu erlernen und diese auswendig rezitieren zu können. In muslimischen Katâtîb standen die Koranrezitation und die Kenntnis von religiösen Formeln und Gebeten im Vordergrund. In koptischen Katâtîb memorierte man die Evangelien und Briefe des Neuen Testaments sowie die Psalmen und übte die Kinder in die liturgischen Gebete und Gesänge ein. [32] Neben der religiösen Ausbildung wurde in den koptischen Katâtîb besonderer Wert auf Geometrie und Arithmetik gelegt, denn

---

[29] Während der Vollversammlung vom 2.-5. Dezember 2003 auf Zypern wurde als neuer Generalsekretär Ǧirǧis Ṣâliḥ von der Koptisch-Orthodoxen Kirche gewählt. Die Präsidenten der vier Kirchenfamilien sind Papst Schenuda von der Koptisch-Orthodoxen Kirche, Patriarch Petros von der Griechisch-Orthodoxen Kirche von Alexandria, Kirchenpräsident Safwat al-Bayâḍî von der Evangelischen Nilsynode und Bischof Yuḥannâ Qulta von der Koptisch-Katholischen Kirche.

[30] ARAB WEST REPORT 2003; HULSMAN 2003; REISS 1998, 283-298.

[31] LANE 1895, 65-69.

[32] NASÎM 1983, 45; SCHIENERL 1985, 47; BEHRENS-ABOUSEIF 1972, 96.

dies war für eine Reihe von Berufen notwendig, in denen sich die Kopten über Jahrhunderte hinweg als Spezialisten hervortaten.[33]

Die einzige Möglichkeit für ein höheres Studium bot in Ägypten über Jahrhunderte nur die islamische Al-Azhar-Universität in Kairo, die als Moscheenschule bereits um 970 n. Chr. gegründet wurde, ein weit verzweigtes Netz von Elementarschulen in ganz Ägypten aufbaute und als geistliches Zentrum der gesamten islamischen Welt bis heute gilt. Aufnahmebedingung für die Hochschule der Al-Azhar war der mehrjährige Besuch einer Moscheenschule, einer "Madrasa", im Anschluss an den Kuttâb und der Nachweis, dass man den Koran vollständig auswendig zu rezitieren weiß.[34] An der Al-Azhar waren schon seit dem Mittelalter neben den klassischen Disziplinen wie Islamkunde und Arabistik andere Fächer wie z. B. Mathematik und (Al-)Chemie, Philosophie und Astronomie getreten, wobei jedoch auch diese Wissensgebiete sehr stark auf den Koran und die islamischen Lehren ausgerichtet waren, so dass man eigentlich erst seit den Reformmaßnahmen Nassers wirklich von einer Universität im heutigen Sinne sprechen kann.[35] Trotz dieser starken islamischen Ausrichtung haben an der Al-Azhar jedoch vereinzelt auch Christen studiert.[36]

Die ersten modernen Schulen nach westlichem Vorbild führte Muhammad Ali ab 1820 mit europäischem Lehrkörper ein, allen voran die Technische Hochschule "Dâr Al-Handasa".[37] Muhammad Ali begründete sie, um eine neue militärische und verwaltungstechnische Führungselite heranreifen zu lassen, die europäischen Wissensstand hatte und ihm bei seinen Großmachtplänen und ständigen Kontakten mit den westli-

33 Als Ägypten von den Arabern im 7. Jh. erobert wurde, waren die neuen muslimischen Machthaber in vielfacher Weise auf die Hilfe der einheimischen Christen angewiesen. Insbesondere die komplizierten Verwaltungsangelegenheiten, die alljährlich neuen Grundstücksvermessungen und Steuerfestsetzungen nach der Nilschwemme sowie das schwierige Geschäft der Steuereintreibung wurde meist in den Händen der Christen belassen. Diese kannten sich weit besser mit den lokalen Verhältnissen aus und konnten die Eintreibung der Steuern garantieren. Dieses System der Überrepräsentierung von Kopten im Verwaltungsapparat des Staates hatte über mehr als tausend Jahre Bestand, denn alle folgenden Machthaber bis hin zu den Engländern waren immer wieder vor das gleiche Problem gestellt. So kam es, dass die Kopten in den Berufen, die mit finanziellen, rechtlichen, verwaltungstechnischen und steuerlichen Fragen zu tun hatten, ihre spezielle Aufstiegschance sahen, und dies schlug sich auch in der Ausbildung in den koptischen Katâtîb nieder. Vgl. SCHIENERL 1985, 46f.; BEHRENS-ABOUSEIF 1972, 96f.; HEYWORTH-DUNNE 1940, 92f.

34 Eine sehr anschauliche Beschreibung darüber, wie man sich die Ausbildung vom Kuttâb über die Madrasa zur El-Azhar vorstellen muss, findet sich im ersten Teil des autobiographischen Romans „Al-Ayâm" ("Die Tage") des geistigen Vaters der modernen ägyptischen Literatur, Taha Hussain, der seit einigen Jahren auch in deutscher Übersetzung vorliegt: HUSSAIN, Kindheitstage.

35 KHALED, Azhar. Vgl. auch BRUNNER-TRAUT, Ägypten, 36.

36 Nach BEHRENS-ABOUSEIF 1972, 97, studierten an der Al-Azhar z. B. Ibrâhîm al-Ǧundî und Miḫâ'îl ʿAbd As-Sayyid, die Herausgeber der ägyptischen Zeitung "Al-Waṭan", sowie zwei bekannte koptische Dichter, Faransîs al-ʿIṭr und Tâdrûs Wahba.

37 BEHRENS-ABOUSEIF 1972, 97f.; HEYWORTH-DUNNE 1940, 98f.

chen Mächten zur Seite stand. Die Ausbildung führte unmittelbar zu staatlicher Anstellung und in zentrale gesellschaftliche Positionen. [38] Die neuen Schulen blieben allerdings unverbunden mit dem alten Schulsystem der Katâtîb, das parallel weiterexistierte. Da er ausschließlich daran interessiert war, so schnell wie möglich Spezialisten mit europäischem Wissen zu seiner Beratung zur Verfügung zu haben, befasste er sich nicht mit einer langfristigen Reform auf dem Grund- und Mittelstufenniveau, sondern suchte die Erneuerung durch schnell greifende Maßnahmen auf dem Hochschulniveau.[39] Bei der Reform der Bildung unter Muhammad Ali spielte die Entsendung von Studenten nach Europa eine große Rolle. Muhammad Ali erwartete von diesen Studenten, dass sie sich das europäische Wissen im Schnellverfahren aneigneten und nach ihrer Rückkehr sofort an ihre Landsleute weitergaben. Dies geschah im Wesentlichen durch Übersetzung und Memoration der neuen Lehrbücher, so dass das alte Lehrsystem nur auf neue Inhalte übertragen wurde. [40] Grund- und Mittelschulen sowie Mädchenschulen wurden vornehmlich von der Koptisch-Orthodoxen Kirche und von der amerikanischen Mission seit 1854 in Ägypten aufgebaut.[41]

2. Religionsunterricht an staatlichen Schulen

Während in den traditionellen Katâtîb die Religion Hauptgegenstand des Unterrichts war, wurde sie im Laufe des 19. Jh. durch die modernen Schulen nach europäischem Vorbild an den Rand gedrängt. Anfang des 20. Jh. gab es erste Bemühungen, Religionsunterricht an den staatlichen Schulen wieder einzuführen bzw. ihm wieder stärkeres Gewicht zukommen zu lassen. Es gab zwar nach wie vor viele private und solche Schulen, die mit der Kirche oder der Moschee verbunden waren, und dort gab es normalerweise christlichen bzw. muslimischen Religionsunterricht. Aber an den staatlichen Schulen war der Religionsunterricht ein Problem. Viele Christen realisierten nach erster Begeisterung für die neuen modernen Schulen, dass ihre Kinder an den staatlichen Schulen nun eine Bildung ohne Religionsunterricht bzw. einen Unterricht erhielten, der sehr stark durch islamische Inhalte geprägt war. Zudem wurde kritisiert, dass

[38] NASÎM 1983, 58–59.

[39] RADWAN 1951, 84–87.

[40] Muhammad Ali ging dabei soweit, daß er z. B. im Jahr 1834 eine zurückkehrende Mission von 40 Studenten in die Zitadelle für drei Monate einkerkerte und jeden Studenten zwang, ein Buch aus dem Französischen ins Arabische zu übersetzen, das mit seinem speziellen Studiengebiet zusammenhing. Vgl. PACHA 1889, 73.

[41] REISS 1998 Erneuerung, 21-28.

das Staatsbudget nicht dafür eingesetzt wurde, um einen christlichen Religionsunterricht neben dem islamischen Religionsunterricht zu garantieren.[42]

In der Debatte um den Religionsunterricht an staatlichen Schulen, die ein halbes Jahrhundert andauerte und bis heute immer wieder aufflammt, wurde nie prinzipiell in Frage gestellt, dass der Staat für die Gestaltung von Religionsunterricht verantwortlich ist. Dies wurde von Muslimen wie Christen gleichermaßen als selbstverständlich vorausgesetzt. Eine komplette Säkularisierung kam nicht in Betracht. Die Forderungen von koptischer Seite gingen vor allem dahin, dass man sich im Arabisch-Unterricht auf säkulare Texte beschränken sollte und dass man parallel zu dem islamischen Religionsunterricht einen christlichen Religionsunterricht einführen sollte. Auch Muslime forderten mehr und mehr Religionsunterricht ein. [43]

Erstmals unter dem Khediven Ismail wurde dann tatsächlich ein christlicher Religionsunterricht an staatlichen Schulen allgemein in Aussicht gestellt, ohne dass jedoch konkrete Schritte zur Einführung unternommen wurden. 1907 wurde auf Drängen der Kopten vom Ministerium bestimmt, dass christlicher Unterricht an staatlichen Schulen zu erteilen sei, wenn mindestens 15 christliche Kinder vorhanden waren, unter der Bedingungen, dass die Kirche die Lehrer bezahlt.[44] Christliche Erziehung wurde nun bisweilen erteilt, aber oft wurden dazu Lehrer oder Priester herangezogen, die keine religiöse Ausbildung hatten. Dies verärgerte die Kopten umso mehr als in manchen Distrikten in Mittelägypten mit großem Bevölkerungsanteil die Christen einen Großteil des kommunalen Steueraufkommens aufbrachten, dass von diesem Geld jedoch nur die Ausbildung von islamischen Religionslehrern finanziert wurde. In Asyût und Ǧirǧa riefen deshalb einige radikale Kopten sogar dazu auf, die Steuern einzubehalten, um selbst einen Religionsunterricht zu organisieren. Die Durchführbarkeit eines Reli-

[42] Ḥabîb Ǧirǧis, der Dekan des Theologischen Seminars der Koptisch-Orthodoxen Kirche, widmete einen Großteil seiner Zeit bis in die 40er Jahre den Bemühungen um die Wiedereinführung bzw. Errichtung von Religionsunterricht an den verschiedenen Schulen. Sein Buch "Das Theologische Seminar in Vergangenheit und Gegenwart" aus dem Jahre 1938 enthält zahlreiche Dokumente, die die vergeblichen Bemühungen bezeugen (GIRGIS 1938). Die kopt.-orth. Sonntagsschulbewegung, die sich ab den 40er Jahren als innerkirchliche katechetische Bewegung organisierte, entstand zunächst als provisorischer Ersatz für die gescheiterten Bemühungen um die Einführung eines Religionsunterrichtes an den Schulen. Vgl. GIRGIS 1938, 134: "Da sowohl an den privaten Schulen als auch an den Emiratsschulen eine solche Vernachlässigung [des Religionsunterichtes] zu verzeichnen war, sahen wir die Gründung von Sonntagsschulen [als die einzige Lösung an], um diesen Mangel zu beheben." Ebenso a.a.O, 123: "... die Religion wurde nach und nach so stark vernachlässigt, bis dass sie ganz [aus dem Lehrplan] gestrichen wurde. Die Schüler jedoch, die in den Khedivenschulen waren, verließen diese, ohne irgend etwas über ihre Religionsangelegenheiten zu erfahren. Deswegen [!] wurde donnerstags nachmittags jede Woche ab dem Jahre 1905 dafür bestimmt, religiöse Lektionen für die Schüler der Emiratsschulen in der Kirche von Al-Faǧǧala zu halten." Vgl. REISS 1998 Erneuerung, 49-53.

[43] CARTER 1988, 223f.

[44] MISR, 22.11.1949, 3.

gionsunterrichtes wegen mangelnder Schüler war dabei nicht das Problem, denn in vielen staatlichen Schulen stellten die Christen damals ca. ein Drittel der Schüler.[45]

Das Hauptproblem bestand darin, dass viele Muslime der Einführung eines christlichen Religionsunterrichts ablehnend gegenüberstanden, solange auch der Islamunterricht an den staatlichen Schulen mit vielen Mängeln behaftet war. So forderten islamische Religionsgelehrte in den 20er und 30er Jahren wiederholt dazu auf, dass dem Islam ein größerer Raum im Curriculum gegeben wird, was schließlich dazu führte, dass seit Ende der 30er Jahre wieder ein Großteil des Unterrichts (20%) dem Arabischen und dem Islam gewidmet wurde.[46] 1921 wurde die Zahl der notwendigen Schüler für die Erteilung eines christlichen Religionsunterrichts auf 10 herabgesetzt. Faktisch änderte sich aber nichts daran, dass ein Unterricht kaum durchgeführt wurde. Wenn er aber stattfand, dann war die Qualifikation der Lehrer oft sehr schlecht. 1927 forderten die orthodoxen, katholischen und evangelischen Christen in einem gemeinsamen Memorandum, dass endlich die religiöse Gleichheit, die in der Verfassung von 1923 festgeschrieben wurde, umgesetzt und flächendeckend ein christlicher Religionsunterricht an den staatlichen Schulen durchgeführt wird.[47] 1931 wurde im Zuge der Pläne für die Einführung der Unterrichtspflicht festgelegt, dass islamischer Religionsunterricht als Pflichtfach an allen Schulen erteilt werden müsse. Dieselbe Pflicht gelte jedoch nicht für den christlichen Religionsunterricht, aber die Kirche habe die Möglichkeit, diesen selbst parallel zum Islamunterricht zu organisieren. Die Zeitschrift MISR kritisierte daraufhin den Premierminister heftig.[48]

Als 1933 ein Gesetz für religiöse Erziehung verabschiedet werden sollte und der koptische Abgeordnete einen christlichen Religionsunterricht einforderte, legte der Erziehungsminister überraschend einen prinzipiellen Einspruch ein. Zur Begründung hieß es, dass es für einen Staat, der eine in der Verfassung festgelegte Religion habe, grundsätzlich nicht möglich sei, eine zweite Religion in seinen Schulen zu unterrichten. Die koptische Gemeinschaft war empört über eine solche Aussage, zumal an manchen staatlichen Schulen bereits zaghafte Versuche eines christlichen Religionsunterrichts eingeführt worden waren.[49] Das Gesetz, das schließlich verabschiedet wurde, befreite lediglich Nicht-Muslime vom Islamischen Religionsunterricht. Sozialer Druck machte es allerdings in der Realität oft für Eltern sehr schwierig, ihre Kinder vom Unterricht zu befreien.

---

45 CARTER 1988, 224.
46 A.a.O, 225.
47 Ebda.
48 MISR, 17.12.1931,1.
49 CARTER 1988, 225f.

Auf massiven Druck der Engländer gestand Al-Hilâlî, der damalige Erziehungsminister, im Jahr 1935 zu, dass der Staat christlichen Religionsunterricht bezuschussen würde, allerdings nur in der Grundstufe und nicht in Schulräumen. Die Kopten waren angesichts dieses Angebots zerstritten. Es scheint so, dass in diesem Jahr eine Regelung des Religionsunterrichts nicht an den Muslimen, sondern an den Kopten scheiterte.[50] 1936 wurde eine Koranprüfung für alle Schüler am Ende der beiden Schuljahre der Oberstufe obligatorisch eingeführt. Durch Intervention des Patriarchen wurde dies von der Wafd-Partei wieder 1937 ausgesetzt.[51] Dies hatte jedoch zur Folge, dass sich die Partei scharfen Angriffen ausgesetzt sah. Eine Petition der "Jungen Muslimischen Gesellschaft" ist typisch für die damalige Argumentation:

> *"Die Arabische Sprache ist die offizielle Sprache des Staates und der Koran ist der edelste Ausdruck dieser Sprache. Es ist wirklich erstaunlich, dass eine Gruppe von Söhnen der Nation davon beraubt werden soll, die Literatur und die offizielle Sprache des Landes kennen zu lernen. [...] Die Einheit der Lehre ist die Grundlage der Einheit der Nation. Wir können nicht dem einen Teil der Schüler eine Sache lehren und den anderen etwas anderes beibringen."*[52]

Die Al-Azhar, die Muslimbrüder und die "Vereinigung Junger Muslimischer Männer" übten großen Druck auf die Regierung aus. Die religiöse Erziehung wurde immer mehr zum Gegenstand der politischen Auseinandersetzung. Die Wafd-Partei griff Empfehlungen der Muslimbrüder auf, die Prüfungen in islamischer Religion für alle Schüler der Oberstufe forderten, die Errichtung einer Moschee, die Durchführung der islamischen Gebete und die Einrichtung von religiösen Büchereien in jeder Schule. Auch an den christlichen Schulen musste islamischer Religionsunterricht eingeführt werden. Kopten forderten ab Mitte der 40er Jahre, dass im Gegenzug dann aber auch endlich christlicher Religionsunterricht an den staatlichen Schulen gewährleistet werden müsste.[53] 1949 wurde schließlich beschlossen, dass christlicher Unterricht Gegenstand von Prüfungen sein sollte. Kopten wurden beauftragt, ein Curriculum auszuarbeiten. Dennoch wurde aufgrund der politischen Krise gegen Ende der Monarchie

---

50 Manche lehnten das Angebot ab, da man den Staat aus einer Verantwortung für die Gehälter, die Lehrer und alles andere, was einen Schulunterricht möglich macht, nicht befreien sollte. Zudem empfand man es als ungerecht, dass der Religionsunterricht auf die Grundstufe reduziert werden sollte. Nicht zuletzt hatten viele Bedenken, den Unterricht in die Hände der Kirchengemeinden zu geben, wo die Schüler möglicherweise in die Hände ungebildeter Priester fielen. Andere meinten, dass man das konkrete Angebot angesichts der nun schon sich jahrzehntelang hinziehenden ergebnislosen Verhandlungen endlich annehmen sollte, damit wenigstens der Religionsunterricht in der Grundstufe endlich gesichert sei. Vgl. CARTER 1988, 227.

51 A.a.O., 228.

52 Zitat nach CARTER, ebda.

53 A.a.O., 229.

der Plan auch die folgenden Jahre nicht umgesetzt.[54] Erst nach dem Umsturz von 1952 und der Machtergreifung unter Nasser kam es im Rahmen der umfassenden Bildungsreformen der "Freien Offiziere" zu einer endgültigen Klärung des Religionsunterrichts an öffentlichen Schulen.[55] Es wurde beschlossen, dass an allen Schulen das Fach Religion für alle Schulstufen im gleichen Umfang unterrichtet werden müsse. Sowohl Christen als auch Muslime müssen seitdem genauso wie in anderen Fächern Prüfungen ablegen, um von einer Klasse in die nächste versetzt zu werden. Ein ökumenischer Ausschuss mit orthodoxen, katholischen und evangelischen Vertretern wurde beauftragt, ein Curriculum für alle Stufen auszuarbeiten, das dann von dem Erziehungsministerium approbiert wurde und zur Grundlage der offiziellen Schulbücher wurde. 1965 wurde dieser Plan überarbeitet und dem Gremium ein offizieller Vertreter des Erziehungsministeriums beigestellt.[56]

Obwohl damit seitdem eine offizielle Regelung für den Religionsunterricht getroffen wurde, ist die Unzufriedenheit mit dem Religionsunterricht an den staatlichen Schulen geblieben. Sowohl von koptischer als auch von muslimischer Seite erfährt der Religionsunterricht bis in die Gegenwart immer wieder heftige Kritik. Die Kopten kritisieren, dass der christliche Religionsunterricht oftmals von unqualifizierten Lehrern durchgeführt wird und dass der intensive Arabisch-Unterricht ein verkappter islamischer Religionsunterricht ist, an dem die Christen nach wie vor teilnehmen müssen.[57] Muslime kritisieren, dass der Unterricht kein Niveau habe und sozialgesellschaftliche Fragestellungen beinhalte, die nichts in dem Unterricht zu suchen hätten.[58]

III. Das gegenwärtige Schulsystem

1. Gesellschaftliche und rechtliche Rahmenbedingungen

Die uralte Tradition des Auswendiglernens und der Rezitation von Büchern ist bis heute für das gesamte ägyptische Bildungssystem lebendig, obwohl man sich mittlerweile durchaus der damit verbundenen Problematik bewusst ist und nach Wegen sucht, das Bildungssystem grundlegend zu reformieren. So äußerte sich der ägyptische Bildungsminister 1994 wie folgt: „Das Bildungssystem erfordert bedeutende Veränderungen. Es muss sich von einem System, in dem die Schüler hauptsächlich auswendig lernen, in ein System verändern, welches eine aktive Beteiligung der Schüler fordert

---

54 Ebda.

55 JARRAR 1979.

56 ASSAD 1973, 106.

57 Vgl. unten Kap. III.3, 26f.

[...] Bisher war der Schüler bloßer Empfänger, der Gehirnwäsche ausgesetzt und nicht in der Lage, selbständig zu denken oder verschiedene Standpunkte zu diskutieren".[59] Die Rahmenbedingungen, um solche Vorsätze in die Tat umzusetzen, sind jedoch denkbar schlecht: Da wegen der Bevölkerungsexplosion[60] in vielen Schulen der Unterricht in bis zu drei Schichten stattfinden muss, eine Schülerzahl von 50-60 Schülern pro Klasse häufig vorkommt,[61] viele Lehrer nicht qualifiziert und didaktisch nicht geschult sind, ist außer dem Frontalunterricht und dem Memorieren und Wiedergeben von Texten kaum eine andere Lehrform möglich.[62] Zudem gibt es mittlerweile Tendenzen, die traditionellen Katâtîb mit neuen pädagogischen Methoden außerhalb des normalen Bildungsweges wieder zu beleben,[63] was jedoch ohne Zweifel auch Rückwirkungen auf das Lernverhalten der Schüler in den öffentlichen Schulen hat.

Die Bildungssituation wird dadurch erschwert, dass in ländlichen Regionen häufig „Ein-Raum-Schulen" zu finden sind, in denen Schüler aller Klassenstufen anwesend sind und gleichzeitig von einem Lehrer betreut werden. Zudem leidet das Bildungssystem darunter, dass die Lehrer durch sehr schlechte Bezahlung kaum zu motivieren sind, einen attraktiven Unterricht zu gestalten. Dies würde nämlich zur Folge haben, dass weniger Schüler bei ihnen Nachhilfeunterricht nehmen. Dies ist aber bei vielen Lehrern neben Taxifahrer- und anderen Jobs existenziell notwendig, um eine Lebensgrundlage zu haben.[64] Angesichts dieser Situation ist es kein Wunder, dass viele Schüler noch immer vorzeitig die Schule verlassen - Schüler auf dem Land und Mädchen sind davon in besonderer Weise betroffen – oder auch nie eine Schule besuchen, um

---

58 Vgl. die Debatte zwischen dem Verf. und Salim Al-Awa in: AWR Nr. 51/2003 (16.-23.12.2003); AWR 1/2004 (1.-7.1.2003).

59 So in: AL-AHRAM Weekly, 13.-19.10.1994, zitiert nach: PETERSEN 1995, 309.

60 Schäfer behauptet: „Mehr als die Hälfte der ägyptischen Bevölkerung ist unter 20 Jahre, das entspricht einer Anzahl von etwa 25 Millionen schulpflichtigen Kindern und Jugendlichen" (SCHÄFER 2000, 7). Diese Zahlen können nicht ganz richtig sein, denn erstens endet die Schulpflicht bereits mit 14 Jahren und zweitens ist die Gesamtzahl der Einwohner Ägyptens auf ca. 60 Mio. angewachsen, so dass die Hälfte 30 Millionen Jugendliche wären.

61 Die Anzahl der Schüler soll 1996 im Durchschnitt in den Vorschulklassen 36 Schüler betragen haben, in der Grundstufe 44, in der Mittelstufe 41, in der Allgemeinen Oberstufe 40 und in der Technisch-Naturwissenschaftlichen Oberstufe 38 Schüler. So die Angaben in: NCERD 2000, 10f.

62 Vgl. HAUSMANN 1981, 224; SCHÄFER 2000, 7.

63 Vgl. STARRET 1998, 118: „Various schemes for encouraging Qur'an memorization and recitation outside the classroom have been proposed, including the notion of reviving kuttabs. But the Ministry of Education has not been eager to involve itself in the construction of new kuttabs, instead of searching for other ways to encourage and faciliate Qur'an memorization." Eine wichtige Rolle bei solchen Initiativen spielt dabei das Minsterium für Religiöse Stiftungen: „In fact, the establishment of pre-school and after-school kuttabs and youth organizations has been one of the primary strategies used by the Ministry of Religious Endowments to revive Qur'an study." A.a.O., 119.

64 Vgl. PETERSEN 1995, 309; HAUSMANN 1981, 222f.

zum Familienunterhalt beizutragen.[65] Die Analphabetenrate in Ägypten konnte trotz massiver Anstrengungen nur von 52,9% im Jahr 1990 auf 44,7% im Jahr 2000 gesenkt werden[66]. Die rechtlichen Rahmenbedingungen sind dabei nicht schlecht. Nach § 18 der Verfassung ist Erziehung ein Grundrecht, und der Staat ist dafür verantwortlich, die Gleichheit aller Bürger zum Zugang zur Bildung zu garantieren.[67] Seit 1981 besteht Schulpflicht bis zur Mittelschule. Die Bildung ist nach § 20 kostenlos auf allen Bildungsstufen und die Bekämpfung des Analphabetismus wird als nationale Verantwortung in § 21 festgeschrieben.[68]

Seit Nasser wurden in verschiedenen Anläufen immer wieder auch große Anstrengungen unternommen, die Bildung in Ägypten zu verbessern.[69] In der letzten Dekade basieren die Reformmaßnahmen auf einer Grundsatzrede von Mubarak aus dem Jahr 1992. Darin wird betont, dass eine Bildungsstrategie für die Zukunft entwickelt werden muss, in der die Entwicklung systematisch vorangetrieben werden muss, in der die finanziellen Belastungen für die Familien verringert und noch bestehende Benachteiligungen von Minderheiten ausgemerzt werden müssen.[70] Von besonderer Bedeutung ist, dass die Bildung nunmehr unter dem Aspekt einer „Strategie der Nationalen Sicherheit" gesehen und deswegen mit hoher Priorität gefördert wird.[71] Offenbar vor dem Hintergrund der Angriffe islamistischer Gruppen auf das Regierungssystem seit

---

65 Vgl. LCHR, 11.3.2001; vgl. a. PETERSEN 1994, 309: „Ca. 25% der Schüler verlassen die Schule vorzeitig und ohne Abschlussprüfung, um zum Familienunterhalt beizutragen." Schäfer spricht in seinem Bericht sogar von 50% aller Schüler, die die Schule vor der 8. Klasse verlassen. (SCHÄFER 2000, 7).

66 Statistisches Jahrbuch der UNESCO 2000. Trotz dieser großen Zahlen müssen die Bemühungen der ägyptischen Regierung gewürdigt werden. Seit der Einführung der Schulpflicht in Ägypten im Jahre 1953 ging die Zahl der Analphabeten von 98 % auf 81 % im Jahre 1953 und 56% im Jahr 1980 zurück. Vgl. HAUSMANN 1981, 222. Dem speziellen Problem, dass Mädchen kaum eine Ausbildung zuteil wird, will man seit 1993 mit einem Projekt begegnen, in dem man 3000 „One Room Schools for Girls" gründete. Für Schüler auf dem Land wurden in Zusammenarbeit mit UNICEF spezielle „Community Schools" geschaffen. Vgl. EMOE 2002 Achievements, 3.

67 Die Gleichheit der Bildungsmöglichkeiten wird auch in der Reformstrategie Ägyptens hervorgehoben. Auffällig ist jedoch, daß die Benachteiligung einer Diskriminierung aufgrund der Zugehörigkeit zu einer religiösen Minderheit nicht aufgezählt wird: „Gender, socio-economic status, age, and geographic location were not identified as factors that limited individuals from various opportunities". Vgl. EMOE 2002 Egypt's Educational Reform Strategy, 1.

68 Vgl. NCERD 1996, 6.

69 Vgl. JARRAR 1979, 10.

70 Mubarak and education: A futuristic perspective, Kairo 1992.

71 Vgl. NCERD 1996, 4: „For a long time, education has been dealt with as a service issue. In former phases, people could cope with such concept, but now matters differ. Education, at present, is a fundamental for Egyptian national security in the political, economic, and even military fields"; NCERD 2000, 3: „Education is now the focus of interest in Egypt. It is at the top of the main priorities of the political leadership. President Hosney Mubarak is always hammering on the fact that education is the national project of Egypt. It is considered as well a matter of ‚National Security'".

den 80er Jahren[72] versteht man Bildung als eine elementare Komponente, um die innere Stabilität zu wahren, die Demokratisierung zu fördern[73] und um den internationalen ökonomischen und militärischen Herausforderungen gewachsen zu sein.[74]

In Ägypten gibt es im Wesentlichen drei unterschiedliche Schularten: Die große Mehrheit der öffentlichen Schulen stehen unter staatlicher Führung und Finanzierung. Daneben gibt es das weit verzweigte Netz der traditionellen Al-Azhar-Schulen sowie einige wenige Privatschulen, darunter auch drei deutsche Schulen.[75] Die Al-Azhar-

72 Vgl. hierzu den Punkt „Violence, Extremism and Terrorism" in: EMOE 2002, National and International Challenges, 3.

73 Vgl. EMOE 2002 Reform Strategy, 2: „On a socio-political level, national security takes into consideration the principles and values of democracy and social stabilbity within society. The practice of democracy is dependent on a good education, an adequate unterstanding of options and choices, analytic skills, freedom of expression, and acceptance and tolerance of alternative viewpoints. Schools, colleges and universities are therefore instrumenal in poviding a forum for practicing open dialogue, active participation and respectful debates and disagreements."

74 Vgl. EMOE 2002 Reform Strategy, 2: „National security is also a military component since knowledge and the necessary skills for using the information revolution are the most important weapon within our changing world. Future wars will not focus on artillary and battlefields, but on mathematical competency, knowledge of electronics and changing technologies. Military supremacy is dependent on the quality of education in any given society." Zu den ökonomischen Herausforderungen, denen man sich stellen will, vgl. insbesondere EMOE 2002 National and international challenges.

75 Die *„Deutsche Evangelische Oberschule"* wurde 1873 als Knabenschule von der Deutschen Evang. Gemeinde in Kairo begründet. Die Schule ist eine Koedukationsschule und umfaßt als Gesamtschule Kindergarten, Vorschule, Grundschule, Sekundarstufe I und II. Sie orientiert sich an den deutschen Lehrplänen wie auch an denen des Gastlandes und führt sowohl zum deutschen Abitur als auch zur ägyptischen Hochschulreife (*aṯ-ṯanâwiyya al-ʿamma*). Sie wird zur Zeit von über 1.200 Schülerinnen und Schülern besucht. Davon sind ca. 75% ägyptische Kinder. Die Evangelische Gemeinde in Kairo ist die Trägerin der Schule. Vgl. http://www.gega.net/deokairo/start.html. 1904 wurde die *„Deutsche Schule der Borromäerinnen"* am Bâb al-Lûq in *Kairo* gegründet. Es ist eine Schule für ägyptische Mädchen , die vom Kindergarten bis zur Mittelschule führt und seit 1991/92 auch eine Oberstufe besitzt. Die Schülerinnen werden nach dem ägyptischen Lehrplan unterrichtet, erhalten jedoch eine zusätzliche Ausbildung in der deutschen Sprache sowie ein zusätzliches Lehrangebot über deutsche Geschichte und Geografie. Nach der achten Klasse wählen die Schülerinnen zwischen dem ägyptischen Thanawiyya-Zweig (10a, 11a) und dem deutschen Reifeprüfungs-Zweig (10b, 11b, 12b). Das Abitursystem an der DSB ist erst im Schuljahr 1991/92 eingeführt worden. Wer die Reifeprüfung gemacht hat, darf die ägyptischen Universitäten besuchen, wobei jedoch die Anzahl pro Fakultät beschränkt ist. An der Schule der Borromäerinnen in Kairo werden ca. 700 Schülerinnen von 50 Lehrkräften unterrichtet, darunter ca. 15, die vom Auswärtigen Amt aus Deutschland entsandt werden. Weitere Informationen unter http://www.dasan.de/dsbkairo. Die *„Deutsche Schule der Borromäerinnen"* in *Alexandria* wurde 1884 gegründet. Es ist eine Mädchenschule mit ca. 800 Schülerinnen, die ebenfalls Kindergarten, Vorschule, Mittelstufe und eine Oberstufe mit einem berufsorientierten Zweig anbietet. Die Schülerinnen werden gleichzeitig nach deutschen und ägyptischen Lehrprogrammen unterrichtet. Nach Abschluss der 8. Klasse besucht etwa die Hälfte des Jahrgangs den berufsorientierten Zweig, die andere den deutschen Abiturzweig. Die Schülerinnen der Klassen 10 und 11 nehmen an den ägyptischen Thanaweya-Prüfungen in den arabischen Fächern teil. Nach Bestehen der deutschen Reifeprüfung sind die Absolventinnen gemäß einem deutsch-ägyptischen Abkommen berechtigt, auch in Ägypten alle Fächer zu studieren. Vgl. http://www.dasan.de/dsb_alexandria.

Schulen, an denen ca. 6% der ägyptischen Schüler lernen, sind weitgehend unabhängig von den Vorgaben des ägyptischen Erziehungsministeriums.[76] Die Privatschulen hingegen unterliegen uneingeschränkt allen Unterrichtsvorgaben des Erziehungsministeriums. Alle drei Schularten sind zu einem Unterricht mit den staatlichen Schulbüchern verpflichtet. Die Privatschulen und die Al-Azhar-Schulen können das Unterrichtsprogramm lediglich durch zusätzliche Stunden und Unterrichtsmaterialien ergänzen. Dennoch sind die Privatschulen und die Al-Azhar-Schulen sehr begehrt, was vornehmlich an der besseren Ausrüstung und der geringeren Schülerdichte liegt.

2. Die Schulstufen

Das ägyptische Schulsystem ist prinzipiell in drei Schulstufen gegliedert:

Klasse	1-5	Die Grundstufe *(al-madrasa al-ibtidâ'iyya – primary school)*
Klasse	6-8	Die Mittelstufe *(al-madrasa al-iʿdâdiyya – preparatory school)*
Klasse	9-11	Die Oberstufe *(al-madrasa at̲-t̲ânawiyya – secondary school)*

Die Einschulung erfolgt mit 6 Jahren. Die Schulpflicht besteht bis zur Mittelstufe, d. h. 8 Schuljahre. Mit 17 Jahren können die meisten Schüler ein Studium an einer Universität oder einer Technischen Hochschule beginnen.[77] Folgendes Schaubild gibt eine Übersicht über die Struktur der Schulbildung in Ägypten.[78]

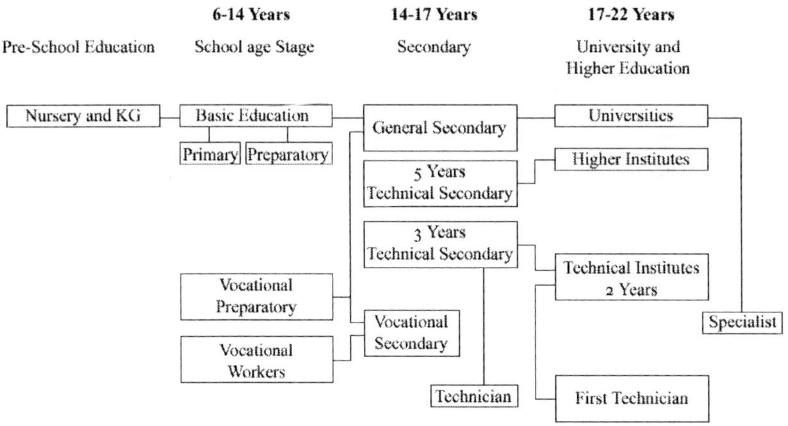

[76] NCERD 1996.

[77] NCERD 1996, 10.

[78] NCERD 1996, 11.

2.1. Kindergarten/Vorschulische Erziehung

Im Jahr 1993 beschloss eine „National Conference for the Development of Primary Education", dass ein zweijähriger Kindergarten mit Vorschulcharakter, eine *„Pre-School-Stage"*, künftig der Schule vorangestellt und in einen integralen Bestandteil der Elementarausbildung umgewandelt werden soll.[79] Zur Umsetzung dieses Ziels werden zurzeit Schulbücher, Lehrpläne und die äußeren Rahmenbedingungen geschaffen: Von 1998/90-1997/98 stieg die Zahl dieser Vorschulen um 191% (sic!).[80] In dieser Vorschule sollen grundlegende Arbeitstechniken und soziales Verhalten bereits so eingeübt werden, dass darauf in der Schule aufgebaut werden kann.

2.2. Die Grundstufe

Im Bereich der Grundstufe (= GS), der *"al-madrasa al-ibtidâʾiyya"* bzw. *"primary school"*, werden die ersten drei Klassen als Einheit angesehen, in der die Kinder vornehmlich Lesen, Schreiben, Religion und die Grundrechenarten erlernen sollen.[81] Ab der vierten Klasse sollen dann die Kenntnisse angewandt werden und es werden neue Fächer eingeführt, unter anderem auch Englisch als 1. Fremdsprache. Durchgehend ist in der Grundstufe eine Stunde zur Einführung in die Benutzung der Bibliothek bzw. zum Eigenstudium vorgesehen. Einen sehr großen Raum nimmt der Arabisch-Unterricht in der Grundstufe ein, der zusammen mit dem Kalligrafie-Unterricht 1/3 aller Unterrichtsstunden umfasst und sehr stark auf den Koran ausgerichtet ist.[82] Revolutionär war die Einführung von frei zu gestaltenden Unterrichtseinheiten in den ersten drei Klassen, in denen erstmals „physical, psychological, musical and theatrical skills" frei angewandt werden sollen und Zeit für „appropriate practical skills and free activities" gegeben werden soll. Sie machen neben dem Arabisch-Unterricht ein weiteres Drittel des gesamten Unterrichts in den ersten drei Jahren der Grundschulausbildung aus. In den ersten drei Klassen werden 34 Stunden unterrichtet, in der 4. und 5. Klasse 37 Stunden pro Woche. Eine wichtige Änderung war auch, dass man ab 1994 bereits mit Englisch als erster Fremdsprache in der 4. Klasse anfing.[83] Die jetzige Konzeption der Grundschule wurde auf einer „Nationalen Konferenz zur Entwicklung der Grund-

---

79 Zur Vorschulphase ausführlich: NCERD 2000, Teil I, 5-10.

80 So NCERD 2000, 10f.

81 NCERD 1996, 22. Das ägyptische Erziehungsministerium bezeichnet die ersten drei Jahre der Grundschule bereits als „a seperate stage with separate goals". Vgl. EMOE 2002, Achievements, 1.

82 Siehe unten Kapitel III.3.

83 NCERD 2000, Teil I, 4.

schulausbildung" im Jahr 1994 entwickelt, der eine Nationale Konferenz für Lehrerausbildung im Jahr 1996 folgte.[84]

Verteilung der Unterrichtsstunden in der Grundstufe[85]:

Klassenstufe	**1. Klasse**	**2. Klasse**	**3. Klasse**	**4. Klasse**	**5. Klasse**
Fächer	**Unterrichts-stunden**	**Unterrichts-stunden**	**Unterrichts-stunden**	**Unterrichts-stunden**	**Unterrichts-stunden**
Religiöse Erziehung	3	3	3	3	3
Arabisch	12	12	12	11	11
Arabische Kaligraphie	2	2	2	1	1
Mathematik	6	6	6	6	6
Naturwissenschaften	-	-	-	2	2
Sozialkunde	-	-	-	2	2
Aktivitäten & Praktische Fähigkeiten	10	10	10	-	-
Sport	-	-	-	3	3
Kunst	-	-	-	2	2
Musik	-	-	-	2	2
Technische Fähigkeiten	-	-	-	2	2
Englisch	-	-	-	2	2
Bibliothek	1	1	1	1	1
Summe	**34**	**34**	**34**	**37**	**37**

2.3. Die Mittelstufe

Ab der Mittelstufe (= MS), der *"al-madrasa al-iʿdâdiyya"* bzw. *"preparatory school"*, wird das Arabisch-Studium auf die Hälfte der Stunden reduziert, Mathematik und Musik geringfügig. Dagegen werden die Stundenzahlen für Sozialkunde, Kunst, Naturwissenschaften und Englisch erhöht; das Fach Technik wird mit vier Stunden neu eingeführt. In allgemeiner Hinsicht geht es in der Mittelstufe darum, die Kommunikationsfähigkeit der Schüler zu verbessern, sie zu sozialer Kooperation zu ermutigen, Werte kennen zu lernen, das Selbststudium zu vertiefen. Insbesondere sollen auch demokratische Werte kennen gelernt werden, um eine Basis für politische Partizipation zu schaffen, für die Zusammenarbeit mit Einrichtungen und Individuen der Gesellschaft, für die Übernahme der Verantwortung der Rechte und Pflichten als Bürger. Ebenso soll auch die nationale Identität und Loyalität in dieser Schulstufe gefestigt

84 In fast allen untersuchten Schulbüchern wird im Vorwort auf diese beiden Konferenzen hingewiesen, da in ihnen die Leitlinien festgelegt wurden, nach denen die Schulbücher konzipiert wurden. Die dort entwickelten allgemeinen Leitlinen finden sich in: NCERD 2000, Teil I, 1f. Von besonderem Interesse für das Forschungsprojekt ist der Grundsatz, dass „die Grundschulausbildung den Glauben und den Stolz auf seine religiösen, geistlichen und sozialen Werte stärken und gleichzeitig den Respekt für die heiligen Glaubensinhalte anderer und Formen der Gottesverehreung entwickeln soll".

85 Angaben für das Schuljahr 1995/96 gemäß NCERD 1996, 16 (Hervorhebungen durch Verf.). Die Summe der Stunden in der 4. und 5. Klasse wurde von 38 auf 37 korrigiert, da in der Quelle offenbar falsch summiert wurde.

werden.[86] Die gegenwärtige Konzeption der Mittelstufe mit den genannten allgemeinen Zielen wurde ebenfalls 1994 auf einer „National Conference for the Development of Preparatory Education“ unter Vorsitz von Suzanne Mubarak[87] entwickelt.[88] Auf sie wird ebenfalls stets in den Vorworten der Schulbücher der Mittelstufe hingewiesen. Große Anstrengungen wurden in letzter Zeit unternommen, um die technische Ausstattung der Mittelschulen zu verbessern. So wurden z. B. in einigen hundert Schulen „Multi-Media-Laboratories“ mit Computern, Internetzugang und geeigneten Programmen für Schüler eingeführt.[89] In jüngster Zeit wurden einige Experimental-Schulen gegründet, in denen bereits in der Mittelstufe Schwerpunkte gesetzt werden können. Sie spielen hier jedoch eine untergeordnete Rolle, da sie erstens nur von einer kleineren Anzahl von Schülern besucht werden und zweitens nur eine Erweiterung des normalen verbindlichen Stundenplans bieten.

Bei der Gestaltung der neueren Schulbücher im Grundschul- und Mittelstufenbereich fällt auf, dass sie meist als Dialog zwischen Schülern und einer Erziehungsperson geschrieben sind. Es ist deutlich die Tendenz zu erkennen, dass man an der Diskussion der Schüler interessiert ist, selbständige Aktivitäten fördern möchte, und dass dem Lehrer eingeschärft wird, sich im Unterrichtsgeschehen zurückzuhalten. Faktisch ist dies im Unterricht jedoch bei der großen Klassenstärke kaum durchzuführen. Zudem führt die Tatsache, dass die Schüler nach jedem Halbjahr Prüfungen – zum Teil auf Provinzebene – ablegen müssen, bei denen vornehmlich das Wissen aus den offiziellen Schulbüchern abgeprüft wird, jedoch weiterhin dazu, dass der Stoff nur auswendig gelernt wird. Gregory Starret resümiert zu Recht:

> *„The practices of memorization and recitation, question and response are taught from the very beginning of the school career even before children have mastered the art of writing. As we have seen, children spend much class time reading their textbooks aloud, in unison or individually, as the teacher corrects mistakes of pronounciation and then breaks to expound on obscure points or to quiz students on past material. The task of reading loud and memorization for repetition is a central feature of everyday student activity, motivated by the structure of official examinations and the desire of students and their families to obtain scores high enough to continue to higher grades and perhaps, eventually, to gain admission to the most prestigious faculties in university.“*[90]

---

86 Vgl. EMOE 2002, Achievements, 4.

87 Die Frau des Ministerpräsidenten wurde für diese Konferenz angefragt, da sie Vorsitzende der „Egyptian Organization for Development and Childhood“ ist.

88 Zu den Richtlinien der Konferenz vgl. NCERD 2000, Teil I, 8-10.

89 NCERD 2000, Teil I, 11 nennt für das Jahr 608 Schulen mit dieser verbessererten technischen Ausrüstung.

90 STARRET 1998, 129f. Starret weist darauf hin, dass er in einer Schule ein Buch eines Mädchens aus der 5. Klasse geschenkt bekam, weil ansonsten kein Exemplar mehr vorhanden war. Auf

Verteilung der Unterrichtstunden in der Mittelstufe[91]:

Schulart	**Öffentliche und Private Schulen**			**Experimental-Schulen (Sprachen)**			**Berufsschulen**			**Experimental-Schulen (Sport)**		
Unterrichts-fächer	**1. Klasse**	**2. Klasse**	**3. Klasse**	**1. Klasse**	**2. Klasse**	**3. Klasse**	**1. Klasse**	**2. Klasse**	**3. Klasse**	**1. Klasse**	**2. Klasse**	**3. Klasse**
Religionsunterricht	3	3	3	3	3	3	2	2	2	2	2	2
Arabisch	6	6	6	6	6	6	3	3	3	6	6	6
1. Fremdsprache	5	5	5	8	8	8	2	2	2	5	5	5
2. Fremdsprache	-	-	-	3	3	-	-	-	-	-	-	-
Mathematik	5	5	5	5	5	5	3	3	3	5	5	5
Sozialkunde	3	3	3	3	3	3	2	2	2	3	3	3
Naturwissenschaft	4	4	4	4	4	4	2	2	2	4	4	4
Kunst	3	3	3	3	3	3	2	2	2	2	2	2
Sport	3	3	3	3	3	2	2	2	2	10	10	10
Musik	1	1	1	1	1	2	2	2	2	1	1	1
Technische Fächer	4	4	4	4	4	4	20	20	20	4	4	4
Insgesamt	**37**	**37**	**37**	**43**	**43**	**43**	**40**	**40**	**40**	**42**	**42**	**42**

2.4. Die Oberstufe

Die Oberstufe (= OS), "*al-madrasa aṯ-ṯânawiyya*" bzw. *"secondary school"*, besteht aus einem literarischen und einem technisch-naturwissenschaftlichen Zweig. Für Hochbegabte des technisch-naturwissenschaftlichen Zweigs gibt es die Möglichkeit, noch um zwei Jahre zu verlängern, um sich in einem bestimmten Bereich zu spezialisieren. Die erfolgreiche dreijährige Ausbildung berechtigt zum Studium an berufsvorbereitenden technischen Hochschulen („Technical Institutes"), die fünfjährige zum Studium an den Höheren Technischen Einrichtungen („Higher Technical Institutes"), die zur Ausbildung von Lehrern und Dozenten im technisch-naturwissenschaftlichen Bereich dienen. In der „General Secondary School" wird unterschieden zwischen dem „First Grade Secondary"-Level, der die 1. Klasse der Secondary School umfasst (= 9. Klasse) und der 2. und 3. Klasse der Oberstufe (= 10./11. Klasse), die als Einheit gesehen werden, und als „General Secondary Stage" (= *„aṯ-ṯânawiyya al-ʿâmma"*) bezeichnet werden. Die höhere Schulbildung endet mit der Abiturprüfung, der at-Tawgîhî, die zum Studium an den Universitäten befähigt. Die Schüler erhalten ein „General Secondary Stage Completion Certificate". Die Bezeichnung der Klassenstufen ist verwirrend, denn die Terminologie wechselt. Einmal meint *„al-marḥala aṯ-ṯânawiyya al-ʿâmma"* die gesamte dreijährige Oberstufe, die Klassen 9-11 der Secondary School, zum anderen bezeichnet derselbe Begriff aber auch die zweijährige Abiturklasse, in der man in zwei Stufen (*„marḥalatân"*) die allgemeine Hochschulreife

seinen Einwand hin, daß er dies nicht annehmen könne, weil doch das Kind das Buch für den Unterricht brauche, meinte die Lehrerin, daß er sich keine Sorgen zu machen habe. Das Kind habe bereits das Buch komplett auswendig gelernt und habe alles im Kopf. STARRET 1998, 133.

91 Angaben für das Schuljahr 1995/96 gemäß NCERD 1996, 16 (Hervorhebungen durch Verf.).

(*„aṭ-ṭânawiyya al-ʿâmma“*) erwirbt. Die „1. Stufe der *aṭ-ṭânawiyya al-ʿâmma*“ meint also mitnichten die 1. Klasse der Oberstufe, sondern die 2. Klasse der Oberstufe. Die folgende Tabelle soll verdeutlichen, wie die Begriffe gebraucht werden:[92]

Die Oberstufe („Al-marḥala aṭ-ṭânawiyya al-ʿâmma“)

Arabische Bezeichnung	**Gemeint ist**	**Insgesamt**
1. Klasse (ṣaff) der *ṯânawiyya al-ʿâmma* (= Oberstufe)	1. Klasse (ṣaff) der Oberstufe	9. Klasse
1. Stufe (marḥala) der *ṯânawiyya al-ʿâmma* (= Abiturklasse)	2. Klasse (ṣaff) der Oberstufe	10. Klasse
2. Stufe (marḥala) der *ṯânawiyya al-ʿâmma* (= Abiturklasse)	3. Klasse (ṣaff) der Oberstufe	11. Klasse

Die OS wurde 1993 reformiert, nachdem man Vergleichsstudien über die Oberstufenausbildung in den USA, England und Frankreich eingeholt hatte.[93] Sie umfasst im ersten Jahr (= 9. Klasse) die Fächer Religion, Arabisch, erste und zweite Fremdsprache, Mathematik, Chemie, Physik, Biologie, Geschichte, Sozialkunde/Geografie, Staatsbürgerkunde, Kunst, Technik und Sport. Der Unterrichtsumfang beträgt 38 Wochenstunden.[94] Ab der 2. Klasse der OS (= 10. Klasse) können Schwerpunkte gewählt werden. Als Pflichtfächer bleiben Arabisch, erste und zweite Fremdsprache, Sport und Religion. Aus den naturwissenschaftlichen Fächern Chemie, Biologie, Geologie, Mathematik sowie Psychologie/Soziologie muss der Schüler drei Fächer auswählen, die jeweils mit 5 Stunden unterrichtet werden, wodurch der Schüler auf eine Gesamtzahl von 36 Wochenstunden kommt. In der Abschlussklasse (= 11. Klasse) findet sich als Pflichtfach keine zweite Fremdsprache mehr, dafür aber wieder Staatsbürgerkunde.

Als Wahlpflichtfächer wählt der Schüler wiederum drei Kurse unter Physik, Mathematik, Geschichte, Philosophie und Wirtschaftlehre/Statistik (je fünf Stunden) sowie einen Kurs (vier Stunden) unter den Fächern Kunst, Musik, Handels-, Landwirtschafts-, oder industrielle Aktivitäten aus. Die anderen Fächer bleiben gleich.

---

92 Die wechselnden Bezeichnungen führen zu Missverständnissen, nicht nur bei einem Europäer, sondern auch bei Ägyptern, die selbst die Oberstufe durchlaufen haben. Alle Ägypter, die ich nach dem verschiedenen Sprachgebrauch befragte, konnten mir keine plausible Erklärung liefern und behaupteten, daß mit der „1. Stufe der ṯânawiyya al-ʿâmma“ die 9. Klasse der Oberstufe gemeint und dies mit der „1. Klasse der ṯânawiyya al-ʿâmma“ identisch sei. Eine einheitliche Terminologie und Einteilung wäre von Vorteil. Wenn der Begriff *„marḥala“* exklusiv den drei Schulstufen Grundstufe, Mittelstufe und Oberstufe vorbehalten bliebe, und die letzten beiden Klassen als 2. und 3. Klasse (*ṣaff*) der Oberstufe bezeichnet würden, wäre die Einteilung weitaus klarer. Diese alternative Bezeichnung der beiden letzten Klassen der Oberstufe findet sich nur in der durchlaufenden *Fußzeile* des zweiten und dritten Buches der Schulbücher für Islamische Religionserziehung der Oberstufe. Dort heißt es „Islamische Religionserziehung, zweite [Klasse] der Oberstufe“ bzw. „Islamische Religionserziehung, dritte [Klasse] der Oberstufe“ (*at-tarbiyya al- islâmiyya ṯânî/ṯâliṯ ṯânawî*). Vgl. Teil B/III/1.

93 EMOE 2002, Achievements, 5.

Zusätzlich können in den beiden Klassen freiwillig verschiedene Vertiefungskurse gewählt werden, so dass die Schüler auf eine wöchentliche Stundenzahl von 36-38 Stunden kommen.

Verteilung der Unterrichtsstunden in der Oberstufe[95]:

1. Klasse (OS)	**Stunden**	**2. Klasse (OS)**	**Stunden**	**3. Klasse (OS)**	**Stunden**
		I. Pflichtfächer		**I. Pflichtfächer**	
Religionsunterricht	2	Religionsunterricht	2	Religionsunterricht	2
Arabisch	6	Arabisch	6	Arabisch	6
1. Fremdsprache	6	1. Fremdsprache	6	1. Fremdsprache	6
2. Fremdsprache	3	2. Fremdsprache	6	----	---
Staatsbürgerkunde	1	----	----	Staatsbürgerkunde	1
Sport	2	Sport	1	Sport	2
		II. Wahlpflichtfächer		**II. Wahlpflichtfächer**	
Mathematik	4	a) Mathematik		a) Mathematik	
Chemie	2	b) Chemie		b) Physik	
Naturwiss/Physik	2	---			
Biologie	2	c) Biologie		----	
Geschichte	2	---	3x5[96]	c) Geschichte	3x5[97]
---	---	d) Psychologie und Soziologie		d) Philosophie/Logik	
Sozialkunde/ Geografie	2	e) Geografie		e) Wirtschaftslehre/ Statistik	
Kunst/ Musik	2	---	---	a) Kunst[98]	
				b) Musik	
Praktisches Fachwissen aus Industrie, Landwirtschaft, Handel, Hauswirtschaft, Computer	2	---	---	c) Hauswirtschaft	
				d) Handelsaktivitäten	1x4
				e) Industrie-Aktivitäten	
				f) Landwirtschaftliche Aktivitäten	
				g) Computer	
Insgesamt	**38**	**Insgesamt**	**36**	**Insgesamt**	**36**
		III. Zusätzliche freie Wahlfächer		**III. Zusätzliche freie Wahlfächer**	
		Biologie	1	Arabisch	1
		Geologie und Umweltkunde	1	Erste Fremdsprache	1
				Mathematik	1
				Philosophie/Logik	1
		Maximal insgesamt	**38**	**Maximal insgesamt**	**40**

94 An Experimental-Schulen, die im fremdsprachlichen, naturwissenschaftlichen oder sportlichen Bereich Schwerpunkte setzen, kann sich diese Zahl auf bis zu 46 Stunden pro Woche erhöhen. Vgl. NCERD 1996, 17.

95 Zahlenangaben für das 1. Schuljahr 1995/96, für das 2./3. Schuljahr 1994/95 gemäß NCERD 1996, 17-18 (Hervorhebungen durch Verf.).

96 Von den folgenden 5 Fächern müssen drei ausgewählt werden, die 5stündig unterrichtet werden.

97 Von den folgenden 5 Fächern müssen drei ausgewählt werden, die 5stündig unterrichtet werden.

98 Von den folgenden 7 Fächern muss ein Fach ausgewählt werden, das 4stündig unterrichtet wird.

3. Islamischer und christlicher Religionsunterricht

Der Religionsunterricht ist in Ägypten in allen Schulformen und auf allen Klassenstufen verbindlich und soll 2-3stündig stattfinden. Grundlage hierfür ist das Gesetz Nr. 139 von 1981, das festlegt, dass „religiöse Erziehung ein grundlegendes Fach auf allen Bildungsstufen" ist.[99] Neben dem islamischen Religionsunterricht gibt es die Möglichkeit, dass parallel auch christlicher Religionsunterricht angeboten wird. Die orthodoxe, katholische und evangelische Kirche in Ägypten haben ein gemeinsames Curriculum und Schulbücher für alle Schulstufen entwickelt. Allerdings wird dem Religionsunterricht gegenüber dem katechetischen Unterricht in der Kirche („Sonntagsschulen") kaum Bedeutung zugemessen. Der Grund liegt darin, dass die koptischen Lehrer oft nicht qualifiziert sind, vom Schulleiter gegen ihren Willen und ohne Bezahlung zum Unterricht gezwungen werden oder dass sie bisweilen kaum Kontakt zu ihren Kirchen haben. Häufig fällt der christliche Religionsunterricht aus, weil Schulleiter die Organisation eines Religionsunterrichtes für die wenigen christlichen Schüler zu schwierig finden oder weil sie das Fach prinzipiell nicht unterstützen.[100] An ausländischen Privatschulen und Schulen unter christlicher Administration treten solche Probleme in der Regel jedoch nicht auf.

Ein Problem für koptische Schüler stellt der intensive Arabisch-Unterricht dar (12 Stunden in der Grundschule, 6 Stunden in Mittel- und Oberstufe). Denn hier müssen aus „sprachlichen Gründen" oftmals Koran-Zitate geschrieben und rezitiert werden oder sogar Bekenntnisse abgelegt werden: „Es gibt keinen Gott außer Gott und Muhammad ist sein Prophet ... Ich bin ein guter Muslim und faste im Ramadan etc..." Schüler, die sich weigern, werden in öffentlichen Schulen drangsaliert und bestraft. Faktisch ist der Arabisch-Unterricht durch seine starke Ausrichtung an Koran und islamischer Lehre ein zweiter islamischer Religionsunterricht, der jedoch auch für die Christen verbindlich ist.

Es gab verschiedene Versuche des Erziehungsministeriums in den letzten Jahren, diese starke islamische Prägung anderer Schulfächer abzumildern. Papst Schenuda III. hat einen Brief an den Erziehungsminister geschrieben mit der Bitte, Passagen aus den Schulbüchern zu tilgen, die Christen nur als islamische Indoktrination verstehen kön-

99 Zitat nach STARRET 1998, 118.

100 Bischof Yuḥanna Qulta berichtete in einem Gespräch mit dem Verf., dass eine christliche Mutter zu ihm gekommen sei, weil ihr Sohn im christlichen Religionsunterricht ständig diffamiert und lächerlich gemacht worden sei. Bischof Qulta bat die (muslimische) Direktorin um ein klärendes Gespräch. Die Direktorin entschuldigte sich, wenn so etwas vorgefallen sei, sagte aber, dass sie sich auch gar nicht vorstellen könne, wie so etwas möglich sei. Schließlich habe sie den besten Lehrer für den christlichen Religionsunterricht ausgewählt – einen streng gläubigen Muslim. Niemand kenne das Christentum besser als er, weil er ganz genau den Koran studiert habe und alles wisse, was dort über die Christen gesagt werde. REISS 2002 Bericht, 19.

nen. Der Erziehungsminister wollte dem entsprechen, wurde aber schon bald massiv unter Druck gesetzt, diese Pläne fallen zu lassen,[101] denn es gab einen Aufschrei in den Medien, dass die Verbindung zwischen der arabischen Sprache und der islamischen Tradition auf keinen Fall aufgeweicht werden soll. Dies sei aber nicht verfassungsgemäß, da der Islam nach der Verfassung und gemäß Gesetz 139 Staatsreligion und Arabisch dessen offizielle Sprache ist, die nur aufgrund der klassischen Texte des Koran und des Hadith erlernbar sei.[102]

4. Die obligatorischen Schulbücher

Die Buchabteilung des Erziehungsministeriums ist alleine für die Anfertigung und Verteilung der Schulbücher auf allen Bildungsebenen vom Kindergarten bis zur Oberstufe verantwortlich.[103] Die Schulbücher werden von Fachwissenschaftlern nach Rahmenvorgaben des Erziehungsministeriums angefertigt. Meist sind drei oder mehr Wissenschaftlicher damit beauftragt. Sobald die Texte vorliegen, werden sie im „National Center for Educational Research and Development“ (NCERD) graphisch und sprachlich vereinheitlicht und zu einem Textband zusammengestellt. Nur diese Ausgaben sind an allen Schulen Ägyptens zugelassen. Jedes Jahr überprüft das Institut die Schulbücher auf ihre didaktische und gesellschaftspolitische Aktualität. Dabei werden einzelne Texte überarbeitet, durch neue ergänzt oder anderen Einheiten zugeordnet.[104] Durch die ständige Über- und Umarbeitung, Kürzung oder Verbindung von ursprünglich getrennten Büchern entstehen Unstimmigkeiten, Redundanzen und Widersprüche.[105] Die Autorschaft eines Schulbuchs bzw. einzelner Textabschnitte ist oft kaum noch zu rekonstruieren. Christen sind zum Teil an der Schulbuchproduktion mit beteiligt, jedoch zeigen die analysierten Texte deutlich auf, dass muslimische Redaktoren bei Überarbeitungen „Islamisierungen“ vornahmen.[106]

In der Grund- und Mittelstufe gibt es in der Regel pro Fach und Schuljahr ein bis zwei Schulbücher, meist im DIN A 4-Format, im Umfang von 30-100 Seiten. Dazu gibt es meist Übungshefte in der gleichen Aufmachung, aber in etwas kleinerem Format, in denen der Stoff mit Fragen und Aktivitätsaufträgen vertieft werden soll. Sie

---

[101] Information von Kirchenpräsident Safwat al-Bayâdi im Interview am 7. 10. 2002. Vgl. STARRET 1998: „Under its current head, Husayn Kamal Baha' al-Din, the Minister of Education has been seen as secularizing the curriculum by reviewing the religious content of general education textbooks.“

[102] STARRET 1998, 114. 118.

[103] NCERD 1996, 33.

[104] SCHÄFER 2000, 8.

[105] Vgl. SCHÄFER 2000, 8.

[106] Vgl. unten Teil B, Kap. V.3.3. und VI.3.3.

sind mehrfarbig gedruckt, allerdings ist oftmals der Druck so verschwommen, dass man Bilder und Landkarten kaum erkennen kann. Für die Oberstufe wird in der Regel pro Fach im ersten Schuljahr ein Schulbuch im Umfang von 200-300 Seiten ausgeliefert, für die beiden letzten Schuljahre wird meist nur ein einziges Buch mit ähnlichem Umfang angeboten, da diese beiden letzten Klassen als Einheit angesehen werden.

Pro Schuljahr werden ca. 200 Schulbücher in ca. 160 Mio. Kopien gedruckt und verteilt (Zahlen des Schuljahrs 1995/96).[107] Die Buchabteilung des Erziehungsministeriums besitzt eine eigene Druckerei, aber wegen der großen Menge der Bücher müssen auch Aufträge an private Druckereien (von großen Zeitungen) vergeben werden. Die Schulbücher werden an „Educational Directorates" verteilt, die im ganzen Land verstreut sind. Delegierte dieser Direktorien müssen sich vom Ministerium in jedem Jahr eine Genehmigung bzw. Anweisung erteilen lassen, welche Schulbücher sie herausgeben dürfen und müssen in der Regel den Transport in ihre Region selbst organisieren. Schüler und Lehrer können dann vor Ort in speziellen Auslieferungsläden diese Bürn erhalten.[108] Die Schulbücher, die einzig als offizielle Lehrmittel zugelassen sind, können also nicht in einer öffentlichen Buchhandlung erworben werden.[109]

[107] Im Schuljahr 1995/96 waren es exakt 199 Schulbücher in 162.962.500 Kopien (Angabe gemäß NCERD 1996, 34).

[108] NCERD 1996, 34f.

[109] Zur Auswahl der obligatorischen Schulbücher vgl. die Ausführungen in der Einleitung (Methodologie - Gegenstand der Analyse), 36f.

Analyse der ägyptischen Schulbücher

I. Islamische Religionserziehung (Grundstufe)

1. Einleitung

Islamischer Religionsunterricht wird in der Grund- und Mittelstufe mit 3 Stunden, in der Oberstufe mit 2 Stunden pro Woche erteilt. Die Schulbücher der Grundstufe bestehen pro Klasse jeweils aus zwei Heften mit dem Titel „Die islamische Religionserziehung". In den ersten vier Grundschuljahren sind die Hefte äußerlich einheitlich gestaltet: Ein rechter Rand wird gebildet durch die permanente Wiederholung des Titels in kleiner Schrift. In der Mitte ist ein achteckiger Stern ۞ abgebildet, der vielfach in der künstlerischen Ausgestaltung von Moscheen vorkommt. Darin steht nochmals der Titel des Schulbuchs in Großbuchstaben. Pro Jahrgang wechselt die Farbe. Illustriert sind die Bücher mit ca. 20-25 Bildern. Dabei handelt es sich größtenteils um farbige Zeichnungen, teilweise aber auch um Fotos. Meist stehen die Illustrationen am Anfang einer Lektion. Ab der 5. Klasse ist ein Wechsel in der Gestaltung festzustellen. Als Titelbild dient nun ein Foto vom Meer/Himmel, vor denen die gemalte Silhouette von Minaretten und Kuppeln zu sehen ist. Das Bild wird unten begrenzt durch eine florale Ornamentik, oben durch ein Ornament, das an die ägyptischen Holzsteckarbeiten (*al-mašrabiyât*) erinnert. Die Fotos und Zeichnungen sind um die Hälfte reduziert, die Schriftgröße ist kleiner. Die Schulbücher bzw. -hefte für den islamischen Religionsunterricht in der Grundstufe haben einen Umfang von ca. 25-40 Seiten. Die Texte sind in großen Lettern und mit Vokalzeichen punktiert abgedruckt (vollständige Vokalisation in der 1-3 Klasse, Teilvokalisation ab der 4. Klasse).

Gemäß dem Vorwort in allen genannten Schulbüchern erschien die untersuchte Schulbuchreihe erstmals zum Schuljahr 1995/96 und wurde seitdem mehrfach überarbeitet. Als Verfasser werden pro Klassenstufe zwei bis drei Personen angegeben. In IRE GS 2/1 und IRE GS 2/2 wird die Art der Zusammenarbeit der Verfasser etwas deutlicher: Ḥasan Šaḥâta wird als Verfasser angegeben, Ali ʿAbd Al-Manʾam als Korrektor, Muḥammad Fahmî Ḥiğâzî als Überarbeiter. Es ist zu vermuten, dass bei den anderen Heften die Zusammenarbeit ähnlich erfolgte. Vier der Verfasser bzw. Korrektoren und Überarbeiter tragen einen akademischen Titel (Dr.). Für die Herausgabe und Redaktion wird nur in den beiden Heften für die 4. Klasse das „Zentrum für die Entwicklung von Curricula und Lehrmaterialien" genannt. Vermutlich gilt dies jedoch für die gesamte Reihe.

1.1. Bibliografische Angaben

In der Grundstufe wurden folgende Schulbücher untersucht, die für den Unterricht im Fach Islamische Religionserziehung vorgeschrieben sind (Edition 2001/2002):

Autoren	Titel	Umfang	Abk.
1. Muḥammad al-Fâtiḥ Al-Ḥusayni 2. Aḥmad Yaḥyâ Nûr al-Ḥağâğî 3. Al-Ḥusayni Muḥammad Al-Madâh	Die islamische Religionserziehung, 1. Klasse der Grundstufe, 1. Teil	5 Einheiten, 32 Seiten	IRE GS 1/1
1. Muḥammad al-Fâtiḥ al-Ḥusayni 2. Aḥmad Yaḥyâ Nûr al-Ḥağâğî 3. Al-Ḥusayni Muḥammad al-Madâh	Die islamische Religionserziehung, 1. Klasse der Grundstufe, 2. Teil	4 Einheiten, 32 Seiten	IRE GS 1/2
1. Ali 'Abd al-Man'am 2. Ḥasan Šaḥâta 3. Muḥammad Fahmî Ḥiğâzî	Die islamische Religionserziehung, Grundstufe, 2. Klasse, 1. Teil	5 Einheiten, 29 Seiten	IRE GS 2/1
1. Ali 'Abd al-Man'am 2. Ḥasan Šaḥâta 3. Muḥammad Fahmî Ḥiğâzî	Die islamische Religionserziehung, Grundstufe, 2. Klasse, 2. Teil	4 Einheiten, 27 Seiten	IRE GS 2/2
1. Aḥmad Muḥammad Ṣaqqar 2. Muḥammad ʿAbd al-Ḥamîd Ġurâb 3. Muḥammad Ṣalâḥ Farağ	Die islamische Religionserziehung, Grundstufe, 3. Klasse, 1. Teil	4 Einheiten, 30 Seiten	IRE GS 3/1
1. Aḥmad Muḥammad Ṣaqqar 2. Muḥammad ʿAbd al-Ḥamîd Ġurâb 3. Muḥammad Ṣalâḥ Farağ	Die islamische Religionserziehung, Grundstufe, 3. Klasse, 2. Teil	4 Einheiten, 32 Seiten	IRE GS 3/2
1. Abd Al-Ǧalîl Himmâd 2. Maḥmûd as-Ṣaqqârî 3. Ṣâbir ʿabd al- Man'am Muḥammad	Die islamische Religionserziehung, Grundstufe, 4. Klasse, 1. Teil	4 Einheiten, 38 Seiten	IRE GS 4/1
1. Abd Al-Ǧalîl Himmâd 2. Maḥmûd as-Ṣaqqârî 3. Ṣâbir ʿabd al- Man'am Muḥammad	Die islamische Religionserziehung, Grundstufe, 4. Klasse, 2. Studienteil	4 Einheiten, 42 Seiten	IRE GS 4/2
1. 'Abd Al-Ǧalîl Aḥmad Himmâd 2. Šâkir 'Abd Al-ʿAẓîm Muḥammad	Die islamische Religionserziehung, Grundstufe, 5. Klasse, 1. Teil	4 Einheiten, 41 Seiten	IRE GS 5/1
1. 'Abd Al-Ǧalîl Aḥmad Himmâd 2. Šâkir 'Abd Al-ʿAẓîm Muḥammad	Die islamische Religionserziehung, Grundstufe, 5. Klasse, 2. Teil	4 Einheiten, 34 Seiten	IRE GS 5/2

1.2. Aufbau und Inhalt

Die Hefte sind in 4 oder 5 „Einheiten" gegliedert, deren Inhalte (*„Lektionen der Einheit"*) und Lernziele (*„Was lernen wir in dieser Lektion?"*) jeweils zu Anfang am Rand angegeben werden. Die einzelnen Lektionen einer Einheit werden bisweilen durch eine Rahmengeschichte zusammengehalten, in der ein Vater seinen Sohn oder ein Lehrer seine Schüler unterweist, die Fragen stellen. Stets wird dann auf Korantexte hingewiesen, die in anderer Schrift und grün unterlegt besonders hervorgehoben werden. In den ersten Klassen werden die kürzeren Suren des Koran, d. h. die letzten Suren des Korans (90-114) ohne stärkere Verbindung zu den Inhalten der einzelnen Lektionen vorgestellt, und es erfolgen einige Wort-Erklärungen. Ab der zweiten Klasse ist ein stärkerer inhaltlicher Bezug der Korantexte zu den Inhalten festzustellen. Am Ende der Lektionen bzw. der Einheiten stehen „*Übungen*", die aus Lückentexten und Fragen bestehen, in denen die Inhalte zusammengefasst und überprüft werden.

Folgende Themenbereiche werden in der Grundschule angesprochen:

1. Erlernen der ersten kurzen Suren
2. Gott als Schöpfer aller Kreatur
3. Grundkenntnisse der islamischen Religion: Das Glaubensbekenntnis, die 5 Säulen des Islam, erste Offenbarungen, Eigenschaften Gottes, das Verhältnis zu den Juden
4. Religiöse Riten: Das Einzelgebet, das Gemeinschaftsgebet, die Waschung, der Ezzanruf, die Wallfahrt, der Ramadan, Regeln für die Rezitation und das Hören des Koran, die Pilgerwallfahrt
5. Historische Grundkenntnisse: Die Lebensumstände Muhammads, erste Bekehrungsgeschichten, Muhammad in Medina, Vorbilder des Glaubens aus der Frühzeit, Geschichte der Propheten (Noah, Moses und Abraham)
6. Einführung in richtiges muslimisches Verhalten: Gastfreundschaft, richtiges Reden, Sauberkeit, Höflichkeit, Ehrbezeugung gegenüber den Eltern, Armensteuer als Grundpflicht

Eine besondere Systematik in der Verteilung der Unterrichtsstoffe auf die Schuljahre kann nicht erkannt werden. Auffällig ist jedoch die starke Betonung der Schöpfungstheologie, die in jedem Schulbuch intensiv entfaltet wird und immer mit dem Aufruf zur innerlichen und äußerlichen Sauberkeit verbunden ist, so dass man als zentrale Botschaft, die in der Grundschule vermittelt wird, formulieren könnte: Der Islam ist eine saubere und reine Religion.

1.3. Gliederung

Einheiten, in denen das Christentum explizit, inklusiv oder implizit erwähnt wird, sind grau hinterlegt.

Islamische Religionserziehung, Klasse 1, Teil 1	Islamische Religionserziehung, Klasse 1, Teil 2
1. Einheit: Der Heilige Koran	1. Einheit: Der Heilige Koran
2. Einheit: Ein neuer Morgen	2. Einheit: Das Gebet
3. Einheit: Die Säulen des Islam	3. Einheit: Von den religiösen Erzählungen
4. Einheit: Ich glaube, dass es keinen Gott gibt außer Gott	4. Einheit: Islamische Sitten
5. Einheit: Ich glaube, dass Muhammad Gottes Prophet ist	

Islamische Religionserziehung, Klasse 2, Teil 1	Islamische Religionserziehung, Klasse 2, Teil 2
1. Einheit: Gott ist da	1. Einheit: Die Verrichtung des Gebetes
2. Einheit: Das Tun und die Vergeltung	2. Einheit: Der Prophet in Mekka
3. Einheit: Ich vollziehe die rituelle Waschung	3. Einheit: Die Flucht des Propheten
4. Einheit: Islamische Sitten	4. Einheit: Die Geschichte von Noah
5. Einheit: Die Religion ist [gutes] Benehmen	

Islamische Religionserziehung, Klasse 3, Teil 1	Islamische Religionserziehung, Klasse 3, Teil 2
1. Einheit: Gott der Erhabene vermag alles	1. Einheit: Vom Verhalten des Muslim
2. Einheit: Der Muslim ist bedacht darauf, die Anbetung zu verrichten	2. Einheit: Die Religion ist [gutes] Benehmen
3. Einheit: Der Islam ist die Religion des Erbarmens	3. Einheit: Der Prophet in Medina
4. Einheit: Von den Größen der islamischen Geschichte: Abu Bakr, der Freund	4. Einheit: Von den Geschichten der Propheten: Die Geschichte von Abraham

Islamische Religionserziehung, Klasse 4, Teil 1	Islamische Religionserziehung, Klasse 4, Teil 2
1. Einheit: Die göttliche Einheit und der Jüngste Tag	1. Einheit: Der Ramadan und das Fest
2. Einheit: Von den Anbetungen des Islam und seinen Sitten	2. Einheit: Von den religiösen Erzählungen
3. Einheit: Islamische Positionen	3. Einheit: Islamische Persönlichkeiten
4. Einheit: Lest den Koran!	4. Einheit: Die Rezitation und das Zuhören

Islamische Religionserziehung, Klasse 5, Teil 1	Islamische Religionserziehung, Klasse 5, Teil 2
1. Einheit: Gott weiß alles	1. Einheit: Die Glaubenswahrheiten
2. Einheit: Rufe zum Weg deines Herrn	2. Einheit: Der Soldat Gottes
3. Einheit: Dies ist unser Land	3. Einheit: Die Wiege des Islam
4. Einheit: Das Erbe der Propheten	4. Einheit: Sprich: Tut es

2. Quantität der Darstellung des Christentums

2.1. Ort und Umfang der Erwähnungen

Schulbuch	Einheit/ Seite	Ort der Erwähnung	Umfang		
			Ex-plizit	Inklu-siv	Im-plizit
IRE GS 1/1	E 5/ S 23-26	Die Geschichte von Abraha, dem äthiopischer Herrscher, der Mekka im Geburtsjahr Muhammads bedroht, wird erzählt.			49 Z 1 B
	E 5/ S 30	Bei der Vorstellung der Familie Muhammads wird die Koptin Maria erwähnt, von der Muhammads Sohn Ibrahim stammt.			2 Z
IRE GS 1/2		Keine Erwähnung des Christentums			
IRE GS 2/1		Keine Erwähnung des Christentums			
IRE GS 2/2	E 2/ S 7	Zur Einleitung der Offenbarung an Muhammad wird erklärt, dass es bereits Offenbarungen zuvor gegeben hat. Dabei werden als „himmlische Bücher“ neben dem Koran auch die Tora und das Evangelium von ʿIsâ (Jesus) erwähnt.		15 Z 1 B	
IRE GS 3/1		Keine Erwähnung des Christentums			
IRE GS 3/2	E 1/ S 5	In der Einheit über das rechte Verhalten des Muslims wird in einer Lektion beschrieben, was Toleranz bedeutet.			22 Z, 1 B
IRE GS 4/1	E 3/ S 29-30	In der Einheit über islamische Positionen wird zunächst der erfolgreiche Eroberungszug gegen die heidnischen Qurayš geschildert (*ġazwat al-badr*), sodann die Vertreibung eines jüdischen Stammes von Medina (Banû Qaynuqâʿ). Am Ende wird das Verhältnis der Muslime zu Juden und zu Christen miteinander verglichen und die nationale Einheit von Kopten und Muslimen hervorgehoben.	6 Z		30 Z
IRE GS 4/2		Keine Erwähnung des Christentums			
IRE GS 5/1	E 3/ S 24	Ḥaǧǧ Ramaḍân wird in einer Lektion als leuchtendes Vorbild eines gläubigen Muslims vorgestellt. Unter seinem vorbildlichen Verhalten wird auch genannt, dass er Menschen Gutes tat, ohne auf die Religion zu achten.			2 Z
IRE GS 5/2		Keine Erwähnung des Christentums			

2.2. Art und Quantität der Erwähnungen

Schulbuch	Umfang								
	Insgesamt	Erwähnungen des Christentums							
		Explizit		Inklusiv		Implizit		Insgesamt	
	S(eiten) = Z(eilen) + B(ilder)	Zeilen/ Bilder	Prozent	Zeilen/ Bilder	Prozent	Zeilen/ Bilder	Prozent	Zeilen/ Bilder	Prozent
IRE GS 1/1	32 S = 328 Z 20 B	0	0	0	0	49 Z 1 B	14,94%	49 Z 1 B	14,94%
IRE GS 1/2	32 S = 336 Z 28 B	0	0	0	0	0	0	0	0
IRE GS 2/1	29 S = 346 Z 20 B	0	0	0	0	0	0	0	0
IRE GS 2/2	26 S = 380 Z 25 B	0	0	15 Z 1 B	3,95%	0	0	15 Z 1 B	3,95%
IRE GS 3/1	30 S = 446 Z 20 B	0	0	0	0	0	0	0	0
IRE GS 3/2	32 S = 522 Z 20 B	0	0	0	0	22 Z 1 B	4,21%	22 Z 1 B	4,21%
IRE GS 4/1	38 S = 679 Z 21 B	6 Z	0,88%	0	0	30 Z	4,42%	36 Z 1 B	5,30% %
IRE GS 4/2	42 S = 707 Z 24 B	0	0	0	0	0	0	0	0
IRE GS 5/1	41 S = 750 Z 11 B	0	0	0	0	2 Z	0,27%	2 Z	0,27%
IRE GS 5/2	34 S = 615 Z 10 B	0	0	0	0	0	0	0	0
SUMME	**336 S = 5109 Z 199 B**	**6 Z**	**0,12%**	**15 Z**	**0,29%**	**103 Z**	**2,02%**	**124 Z**	**2,43%**

3. Qualität der Darstellung des Christentums

3.1. Die Einheit von Muslimen und Christen

Die einzige explizite Erwähnung des Christentums findet sich im ersten Schulbuch der 4. Klasse. Dort wird folgendes gesagt:

> *„Ismael unterbrach und sagte: ‚Ich habe einen christlichen Freund. Wir besuchen uns gegenseitig. Ich lerne mit ihm manchmal und gehe immer freundlich mit ihm um ...‘ Der Lehrer sagt: Das ist muslimisches Verhalten, Ismael! Wir in Ägypten, die Kopten und die Muslime, leben als Brüder, die sich lieben, zusammen. Wir arbeiten zusammen für das Gute. Wir teilen miteinander Glück und Unglück und*

> *stehen in einer Reihe zur Verteidigung des Vaterlandes auf ... Damit wird Sicherheit und Ruhe verwirklicht für unsere Nation und ihre Söhne.“*[1]

Die Passage wird mit einer Frage bei den Übungen nochmals aufgegriffen indem die Schüler die Frage beantworten sollen: „*Wie behandelst du deinen Freund, der ein Nichtmuslim ist?*“[2]

Diese Passage weist auf ein sehr positives Verhältnis zum Christentum hin. Die konkrete Beziehung von muslimischen und christlichen Schülern wird angesprochen. Der gegenseitige Besuch, das Miteinanderlernen wird als muslimisches (Wohl-) Verhalten bezeichnet. Kopten und Muslime werden als Brüder, die sich lieben und zusammenarbeiten, angesehen. Sie sind schicksalhaft miteinander verbunden und teilen wie in einer Ehe das Gute und Schlechte (*as-sarrâʾ waḍ-ḍarrâʾ*). Diese Schicksalsgemeinschaft dient einerseits zur Verteidigung des Vaterlandes nach außen (*lid-difâʿ ʿan al-waṭan*), aber auch zur Herstellung der inneren Sicherheit und Ordnung der islamischen Nation (*al-aman wal-amân lil-umma*).

Diese Passage ist die einzige Stelle in allen Schulbüchern für den Islamischen Religionsunterricht in der Grundstufe, in der explizit vom Christentum gesprochen wird. Warum es zu solcher Einigkeit kommt und welche Grundlage sie hat, wird nirgendwo erklärt. Es fehlt darüber hinaus jegliche Information darüber, wer die Christen bzw. die Kopten überhaupt sind. Der Kontext, in dem diese Zeilen stehen, gibt dem Abschnitt einen inhaltlichen Akzent, der über die muslimisch-christlichen Beziehungen hinausweist. Unmittelbar zuvor heißt es nämlich:

> *Aḥmad sagte: ‚Die Juden waren Verräter. Sie respektierten nicht die Verträge, die zwischen ihnen und den Muslimen bestanden. Sie achteten nicht die Rechte des Nachbarn ... die Muslime aber halten Verträge, behandeln den Nachbarn gut und behandeln die Angehörigen der anderen Religionsgemeinschaften gut.“*[3]

Muslime jedoch würden im Gegensatz dazu Verträge halten und den Nachbarn gut behandeln. Direkt im Anschluss folgt dann die oben zitierte Passage über das Christentum. Die Passage über das Christentum hat also weniger die Funktion, etwas über Christen auszusagen als die Funktion, nachzuweisen, dass die Muslime sich nicht so verhalten wie die Juden. Die Freundschaft zu Kopten wird erwähnt um zu beweisen, dass Muslime im Gegensatz zu den Juden die „Rechte des Nachbarn wahren“. Sie dient zweitens dazu, die Christen auf eine nationale Einheit einzuschwören, die gegen die Juden gerichtet ist. Sie dient drittens dazu, das mögliche Missverständnis bei den

[1] IRE 4/1, 30.

[2] Ebda.

[3] IRE GS 4/1, 29f.

Schülern auszuräumen, dass die festgestellte grundsätzliche Feindschaft zu den Juden auch auf die Christen übertragen wird.

3.2. Vorislamische Offenbarungen

Unter der Überschrift „Der Prophet in Mekka" wird über die Umstände der ersten Offenbarung des Korans an Muhammad berichtet, die er nach der Tradition in der „Nacht der Bestimmung" in einer Höhle bei Mekka erhielt und die jedes Jahr am Ende des Ramadan gefeiert wird. Zur Einleitung wird (in einem Gespräch zwischen Tochter und Vater) erklärt, dass es bereits zuvor Offenbarungen durch Gesandte gegeben habe:

> *„Meine Schwester sagte: ‚Papa, warum sandte Gott Propheten (w: Gesandte)?' Mein Vater antwortete: ‚Gott sandte die Propheten zum Geschenk für die Menschen, damit sie Gott alleine anbeten, dass sie auf dem rechten Weg geleitet werden, damit sie in Liebe und Frieden leben. Und Gott ließ auf sie die himmlischen Bücher herabkommen: Die Tora auf unseren Herrn Moses, das Evangelium auf unseren Herrn ʿĪsa, den Koran auf unseren Herrn Muhammad. Unser Herr Muhammad war aber der letzte der Propheten und es gibt keinen Propheten nach ihm.' Wir sagten: Papa, wir möchten die Geschichte kennen lernen, wie die Offenbarung anfing auf unseren Herrn Muḥammad hernieder zu kommen..."* [4]

Es folgt die Geschichte von der ersten Offenbarung Muhammads. Über dem zitierten Abschnitt wird ein Bild mit den drei Büchern „Die Tora", „Der edle Koran" und „Das Evangelium" gezeigt.

Muhammad wird hier in eine Reihe von Gottesmännern gestellt, die Offenbarungen erhalten haben. Alle werden mit dem gleichen Ehrentitel „Unser Herr" bezeichnet – ein Titel, der auch in der christlichen Tradition als Hoheitstitel von Jesus Christus benutzt wird. Zweifellos will man hier eine große Nähe der zentralen Offenbarungsschriften des Judentums, des Christentums und des Islam ausdrücken und dass sie in einer heilsgeschichtlichen Abfolge stehen. Es handelt sich dabei allerdings um eine Darstellung, die ganz und gar aus islamischer Perspektive erfolgt und zur christlichen oder jüdischen Sicht im Widerspruch steht.

Deshalb kann man diese Stelle nur in sehr eingeschränktem Maße als eine Stelle erachten, in der Informationen über das Christentum gegeben werden. Es handelt sich vielmehr um eine Passage, bei der *islamisches* Offenbarungs- und Schriftverständnis deutlich wird. Es ist eine Sicht, in der die Offenbarungen und Heiligen Schriften als integrativer Bestandteil des Islam angesehen werden. Die Art und Weise wie auch der Inhalt der Offenbarung wird in direkter Anlehnung an das Offenbarungsverständnis des Korans formuliert. Eine Darstellung der christlichen Offenbarung oder der christlichen Schriften wie Christen sie verstehen bzw. mit den real existierenden Schriften des Alten und Neuen Testamentes erfolgt hier nicht und ist auch nicht beabsichtigt.

3.3. Muhammads Ehe mit einer koptischen Christin

Im Zusammenhang mit der Vorstellung der Lebensumstände Muhammads wird am Ende des ersten Schulbuchs der 1. Klasse in einem Abschnitt über die Ehen des Propheten Muhammad berichtet. Der größere Teil wird der Zusammenarbeit und der Heirat Muhammads mit der Kauffrau Ḫadiğa gewidmet - eine eheliche Verbindung, die wegen ihrer Dauer, wegen ihrer Bedeutung für den sozialen Aufstieg des aus ärmlichen Verhältnissen stammenden Muhammads und wegen ihres Kinderreichtums besonders herausgestellt wird. Muhammads Ehe mit der Koptin Maria, aus der der Sohn Ibrahim hervorging, wird demgegenüber nur ganz am Rande erwähnt:

> *„Und sie alle [die zuvor aufgezählten Kinder Muhammads] sind von Ḫadiğa, außer Ibrahim, der ist von Maria, der Koptin.“* [5]

Die Gestalt der Koptin Maria hat im ägyptischen Kontext eine besondere Bedeutung: So wie bereits Muhammad durch seine Ehe mit einer Koptin schon eine persönliche Bindung mit den Christen Ägyptens eingegangen ist, so sind nicht wenige Muslime und christliche Frauen in der Geschichte und bis heute miteinander in einer Ehe verbunden. Die Kopten und Muslime Ägyptens sind darüber hinaus in einem nationalen Bund verbunden. Und so wie aus der Ehe Muhammads ein Kind hervorgegangen ist, so ist auch die heutige ägyptische Bevölkerung und Kultur größtenteils aus der Verbindung von Kopten und Muslimen hervorgegangen. Dies wird später im Sozialkundeunterricht mit Aussagen über die Einheit von Christen und Muslimen in Ägypten aufgegriffen.[6] Die Verbindung zwischen Muslimen und Kopten begann nicht erst mit der arabischen Eroberung, sondern wurde in der Ehe von Muhammad mit Maria, der Koptin, bereits exemplarisch vorgelebt.[7]

---

4 IRE GS 2/2, 7.

5 IRE GS 1/1, 30.

6 Vgl. SK MS 1/2, 77: „Mit dem Eintreten des Islam in das Land Ägypten mischte sich das Blut der Muslime mit dem Blut der Kopten. Die ankommenden Muslime heirateten koptische Frauen und das arabische Blut mischte sich mit dem Blut der Kopten und schuf ein einziges Gewebe, eine einzige Familie, die die Einheit des Landes und die Einheit der Ziele und des Schicksals vereint.“

7 Es ist darauf hinzuweisen, dass diese Thematik im Arabischunterricht einmal kurz aufgegriffen wird. Allerdings wird damit keine Gleichberechtigung begründet, sondern ein Protektionsverhältnis. In einem Buch der Mittelstufe heißt es: "Frau Maria ... begründete den Bund zwischen den Muslimen und den Schriftbesitzern ... und brachte den Prophet dazu, sich um die Kopten von Ägypten zu sorgen. Er sagte: 'Seid den Kopten wohlgesonnen, denn sie verdienen Schutz und

3.4. Äthiopische Christen bedrohen die Kaaba

In der ersten Klasse wird folgende Geschichte erzählt:

„Die Geschichte von den Besitzern des Elefanten

Die Leute pflegten bereits vor der Geburt unseres Herrn Muhammad zur Kaaba zu gehen, um in die edle [Stadt] Mekka zu pilgern. Unser Herr Abraham und sein Sohn unser Herr Ismael bauten die Kaaba. Es gab aber einen mächtigen König aus Äthiopien, dessen Name Abraha war. Abraha wollte die Leute von der Pilgerfahrt zur Kaaba abhalten, obwohl sie ein Haus Gottes war. Er baute ein großes Haus im Jemen und forderte von den Leuten, dass sie dorthin pilgern sollten. Aber die Leute pilgerten nicht zu dem Haus, das Abraha gebaut hatte. Da erzürnte Abraha und hob ein großes Heer aus, vor dem ein dicker Elefant herging. Und er näherte sich Mekka, um die Kaaba zu zerstören.

Die Liebe zum Vaterland:

Die Leute von Mekka liebten ihre Stadt, weil sie dort lebten. Die Leute riefen zu Gott, dass er sie und ihr Vaterland vor dem Feind beschütze. Und Gott antwortete auf das Rufen der Leute von Mekka. Gott sandte eine Schar von Vögeln, die kleine Steine trugen, sie auf die Armee von dem Unterdrücker Abraha warfen und es vernichteten. Da freute sich das Volk von Mekka, denn Gott hatte ihr Vaterland vor den Unterdrückern gerettet. Und du, oh muslimischer Schüler, sollst ebenso dein Vaterland lieben, es verteidigen, wenn es von irgendeinem Unterdrücker angegriffen wird, denn du lebst in ihm, ernährst dich von seinen Gütern und trinkst das gesegnete Wasser seines Nils.

Gott erzählt uns die Geschichte von den Herren des Elefanten in der Sure des Elefanten [Sure 105]*: ‚Im Namen Gottes, des barmherzigen und gnädigen Gottes. 1 Hast du nicht gesehen, wie dein Herr seinerzeit mit den Leuten des Elefanten verfahren ist? 2 Hat er nicht ihre List misslingen lassen 3 und Scharen von Vögeln über sie gesandt, 4 die sie mit Steinen von Ton bewarfen, 5 und hat er sie dadurch nicht saft- und kraftlos werden lassen wie ein abgefressenes Getreidefeld?‘“*[8]

Abraha, der König aus Äthiopien, der nach islamischer Tradition die Kaaba im Geburtsjahr Muhammads zerstören und ein anderes Heiligtum aufbauen wollte, wird zwar im Text nicht explizit als Christ gekennzeichnet. Dies kann jedoch den Kindern bekannt sein, oder es bedarf nur eines kurzen Hinweises auf das Christsein des Herrschers durch den unterrichtenden Lehrer. Damit könnte diese Geschichte als Beispiel eines frühen interreligiösen Kampfes um eine islamische Kultstätte interpretiert werden, bei der den Christen implizit die Rolle eines Aggressors zugewiesen wird. Eine solche Sichtweise wird später im Geschichtsunterricht bei den Kreuzrittern im Zusammenhang mit der Eroberung Jerusalems als Charakteristik der Christen vermittelt

Erbarmen.' So hat also der Prophet diese Anordnung als ein Gesetz hinterlassen, das von den Muslimen befolgt werden soll." (AR MS 1/1, 22f.).

8 IRE GS 1/1, 24-26.

und taucht dann bei der Behandlung der französischen Besatzung wieder auf.[9] In einen solchen Kontext gestellt, wäre diese Passage als Teil eines umfassenden Diskurses zu interpretieren: Christen bedrohen islamische Kultstätten, Gott aber bewahrt die Gläubigen vor diesem Angriff. Muslime werden aufgerufen, ihr Vaterland gegen solche Bedrohungen von (christlichen) Invasoren zu verteidigen.

3.5. Die Toleranz als muslimische Tugend

In der dritten Einheit der fünften Klasse wird Ḥaǧǧ Ramaḍân als leuchtendes Vorbild eines gläubigen Muslim vorgestellt: Er besucht die Armen, gibt ihnen Geld. Er stellt ein Stück Land für einen Moscheenbau zur Verfügung, sammelt für den Bau einer Schule. Er liebt die Kinder.[10] Die Lehrer der Schule, die er finanzierte, wie auch die Ärzte eines kleinen Krankenhauses, für das er Spenden sammelte,

> *„setzten sich mit ihm zusammen und er forderte sie zur Gottesfurcht auf, zur Liebe zu seinem Gesandten, zur Liebe zu den Menschen, dass sie ihnen Gutes tun und gute Werke vollbringen für sie, ohne zu unterscheiden nach Geschlecht oder Religion oder Farbe, denn die Ägypter sind alle Brüder in der Liebe Gottes und des Vaterlands. Und immer wiederholte er das Wort Gottes des Erhabenen [Sure 18,30]: ‚Diejenigen, die glauben und tun, was recht ist, diejenigen, die recht handeln, bringen wir nicht um ihren Lohn' (Sure „Die Höhle", 30)"*[11]

Hier wird ein humanistischer Ansatz als grundlegend für den Islam beschrieben, der sich erheblich unterscheidet von der traditionellen Toleranz, die speziell nur gegenüber den Schriftreligionen geübt wird: Es geht nicht um eine gewisse Toleranz, die einer speziellen Gruppe, den Schriftbesitzern, zugestanden wird aufgrund dessen, dass sie den gleichen Gott anbeten, sondern es geht um eine prinzipielle Haltung gegenüber *allen* anderen Menschen, ungeachtet des Geschlechts, der Religion oder der Rasse. Begriffe aus dem Völkerrecht werden benutzt und mit dem Islam verbunden. Es zeigt, dass man völkerrechtliche Vereinbarungen nicht nur anerkennt, sondern sie auch in der religiösen Erziehung als Grundpfeiler und vorbildliche Tugenden der eigenen Religion vermitteln will.

Die prinzipielle Beziehung zu anderen Menschen spielt noch in einer Lektion mit dem Titel „Der Muslim ist tolerant" eine Rolle. Diese Stelle ist besonders wichtig, weil hier der Toleranzbegriff in einfachen Worten definiert wird:

---

9 Vgl, REISS 2003 Europa, 35-49.

10 IRE GS 5/1, 23f.

11 IRE GS 5/1, 25.

„Zu den muslimischen Sitten, die wir heute behandeln, gehört die Tugend der Toleranz (at-tasâmuḥ). Ein Schüler fragt: ‚Was bedeutet Toleranz?' Der Lehrer antwortet: ‚Die Bedeutung von Toleranz, mein Sohn, ist, dass wir jemandem vergeben, der uns Schlechtes angetan hat, und dass wir nicht zulassen, dass der Zorn über uns herrscht. Wenn aber eine Meinungsverschiedenheit zwischen uns besteht, dann lösen wir dies durch Verständigung und Gespräch, und wer einen Fehler begangen hat, entschuldigt sich. Der Kamerad akzeptiert aber diese Entschuldigung und ist tolerant zu ihm.“[12]

Diese Definition von *at-tasâmuḥ*, dem Schlüsselbegriff für Toleranz, der in den Schulbüchern und in interreligiösen Dialogen für die Haltung von Muslimen gegenüber Christen (und Juden) immer wieder gebraucht wird, ist von großer Bedeutung. Es zeigt sich, dass es bei *at-tasâmuḥ* nicht so sehr um eine Duldung, Respektierung oder Akzeptanz eines anderen wegen seines Andersseins geht, sondern um einen Akt der Vergebung und des Nichtvollzugs einer eigentlich gerechten Strafe. Richtig und falsch, gut und böse müssen nicht erst im gemeinsamen Diskurs gefunden werden, sondern es wird von vornherein vorausgesetzt, dass einer Recht hat und der andere nicht. Der Schuldige, Sünder bzw. der, der einen Fehltritt begangen hat, *al-muḫaṭṭiʾ*, muss sich entschuldigen. Der andere akzeptiert diese Entschuldigung. Als Beispiel für die Ausübung von *at-tasâmuḥ* wird im Text daran erinnert, dass Muhammad sich nicht an den heidnischen Einwohnern von Mekka rächte, nachdem er siegreich zurückgekehrt und die Stadt eingenommen hatte. Angewandt auf das christlich-muslimische Verhältnis bedeutet das: Wenn in den Schulbüchern zur Toleranz im Sinne von *at-tasâmuḥ* gegenüber Nichtmuslimen aufgerufen wird, so bedeutet das, dass muslimische Schüler Nachsicht und Großmut gegenüber Anderen üben sollen. Es bleibt aber klar, dass die anderen die Sünder und Nichtgläubigen sind, die durch ihr Beharren auf ihren Glauben im Unrecht sind und in der Schuld stehen. Der Muslim soll lediglich nicht die ihnen gebührende gerechte Strafe an ihnen vollziehen. *At-tasâmuḥ* meint daher eher Nachsicht, Großmut oder Duldung gegenüber den sich im Unrecht befindlichen Religionen, als Toleranz im Sinne einer gegenseitigen Anerkennung von gleichwertigen und gleichberechtigten Religionen.[13]

---

[12] IRE GS 3/2, 5.

[13] Gegen Kriener, der behauptet, daß *at-tasâmuḥ* im Unterschied zum lateinischen Begriff Toleranz "eher ein gegenseitiges Gestatten" bedeute. Vom Wortstamm gesehen ist dies zwar richtig, aber die hier gegebene Definition zeigt, daß *at-tasâmuḥ* durchaus gerade auch für assymetrische Beziehungen gebraucht wird. KRIENER 2001, 27.

4. Evaluation

4.1. Zusammenfassung

Betrachtet man die Gliederung und die Tabellen der quantitativen Analyse (Kap. I.1.3; I.2.1 und I.2.2.), so wird deutlich, dass das Christentum im Fach Islamische Religionserziehung in der Grundstufe nur am Rande erwähnt wird. Nur ein einziges Mal, bei der Darstellung des Verhältnisses zum Judentum in der 4. Klasse, ist von ihm explizit die Rede. Die Textpassage umfasst 6 Zeilen (0,88 % des Buches). In der ganzen Buchreihe nimmt diese explizite Erwähnung den Raum von 0,12 % ein. Eine inklusive Passage (3,95% des Buches) befasst sich mit den früheren Offenbarungen. Dabei wird das Evangelium als islamische Offenbarungsschrift betrachtet.

Daneben gibt es Passagen, die implizit für die Position des Christentums wichtig sind. Teilweise handelt es sich um Geschichten, in denen von äthiopischen Christen gesprochen wird, teilweise handelt es sich um ethische Anweisungen. Indirekt sind auch die Kapitel von Bedeutung, in denen über die Auseinandersetzungen mit dem Judentum gesprochen wird. Das Verhältnis zum Judentum wird deutlich abgegrenzt zu dem Verhältnis, das zum Christentum besteht. Solche impliziten Erwähnungen finden sich in den Bänden IRE GS 1/1, IRE GS 3/2, IRE GS 4/1 und IRE GS 5/1. Die Summe aller dieser Stellen, die im weitesten Sinne implizite bzw. indirekte Aussagen über das Verhältnis zum Christentum treffen, umfasst 2,02 % des gesamten Textes der Schulbücher. Daraus ist zu ersehen, dass eine interreligiöse Fragestellung in den Schulbüchern für den Islamunterricht selbst dann noch marginal bleibt, wenn man die Grenzen der relevanten Stellen sehr weit fasst.

An den wenigen Stellen, wo vom Christentum die Rede ist, wird jedoch ein weitgehend positives Bild vom Christentum gezeichnet. Mit den Christen lebt man in einer Schicksalsgemeinschaft zusammen. Muhammad selbst hat bereits eine Koptin geheiratet. Daraus wird allerdings keine besondere Beziehung zu den Kopten oder den Christen abgeleitet. Die vorislamische Offenbarung im Evangelium wird anerkannt. In der Beschreibung des Evangeliums drückt sich das islamische Verständnis der Offenbarungsschriften aus. Über die Heiligen Schriften, die im Christentum verehrt und gebraucht werden und deren Verständnis und Bedeutung im Christentum, erfährt der muslimische Schüler nichts. Die Anerkennung früherer Offenbarungen bezieht sich nicht auf die real existierenden Schriften, die das Christentum benutzt, sondern auf nicht näher beschriebene Schriften, deren Inhalt und Charakter in genauer Entsprechung zu dem Koran gesehen werden. Gegenüber dem Judentum besteht eine grundsätzliche Feindschaft, nicht aber gegenüber dem Christentum. Dieses steht auf der Seite des Islam. An der Haltung der Muslime gegenüber den Christen könne man erkennen, dass der Islam viel toleranter ist als die Juden.

4.2. Bewertung und kritische Anfragen

Die Informationen sind quantitativ und qualitativ als defizitär zu bezeichnen. Worin die christliche Religion besteht, woran christliche Mitschüler glauben und wie sie ihren Glauben praktizieren, wird im islamischen Religionsunterricht nirgendwo thematisiert. Dort, wo man auf Gemeinsamkeiten kommt, bei den früheren Offenbarungen, wird die christliche Perspektive nicht zum Thema gemacht, sondern es wird lediglich eine inklusive Sicht des Islam auf das Christentum deutlich.

Es fehlt der Hinweis darauf, dass Christen mehrere Evangelien und weitere Schriften benutzen und dass Juden neben der Tora auch noch Geschichtsbücher, den Psalter und prophetische Bücher als Heilige Schrift anerkennen. Dies würde einerseits dem islamischen Offenbarungsverständnis gerecht werden, zum anderen aber würde es deutlich machen, dass Christen und Juden weitere Schriften als Offenbarungsquellen benutzen, die nicht im Koran erwähnt werden.[14]

Die einzige Passage, die im Zusammenhang mit der Frage nach muslimisch-christlichen Beziehungen explizit vom Christentum spricht (vgl. Kap. I.3.1), zielt weniger auf die Darstellung der christlich-muslimischen Brüderlichkeit und Einheit, als darauf, ein gemeinsames Feindbild gegen das Judentum aufzubauen. Sachliche Informationen sowohl über das Christentum als auch das Judentum fehlen. Pauschale Vorurteile und Angriffe, die gegen das Judentum hier und noch an anderen Stellen erhoben werden, bleiben gegenüber dem Christentum aus. Welches sind nun die Vorwürfe, die man den Juden macht, aber offenbar nicht den Christen?

- In Klasse 3 werden die Juden als Leute dargestellt, die den Vertrag von Medina brachen und die man deswegen vertreiben musste.[15]
- In Klasse 4 wird über die oben genannten Vorwürfe hinaus, dass sie die Rechte der Nachbarn nicht achten, festgestellt, dass die Juden "hinterlistig", "falsch", "den Muslimen gegenüber feindselig eingestellt" seien und "die heiligsten Dinge der Muslime angreifen".

[14] Eine andere Möglichkeit bietet die Erläuterung des Wortes „Inğîl". Islamische Pädagogen aus der Türkei weisen oft darauf hin, daß das Wort „Inğîl" nicht nur das Evangelium, sondern auch das gesamte Neue Testament meinen könne. Eventuell könnte man also einfach erläutern, daß „Inğîl" das Neue Testament meine, das die Christen benutzen und das neben den 4 Evangelien, Briefe der Apostel, die Apostelgeschichte und die Offenbarung des Johannes umfaßt. Es ist jedoch kritisch zu fragen, ob mit einer solchen Interpretation nicht traditionelles islamisches Offenbarungsverständnis christlichem in unzulässiger Weise angepaßt wird. Außerdem ist im Arabischen die Identifizierung von Inğil mit dem Neuen Testament nicht in gleicher Weise gegeben, da man normalerweise präziser vom "'ahd al-ğadid" bzw. von dem "kitâb al-muqaddas" spricht, wenn man das Neue Testament meint.

[15] IRE GS 3/2, 21f.

Ein Lernziel der Lektion ist, dass die Kinder erkennen sollen, dass die "Juden ein Volk des Betrugs und Verrats" sind.[16]

- In Klasse 5 wird wiederholt, dass die Juden Verräter und Betrüger sind, dass die Juden den Propheten zu töten versuchten, dass sie alles sinnlos zerstören, dass sie die Feinde der Muslime und Gottes sind, dass alle Juden gleich sind, dass sie im Diesseits (durch die Muslime) und im Jenseits (durch Gott) für ihre Vergehen bestraft werden.[17]

Es ist also eine deutliche Neigung zur interreligiösen Polemik festzustellen, während andererseits genauere Informationen über das Judentum und das Christentum fehlen.[18] Diese Ausführungen sind auch für das Christentum bedeutsam. Wenn man sich nicht scheut, solche massiven Vorurteile gegenüber dem Judentum auszusprechen, andererseits aber solche Vorurteile nicht über das Christentum in den Schulbüchern findet, so bedeutet das, dass man diese Vorurteile dem Christentum offenbar auch nicht hat bzw. sie zumindest nicht vermitteln möchte. Nirgendwo findet sich in den islamischen Religionsbüchern jedenfalls ein Satz, dass Christen generell Verräter seien oder Verträge nicht halten. Nirgendwo wird gesagt, dass Christen die Rechte der Nachbarn verletzen, dass sie mutwillig zerstören. Nirgendwo wird behauptet, dass sie stets und überall dieselbe Haltung einnehmen würden. Nirgendwo findet sich eine Aussage, dass Gott die Christen gestraft habe oder dass er sie im Jenseits strafen werde. Christen werden offenbar in einem deutlich positiveren Licht gesehen als Juden.[19]

Das ist erstaunlich, weil es in der islamischen Geschichte nach ersten Auseinandersetzungen in der Frühzeit eher die Christen waren, die oft in Verdacht gerieten, Hochverrat zu begehen, die in der Tat bei Rückeroberungen muslimisches Eigentum zerstörten und über die Jahrhunderte zum Dauerfeind der Muslime wurden. Es waren schließlich meist christliche Gegner, mit denen die islamischen Reiche verfeindet waren (Byzanz, Kreuzfahrer, Kolonialmächte). Man befürchtete – teilweise zurecht, teilweise zu unrecht -, dass Christen im islamischen Herrschaftsbereich mit ihren Glaubensgenossen in Europa gemeinsame Sache machen könnten. Insoweit würde es viel näher liegen, diese des Verrats zu verdächtigen als die Juden, die in der Geschichte keine mächtigen politischen Gegner waren und oftmals unter den Christen mehr zu leiden hatten als unter den Muslimen. Es ist historisch belegt, dass insbesondere in Krisenzeiten Christen aus diesem Grunde von Pogromen betroffen waren. Juden hin-

16 IRE GS 4/1, 29f.

17 IRE GS 5/2, 11-16. Zur detaillierten Analyse dieser Stellen vgl.: REISS 2003 Juden, Teil 1.

18 Statt das Christentum für eine gemeinsame Feindschaft gegenüber dem Judentum zu vereinnahmen, wäre es sinnvoller, einige Informationen zum Christentum anzubieten.

gegen galten eher als vertrauenswürdig und loyal zum muslimischen Staat, auch wenn sie bisweilen von Pogromen mit betroffen waren.[20] Was sich hier widerspiegelt ist gerade nicht die Erfahrung einer jahrhundertealten jüdisch-muslimischen Auseinandersetzung, sondern eher die Erfahrung des 20. Jahrhunderts, in dem Ägypten mehrere Kriege gegen Israel führte. Es ist der moderne Staat Israel, gegen den sich vornehmlich die christlich-muslimische Einheit richtet, aber durch die historische Verallgemeinerung wird daraus eine allgemeine Feindschaft gegenüber den Juden.[21]

Die inklusive Sicht auf das Christentum kommt insbesondere in der Darstellung der Bedeutung des Evangeliums zum Tragen (vgl. Kap I.3.2): Jesus hat nach christlicher Tradition nicht wie später Muhammad von Gott Offenbarungen empfangen, die dann in einem Buch namens „Evangelium" festgehalten wurden. „Das" Evangelium gibt es nach christlicher Tradition nicht, sondern es gibt mehrere davon. Das Buch, das die Christen benutzen, ist nicht eine Sammlung der Offenbarungen an Jesus, sondern eine Zusammenstellung von Berichten über das Leben und Sterben Jesu aus verschiedenen Perspektiven, von Sammlungen der Worte Jesu, einer Geschichtsdarstellung der ersten Gemeinden (Apg), einer Sammlung von Briefen und Schriften verschiedener Verfasser sowie einer apokalyptischen Schrift. Jesus hat den Text des Neuen Testaments oder der Evangelien nicht durch eine Offenbarung erhalten. Vielmehr handelt es

---

19 Zur Darstellung des Judentums in den ägyptischen Schulbüchern vgl. REISS 2002 Image of Jews; STARRET 2003; EISSA/TORONTO 2003; REISS 2003 Juden (Teil I); CMIP 2004 Egyptian Textbooks.

20 Vgl. LEWIS 1987, 61f.: „Jedenfalls gibt es, von der frühen religiösen Literatur abgesehen, keinen Beweis dafür, daß Juden mit größerer Feindseligkeit betrachtet oder schlechter behandelt wurden, als es Christen unter Muslimischer Herrschaft widerfuhr. Manche Anzeichen sprechen vielmehr dafür, daß Christen eher Verdächtigungen ausgesetzt waren als Juden. In den vierzehn Jahrhunderten islamischer Geschichte war der Hauptfeind des Islam meistens die Christenheit. Es waren die oströmischen Kaiser und andere christliche Herrscher, denen die ersten muslimischen Eroberer Syrien, Palästina, Ägypten, Nordafrika, Sizilien und Spanien entrissen. Es war das christliche Abendland, von dem die Reconquista und die Kreuzzüge ausgingen, um die verlorenen Gebiete zurückzuerobern, einige für eine begrenzte Zeit, manche auf Dauer. Es war wiederum gegen das christliche Abendland gerichtet, als die Türken die neue islamische Eroberungswelle vorantrieben, die sie zweimal bis vor die Stadtmauern Wiens brachte. Und es war schließlich eine weitere Gegenoffensive aus dem christlichen Abendland, von westlichen wie östlichen Großmächten gleichermaßen, durch die der größere Teil des muslimischen Asiens und Nordafrikas eine Zeitlang unter christliche Herrschaft geriet. Bei den christlichen ḏimmîs bestand stets der Verdacht, daß sie zumindest mit dem christlichen Feind sympathisierten – ein Verdacht, der manchmal durchaus begründet war. Solchem Mißtrauen waren die Juden nicht ausgesetzt, und in bestimmten Situationen – beispielsweise im Osmanischen Reich während des 15. und 16. Jahrhunderts – wurden sie bei der Vergabe von diffizilen Posten eindeutig bevorzugt."

21 Zur Problematik eines christlich-islamischen Bündnisses gegen Israel und die Juden vgl. REISS 2002 Bündnis.

sich um Aufzeichnungen nach dem Tode Jesu, die den Glauben der christlichen Gemeinde an den Auferstandenen und die Geschichte der ersten Christen widerspiegeln.

Wollte man einen Vergleich mit den islamischen Schriften ziehen, so könnte man die Evangelien und das Neue Testament eher mit der Sunna vergleichen: So wie es Berichte über Muhammad und seine Gefährten gab, die für den sunnitischen Islam bis heute maßgeblich für die Schriftauslegung sind, so gibt auch das Neue Testament verschiedene Berichte über Jesus und seine Nachfolger wieder, mit dem die Offenbarungsschrift des „Alten Testaments" ausgelegt wird.

Eine ähnliche Differenz im Verständnis kann auch bei der Verwendung des Begriffs der „Torah" aufgezeigt werden. Die Torah, d. h. der Pentateuch, ist nach religionswissenschaftlichen Forschungen nicht von Moses selbst geschrieben worden und versteht sich selbst nur zum Teil als unmittelbares Wort Gottes an Moses bzw. an das Volk Israel. Zudem muss daran erinnert werden, dass neben der Tora auch noch die Propheten und die Geschichtsbücher Bestandteile des Alten Testaments sind.[22] Andererseits müssen auch Christen sich daran erinnern lassen, dass es auch im Judentum und Christentum eine Jahrhunderte währende Tradition gab, die die ersten 5 Bücher unmittelbar Moses zuschrieb und dass auch Christen eine grundlegende Uminterpretation der Hebräischen Bibel vornahmen, in dem sie sie als „Altes Testament" einstufte, und sie nur selektiv benutzte zur Legitimation für die eigene Offenbarung: Wenn z. B. die religionsgeschichtliche Forschung mit ziemlicher Sicherheit nachweisen kann, dass die Gottesknechtslieder und viele messianische Verheißungen sich kaum auf Jesus Christus beziehen lassen, so hindert das die Kirchen nicht daran, diese Texte regelmäßig an Weihnachten zu verlesen, um genau diese Beziehung, die wissenschaftlich sehr umstritten ist, liturgisch aufrecht zu erhalten.

Zudem basiert die muslimische Aussage vom „Evangeliumsbuch" möglicherweise durchaus auf einer richtigen Beobachtung des orientalischen Christentums. In allen östlichen Kirchen kann „Das Evangelium" durchaus im Sinne *eines* Buches verstanden werden, nämlich im Sinne des liturgisch verwendeten Evangeliars, dem in allen orthodoxen Gottesdienstformen besondere Verehrung entgegengebracht wird, mit dem Prozessionen durch die Kirche vollzogen werden, das geküsst wird und vor dem man sich verneigt. Und wenn man einen orthodoxen Gottesdienstbesucher fragt, was denn in

---

22 Aus jüdischer Sicht mit abweichender Zuordnung heißen die Teile תורה נביאים וכתובים). Die eingeschränkte Sicht auf die jüdisch-christlichen Schriften und die Heilsgeschichte läßt sich nach van Ess allgemein für die Einstellung des Islam behaupten. Vgl. ESS/KÜNG 2001, 35: „Das Alte Testament schrumpft auf den Pentateuch und den Psalter (der auf David, gleichfalls einen Propheten nach islamischer Auffassung, als Offenbarung herabgesandt wurde); daneben erstarrt aller geschichtliche Fluß zum bloßen Beispiel. Jesu Handeln und Leben treten zurück vor seiner Predigt, und was er predigt, ist das, was alle Propheten predigten: Monotheismus."

diesem Buch zu finden ist, so bekommt man normalerweise die Antwort „Das Evangelium, die Botschaft Jesu Christi". Auch wenn es dem religionshistorischen und literarwissenschaftlichen Kenntnisstand widerspricht, so muss doch festgehalten werden, dass die Darstellung möglicherweise an eine korrekte Beobachtung der liturgischen Praxis des orientalischen Christentums erinnert.

Dennoch muss festgehalten werden, dass die Religionsbücher, die scheinbar über andere Religionen informieren, nicht wirklich über die real existierenden Religionen Judentum und Christentum informieren. Was vermittelt wird, ist vielmehr die allochthone Sicht des Islams auf diese Religionen. Die Erläuterungen sagen viel mehr etwas über den Islam aus, als dass sie etwas über die anderen Religionen sagen. Die islamischen Religionsbücher erfüllen damit nicht den Aspekt der Multiperspektivität.[23]

Der Angriff eines christlichen Herrschers auf die Kaaba in vorislamischer Zeit (vgl. oben Kap. I.3.4) ist ein erster Hinweis darauf, dass Christen aggressive Angreifer sein können, vor denen sich Muslime schützen müssen. Problematisch ist nicht zuletzt das Toleranzverständnis, das im islamischen Religionsunterricht entfaltet wird. Es geht nicht von einer Gleichberechtigung aus, sondern von einem protektionistischen Verhältnis, in dem einem, der nicht im Recht ist, nur Verschonung von der eigentlich gerechten Strafe gewährt wird (vgl. oben Kap. I.3.5).

Zu Beginn des Religionsunterrichts wird über die Existenz verschiedener Religionen nichts gesagt. Statt Grundinformationen über einige Religionen zu liefern, mit denen Muslime in der Vergangenheit und in der Gegenwart zusammenleben, werden in mehreren Kapiteln pauschale Antijudaismen entfaltet.[24] Es wird zwar deutlich, dass solche Vorbehalte und Vorurteile gegenüber dem Christentum nicht bestehen, aber damit erschöpft sich auch schon die Information.

23 Die gleiche Konzeption findet sich auch in den palästinensischen Schulbüchern. Vgl. unten Teil 2/B, Kap. I.3.2.

24 Zu den Antisemitismen vgl. Teil B, Kap. I.3.1 und REISS 2003 Juden.

II. Islamische Religionserziehung (Mittelstufe)

1. Einleitung

Wie in der Grundstufe wird auch der Islamunterricht in der Mittelstufe mit drei Stunden pro Woche durchgeführt, und es gibt für das Fach jeweils zwei Schulbücher pro Klasse im Umfang von ca. 50-70 Seiten. Die Schulbücher sind äußerlich einheitlich gestaltet: In der Mitte der grün gehaltenen Vorderseite blickt man durch eine runde Öffnung auf eine Moschee. In den beiden Heften der 6. Klasse ist der Felsendom abgebildet, in der 7. Klasse die große Moschee mit der Kaaba in Mekka, in der 8. Klasse die Minarette der Al-Azhar. Der Titel der Reihe „Die Islamische Religionserziehung" ist in Kalligrafie darüber geschrieben. Daneben ist das Emblem des Erziehungsministeriums (Schulbuchabteilung) mit dem ägyptischen Adler abgedruckt. Auf der Rückseite befindet sich ein gleich bleibender Text, mit dem den Kindern eingeprägt werden soll, um was es in der Religion geht:

„Meine geliebten Söhne und Töchter,
- *Die Religion ist [gutes] Umgehen und [rechtes] Verhalten*
- *Die Religion ist Glauben, Großmut, Zusammenarbeit und Liebe.*
- *Die Religion ist Benehmen und Betragen und Anstand mit Wohlerzogenheit*
- *Die gute Behandlung deiner Eltern, Verwandten und Freunde*
- *Die Liebe deines Bruders so wie du dich selbst liebst*
- *Die Zeiteinteilung nach Prioritäten*
- *Es ist dein Recht, deine Meinung frei auszudrücken, aber du musst auch die anderen Meinungen respektieren*
- *Die ausgewogene Speise ist notwendig für den Aufbau des Körpers*
- *Die Ausübung der sportlichen Aktivitäten vergrößert deine Kraft und Energie"*

Die drei bis vier Einheiten jedes Schulbuches werden durch farbige Ränder gekennzeichnet. In den Texten sind meist nur noch die Endungen vokalisiert. Gemalte Illustrationen und Fotos wechseln einander ab. Als Verfasser werden für die Schulbücher IRE MS 1/1, 3/1 und 3/2 drei Personen, für die Schulbücher IRE MS 1/2, 2/1 und 2/2 vier Personen angegeben, von denen zwei einen akademischen Titel (Dr.) tragen. Die Reihe versteht sich als Umsetzung von Empfehlungen, die man bei einem „Kongress zur Entwicklung der Bildung der Mittelstufe" 1994 erarbeitet hatte. Die erste Auflage, die zum Schuljahr 1995/1996 erfolgte, unterlag gemäß dem Vorwort der Schulbücher einer „ständigen Weiterentwicklung und Erneuerung". Die Reihe ist abgesehen von der ersten Einheit, in der vor allem die Korantexte abgedruckt werden, in der Regel in Gestalt einer (fingierten) Schülerdiskussion abgefasst, bei der der Lehrer sich zurückhält, „damit der Lehrer nicht allein in der Rolle des Predigers und Ermahners ist“.[1] Diese Darstellung soll zugleich Vorbild für die Durchführung des Unterrichtes selbst sein. Wie man sich das vorstellt, wird aus einer Lektion des zweiten Schuljahrs der Mittelstufe ersichtlich, die diesen Stil beschreibt:

> *„Die Lehrerin für den Religionsunterricht hatte sich daran gewöhnt, die Lektion für ihre Schülerinnen in Form eines Gesprächs und einer Diskussion zu halten, damit sie an jedem einzelnen Schritt teilnehmen und damit sie die Rolle annehmen, Antworten zu geben in allen Lektionen [statt nur passiv zuzuhören]“.*[2]

Im Folgenden wird der Unterrichtsstoff konsequent als Gespräch zwischen Schülern präsentiert, zu dem der Lehrer nur bisweilen etwas beiträgt. Die Aufgabe des Gesprächspartners für die Kinder kann auch wechseln. So kann dies z. B. auch eine historische Person sein, von der ein Gespräch mit seinen Schülern berichtet wird oder auch ein Vater, der sich mit seinen Kindern unterhält.

1.1. Bibliografische Angaben

In der Mittelstufe wurden folgende Schulbücher untersucht, die für den Unterricht im Fach Islamische Religionserziehung vorgeschrieben sind (Edition 2001/2002):

Autoren	Titel	Umfang	Abk.
1. Muḥammad Al-Fâtiḥ Al-Ḥusaini 2. Aḥmad Yaḥyâ Nûr Al-Ḥağâğ 3. Al-Ḥusaini Muḥammad Al-Madâh	Die islamische Religionserziehung, Mittelstufe, 1. Klasse 1. Teil	4 Einheiten 49 Seiten	IRE MS 1/1
1. ‘Abd Al-Ḫalîl Himâd 2. Ṣabir ‘Abd Al-Man‘am Muḥammad 3. Samîr Yûnis Ṣalâḥ 4. Zakaryâ Taha Manṣûr	Die islamische Religionserziehung, Mittelstufe, 1. Klasse, 2. Teil	4 Einheiten 57 Seiten	IRE MS 1/2
1. ‘Abd Al-Ḫalîl Himâd 2. Ṣabir ‘Abd Al-Man‘am Muḥammad 3. Samîr Yûnis Ṣalâḥ 4. Zakaryâ Taha Manṣûr	Die islamische Religionserziehung, Mittelstufe, 2. Klasse, 1. Teil	5 Einheiten 49 Seiten	IRE MS 2/1
1. ‘Abd Al-Ḫalîl Himâd 2. Ṣabir ‘Abd Al-Man‘am Muḥammad 3. Samîr Yûnis Ṣalâḥ 4. Zakaryâ Taha Manṣûur	Die islamische Religionserziehung, Mittelstufe, 2. Klasse, 2. Teil	4 Einheiten 60 Seiten	IRE MS 2/2
1. Muḥammad Al-Fâtiḥ Al-Ḥusaini 2. Aḥmad Yaḥyâ Nûr Al-Ḥağâğ 3. Al-Ḥusaini Muḥammad Al-Madâh	Die islamische Religionserziehung, Mittelstufe, 3. Klasse 1. Teil	4 Einheiten 70 Seiten	IRE MS 3/1
1. Muḥammad Al-Fâtiḥ Al-Ḥusaini 2. Aḥmad Yaḥyâ Nûr Al-Ḥağâğ 3. Al-Ḥusaini Muḥammad Al-Madâh	Die islamische Religionserziehung, Mittelstufe, 3. Klasse 2. Teil	4 Einheiten 61 Seiten	IRE MS 3/2

[1] Vorwort IRE MS 1/1.

[2] IRE MS 2/1, 21.

1.2. Aufbau und Inhalt

Die Schulbücher sind - abgesehen vom ersten Studienteil des zweiten Schuljahres - in vier „Einheiten" gegliedert, die jeweils mehrere „Lektionen" beinhalten. Der Inhalt der Einheiten wird auf der ersten Seite der Einheiten kurz beschrieben. Jede Lektion wird mit Lernzielen unter der Überschrift *„Was lernen wir in dieser Lektion"* eingeleitet. Die Schulbücher haben einen weitgehend gleichen Rahmen.

Die erste „Einheit" ist immer dem „Heiligen Koran" gewidmet. Eine oder mehrere Suren werden abgedruckt, es gibt eine kurze Einleitung zu jeder Sure, Worterklärungen und einige Regeln der Koranrezitation (*aḥkâm at-taǧwîd*). Am Ende der Lektion und der Einheit wird das Gelernte mit mehreren Fragen überprüft. Die letzte „Einheit" berichtet unter verschiedenen Überschriften[3] über historische Eroberungszüge aus der Frühzeit des Islam, und es werden einzelne Führungspersönlichkeiten aus der Frühzeit des Islam vorgestellt, die Vorbildfunktion haben und von besonderer Bedeutung sind.

Die zweite und dritte Einheit bieten theologische Themen: Viel Raum wird der Schöpfungstheologie eingeräumt. So wird z. B. Gott in der Schöpfung, das Verhältnis der Menschen zum Wasser, zur Luft, zu den Pflanzen und zu den Tieren, die Stellung des Menschen in der Schöpfung, die Bebauung der Erde, die Gründung einer sozialen Gemeinschaft in verschiedenen Lektionen behandelt. An zweiter Stelle stehen heilstheologische und sozial-ethische Themen: Die Bedeutung der Religion für den Menschen, die prophetische Botschaft, die Prädestination, der Islam und die soziale Ordnung des Lebens, der Monotheismus als Grundlage für die Freiheit, islamische Werte. Ein dritter Themenkreis befasst sich mit religionspraktischen Fragestellungen: Fastenbestimmungen, Regeln für die Zusammenlegung von Gebetszeiten, Einzelbestimmungen für die Pilgerwallfahrt, Erleichterungen bei religiösen Pflichten in Sonderfällen u. ä. Am Ende der Bücher finden sich Beispiele für Prüfungsfragen, in denen der gesamte Stoff des Halbjahres überprüft wird.

---

3 IRE MS 1/1 und 1/2: „Die Anbetung Gottes und der Ǧihâd"; IRE MS 2/1 und 2/2: „Eroberungszüge und Persönlichkeiten des Islam"; IRE MS 3/2: „Der Ǧihâd auf dem Wege Gottes". Nur in IRE MS 3/1 fehlt ein solches Abschlusskapitel.

1.3. Gliederung

Islamische Religionserziehung, Mittelstufe, Klasse 1, Teil 1	**Islamische Religionserziehung, Mittelstufe, Klasse 1, Teil 2**
1. Einheit: Der Heilige Koran	1. Einheit: Der Heilige Koran
2. Einheit: Die Macht Gottes und seine Vorsehung	2. Einheit: Der Mensch und der Plan Gottes
3. Einheit: Der Mensch und der Plan Gottes	3. Einheit: Der Mensch und seine Verbindung mit der Schöpfung
4. Einheit: Die Anbetung und der Kampf (*ǧihâd*)	4. Einheit: Die Anbetung und der Kampf (*ǧihâd*)

Islamische Religionserziehung, Mittelstufe, Klasse 2, Teil 1	**Islamische Religionserziehung, Mittelstufe, Klasse 2, Teil 2**
1. Einheit: Der Heilige Koran	1. Einheit: Der Heilige Koran
2. Einheit: Der Mensch und der Plan Gottes für die zwei Welten	2. Einheit: Der Mensch und der Plan Gottes
3. Einheit: Die Einfachheit des Islam in der Anbetung	3. Einheit: Der Mensch und die Schöpfung
4. Einheit: Islamische Eroberungszüge und Persönlichkeiten	4. Einheit: Die Einfachheit des Islam in der Anbetung
--	5. Einheit: Islamische Eroberungszüge und Persönlichkeiten

Islamische Religionserziehung, Mittelstufe, Klasse 3, Teil 1	**Islamische Religionserziehung, Mittelstufe, Klasse 3, Teil 2**
1. Einheit: Die Sure zum Auswendiglernen und Rezitieren	1. Einheit: Der Heilige Koran
2. Einheit: Islamische Werte	2. Einheit: Der Glaube an das Verborgene, die Prädestination und das Jenseits
3. Einheit: Der Islam und die soziale Ordnung	3. Einheit: Die Anbetung Gottes
4. Einheit: Die Anbetung Gottes	4. Einheit: Der Kampf (*ǧihâd*) auf dem Weg Gottes

2. Quantität der Darstellung des Christentums

2.1. Ort und Umfang der Erwähnungen

Schulbuch	**Einheit/Seite**	**Ort der Erwähnung**	**Explizit**	**Inklusiv**	**Implizit**
IRE MS 1/1	E 3/ S 32	Es wird vermittelt, dass ein Muslim die Aufgabe habe, mit allen Menschen auszukommen, ungeachtet seiner Religion. Es wird von einer „vaterländischen Bruderschaft" gesprochen, die der Islam als eines der grundlegenden Prinzipien gebracht habe.			14 Z 1 B
	E 4, S 46	Im Zusammenhang mit dem Friedensvertrag von Ḥudayba wird erwähnt, dass Muhammad die Könige der Nachbarländer zum Islam aufrief.			2 Z
IRE MS 1/2	E 2, S 20, S 22	Nach Erläuterung der Aufgabe der Menschen, die Gott an die Menschheit schickte, wird u. a. auf die koranische Bestätigung der Person Jesu verwiesen.		17 Z	

	E 4, S 54	Die Persönlichkeit von Ḫâlid Ibn Al-Walîd wird beschrieben, der Kriege gegen Persien und Byzanz führte. Die Schlacht am Yarmuk wird erwähnt, bei der die Byzanz eine vernichtende Niederlage erlitt.			3 Z
IRE MS 2/1	E 2, S 22, S 28	In der Lektion das „Religionsverständnis" wird von einem Kind darauf hingewiesen, dass die Religion immer gleich geblieben sei.		20 Z	
IRE MS 2/2	E 5, S 52-55	Die Schlacht von Mu'ta wird beschrieben, die sich gegen die byzantinische Armee richtete. Die Lektion hat das Ziel, dem Schüler zu verdeutlichen, dass er das Recht zum ǧihâd bis zum Martyrium oder Sieg hat.			75 Z 1 B
	E 5, 57f.	Bei Ǧa'far Ibn Abû Ṭâlib wird erwähnt, dass er bei der Flucht nach Abessinien ein Religionsgespräch über Jesus mit dem äthiopischen Negus führte.		16 Z	
IRE MS 3/1	E 2 S 38-42	Islamische Grundwerte werden behandelt, darunter die Werte der Religionsfreiheit, der Meinungsfreiheit, der Freiheit des Denkens und des Ausdrucks, der Freiheit der Wissenschaft, der bürgerlichen Freiheit.			94 Z
IRE MS 3/2	E 4 S 54-57	Am Beispiel der Schlacht von Tabuk, in dem die Muslime gegen das byzantinische Heer kämpften, sollen die Schüler die Konzeption des „Ǧihâd um Gottes Willen" kennen lernen.			15 Z 1 B

2.2. Art und Quantität der Erwähnungen

Schulbuch	Umfang								
	Insgesamt	Erwähnungen des Christentums							
		Explizit		Inklusiv		Implizit		Insgesamt	
	S(eiten) = Z(eilen) + B(ilder)	Zeilen/ Bilder	Prozent	Zeilen/ Bilder	Prozent	Zeilen/ Bilder	Prozent	Zeilen/ Bilder	Prozent
IRE MS 1/1	49 S = 929 Z 14 B	0	0	0	0	16 Z 1 B	1,72%	16 Z 1 B	1,72%
IRE MS 1/2	57 S = 980 Z 15 B	0	0	17 Z	1,73%	3 Z	0,31%	20 Z	2.04%
IRE MS 2/1	49 S = 904 Z 10 B	0	0	20 Z	2,21%	0	0	20 Z	2,21%
IRE MS 2/2	60 S = 1059 Z 23 B	0	0	16 Z	1,51%	75 Z	7,08%	91 Z	8,59%
IRE MS 3/1	70 S = 1354 Z 22 B	0	0	0	0	94 Z	6,94%	94 Z	6,94%
IRE MS 3/2	60 S = 1269 Z 17 B	0	0	0	0	15 Z 1 B	1,18%	15 Z 1 B	1,18%
SUMME	**345 S = 6495 Z 101 B**	**0**	**0**	**53 Z**	**0,82%**	**203 Z 2 B**	**3,13%**	**256 Z 2 B**	**3,94%**

3. Qualität der Darstellung des Christentums

3.1. Die Sendung der Propheten

Im zweiten Buch der 1. Klasse Mittelschule gibt es ein Kapitel über das *„Vorbild der Propheten"*. Die Sendung von „Propheten" wird damit erklärt, dass der Mensch nicht dazu fähig war, die göttliche Führung zu verstehen und einzuhalten. Deshalb habe Gott Menschen zur Übermittlung der Botschaft Gottes gesandt. In einem Abschnitt über den *„Glauben an die Gesandten"* wird dann folgendes ausgeführt:

> *„Gott der Erhabene schickte menschliche Gesandte, deren Zahl und Namen wir nicht kennen. Wir sollen aber an die Gesandten glauben, die in dem edlen Koran und in den edlen Versen erwähnt werden. So sagt der Erhabene: 'Das ist unser unanfechtbarer Beweis, den wir Abraham seinem Volk gegenüber gewährt haben, und wir haben seinen Rang erhoben. Wir erheben den Rang wie wir wollen, denn dein Herr ist allwissend und unendlich weise. [Abraham] schenkten wir Isaak und Jakob. Beide haben wir recht geleitet. Lange davor leiteten wir Noah recht. Von seinen Nachkommen haben wir David, Salomo, Hiob, Joseph, Moses und Aaron recht geleitet. Wie wir sie belohnt haben, belohnen wir alle, die das Gute tun. Recht geleitet haben wir auch Zacharias, Johannes, Jesus und Elias. Sie alle gehören zu den Rechtschaffenen. Recht geleitet haben wir den Ismael, Elisa, Jonas und Lot. Wir haben sie allen Menschen vorgezogen.“*[4]

Obwohl Muhammad damit eingereiht wird in eine ganze Schar von unzähligen „Gesandten" bzw. Propheten, unter denen auch alttestamentliche und neutestamentliche Personen genannt werden und obwohl hier eine Bestätigung der Sendung biblischer Personen erfolgt, ist damit nicht eine Anerkennung der jüdisch-christlichen Tradition intendiert. Das Bild, das mit diesen Personen hier verbunden wird, stimmt nicht mit dem Verständnis dieser Personen im Christentum und Judentum überein. Zudem wird im Kontext der Darstellung die Sendung von Gesandten aus der jüdischen und christlichen Tradition nur als Legitimation für die letztgültige und abschließende Sendung Muhammads benutzt. Dies wird in der anschließenden Lektion *„Die versiegelnde Botschaft“* zum Ausdruck gebracht:

> *„Da sandte er zu ihnen Muhammad mit der Religion des Islam, damit die Rechtleitung, die Gesetzgebung und die vornehmen Charaktereigenschaften vervollkommnet würden. Muhammad aber war der letzte der Gesandten und der Islam war das Siegel der Religionen und mit dem deutlich erkennbaren Bild stellte er den Unterschied fest, dass der Gesandte [Muhammad] das Siegel der Propheten ist.“*[5]

---

4 IRE MS 1/2, 21.

5 IRE MS 1/2, 22.

Dass es gravierende Differenzen hinsichtlich der Darstellung der biblischen Personen gibt, lässt sich an einer Lektion ablesen, die im 2. Schuljahr der Mittelstufe bearbeitet wird und den Titel „*Das Religionsverständnis*" trägt.

> „*Rabâb [eine Schülerin] sagte: Können wir von daher verstehen, [Frau] Lehrerin, dass die Religion, die Gott auf Noah, Abraham, Moses und Jesus – Gott segne sie und schenke ihnen allen Heil - herabkommen ließ, der Islam gewesen ist? Die Lehrerin sagte: Ja, der Islam ist die Religion Gottes, die er auf seine Gesandten herabkommen ließ als Geschenk für ihre Völker. Er ließ Teile seiner einen Religion auf jeden Gesandten herabkommen um den Zustand seines Volkes* [des jeweiligen Gesandten] *zu verbessern. Die göttlichen Botschaften vor der besiegelnden Botschaft waren spezielle Botschaften an bestimmte Völker und als die Menschheit ihre Reife erreicht hatte und es leichter wurde, dass sich jeder mit dem anderen in Verbindung setzte, da sandte Gott seinen Gesandten Muhammad – Gott segne ihn und schenke ihm Heil - mit der umfassenden versiegelnden Botschaft. Deshalb sagt Gott zu unserem Herrn Muhammad – Gott segne ihn und schenke im Heil* [Sure 34, 28]*: 'Wir haben dich zu allen Menschen als Verkünder froher Botschaft und Warner gesandt. Doch die meisten Menschen wissen es nicht.'*"[6]

Und in der gleichen Einheit wird später dazu noch ausgeführt, dass

> „*der Monotheismus das herausragende Charakteristikum in allen himmlischen Religionen gewesen ist, dass alle Propheten und Gesandten dazu aufriefen, dem einzig einen Gott zu dienen, seit Adam bis hin zu Muhammad.*"[7]

Die hier wiedergegebenen Informationen geben das traditionelle islamische Verständnis der Prophetie wieder. Die Botschaft aller Propheten ist von Anfang an und zu allen Zeiten gleich geblieben und ist identisch mit der Botschaft von Muhammad. Moses, Abraham, Jesus und alle anderen Propheten haben stets nichts anderes getan als zum Islam und zum Glauben an den einen Gott aufzurufen. Die Religion Gottes ist einzig und allein der Islam, denn ursprünglich sind nach islamischem Verständnis jüdischer und christlicher Glaube identisch mit dem Islam. Der Unterschied besteht nur darin, dass frühere Propheten ihre Botschaften nur regional und zeitlich begrenzt an ihre jeweiligen Völker zu ihrer Zeit vermittelten, während die Botschaft Muhammads die endgültige ist, die sich für alle Zeiten an alle Völker richtet. Man erfährt aus diesen Texten sehr viel über das islamische Offenbarungsverständnis und wie man die Anknüpfung an frühere Offenbarungen versteht: Sie sind insoweit gültig und werden anerkannt als man sie als identisch ansieht mit der Botschaft, die die eigene Religion verkündigt.

---

6 IRE MS 2/1, 22.

7 IRE MS 2/1, 28.

3.2. Das "Religionsgespräch" in Äthiopien

Im Zusammenhang mit biografischen Notizen zu den drei muslimischen Märtyrern, die in der Schlacht von Mu'ta fielen, wird ein Religionsgespräch wiedergegeben, das der Märtyrer Ǧa'far Ibn Abû Ṭālib in Äthiopien mit dem christlichen König Äthiopiens, dem Negus, führte:

> *„Er [Ǧaʿfar Ibn Abû Ṭālib] und seine Frau nahmen früh den Islam an und flohen nach Äthiopien. Er spielte eine Rolle im Gespräch mit dem ‚Negus', dem König Äthiopiens. Und dies weil die Polytheisten der Quraiš* [in Mekka, vor denen die Muslime flüchten mußten] *eine Delegation mit Geschenken nach Äthiopien sandten* [um die Auslieferung der geflüchteten Muslime zu bewirken].
>
> *Der König Äthiopiens stellte folgende Frage an die Muslime: ‚Was ist das für eine Religion, mit der ihr euer Volk gespalten habt und mit der ihr unsere Religion nicht nötig habt?*
>
> *Da erhob sich Ǧaʿfar, um zu antworten und sagte: Oh König, wir waren ein Volk der Unwissenheit. Wir haben Götzen angebetet und das Tote* [nicht rituell geschlachtetes Fleisch] *gegessen, wir begingen Hurerei, wir verletzten Verwandtschaftsbande und haben die Nachbarschaft schlecht behandelt, der Starke unter uns hat den Schwachen ausgenommen* [w: gefressen], *bis Gott uns den Gesandten aus unserer Mitte geschickt hat. Er rief uns dazu auf, Gott allein zu verehren und ihm zu dienen, befahl uns in rechter Weise zu sprechen, uns auf das Vertrauen und auf das Erbarmen zu verlassen und gut zu der Nachbarschaft zu sein. Und wir hörten mit der Hurerei und dem falschen Reden auf und wir gaben ihm recht und glaubten an ihn und wir verehrten Gott allein und gesellten ihm nichts bei* [keine anderen Götter] *und erachteten verboten, was uns verboten war. Aber unser Volk peinigte uns und sie behandelten uns ungerecht, so dass wir auszogen in dein Land und deine Nachbarschaft wünschten.*
>
> *Da fragte der Negus: ‚Habt ihr etwas von dem mit euch, was eurem Gesandten herabgesandt wurde?' Ǧaʿfar sagte: ‚Ja.' Der Negus sagte: ‚Lies es mir vor!' Da schickte sich Ǧaʿfar an, von den Versen der Sure Marjam* [Sure 19] [8] *in Anstand und Demut vorzulesen. Da weinte der Negus und alle Religionsgelehrten von den Christen. Der Negus sagte: Das ist genau das, womit Jesus –Friede sei über ihm – kam. Es kommt aus demselben lichten Ort. Geht! Bei Gott, ich werde sie nicht ausliefern."*

An dieser Stelle wird in der Prophetenbiografie berichtet, dass das Gespräch zunächst beendet war und dass es nur aufgrund der Intervention eines Abgesandten der Quraiš am folgenden Tag zu einem nochmaligen Gespräch kommt, weil dieser den König darauf aufmerksam macht, dass die Muslime eine ungeheuerliche Irrlehre verbreiten,

[8] Die Sure Marjam (Sure 19) berichtet über die Geburt Johannes des Täufers und die von Gott bewirkte Geburt Jesu durch die jungfräuliche Maria und hat eine große Nähe zur Kindheitsgeschichte des Lukasevangeliums.

in dem sie behaupten, dass Jesus nur ein Mensch sei. Der Text lässt diesen Einschub jedoch weg und fährt sofort mit dem Dialog fort:

> *"Dann fragte der Negus: Was sagt ihr über Jesus? Und Ǧaʿfar antwortete: Wir sagen über ihn, was uns über ihn von unserem Propheten- Gott segne ihn und schenke ihm Heil - überliefert wurde - er ist der Diener Gottes und sein Gesandter, sein Wort, das er an Maria gerichtet hat und Geist von ihm. Da jubelte der Negus, bestätigte [das Gesagte] und verkündete, dass dies es sei, was der Messias selbst über sich gesagt habe. Dann sagte er zu ihnen: Geht, ihr sollt sicher sein in meinem Lande."*[9]

Dieses „Religionsgespräch", eine leicht gekürzte Fassung aus dem „Leben des Propheten"[10], ist von herausragender Bedeutung innerhalb aller Einheiten in der Mittelstufe, denn es bringt als einziges eine lebendige theologische Diskussion zwischen einem Christen und einem Muslim zum Ausdruck. Wie an keiner anderen Stelle wird hier deutlich, dass es zwischen den Lehren des Christentums und des Islam beträchtliche Übereinstimmungen gibt. Die Thematik findet allerdings nur im Zusammenhang einer Märtyrerbiografie am Rande Erwähnung und ist in einer Einheit angesiedelt, bei der es vor allem um die Begründung des religiösen Ǧihâd geht, der in der Auseinandersetzung mit den byzantinischen Christen entwickelt wird.[11]

3.3. Christen, die Feinde des Islam

Im Zusammenhang mit biografischen Erläuterungen zu dem Eroberer Mekkas, Ḫâlid Ibn Al-Walîd, wird erwähnt, dass er nach dem Krieg gegen Persien zum Krieg gegen Byzanz aufgefordert wurde und sogleich einen vernichtenden Schlag ausführte:

> *„... dann wandte er sich gegen Syrien, um das muslimische Heer zum Sieg im Krieg gegen Byzanz zu führen. In der Gegend des [Flusses] Yarmuk siegten die Muslime über die Byzantiner und es wurden 150.000 von ihnen getötet..."*[12]

Eine der ersten großen Feldzüge gegen die Christen führte also gleich zu einem Blutbad. Die Schlacht wird aufgelistet als eine der ruhmreichen Taten des Märtyrers. Die Schlacht von Mu'ta, bei der es um einen Kampf gegen christlich-arabische Stämme und gegen byzantinische Truppen geht, ist weniger wegen ihrer historischen Bedeutung, sondern mehr im Blick auf ihre didaktische Verwendung von Bedeutung. Als Erläuterung zur Überschrift der Einheit („*Eroberungszüge und muslimische Persönlichkeiten*") wird nämlich folgende Erläuterung gegeben:

---

9 IRE MS 2/2, 57f.

10 Vgl. IBN ISHÂQ 1976, 66-68.

11 Vgl. die Einleitung der Einheit, S. 108.

12 IRE MS 1/2, 54.

„Diese Einheit behandelt einen der islamischen Eroberungszüge, den Raubzug von Mu'ta, zu dem die Muslime auszogen, um die Byzantiner zu bekämpfen, die ihre Ungläubigkeit (kufr) verkündet hatten und den Gesandten Gottes - Gott segne ihn und schenke ihm Heil - töten wollten. Dieser Eroberungszug war ein Symbol für die Tapferkeit und Mannhaftigkeit der muslimischen Reiter [namens] Zaid Ibn Ḥâriṯa, Ǧaʿfar Ibn Abû Ṭâlib und Ibn Rawâḥa, die allesamt getötet wurden während sie das Banner des Islam trugen. Nach ihnen trotzte aber Ḫâlid Ibn Al-Walîd – möge Gott an ihm Wohlgefallen haben - der Todesgefahr bis Gott den Muslimen den Sieg vorherbestimmte [wörtl. „schrieb"]. Wisse aber, mein lieber muslimischer Schüler, dass der Muslim das unersetzbare Recht hat im Krieg auf den Sieg oder das Martyrium."[13]

Und als Lernziel der ersten Lektion, in der der Feldzug geschildert wird, wird angegeben:

„Was lernen wir in dieser Lektion? Dass ich um Gottes willen den Ǧihâd durchführe bis ich eine von zwei guten Zielen erreiche: das Martyrium oder den Sieg: Und der Märtyrertod um Gottes willen ist eine große Ehre"[14]

Als Grund für den Feldzug wird die Ablehnung des Rufs zum Islam genannt:

„Der Gesandte - Gott segne ihn und schenke ihm Heil - wollte, dass die Botschaft des Islam die Könige und Emire erreicht. Deshalb ließ er ihnen ein Schreiben durch Männer seiner Gefolgschaft zukommen, in dem er sie zum Islam aufforderte und dazu, ihre Vielgötterei (aš-širk) zu lassen...".

Der Bote wurde aber verhöhnt und getötet, woraufhin Muhammad ein Heer von 3.000 Muslimen aushob und gegen die übermächtigen Byzantiner marschierte:

„Die muslimische Armee setzte sich in Marsch mit festem Glauben und Stärke, um die Feindschaft der Byzantiner in aš-Šâm (Syrien-Palästina) zu entgegnen. Aber die Muslime wussten, dass das byzantinische Heer aus 100.000 Soldaten bestand und ihnen weitere 100.000 zur Seite standen, die Šuraḥbîl Al-Ġassânî unter den christlichen Arabern gesammelt hatte. Die Muslime beratschlagten sich über diese Situation. Da sagte Ibn Rawâḥa zu ihnen: ‚Oh Volk, bei Gott, wenn ihr auch dagegen Widerwillen empfindet, dafür seid ihr doch in den Krieg ausgezogen' – damit meint er das Martyrium – ‚Wir kämpfen nicht mit Zahlen, [Truppen-]Stärke oder zahlenmäßiger Überlegenheit [wörtl.: Vielzahl], sondern nur mit diesem Glauben, mit dem uns Gott die Ehre erwiesen hat. Also brecht auf, denn es gibt eines von zwei gute Zielen: entweder den Sieg oder das Martyrium!'"[15]

Nach den Schulbuchtexten handelte es sich also um Eroberungszüge, die eine religiöse Zielsetzung und einen religiösen Dissens zum Anlass hatten. Weil der byzantinische König nicht von seiner "Vielgötterei" ablässt (obwohl ihm ja eigentlich als Christ der Monotheismus zugestanden werden müsste), wird er angegriffen. Es ging nicht nur um

[13] IRE MS 2/2, 52.

[14] IRE MS 2/2, 53.

[15] IRE MS 2/2, 53.

Kriegsbeute und um Ausdehnung des Machtbereichs, sondern in erster Linie um die Anerkennung des theologischen und politischen Machtanspruches des Islam. Christliche Herrscher, die dies nicht taten, wurden automatisch zu *"kuffâr"*, zu Ungläubigen, denen Vielgötterei vorgeworfen wurde.

Im Zusammenhang mit dem Vertrag von Hudaybiyya, in dem ein erster Waffenstillstand mit dem starken Stamm der Quraiš von Mekka geschlossen werden konnte, wird davon berichtet, dass nun bessere Möglichkeiten zur Verbreitung des Islam auf der arabischen Halbinsel gegeben waren.

> *„Ebenso schickte der Gesandte – Gott segne ihn und schenke ihm Heil - Botschaften an die Könige und Oberhäupter [der Nachbarländer], um sie zum Islam aufzurufen, unter anderem auch an den ‚Kaiser', den König von Byzanz, und an den ‚Chosroes', den König von Persien und an den ‚Muqawqas', den Herrscher von Ägypten."* [16]

Das Christentum wird am häufigsten in den letzten Einheiten der islamischen Religionsbücher erwähnt, in denen es um die militärischen Auseinandersetzungen bzw. um den ğihâd geht. Weil christliche Könige den Ruf zum Islam ablehnen, werden sie als *„kuffâr"*, als Ungläubige gezeichnet und der Vielgötterei (*aš-širk*) bezichtigt. Die traditionelle Unterscheidung von heidnischen Ungläubigen und Polytheisten zu den „Schriftbesitzern", in deren Tradition man steht und an deren Offenbarung der Islam anknüpft, wird hier verwischt. Zudem wird in der Auseinandersetzung mit ihnen das Prinzip des religiösen Kriegs gegen Ungläubige (*al-ğihâd fî as-sabîl Allah*) entwickelt, der keine Kompromisse mehr kennt, nur noch den Sieg oder das Martyrium.

3.4. Das Zusammenleben mit Nichtmuslimen

Im Zusammenhang mit der *„Führung des Menschen unter der Leitung Gottes"* wird dem muslimischen Schüler eingeschärft, dass er sich stets an die Führung durch Gebote Gottes zu halten habe und dass er nicht etwas nach eigener Auffassung hinzufügen oder abändern darf:

> *„Die umfassende Führung*
>
> *Die Regeln der göttlichen Führung sind frei von Mangel. Da braucht nichts irgendwann hinzugefügt zu werden. Es braucht sich auch keiner einzumischen. Er sagt: Das ist erlaubt und das ist verboten, denn der das Erlaubte erlaubt und das Verbotene verbietet, ist Gott [selbst] – hoch sei sein Ansehen – und jeder, der zu etwas anderem aufruft, der ist ein Lügner. Man soll sich ihm nicht zuwenden und seine Rede soll nicht gehört werden. Gott, der Erhabene sagt: 'Sagt nicht von dem, was eure Zungen lügnerisch behaupten: Dieses ist erlaubt und dieses ist*

[16] IRE MS 1/1, 46.

> *verboten, indem ihr eine Lüge gegen Gott erdichtet. Diejenigen, die ihre Lügen Gott zuschreiben, erzielen keinen Erfolg.' (Sure 16, 116)"*[17]

Diese grundsätzliche Aussage über den Geltungsbereich der Führung Gottes wird sodann entfaltet im Blick auf den Ort als auch auf den Personenkreis, den er umfasst. In allen Bereichen der Gesellschaft, in den Schulen gleichermaßen wie im Handel und Gewerbe oder auch im alltäglichen sozialen Umgang sei es wichtig, keine Probleme aufzuwerfen oder Menschen zu behindern. Insbesondere der Bereich des Handels wird mit dem Zitat eines Hadith (*Al-Buḫârî*) herausgehoben, in dem gesagt wird, dass *„Gott sich des Mannes erbarmt, der großmütig ist wenn er verkauft, kauft oder handelt."*[18] Der geschäftliche Verkehr erfordere Rechtschaffenheit und Hilfsbereitschaft für andere. Sodann wird der Personenkreis angesprochen, für den die Gebote gelten sollen:

> *„Und die Großmut, die allen Umgang miteinander bestimmen soll, wird vollkommen durch Geradlinigkeit und Friede, ohne Unterscheidung zwischen dem Muslim und dem Nichtmuslim. Denn es ist das Recht eines jeden Menschen, dass er seine Tätigkeit ausführt und die Bräuche seiner Religion ausübt. Der Islam ist darauf aus, dass die Söhne des einigen Vaterlandes miteinander Handel treiben wie die Mitglieder einer einigen Familie. Das Prinzip der ‚vaterländischen Bruderschaft' ist eines der wichtigsten Prinzipien, die der Islam übermittelte. Zu der Zeit als Mekka erobert wurde, da gab es Muslime und Nicht-Muslime [Juden] in einer vaterländischen Bruderschaft. Die Fürsorge des Islam beschirmt alle, denn die Grundlage der zwischenmenschlichen Beziehungen ist nach Ansicht des Islam das Erbarmen ohne [jegliche] Feindschaft oder Anstachelung. Der Islam ist die Religion des Großmuts, der Leichtigkeit und der Geradlinigkeit, denn Gott will für die islamische Gesellschaft, dass das Leben in ihr zwischen den Menschen mit Leichtigkeit und Einfachheit geführt wird und dass sich unter den Menschen der Optimismus und die frohe Botschaft ausbreitet, so wie der Prophet sagt: ‚Sie sollen es leicht und nicht schwierig machen. Sie sollen gut reden und nicht böse' (Überlieferung des Al-Buḫârî)"*[19]

Es ist im Auge zu behalten, dass das Thema hier nicht die religiöse Toleranz gegenüber den Buchreligionen ist, sondern dass es ganz prinzipiell um den Gültigkeitsbereich der göttlichen Führung geht. Christen und Juden bzw. die „Schriftbesitzer" werden deshalb auch nirgendwo im Text explizit erwähnt. Es wird versucht, einem möglichen Missverständnis entgegenzuwirken, dass Großmütigkeit, Geradlinigkeit und Rechtschaffenheit etc. nur auf die innermuslimische Gemeinschaft beschränkt seien. Es ist gewissermaßen ein prinzipieller allgemein-humanistischer Ansatz, der hier dem Islam zugeschrieben und entfaltet wird, und es geht um „vaterländische", nicht um „religiöse" Bruderschaft.

---

17 IRE MS 1/1, 31f.

18 IRE MS 1/1, 32.

19 IRE MS 1/1, 32.

Insoweit wird verständlich, wieso in der Illustration die religiösen Embleme in der Edition 2001/02 des Schulbuchs wegfallen mussten: Eine Illustration, die in früheren Ausgaben[20] einen Jungen vor einer Moschee zeigte, der einen Jungen vor einer Kirche umarmt, ist beschnitten worden: Die religiösen Embleme von Kreuz und Halbmond fehlen nun im Bild.[21] Das will offenbar sagen, dass es hier gerade nicht nur um religiöse Toleranz, sondern um allgemein menschliches Verhalten im Zusammenleben von Menschen geht. Trotz dieser Generalisierung bleiben die Abschnitte auch für das Verhältnis zum Christentum bedeutsam. Es geht nicht um eine besondere religiöse Beziehung zum Christentum oder irgendeiner anderen Religion, sondern um eine grundsätzliche Einstellung gegenüber jedem Menschen ungeachtet seiner Religion. Das Wegfallen der religiösen Zeichen ist insoweit nicht als eine Rücknahme der „Bruderschaft" (mit Christen) zu interpretieren, sondern eher als eine Ausweitung der traditionellen auf bestimmte Religionen beschränkten Toleranz ins allgemein Menschliche. Das heißt Loyalität, anständiger geschäftlicher Umgang, Rechtschaffenheit, Vertrauenswürdigkeit etc. sind universelle Werte, die nicht nur innerhalb der muslimischen Gemeinschaft und im Zusammenleben mit den Schriftbesitzern gelten, sondern grundsätzlich mit allen Menschen dieser Erde.

3.5. Die Menschenrechte und die Religionsfreiheit

In der dritten Klasse der Mittelstufe werden in einer Einheit über die „Islamischen Werte" in einer Lektion mit der Überschrift „Die legalen Freiheiten" die Menschenrechte behandelt. Diese Ausführungen sind von größter Bedeutung, da sie nicht an das traditionelle System des begrenzten Rechts von religiösen Minderheiten anknüpfen, sondern versuchen, die Menschenrechte direkt aus dem Islam abzuleiten.

> *„Die gesamte Menschheitsgeschichte bestätigt, dass der Islam und sein Buch, der edle Koran, das erste Dokument der Welt ist, das vor mehr als 1400 Jahren die Menschenrechte ausrief. Es bestätigte die Prinzipien der Freiheit und Gleichheit ungeachtet der sozialen Herkunft, der Rasse und des Geschlechts. Der Islam verbürgte bereits den Individuen folgende Freiheiten, lange bevor Europa die französische Revolution kannte, die mit [den Begriffen] Freiheit, Brüderlichkeit und Gleichheit den Menschen ausgerufen wurden. Der Prophet sagte: ‚Die Menschen sind gleich wie die Zähne eines Kamms. Da gibt es keinen Vorzug des Arabers gegenüber dem Nichtaraber abgesehen von der Gottesfurcht' (Hadith Ahmad).*
>
> *1. Die religiöse Freiheit (Die Freiheit des Dogmas)*
>
> *Der Islam hat festgelegt, dass es nicht statthaft ist, dass der Mensch gezwungen wird, seine Religion zu verlassen und sich dem Islam anzuschließen. [Denn so] sprach Gott der Erhabene [Sure 2,256]:*

20 Vgl. IRE MS 1/1 (Edition 1999/2000), 32.

21 Vgl. IRE MS 1/1 (Edition 2001/2002), 32.

'In der Religion gibt es keinen Zwang. Der Weg der Wahrheit ist klar und von dem des Irrtums abgegrenzt. Wer die Götzen verwirft, an Gott aber glaubt, der hält sich damit an der festen Handhabe, bei der es kein Reißen gibt. Und Gott hört und weiß alles.' (Sure „Die Kuh',256).

Gott, der Erhabene, erklärt damit, dass er niemanden zwingt, in die Religion einzutreten, denn das Recht [dazu] ist klar und offen in diesen wunderbaren Versen [aufgezeigt], ebenso wie das Wissen um die Verirrung. Wer sich [nun] zum Glauben [an den einen Gott] hinwendet und [dennoch] ungläubig bleibt mit allem was den Verstand überschreitet und sein Recht darangibt, der hält sich dadurch an dem stärksten Grund fest, der ihn vom [schlimmsten] Irrtum abhält. Und er ist wie einer, der an einer festen Reißschnur hält, die ihn davon abhält in den tiefsten Abgrund zu fallen. Gott aber hört, was sie sagen und weiß, was sie tun. Und der Islam ließ dem Menschen die vollständige Freiheit in der Ausbildung seines Dogmas. Er zwang ihn nicht dazu mit Gewalt, sondern wandte die Methode des Gesprächs an, um zum Glauben zu rufen, damit die Überzeugung in den Menschen auf eine wirkliche Überzeugung aufbaue und damit nicht der Glaube nur ein angenommener Brauch sei ohne Sinn und Verständnis.

Und obwohl der Islam dem Mann eine größere Statur gegeben hat als seiner Frau, in allem, was das Recht betrifft zugunsten der Familie und der Gesellschaft, so ist es einem verheirateten muslimischen Ehemann nicht erlaubt, festzusetzen, sie zum Islam zu zwingen oder sie abzuhalten von ihrem Gottesdienst oder ihren religiösen Gebräuchen. Bereits Muhammad hat [solche Bestimmungen] *für die Juden hinsichtlich ihrer Religion in Medina festgelegt nachdem er dorthin ging. Und es folgten ihm darin seine Genossen in dieser gnädigen Haltung (Sunna) und ließen den Völkern der Gegenden, die sie eroberten, die Freiheit, bei ihrer Religion zu bleiben oder in den Islam einzutreten.*"[22]

Die hier gemachten Ausführungen sind insofern von großer Bedeutung, da sie eine islamische Begründung der allgemeinen Menschenrechte liefern. Die Menschenrechte werden grundsätzlich bejaht und für den Islam gewissermaßen vereinnahmt.

4. Evaluation

4.1. Zusammenfassung

Die Gliederung sowie die quantitative Analyse (vgl. Kap. II.1.2., II.2.1. und II.2.2.) zeigen, dass das Christentum im Fach Islamischer Religionserziehung in der Mittelstufe ebenso wie in der Grundstufe nur am Rande erwähnt wird. Explizit wird das Christentum in der Mittelstufe gar nicht erwähnt.

In zwei Kapiteln der 1. und 2. Klasse wird über die Sendung früherer Propheten gesprochen und Jesus erwähnt. Dabei handelt es sich ebenso wie bei dem Religionsgespräch in Äthiopien (in IRE MS 2/2), in dem über die Person Jesu reflektiert wird, um

[22] IRE MS 3/1, 38f.

inklusive Erwähnungen. Es sind Darstellungen, in denen das eigene Verständnis der Prophetie vermittelt wird. Jesus, das Christentum bzw. die Begegnung mit Christen werden erwähnt, um einen bestimmten Aspekt der eigenen Religion zu verdeutlichen und nachzuweisen, dass Muhammads Botschaft in einer geradlinigen Kontinuität mit früheren Offenbarungen steht. Das Christentum wird als integraler Bestandteil des Islams dargestellt. Der Umfang dieser inklusiven Erwähnungen beträgt 1,5-2,2% in den jeweiligen Büchern. Der Gesamtumfang dieser Stellen beträgt 0,82% in den Religionsbüchern der Mittelstufe.

Neben den Passagen, die eine inklusive Sicht auf Jesus als islamischen Propheten wiedergeben, werden Christen insbesondere im Zusammenhang mit dem *ğihâd* bzw. mit den „Razzien" (*al-ġazawât*), den Eroberungszügen in der Frühzeit des Islam, erwähnt. Sie machen den größten Teil der impliziten Erwähnungen aus. Daneben gibt es noch Passagen, die indirekt Bedeutung für die Position des Christentums in der islamischen Gesellschaft haben. Damit sind die Passagen gemeint, in denen es allgemein um Menschenrechte, um das Regierungssystem oder allgemeine ethische Aufforderungen geht. Der Gesamtumfang dieser implizit relevanten Passagen beträgt 3,13%. Insgesamt 3,94% des Faches Islamische Religionserziehung beschäftigen sich somit mit dem Thema Christentum bzw. mit Themen, in denen es im weitesten Sinne um das Zusammenleben mit religiösen Minderheiten geht.

Auf das Christentum kommt man indirekt im Zusammenhang der Ausführungen zum eigenen Prophetie- und Offenbarungsverständnis zu sprechen. Jesus, die christliche Offenbarung und Prophetie wird in völliger Übereinstimmung mit dem Islam dargestellt. Dass Christen ein ganz anderes Verständnis von Jesus, der christlichen Offenbarung und der Prophetie haben, wird nirgendwo deutlich. Insoweit sagen diese Passagen nur Wenig über das Christentum aus. Vielmehr wird dem muslimischen Schüler die islamische Interpretation des Christentums nahegebracht.

Ein zweiter Themenkreis beschäftigt sich mit der Frage, inwieweit ethische Prinzipien nur innerhalb der islamischen Gemeinschaft oder auch darüber hinaus gelten. Da explizit ausgesagt wird, dass viele dieser Prinzipien auch für Nichtmuslime gelten, hat dies auch für das Zusammenleben mit Christen Bedeutung. Dabei wird von einer "vaterländischen Bruderschaft" gesprochen und das Menschenrecht auf Religionsfreiheit im Kontext einer islamischen Begründung der Menschenrechte explizit anerkannt.

4.2. Bewertung und kritische Anfragen

Wie schon in den Büchern der Grundstufe festgestellt, ist im Blick auf das Prinzip einer Multiperspektivität bedauerlich, dass die eigene Religion, das eigene Offenbarungs- und Prophetenverständnis sowie Jesus ausschließlich aus der eigenen islamischen Sicht dargestellt werden. Obwohl in der Darstellung der Sendung der Propheten (vgl. oben Kap. II.3.1) von den Stiftern anderer Religionen gesprochen wird, sind die Informationen, die hier gegeben werden, keine wirklichen Informationen über das Judentum oder das Christentum, die diese „Propheten" hervorgebracht haben, sondern es sind Reflexionen über das eigene islamische Offenbarungsverständnis, das auf die früheren Religionen übertragen wird. Sie werden erwähnt, um die Legitimität und die Kontinuität der göttlichen Botschaft bis zu Muhammad aufzuzeigen. Es ist eine inklusive Sicht auf andere Religionen, bei der diese letztendlich in die eigene Religion inkorporiert werden. Insoweit kann nur sehr bedingt davon gesprochen werden, dass es sich hier um Erwähnungen des Christentums handelt. Vielmehr handelt es sich um die Darstellung einer „islamischen Deutung" des Judentums und des Christentums.

Aus christlicher, jüdischer und religionswissenschaftlicher Sicht betrachtet man die Offenbarungen ganz anders. Die These, dass es die Aufgabe aller Propheten – „seit Adam bis hin zu Muhammad" - immer nur gewesen sei, zum „Islam", zum Glauben und zur Verehrung des einen Gottes aufzurufen, wird nicht geteilt. Vielmehr sieht man die historischen Aufgaben der genannten Personen sehr differenziert. Die unterschiedlichen geschichtlichen Zusammenhänge werden stärker berücksichtigt und man sieht dementsprechend ganz verschiedene Aufträge der Propheten. Sie kündeten teils Heil teils Unheil an, sie fungierten als Kultbegründer (z. B. Moses, Salomo) ebenso wie als Sozial- und Kultkritiker (z. B. Amos, Hosea). Auch das Gottesbild ist aus christlich-jüdischer Sicht anders. Aufgrund theologiegeschichtlicher Forschung ist mittlerweile in breiten Kreisen anerkannt, dass das Gottesbild nicht unverändert geblieben ist. So konnte nachgewiesen werden, dass Eigenschaften und Kulte bestimmter heidnischer Gottheiten (z. B. die kanaanäische Gottheit „El") oder Vorstellungen (z. B. Schöpfungsberichte) erst später mit dem Nomaden-Gott der Erzväter verbunden wurde. Ähnliche Übertragungen legen sich auch bei der Betrachtung des Islam nahe. So wird z. B. nicht bestritten, dass die Kaaba bereits vor ihrer Umwandlung in einen islamischen Kultort ein heidnisches Heiligtum war.

Aus christlicher und jüdischer Perspektive ist des Weiteren die Aussage falsch, dass die früheren Offenbarungen nur partikularen Charakter gehabt hätten, sich nur an „bestimmte Völker" richteten, während nur Muhammad eine für alle Menschen bestimmte Botschaft verbreitet hätte. Im Christentum gibt es wie im Islam einen universalen Anspruch, der sich wie im Islam auch durch eine weltweite missionarische Tätigkeit manifestiert hat. Und neben diesem „Universalitätsanspruch" gibt es im Christentum ebenso einen „Endgültigkeitsanspruch", der beide Religionen gerade strukturell eint: Nach christlichem wie nach islamischem Glauben ist bereits in der Vergangenheit derart Endgültiges geschehen, dass die Geschichte durch eine unüberholbare Zäsur gegliedert ist: beim Christentum durch das Wirken, Sterben und Auferstehen Jesu, beim Islam durch die Verkündigung des Koran. Beide Religionen gehen also von der Überzeugung aus, dass der Glaube an dieser einen Stelle der Menschheitsgeschichte für alle Zukunft sein notwendiges und hinreichendes Fundament erhalten hat, und dass dies Bedeutung für die gesamte Menschheit hat. Im Christentum wird dies am deutlichsten im Missionsbefehl ausgedrückt „Gehet hin zu allen Völkern und macht sie zu meinen Jüngern" (Mt 28,19) und im Koran findet man diesen Gedanken in der oben zitierten Sure 34, aber auch in der Sure 7 (Vers 158: „Menschen, ich bin der Gesandte Gottes an euch alle") und in der Sure 6, (Vers 90: „Es ist eine Mahnung für die Menschen in aller Welt").[23]

Angesichts dieser Differenzen jüdisch-christlicher und islamischer Sicht der Offenbarungen stellt sich die grundsätzliche Frage, inwieweit eine authentische Sicht anderer Religionen in den islamischen Religionsbüchern angebracht und notwendig ist. Sicherlich ist nicht zu bestreiten, dass eine Religion das Recht hat, ihr eigenes Verständnis der anderen Religionen zu vermitteln. Problematisch jedoch wird es, wenn mit keinem Wort deutlich wird, dass dies nicht das Selbstverständnis dieser Religionen ist, denn dann können sehr schnell die realen Ausprägungen der Religionen, die nicht in das eigene dogmatische Schema passen, als Verfälschungen der „wahren Religion" verstanden werden, deren einzig richtige Erkenntnis man für sich selbst beansprucht. Dies ist kein typisch islamisches Phänomen, sondern kann in ähnlicher Weise z. B. in den christlich-jüdischen Beziehungen gefunden werden. Wenn die Kirche Jahrhunderte lang behauptete, dass das „wahre Israel" nur das Israel sei, das Jesus als Messias anerkenne, dann konnte dies dazu führen, dem Israel, das nun einmal diese Anerkennung verweigerte, die Daseinsberechtigung abzusprechen. Diese theologische Infragestellung der Existenzberechtigung legte auch den Grundstein für Pogrome und Verfolgungen. Erst seit den 70er Jahren gibt es Versuche, die „bleibende Erwählung des Volkes Israels" von kirchlicher Seite zu bestätigen.[24]

Parallel dazu kann die These, dass Christentum und Judentum ursprünglich mit dem Islam identisch waren und dass alle ihre Propheten nur die gleiche Botschaft hatten, dazu führen, dass die real existierenden Vertreter dieser Religionen, die dies nun einmal ganz anders sehen, als Verfälscher der reinen Lehre angesehen werden, deren

[23] Zum „Universalitätsanspruch" und „Endgültigkeitsanspruch" als gemeinsame Besonderheit des Christentums und des Islams vgl. ZIRKER 1992 sowie ZIRKER 1999, 38-44.

Erkenntnis man für sich alleine beansprucht. Die intendierte Anerkennung und Anknüpfung an frühere Lehren und Offenbarungen kann dadurch ins Gegenteil umschlagen. Weil sie sich nicht auf die realen Ausprägungen und das Selbstverständnis der Religionen bezieht, kann jedes Abweichen von der Form, wie man diese Religionen sieht, als eine Verfälschung angesehen werden. Die Folge ist Aberkennung statt Anerkennung, Enterbung statt Anknüpfung.

In der neueren Diskussion zwischen den Religionen hat sich mehr und mehr durchgesetzt, dass es nicht nur wichtig ist, die eigene Sicht auf andere Religionen zu vermitteln, sondern auch, das Selbstverständnis der jeweiligen Religionen zur Sprache zu bringen. Denn nur dann wird man von einem wirklichen Verständnis anderer Religionen und einem echten Dialog sprechen können. Dies bedeutet nicht eigene Positionen aufzugeben oder irgendwelche „Kompromisse“ einzugehen. Vielmehr geht es darum, einerseits Position zu beziehen, andererseits aber auch vorurteilsfrei die anderen Religionen so wahrzunehmen, wie sie sich selbst verstehen. In diesem Sinne wurde z. B. an der Al-Azhar die Abteilung für den Interreligiösen Dialog errichtet und offizielle Dialoge mit dem Vatikan und mit der Anglikanischen Kirche begonnen. Sie haben unter anderem das Ziel „to strive to provide accurate and respectful teaching about the other's faith, and to correct misrepresentation about it. It also stressed the importance of accurate information about faiths in the curricula of schools and colleges, the portrayal of each faith should be without distortion and acceptable to its own adherents."[25] Es wäre erfreulich, wenn sich diese Zielsetzung auch in den ägyptischen Schulbüchern widerspiegeln würde.

Im Blick auf die Darstellung des "Religionsgesprächs" in Äthiopien (vgl. oben Kap. II.3.2) fällt auf, dass die Sure, die die Gemeinsamkeiten zum Ausdruck bringt, nicht abgedruckt, sondern beim Schüler als bekannt vorausgesetzt wird. Dadurch bleiben auch die Unterschiede unerwähnt, die sowohl in der Sure Marjam als auch im vollständigen Text der Prophetenbiografie zum Vorschein kommen. In der Sure Marjam wird zwar die durch Gott bewirkte jungfräuliche Geburt bekräftigt, gleichzeitig wird aber gerade hier auch die Gottessohnschaft Jesu abgestritten, die für das Christentum von zentraler Bedeutung ist. So wird in Sure 19, 35-36 gesagt:

> *„Es ist ausgeschlossen, dass Gott einen Sohn hat. Erhaben ist er. Wenn er etwas verfügt, sagt er nur: 'Es sei!' und so ist es. Gott ist mein Herr und euer Herr. Dienet ihm, das ist ein gerader Weg.“*

Und auch die Prophetenbiografie bewahrt die Erinnerung an die Differenzen zwischen Christentum und Islam. Denn dort ist ein wichtiger Abschnitt wiedergegeben, der in

---

[24] Vgl. HENRIX/RENDTORFF 1988; HENRIX/KRAUS 2001; RENDTORFF 1989.

[25] AADC 2002; ausführlicher dazu unten Teil C, Kap. I.2 und I.4, 314ff.

der Schulbuchdarstellung fehlt. Die beiden Vertreter der Qurais sind es, die den äthiopischen König daran erinnern, dass die Muslime eine andere Einstellung gegenüber Jesus einnehmen als die Christen. Sie wissen offenbar sehr wohl, dass sich gerade die koptisch-äthiopische Kirche seit dem 5. Jh. bei Kirchenkonzilien besonders für die Göttlichkeit Jesu eingesetzt hat und setzen dieses Wissen ein, um den König zur Auslieferung der Muslime zu bewegen.

> *„Amr sagte zu Abdallah: Morgen werde ich ihm etwas erzählen, womit ich sie an der Wurzel vernichte! [...] Ich werde ihm von ihrer Behauptung berichten, Jesus, der Sohn Mariens, sei nur ein Mensch gewesen. Am nächsten Morgen ging Amr zum Negus und sagte: ‚Oh König, sie behaupten Ungeheuerliches von Jesus. Laß sie holen und frage sie danach!'“*[26]

Nach der Prophetenbiografie ist den Muslimen durchaus bewusst, dass diese Intervention der Qurais in der Tat den Zorn des äthiopischen Königs heraufbeschwören könnte. Sie beratschlagen sich, ob sie lügen oder die Wahrheit sagen sollen. Schließlich kommen sie überein, dass sie sagen wollen *„was Gott sagte und uns unser Prophet offenbart hat, mag kommen was will.“* Ǧaʿfar tritt dann am nächsten Tag vor den äthiopischen König und bringt vor, dass Jesus Diener Gottes, Prophet, Wort Gottes an Maria und sein Geist sei. Die überraschende Bestätigung bzw. Zufriedenheit mit dieser Aussage durch den Negus ruft bei seinen christlichen Gefolgsleuten großes Erstaunen hervor.

> *„Ein Raunen ging durch die ihn umgebenden Feldherrn, doch er fuhr fort: ‚Wenn ihr auch raunt' – und an die Muslime gewandt - geht, ihr seid sicher in meinem Land...“*[27]

Die Überraschung der christlichen Gefolgsleute des Königs ist nicht verwunderlich, denn das, was da über Jesus gesagt wird, ist weit weniger als das, weswegen man den Bruch mit der byzantinischen Reichskirche hingenommen hatte und jahrzehntelang Verfolgung erlitt. Wenn man Byzanz und Rom bereits deswegen als Häretiker verurteilte, weil sie nach alexandrinischer Auffassung in der „Zwei-Naturen-Lehre“ die Gottheit von der Menschheit Jesu zu stark trennten und wenn man an der kyrillischen Formel der „einen Natur des Fleisch gewordenen Logos“ (μία φύσις τοῦ λόγου σεσαρκωμένη) bedingungslos festhielt (und bis heute festhält),[28] dann ist es um so er-

[26] Vgl. IBN ISHÂQ 1976, 68.

[27] Ebda.

[28] Die orientalisch-orthodoxe Kirchenfamilie, zu der die äthiopische und koptische Kirche zählen, halten bis heute an dieser Formel fest. Einigung wurde in ökumenischen Gesprächen mit der byzantinisch-orthodoxen Kirchenfamilie kürzlich nur dadurch erlangt, dass man die verschiedenen Terminologien gegenseitig anerkannte. Vgl. Erklärung und Empfehlungen der gemischten Kommission für den theologischen Dialog zwischen der Orthodoxen Kirche und den Orientalisch-

staunlicher, dass sich der Negus mit der Bezeichnung Jesu als Prophet und Diener Gottes begnügt haben soll. Wahrscheinlich war es weniger die inhaltliche Übereinstimmung als ein politisches Kalkül, was den äthiopischen König dazu bewog, die Muslime in seinem Herrschaftsbereich zu dulden. Möglicherweise durchschaute er auch die Absicht der heidnischen Abgesandten, die versuchten, zwischen zwei verwandten Religionen Streit zu säen. Möglicherweise überliefert die Geschichte aber auch nur die islamische Interpretation dieses Ereignisses, die zu erklären versucht, warum die Äthiopier den Muslimen Schutz vor den heidnischen Verfolgern boten. Aus islamischer Perspektive kann dies nur den Grund haben, dass der Negus mit der muslimischen Einstellung übereinstimmte. In jedem Fall ist deutlich, dass in der Darstellung des Schulbuchs alle Hinweise auf mögliche Differenzen zwischen Christen und Muslimen, die sowohl im Koran als auch in der Tradition noch auftauchen, fehlen. Das Christentum wird als eine Religion gekennzeichnet, die mit dem Islam völlig übereinstimmt. Der Negus legitimiert und bestätigt die rechte Lehre des Islam. Die in dem Kapitel über die Propheten beschriebene Tendenz, das Christentum als identisch mit dem Islam darzustellen, wird bekräftigt. Jede Abweichung von dem islamischen Verständnis kann dann nur als Verfälschung des „wahren Christentums“ verstanden werden. Unberücksichtigt bleibt dabei, dass weder heute noch damals dies die Auffassung der äthiopischen Christen von Jesus war.

Im Blick auf die frühe Expansion des Islam (vgl. oben Kap. II.3.3) bleibt zu fragen, ob es sich hier wirklich um religiöse oder nicht eher um machtpolitische Auseinandersetzungen handelte, in die jüdische Stämme ebenso wie Christen und heidnische Stämme verwickelt waren. Darüber hinaus muss doch vor allem die didaktische Verwendung der historischen Ereignisse als fragwürdig angesehen werden, da in den Lernzielen unmittelbar ein Bogen in die Neuzeit geschlagen wird und dem Schüler die Konzeption des kompromisslosen religiösen Krieges als noch heute gültige und mit Ehren behaftete Konzeption angepriesen wird. Es stellt sich die Frage, ob nicht auch heute noch der "Ǧihâd auf dem Wege Gottes" gegen die westlichen Christen notwendig ist, denn von diesen wird ja bis heute der theologische und politische Machtanspruch des Islam bestritten. Zum anderen ist darauf hinzuweisen, dass hier (und an keiner anderen Stelle der Religionsbücher!) eine andere Bedeutung des Ǧihâd aufgezeigt wird als die einer militärischen Auseinandersetzung. Wenn man an europäischen Schulbüchern bemängelt, dass man Ǧihâd in unzulässiger Weise stets mit religiösem Krieg und militärischer Auseinandersetzung gleichsetzt, obwohl das Wort in der isla-

Orthodoxen (Vorchalzedonensischen) Kirchen, Chambésy, 23.-28. 9. 1990 in: IOK 23, 1990/2,2-21. Zur Bedeutung der Formel Kyrills von der „einen Natur des Fleisch gewordenen Logos“ als Basis für die Gemeinschaft zwischen den orientalisch-orthodoxen Kirchen vgl. REISS 1998 Lehre Cyrills.

mischen Tradition doch auch einen Kampf gegen die eigenen schlechten Neigungen und den Kampf für die Verwirklichung höherer Werte u. ä. meine, so sollte man diese Differenzierungen auch in einem ägyptischen Schulbuch erwarten können.

Problematisch ist des Weiteren, dass ein Großteil der impliziten Erwähnungen im Zusammenhang mit kriegerischen Auseinandersetzungen erfolgt (Kap. 3.3). Die Religion des feindlichen Gegners wird zwar kaum thematisiert, aber die andere Religion wird als Kriegsanlass stets vorausgesetzt. Die Auseinandersetzungen werden auch als religiöse Auseinandersetzungen interpretiert. Es geht nicht nur um die Ausweitung eines arabischen Reiches, sondern um die Gegenüberstellung von Muslimen als Repräsentanten der neuen Religion und von Christen feindlicher Nationen als Repräsentanten einer überholten Religion. Wenn sie sich dem Ruf Gottes und seines Propheten widersetzen, wird ihnen an manchen Stellen Ungläubigkeit und Polytheismus vorgeworfen. Von besonderer Bedeutung ist, dass das Recht und die Pflicht zum *ğihâd* am Beispiel der historischen Auseinandersetzung mit westlichen Christen entwickelt werden. Nirgendwo findet eine historische Distanzierung zu dem Prinzip des *ğihâd* gegen Christen statt oder eine Erläuterung, dass der *ğihâd* auch noch andere Bedeutungen annehmen kann. Von dem muslimischen Schüler kann dies nur so verstanden werden, dass der *ğihâd* eine noch heute gültige Konzeption ist, die islamisch geboten ist und sich vornehmlich gegen westliche Christen richtet. Die Alternativen sind, wie es in den Lernzielen explizit heißt: Der Sieg oder das Martyrium. Völlig unberücksichtigt bleibt dabei, dass schon bald nach dem Ende der ersten Eroberungsphase dem einzelnen Muslim durchaus nicht mehr die Pflicht des militärischen *ğihâds* oblag.

Im Blick auf die Ausführungen zu den Menschenrechten und der Religionsfreiheit (vgl. oben Kap. II.3.5) bleibt zu fragen, ob mit den Ausführungen wirklich die Menschenrechte im modernen Sinn gemeint sind, denn gerade die Passagen zu der Toleranz eines muslimischen Ehemanns gegenüber einer nicht-muslimischen Frau zeigen, dass sich anscheinend doch ein eher traditionelles Verständnis von begrenzter religiöser Toleranz gegenüber den Ahl Al-Kitâb dahinter verbirgt. Insbesondere wäre es wichtig zu erfahren, ob mit dieser Argumentation

a) auch eine Heirat zwischen einem christlichen Mann und einer muslimischen Frau möglich wäre, ohne dass dieser zur Konversion gezwungen wird;

b) auch die Kinder einer gemischt religiösen Ehe die Wahl der Religion freigestellt bekommen, statt wie traditionell dazu gezwungen zu sein, den Islam anzunehmen;

c) auch der Abfall vom muslimischen Glauben bzw. der Religionswechsel toleriert wird;[29]

---

[29] Die Menschenrechtserklärung der Vereinten Nationen vom 10. 12. 1948 ist bezüglich der Frage des Religionswechsels eindeutig. In Art. 18 hieß es: "... dieses Recht umfaßt die Freiheit, seine Religion oder seine Weltanschauung zu wechseln...". Dies war jedoch eine Formulierung, die

d) auch Religionen und Weltanschauungen, die nicht zu den traditionellen Buchreligionen gehören, in die Toleranz einbezogen sind.[30]

Ist dies nicht der Fall, ist die Verwendung des modernen Begriffs der „Menschenrechte“ problematisch, da heute traditionell begrenztes Toleranzverständnis oftmals kollidiert mit dem modernen Menschenrechtsverständnis wie es in den Völkerrechtsstatuten festgelegt ist. Es enthält gerade keine Einschränkungen, wie sie so typisch sind für das islamische Recht. So hat die Generalversammlung der Vereinten Nationen am 10.12. 1948 in der Allgemeinen Erklärung der Menschenrechte das Prinzip der Religionsfreiheit verkündet (Art. 18), das im International Pakt über bürgerliche und politische Rechte vom 19. 12. 1966, im sog. „Bürgerrechtspakt“, eine allgemein verbindliche Fassung erfuhr (Art. 18, Ziff. 1): „Jedermann hat das Recht auf Gedanken-, Gewissens- und Religionsfreiheit. Dieses Recht umfasst die Freiheit, eine [irgendeine!] Religion oder eine Weltanschauung [!] eigener Wahl zu haben oder anzunehmen [!], und die Freiheit, seine Religion oder Weltanschauung alleine oder mit anderen, öffentlich oder privat, durch Gottesdienst, Beachtung religiöser Bräuche, Ausübung oder Unterricht zu bekunden.“[31] Hier hingegen besteht die Religionsfreiheit nur darin, dass man nicht gezwungen wird, den Islam anzunehmen.

Wichtig bleibt festzuhalten, dass es im Islam Ansatzpunkte gibt, die Menschenrechte aus dem Koran abzuleiten, denn hier wurden in der Tat schon viel früher als im Westen verbindliche Rechtsformen für eine religiöse Toleranz begründet. Andererseits ist die Behauptung jedoch kaum haltbar, dass diese begrenzte Toleranz mit der Idee der Menschenrechte identisch sei, die erst im Laufe des 19./20. Jh. entwickelt wurde. Der Islam hat nicht "vor mehr als 1400 Jahren die Menschenrechte ausgerufen". Viel-

---

schon damals von Afghanistan, Irak, Pakistan, Saudi-Arabien und Syrien abgelehnt wurde. Diese Ablehnungsfront setzte sich später durch und erreichte, dass im Internationalen Pakt über bürgerliche und politische Rechte vom 19. 12. 1966 eine abgeschwächte Formulierung Eingang fand „oder anzunehmen“ (s. u.). Es bleibt dann juristischer Spitzfindigkeit belassen, ob damit auch die Freiheit zum Religionswechsel gemeint ist, was Muslime hinsichtlich des Übertritts zum Islam bejahen, aber beim Abfall verneinen. Vgl. VERDOODT 1964, 181f.; ARZT 1990, 215ff.

[30] Nach traditioneller islamischer Rechtslehre sind als Religionen nur die so genannten Offenbarungsreligionen, d. h. vornehmlich Judentum und Christentum, anerkannt. Im Prinzip können weder die Anhänger so genannter Naturreligionen, die des Polytheismus bezichtigt werden, noch die anderer Hochreligionen, z. B. Hinduismus oder Buddhismus, noch die Vertreter von Weltanschauungen, also z. B. Kommunisten, Atheisten oder Nihilisten, ein derartiges Recht auf Freiheit der Religion oder der Weltanschauung für sich in Anspruch nehmen. Auch eine monotheistische Religion, die nach dem Islam entstand, wie etwa die Religion der Bahai, die sich im 19. Jh. vom Islam abspaltete, ist nicht anerkannt und ihre Anhänger gelten als Ungläubige. Dies gilt auch für Ägypten, denn die Staatsrechtslehre postuliert unter Verweis auf Art. 2 der Verfassung, die da lautet „Der Islam ist die Religion des Staates“, dass das Recht auf Glaubensfreiheit und auf freie Ausübung der religiösen Zeremonien nur für den Islam, das Judentum und das Christentum gelte, und dass andere Religionen nicht darunter fielen. Vgl. FORSTNER 1991, 108ff.

[31] Vgl. FORSTNER 1991, 107.

mehr war die beschränkte Toleranz und die rechtlichen Regelungen von Beziehungen ein wichtiger Schritt auf diese hin. Wie auch bei der Betrachtung früherer Offenbarungsschriften und der früheren Prophetie zeigt sich, dass die Tendenz zur Vereinnahmung besteht. Die Menschenrechte werden einerseits anerkannt, zugleich aber in das eigene System eingegliedert und damit eingeschränkt.

In Anbetracht der Tatsache, dass der Islam sich selbst als Fortführung der jüdisch-christlichen Offenbarungsreligionen versteht, dass in Ägypten ein einheimisches Christentum vorhanden ist, das über die Jahrhunderte hinweg wichtige kulturelle Beiträge zur ägyptischen Kultur lieferte, dass das muslimisch-christliche Verhältnis in der jüngsten Zeit sowohl in Ägypten als auch international durch Feindbilder, Vorurteile bis hin zu gewalttätigen Ausschreitungen und militärischen Konflikten belastet ist, ist diese Erwähnung des Christentums auch in der Mittelstufe als viel zu gering und defizitär anzusehen. Insbesondere fehlt eine eigenständige Beschäftigung mit dem Christentum (und dem Judentum), so dass diese Religionen aus sich heraus verständlich werden, denn wenn nur Informationen über das Christentum als Bestandteil der islamischen Religion gegeben werden und nur vom Christentum als Feind in historischen Auseinandersetzungen gesprochen wird, entsteht unweigerlich ein Zerrbild des Christentums, das auch dadurch nicht aufgehoben werden kann, dass an manchen Stellen zur Toleranz und zur nationalen Einheit aufgerufen wird.

III. Islamische Religionserziehung (Oberstufe)

1. Einleitung

In der Oberstufe wird der islamische Religionsunterricht mit zwei Stunden pro Woche unterrichtet. Die Schulbücher der Oberstufe bestehen zum einen aus der Fortführung der Reihe „Islamische Religionserziehung", zum anderen aus einem Buch pro Schuljahr der Oberstufe zu einem speziellen Thema. Der Stoff der Bücher wird nicht mehr wie in der Mittelstufe auf zwei Hefte aufgeteilt, sondern ist in einem Buch pro Schuljahr von jeweils 80-120 Seiten zusammengefasst. Die Hefte sind äußerlich einheitlich gestaltet: Auf der Titelseite blickt man durch einen ornamentalen Rahmen auf eine ägyptische Moschee, rechts oben ist wie üblich das Emblem des Erziehungsministeriums mit dem ägyptischen Adler abgebildet. Die Bücher sind im Schwarz-Weiß-Druck und enthalten keine Bilder oder Illustrationen. Abgesehen von den Korantexten sind die Texte nicht mehr vokalisiert. Ein Bezug auf eine grundlegende Revision wie sie in den Büchern der Grund- und Mittelstufe seit 1995/96 in den Vorworten stets erwähnt wird, ist nicht anzutreffen. Es scheint also im Fach islamische Religion in der Oberstufe in den letzten Jahren im Unterschied zu den anderen Fächern keine grundlegende Neukonzeption des Unterrichts und der Schulbücher gegeben zu haben.[1] Als Verfasser der ersten beiden Bücher für die Oberstufe werden acht Personen sowie zwei „Überarbeiter" angegeben, die zum Teil einen akademischen Titel tragen. Im Schulbuch für die dritte Klasse der Oberstufe wurde das Team leicht verändert, die Überarbeiter sind dieselben.

Die ergänzenden Schulbücher zu einem Spezialthema sind etwas kleiner (ca. DIN A5-Format), ihr Titel ist kalligrafisch gestaltet und sie haben keine vergleichbare Gliederung, da sich ihre Gliederung ausschließlich an dem behandelten Thema orientiert. Jeweils am Ende eines Kapitels werden Anregungen zu einer Diskussion geboten bzw. Fragen zum behandelten Stoff gestellt. Die Bücher sind im Unterschied zur Mittelstufe nicht in Gestalt einer Schülerdiskussion gestaltet.

Bei dem zweiten und dritten Buch handelt es sich offensichtlich um Überarbeitungen von Publikationen für den Schulgebrauch, die bereits anderweitig auf dem Buchmarkt erschienen. Muṣṭafâ Kâmil Muṣṭafâ wird in einem der Bücher als „Experte für die islamische Religionserziehung im Ministerium für Erziehung und Bildung be-

1 Die Editionen der Schuljahre 1999/00, 2000/01, 2001/02, die dem Verf. vorliegen sind exakt identisch, so daß auch in jüngster Zeit keine Veränderungen vorgenommen wurden im Unterschied zu vielen anderen Büchern der Oberstufe, in denen Anhänge eingearbeitet, die zusammengefügt oder auch ganz neu entworfen wurden.

zeichnet."[2] Die Bearbeitung für den Schulgebrauch ist also unmittelbar im Erziehungsministerium geschehen. Es ist zu vermuten, dass für die Lektüre in der Schule lediglich Kürzungen vorgenommen bzw. eine Textauswahl getroffen wurde und dass nur die Fragen bzw. Anregungen zu den Diskussionen nach jedem Kapitel eingefügt wurden.

1.1. Bibliografische Angaben

Autoren	Titel	Umfang	Abkürzung
1. Dr. Aḥmad ʿUmar Hâšim 2. Muḥammad ʻAbd al-Hamîd aš-Šâfiʿî 3. Dr. Muṣṭafâ Rağab 4. ʿĀṭif ʿAlî ʿĀmir 5. ʻAbd al-Ḫalîl Aḥmad Himâd 6. Dr. Aḥmad ʿÎsâ 7. ʻAbd al-Wahâb Masʿûd 8. Šaḥât Ġarîb Ğazar	Die islamische Religionserziehung, 1. Klasse der Oberstufe [= 9. Klasse bzw. 1. Klasse OS] **Überarbeitung** 1. Muḥammad Muḫtâr Amîn Makram 2. Dr. Abd Al-Man'am an-Namir	80 Seiten	IRE OS 1
Autoren	**Titel**	**Umfang**	**Abkürzung**
1. Dr. Aḥmad ʿUmar Hâšim 2. Muḥammad ʻAbd al-Hamîd aš-Šâfiʿî 3. Dr. Muṣṭafâ Rağab 4. ʿĀṭif ʿAlî ʿĀmir 5. ʻAbd al-Ḫalîl Aḥmad Himâd 6. Dr. Aḥmad ʿÎsâ 7. ʻAbd al-Wahâb Masʿûd 8. Šaḥât Ġarîb Ğazar	Die islamische Religionserziehung, 1. Stufe der Abiturklasse [= 10. Klasse bzw. 2. Klasse OS] **Überarbeitung** 1. Muḥammad Muḫtâr Amîn Makram 2. Dr. Abd Al-Man'am an-Namir	111 Seiten	IRE OS 2
Autoren	**Titel**	**Umfang**	**Abkürzung**
1. Dr. Aḥmad ʿUmar Hâšim 2. Aḥmad Ḥasan Ḥamza 3. ʿAlî Muḥammad Ibrâhîm 4. ʿĀṭif ʿAlî ʿĀmir 5. ʻAbd al-Ḫalîl Aḥmad Himâd 6. Dr. Aḥmad ʿÎsâ 7. ʻAbd al-Wahâb Masʿûd 8. ʿAlî Ismâʿîl	Die islamische Religionserziehung, 2. Stufe der Abiturklasse [= 11. Klasse, bzw. 3. Klasse OS] **Überarbeitung** 1. Muḥammad Muḫtâr Amîn Makram 2. Dr. Abd Al-Man'am an-Namir	120 Seiten	IRE OS 3

Ergänzende Schulbücher für die Oberstufe:

Autoren	Titel	Umfang	Abkürzung
Dr. Abd Al-Man'am An-Namir	Die Persönlichkeit des Muslim wie sie der Islam entwirft, 1. Klasse der Oberstufe (= 9. Klasse/1. Klasse OS)	79 Seiten	IRE OS 1 (P)
Dr. Aḥmad ʿUmar Hâšim *Pädagogische Vorbereitung:* Muṣṭafâ Kâmal Muṣṭafâ	Die Sicherheit im Islam, 1. Stufe der Abiturklasse (= 10. Klasse/2. Klasse OS)	96 Seiten	IRE OS 2 (S)
Dr. Muḥammad Sayyid Ṭanṭâwî *Pädagogische Vorbereitung:* Muṣṭafâ Kâmal Muṣṭafâ *Überarbeitung:* Ḥasan Ṣâlih al-Ḫûlî	Auszüge aus [dem Buch] „Die Kultur des Dialogs im Islam", 2. Stufe der Abiturklasse (= 11. Klasse/3. Klasse OS)	127 Seiten	IRE OS 3 (D)

2 IRE Sicherheit OS 2.

1.2. Aufbau und Inhalt

Die für die Grund- und Mittelstufe charakteristische Einteilung in vier oder fünf thematische Einheiten mit mehreren Lektionen ist in den Büchern für die Islamische Religionserziehung in der Oberstufe nicht anzutreffen. Vielmehr werden jeweils zu Anfang jedes Buchs Regeln zur Koranrezitation (*aḥkâm at-tilâwa*) erläutert. Sodann folgen jeweils fünf (nicht nummerierte) Kapitel. Im ersten Kapitel wird zunächst eine Sure vollständig abgedruckt, um die richtige Memoration und Rezitation zu üben. Sodann werden kurze thematisch zusammenhängende Abschnitte aus sechs verschiedenen Koransuren abgedruckt. Nach den Suren bzw. Surenabschnitten werden jeweils einzelne Worte der Surenverse erklärt und eine Interpretation geliefert. Im zweiten Kapitel werden ebenso sechs verschiedene Stellen aus dem Hadith zitiert, Wörter erklärt und eine Interpretation geliefert. Das dritte Kapitel beschäftigt sich mit der Geschichte des Propheten (*as-sîra an-nabawiyya*). Aus den jeweiligen geschichtlichen Epochen werden „nützliche Lektionen" (*ad-durûs al-mustafâda*) gezogen. Das vierte Kapitel widmet sich den „Forschungen und Belehrungen" (*al-buḥûṯ wat-tahḏîb*), in denen islamische Verhaltensregeln für das praktische Leben entfaltet werden. Das letzte Kapitel stellt schließlich einzelne islamische Persönlichkeiten vor. Jedes Kapitel wird jeweils abgeschlossen mit einer Anregung zu einer Schülerdiskussion bzw. mit Fragen zum behandelten Stoff. Der Schwerpunkt des Buchs liegt bei den Korankapiteln (ca. 35 Seiten), gefolgt von den Hadith-Kapiteln und den Kapiteln über die Forschungen und Belehrungen (jeweils ca. 25 Seiten). Die anderen Kapitel sind mit 3-10 Seiten relativ kurz gehalten.

Im ersten der ergänzenden Schulbücher wird - nach einer Einführung in die historischen Grundlagen für die Ausbildung einer muslimischen Persönlichkeit in der Zeit des Propheten und der ersten Kalifen - das rechte muslimische Verhalten im Blick auf die religiösen Pflichten des Islam entfaltet (Gebet, Almosen, Fasten, Pilgerfahrt). In einem zweiten Teil werden dann ethische Prinzipien des muslimischen Verhaltens besprochen. Das ergänzende Schulbuch für die zweite Klasse der Oberstufe stellt in zehn Kapiteln Aspekte der Sicherheit und Ordnung im Staat dar, für die der Islam nach Auffassung des Autors die Grundlage bietet. Das Ergänzungsbuch für das letzte Jahr des Islamunterrichts in der Oberstufe bietet schließlich allgemeine Charakteristika und Regeln des Dialogs zwischen Mensch und Gott, zwischen den Propheten und ihren Völkern sowie zwischen Menschen untereinander.

1.3. Gliederung

Gleichbleibende Gliederung der Bücher Islamische Religionserziehung, Klasse 9-11:

Die islamische Religionserziehung	**Klasse 1, Oberstufe**
Vorwort	
Regeln zur Koranrezitation	Anweisungen, wie der Koran richtig rezitiert wird (Längen, Pausen, Variationsmöglichkeiten etc.)
Aus dem ehrwürdigen Koran	6 Abschnitte mit Worterklärungen, Interpretation, Fragen
Aus dem edlen Hadith	6 Beispiele, Worterklärungen, Fragen
Aus dem Prophetenleben	1-2 Geschichten, Fragen
Forschungen und Belehrungen	Islamische Verhaltensregeln für verschiedene Lebensbereiche, Fragen
Islamische Persönlichkeiten	Vorstellung von 2 Personen, Fragen

Die islamische Religionserziehung	**Stufe 1, Abiturklasse [= 2. Klasse der Oberstufe]**
Vorwort	
Regeln zur Koranrezitation	Anweisungen, wie der Koran richtig rezitiert wird (Längen, Pausen, Variationsmöglichkeiten etc.)
Aus dem ehrwürdigen Koran	6 Abschnitte mit Worterklärungen, Interpretation, Fragen
Aus dem edlen Hadith	6 Beispiele, Worterklärungen, Fragen
Aus dem Prophetenleben	1-2 Geschichten, Fragen
Forschungen und Belehrungen	Islamische Verhaltensregeln für verschiedene Lebensbereiche, Fragen
Islamische Persönlichkeiten	Vorstellung von 2 Personen, Fragen

Die islamische Religionserziehung	**Klasse 2 der Abiturklasse [= 3. Klasse der Oberstufe]**
Vorwort	
Regeln zur Koranrezitation	Anweisungen, wie der Koran richtig rezitiert wird (Längen, Pausen, Variationsmöglichkeiten etc.)
Aus dem ehrwürdigen Koran	6 Abschnitte mit Worterklärungen, Interpretation, Fragen
Aus dem edlen Hadith	6 Beispiele, Worterklärungen, Fragen
Aus dem Prophetenleben	1-2 Geschichten, Fragen
Forschungen und Belehrungen	Islamische Verhaltensregeln für verschiedene Lebensbereiche, Fragen
Islamische Persönlichkeiten	Vorstellung von 2 Personen, Fragen

Ergänzende Bücher

Die Persönlichkeit des Muslim wie sie der Islam entwirft	**Die Sicherheit im Islam**	**Auszüge aus** [dem Buch] **„Die Kultur des Dialogs im Islam"**
1. Klasse der Oberstufe (= 9. Klasse/1. Klasse OS	1. Stufe der Abiturklasse (= 10. Klasse/2. Klasse OS)	2. Stufe der Abiturklasse (= 11. Klasse/3. Klasse OS)
Einleitung	Einleitung	Einleitung
Dies hat Gott geschenkt • Die Basis und das Fundament • Das Volk von Mekka **Die Befreiung des religiösen Tuns** • Das Gebet • Die Almosen • Das Fasten • Die Pilgerfahrt **Die Anbetung des Erbarmers** **Aspekte der muslimischen Persönlichkeit** • Der Muslim ist ein Mensch, der antwortet • Der Muslim glaubt daran, dass er niemandem außer Gott Rechenschaft schuldig ist • Der Muslim ist wahrhaftig • Er ist empfänglich für das Wissen • Der Muslim ist ein Mensch, der kooperiert • Der Muslim ist ein vertrauenswürdiger Mensch • Der Muslim ist ein reiner Mensch • Die Reinheit der Zunge und des Wortes • Der Mensch ist fruchtbar • Er ist ein treuer Mann • Er wahrt seine Religion und sein Vaterland • Er bemüht sich um Gerechtigkeit	• Der Ort Ägyptens im Islam • Die Begründung der Sicherheit: Eine Frucht des Glaubens und des rechten Tuns • Der Aufruf zum Wahren der inneren und äußeren Sicherheit • Die Sorge des Islam um die Menschenrechte und der Schutz vor ihrer Verletzung • Die Unantastbarkeit des Lebens und das Recht auf Leben • Der Islam achtet auf die Unantastbarkeit der Würde • Der Islam sorgt für die Unantastbarkeit der Handlungen • Der Schutz der Rechte im Islam • Der Islam ruft zur Sicherheit des menschlichen Lebens auf • Die islamische Erziehung zur Sicherheit des menschlichen Lebens	• Der Streit der Menschen und seine Gründe • Grundlagen des Dialogs im Islam • Einige der Dinge, worum es meistens bei Streitgesprächen geht • Der Dialog des Schöpfers mit einigen seiner Kreaturen • Der Dialog der Propheten mit ihren Völkern • Beispiel eines Dialoges von Guten mit Bösen • Beispiel eine Dialoges von Guten • Allgemeine Wiederholung Nachwort

2. Quantität der Darstellung des Christentums

2.1. Ort und Umfang der Erwähnungen

Schulbuch	Seite	Ort der Erwähnung	Umfang		
			Explizit	Inklusiv	Implizit
IRE OS 1	21f.	Im Zusammenhang mit der Auslegung des Surenverses 2, 285-286 wird der gleich bleibende Inhalt des Glaubens aller Gesandten beschrieben, darunter wird auch Jesus genannt.		10 Z	
IRE OS 2		Keine Erwähnungen			
IRE OS 3	91	Im Kapitel „Belehrungen und Forschungen" werden die "islamischen Werte" vermittelt. Unter anderem wird die Sure 2, 256 erläutert, die eine der Grundlagen darstellt, dass der Islam gegenüber dem Christentum Toleranz üben kann.			6 Z
	100	Im gleichen Hauptkapitel wird unter der Überschrift der „Extremismus und der Terrorismus" das Christentum als Opfer heidnischer und jüdischer Verfolgung erwähnt.	7 Z		
IRE OS 1 (P)	31	Im Zusammenhang mit der Auslegung von Sure 4, 105 werden Muslime vor der Verletzung der Schutzabkommen für Nichtmuslime gewarnt			2 Z
IRE OS 2 (S)		Keine Erwähnungen			
IRE OS 3 (D)	43f.	Scheich Tantawi erinnert an das christlich-muslimische Religionsgespräch mit dem Negus als Beispiel dafür, dass man im Dialog bei der Wahrheit bleiben soll.			25 Z

2.2. Art und Quantität der Erwähnungen

Schulbuch	Umfang								
	Insgesamt	Erwähnungen des Christentums							
		Explizit		Inklusiv		Implizit		Insgesamt	
	S(eiten) = Z(eilen) + B(ilder)	Zeilen/ Bilder	Prozent	Zeilen/ Bilder	Prozent	Zeilen/ Bilder	Prozent	Zeilen/ Bilder	Prozent
IRE OS 1	78 S = 1379 Z	0	0	10	0,73%	0	0	10	0,73%
IRE OS 2	109 S = 2086 Z	0	0	0	0	0	0	0	0
IRE OS 3	120 S = 2082 Z	7	0,33%	0	0	6	0,29%	13	0,62%
IRE OS 1 (P)	79 S = 1534 Z	0	0	0	0	2	0,13%	2	0,13%
IRE OS 2 (S)	96 S = 1539 Z	0	0	0	0	0	0	0	0
IRE OS 3 (D)	127 S = 2510 Z	0	0	0	0	25	0,99%	25	0,99%
SUMME	**609 S = 11130 Z**	**7**	**0,06%**	**10**	**0,09%**	**33 Z**	**0,30%**	**50 Z**	**0,45 %**

3. Qualität der Darstellung des Christentums

3.1. Christen als Opfer des Extremismus und Terrorismus

Das Christentum wird im Islamischen Religionsunterricht nur an einer Stelle explizit erwähnt. Dies ist das Kapitel „Der Extremismus und der Terrorismus". Die eigentliche Erwähnung ist nur sehr kurz. Um sie einordnen zu können, muss der gesamte Abschnitt hier wörtlich wiedergegeben werden:

> *„Der Extremismus und der Terrorismus zählen zu den menschlichen Phänomenen, die die Menschen zu allen Zeiten kannten. Wenn wir sie darstellen, so zielen wir darauf, dass wir dem Schüler die Gleichwertigkeit und Ausgewogenheit vermitteln, damit er nicht vom Terrorismus angezogen wird und dass er nicht die Terroristen fürchtet, sondern dass er von ihnen Abstand nimmt oder sie auf den Weg des Guten und der Vernunft lenkt, indem er das Rechte sagt und die logisch richtig Überzeugung vorträgt – sofern er dazu imstande ist.*
>
> *Die Römer verübten einst an den Christen den schändlichsten Extremismus, so weit, dass die Epoche bei den ersten Christen in Ägypten als das „Zeitalter der Märtyrer" bezeichnet wurde. Die Römer pflegten den Christen mit Pech zu bestreichen und ihn mit Feuer anzuzünden. Oder sie fesselten den Menschen an die Äste von zwei Bäumen, um seine Glieder zu zerreißen.*
>
> *Und die Juden auf der arabischen Halbinsel waren extrem gegen die Christen von Nağrân und entzündeten Feuer in den Gräben und warfen 20.000 Christen in diese Feuer. Zu Recht sagte der Gesegnete und Erhabene über diesen Vorfall: ‚Verflucht seien die Leute des Grabens, des Feuers, das sie anzündeten, um die Gläubigen zu quälen, wie sie am Rand dasaßen...' (Surat al-Burûğ, 4-6).*
>
> *Und wir finden [auch] in diesem Jahrhundert eine Form von Extremismus. Wir hören hier davon und lesen da darüber, aber wir dürfen uns dadurch nicht verwirren lassen und es nicht falsch verstehen, dass einige der Terroristen Muslime sind, denn der Extremismus ist ein [allgemein] menschliches Phänomen. Wir haben es bei den Römern und den Juden gegenüber den Christen gesehen und - leider - auch bei einigen der Muslime.*
>
> *Du darfst dir aber selbst keinen Extremismus zu irgendeiner Position erlauben, wenn du es dir tiefer überlegst, darüber ruhig nachdenkst und dich recht verhalten willst – in allen Dingen des Lebens. Wenn deine Religion der Islam ist, so ist es die Religion der Leichtigkeit und der Toleranz und es gibt keine Heftigkeit, Engstirnigkeit und keinen Extremismus in ihr. So sagt Gott der Erhabene: ‚Er legt euch nichts auf, was euch bedrückt' (Sûrat al-Hağğ 87[3]) und der seiner Sache Mächtige sagt: ‚Gott will es euch leicht und keineswegs schwer machen' (Sure al-Baqara, 185[4]).*
>
> *Der Prophet – Heil und Frieden sei mit ihm – sagte: ‚Diese Religion ist solide. Lasst in ihr die Güte tief eindringen'. Das heißt, dass unsere islamische Religion stark ist und dass wir uns mit Güte verhalten sollen und nicht uns selbst und unseren Nächsten belasten sollen mit dem was nicht in unserem Vermögen ist. Denn wir sind schwach und lassen ab von diesem Tun."*

---

3 Zahlenvertauschung: Zitiert wird ein Teil aus Vers 78, dem letzten Vers der Sure 22.

4 Dieser Vers, der sich im Zusammenhang des Koran auf die Ausnahmeregelung für Reisende und Kranke beim Ramadanfasten bezieht, wird hier als ein allgemein-gültiges Prinzip ausgelegt.

Auch hier zeigt sich, dass prinzipiell ein positives Bild vom Christentum gezeichnet wird, während das Judentum verworfen wird. Christen sind in den Beispielen gleich zweimal in der Opferrolle: Einmal sind sie Opfer der heidnischen Römer, einmal Opfer der Juden auf der arabischen Halbinsel. Interessant ist auch, dass die Christen von Nağran im Korantext mit den Muʾminûn, den Gläubigen, identifiziert werden, einem Ausdruck, der normalerweise nur für Muslime gebraucht wird. Dies bedeutet, dass Christen zumindest in dieser frühen Zeit – ähnlich wie in der Geschichte von der wundersamen Bewahrung und Auferweckung der Christen – eine Rechtgläubigkeit zugestanden und große Sympathie entgegengebracht wird. Zugleich wird vor dem „Extremismus und Terrorismus" gewarnt und es wird hervorgehoben, dass Toleranz und Frieden im Zentrum des Islam stehen. Die Juden dagegen, die über zwei Jahrtausende immer wieder Opfer von Pogromen und Verfolgungen waren, werden hier als Vertreter von Extremismus und Terrorismus bezeichnet, über die sogar noch eine göttliche Verfluchung ausgesprochen werden muss. Die hier vorgenommene Beurteilung des Judentums reiht sich also ein in die anderen negativen Klischees vom Judentum.[5]

Muslimischer Fundamentalismus und Terrorismus, der im 20. Jh. an erster Stelle sowohl für die nahöstlichen Staaten selbst und spätestens seit dem 11. September auch für die ganze Welt zum zentralen Problem geworden ist sowie die christlich-muslimischen Auseinandersetzungen, die seit den 70er Jahren in Ägypten eskaliert sind, werden hingegen nicht thematisiert. Dem Autor ist zwar offensichtlich bewusst, dass ägyptische Schüler durchaus mit fundamentalistischen und extremistischen Anschauungen konfrontiert werden können – ansonsten wäre die konkrete Anweisung „sich von ihnen fernzuhalten oder sie auf den rechten Weg zu lenken" überflüssig – aber durch seine Beispiele aus uralten Zeiten und anderen Religionen vermeidet er gerade eine Beschäftigung mit den aktuellen Problemen der arabischen und westlichen Welt. So entsteht der Eindruck, dass vor allem Heiden und Juden zu Extremismus und Terrorismus neigen, dass Christen meistens die Opfer sind und dass nur ab und zu einmal einige wenige Muslime dazu tendieren, obwohl dies eigentlich nichts mit der Religion des Islam zu tun hat.

5 Siehe nächstes Kapitel.

3.2. Jesus, der Gesandte Gottes

Im Schulbuch „Islamische Religionserziehung“ für die 9. Klasse wird als zweiter Surenabschnitt Sure 2, 285 zitiert:

> *„Der Gesandte glaubt an das, was von seinem Herrn herabgesandt worden ist und (mit ihm) die Gläubigen. Alle glauben an Gott, seine Engel, seine Schriften und seine Gesandten – wobei wir bei keinem von seinen Gesandten einen Unterschied machen. Und sie sagen: Wir hören und gehorchen. (Schenke uns) deine Vergebung, Herr! Bei dir wird es (schließlich alles) enden ...“.*

Bei der Interpretation des Abschnitts wird ausgeführt, dass unter „seinen Gesandten“ und „seinen Schriften“ unter anderem Jesus und das Buch des Evangeliums gemeint sei:

> *„Gott der Starke und Mächtige ließ viele Bücher herabkommen, deren Namen wir nicht kennen. Und diese sind wahrhaftig und recht, denn sie sind von ihm. Die Bücher aber, die wir kennen, sind die Blätter, die auf Abraham herabgesandt wurden, die Tora, die auf Moses herabgesandt wurde, der Psalter, der auf David herabgesandt wurde, das Evangelium, das auf Jesus herabgesandt wurde und der Koran, der auf Muhammad herabgesandt wurde.“*[6]

An dieser Auslegung wird das inklusive Offenbarungsverständnis, das bereits in der Grundstufe[7] und der Mittelstufe[8] vermittelt wurde, nochmals bekräftigt. Muhammad wird zwar in eine Reihe gestellt mit früheren Religionsstiftern bzw. mit führenden Persönlichkeiten, aber ihre Botschaft bleibt unverändert und alle erhalten gleichermaßen Offenbarungen, die unmittelbar schriftlich fixiert werden. Die Vorstellung einer heilsgeschichtlichen Entwicklung und Veränderung der Botschaft in den jeweiligen verschiedenen historischen Situationen, die für das jüdische und christliche Offenbarungsverständnis und das Verständnis von Prophetie charak-teristisch ist (mal Unheilsansage, mal Heilsprophetie) und das Wissen um das geschichtliche Werden der Offenbarungsschriften (Überlieferungsgeschichte, Kompo-sitions- und Redaktionsgeschichte) fehlen hier völlig: Die Schriften fallen gewissermaßen direkt vom Himmel auf die Propheten herab. Was hier wiedergeben wird, ist die Sicht des Islam auf die jüdischen Propheten und auf Jesus. Sie hat jedoch nichts mit den Propheten und mit den Heiligen Schriften zu tun, von denen Christen und Juden sprechen. Insoweit sagen diese Passagen mehr etwas über das Offenbarungs- und Schriftverständnis des Islam aus, als dass sie Informationen über Jesus, das Christentum oder jüdische Propheten geben.

---

6 IRE OS 1, 21.

7 Vgl. IRE GS 2/2, 19 bzw. oben Teil B, Kap. I.3.2.

8 Vgl. IRE MS 1/2, 21 bzw. oben Teil B, Kap. II.3.1.

Im ergänzenden Schulbuch der 3. Klasse Oberstufe wird die Thematik nochmals aufgegriffen durch die Erinnerung an das christlich-islamische Religionsgespräch, das die Muslime mit dem äthiopischen König führten. Dabei geht es jedoch ebenso wenig wie in der Mittelstufe um eine wirkliche Auseinandersetzung mit dem Christentum.[9] Scheich Tantawi zitiert es nur, weil es für ihn zum Beweis dient, dass man im Dialog prinzipiell aufrichtig sein und bei der (islamischen) Wahrheit bleiben soll.[10] So wie Ǧaʿfar Ibn Abû Ṭâlib trotz der Gefahr der Auslieferung an die Mekkaner bei den islamischen Auffassungen blieb, sollten auch die Muslime bei der Wahrheit bleiben. Dies führte zum Erfolg. Die Mekkaner dagegen, die ihre Behauptungen auf Gerüchte und Verleumdungen gründeten, mussten erfolglos abziehen.[11]

3.3. Humanistische Werte im Islam: Kein Zwang in der Religion

Im Kapitel über die islamischen Werte wird neben den geistlichen, rationalen und sozialen Werten des Islam auch besonders der humanistische Wert hervorgehoben. Im Einzelnen wird dazu ausgeführt:

> *„Der Islam erhob den Muslim in sozialer, rationaler und geistiger Hinsicht. Er ließ seinen Humanismus emporragen, denn er befreite ihn vom Polytheismus und der Anbetung der Naturgewalten. Er nahm von seinen Schultern das Joch der Mythen und löste die Fesseln seiner Seele, seines Verstandes und seiner menschlichen Gemeinschaft zugunsten eines geistlichen Lebens, eines hohen Verstandes und eines sozial gerechten Lebens, das auf dem Guten und dem Frommen aufbaut und auf der Kooperation; der Kooperation nämlich zwischen dem Mann und der Frau in einer gesunden Familie, auf der Kooperation des Mannes mit dem Mann [!] in einer recht geleiteten Gesellschaft. Der Islam brachte die Freiheit des Menschen mit sich und seine Menschenrechte bis zur äußerst möglichen Grenze. Er rief zur Befreiung des Sklaven auf und zur Erlösung von der Erniedrigung der Sklaverei und weckte ein tiefes Verlangen danach. Ebenso verbreitete der Islam die Rechte des Menschen und ihre Würdigung in der Religion selbst. Denn so sagt der Gepriesene und Erhabene: ‚Es gibt keinen Zwang in der Religion‘ (Fußnote: Sure ‚Die Kuh‘). Und die Leute wurden nicht gezwungen, den Islam anzunehmen. Und der Prophet – Heil sei mit ihm und Frieden – zückte das Schwert [nur] zur Verteidigung der Religion Gottes, nicht aber zur Anfeindung. Der Islam garantierte den Menschen ihre Freiheit, nicht nur seinen Anhängern alleine, sondern auch denen, die in seinem Schatten lebten, seien es nun Muslime oder Nichtmuslime gewesen. Wahr ist, dass der Islam die Toleranz lehrte. Sie war es, die die Eroberung von Syrien, Irak, Persien, Ägypten, Khorasan, Indien ... usw. ermöglichte – nicht das Schwert oder der Dolch wie manche Fanatiker unter den Feinden des Islam sagen.“*[12]

---

9 Vgl. oben Teil B, Kap. II.3.2.

10 Die Überschrift des Kapitels lautet "Der Dialog soll sich auf die feststehenden Wahrheiten gründen". In ihm werden noch weitere Beispiele aus der Tradition dafür geboten, dass man bei der Wahrheit bleiben soll. IRE OS 1 (D), 40-46.

11 IRE OS 1 (D), 44.

12 IRE OS 3, 91.

Dieser Text ist als ein typischer Text anzusehen, in dem das traditionelle Rechtsdenken des Islam sich mit Begriffen aus dem modernen Völkerrecht vermischt. Obwohl hier nicht von Christen explizit die Rede ist, ist der Text dennoch von großer Bedeutung für die Bestimmung des Verhältnisses zu den Christen, denn hier wird die Sure 2, 256 zitiert, die bis heute die Hauptgrundlage dafür bietet, dass Christen und Juden eine (beschränkte) Toleranz in islamischen Gesellschaften gewährt wird.

4. Evaluation

4.1. Zusammenfassung

Während das Christentum in der Grund und Mittelstufe zumindest am Rand noch vorkommt, sind die Erwähnungen in der Oberstufe statistisch kaum noch erfassbar. Explizite Erwähnungen insgesamt: 0,06 %; inklusive: 0,09%; implizite: 0,3%,.[13] Die Erwähnungen beschränken sich in den drei grundlegenden Büchern für den Religionsunterricht auf drei kurze Passagen: Die gleich bleibende Botschaft aller Propheten, in der Jesu Botschaft inkludiert wird, wird in IRE OS 1 nochmals kurz angesprochen (10 Zeilen; 0,73% des Buches). In IRE OS 2 gibt es keine Erwähnungen. Explizit wird vom Christentum in IRE OS 3 in 7 Zeilen gesprochen (0,33% des Buches). Im gleichen Buch gibt es noch eine kurze Passage zum Verständnis von Sure 2, 256 (0,29% des Buches). Da diese zur Begründung für islamische Toleranz dient, ist diese Stelle implizit von Bedeutung. Ein ähnliches Bild ergibt sich bei den ergänzenden Schulbüchern für den islamischen Religionsunterricht. An einer Stelle wird in zwei Zeilen zur Einhaltung von Verträgen gegenüber Schriftbesitzern gemahnt. An einer anderen Stelle wird an das historische Religionsgespräch mit dem äthiopischen König erinnert. Die Erwähnung dient jedoch nur als Beispiel dafür, dass man an der Wahrheit im Gespräch mit anderen festhalten soll. Alle Erwähnungen zusammen machen nur 0,45 % der Bücher aus.

4.2. Bewertung und kritische Anfragen

Auch in einer Schulstufe, in der die Gemeinsamkeiten und Unterschiede der Religionen Ägyptens differenzierter erläutert werden könnten, ist ein Ansatz zu einer interreligiösen Erziehung nicht zu erkennen. Das einzige Kapitel, das sich ausführlicher mit einer anderen Religion, dem Judentum, befasst, dient ausschließlich dazu Vorurteile zu

[13] Vgl. die Gliederung und die Tabellen in Kap. III.1.3., III.2.1. und III.2.2.

schüren.[14] Die wenigen Stellen, die sich mit dem Christentum bzw. mit Themen befassen, die für die Beziehung zum Christentum relevant sind, geben dazu noch ein verzerrtes Bild wieder. Jesus wird wieder ausschließlich als islamischer Prophet beschrieben, so dass auch der Schüler der Sekundarstufe nichts davon erfährt wie man ihn in christlicher Perspektive sieht (vgl. oben Kap. III.3.2).

Christen werden mit Rückgriff auf die Christenverfolgung in heidnischer Zeit zwar als Opfer von heidnischem und jüdischem Extremismus und Terrorismus beschrieben (vgl. oben Kap. III.3.1), gegenwärtige Probleme des Terrorismus, der sich religiös motiviert, werden aber nur angedeutet. Eine solche Darstellung wird jedoch weder der heutigen Situation in Ägypten, noch der in den arabischen Staaten, noch der in der gegenwärtigen Weltpolitik gerecht. Denn es sind vor allem Terroristen, die sich auf den Islam berufen, die heute die Regierungen in zahlreichen Staaten des Mittleren Ostens stürzen wollen, die den Konflikt mit dem Westen provozieren möchten und Unschuldige gleich welcher Religion in den Tod stürzen. Dieses Problem klar zu benennen, Argumentationshilfen für Schüler auf der Basis des Koran und der Sunna zu bieten, die Argumentation der Islamisten darzustellen und sie als nicht mit dem Islam vereinbar zu entlarven – dies wäre das Gebot der Stunde.

Extremismus und Terrorismus dürfen sicherlich nicht ausschließlich mit dem Islam in Verbindung gebracht werden. Selbstverständlich gibt es dieses Phänomen auch in anderen Religionen – darunter auch im Christentum, das durchaus nicht nur Opfer war, sondern z. B. über Jahrhunderte immer wieder die theologische Rechtfertigung für die Verfolgung von Häretikern und Juden lieferte. Solange aber das zentrale Problem von heute – der Terrorismus, der sich islamisch begründet - nicht angesprochen und mutig in Angriff genommen wird, kann eine Relativierung nur als Ausweichen auf marginale Nebenschauplätze verstanden werden, um das eigentliche Problem tunlichst zu vermeiden. Zudem wäre es erst einmal angebracht zu definieren, was denn „Extremismus“ und „Terrorismus“ ist, denn man wird z. B. grundsätzlich unterscheiden müssen, ob Angriffe auf bestimmte Bevölkerungsgruppen von dem herrschenden Regierungssystem, von einer parlamentarischen Opposition, von Untergrundgruppen oder von einem lynchenden Mob ausgehen, ob sie lokal und zeitlich begrenzt sind, ob sie bewusst geplant sind, ob und welche Ideologie dahinter steckt, welche Zwecke und Ziele sie verfolgen etc. Nicht jede Gewalttätigkeit ist mit „Terrorismus“ gleichzusetzen. Mangelnde Differenzierung und begriffliche Unklarheit verwischen nur die Probleme statt zu helfen, sie zu lösen.

---

[14] Zu dem Kapitel über die Stellung Muhammads zu den Juden in der Oberstufe vgl. REISS 2003 Juden.

Festzuhalten bleibt jedoch im Blick auf die zentrale Fragestellung des Forschungsprojekts, dass ein erstaunlich positives Bild vom Christentum in Bezug auf Extremismus und Terrorismus gezeichnet wird: Im Gegensatz zum Judentum und zum Islam wird es nur als Opfer, nicht jedoch als Täter erwähnt. Dies ist allerdings ein geschöntes Bild vom Christentum, das der Wirklichkeit ebenso wenig standhält wie die negativen Klischees, die die Schulbücher ansonsten in Bezug auf das abendländische Christentum entwerfen.

Was die Ausführungen zur Toleranz im Islam anbelangt (vgl. oben Kap. III.3.3), so wird man bestätigen müssen, dass der Islam in vielerlei Hinsicht Fortschritte im Blick auf die Humanität gebracht hat. Er hat in der Tat die damalige polytheistische Umwelt entmythologisiert. Er hat in der damaligen Gesellschaft die Frauenrechte bestärkt. Er hat Sklaven bei der Annahme des islamischen Glaubens die Möglichkeit zum Freikauf eröffnet. Er hat in den eroberten Gebieten ein milderes Kriegsrecht eingeführt, das den eroberten Untertanen die Möglichkeit bot, den Glauben beizubehalten, wenn eine Kopfsteuer bezahlt wurde. Ebenso ist es richtig, dass nach den Eroberungen durch die arabischen Heere meist Verträge geschlossen wurden, die den Untertanen einerseits Rechte gaben, andererseits sie aber auch auf Loyalität gegenüber den Eroberern verpflichteten und sie zu Bürgern zweiter Klasse, „geduldeter Bürger“, machte.[15]

Das Problem liegt darin, dass diese Fortschritte und diese Toleranz gleich gesetzt werden mit dem heutigen Menschenrechtsgedanken, der sich in Europa im 18.-20. Jahrhundert formierte. So wird man die Tatsache, dass nur dem Mann gleiche Rechte in der Gesellschaft zugestanden werden und die Gleichberechtigung der Frau auf den familiären Bereich eingeschränkt wird,[16] kaum in Übereinstimmung bringen können mit den Menschenrechten wie man sie heute versteht.[17] Es sollte auch nicht verschwiegen werden, dass der Islam trotz seiner grundsätzlichen Erleichterung des Frei-

[15] Interessant ist, dass im ergänzenden Schulbuch der 1. Klasse der Oberstufe im Zusammenhang mit der Auslegung von Sure 4, 105 zur Einhaltung der Schutzabkommen für Nichtmuslime gemahnt wird, obwohl diese durch die Gleichstellung in der Verfassung eigentlich überholt sein müssten: "Wer Verträge verletzt oder einem Schutzbefohlenen Unrecht antut (und das ist jemand, dem wir einen Vertrag gegeben haben und Sicherheit unter denen, die sich hinsichtlich der Religion unterscheiden oder der ein Bürger bei uns war), dessen Gegner werde ich beim Tag der Auferstehung sein. Und wenn du sein Gegner bist, werde ich gegen ihn streiten und ihn besiegen." (IRE OS 1 (P), 31).

[16] Man beachte die Wortwahl: „Kooperation zwischen dem *Mann und der Frau* in einer gesunden *Familie*, Kooperation des *Mannes mit dem Mann* in einer rechtgeleiteten *Gesellschaft*“!

[17] Die Gleichberechtigung im öffentlichen Leben wird auch von muslimischen Frauen gefordert. Vgl. das Kapitel „Das Lied der Frauen –Aufbruch in die Freiheit“ von MERNISSI 2002, 199-225.

kaufs von Sklaven über Jahrhunderte eine maßgebliche Rolle im Sklavenhandel in Afrika spielte.[18]

Im Blick auf die arabischen Eroberungen ist zu sagen, dass es sich durchweg um Angriffskriege handelte, die die Ausweitung des arabischen Imperiums zielten und selbstverständlich nach heutigem Völkerrecht nicht zu rechtfertigen wären: Der mit den arabischen Eroberungen untrennbar verbundene Begriff der „Ġazwa", der in die meisten europäischen Sprachen aufgenommen wurde (deutsch, ital., franz.: razzia, engl: raid), bezeichnet keinen Defensivkrieg, sondern einen aktiven Angriff mit dem Ziel, dem Gegner möglichst viel an Beute zu entreißen, Kontrolle über ihn zu gewinnen bzw. ihn finanziell zu schädigen.[19]

Andererseits ist zu würdigen, dass der Islam ein zu damaliger Zeit „tolerantes" Kriegsrecht einführte, das in Europa bis dahin nicht bekannt war. Der Islam wütete nicht mit dem Schwert in den eroberten Gebieten und zwang nicht Andersgläubige zum Übertritt wie z. B. die Christen bei der Reconquista Spaniens noch sieben Jahrhunderte später. Insoweit ist das Bild vom friedensliebenden toleranten Islam ebenso ein Klischee wie das des "Säbel schwingenden Islam". Wollte man das Prinzip der Ġazwa noch heute gelten lassen, so könnte man jedoch auch die gesamte neuere Kolonialzeit im 19./20. Jh. gutheißen, denn auch hier wurde ja längst nicht mehr den Untertanen ein Religionsübertritt aufgezwungen, sondern es ging „nur noch" um wirtschaftliche Ausbeutung und politische Macht.

Das Prinzip, dass es „keinen Zwang in der Religion gibt", ist sicherlich als ein gewaltiger Schritt in Richtung auf eine Humanisierung der menschlichen Gesellschaft

---

18 Im Koran erscheint die Sklaverei als selbstverständliche Einrichtung, für die jedoch mildere Verhältnisse gefordert werden. Die Freilassung von Sklaven gilt zwar als verdienstlicher Akt, der den Gläubigen empfohlen wird. Sie wird meist testamentarisch verfügt, vor allem dann, wenn der Sklave zum Islam übergetreten ist. Der Sklave hat auch die Möglichkeit, seine Freiheit selbst zu erkaufen. Die Bedingungen hierfür werden in einem Vertrag (*mukâtaba*) festgehalten. Ebenso gelten die Kinder von Sklavinnen im Unterschied zum Westen stets als Freie. Dennoch führten diese Regelungen und die vom Islam verkündete Gleichheit aller Menschen vor Gott (genausowenig wie im Christentum) lange Jahrhunderte nicht zur Abschaffung der Sklaverei. Da der Islam verschiedene Möglichkeiten des Freikaufs bot und Sklaven nicht selten in höchste Ämter aufsteigen konnten und sogar Herrscher-Dynastien bilden konnten, andererseits die islamische Gesellschaft aber auf Sklaven angewiesen war, kam es immer wieder zu Raubzügen, bei denen Sklaven ausgehoben wurden, insbesondere in Ostafrika, aber auch in West- und Osteuropa. Die Abschaffung der Sklaverei setzte erst im 18./19. Jh. durch Druck von seiten der europäischen Kolonialmächte ein, die jedoch noch kurz zuvor die Sklaverei nicht nur geduldet hatten, sondern auch Hauptabnehmer der arabischen Sklavenhändler für die neuen Kolonialgebiete in Übersee gewesen waren und die Sklaverei gezielt gefördert hatten. Vgl. LUPPRIAN, Karl-E.: Art. „Sklaven" in: LIW Bd. 3, 110-112; CAHEN 1987, 135-138.

und Aussöhnung zwischen den Religionen und als ein bedeutender Beitrag zur Grundlegung von Menschenrechten anzusehen.[20] Erst im 17. Jh. begann sich diese Erkenntnis in Europa aufgrund der militärisch nicht mehr herstellbaren religiösen Einheit Europas nach den verheerenden Religionskriegen durchzusetzen.[21] Es darf aber nicht mit einer Religionsfreiheit im modernen Sinne gleichgesetzt oder verwechselt werden, denn das traditionelle islamische Recht gibt nur dem Mitglied einer *anerkannten Religion* das Recht, eine Religion zu haben und diese *im bisher üblichen Maß* auszuüben unter der Bedingung, dass man sich der politischen Macht des Islam unterwirft und jede Ausweitung der Religion unterlässt. Der einzelne Mensch genießt dieses Recht nicht, sondern nur als Mitglied einer Religionsgruppe. Zahlreiche Religionen, religiöse Gruppen und Weltanschauungen sind von der Religionsfreiheit ausgeschlossen (Hinduismus, Buddhismus, Bahia, Atheisten, Ahmadiyya etc.) und ein Mensch ohne Nachweis zu einer anerkannten Religionsgruppe hat dieses Recht ebenso nicht.[22] Des Weiteren führt jede Ausweitung der Frömmigkeit immer wieder zu heftigen Auseinandersetzungen in islamischen Gesellschaften, weil diese Form von Toleranz im Islam nicht verwurzelt ist: Christliche Mission ist verboten; Muslime, die eine andere Religion annehmen wollen werden mit dem Tod bedroht; die Präsenz der Christen in der Öffentlichkeit unterliegt Einschränkungen. Die Renovierung und der Bau neuer

---

19 Innerhalb der arabischen Beduinentradition hatte er egalisierende Funktion und war eine Überlebensstrategie für Stämme, die zeitweise bzw. längerfristig keine anderen Lebensgrundlagen hatten. Vgl. T.M. JOHNSTONE: Art. "*ghazw*" in: EI II, 1055f.

20 Gegen Bat Ye'or, die das Dhimmi-System pauschal als Unterdrückungssstem verurteilt, ist festzuhalten, daß die beschränkte Toleranz zur *damaligen* Zeit durchaus ein Fortschritt gewesen ist.

21 Es ist jedoch darauf hinzuweisen, daß die Einheit von Religion und Herrschaft nicht prinzipiell abgeschafft, sondern zunächst nur vom Staat auf die Fürstentümer und Länder verlagert wurde, denn lange noch galt ja das Prinzip „cuius regio eius religio". Die Struktur der „Landeskirchen" in Deutschland, die bis heute noch weitgehend die territorial-konfessionellen Grenzen der ehemaligen Fürstentümer Deutschlands bewahrt haben und in denen regionale Herrscher bis in die Neuzeit bedeutende Eingriffe in das kirchliche Leben vornahmen (Einführung der schwarzen Beamtentracht für die Lutheraner, liturgische Reformen durch den Preußenkönig) zeugen von der langen Tradition der territorial-konfessionellen Geschlossenheit. Demgegenüber hat der Islam schon sehr viel früher theologische und praktische Möglichkeiten eines „multi-religiösen" Zusammenlebens eröffnet, in der der Staat sich - zumindest in bestimmten Bereichen - nicht in die Angelegenheiten der religiösen Minderheiten einmischte. Reste dieses Systems sind auch heute noch in den Personalstatusrechten zu erkennen, in denen die anerkannten religiösen Gemeinschaften ihr eigenes Ehe, Familien- und Erbrecht anwenden können. Vgl. Prader 1991.

22 Die Al-Azhar hat jüngst in einem von Muslimen aus Madagaskar angeforderten Rechtsgutachten nochmals ausdrücklich bestätigt, daß es für Bahai keine Religionsfreiheit nach islamischer Rechtsauffassung geben kann. Da die Anhänger dieser Religion die Endgültigkeit der Botschaft Muhammads bestreiten, müssten ihre Anhänger als *kuffâr* (Ungläubige) bzw. als *murtaddûn* (Apostaten) angesehen werden. Vgl. AL-ḤAYÂT, 14. 12. 2004, 6. In Ägypten hat dies den Verlust aller staatsbürgerlichen Rechte zur Folge.

Kirchen ist trotz Vereinfachungen immer wieder ein heikles Thema und führt zu Auseinandersetzungen.

Insoweit ist es falsch, die beschränkte Toleranz gegenüber bestimmten religiösen Gruppen mit den Menschenrechten gleichzusetzen, die dem *einzelnen Individuum als Mensch* das Recht geben, eine Religion zu haben oder nicht zu haben, sie auszuüben oder nicht auszuüben, sie in beliebige Richtung zu wechseln oder beizubehalten:[23] Bat Ye'or resümiert nach jahrelangen Untersuchungen[24] zum islamischen Dhimma-System: „Mit den modernen Prinzipien der unveräußerlichen und allgemeingültigen Menschenrechte ist das System der Dhimma unvereinbar."[25] Ähnlich kritisch äußert sich auch Adel Theodor Khoury:

> *"Zusammenfassend kann man feststellen, daß das klassische Rechtssystem des Islams die Bildung einer Gesellschaft mit zwei Klassen von Bürgern vorsieht. Die einen, die Muslime, sind die eigentlichen Bürger; die anderen werden toleriert, ihnen wird ein Lebensraum verschafft, aber ihre Rechte sind nur die, die ihnen der islamische Staat gewährt. Und diese gewährten Rechte gehen von einer grundsätzlichen Ungleichheit von Muslimen und Schutzbefohlenen aus. Muslime und Nicht-Muslime sind ja nicht gleichberechtigt im Staat, sie sind nicht alle Träger der gleichen Grundrechte und der gleichen Grundpflichten. Sie sind auch nicht grundsätzlich gleichgestellt vor dem Gesetz. Die Nicht-Muslime sind zwar in den Augen des Islams nicht rechts- und schutzlos, sie werden nicht den Muslimen als freie Beute preisgegeben. Dennoch werden sie im eigenen Land als Bürger zweiter Klasse behandelt. "*[26]

Ähnlich wie bei der islamischen Menschenrechtserklärung von 1981 geht es in dem Schulbuchtext weniger um eine Anerkennung der Menschenrechte, denn um eine Apologetik zugunsten des Islam als derjenigen Religion, die als erste die Menschenrechte verkündet und verwirklicht habe. Die Menschenrechte werden gerade nicht als allgemein menschliche, sondern als islamische Rechte dargestellt, was dann dazu führt, dass für sie auch der islamische Rahmen gilt.[27] Und genau dies schränkt die Anerkennung der allgemeinen Menschenrechte ein.

---

23 Vgl. FORSTNER 1991.

24 YAHUDIYA MASRIYA 1976; BAT YE'OR 1980; BAT YE'OR 1985; BAT YE'OR 1994; BAT YE'OR 2002.

25 BAT YE'OR 2002, 269.

26 KHOURY 1994, 152.

27 Vgl. FORSTNER 1991, 150.

IV. Sozialkunde (Grundstufe)

1. Einleitung

Das Fach Sozialkunde (*ad-dirâsat al-iǧtimâʿiyya*, w. "Sozialstudien") wird ab der 4. Klasse in der Grundstufe mit zwei Stunden pro Woche unterrichtet. Für den Unterricht sind jeweils zwei Schulbücher und zwei Übungsbücher pro Klassenstufe vorgesehen. Die Schulbücher eines Jahrgangs sind jeweils einheitlich gestaltet. Auf den Schulbüchern und Übungsbüchern der 4. Klasse ist eine Landkarte Ägyptens abgebildet mit dem Titel "Meine Provinz – ein Teil von Ägypten". Am Rand der Vorder- und Rückseite sind die Embleme der ägyptischen Provinzen angeordnet. Die vier Bücher der 5. Klasse tragen den Titel "Ägyptische Landstriche und Persönlichkeiten". Als Illustration dient eine Fotomontage, die aus zwei Gebirgsseen, grünem Wald, einem Fischkutter und einer Drahtseilbahn (!) besteht, sowie aus Abbildungen einer pharaonischen Standfigur sowie Persönlichkeiten aus der Neuzeit und Gegenwart Ägyptens, über denen der gegenwärtige Präsident Husni Mubarak mit ausgebreiteten Armen "schwebt". Die Bücher sind mit zahlreichen Fotos, Zeichnungen und Karten illustriert. Allerdings ist der Farbdruck so schlecht, dass man bisweilen kaum etwas auf den Bildern erkennen kann. Bei einigen Bildern hat man sich damit beholfen, die Konturen mit der Hand nachzuziehen.[1] Die Texte sind teilvokalisiert. Die Bücher wurden erstmals 1995/96 gedruckt und seitdem mehrfach überarbeitet. Als Verfasser wird bei den Schulbüchern ein gleich bleibendes Team von sechs Autoren genannt. Auffällig ist, dass das Team bei den dazugehörigen Übungsbüchern nicht identisch ist.

1.1. Bibliografische Angaben

In der Grundstufe wurden folgende Schulbücher untersucht, die für den Unterricht im Fach Sozialkunde vorgeschrieben sind (Edition 2001/2002):

Autoren	Titel	Teil	Umfang	Abkürzung
1. Aḥmad Ḥusain Al-Luqânî 2. Saif Ad-Dîn ʿAbd Al-ʿAzîz 3. 'Abd Al-Wâḥid Aḥmad Farâǧ 4. Fâri'a Ḥasan Muḥammad 5. Fu'âd Muḥammad Al-Ġandûr 6. Muḥammad As-Sayyid Ǧamîl	Die Sozialkunde, 4. Klasse der Grundstufe: Meine Provinz – Ein Teil von Ägypten	1. Teil	5 Einheiten, 48 Seiten + 56 Seiten Karten	SK GS 4/1
		2. Teil	4 Einheiten, 35 Seiten	SK GS 4/2
	Die Sozialkunde, 5. Klasse der Grundstufe: Ägyptische Landstriche und Personen	1. Teil	5 Einheiten, 46 Seiten	SK GS 5/1
		2. Teil	4 Einheiten, 40 Seiten	SK GS 5/2

1 Vgl. SK GS 5/1, 34.

Ergänzende Übungsbücher

Autoren	Titel	Teil	Umfang	Abkürzung
1. Fâri'a Ḥasan Muḥammad 2. Fu'âd Muḥammad Al-Ġandûr 3. Sûsan Saad Al-Dîn Al-Rûbî 4. Saif Al-Dîn 'Abd Al-'Azîz	Die Sozialkunde, Übungsheft 4. Klasse der Grundstufe: Meine Provinz – Ein Teil von Ägypten	1. Teil	4 Einheiten, 18+10 Seiten	SKÜ GS 4/1
		2. Teil		SKÜ GS 4/2
1. Fâri'a Ḥasan Muḥammad 2. Fu'âd Muḥammad Al-Ġandûr 3. Saif Al-Dîn ʿAbd Al-ʿAzîz Ḥasan 4. Muḥammad Yasrî Ibrâhîm 5. Aḥmad Imâm Ḥašîš 6. Amânî Muḥammad Taha	Die Sozialkunde, Übungsheft 5. Klasse der Grundstufe: Ägyptische Landstriche und Personen	1. Teil	4 Einheiten, 24 +14 Seiten	SKÜ GS 5/1
		2. Teil	4 Einheiten, 24+14 Seiten	SKÜ GS 5/2

1.2. Aufbau und Inhalt

Die Bücher sind in vier bzw. fünf Einheiten eingeteilt, die jeweils nochmals in Lektionen untergliedert werden. Die Einheiten und Lektionen werden eingeleitet mit Lernzielen, die am Rande aufgeführt werden, und werden abgeschlossen durch Lückentexte und Arbeitsanweisungen zu den behandelten Themen, um den Stoff zu wiederholen und einzuprägen. Unter der Rubrik *„Weißt Du?"*, die mit Rahmen und Hinweisschild besonders hervorgehoben wird, werden am Rande der Fragen bzw. Lückentexte ergänzende Detailinformationen zu dem jeweiligen Thema gegeben. Dem ersten Band ist ab Seite 49 ein *„Atlas der Provinzen Ägyptens"* beigefügt.[2] Die Vorworte der Bücher werden jeweils mit der religiösen Formel *„Bismillâh ar-raḥmân ar-raḥîm"* eingeleitet, mit der Koransuren und zahlreiche Handlungen eingeleitet werden.

In der ersten Lektion des Schulbuches 4/1, mit dem der Unterricht in Sozialkunde beginnt, wird eine Beschreibung gegeben, um was es bei diesem Fach geht:

> *„Was bedeutet ‚Sozialstudien'?*
> *Die Sozialstudien sind ein Zweig der Wissenschaft. Sie beschäftigen sich mit allem, was das Leben des Menschen in der Gemeinschaft betrifft, in der er lebt, gleich ob dies die Gemeinschaft der Familie, der Schule, des Viertels, des Dorfes, des Gouvernements oder des ganzen Vaterlandes ist. Die Studien umfassen die gesamte [Lebens-]Welt und das Leben des Menschen in der Gegenwart ebenso wie in der Vergangenheit ..."*[3]

Die beiden Schulbücher im vierten Schuljahr gehen von einer Erkundung der jeweiligen Provinzen aus. Wenn von verschiedenen Tieren, von verschiedenen Landschaftsformen, von Festen, von Transportmitteln, von landwirtschaftlichen Erzeugnissen, von Persönlichkeiten, von Altertümern und Sehenswürdigkeiten, von geschichtlichen Ereignissen und sozialen und medizinischen Angeboten die Rede ist,

[2] SK GS 4/1, Vorwort.
[3] SK GS 4/1, 1f.

dann wird der Schüler immer wieder dazu aufgefordert, zusammenzustellen und aufzulisten, was es davon in seiner Provinz gibt.

Die Schulbücher des fünften Schuljahres haben im Unterschied dazu einen anderen, gleich bleibenden Aufbau. Verschiedene Landschafts- bzw. damit zusammenhängende Wirtschaftsformen werden im Laufe des Schuljahres im Wechsel mit Einheiten zu Persönlichkeiten aus der Geschichte Ägyptens vorgestellt. Die Aufzählung der historischen Persönlichkeiten geschieht in chronologischer Reihenfolge. Es gibt also einen ständigen Wechsel zwischen geografisch-wirtschaftlichen und historisch-politischen Themen.

Die Übungshefte (*kurrâsât at-tadrîbât wal-anšiṭa*) wiederholen mit Lückentexten und Fragen den behandelten Stoff und fordern den Schüler zur Erkundung seines Heimatgouvernements auf. Die Gliederung und Aufmachung ist abgesehen davon, dass die Bücher in einem etwas kleineren Format gehalten sind, gleich.

1.3. Gliederung

In den Einheiten, die grau hinterlegt sind, finden sich Erwähnungen des Christentums:

Sozialkunde für die Grundstufe, "Meine Provinz – ein Teil von Ägypten"		**Sozialkunde für die Grundstufe, "Ägyptische Landstriche und Personen"**	
Klasse 4, Teil 1		**Klasse 5, Teil 1**	
1. Einheit:	Wo liegt meine Provinz?	1. Einheit:	Die Agrarlandschaft
2. Einheit:	Natürliche Bedingungen und wie man Naturkatastrophen begegnen kann	2. Einheit:	Persönlichkeiten aus der pharaonischen Geschichte
3. Einheit:	Wirtschaftsprodukte und menschliche Aktivitäten für die Provinz	3. Einheit:	Die Industrielandschaft
4. Einheit:	Ereignisse und Personen	4. Einheit:	Persönlichkeiten aus der islamischen Geschichte
5. Einheit:	Regionale Verwaltung und die Bevölkerung in meiner Provinz	5. Einheit:	Die Küstenlandschaft
	Atlas der Provinzen Ägyptens		
Klasse 4, Teil 2		**Klasse 5, Teil 2**	
1. Einheit:	Der Transport innerhalb und außerhalb der Provinz	1. Einheit	Die Wüstenlandschaft
2. Einheit:	Die Altertümer und touristischen Orte	2. Einheit:	Persönlichkeiten aus der modernen Geschichte
3. Einheit:	Das Jahresfest der Provinz und ihre Feier	3. Einheit:	Der Tourismus in Ägypten
4. Einheit:	Die allgemeinen Dienste und Einrichtungen in meiner Provinz	4. Einheit:	Das Regierungssystem in Ägypten

2. Quantität der Darstellung des Christentums

2.1. Ort und Umfang der Erwähnungen

Schulbuch	Einheit/ Seite	Ort der Erwähnung	Umfang Ex- plizit	In- klusiv	Im- plizit
SK GS 4/1	E 4, 39	Wichtige "Ereignisse und Personen" werden vorgestellt. Ein Großteil erinnert an die Aufstände und Kämpfe gegen die Kreuzfahrer und die Kolonialmächte. Ein Datum nennt die Gründung des Katharinenklosters.	1 Z		18
SK GS 4/2	E 2, 7-9	Eine Kirche wird abgebildet. Es wird erläutert, dass es auch koptische Altertümer gibt. Zur Illustration wird die Mâr Ǧirǧis-Kirche von Alt-Kairo gezeigt.			4 Z 2 B
	E 3, 15f.	Unter religiösen Festen wird das christliche Weihnachtsfest zweimal erwähnt.			2 Z
	E 3, 18	Die Feste der Provinzen werden aufgelistet, bei denen vor allem der Auseinandersetzungen mit den Kreuzfahrern und den Kolonialmächten gedacht wird.			19 Z
SK GS 5/1	E 4, 30f.	Die Eroberung Ägyptens und das Verhältnis der Kopten gegenüber Byzanz werden beschrieben.			25 Z 2 B
	E 4, 33	Es wird beschrieben, wer die Kreuzfahrer waren. Die Errichtung der Kreuzfahrerstaaten und das Blutbad bei der Eroberung Jerusalems werden erwähnt.	5 Z		13 Z 2 B
	E 4, 36	Es wird behauptet, dass die Mongolen die "himmlischen Religionen" nicht kannten.			3 Z
SK GS 5/2	E 2, 20	Muslime und Christen kämpften beim Aufstand von 1919 gemeinsam für die Unabhängigkeit Ägyptens.			4 Z
	E 3, 28	Das koptische Museum wird als touristische Sehenswürdigkeit erwähnt.			1 Z

2.2. Art und Quantität der Erwähnungen

Schulbuch	Umfang: Insgesamt S(eiten) = Z(eilen) + B(ilder)	Erwähnungen des Christentums: Explizit Zeilen/ Bilder	Explizit Prozent	Inklusiv Zeilen/ Bilder	Inklusiv Prozent	Implizit Zeilen/ Bilder	Implizit Prozent	Insgesamt Zeilen/ Bilder	Insgesamt Prozent
SK GS 4/1	48 S = 916 Z 77 B	1 Z	0,11%	o	o	18 Z	1,96%	19 Z	2,07%
SK GS 4/2	35 S = 766 Z 70 B	0	0	o	o	25 Z 2 B	3,26%	25 Z 2 B	3,26%
SK GS 5/1	46 S = 948 Z 52 B	5 Z	0,53%	o	o	41 Z 4 B	4,33%	46 Z 4 B	4,86%
SK GS 5/2	40 S = 833 Z 37	0	0	o	o	5 Z	0,60%	5 Z	0,60%
SUMME	**169 S = 3463 Z 236 B**	**6 Z**	**0,17%**	**o**	**o**	**89 Z 6 B**	**2,57%**	**95 Z 6 B**	**2,74%**

3. Qualität der Darstellung des Christentums

3.1. Christliche Sehenswürdigkeiten in Ägypten

An verschiedenen Stellen wird auf christliche Sehenswürdigkeiten in Ägypten hingewiesen. Eine erste bildliche Erwähnung findet sich im 2. Schulbuch für die 4. Klasse im Zusammenhang mit der Beschreibung der verschiedenen Altertümer, die es in Ägypten gibt. Es handelt sich offensichtlich um die Kirchtürme der Moʿallaqa-Kirche in Alt-Kairo (Bild ohne Beschriftung). Die daneben angebrachten Bilder der Stufenpyramide von Saqqara und von Minaretten der Al-Azhar-Moschee (?) sind gleich groß, so dass sich daraus ebenso wenig wie aus der Auflistung der verschiedenen Epochen eine Wertigkeit dieser Kulturdenkmäler ablesen lässt. [4]

Bei der Erläuterung der verschiedenen Epochen lässt sich dann aber eine Tendenz feststellen: Nicht nur, dass den pharaonischen und islamischen Kulturdenkmälern der meiste Platz eingeräumt wird,[5] sondern auch die Kenntnis vom Gegenstand des Dargestellten ist defizitär: Als Beispiel für die koptischen Altertümer wird die St. Georgskirche abgebildet, die mit ihrem für ganz Ägypten einzigartigen Rundbau ganz und gar untypisch ist für koptische Baukunst und die zudem über Jahrhunderte gerade nicht in der Hand der Kopten, sondern in der Hand der „Melkiten" war (und ist), d. h. der Christen meist griechischer Provenienz in Ägypten, die sich zu dem byzantinischen Kaiser und dem „diplophysitischen" Bekenntnis hielten, während die Mehrheit der Kopten den byzantinischen Kaiser, die griechisch-hellenistische Kunst und das theologische Bekenntnis der Byzantiner ablehnten.[6] Das Bild ist also gerade kein Beispiel für koptische Baukunst, denn die Kopten übernahmen die Basilika als Grundtyp für den Kirchbau.[7] Angesichts dessen hilft es dem Schüler auch nicht viel, wenn im 2. Schulbuch der 5. Klasse bei der Auflistung der verschiedenen Museen auf das Koptische Museum hingewiesen wird.[8] Denn was koptische Kunst ist und wie diese aussieht, erfährt der Schüler in der Grundstufe nicht, da in keinem der vier Bücher der Grundstufe eine Abbildung zu dem Thema vorhanden ist.[9]

---

4 SK GS 4/2, 7.-9

5 Vgl. dazu die Ausführungen im vorangehenden Kapitel.

6 Vgl. Teil A, Kap. I. Das Christentum in Ägypten.

7 Vgl. BOURGUET, Pierre du: Art. „Art, Historiography of Coptic" in: CEnc 1, 254-261; BOURGUET 1967; GROSSMANN, Peter: Art. „Basilica" in: CEnc 2, 353-356.

8 SK GS 5/2, 28.

9 Auch die Türme der Moallaqa-Kirche (SK GS 4/2, 29) sind im Gegensatz zu der Innenraumgestaltung als Beispiel für koptische Kunst denkbar ungeeignet, denn sie sind erst aus jüngerer Zeit und unter europäischem Einfluss gebaut worden.

3.2. Die islamische Eroberung fördert die Toleranz

Die erste ausführliche Beschäftigung mit dem Christentum erfolgt im ersten Schulbuch der 5. Klasse. ʿAmrû Ibn Al-ʿĀṣ wird vorgestellt als einer, der sich bereits bei der Schlacht von Yarmuk (gegen die Byzantiner) hervorgetan hat[10] und dann den Auftrag bekommt, Ägypten zu erobern, weil dort die *„tapfersten Soldaten der Erde"*[11] anzutreffen seien. Die Eroberung Ägyptens wird folgendermaßen geschildert:

> *„ʿAmrû Ibn Al-ʿĀṣ erobert Ägypten*
>
> *Ägypten gehörte zum byzantinischen Reich, dessen Hauptstadt Konstantinopel – das heutige Istanbul - war. Die Herrscher dieses Staates wurden die Byzantiner genannt und man bezeichnete sie als die „Römer"(ar-rûm). Damit sind allerdings nicht die Römer (ar-rûmân) gemeint, die Rom (rûmâ) beherrschten.*[12] *Die Ägypter suchten nach Befreiung von der Herrschaft von Byzanz, die ihnen viele Steuern auferlegten und die religiöse Rechtsschule (al-maḏhab ad-dînî) verfolgten, von der die Kopten in Ägypten überzeugt waren. Unser Herr ʿUmar [der Kalif] stimmte zu und befahl ʿAmrû Ibn Al-ʿĀṣ, sich nach Ägypten zu wenden. Da marschierte das islamische Heer unter der Führung von ʿAmrû Ibn Al-ʿĀṣ von Syrien (Aš-Šâm) bis nach Al-ʿAriš, dann nach Al-Furma, in der Nähe von Port Said und eroberte es im Jahr 19 n. H. (640 n. Chr.) Dann ging ʿAmrû weiter bis er Bilbeis erreichte und es eroberte. In der Schlacht von ʿAin Šams*[13] *siegten die Muslime über die Byzantiner. (Abbildung 1)*[14] *Die Byzantiner verschanzten sich in der Festung Babylon (jetzt in Alt-Kairo) und ʿAmrû Ibn Al-ʿĀṣ belagerte sie. Einer der Gefolgsleute – es war Az-Zabîr Ibn Al-ʿAwâm - bestieg schließlich die Spitze der Festung und rief laut ‚Gott ist groß'. Da priesen die Muslime Gott, stürzten sich auf die Tore der Festung, drangen in sie ein und die Byzantiner unterwarfen sich.*
>
> *ʿAmrû Ibn Al-ʿĀṣ erobert Alexandria*
>
> *Alexandria war während der Herrschaft der Byzantiner die Hauptstadt von Ägypten. ʿAmrû Ibn Al-ʿĀṣ marschierte dorthin und nach einer Belagerung von 14 Monaten erfolgte ihre Eroberung und die Byzantiner verließen sie. Dann eroberte ʿAmrû den Rest der Gebiete Ägyptens, [siehe] Abbildung 2.*[15]

---

10 SK GS 5/1, 29f.

11 SK GS 5/1, 30.

12 Im Arabischen kann man also Westrom und Ostrom sprachlich klar unterscheiden: Die italienische Hauptstadt Rom heißt „Rûmâ", die Römer sind die „Ar-Rûmân", Ostrom bzw. Byzanz und die Byzantiner werden dagegen normalerweise als „Al-Rûm" bezeichnet.

13 Heute ein Stadtteil von Kairo, der im Nordosten der Stadt liegt.

14 Auf dem Bild kann man wegen der mangelnden Qualität des Druckes nur erahnen, dass im Vordergrund Pferde und Soldaten abgebildet sein sollen, die in Richtung auf eine Stadt stürmen.

15 Die Abbildung zeigt eine Karte mit der Marschroute des islamischen Feldherrn von Palästina über Bilbeis, ʿAin Šams, Babylon nach Damanhûr im Nildelta. Alexandria ist nicht eingezeichnet. Ebenso ist eine abweichende Marschroute nach Fayûm eingezeichnet, die aber nicht erklärt wird.

ʿAmrû Ibn Al-ʿĀṣ wird Gouverneur (Wâlî) von Ägypten

Nachdem ʿAmrû Ibn Al-ʿĀṣ Ägypten erobert hatte, bemühte er sich um Reformen und um Bauten. Ägypten blühte in seiner Epoche auf und er unternahm großartige Aktivitäten, darunter:

1. *Die Herstellung der Gerechtigkeit im Land*
2. *Er gründete (anstelle von Alexandria) eine neue Hauptstadt für Ägypten in der Nähe der Festung Babylon und nannte sie Fustat.*[16]
3. *Er trat den christlichen Kirchen nicht mit Bösem entgegen.*
4. *Er zwang niemanden mit Gewalt, den Islam anzunehmen.*
5. *Er errichtete einen Nilstandsmesser, um die Höhe des Wassers festzustellen, damit auf seiner Grundlage die Steuern festgelegt werden konnten."*[17]
6. *Er baute in Fustat die erste Moschee in Ägypten. Sie ist die bekannte ʿAmrû Ibn Al-ʿĀṣ –Moschee im Viertel von Alt-Kairo, [siehe] Abbildung 3.*[18]

ʿAmrû Ibn Al-ʿĀṣ starb in Ägypten und wurde in der Nähe des Moqattam [Anhöhe bei Kairo] begraben. Vergleiche zwischen dem Zustand Ägyptens in der Epoche der Byzantiner und dem Zustand nach der islamischen Eroberung. "[19]

Die Darstellung bietet eine Erklärung der arabischen Bezeichnungen für die politischen Mächte des christlichen Westens und charakterisiert ihre Beziehung zu Ägypten. Es wird begrifflich unterschieden zwischen Rom und Byzanz und es wird erläutert, dass Ägypten mit hohen Steuern von Byzanz belegt wurde und dass das ägyptische Christentum wegen Glaubensunterschieden verfolgt wurde. Interessant ist, dass die Konfession der Kopten mit dem Begriff „*al-maḏhab ad-dînî*" bezeichnet wird, dem Terminus, mit dem traditionell die vier islamischen Rechtsschulen bezeichnet werden. Da diese im Islam gleichermaßen akzeptiert werden können, wird Unverständnis gegenüber der byzantinischen Verfolgung erzeugt und die islamische Haltung als tolerant gekennzeichnet.

[16] Der Ursprungsort Kairos entwickelte sich sehr schnell zur blühenden Metropole und soll um die Jahrtausendwende größer und reicher als Bagdad und Damaskus gewesen sein. Heute ist es ein in Ruinen liegender Stadtteil nordöstlich von Alt-Kairo, in dem die Töpfer von Fustat mit Autoreifen ihre Öfen beheizen. Fustat wurde von den eigenen Bewohnern 1168 in Brand gesetzt als man glaubte, sich vor dem heranrückenden Kreuzfahrerkönig Almaric nicht retten zu können.

[17] Für diese Berechnung (und die Steuereintreibung) wurden Kopten eingesetzt. Sie entwickelten die Steuerberechnung mit Hilfe des Nilstandsmessers zu einer eigenen Disziplin, die in ihren Schulen als eigenes Fach gelehrt wurde und konnten sich dadurch bis in die Neuzeit in den Berufssparten, die mit der Nilstandsvermessung und Landvermessung zu tun hatten, ein Monopol sichern. Vgl. REISS 1998 Erneuerung, 15; BEHRENS-ABOUSEIF 1972, 96f.

[18] Der Innenhof der ʿAmrû Ibn Al-ʿĀṣ –Moschee wird abgebildet.

[19] SK GS 5/1, 30-32.

3.3. Die Abwehr der imperialistischen Kreuzzüge

Die Schilderung der Kreuzzüge erfolgt in der Lektion *„Salâḥ Ad-Dîn Al-Ayûbî und sein Kampf gegen die Kreuzfahrer"* im Zusammenhang mit der Einheit, in der verschiedene islamische Persönlichkeiten den Grundschulkindern vorgestellt werden. Die Kreuzfahrer werden folgendermaßen beschrieben:

> *„Wer sind die Kreuzfahrer? Es sind europäische Gruppen, die sich in militärischen Angriffen dem islamischen Orient zuwandten und die das Kreuz zu ihrem Abzeichen gemacht haben. Sie behaupteten verlogener Weise, dass sie kämen, um das Heilige Haus* [Jerusalem] *aus der Hand der Muslime zu befreien. Aber in Wahrheit besaßen sie nur das imperialistische [!] Verlangen nach den Ländern der Muslime. Aber weißt du, wie der Zustand der islamischen Welt damals war? Es war Schwäche und Zersplitterung in die islamische Welt eingekehrt. Deshalb gelang es den Kreuzfahrern, vier Kreuzfahrer-Emirate in Syrien-Palästina*[20]*zu errichten: 1. Das Emirat von Edessa 2. Das Emirat von Antiochia 3. Das Königreich des Heiligen Hauses 4. Das Emirat von Tripolis. Die Kreuzfahrer verübten aber nicht nur Schandtaten gegen die Muslime, sondern auch gegen die christliche Bevölkerung. Aber wie verhielten sich die Kreuzfahrer gegenüber dem Heiligen Haus? Als die Kreuzfahrer das Heilige Haus (die Stadt Al-Quds) besetzten, da drangen sie in die Al-Aqsa-Moschee ein und schlachteten alle ab, die in ihr waren. Sie töteten alle Einwohner der Stadt bis hin zu den Kleinkindern. Aber dauerte diese Tragödie an? Nein! Denn Ṣalâḥ Ad-Dîn Al-Ayûbî schlug die Kreuzfahrer in die Flucht und vertrieb sie aus dem Land."*[21]

Es folgen biografische Notizen zur Person Saladins. Dann werden unter der Überschrift *„Wie trat Salâḥ Al-Dîn den Kreuzfahrern entgegen?"* zunächst die militärischen Schritte beschrieben, die zu seinem Erfolg führten: a) der Aufbau eines starken Heeres und einer großen Flotte, b) der Bau der Zitadelle in Kairo, c) die vernichtende Niederlage bei den Hörnern von Hittin am See Tiberias d) die Eroberung der Küstenstädte Akko, Haifa und Sidon und die Eroberung Jerusalems. Interessant ist, dass als letzter Punkt der Entgegnung gegen die Kreuzfahrer aufgeführt wird, dass *„er befahl, dass die Kreuzfahrer, die im Heiligen Haus sich befanden, nicht angefeindet werden sollten; er erlaubte ihnen, wohlbehalten abzuziehen"*.[22] Wirtschaftliche und machtpolitische Faktoren werden bei der Kreuzzugsidee in den Vordergrund gestellt und jegliche religiöse Motivation abgesprochen. Die Beurteilung von Werner Ende über die damaligen muslimischen Zeitgenossen gilt offenbar auch noch heute: „Die religiösen

---

20 Die hier und an anderen Stellen meist gebrauchte Bezeichnung "Aš-Šâm" bezeichnet das Gebiet des „fruchtbaren Halbmondes", das sich von Ägypten bis nach Mesopotamien erstreckte, das Gebiet, das heute die Länder Syrien, Libanon und Israel/Palästina umfaßt. Wenn im folgenden "Syrien" übersetzt wird, so ist stets diese historische Bezeichnung des syrisch-palästinensischen Großraumes gemeint, nicht der moderne Nationalstaat Syrien.

21 SK GS 5/1, 33.

22 SK GS 5/1, 34.

Triebkräfte der [Kreuzzugs-]Bewegung blieben für den Muslim uninteressant und ihm verschlossen."[23] Zudem ist eine Verallgemeinerung des Begriffs „imperialistisch" zu erkennen, denn hier wird ein Begriff aus der Zeit des 19. Jhs. in eine frühere Epoche übertragen und der Anschein erweckt, als ob die Wirtschafts- und Machtpolitik der europäischen Nationalstaaten des 19. Jh., die auf Dominanz in Übersee strebte, bereits im 12. Jh. vorhanden und über die ganzen Jahrhunderte gleich geblieben sei. Auffällig ist des Weiteren, wie die Toleranz des Saladin der Brutalität der Kreuzfahrer gegenübergestellt wird. Dies knüpft an die Schilderung der toleranten Haltung von ʿAmrû Ibn Al-ʿĀṣ im vorangehenden Kapitel an, die der Unterdrückung von Byzanz entgegengestellt wird.[24] Durch einen solchen Vergleich wird „der" tolerante Islam „dem" barbarischen und intoleranten westlichen Christentum gegenübergestellt. Dies hält jedoch historischer Prüfung nicht stand, zumindest wenn man auch noch andere Epochen mit einbezieht.[25]

3.4. Der gemeinsame Kampf um die Unabhängigkeit

Im letzten Schulbuch der 5. Klasse gibt es in der Einheit, die Persönlichkeiten aus der modernen Geschichte vorstellt, nach einer Lektion über Muḥammad ʿAlî und Aḥmad ʿUrâbî eine Lektion über *„Saʿad Zaġlûl und den Aufstand von 1919"*.[26] Während im fortlaufenden Text über die historischen Entwicklungen nur knapp erwähnt wird, dass *„das ganze Volk, Muslime und Christen"* sich an dem Aufstand beteiligten[27], wird auf der folgenden Seite am Ende der Lektion in der durch Einrahmung hervorgehobenen Rubrik *„Weißt du?"* die muslimisch-christliche Kooperation bei dem Aufstand von 1919 in besonderer Weise hervorgehoben:

> *„Weißt du?*
>
> *Das Haus von Sa'ad Zaġlûl wurde „Haus der Nation" genannt, denn es war offen für alle Ägypter. Seine Frau nannten die Ägypter „Mutter der Ägypter". Das Haus der Nation wurde in ein Museum verwandelt, das das Mobiliar des Hauses enthält und Dinge, die mit dem Führer und seiner Frau zusammenhängen, sowie einige spezielle Dokumente. Während des Aufloderns des Aufstandes von 1919 riefen die muslimischen Religionsmänner in den Kirchen zum Aufstand auf, wäh-*

23 ENDE, Werner: Art. „Kreuzzüge" in LIW II, 111. Zur Bewertung der Kreuzzüge ausführlich vgl. unten Teil B, Kap. VI.3.7.

24 Das ist historisch jedoch nur bedingt zutreffend, denn immerhin gewährten die Kreuzfahrer der muslimischen Garnison freien Abzug. Saladin seinerseits wollte bei der Rückeroberung zunächst Rache nehmen, folgte dann aber dem Rat seiner Offiziere, die ihm zu einer versöhnlichen Haltung gegenüber der Bevölkerung rieten. Vgl. Teil B, Kap. VI.3.7.

25 Vgl. Teil B, V.3.4.-V.3.6.

26 SK GS 5/2, 17-20.

27 SK GS 5/2, 19.

rend die christlichen in der Al-Azhar predigten. So zeigte sich klar die nationale Einheit unter den Ägyptern.“[28]

Auffällig ist, dass in der Edition von 2001/2002 kein Bild mehr mit dem Symbol der nationalen Einheit, dem Halbmond mit dem darin eingeschlossenen Kreuz zur Illustration herangezogen wird – dem Symbol, das auch heute noch gerne bei Veranstaltungen benutzt wird, bei denen es um die muslimisch-christlichen Beziehungen in Ägypten geht. Stattdessen ist ein (schwer erkennbares) Bild abgedruckt, das offensichtlich verschleierte[29] und unverschleierte Frauen bei einer Demonstration zeigt, in der ein Plakat mit Halbmond und drei fünfstrahligen Sternen hochgehalten wird.[30] Offenbar will man damit den Schwerpunkt der Darstellung darauf verlagern, dass sich Frauen an der Volkserhebung beteiligten. Dies wird auch durch den Text deutlich, denn dort, wo in früheren Ausgaben des Sozialkundebuches die Passage über die interreligiöse Zusammenarbeit stand,[31] findet sich nun die Bemerkung, dass

„den Frauen eine wichtige Rolle zukam in diesem Aufstand, denn zum ersten Mal gingen die Frauen unter Führung von Sufīh Zaġlūl, der Frau von Saʿad Zaġlūl, zu Demonstrationen, an der sich alle Individuen des Volkes beteiligten“.[32]

3.5. Die Abwehr von Feinden als nationale Identitätsfindung

Im statistischen Teil wurde aufgezeigt, dass sowohl bei den Festen der Provinzen als auch bei der Auswahl der geschichtlichen Daten unverhältnismäßig stark Erinnerungen gepflegt werden, die mit der Abwehr der europäischen Invasoren zu tun haben.[33] Das Gedenken der Schlachten der nationalen Revolten sowie der lokalen Aufstände gegen Kreuzritter, die französische Besatzung, die englische Besatzung und den israelischen Nachbarstaat ist so stark, dass bei dem Schüler unweigerlich der Eindruck entstehen muss, dass es die Hauptaufgabe jedes Ägypters ist, sein Land gegen äußere Einflüsse mit allen Mitteln zu verteidigen. Dies gilt umso mehr, als fast alle dargestellten Persönlichkeiten Personen sind, die im militärischen oder politischen Kampf mit dem Westen lagen. Informationen über Religion und Kultur des Westens werden nirgendwo gegeben. Abwehr und Verteidigung des Vaterlandes von äußeren Feinden sind oberste Pflicht.

28 SK GS 5/2, 20

29 Merkwürdig ist die Form des Schleiers, den die Frauen tragen, denn dieser vollständige Gesichtsschleier ist für Ägypten völlig unüblich.

30 SK GS 5/2, 19. Auf dem Plakat ist der Schriftzug „Madrasa“ (Schule) zu erkennen. Das nächste Wort ist nicht zu entziffern. Daß das mitgetragene Bild Saad Zaghlûl darstellen soll ist zu vermuten, aber nicht zu erkennen.

31 SK GS 5/2, Edition 1997/98, 73.

32 SK GS 5/2, 19.

33 S. unten Kap. IV.4.

4. Evaluation

4.1. Zusammenfassung

Im Fach Sozialkunde gibt es außer der Erwähnung des Gründungsdatums des griechisch-orthodoxen St. Katharinenklosters und einer kurzen Beschreibung, wer die Kreuzfahrer waren, keine expliziten Erwähnungen des Christentums.[34] Der Umfang der expliziten Erwähnungen beträgt 0,17%. Inklusive Erwähnungen, die das Christentum als Bestandteil des Islam schildern, gibt es nicht. Bei den meisten Erwähnungen handelt es sich um implizite Erwähnungen. Ihr Umfang beträgt insgesamt 2,57 %. Sie erfolgen im Zusammenhang mit der islamischen Eroberung, mit den Kreuzzügen oder mit der Abwehr der Kolonialmächte. Christen erscheinen dadurch vornehmlich als Gegner der Muslime (60% aller Erwähnungen). Dem gegenüber ist die Erwähnung der Christen im Zusammenhang mit der nationalen Befreiungsbewegung ebenso marginal (4,21%) wie die Erwähnung im Zusammenhang mit touristischen Sehenswürdigkeiten (5,26%). Weder die Kultur und Religion des Christentums in Ägypten noch im Westen ist Gegenstand des Unterrichts.

Von großer Bedeutung ist die Auslassung von christlichen Themen: Bei der bildlichen Vorstellung der verschiedenen Bevölkerungsgruppen (und in allen ägyptischen Schulbüchern) fehlt das Bild eines koptischen Priesters, Mönchs, Bischofs oder des Patriarchen. Nur eine europäisch gekleidete Frau, ein Fellache und eine Beduinenfrau werden gezeigt.[35] Bei der Auswahl der Persönlichkeiten aus verschiedenen Epochen fällt auf, dass nur Personen aus der pharaonischen, der islamischen und der modernen Epoche ausgewählt werden. Die koptische Periode des 3.-6. Jh. wird ausgeklammert, obwohl sie zahlreiche koptische Persönlichkeiten hervorgebracht hat, die nicht nur für Ägypten, sondern für die ganze Welt von Bedeutung waren. Darüber hinaus wird kein einziger Christ aus der islamischen oder modernen Epoche beschrieben. In der zweiten Einheit des Schulbuches SK 4/2, bei der es um die *„Altertümer und touristischen Orte“* geht, wird neben einem Bild der Pyramiden und dem Bild einer Moschee mit einem Bild der Muʿallaqa-Kirche in Alt-Kairo auf die Existenz von Kirchen in Ägypten hingewiesen.[36] Im Text wird erläutert, dass es Altertümer aus der pharaonischen, der griechischen, der römischen, der koptischen, der islamischen und der modernen Epoche gibt, aber die Gewichtung zeigt eine Präferenz der pharaonischen und islamischen

---

34 Vgl. oben Teil B, Kap. IV.1.3, IV.2.1 und IV.2.2.

35 SK GS 4/1, 1.

36 SK GS 4/2, 7. Um welche Kirche es sich handelt, wird aber nicht deutlich, da die Bildunterschrift nur lautet: "Einige ägyptische Altertümer".

Altertümer[37] Bei der Aufzählung der Feste Ägyptens wird außer dem christlichen Weihnachtsfest kein einziges christliches Fest genannt. Dies betrifft nicht nur Ostern, das wichtigste Fest der Christen, sondern auch die Pilgerwallfahrten zu den Stätten der Heiligen Familie, die Heiligenfeste und die koptischen *mawâlid* (sing. *mûlid*), die jedes Jahr auch von tausenden von Muslimen besucht werden. [38] Ein signifikantes Beispiel für die Auslassung der christlichen Geschichte Ägyptens ist auch die Tatsache, dass außer der Gründung des Katharinen-Klosters kein einziges Datum genannt wird, das mit dem Christentum verbunden wäre. Dabei gäbe es eine Fülle von historischen Daten, die für die ganze Nation von großer Bedeutung sind. Auch wenn die Geschichte der koptischen Epoche in der Mittelstufe im Fach Sozialkunde ausführlich entfaltet wird,[39] sollten schon hier einige der wichtigsten Daten in der Liste der zu lernenden Geschichtsdaten in der Grundstufe nicht fehlen.

Während das einheimische Christentum marginalisiert bzw. fast völlig verschwiegen wird, wird das christliche Abendland zum besonderen Gegenstand des historischen Interesses, allerdings nicht in religiöser Hinsicht. Ein Großteil der historischen Gedenktaten[40] und der Jahresfeste der Provinzen[41] ist mit der Abwehr europäischer Invasoren verbunden. Wenn diese auch nicht explizit als Christen charakterisiert werden, so fördert dies doch zumindest eine Verteidigungshaltung gegenüber dem christlichen Abendland, dem die Ägypter offenbar nur in der Gestalt von Kreuzfahrern und

37 Pharaonisch (50,5 %), islamisch (23,33%), griech.-röm. (13,58%), koptisch (12,58%). SK GS 4/2, 8-10.

38 Vgl. MEINARDUS 1988 Heilige Familie; GABRA 2001; MEINARDUS 1970 Faith and Life, 214-279.

39 Vgl. unten Teil B, Kap. V.3.3.

40 Von den 50 Ereignissen, die in den verschiedenen Gouvernements in Erinnerung bleiben sollen, werden 14 Aufstände und Kämpfe gegen die Kolonialmächte Frankreich und England genannt, fünf gegen Israel, zwei gegen die Kreuzritter. An positiven Kulturerrungenschaften werden demgegenüber nur 24 in Erinnerung behalten, davon nur ein einziges christliches Datum - die Gründung des (griechisch-orthodoxen!) St. Katharinenklosters auf dem Sinai. Daneben werden noch fünf innenpolitische Ereignisse genannt. D. h. 28 % aller historischer Daten, die von Grundschülern in Erinnerung behalten werden sollen, sind verbunden mit der Abwehr europäischer Invasoren, seien es nun die Kreuzritter, die Franzosen oder die Engländer. Nimmt man die Erinnerungen an die Auseinandersetzungen mit Israel hinzu, widmen sich 42 % der geschichtlichen Daten der Abwehr von ausländischen Invasoren. SK GS 4/1, 39.

41 Von den 26 Festen, die Jahr für Jahr in den ägyptischen Provinzen gefeiert werden, erinnern zehn an kriegerische Auseinandersetzungen mit den Engländern im Zusammenhang mit dem Kampf um die Unabhängigkeit, fünf an lokale Aufstände gegen die französische Besatzung, vier an „Siege" über die Israelis, zwei an Schlachten mit den Kreuzrittern. Nur vier Feste erinnern an kulturelle Ereignisse, und ein Fest ist einem innenpolitischen Ereignis gewidmet – der Emigration des Königs Faruk aus Ägypten nach dem Putsch von 1952. Das heißt, daß 65 % der Feste in den ägyptischen Provinzen der Erinnerung an die Abwehr von europäischen Invasoren gewidmet sind, seien dies nun Kreuzritter, Franzosen oder Engländer, 15% der Feste richten sich gegen den Staat Israel, und nur bei 15% der Feste sind kulturelle Ereignisse Anlaß zum Feiern in den Provinzen. SK GS 4/2, 18.

Kolonialherren begegnen. Eine Polarisierung ist festzustellen: Orientalische Christen werden als Teil der islamischen Gesellschaft verstanden, mit denen man sich gemeinsam gegen die Aggression des christlichen Westens wendet - bei der Ausbreitung des Islam gegen die byzantinischen Christen, im Mittelalter gegen die Kreuzfahrer, in der Neuzeit gegen die Kolonialmächte.

4.2. Bewertung und kritische Anfragen

Die Darstellung des einheimischen Christentums ist recht defizitär trotz potentiell vorhandener Möglichkeiten wie beispielsweise die, einige wichtige Vertreter der Christen bildlich und biographisch darzustellen, den Aspekt der Religion bei der Bevölkerungsstatistik mit einzubeziehen, einige typische Kirchen im Gebrauch vorzustellen (z. B. den Innenraum einer repräsentativen koptischen Kirche von Altkairo während eines Gottesdienstes[42] oder die Mittwochspredigt des Papstes in der St. Markus-Kathedrale), christliche Feste und Pilgerwallfahrten zu benennen und zu beschreiben und einige geschichtliche Daten zu lernen, die mit dem Christentum verbunden sind. Auf diese Weise würde sich den Kindern ein erster Eindruck von der koptischen Kirche als lebendiger Religion der Gegenwart erschließen. Die koptische Kultur wird als untergegangene Kultur dargestellt, deren Bauwerke höchstens aus touristischen Gründen von Interesse sind (vgl. Kap. IV.3.1). Das Fehlen von bildlichen Darstellungen ägyptischer Christen fällt umso mehr auf, als man andererseits in den Büchern durchaus für viele Bilder Platz hat, um z. B. so seltene Tiere wie Wachteln, Hyänen oder Adler abzubilden.[43] Wenn Sozialkunde tatsächlich das Ziel hat, *„sich mit all dem zu befassen, was das Leben des Menschen in der Gemeinschaft betrifft, in der er lebt“*,[44] dann ist dies als ein erheblicher Mangel anzusehen. Die meisten ägyptischen Schüler werden sicherlich schon einem koptischen Priester, einem koptischen Mönch oder einer Diakonisse begegnet sein, oder das Bild des Patriarchen in der Zeitung oder in Häusern von Christen gesehen haben. Ob dies für die äußerst seltenen Wachteln, Hyänen und für Adler ebenso gilt, darf bezweifelt werden. Wenn man im Sozialkundeunterricht die Umwelt der ägyptischen Schüler beschreiben will, dann gehört die christliche Bevölkerung unabdingbar hinzu. Die christliche Bevölkerung wird auch in dem Kapitel über die Be-

---

42 Wenn man eine der koptischen Kirchen von Alt-Kairo zeigen will, so würde es sich anbieten, entweder die St. Sergius-Kirche bildlich darzustellen, die vermutlich die älteste Kirche in Ägypten ist oder es könnte auf die Moʿallaqa-Kirche hingewiesen werden, die im Mittelalter lange Zeit als Ort der Wahl, Konsekration und Inthronisierung des koptischen Patriarchen und später auch als Patriarchensitz fungierte. Vgl. COQUIN, Charalambia: Art. "Church of Muʿallaqah" in CEnc 2, 557-560.

43 SK GS 4/1, 22f.

44 SK GS 4/1, Vorwort.

völkerungsverteilung nicht erwähnt.[45] Dies ist bedauerlich, da sich die christlichen Siedlungsgebiete auf bestimmte Provinzen konzentrieren (vornehmlich auf die Provinzen von Al-Minyâ, Asyût, Sûhâg und Qîna in Mittelägypten sowie auf die Städte Kairo und Alexandria), während andere Provinzen nur einen geringen Anteil an christlicher Bevölkerung haben (z. B. im Delta).[46]

Die Darstellung der Hauptkonflikte zwischen Rom und Byzanz (vgl. Kap. IV.3.2) wird der Tiefe der innerchristlichen Auseinandersetzung nicht gerecht. Dabei ging es um die Basis des christlichen Glaubens, um die Frage, inwieweit Jesus Christus Mensch und/oder Gott war. Da die Person Jesus die entscheidende Offenbarungsquelle im Christentum ist, müsste man diese Fragestellung mit der vergleichen, ob und inwieweit der Koran menschliche und/oder göttliche Offenbarungsquelle ist. In solchen grundlegenden Fragen ist der sunnitische Islam jedoch genauso rigoros gewesen wie die spätere Verfolgung von Aleviten, Bahai und der Ahmadiyya-Bewegung zeigt.

Die Toleranz, die ʿAmrû Ibn Al-ʿĀṣ gegenüber den koptischen Christen zugeschrieben wird, ist wohl historisch zutreffend im Blick auf die Kopten, die von den Muslimen eine Befreiung von der byzantinischen Unterdrückung erhofften und diese auch tatsächlich erhielten. Mit Sicherheit galt dies jedoch nicht für die byzantinisch-orthodoxen Christen, die bis dahin die herrschende Schicht in Ägypten darstellten. Sie wurden aus Ägypten vertrieben. Die Haltung der Kopten zu den byzantinischen Christen wird nur dann verständlich, wenn man um die grundlegenden Unterschiede zwischen den verschiedenen Denominationen des Christentums weiß. Differenzierte Kenntnisse der religiösen Gruppen Ägyptens sind auch durchaus in der arabischen Geschichtsschreibung vorhanden. Der arabische Historiker Taqî Ad-Dîn Al-Maqrîzî beschreibt die Situation bei der Eroberung Ägyptens z. B. wie folgt:

> *„Als die Moslimen nach Ägyptenland kamen, war es gänzlich mit Christen angefüllt, die sich in zwei nach Abkunft und Religionsglauben verschiedene Theile theilten: der eine, die regierenden, bestand aus lauter Griechen von den Soldaten des Beherrschers von Constantinopel, Kaisers von Griechenland, deren Ansicht und Glaube der der Melikiten war [Bezeichnung für die Christen, die das Konzil von Chalzedon 451 angenommen hatten] und deren Zahl sich auf mehr als 300,000 belief, der andere Theil, die ganze Masse des Volkes von Ägypten, Copten genannt, war ein vermischtes Geschlecht, so dass man nicht mehr unterscheiden konnte, ob jemand unter ihnen von Coptischer, Habessinischer, Nubischer oder Israelitischer Abkunft war, diese waren aber sämtlich Jacobiten [Bezeichnung für die Christen, die das Konzil von Chalzedon 451 abgelehnt hatten] und von ihnen waren einige Regierungssecretäre, andere Kauf- und Handelsleute, andere Bischöfe und Presbytere und dergleichen andere Landwirthe und Ackerleute, andere Bediente und Knechte. Zwischen diesen und den Melikiten, der Regierungsparthei, herrschte eine solche Feindschaft, dass dadurch Verheirathungen unter einander verhindert und selbst wechselseitige Ermordungen veranlasst wurden. Ihre Zahl belief sich auf mehrere Hun-*

45 SK GS 4/1, 43-48.

46 Vgl. HARTMANN 1980, 177-182. Vgl. unten Teil B, Kap. VII.4.

dert Tausend, denn sie waren eigentlich die Bewohner von Ägyptenland im oberen und unteren Theile. Als nun 'Amr Ben el-'Asi mit den Truppen der Moslimen nach Ägypten kam, wurden sie von den Griechen angegriffen, welche ihre Besitzung vertheidigen und sie aus ihrem Lande vertreiben wollten; die Moslimen schlugen sich mit ihnen und besiegten sie bei der Burg, wie oben erzählt ist. Da suchten die Copten unter der Bedingung, Tribut zu bezahlen, mit Amr Frieden zu schließen und er gewährte dies, bestätigte sie in allem, was sie an Ländereien und dergleichen besassen, und sie leisteten den Moslimen Hülfe gegen die Griechen, bis Gott diese in die Flucht schlug und aus Ägyptenland hinaustrieb. Amr schrieb an Benjamin, den Patriarchen der Jacobiten, im J. 20 der Hidschra einen Sicherheitsbrief, worüber er sehr erfreut war; er kam zu Amr, und setzte sich auf den Patriarchenstuhl, nachdem er dreizehn Jahre davon entfernt gewesen war, von denen zehn Jahre in die Herrschaft der Perser über Ägypten fallen und die übrigen nach der Ankunft des Heraclius in Ägypten. Nun bemächtigten sich die Jacobiten aller Kirchen und Klöster in Ägypten und nahmen sie für sich allein mit Ausschluss der Melikiten.“[47]

Es wäre hilfreich, wenn man auf solche oder ähnliche Texte zurückgreifen würde, um die Situation bei der Eroberung zu verdeutlichen. Auch bei der Darstellung der Konflikte mit Byzanz, den Kreuzfahrern im Mittelalter und den Kolonialmächten fehlt es an der notwendigen Differenzierung. Muslime werden einseitig als tolerant und als Befreier beschrieben, während westliche Christen als barbarische Invasoren geschildert werden, die keinen Respekt vor der Religion und Kultur anderer haben.[48]

Auch im Blick auf die Darstellung der Beziehungen zwischen Ägypten und "dem Westen" (Vgl. Kap. IV.3.3-IV.3.5) muss generell die Frage gestellt werden, ob dieses Bild angesichts der vielfältigen gegenseitigen Einflüsse in Geschichte und Gegenwart und angesichts der wirtschaftlichen und politischen Kooperation tatsächlich der Wirklichkeit entspricht, und ob der ägyptische Staat dieses Bild von Europa und von seinem Nachbarn Israel, mit dem immerhin ein Friedensvertrag abgeschlossen wurde, weiterhin vermitteln will. Diese Darstellung wird der guten deutsch-ägyptischen Beziehungen und der bedeutenden Vermittlungsrolle Ägyptens in den Konflikten des Nahen Ostens jedenfalls nicht gerecht.[49] Trotz vielfältiger Konflikte kam es stets auch zu intensivem kulturellen Austausch zwischen Ägypten bzw. dem islamisch-arabischen Staaten und Europa, von dem beide Seiten profitierten.[50]

47 Übersetzung nach F. Wüstenfeld von 1845 in: AL-MAQRÎZÎ 1979, 49-51; arabisch 20f.

48 Dazu ausführlich Kap. VI.3.3; VI.3.7. und VI.3.9.

49 Die Beschreibung der defensiven Aufgaben der Bürger hat ihre Entsprechung in der Hauptaufgabe der Regierung. Diese ist mitnichten an vorderster Stelle die, Ägypten zu regieren, allen Bürgern Wohlstand zu bieten, die wirtschaftliche Entwicklung zu fördern, medizinische Versorgung zu gewährleisten usw., sondern an allererster Stelle die *„Verteidigung Ägyptens gegen Feinde von Außen“* (SK GS 5/2, 35). Angesichts eines 25 Jahre währenden – wenn auch kalten - Friedens mit Israel und der wirtschaftlich engen Kooperation mit europäischen Ländern fragt man sich, gegen wen diese Verteidigung notwendig ist.

50 Vgl. unten Kap. VII.4.2.

V. Sozialkunde (Mittelstufe)

1. Einleitung

Der in der 4. Klasse der Grundstufe begonnene Unterricht des Fachs Sozialkunde wird während der gesamten Mittelstufe (MS) mit drei Stunden pro Woche fortgesetzt. Die Schulbücher bestehen wie in der Grundstufe aus je zwei Schulbüchern und zwei ergänzenden Übungsbüchern pro Klassenstufe, die einheitlich gestaltet sind.

Die vier Bücher der 1. Klasse der MS (= 6. Klasse) tragen den Titel "Mein Vaterland Ägypten. Der Ort und die Zeit". Auf dem Titelbild werden ein Foto von der Nillandschaft bei Assuan und eine Grabmaske von Tutenchamun auf grünem Hintergrund abgebildet. Die vier Bücher der 2. Klasse MS (= 7. Klasse) zeigen eine Landkarte der arabischen Staaten und das spiralige Minarett der Ibn Tûlûn-Moschee. Der Titel lautet "Die Geografie des arabischen Vaterlandes und Kenntnisse der islamischen Geschichte". Die Bücher der 3. Klasse MS (= 8. Klasse) tragen den Titel "Geografie der Welt und Studien zur modernen Geschichte Ägyptens". Es werden ein Globus mit dem Kontinent Afrika und dem Indischen Ozean abgebildet sowie die Fotos einiger Führer Ägyptens in der Neuzeit: Muḥammad ʿAlî und der Khedive Ismaʿîl, Ğamâl ʿAbd An-Nâṣir, Anwar As-Sâdât und Ḥusnî Mubârak. Mit den Titelblättern wird bereits die Haupteinteilung der geschichtlichen Epochen deutlich: pharaonische Geschichte, islamische Geschichte, Moderne. Die Texte sind in der Regel nicht mehr vokalisiert. Gelegentlich werden Endungen noch angegeben. Der Mehrfarbendruck ist von etwas besserer Qualität als in der Grundstufe. Die Bücher wurden erstmals 1995/96 gedruckt und seitdem mehrfach überarbeitet. Pro Klassenstufe werden drei bis sechs Verfasser angegeben. Die Verfasser für die etwas kleineren Übungshefte, in denen der Stoff in gleicher Gliederung mit Lückentexten und Fragen wiederholt wird, sind nicht identisch mit den Verfassern der Schulbuchtexte. Das Team wurde auf bis zu 14 Personen erweitert. Die Antworten auf die Fragen und Lückentexte sind am Ende der Übungsbücher abgedruckt. Um die Antworten zu lesen, dreht man die Bücher um und liest sie von hinten.

Bei dem zweiten Schulbuch der Mittelstufe (SK MS 1/2) gibt es hinsichtlich der Verfasserschaft eine Besonderheit. Auf der Rückseite des Titelblattes werden für einige Passagen einer Einheit und für die Schlussseiten des Buches spezielle andere Verfasser angegeben. Für die Passage *„Ägypten und die Ägypter (Bemerkungen zur altägyptischen Gesellschaft)“*[1], wird als Verfasser ʿAlî Raḍwân angegeben; für das Kapitel *„Lichtblicke auf die Geschichte Ägyptens in der koptischen Periode“*, das an

[1] Einheit 3, Lektion 1, 45-50.

die letzte Lektion des Buches *„Die Geschichte Ägyptens und seiner Kultur in der ptolemäischen und römischen Epoche"*[2] angehängt wurde, werden als Verfasser drei Personen sowie deren Funktionen genannt.: 1. Ḥusnain Muḥammad Rabiʿ (Dozent für die Geschichte des Mittelalters, früherer Vizepräsident der Universität Kairo), 2. Zabîda Muḥammad ʿAṭṭâ (Dozentin für die Geschichte des Mittelalters, Dekanin der Fakultät für Arabische Literatur der Universität Helwan), 3. Ishaq ʿAbîd Tâwuḍrûs (Dozent für die Geschichte des Mittelalters, Fakultät für Arabische Literatur der Universität Ain Shams). Bei den beiden erstgenannten Verfassern kann aus der Namensnennung eindeutig geschlossen werden, dass es sich um Muslime handelt, bei dem letzten um einen Christen.[3]

1.1. Bibliografische Angaben

Folgende Schulbücher wurden untersucht, die für den Unterricht im Fach Sozialkunde in der Mittelstufe vorgeschrieben sind (Edition 2001/02):

Autoren	Titel	Teil	Umfang	Abkürzung
1. Samîr 'Abd Al-Bâsiṭ Ibrâhîm 2. Fu'âd Muḥammad Al-Ġandûr 3. Saif Al-Dîn 'Abd Al-'Azîz	Die Sozialkunde, 1. Klasse der Mittelstufe: Mein Vaterland Ägypten. Der Ort und die Zeit,	1. Teil	5 Einheiten, 95 Seiten	SK MS 1/1
1. Samîr 'Abd Al-Bâsiṭ Ibrâhîm 2. Fu'âd Muḥammad Al-Ġandûr 3. Saif Al-Dîn 'Abd Al-'Azîz *Anhang 1:* ʿAlî Raḍwân *Anhang 2:* 1. Ḥusnain Muḥammad Rabiʿ 2. Zabîda Muḥammad ʿAṭṭâ *3.* Ishaq ʿAbîd Tâwuḍrûs	Die Sozialkunde, 1. Klasse der Mittelstufe: Mein Vaterland Ägypten. Der Ort und die Zeit *Anhang 1:* Ägypten und die Ägypter *Anhang 2:* Lichtblicke auf die Geschichte Ägyptens in der koptischen Periode	2. Teil	4 Einheiten, 85 Seiten	SK MS 1/2
1. Aḥmad Ḥusain Al-Luqânî 2. Samîr 'Abd Al-Bâsiṭ Ibrâhîm 3. Fu'âd Muḥammad Al-Ġandûr 4. Fâri'a Ḥasan Muḥammad 5. Saif Al-Dîn 'Abd Al-'Azîz 6. Muḥammad Ḥiğâzî Šaḥâta	Die Sozialkunde, 2. Klasse der Mittelstufe: Die Geografie des arabischen Vaterlandes und Stationen der islamischen Geschichte	1.Teil	6 Einheiten, 95 Seiten	SK MS 2/1
		2. Teil	4 Einheiten, 79 Seiten	SK MS 2/2
	Die Sozialkunde, 3. Klasse der Mittelstufe: Die Geografie der Welt und Studien zur modernen Geschichte Ägyptens	1. Teil	5 Einheiten, 103 Seiten	SK MS 3/1
		2. Teil	6 Einheiten, 82 Seiten	SK MS 3/2

2 Einheit 4, Lektion 2 in: SK MS 1/2, 67-78.

3 Der Name Muḥammad ist nur bei Muslimen gebräuchlich, der Name Tâwudrûs (<Theodor) nur bei Christen.

Ergänzende Übungshefte

Autoren	Titel	Umfang	Abkürzung
1. Fâri'a Ḥasan Muḥammad 2. Fu'âd Muḥammad Al-Ġandûr 3. Saif Al-Dîn 'Abd Al-ʿAzîz 4. Al-Qutb Alî Hilâl 5. Muḥammad Yasrî Ibrâhîm 6. Aḥmad Imâm Ḥašîš 7. Imânî Muḥammad Ṭaha 8. 'Abd Al-'Alîm M. Al-Sarûǧî	Die Sozialkunde, 1. Klasse der Mittelstufe: Mein Vaterland Ägypten. Der Ort und die Zeit, 1. Teil	5 Einheiten, 32 +22 Seiten	SKÜ MS 1/1
	Die Sozialkunde, 1. Klasse der Mittelstufe: Mein Vaterland Ägypten. Der Ort und die Zeit, 2. Teil	4 Einheiten, 27+21 Seiten	SKÜ MS 1/2
1. Aḥmad Ḥusain Al-Luqânî 2. Fâri'a Ḥasan Muḥammad 3. Al-Qutb Alî Hilâl 4. Samîr 'Abd Al-Bâsiṭ Ibrâhîm 5. Saif Al-Dîn 'Abd Al-'Azîz 6. Fu'âd Muḥammad Al-Ġandûr 7. Muḥammad Yasrî Ibrâhîm 8. Imânî Muḥammad Ṭaha 9. Aḥmad Imâm Ḥašîš 10. 'Abd Al-'Alîm M. Al-Sarûǧî 11. Asmâ' Muḥammad 'Abd Al-Ḥalîm 12. Ṭinâ'Aḥmad Ǧum'a 13. Šîrîn Ḥasan Mabrûk 14. Muḥammad Ṣâliḥ Maḥmûd	Die Sozialkunde, 2. Klasse der Mittelstufe: Die Geografie des arabischen Vater- landes und Kenntnisse der islamischen Geschichte, 1. Teil	6 Einheiten, 69+59 Seiten	SKÜ MS 2/1
	Die Sozialkunde, 2. Klasse der Mittelstufe: Die Geografie des arabischen Vater- landes und Kenntnisse der islamischen Geschichte, 2. Teil	4 Einheiten, 70+44 Seiten	SKÜ MS 2/2
1. Aḥmad Ḥusain Al-Luqânî 2. Fâri'a Ḥasan Muḥammad 3. Al-Qutb Alî Hilâl 4. Fu'âd Muḥammad Al-Ġandûr 5. Saif Al-Dîn 'Abd Al-ʿAzîz 6. Muḥammad Yasrî Ibrâhîm 7. Imânî Muḥammad Ṭaha 8. Aḥmad Imâm Ḥašîš 9. ʿAbd Al-ʿAlîm M. As-Sarûǧî 10. Šîrîn Ḥasan Mabrûk 11. Ṭinâ'Aḥmad Ǧum'a 12. Asmâ' Muḥammad ʿAbd Al-Ḥalîm 13. ʿÂdil Al-Kisâr	Die Sozialkunde, 3. Klasse der Mittelstufe: Die Geografie der Welt und Studien zur modernen Geschichte Ägyptens, 1. Teil	5 Einheiten, 69+55 Seiten	SKÜ MS 3/1
	Die Sozialkunde, 3. Klasse der Mittelstufe: Die Geografie der Welt und Studien zur modernen Geschichte Ägyptens, 2. Teil	6 Einheiten, 65+51 Seiten	SKÜ MS 3/2

1.2. Aufbau und Inhalt

Die Bücher sind in vier bis sechs Einheiten mit jeweils drei bis vier Lektionen eingeteilt. Lernziele am Rand leiten die Einheiten und Lektionen ein. Übungen und Arbeitsanweisungen, die den Stoff einprägen und wiederholen, schließen die Einheiten und Lektionen ab. Am Ende der Bücher sind Beispiele für Prüfungen abgedruckt, die den gesamten behandelten Stoff umfassen. Ebenso finden sich hier erstmals ergänzende Literaturhinweise zu den behandelten Themen. Die Vorworte der Bücher werden jeweils mit der religiösen Formel *„bism allâh ar-raḥmân ar-raḥîm"* eingeleitet, mit der auch jede Koransure beginnt.

Wie bereits in der Grundschule gibt es im Fach Sozialkunde einen ständigen Wechsel zwischen geografisch-wirtschaftlichen und historisch-politischen bzw. historisch-kulturellen Themen. Im Unterschied zu der Grundstufe erfolgt der Wechsel jedoch nicht mit jeder Einheit, sondern man befasst sich im ersten Teil der Schulbücher in mehreren Einheiten jeweils zunächst mit geografisch-wirtschaftlichen Themen, dann erfolgt ein Wechsel zu den historisch-politischen Themen.[4] Bei den geografischen Themen ist als Ordnungsprinzip festzustellen, dass man – abgesehen von der ersten Einheit, bei der es um die gesamte Erde geht – im ersten Schuljahr der Mittelstufe den Blick auf Ägypten richtet, im zweiten Schuljahr auf die arabischen Länder und im dritten Schuljahr schließlich auf die fünf Kontinente.[5] Am Ende der Beschreibung jedes Kontinents wird jeweils ein Land beispielhaft herausgegriffen, um dessen geografische Lage, seine Wirtschaft und seine kulturellen Eigenschaften gesondert zu beschreiben. Bei Afrika ist dieses Beispielland Äthiopien, bei Asien ist es Korea, bei Europa ist es Frankreich,[6] bei Amerika ist es die USA.

Bei den historischen Teilen liegt eine chronologische Gliederung vor: Zunächst erfolgt eine Schilderung der pharaonischen Epoche, dann die der ptolemäisch-römischen Epoche, dann die der islamisch-arabischen Epoche und schließlich die der modernen Epoche. Die koptische Epoche ist am Ende der ptolemäisch-römischen Epoche ganz am Ende des Schulbuchs SK MS 1/2 eingefügt.[7]

---

[4] Dieser Themenwechsel wird jedoch nur im Sozialkundebuch SK MS 2/2 explizit im Inhaltsverzeichnis vermerkt. Dort wird der erste Teil (2 Einheiten) überschrieben mit „Die Geografie", der zweite Teil mit „Die Geschichte".

[5] Nord- und Südamerika werden in zwei verschiedenen Einheiten behandelt.

[6] Deutschland, das in den 80er Jahren noch im Unterricht in der 6. Klasse, in den 90er Jahren in der 8. Klasse kurz behandelt wurde, ist heute nicht mehr Gegenstand des Sozialkunde- bzw. Geografie-Unterrichtes. Zum Stand des Geografieunterrichtes und der Information über Deutschland in den 80er Jahren vgl. HAUSMANN 1981; Petersen erwähnt, dass in den 90er Jahren Informationen über Deutschland zumindest noch fakultativ angeboten wurden (PETERSEN 1995, 311). Deutschland kommt nur noch im Geschichtsunterricht der Oberstufe im Zusammenhang mit der Beschreibung der Geschehnisse im Ersten und Zweiten Weltkrieg vor. Interessant in unserem Zusammenhang ist, dass dort an einer Stelle gesagt wird, dass der Angriff der Osmanen auf die russischen Städte Odessa und Sebastopol im November 1914 unter Beteiligung von zwei deutschen Einheiten geschah und als "Heiliger Krieg" (al-ğihâd al-muqaddas) bezeichnet wurde, der großes Echo unter den Muslimen fand (GES OS 2&3, 204). Zum Versuch Max von Oppenheims, die Muslime in Asien und Afrika zum Ğihâd aufzustacheln vgl. jüngst Michael Pesek in DIE ZEIT, 19.2.2004 (PESEK 2004) und Wolfgang Schwanitz in der JUNGEN WELT, 30.3.2004 (SCHWANITZ 2004). Hier deutet sich eine Bedeutungsverschiebung des Begriffes "ğihâd" an: Er bezeichnet nicht mehr einen Krieg mit religiösem Charakter, in dem Muslime gegen Nichtmuslime kämpfen, sondern eine machtpolitische Auseinandersetzung, bei der sogar eine Koalition mit Christen eingegangen werden kann. Ğihâd meint ansonsten in den ägyptischen Büchern stets den religiösen Kampf gegen Nichtmuslime, vornehmlich gegen Christen.

[7] Diese Endstellung im Schulbuch führt dazu, dass diese Epoche oftmals im Unterricht nicht behandelt wird (So Dr. Michael Ghattas, der den Verf. darauf hinwies, dass kein einziger seiner Schüler dieses Kapitel im Sozialkundeunterricht behandelt hat).

1.3. Gliederung

Die Sozialkundebücher und die dazugehörigen Übungsbücher der Mittelstufe haben folgende Gliederung (Kapitel in denen Erwähnungen des Christentums erfolgen, sind grau hinterlegt):

Sozialkunde, Mittelstufe Klasse 1, Teil 1
Einheit 1: Der Planet Erde
Einheit 2: Das Klima
Einheit 3: Die natürliche Landkarte Ägyptens
Einheit 4: Die Geschichte Ägyptens in der pharaonischen Zeit
Einheit 5: Von den Phänomenen der altägyptischen Kultur
Sozialkunde, Mittelstufe Klasse 1, Teil 2
Einheit 1: Die Bevölkerung in Ägypten
Einheit 2: Wirtschaftliche Aktivitäten und Entwicklungsmethoden
Einheit 3: Von den Phänomenen der altägyptischen Kultur
Einheit 4: Die Geschichte Ägyptens und seiner Kultur in der ptolemäischen und römischen Zeit *Anhang: Lichtblicke auf die Geschichte Ägyptens in der koptischen Periode*

Sozialkunde, Mittelstufe Klasse 2, Teil 1
Einheit 1: Die natürliche und politische Landkarte des arabischen Vaterlandes
Einheit 2: Die Bevölkerung im arabischen Vaterland
Einheit 3: Die Wasserressourcen und die Aktivitäten für Landwirtschaft und Viehzucht
Einheit 4: Das Erscheinen des Islam
Einheit 5: Die islamischen Eroberungen in der Zeit der recht geleiteten Kalifen
Einheit 6: Das arabisch-islamische Reich in der Zeit der Omayiden und der Abbasiden
Sozialkunde, Mittelstufe Klasse 2, Teil 2
Einheit 1: Das Handwerk und der Handel
Einheit 2: Einer besseren arabischen Zukunft entgegen
Einheit 3: Die islamische Kultur
Einheit 4: Phänomene der islamischen Kultur in Ägypten

Sozialkunde, Mittelstufe Klasse 3, Teil 1
Einheit 1: Der Kontinent Afrika Einheit 2: Asien (der größte Kontinent) Einheit 3: Der Kontinent Europa Einheit 4: Ägypten seit der osmanischen Eroberung bis zum Ende der französischen Besatzung
Einheit 5: Der Aufbau des modernen Staates in Ägypten
Sozialkunde, Mittelstufe Klasse 3, Teil 2
Einheit 1: Der Kontinent Nordamerika
Einheit 2: Der Kontinent Südamerika
Einheit 3: Der Kontinent Australien
Einheit 4: Die Nationalbewegung in Ägypten
Einheit 5: Ägypten seit dem Aufstand von 1919 bis zum 2. Weltkrieg
Einheit 6: Ägypten seit dem Aufstand vom 23. Juli 1952

2. Quantität der Darstellung des Christentums

2.1. Ort und Umfang der Erwähnungen

Schulbuch	Einheit/ Seite	Ort der Erwähnung	Umfang Explizit	Inklusiv	Implizit
SK MS 1/1	E 3, 38	Es wird gesagt, dass die Propheten Abraham, Moses und Jesus im Sinai gelebt und gewirkt hätten.			2 Z
	E 4, 51	Zur Einleitung der ägyptischen Epochen wird die christliche Zeitrechnung erklärt.			2 Z
SK MS 1/2	E 2, 35	Beim religiösen Tourismus wrid darauf hingewiesen, dass man neben Moscheen auch Kirchen und Klöster besuchen kann. Die Türme der Moʿallaqa-Kirche werden neben den Minaretten der Al-Azhar abgebildet.			5 Z 1 B
	E 4, 69	Bei der Beschreibung des Niedergangs der sozialen und wirtschaftlichen Verhältnisse in römischer Zeit wird die Geburt und Botschaft Jesu beschrieben.		5 Z	
	E 4 70-77	Unmittelbar im Anschluss erfolgt eine 8seitige Darstellung der Geschichte des koptischen Christentums bis zur arabischen Eroberung	234 Z 4 B		
SK MS 2/1	E 1, 5	Die drei himmlischen Religionen haben im arabischen Vaterland ihren Ursprung. Die zentrale Lage habe ihre Verbreitung gefördert. Eine arabische Wirtschaftsunion könne so stark sein wie die Europäische Union.			5
	E 4, 56f.	Es wird gelegentlich erwähnt, dass manche vorislamischen Reiche christlich waren.			5
	E 4, 61	Die Schutzsuche der Muslime im christlichen Äthiopien wird erwähnt.			6
	E 4, 67f.	Über verschiedene Eroberungszüge gegen die byzantinischen Christen wird berichtet.			7
	E 5, 80-82 passim	Weitere Eroberungszüge: Zypern und Rhodos, die Schlacht am Yarmuk, die Eroberung Jerusalems, die Eroberung Ägyptens, Nordafrika, die erste Seeschlacht bei Alexandria gegen die byzantinischen Christen.			21 Z
	E 6, 87f.	Vom fehlgeschlagenen Versuch, Konstantinopel zu erobern, wird berichtet sowie von der Eroberung des christlichen Nordafrikas und Spaniens.			32 Z 1 B
	E 6, 86; 91	Die ersten islamischen Bauten seien durch die byzantinische Kunst beeinflusst worden. Die Abassidenzeit sei eine Blütezeit gewesen, in der es auch zum Austausch von Geschenken mit Karl dem Großen kam.			4 Z
SK MS 2/2	E 2, 14; 19	Es wird gesagt, dass es heute enge Handelsbeziehungen mit den Staaten der Europäischen Union gibt. Die wirtschaftliche Rückständigkeit wird auf die Kolonialherrschaft zurückgeführt.			8 Z
	E 3, 29; 31	Die islamische Kultur habe von den früheren Kulturen Nutzen gezogen und sie weiter entwickelt. Eine Moschee mit byzantinischen Säulen wird abgebildet.			7 Z 1 B
	E 3, 32f.	Der Aufbau der arabischen Flottewird mit der byzantinischen Feindschaft begründet. Der Islam sei eigentlich eine friedliebende Religion.			8 Z
	E 3, 33	Im Finanzsystem des islamischen Reiches spielte die Kopfsteuer der Schriftbesitzer eine wichtige Rolle.			2 Z

	E 3, 42-44	Über die Vermittlung der islamischen Kultur nach Europa wird berichtet.			42 Z
	50-73 passim	Die islamischen Geschichtsepochen von den Tuluniden bis zu den Mamelucken werden dargestellt. Neben der Vorstellung der wichtigsten Herrscher wird die militärische, wirtschaftliche, administrative, bauliche und gesellschaftliche Entwicklung jeder Epoche kurz beschrieben. Das Christentum wird dabei in zwei Zusammenhängen in jeder Epoche kurz erwähnt: a) im Zusammenhang mit den militärischen Auseinandersetzungen mit den Kreuzfahrern b) im Zusammenhang mit der religiösen Toleranz, die den Schriftbesitzern gewährt wurde. An manchen Stellen werden auch c) Handelsbeziehungen mit Europa erwähnt			84 Z 11 Z 7 Z
SK MS 3/1	E 1, 21-24	Als Beispiel für ein afrikanisches Land wird Äthiopien gewählt. Die äthiopische Kirche sei mit der koptischen Kirche eng verbunden. Muslime haben dort Zuflucht gefunden. Christen werden bei der Beschreibung der Bevölkerungsgruppen erwähnt. Beim Tourismus wird gesagt, dass es zahlreiche Kirchen und Klöster gibt.	11 Z		1 Z
	E 2, 27	Asien sei die Wiege der drei himmlischen Religionen und die europäischen Staaten wetteiferten um die Vorherrschaft in Asien wegen seiner wirtschaftlichen und strategischen Bedeutung.			5 Z
	E 2, 45	Als ein Beispiel für ein asiatisches Land wird Südkorea vorgestellt. Dort gebe es neben dem Konfuzianismus, dem Islam auch das Christentum.	1 Z		
	E 3, 62 64	Bei Frankreich wird darauf hingewiesen, dass die meisten Franzosen Christen seien und dass es bedeutende Kathedralen und Kirchen gäbe.	1 Z		1 Z
	E 4, 73-76 passim	Napoleons theoretische Achtung und praktische Missachtung des Islams wird zum Ausdruck gebracht. Positiv wird über die französische Besatzung berichtet, dass sie den Geist des Nationalismus weckte, dass sie die alte ägyptische Kultur neu ins Bewusstsein der Ägypter und der Welt rückte, dass sie Ägypten mit der modernen Wirtschaft und Kultur konfrontierte und die Idee der Verbindung zwischen Mittelmeer und Rotem Meer aufbrachte, wodurch Ägypten wieder in den Mittelpunkt der geostrategischen Interessen geriet.			5 Z 9 Z 7 Z 11 Z
SK MS 3/2	E 1, 7 12	Die Einwanderer nach Amerika seien wegen der religiösen Unterdrückung und aus wirtschaftlichen Gründen aus Europa geflüchtet. Die Mehrheit der Amerikaner seien Christen.	1 Z		4 Z
	E 2, 24	In Brasilien seien die meisten Einwohner Christen. Daneben wird ein Bild mit einer Kirche gezeigt.	1 Z 1 B		
	E 4, 48	Christen und Muslime kämpften beim Aufstand von 1919 gemeinsam gegen die Engländer.			2 Z
	E 6, 60	Palästina wird als Ort beschrieben, wo Christus geboren wurde und wo Christen und Muslime zusammenleben.			2 Z

2.2. Art und Quantität der Erwähnungen

Schulbuch	Umfang								
	Insgesamt	Erwähnungen des Christentums							
		Explizit		Inklusiv		Implizit		Insgesamt	
	S(eiten) = Z(eilen) + B(ilder)	Zeilen/ Bilder	Prozent	Zeilen/ Bilder	Prozent	Zeilen/ Bilder	Prozent	Zeilen/ Bilder	Prozent
SK MS 1/1	95 S = 1699 Z 85 B	0	0	0	0	4 Z	0,23 %	4 Z	0,23 %
SK MS 1/2	83 S= 1767 Z 74 B	234 Z 4 B	13,24%	5 Z	0,28 %	5 Z 1 B	0,28 %	244 Z 5 B	13,80%1
SK MS 2/1	95 S = 1939 Z 93 B	0	0	0	0	80 Z 1B	4,13%	80 Z 1 B	4,13%
SK MS 2/2	79 S = 1639 Z 61 B	0	0	0	0	169 Z 1B	10,31%	169 Z 1 B	10,31%
SK MS 3/1	103 S = 2064 Z 92 B	13 Z	0,63%	0	0	39 Z	1.89%	52 Z	2,52%
SK MS 3/2	83 S = 2121 Z 60 B	2 Z 1 B	0,09%	0	0	4 Z	0,19%	6 Z 1 B	0,28%
Summe	**538 S = 11229 Z 465 B**	**249 Z 5 B**	**2,22%**	**5 Z**	**0,04%**	**301 Z 3 B**	**2,68%**	**555 Z 8 B**	**4,94%**

3. Qualität der Darstellung des Christentums

3.1. Die Hochachtung vor dem Propheten Jesus

Über die Grundlagen und die Frühzeit des Christentums wird im Fach Sozialkunde kaum etwas gesagt. Wo auch immer von Jesus gesprochen wird, wird aber stets mit großer Hochachtung und mit rituellen Formeln eingekleidet sein Name genannt. Dies geschieht auch an Stellen, wo man es gar nicht erwartet. So wird z. B. bei der Einführung der pharaonischen Epochen die christliche Zeitrechnung wie folgt erläutert:

> *„Man teilt die Geschichte in Jahre und Jahrhunderte ein. Ein Jahrhundert (qarn) hat 100 Jahre (ʿâm). Und wenn du dich mit der antiken Geschichte beschäftigst, dann musst du beachten, dass die Rechnung der Jahre vor der Geburt unseres Herrn ʿÎsâ – Friede sei mit ihm – in gegenläufiger Richtung mit der Zahl der Jahre abnimmt, während sie nach der Geburt zunimmt.“* [8]

8 SK MS 1/1, 51.

Auffällig sind hier der Titel „unser Herr“, der gleichermaßen für Muhammad benutzt wird und die religiöse Formel „Friede sei mit ihm“, die den großen Propheten vorbehalten ist. Gerade die Beiläufigkeit der Ehrenbezeugung zeigt, wie tief, grundsätzlich und selbstverständlich die Hochachtung und Verehrung Jesu im Islam verwurzelt ist.[9] Es handelt sich dabei um eine typisch inklusive Erwähnung: Da Jesus als islamischer Prophet verstanden wird, kommt ihm die gleiche Verehrung wie anderen islamischen Propheten zuteil. Mit einer Hochachtung des Jesus, der von Christen verehrt wird, hat dies nichts zu tun – was allerdings auch an dieser Stelle nicht zu erwarten ist. Die historische Person Jesu wird des Weiteren im Zusammenhang mit der Geografie des Sinai erwähnt. Um die Bedeutung des Sinai für Ägypten zu unterstreichen wird gesagt:

> *„Der Sinai ist ein teures Stück der Erde unseres geliebten Vaterlandes und auf seinem Boden bewegten sich viele unserer Propheten wie unser Herr Abraham, unser Herr Moses und unser Herr ʿĪsâ– Friede sei mit ihnen.“* [10]

Es ist zwar richtig, dass die genannten Propheten allesamt im Sinai gewesen sind, allerdings wird durch das Fehlen weiterer Informationen zu den genannten Personen (hier oder an anderer Stelle) bei den Schülern der Eindruck erweckt, dass alle drei Personen gleichermaßen längere Zeit im Sinai gelebt hätten. Dies ist jedoch weder nach christlicher noch nach islamischer Tradition der Fall. Nur Moses wird eine längere Lebenszeit im Sinai zugeschrieben. Jesus und Abraham haben ihn nur am Rande und für kurze Zeit ihres Lebens berührt: Jesus als Kleinkind bei der überlieferten Flucht nach Ägypten, Abraham bei einer Hungersnot, wegen der er mit Sarah für einige Zeit nach Ägypten ging.[11] Beide werden aber wahrscheinlich die übliche Route an der Küste entlang genommen haben, so dass sie kaum wirklich mit dem Sinai in Berührung kamen bzw. ihn gerade auf der Via Maris umgingen.[12]

---

9 Das Christentum hat sich zu einer solchen prinzipiellen Hochachtung Muhammads bis heute nicht durchringen können. Damit ist nicht eine Hochachtung gemeint, die sich in rituellen Formeln ausdrückt, die im christlichen Abendland auch im Blick auf heilsgeschichtliche Personen des Christentums kaum üblich ist, sondern eher die grundsätzliche Anerkennung von christlicher Seite als Prophet wie sie Hans Küng zur Sprache bringt und als notwendige Korrektur der „Exklusivseuche“ im Christentum versteht. Vgl. ESS/KÜNG 2001, 46-52. Vgl. a. EMW 1999, 42-44. Auf evangelischer Seite hat sich bisher lediglich der Systematiker Reinhard Leuze explizit für eine Anerkennung Muhammads ausgeprochen (LEUZE 1994).

10 SK MS 1/1, 37f.

11 Mt 2, 13-23; Gen 12, 10-20.

12 Die Wanderung der Heiligen Familie verlief nach koptischer Tradition über Rafaḥ, dem heutigen Grenzort zwischen Israel und Ägpyten, entlang der alten Via Maris über El-Arish nach Farama (Pelusium) und Bassata (Bubastis) ins Nildelta. Vgl. MEINARDUS 1988 Heilige Familie, 4.10-29; LEHNERT/LANDROCK 1993 sowie der eindrucksvolle Bildband GABRA 2001.

Eine Zusammenfassung der Predigt Jesu wird im ersten Schuljahr der Mittelstufe gegeben. Dort heißt es:

> *„Das Erscheinen des Christentums und sein Eintritt nach Ägypten*
>
> *Nach 30 Jahren seit der Herrschaft der Römer über Ägypten gab es eine große religiöse Entwicklung als ʿĪsâ (Jesus) – Friede sei mit ihm – in Bethlehem in Palästina geboren wurde. Er unternahm es, zum Islam aufzurufen (yadʿû ilâ al-islâm) und zur Liebe Gottes, zum Aufbau des Menschen, zur Brüderlichkeit und Toleranz (tasâmuḥ). Und er stand im Widerspruch zu der Unterdrückung der Juden und Römer. Da eilten die Leute zu der neuen religiösen Überzeugung herbei und sie verwarfen die Anbetung der Götzen, d. h. der Statuen, die aus Holz, Stein oder Metall gemacht wurden."*[13]

Die Geburt und die Predigt Jesu wird hier eindeutig positiv gesehen: Er leitet eine *„große religiöse Entwicklung"* ein. Alle Begriffe, die mit Jesu Botschaft verbunden sind, haben eine positive Konnotation.

3.2. Der Islam knüpft an das orientalische Christentum an

In der Einheit *„Das Erscheinen des Islam"* wird die Existenz des Christentums im arabischen Raum als selbstverständlich angesehen. Das syro-palästinensische Gebiet Aš-Šâm, die Ghassaniden, das Reich Ḥîra war christlich;[14] es gab christliche Gruppen im Jemen und im Irak.[15] Wie dieses Christentum jedoch aussah, welche Prägung es hatte, wie das Zusammenleben von Heiden und Juden war, wird nicht weiter ausgeführt. Die Schutzsuche der Muslime in Äthiopien wird kurz erwähnt.[16] Der Herrscher wird hier im Unterschied zu anderen Stellen, wo diese Periode in Erinnerung gerufen wird,[17] ausdrücklich als Christ bezeichnet und als *„ein König, bei dem keiner unterdrückt wurde"*, gekennzeichnet. Zudem wird gesagt, dass eine Teilgruppe bereits vor der Ḥiǧra wieder nach Mekka zurückkehrte, während die andere dann direkt nach Yaṯrib (Medina) nachkam.[18] Wie dieser Aufenthalt in Äthiopien aussah, wie sich die Beziehungen zu den Christen gestalteten und warum die Muslime Schutz erhielten, davon erfahren die Schüler hier nichts. Es ist aber eindeutig, dass diese immer wieder erwähnte Gewährung von Schutz vor den Quraiš bei den äthiopischen Christen sehr positiv gesehen wird und auf Dauer eine positive Grundeinstellung gegenüber dem Land Äthiopien bis in die Neuzeit bewirkt. Dies merkt man daran, dass diese Geschichte z. B. bei der geografisch-wirtschaftlichen Beschreibung des Landes im dritten

[13] SK MS 1/2, 69.
[14] SK MS 2/1, 56.
[15] SK MS 2/1, 57.
[16] SK MS 2/1, 61.
[17] Vgl. IRE GS 1/1, 23-26; GES OS, 11.
[18] SK MS 2/1, 61.

Schuljahr der Mittelstufe wieder in Erinnerung gerufen wird als einer der Gründe für die besonderen Beziehungen Ägyptens zu Äthiopien. [19]

Ein kultureller Einfluss des byzantinischen Christentums bei der Gestaltung der ersten islamischen Bauten in Damaskus, Jerusalem, Medina und Ramla wird positiv erwähnt,[20] nicht jedoch, dass die Christen im Orient in vielen Wissensgebieten führend waren und dass erst durch ihre Vermittlung die arabisch-islamische Kultur einen Aufschwung erhielt und zu der führenden Kultur des frühen Mittelalters wurde.[21]

In der Einleitung zur Einheit zur *„Islamischen Kultur"*[22] wird betont, dass die islamische Kultur von "*den früheren Kulturen*" Nutzen zog und sie weiterentwickelte. Wenn auch nicht explizit genannt, so sind sicherlich die byzantinisch-christliche und die koptische Kultur mitgemeint:

> *„Die islamische Kultur stand auf folgenden Fundamenten: 1. Die islamische Religion: d. h. der edle Koran und die Propheten-Sunna waren die Hauptquellen für die islamische Kultur 2. Die arabische Sprache: Sie ist die Sprache des edlen Koran und Mittel der Muslime, um ihre [eigenen] Gedanken und Gefühle auszudrücken und Mittel zur Übertragung der anderen. 3. Die Kulturen der früheren Völker: Die islamische Kultur profitierte von den Errungenschaften der persischen, griechischen, römischen und indischen Kultur. Und die Größe der islamischen Kultur zeigte sich in ihrer Fähigkeit [weiteres] hinzuzufügen [zu können], [sie weiter] zu entwickeln und [neues] zu schaffen. D. h. ihre Rolle beschränkte sich nicht darauf, nur von den früheren Kulturen zu überliefern und sie zu zitieren, sondern die islamische Kultur nahm einen eigenständigen Charakter an, der sie unterschied von den früheren oder folgenden Kulturen.*
>
> *Und jetzt: Auf, lasst uns die Phänomene des politischen und administrativen Lebens [der islamischen Kultur] kennen lernen!"*[23]

Die islamische Kultur hat nach dieser Darstellungen die Errungenschaften früherer Kulturen zu einer eigenständigen neuen Kulturform, der islamisch-arabischen, weiter entwickelt, während das Christentum (und andere Kulturen) an einer dauerhaften Prägung der islamisch-arabischen Kultur nicht beteiligt war. So wie es hier dargestellt wird, hat der Islam die Kulturen enterbt. Sie bestehen offenbar nicht mehr. Sie sind zu *„früheren"* Kulturen degradiert, denen man einiges verdankt, die jedoch keine Rolle mehr spielen und kaum noch erkennbar in das Gebäude der islamisch-arabischen Kultur integriert wurden.

---

19 SK MS 3/1, 21.

20 SK MS 2/1, 86.

21 Dieses Faktum wird allerdings in der Oberstufe im Fach Geschichte angesprochen. Vgl. unten Teil B, Kap. VI.3.4.

22 SK MS 2/2, 28-45.

23 SK MS 2/2, 29.

3.3. Das Christentum Ägyptens: Die Kopten

Am Ende der Einheit „Die Geschichte Ägyptens und seiner Kultur in der Zeit der Ptolemäer und Römer“ wurde ein Abschnitt über das koptische Christentum hinzugefügt, der die Überschrift trägt „Lichtblicke auf die Geschichte Ägyptens in der koptischen Periode“. Die Frage, wer diesen Abschnitt verfasst hat, ist nicht unerheblich für die Bewertung. Deshalb sollen vor der Übersetzung und Kommentierung zunächst einige Beobachtungen zur sprachlichen Struktur und zu inhaltlichen Aussagen stehen, die zeigen, dass bei diesem Abschnitt wahrscheinlich muslimische Autoren die Federführung hatten. Diese These gründet auf folgenden Beobachtungen:

1. Die beiden muslimischen Verfasser werden bei der Angabe der Verfasser an erster Stelle genannt und sind in einer höheren akademischen Funktion (Vizepräsident der Universität Kairo, bzw. Dekanin). Wahrscheinlich wurde Ishaq ʿAbîd Tâwuḍrûs, bei dem es sich vom Namen her um einen Christen handeln kann, nur um eine Überarbeitung bzw. um Korrekturlese gebeten, da dies oftmals die Funktion derer ist, die an dritter Stelle bei Verfassern genannt werden.
2. Für die Bezeichnung der orientalisch-orthodoxen Konfession wird der Begriff *„maḏhab“* gewählt, der typische islamische Terminus für die vier anerkannten Rechtsschulen im sunnitischen Islam. Offenbar versteht man die christlichen Konfessionen nur als verschiedene Rechtsauslegungstraditionen in Analogie zu den islamischen Rechtsschulen. Dies ist aber ein Sprachgebrauch, der bei den arabischen Christen unüblich ist. Für die verschiedenen Konfessionen wird normalerweise der Begriff *„ṭâʾifa“* gebraucht.
3. Die Ökumenischen Konzilien werden als *„maǧâmiʿ al-kansiyya al-ʿâlamiyya“* bezeichnet, als „Kirchliche Weltversammlungen“. Dies ist im christlichen Arabisch ein ungewöhnlicher Sprachgebrauch, da die Ökumenischen Konzilien normalerweise als *„al-maǧâmiʿ al-kansiyya al-maskûniyya“* bezeichnet werden. Dieser Terminus geht auf eine Übersetzung des griechischen οἰκουμένη („bewohntes Haus, bewohnte Welt“) zurück. Der Begriff „maskûn“ als Ausdruck für „bewohnte Welt“ ist im islamischen Sprachgebrauch jedoch völlig unüblich. Wenn überhaupt gebraucht, bezeichnet der Begriff „einen mit Geistern bewohnten Ort“.[24] Deshalb wurde er hier wahrscheinlich durch den allgemeinverständlichen Begriff *„al-ʿâlamiyya“* ersetzt.[25]
4. Die Katechetenschule von Alexandria wird nirgends als solche bezeichnet. Es ist zu vermuten, dass dieser Begriff vermieden wurde, da er bei den Muslimen unbekannt ist.[26]
5. Die Heiligen werden zwar teilweise mit ihren Ehrentiteln „Heiliger“ oder „Anba“ bezeichnet, manchmal jedoch auch ohne. Diese Auslassung von Ehrentiteln wäre zumindest für einen koptisch-orthodoxen oder koptisch-katholischen Christen undenkbar.
6. Der Mönchsvater Antonius wird im Text als „Al-Anbâ Antûn“ bezeichnet. Diese Kurzform ist jedoch bei den Kopten als Bezeichnung des Kirchenvaters Antonius unüblich. „Antûn“ bzw. „Antwân“ (< aus franz. Antoine) wird zwar bei den Kopten heute häufig zur Namensnennung gebraucht. Für den Mönchsvater wird jedoch stets die volle Bezeichnung gewählt: „Heiliger Vater Anton*ius* (Al-qaddîs Al-Anbâ Antûnyûs).
7. Die Überschrift *„Die Sonne des Islam ging über dem Land Ägypten auf“* und die uneingeschränkt positive Schilderung der arabischen Eroberung als Befreiung können kaum aus der Feder eines Kopten stammen. Angesichts der Erfahrung von Unterdrückung, Dezimierung und Diskriminie-

---

24 Wehr bietet für maskûn folgende Übersetzung: "maskûn = bevölkert; (von Geistern) heimgesucht (Ort); besessen (Mensch); ad-dâr maskûn = es spukt in dem Haus". (WEHR, 382).

25 Bei einem Vergleich mit dem im Geschichtsbuch abgedruckten Text ist festzustellen, dass dort zumindest einmal der Begriff maskûniyya noch gebraucht wurde. Vgl. unten Teil B, Kap. VI.3.3.

26 Bei einem Vergleich mit dem im Geschichtsbuch abgedruckten Text ist festzustellen, dass der typische Fachbegriff in dieser Version noch vorhanden war. Vgl. unten Teil B, Kap. VI.3.3.

rung in späteren Zeiten der islamischen Epochen bis in die Gegenwart ist es für viele Kopten sehr schwer, überhaupt zuzugestehen, dass die Eroberung zunächst eine Befreiung vom byzantinischen Joch war.

8. Schließlich legen auch die erklärenden Zitate aus dem Koran und der Sunna nahe, dass der Text unter islamischer Federführung entstand.

Es gibt daher zahlreiche Anhaltspunkte, die nahe legen, dass der Text maßgeblich von Muslimen verfasst oder zumindest stark redigiert wurde. Andererseits ist erstaunlich, mit welchen Detailinformationen über das koptische Christentum der Text aufwartet. Es muss sich also entweder um Muslime handeln, die sich sehr intensiv mit koptischer Literatur beschäftigt haben oder der Text ist ursprünglich von einem Christen geschrieben, dann aber von Muslimen stärker bearbeitet worden.[27]

Inhaltlich befasst sich der eingeschobene Anhang mit folgenden Themenfeldern:

- Der Beginn der koptischen Epoche
- Die Bedeutung des Wortes „Kopte“
- Der nationale Widerstand der Kopten gegen die byzantinisch-orthodoxen „Melkiten“
- Die Verfolgung der christlichen Ägypter unter Nero, Septimus Severus und Diokletian sowie die Anerkennung des Christentums unter Konstantin und Theodosius
- Das Mönchtum in seiner eremitären (St. Antonius) und koinobitischen (St. Pachom) Ausprägung, die Predigt des St. Schenute sowie die Auswirkung des Mönchtums auf die Gesellschaft und auf die gesamte Welt
- Der Kampf der koptischen Führer um die Vorrangstellung Alexandrias in der (christlichen) Welt
- Die große Bedeutung der christlichen Schule von Alexandria
- Die Befreiung der Kopten von der byzantinischen Unterdrückung durch den Islam
- Die Wiedereinsetzung des koptischen Patriarchen Benjamin
- Prinzipielle Schlussfolgerung für das Verhältnis zu den Kopten
- Nochmalige Zusammenfassung der Ereignisse bei der islamischen Eroberung

Die hier gebotene Ausführlichkeit der Darstellung, die wissenschaftliche Kenntnis und das Bemühen um eine so positive Darstellung des einheimischen Christentums sind für den ganzen Nahen Osten einzigartig. In palästinensischen, syrischen, jordanischen, türkischen und iranischen Schulbüchern ist eine solche umfassende Präsentation der Geschichte und Kultur des einheimischen Christentums jedenfalls nicht anzutreffen, obwohl das Christentum in diesen Ländern ebenfalls bis in apostolische Zeit zurückreicht und bis in die Neuzeit von großer kultureller und geschichtlicher Bedeutung war. Es stellt insoweit ein hohes Maß an muslimischer Sensibilität, Einfühlungsvermögen und an historischer Sachkenntnis vom koptischen Christentum dar, mit dem die Muslime in Ägypten zusammenleben. Zudem zeigen die zusammenfassenden Schlusssätze, dass die Darstellung eine positive Einstellung gegenüber dem ägyptischen Christentum bewirken soll, die vom Gedanken der nationalen Einheit von Christen und Muslimen beseelt ist.[28]

Zur besseren Übersichtlichkeit wird der Text hier in kleinen Abschnitten übersetzt und jeweils kommentiert. Es ist allerdings zu beachten, dass es sich eigentlich um einen fortlaufenden zusammenhängenden Text handelt und dass der Text direkt an die allgemeinen Ausführungen zum Christentum anschließt, die in Kapitel 4.1 besprochen wurden.[29]

Abschnitt 1:

„Lichtblicke auf die Geschichte Ägyptens in der koptischen Periode

Mein lieber Schüler, du hast – auf den vorangegangenen Seiten – gesehen, dass sich die Geschichte Ägyptens durch zwei Hauptphänomene auszeichnet: Die Vorzeit und die Fortdauer. Was die Vorzeit betrifft, so ist Ägypten eines der ältesten kulturellen Siedlungsgebiete der Menschheit, wenn nicht das älteste hinsichtlich der Vielzahl der Variationen der Zivilisation. Einige ihrer ersten Charakteristiken gehen aber sogar auf die langen vorgeschichtlichen Zeiten zurück. Was aber das Phänomen der Fortdauer betrifft, so ist die Geschichte in Ägypten eine der längsten Geschichten. Zweifellos war das Fließen des Laufs des gewaltigen Nils in einem eben ausgebreiteten Land einer der Hauptfaktoren für die Einheit des Volkes und für die Verwurzelung des Empfindens in einer nationalen Einheit [zusammengeschweißt zu sein]. Und dies führte zur festen Verbindung des Ägypters zum Boden.“

Der Rückblick auf die vorangegangenen Seiten, in denen die Politik, die Wirtschaft und das soziale und kulturelle Leben während der römischen Besatzung beschrieben wird, der Bezug auf den gesamten behandelten Stoff des Schuljahres und die Formulierung von Allgemeinplätzen, die zunächst nichts mit dem Thema zu tun haben, zeigen, dass es sich hier um einen neuen Abschnitt handelt, der erst später eingefügt wurde. Auch sprachlich lassen sich stilistische Veränderungen gegenüber dem sonstigen Text des Buches feststellen, so dass eindeutig ist, dass andere Verfasser den Schlussteil des Buches anfertigten. Von Bedeutung ist die Überschrift. Offenbar will man andeuten, dass es noch viel mehr zu sagen gäbe über die Geschichte des koptischen Christentums, dass man sich jedoch auf knappe „Lichtblicke“ beschränkt.

---

27 Die hier angestellten textkritischen bzw. redaktionskritischen Beobachtungen wurden durch eine zweite Version des Textes, die im Geschichtsbuch der Oberstufe eingefügt und erst zu einem späteren Zeitpunkt analysiert wurde, weitgehend bestätigt. Vgl. Teil B, Kap. VI.3.3.

28 Vgl. unten Abschnitt 18 des Textes.

29 Eine wahrscheinlich ältere, etwas längere Version des Textes wurde im Geschichtsbuch der Oberstufe abgedruckt (GES OS 1). Im Unterschied zu dem Vorgehen hier wird bei der Analyse dieses Buches der Text im Zusammenhang wiedergegeben und es werden nur die Veränderungen analysiert. Vgl. unten VI. Geschichte in der Oberstufe, Kap. 2.2.

Abschnitt 2:

„Der Beginn der koptischen Epoche

Die Forscher differieren hinsichtlich der Festsetzung des Beginns der koptischen Epoche. Einige führen den Beginn auf den Eintritt des Christentums nach Ägypten im 1. Jahrhundert n. Chr. durch St. Markus zurück (siehe Abbildung 43). Sicher ist, dass Ägypten eines der ersten Länder war, in die das Christentum kam, und man kann sagen, dass das 3. Jahrhundert [in jedem Fall] als der Anfang der koptischen Epoche angesehen werden kann, als die koptische Sprache herrschte, die christliche Religion sich auf dem Territorium Ägyptens verbreitet hatte und alle Gebiete des geistigen und kulturellen Lebens prägte."

Der Abschnitt gibt einerseits korrekt die im Osten wie im Westen gleichermaßen überlieferte Tradition[30] wieder, die den Ursprung des Christentums in Ägypten auf den Evangelisten St. Markus, zurückführt, zum anderen auch die wissenschaftliche Sicht, die das Christentum in Ägypten erst später im Sinne moderner Geschichtsschreibung für historisch nachweisbar hält.[31] Auch wenn nach koptischer Tradition verschiedene Daten für den Beginn der Missionstätigkeit angegeben werden, so ist es doch unbestreitbare Tatsache, dass Ägypten schon sehr früh in Verbindung mit dem Christentum kam, da ja nach biblischem Zeugnis z. B. auch schon bei der Predigt des Petrus an Pfingsten in Jerusalem Ägypter und Libyer anwesend waren.[32] Zudem machen die ersten historisch greifbaren Zeugnisse der Kirchenväter Demetrius, Clemens und Origenes an der Wende 2./3. Jh. deutlich, dass die Schule von Alexandria offenbar schon einige Zeit bestanden haben muss.[33] Zur Illustration des Textes wird allerdings kein

---

30 Es gibt im Wesentlichen zwei Traditionslinien. Eine von Alexandria selbst gepflegte und eine, die von Venedig gepflegt wurde, wohin im 9. Jh. nach der Tradition von venetianischen Kaufleuten der enthauptete Kopf des St. Markus "in einem Fass mit mariniertem Schweinefleisch" geschmuggelt wurde und wo er als Reliquie in der St. Markus-Kathedrale bis heute verehrt wird. So VERGHESE 1973, 11f. Ausführlich zu den verschiedenen Überlieferungen sowie zu der Rückführung der Gebeine im Jahre 1968 MEINARDUS 1977 Ancient and Modern, 25-49.

31 Zweifel an der Tradition, dass St. Markus die ersten Missionsanstrengungen in Ägypten unternommen hat, sind im wissenschaftlichen Diskurs vor allem deshalb laut geworden, weil frühe Kirchenlehrer Alexandrias wie z. B. Clemens von Alexandria oder Origines diese Verbindung mit keinem Wort erwähnen. Vgl. UNNIK 1960, 55; MEINARDUS 1977 Ancient and Modern, 29 (Anm. 1).

32 KOLTA 1985, 12. Vgl. das Urteil von C. D. G. Müller, der trotz Kritik der späteren Legenden zum Schluß kommt, dass ein Aufenthalt des Evangelisten Markus in Ägypten aber auch nicht kategorisch ausgeschlossen werden dürfe. Vielmehr gelte: "Wir müssen vielmehr zugeben, dass die Forschung bisher noch nicht zu einem gesicherten Ergebnis gekommen ist. Über das Leben des Apostelschülers Markos sind wir letzten Endes so dürftig unterrichtet, dass man schlechterdings nicht sagen kann, in seiner Biograhie sei kein Platz für eine Tätigkeit in Ägypten. Ein historisch fundiertes Urteil erlauben unsere Quellen nicht." (MÜLLER 1969 Grundzüge, 91)

33 Vgl. MÜLLER 1969 Grundzüge, 93: "Um 180 nach Christus schließlich tritt die ägyptische Kirche unter Demetrios von Alexandrien in das helle Licht der Geschichte. Wissen wir über die vorhergehende Zeit – wie gesagt – noch recht wenig, so ist doch die reich ausgebildete Gestalt dieser Kirche unter Demetrios Zeugnis genug für einen längeren Werdegang."

traditionelles koptisches Bild des Gründers der alexandrinischen Kirche gezeigt, sondern ein typisch westliches.

Abschnitt 3:

„Das Wort Kopte bedeutet Ägypter

Es ist erwähnenswert, dass das Wort ‚Kopte' ‚Ägypter' bedeutete. Es ist abgeleitet vom griechischen Wort ‚ğîbtûs', das die Griechen zur Bezeichnung von Ägypten benutzten und es war eine Entstellung des alten Namens, mit dem die Stadt Memphis bezeichnet wurde. Die Araber nannten Ägypten „Haus der Kopten" (dâr al-qibt) und weil die Leute des Landes damals Christen waren, entwickelte sich das Wort Kopte zur Bezeichnung für einen Christen in der Geisteswelt der Araber nach der Eroberung.

Die Herleitung des Wortes Kopte ist korrekt aber missverständlich, denn selbst bei schlimmster „Entstellung" ist keinem Schüler plausibel zu machen, wie aus den Konsonanten von „Memphis" *‚ğîbtûs'* entstehen soll.[34]

Abschnitt 4:

Das Christentum fand aber in Ägypten einen fruchtbaren Boden vor in den Seelen der Ägypter, denn das ägyptische Volk tat sich hervor in seiner Befolgung der Religion. Die altägyptischen Lehren beherrschten stark den Verstand der Ägypter und drangen in ihre Seelen ein und hatten Einfluss in allen Bereichen ihres Lebens. Unter den wichtigsten Phänomenen war der Glaube der Ägypter an das Leben nach dem Tod und das Denken an das Jenseits als Ausdruck für einen Raum der Ewigkeit (dâr ḫulûd). Und wenn sie auf das Jenseits blickten, dann umfasste das spirituelle Aspekte. Deshalb glaubten sie und bezeugten sie das Christentum von Anfang an.

Zu Recht wird hier daran erinnert, dass die Kopten sehr viele Traditionen aus der altägyptischen Religion aufgegriffen haben. Dies betrifft allerdings nicht nur den Glauben an ein Jenseits, sondern auch viele andere Bereiche. So konnte das Christentum z. B. bei der Entfaltung des christlichen Trinitätsdogmas einerseits an den Monotheismus des Echnaton, andererseits an die pharaonischen Göttertriaden anknüpfen[35] Nicht umsonst ist auch der Typus der stillenden Maria im Christentum gerade in Ägypten erstmals bezeugt, was zweifellos an das Bild der Göttin Iris anknüpfte, die ihren Sohn Horus stillt.[36] Heilige Reiterfiguren, wie z. B. der Hl. Georg – der auch von Muslimen

34 Die Stadt Memphis wurde in pharaonischer Zeit „Ḥiw(.t)-Ka-Ptaḥ" genannt wurde, was so viel heißt wie „Haus des [Gottes] Ptah". Die Assyrer haben im 7. Jh. v. Chr. diese Konsonantenfolge mit „Ḥi-ku-ptḥ" wiedergegeben und aus dieser (oder einer ähnlichen Vokalisierung) ist dann das griechische „αἰ-γυ-πτ-ος" entstanden. Vgl. KOLTA 1985, 9; BOURGUET, Pierre du: Art. „Copt" in: CEenc 2, 599-601.

35 Davon gab es gleich mehrere: 1. Der Gott Amun, die Göttin Mut und deren Sohn Chons; 2. Der Gott Osiris, seine Schwester-Gemahlin, die Göttin Isis, und deren Sohn Horus; 3. Der Gott Ptah, seine Gemahlin, die Göttin Sachmet und ihr Sohn, der Gott Nefertem; 4. Der Gott Horus, seine Gemahlin, die Götthin Hathor, und ihr Sohn, der Gott Ihi.

36 Vgl. Abbildung 9 bei KOLTA 1993, 65.

im gesamten Nahen Osten bis heute verehrt wird[37] - können auf altägyptische Vorbilder ebenso zurückgeführt geführt werden wie einzelne Symbole, unter ihnen als bekanntestes das Ankh-Zeichen, das in der altägyptischen Religion als Lebenszeichen galt und dann vom Christentum als Kreuzzeichen umgedeutet wurde – das sog. koptische bzw. ägyptische Kreuz.[38]

Abschnitt 5:

Die Religion hatte großen Einfluss auf die Verknüpfung des Ägypters zwischen Religion und Vaterland und die Verbindung des Ägypters zu der ägyptischen Kirche und ihrer religiösen Schule (madhab). Er lehnte die religiösen Beschlüsse ab, die die Kirche, die dem byzantinischen Staat in ihrer Hauptstadt Konstantinopel folgte, erließ. Die Ägypter fanden im Christentum die Artikulation der Ablehnung [, die sich] gegen die römisch-griechische Präsenz in Ägypten [richtete]. Der Weg zur Übertragung von bedeutenden Ämtern war ausschließlich offen für die griechischen Byzantiner. Sie hatten auch große Landgüter und sie bildeten eine aristokratische Kolonie, die ihren Einfluss mit der Ausweitung ihres Vermögens vergrößerte. Die Griechen bewohnten die Hauptstädte der Provinzen und ließen [d. h. besiedelten nicht] die dörflichen Gegenden. Es kam keine Ähnlichkeit oder Eintracht auf zwischen den Byzantinern und dem Volk der Ägypter. Und es erschien eine nationale Sprache und dies war die koptische Sprache. Und die Ägypter mussten dem byzantinischen Staat in seiner Hauptstadt Konstantinopel (dem jetzigen Istanbul) Lasten von Weizen jeden Morgen abliefern, die unter dem Namen die „frohe Fracht" bekannt war, zusätzlich zu einer Menge von hohen und üblen Steuern neben der Schmach der Zwangsarbeit, die den Arbeitern und Bauern in den Dörfern auferlegt wurde."

Die Darstellung entspricht weitgehend der Selbstdarstellung der Zeit durch die Kopten. Was allerdings fehlt, sind die Ursachen und die Inhalte der kirchenpolitischen und dogmatischen Konfrontation: Die Positionen von Athanasius und Arius, von Kyrill

37 Arabische Bezeichnung je nach Region: Al-Ḫiḍr, Al-Ḫaḍr oder Al-Ḫoḍr, türkisch: Hızır. Zu den Reiterheiligen ausführlich vgl. MEINARDUS 2000 Georg; Meinardus weist an anderer Stelle darauf hin, dass die Darstellungen von St. Georg auch die politische Situation im Islam reflektieren und kirchenpolitische Bedeutung hatten: „Es ist bemerkenswert, daß die Kopten, denen es als *dhimmis* unter islamischer Herrschaft u. a. verboten war, auf Pferden zu reiten, ganz bewußt ihre Heiligen in Reitergestalt als potentielle Drachentöter darstellten. Der Reiterheilige als Offizier und Achtung gebietende Persönlichkeit symbolisiert Kampf und Sieg über die Mächte des Bösen. Als solcher besitzt der Reiterheilige für die Kopten apotropäische (unheilabwehrende) Kräfte." MEINARDUS 2001 Drachentöter, 2. Und die oftmals auf den St. Georgs-Ikonen auftauchende kleine Person hinter oder neben dem Reiterheiligen interpretiert Meinardus ebenso politisch: „Die ärgste Härte [unter den Unterdrückungen und Diskriminierungen im islamischen Millet-System] war jedoch, dass ihnen seit dem Ende des 14. Jh.s oftmals die Söhne weggenommen wurden, um sie zwangsweise zum Islam zu bekehren und dann in der Janitscharentruppe des Sultans dienen zu lassen. Ein Christ, der zum Islam übergetreten war, sei es unfreiwillig oder in der Gefangenschaft, hatte die Todesstrafe zu gewärtigen, wenn er zu seinem alten Glauben zurückkehrte. So wurde hier und da sogar den Knaben erlaubt, unter dem kanonischen Alter zu heiraten, weil ein verheirateter Knabe nicht für die Janitscharentruppe zwangsverpflichtet werden konnte. Diese Härte, die türkisch als *devshirm* und unter den Griechen als *paidomazoma* bekannt war, spiegelte sich in der christlichen Ikonografie des Drachentöters wider, der den Christenknaben vor den Janitscharen rettete." (a. a. O., 7).

und Nestorius werden hier nicht vorgestellt und so bleibt auch undeutlich, welche Hauptlehren die „religiöse Schule“ der Kopten vertrat und inwieweit diese von Antiochia bzw. von Rom differierte.[39] Zudem wird die gesamte Auseinandersetzung auf eine machtpolitische reduziert und die theologischen Fragen werden völlig außer acht gelassen, die damals die Gemüter bewegten und zu einer notwendigen Klärung innerhalb des Christentums gehörten.

Abschnitt 6:

„Der Triumph des Christentums in Ägypten und die Epoche der Märtyrer

Die Lehre des St. Markus in der Stadt Alexandria blühte auf und es wurde in ihr die Schule für religiöse Studien gegründet. Und es wurden auf diese Schule viele Gelehrte und Philosophen von verschiedenen Provinzen (wilâyât) aus dem Westen und Osten des römischen Imperiums entsandt. Währenddessen entfachte das römische Imperium eine heftige Schlacht gegen die Anhänger der neuen christlichen Religion, um sie vollständig auszurotten. Diese Unterdrückung fing bereits in der Zeit des Imperators Nero (54-68 n. Chr.) an, der an so gewaltiger Geisteskrankheit litt, dass er selbst die Stadt Rom anzündete, dann [aber] den Verdacht auf die Christen in Rom lenkte. Der Imperator und seine Soldaten überhäuften die Christen mit Ermordungen und exemplarischen Bestrafungen auf abscheulichste Weise. Nach einiger Zeit setzte dann der Imperator Septimus Severus (193-211 n. Chr.) die Welle der Unterdrückung gegen die Christen fort. Er gab einen Erlass heraus, dass es notwendig sei, dass sich alle Bürger in den Provinzen vor den Statuen niederwerfen und beim Herantreten zu diesen Statuen weihräuchern. Die Strafe aber bei Nichtbefolgung dieses kaiserlichen Befehls war der Tod durch Enthauptung, dass man sie den Löwen zum Fraß vorwarf oder die Verbrennung bei lebendigem Leibe. Und es blieb die Situation in diesem elenden Zustand bestehen bis es noch schlimmer wurde in der Zeit des Imperators Diokletian (284-305n. Chr.), dessen Epoche bekannt ist als die Epoche der großen Unterdrückung, speziell in Ägypten. Diokletian gab einen kaiserlichen Erlass heraus, die Kirchen zu zerstören, die heiligen Schriften zu verbrennen und alle hinzurichten, die der christlichen Lehre offen oder heimlich folgten. Die Zahl der christlichen Märtyrer in Ägypten betrug 144.000 Personen und einige Forscher nehmen als Zahl sogar ca. 800.000 Märtyrer an. Wegen dieser massiven Unterdrückung erachten die Ägypter das erste Jahr der Herrschaft des Imperators Diokletian – das ist das Jahr 284 n. Chr. – als Anfang des koptischen Kalenders, und diese Zeitrechnung (w.: Geschichte) ist bekannt unter der Bezeichnung 'Jahr des Märtyrers'.

Ägypten wurde weiterhin mit dem Feuer der Unterdrückung erniedrigt (w: Ägypten blieb niedergebügelt) bis Konstantin der Große kam (311-337 n. Chr.), der einen in der Geschichte berühmten Erlass mit dem Namen „Mailänder Edikt“ vom Jahre 313 n. Chr. herausgab. Darin machte er eine Politik bekannt, die Toleranz gegenüber der christlichen Religion übte neben der heidnischen Religion. Und als der Kaiser Theodosius der Große zur Herrschaft gelangte (378-395 n. Chr.), gab er einen Erlass heraus, der das Heidentum in allen Provinzen des byzantinischen Staates völlig abschaffte und die christliche Religion als Staatsreligion anerkannte.

Die Unterdrückung der Kirche von Alexandria durch die [heidnischen] Römer und nach ihnen durch die [christlichen] Byzantiner war eine weitere Epoche unter den Epochen, die die nationalen ägyptischen Gefühle anspornten. Es ist Tatsache, dass den Ägyptern das Unheil von der römischen und byzantinischen Herrschaft half bis dahin, dass Ägyp-

[38] Eine Fülle von Beziehungen bietet. KOLTA 1993. Vgl. a. MEINARDUS 2000 Erbe.

[39] Vgl. die einleitenden Ausführungen zur Prägung des ägyptischen Christentums in Teil A, Kap. I.

ten von diesem Albtraum befreit wurde, als die Araber unter der Führung von ʿAmrû Ibn Al-Āṣ kamen, um Ägypten aus der Hand der Byzantiner zu befreien."

Die Darstellung folgt weitgehend der Beschreibung wie sie auch im koptischen Christentum vorgenommen wird.[40] Ein westlicher Wissenschaftlicher wird vorsichtiger mit den Zahlenangaben für die Märtyrer sein, da diese sehr unsicher sind.

Abschnitt 7:

„Das Mönchtum oder das klösterliche Leben

Mit dem Erscheinen des Christentums und seiner Verbreitung auf dem Boden Ägyptens hängt das Erscheinen des Mönchtums oder des klösterlichen Lebens (ar-rahbâniyye au ad-dairiyye) zusammen, das die größte Gabe darstellt, die Ägypten der christlichen Welt im Westen gleichermaßen wie im Osten schenkte. Ägypten lehrte dies die gesamte Welt. Das Mönchtum oder das klösterliche Leben ist das Ablassen von den Dingen dieser Welt, die Flucht der Welt mit ihren Gütern und Freuden, der Aufbruch in die Wüste und Einöde, um sich entfernt zu halten von den Geschäften der Welt und ihren Verlockungen in Kasteiung, Askese, Gebet und Meditation. Ägypten mit seinem Land und Klima war aber günstig für das Mönchtum: Es dehnt sich über weite Wüstenflächen aus und diese Wüste war der Zufluchtsort, zu dem die Mönche flüchteten. Dies dank des gemäßigten Klimas, das die Mönche ermunterte, ihre Städte und Dörfer zu verlassen und in die Wüste zu gehen, um sich dort im mönchischen bzw. klösterlichen Leben zu üben.

Die Motivation für das Mönchtum ist – in dem hier vorgegebenen Rahmen eines Schulbuchs – sehr zutreffend geschildert. Es fehlen allerdings Hinweise auf weitere bedeutsame Aspekte. So hat etwa die biblische Geschichte vom reichen Jüngling (Mark 10,17-31 par) bei der Motivation für das christliche Mönchtum immer wieder eine zentrale Rolle gespielt oder auch das Motiv des Protestes gegen die sich etablierende Macht der Kirche.[41]

Abschnitt 8:

„Das Mönchtum in Ägypten nahm aber zwei Hauptformen an:

1. Die völlige Abgeschiedenheit oder Einsiedelei (das individuelle Mönchtum), wo der Mönch sein Essen, seine Kleidung und seine Handarbeit selbst regelt ohne Hilfe von irgendjemand. Und der Einsiedler ist von Liebe [zu Gott] getrieben (w: liebestoll bzw. von Sinnen) freigelassen in der Wüste und er sieht kein Gesicht eines Menschen. Unter den ersten Einsiedlern in der Geschichte des ägyptischen Mönchtums ist Anba[42] Antûn, der der „Stern der Wüste" genannt wird (siehe Abbildung 53). Er wurde im Jahr 251 n. Chr.

[40] Vgl. die Kurzdarstellung bei KOLTA 1985, 38f. Anders aber die Darstellung der Griechisch-orthodoxen Kirche von Alexandria, vgl. unten Teil B, Kap. V.3.5.

[41] Vgl. LOHSE 1969.

[42] Der Titel „Anbâ", gesprochen „Amba" ist ein Ehrentitel, mit dem in der Koptisch-Orthodoxen Kirche Heilige und Kirchenväter, Bischöfe und Patriarchen unabhängig von ihrem Rang bezeichnet werden und der immer an erster Stelle aller Titel steht. Er leitet sich ab vom koptischen ANBA bzw. AMΠA, die wiederum zurückgehen auf das gemeinsemitische „Abbâ" (=Vater), das auch in europäische Sprachen Eingang fand (vgl. franz. *abbée*; engl. *abbot* , dt.: *Abt, Abtei*).

geboren. Er ist aus dem Dorf Qiman al-ʿArûs, Zentrum von Al-Wasṭa in Oberägypten, und starb im Alter von annähernd 100 Jahren im Jahr 356 n. Chr. Obwohl er aus einer reichen Familie kam, verließ er alles und ging weg zum Berg al-Qulzum im Wâdî ʿAraba in der Nähe des Roten Meeres. Seine asketische Lebensführung hatte aber Einfluss auf seine Zeitgenossen. Und denselben Weg beschritt Anba Paulus aus dem Volk Thebens (er starb im Jahr 341 n. Chr.) und viele andere mehr.

2. Der Orden der Gemeinschaft (das koinobitische Mönchtum). Dies gründete der Mönch Pachomius. Er gehörte zu den Söhnen von Edfu in Oberägypten, auf der westlichen Seite des Nils bei den Anhöhen der Wüste. Pachomius errichtete ein Kloster, das von einer Mauer umgeben war. Darin lebte eine Anzahl von Mönchen, jeder in seiner Zelle oder seiner eigenen Einsiedelei.

Und nach dem Tod Pachomius wurde das Banner [des Mönchtums] von Schenute von Atripe weiter getragen, dessen Bedeutung nicht darauf beschränkt ist, dass er das System des koinobitischen Mönchtums oder des klösterlichen Lebens bewahrt hat, sondern auch, weil er einen literarischen Geschmack hatte, und der dank seiner Schriften die nationale ägyptische Haltung beeinflussen konnte und den Grundstein (w: ersten Ziegel) zu einer großen Bewegung legte, die auf die Erweckung des nationalen ägyptischen Bewusstseins zielte, jene Bewegung, die sich weiterentwickelte, bis sie die politische Unabhängigkeit von dem byzantinischen Staat und der ihr zugehörigen Kirche erreichte".

Die Beschreibung des Lebenswegs von St. Antonius ist knapp, aber mit zutreffenden Angaben und Erläuterungen versehen. Insbesondere ist hervorzuheben, dass hier einige Details und spezifische Termini (z. B. Handarbeit, liebestoll, die Freiwerdung [des Geistes][43], die Verbergung des Gesichts, die Bezeichnung von St. Antonius als ‚Stern der Wüste') aufgeführt werden, die auf eine genaue Kenntnis des koptischen Mönchtums schließen lassen. Der Text enthält keinerlei negative Beurteilung, obwohl das christliche Mönchtum ein Phänomen ist, das dem Islam fremd ist und das bereits im Koran negativ bewertet wird.[44] Das zur Illustration beigefügte Bild des St. Antonius-Klosters verfehlt allerdings völlig sein Ziel, denn zu sehen ist nun nur noch ein völlig unbedeutender Backsteinbau aus jüngerer Zeit in der Nähe des Klosters. Das Antoniuskloster, das im Hintergrund zuvor erkennbar war, wurde versehentlich bei der Revi-

43 "Die Freiwerdung des Geistes" ist das berühmteste Buch des gegenwärtigen koptisch-orthodoxen Patriarchen, Papst Schenouda III. Es wurde in zahlreiche Sprachen übersetzt.

44 Der Begriff "rahbâniyya" taucht nur ein einziges mal im Koran auf, in einer eher negativen Bedeutung. Dort heißt es (Sure 57, 27): "[...] In die Herzen seiner [Jesu] Nachfolger legten wir Mitleid und Barmherzigkeit. Das Mönchtum (*ar-rahbâniyya*), das wir ihnen nicht auferlegt hatten, haben sie erfunden und befolgt mit dem Ziel, Gottes Wohlgefallen zu erlangen. Sie hielten es jedoch nicht gebührend ein. Den Gläubigen unter ihnen gaben wir ihren Lohn, aber viele unter ihnen sind Frevler." Das Mönchtum erscheint also als rein menschliche Institution, die nicht von Gott angeordnet ist und darüber hinaus auch von manchen Mönchen pervertiert wurde. Es gibt zwar auch die philogogische Möglichkkeit, den Satz anders zu lesen und das Mönchtum als göttliche Anordnung zu verstehen ("In die Herzen Jesu Nachfolger legten wir Mitleid, Barmherzigkeit und das Mönchtum ...."), aber in der islamischen Tradition setzte sich diese Interpretation nicht durch, sondern es wurde zur allgemein verbreiteten Auffassung, dass es ein Mönchtum im Sinne der christlichen Form ar-rahbâniyya im Islam nicht gibt. Vgl. dazu WENSINCK, A. J.: Art. "rahbâniyya" in: IE VIII, 396.

sion wegretuschiert.[45] Bei Pachomius wird auf die Existenz der monastischen Regeln hingewiesen, nicht aber auf die drei Grundregeln Armut, Keuschheit, und Gehorsam, die bis heute in allen monastischen Orden der Christenheit Gültigkeit haben. Bei Schenute von Atripe fehlt der Hinweis darauf, dass er die Regeln Pachomius' verschärfte, karitativ tätig war und eine nicht unbedeutende Rolle beim Schutz der Menschen bei Berbereinfällen spielte, die sich in seiner Zeit mehrfach ereigneten.[46] Das „Weiße Kloster", in dem er wirkte, existiert auch heute noch und ist erst in den letzten Jahren wieder von koptischen Mönchen besiedelt worden.[47]

Abschnitt 9

„Die Klöster waren ein hervorragendes wissenschaftliches Zentrum für die Wissensgebiete der Kirche. Und neben den Studien, die die Mönche innerhalb der Klöster betrieben, war es einigen von ihnen anvertraut, die ersten Grundschulen in den Dörfern des Niltals zu gründen (die Katâtîb), um die Kopten zu lehren. Und einige Mönche beschäftigten sich eifrig mit dem [Ab-]Schreiben [von Manuskripten] und dem Verfassen [von Büchern], speziell im Bereich der religiösen Wissenschaften und der Auslegung der Heiligen Schriften. Ebenso unternahmen es einige der Mönche, Kopien der Bücher in der Bibliothek anzufertigen."

Die Hervorhebung der pädagogischen Bedeutung der Klöster ist außergewöhnlich. Sie wird von Historikern nicht immer erwähnt, spielte aber in der Tat eine nicht geringe Bedeutung. So erinnert z. B. der Kopte Maurice Assad daran: „Im 5. Jahrhundert wurde die alexandrinische Schule geschlossen, und ihre Professoren zogen sich mit ihren Büchern und ihrem Wissen zurück in die Klöster von Wadi Al-Natrûn. [...] Die Klöster wurden zu mächtigen Zentren des Nationalismus und der Bewahrung der orthodoxen Tradition der koptischen Väter in Alexandrien. [...] Den Klöstern fiel die Aufgabe zu, höhere Ausbildung in Spiritualität und asketischem Leben zu vermitteln. Die Mönche übernahmen die Verantwortung für die Unterrichtung der koptischen Kinder in Klosterschulen und Dörfern. Die Klöster waren zu jener Zeit die ersten christlichen Ausbildungsstätten in der koptischen Kirche."[48]

Abschnitt 10

"Es ist erwähnenswert, dass das ägyptische Mönchtum den Rest der Länder der Auslandswelt im Osten und Westen beeinflusste. Das Mönchtum oder das klösterliche Leben

---

45 Im Schulbuch der Oberstufe (GES OS 1, 230) ist das Antoniuskloster noch im Hintergrund zu sehen.

46 Vgl. KUHN, K. H.: Art. „Shenute, Saint" in: CE 7, 2131-2133. Die nationale Bedeutung Schenudes wird auch von Kopten stark hervorgehoben. Vgl. ASSAD 1973 Mönchtum, 53: „Der Heilige Schenute von Atripe (ungefähr 333-451 n. Chr.), Abt des Weißen Klosters, war Leiter einer nationalistischen Bewegung, um Ägypten und die koptische Kirche von der byzantinischen Beherrschung zu befreien."

47 Vgl. MEINARDUS 1998 Weißes Kloster.

48 ASSAD 1973, 53. Vgl. a. NASÎM 1983, 38-42.

wurde von Ägypten weiter überliefert nach Palästina und Syrien, Mittelasien und Westeuropa bis dass es nach Italien, Frankreich, Irland und England gelangte. Und in allen diesen Klöstern ist die Ordnung mit den ägyptischen monastischen Regeln anzutreffen, nach den Prinzipien, die der Heilige Pachomius entworfen hatte. Größten Einfluss aber hatte vielleicht seine Beharrlichkeit mit dem ‚Die Arbeit ist Gottesdienst' (al-ʿamal ʿibâda). Dieser Ausspruch ist von dem Vater Pachomius überliefert. Es gibt in Ägypten viele Klöster, nicht nur im Gebiet des Roten Meeres, sondern auch im Wâdî an-Naṭrûn, in Oberägypten, in der Gegend von Maryûṭ, neben einigen Klöstern auch, die für Nonnen [bestimmt] sind."

Die herausragende Bedeutung des koptischen Mönchtums wird auch in der westlichen Forschung bestätigt. So schrieb Karl Heussi anlässlich der 1600-Jahr Feier des Hl. Antonius: „Das koptische Mönchtum ist der Anfang des kirchlichen Mönchtums. Das ist für alle Zeiten einer der strahlendsten Ruhmestitel dieser Kirche, um so mehr, als die koptischen Gründer-Väter diesem Mönchtum auch die wesentlichen Lebensgesetze und strukturellen Umrisse gegeben haben, die es bei aller nachfolgenden Entfaltung und Anpassung bis heute behalten hat. Mit guten Grund hat demnach die ganze Christenheit in Ost und West die Jubiläen des Antonius Magnus Eremita (250-356) und des Pachomius von Tabenese (etwa 287-348) gefeiert, des Gründers des Koinobitentums".[49] Auch die Betonung der Arbeit wird von westlichen Wissenschaftlern als einer der Grundgedanken angesehen, der schon im ägyptischen Mönchtum zugrunde gelegt wurde.[50]

Abschnitt 11

„Die Vorrangstellung des Patriarchats von Alexandrien

Die Geschichte Ägyptens bezeugt in der koptischen Epoche die Vorrangstellung des Patriarchen von Alexandrien, der einen hohen Rang in der christlichen Welt einnahm. Es gibt keinen besseren Beweis dafür als das Bekenntnis des Konzils von Nicäa - es war das erste der religiösen Weltkonzilien im Jahre 325 n. Chr. -, das besagt, dass der Patriarch der ägyptischen Kirche die religiöse Herrschaft über die Bischöfe Ägyptens, Libyens und Nordafrikas auszuüben hat. Die Patriarchen der ägyptischen Kirche - an oberster Stelle Athanasius, Theophilus, Kyrill und Dioskur - kämpften lange um die Vorreiterrolle des Ansehens der koptisch-ägyptischen Kirche und um die Erhöhung ihres Ranges. Sie spielten herausragende und ehrenwerte Rollen in den Weltversammlungen der Kirche. Nach dem Konzil von Chalzedon, 451 n. Chr., wurde die griechische Sprache in den Riten der Kirche in allen ägyptischen Kirchen abgeschafft und das Streben nach Trennung und Unabhängigkeit von dem byzantinischen Staat wurde größer."

Zweifellos nahm Alexandrien eine herausragende Rolle in den ersten Jahrhunderten der christlichen Ära ein. Auch hier fehlt jedoch eine inhaltliche Erklärung, worin diese Rolle bestand und welche Positionen es auf den Konzilien vertrat bzw. welche Positionen gegeneinander standen.

---

49 Zitat nach BRUNNER-TRAUT 1984, 23f.

50 Vgl. BRUNNER-TRAUT 1984, 42.

So wird nicht weiter ausgeführt, welche Grundfragen debattiert wurden oder welcher Richtung die verschiedenen theologischen Schulen angehörten. Auch bleibt das Nicäno-Konstantinopolitanische Glaubensbekenntnis unerwähnt, das das gesamte Christentum in Ost und West gemeinsam hat und ganz wesentlich von religiösen Termini geprägt ist, die in Alexandria vertreten wurden.

Abschnitt 12

„Alexandria: Metropole der Bildung, des Wissens, der Literatur und der Kunst

Das Christentum begann die Menschen in der koptischen Periode zu beschäftigen und es beherrschte die gedanklichen und kulturellen Aktivitäten. Die koptische Sprache breitete sich mit ihrer Charakteristik als nationale Sprache aus. Und Alexandria wurde zu einer Metropole der Kultur, des Wissens, der Literatur und der Kunst dank seiner Bibliotheken und seiner Schulen. Es gab in Alexandria bereits spezielle Bibliotheken, die im Privatbesitz (w: Besitz von Einzelnen) waren, in denen der Verleih von Büchern zum Lesen möglich war (w: in denen der Verleih von Büchern, die in ihnen vorhanden waren, zu den Lesern stattfand). Und in Alexandria gab es seit der Ptolemäerzeit ein Haus speziell für das Studium und die Forschung, zu dem eine große Bibliothek angeschlossen war, in dem das größte Erbe der Menschheit versammelt war, die Originale (w: Mütter) der Bücher und die Handschriften. Die Anzahl der Papyrusrollen, auf denen man die Bücher schrieb, erreichte 700.000 Stück. Und Alexandria erlangte eine Weltberühmtheit dank seiner Schulen und seiner berühmten Bibliothek, und sie empfing Gelehrte an ihr jeder Neigung und Richtung. Anscheinend war dies ein Anstoß für die Kirche, um eine starke christliche Schule zu gründen, die die heidnische Schule bekämpfen, mit ihr konkurrieren und die Jugendlichen zum Christentum anziehen konnte.

Diese christliche Schule in Alexandrien spielte eine effiziente Rolle bei der Bereicherung des kulturellen Lebens in Ägypten in der koptischen Epoche. Die Philosophie wurde wie bei der griechischen Schule, die damals existierte, das wichtigste Wissensgebiet, das an dieser Schule gelehrt wurde. Daneben beschäftigte sich diese Schule mit den anderen Wissenschaften wie der Medizin, der (Al-)Chemie, Physik, Mathematik, Geometrie, Astronomie, Geografie, Musik und Geschichte. Es lernten an dieser Schule einige von den Kirchenvätern wie z. B. der Heilige Athanasius und [ohne Titel!] Kyrill und andere. Sie spielte eine wichtige Rolle bei der Verbreitung der christlichen Religion in den ägyptischen Regionen zusätzlich zu der wichtigen Rolle, die die Klosterschulen spielten, von denen einige der Bildung von einzelnen aus dem Volk dienten während andere speziell für die Bildung der Mönche selbst waren.

Was die koptische Literatur betrifft, so beschäftigte sie sich mit religiösen Themen. Es erschien die Predigtliteratur, die die Gestalt von Ermahnungen annahm, die mit weltlichen Angelegenheiten zusammenhängen, ebenso das, was man [unter dem Begriff] Weisheitsliteratur kennt. Die Literatur umfasste die Geschichten der Heiligen und die Erklärung der Evangelien, Übersetzungen der koptischen Märtyrer. Ihr Ziel aber war die Ermahnung und der Ansporn zu den Tugenden und den vornehmsten Charaktereigenschaften. Das Studium der Philosophie blühte in den Schulen Alexandriens [besonders] auf nach der Schließung der heidnischen Schulen in Athen, was dazu führte, dass viele Gelehrte nach Alexandrien wechselten, was (w: und) die wissenschaftliche Bewegung in ihr belebte.

Ebenso wurde die Schule für Medizin in Alexandria berühmt wie die der philosophischen Schule. Alexandria konnte eine Gruppe von hervorragenden Ärzten vorweisen, zu denen (w: zu Alexandria) Schüler jeder Neigung und Richtung [der medizinischen Fachgebiete] eilten. Es wurde in Alexandria neben der Philosophie und der Medizin das Recht (al-

fiqh!) in der christlichen Religion gelehrt, die Literatur und die Dichtung, die Astronomie und die Sternenkunde, die Geographie und die Geschichtswissenschaft, der eine große Bedeutung zugemessen wurde. Es gab in Ägypten in der koptischen Epoche eine große Anzahl von Historikern, unter ihnen das Paradebeispiel Ḥannâ al-Niqiyûsî."51

Der Abschnitt über die erste christliche Bildungseinrichtung ist ausführlich und kenntnisreich beschrieben. Gerade deswegen ist es aber sehr auffällig, dass nirgendwo ihr typischer Name „Katechumenenschule" (arab. "*madrasat al-mauʿûẓîn*") auftaucht und dass auch die herausragenden Lehrer kaum erwähnt werden, die diese Schule prägten. In koptischen Darstellungen der Geschichte wird dagegen die Geschichte der Katechetenschule stets als Geschichte der Beiträge ihrer Führungspersönlichkeiten beschrieben: (Athenagoras), Pantaenus, Clemens, Origenes, Dionysius, Didymus.[52]

Abschnitt 13

"Was die koptische Kunst betrifft, so sind die Überreste der Altertümer bis heute im Koptischen Museum in Alt-Kairo zu finden sowie in den alten Kirchen und Klöstern. Der koptische Künstler aber vergaß nicht seine ägyptische Identität (w: sein Ägyptertum) nachdem er Christ geworden war, sondern hielt an der Charakteristik der pharaonischen Kunst fest, nachdem er die altägyptischen Symbole zu christlichen Symbolen verändert hatte. Diese Kunst ist vom Christentum beeinflusst worden. Die Grundlage [dieser Kunst] sind die ägyptischen Sitten und Gebräuche. Der koptische Künstler hielt an den Wesenszügen und Eigenschaften der alten pharaonischen Kunst in der Zeichnung, in der gestaltenden Malerei [= Relief?], in der Bildhauerei und in der Produktion von Teppichen und der Stickkunst fest. Ebenso finden wir, dass der koptische Künstler der Natur Ausdruck gibt in der Malerei von Menschen und Tieren. Und in der Webkunst (siehe Abbildung 55) erschien die Webkunst, die man 'al-qabâtî' nennt. Das ist die Bezeichnung, die die Araber den ägyptischen Webarbeiten gaben, die große Berühmtheit erlangten, eine Auszeichnung für die Kopten Ägyptens. In der Baukunst finden wir die Eigenschaften, mit denen sich die pharaonische Kunst in den Tempeln auszeichnete. Die Kopten hielten an ihr beim Bauen ihrer alten Kirchen und Klöster fest".

Zweifellos sind die hier gemachten Aussagen richtig. Die schwer erkennbare Illustration einer Webarbeit trägt allerdings dazu kaum bei, dass das im Text Gesagte für den Schüler besser veranschaulicht wird. Auffällig und ungewöhnlich ist die Betonung der Webarbeiten, die zwar in der Tat in der koptischen Kunst eine wichtige Bedeutung haben, aber weniger wegen ihrer Bezeichnung, sondern wegen der reichen und gut erhaltenen Überreste, die gefunden wurden.[53]

---

51 Wahrscheinlich ist damit Bischof Johannes von Nikiou aus dem 7. Jh. gemeint, der eine Weltchronik - angefangen von Adam bis ins 7. Jh. - schrieb. Vgl. ALTANER/ STUIBER 1978, 235; FRASER, P. M: Art. „John of Nikiou" in: CEnc 5, 1366f.

52 Vgl. ATIYA, S. Aziz: Art. „Catechetical School of Alexandria" in: CEnc 2, 469-473; SAMUEL 1973, 28-39; EL-MASRI 1978, 21-30, 34-45, 47-60; GREGORIUS 1968, 59-83.

53 Vgl. RUTSCHOWSCAYA, Maire-Hélène/WIPSZYCKA, Ewa/Bourguet, Pierre du/: Art. „Textiles, Coptic" in: CEnc 7, 2210-2230.

Abschnitt 14

„Die Sonne des Islam erscheint über der Erde des Nils

Wir sagten zuvor, dass die Kopten Ägyptens das Morden und das Verbrennen ihrer Bücher und die Vernichtung ihrer Kirchen durch die heidnischen Imperatoren erduldeten, weil sie die Anbetung des Imperators ablehnten und am Christentum festhielten. Die religiöse Unterdrückung erreichte ihr [extremstes] Ausmaß in der Zeit des Imperators Diokletian, dessen Epoche auch als Epoche der Märtyrer bezeichnet wird.

Obwohl das Christentum die offizielle Religion des byzantinischen Staates, des Machthabers in Ägypten, wurde, entrannen die Kopten der konfessionellen Unterdrückung nicht. Denn die Imperatoren des byzantinischen Staates in Konstantinopel wollten ihre religiöse Schule (madhabhum ad-dînî) den Kopten Ägyptens mit Gewalt zur Pflicht machen. Im Jahr 451 n. Chr. fand das religiöse Weltkonzil, das man das Chalzedonensische Konzil nennt, statt, in dem die Versammelten die Kirche von Alexandria für schuldig erklärten mit der Behauptung, dass sie die [gemeinsamen] Glaubensdogmen verlassen hätten. Dadurch trennte sich die Kirche von Alexandria von den Kirchen in Byzanz und Rom, und es begann die Kette der heftigen Unterdrückungen der religiösen Schule gegen die ägyptischen Schismatiker, die das Konzil von Chalzedon ablehnten."

Die Darstellung entspricht im Wesentlichen auch christlichem Verständnis dieser Epoche. Wiederum ist jedoch auffällig, dass nichts über die Inhalte der Auseinandersetzung gesagt wird. Dadurch wird der Anschein erweckt, als ob diese Streitigkeiten rein machtpolitischer Natur gewesen sind.

Abschnitt 15

Die Unterdrückung nahm schlimmes Ausmaß an in der Zeit des byzantinischen Kaisers Heraklius (610-641 n. Chr.). Es ging so weit, dass Benjamin, der ägyptische Patriarch von Alexandria, im Jahr 630 n. Chr. zur Flucht in die Wüste gezwungen wurde, um dem heftigen Angriff (baṭš) der byzantinischen Autoritäten zu entkommen, die ihn zwingen wollten, die religiöse Richtung des Heraklius anzunehmen, über die sich die Ägypter lustig machten, in dem sie die Richtung als die ‚melkitische' bezeichneten, d. h. eine, die speziell mit dem König (Malik) [verbunden war]. Es ist bekannt, dass Benjamin zu den Priestern und dem Volk trat und sie aufforderte, dass sie bis zum Tod an ihrem Dogma festhalten sollten. Was ihn aber selbst betrifft, so tauchte er in den Untergrund ab und ging nach Oberägypten und blieb dort versteckt bis er von dem Herannahen ʿAmrû Ibn Al-Āṣ nach Ägypten informiert wurde und dies nach 10 Jahren.

Die Darstellung der Person Benjamin I. stimmt weitgehend mit der christlichen Sicht auf diesen Patriarchen überein, der zweifellos als einer der größten Patriarchen der Koptisch-Orthodoxen Kirche angesehen werden muss. Er vermochte seine Kirche durch die turbulenten Zeiten der persischen Invasion (619-629) und der arabischen Invasion (ab 639) zu steuern und sie schließlich durch die Kooperation mit den arabischen Eroberern aus der Verfolgungssituation heraus sogar zu einer neuen Blüte gelangen zu lassen. Dass es ihm mit der Aufforderung an die Kopten ernst war, bis zum Tod an ihrer Glaubensrichtung festzuhalten, kann man daraus ersehen, dass Mennas, sein eigener Bruder, vom byzantinischen Patriarchen Cyrus gefoltert und umgebracht wurde, weil er weder die byzantinisch-orthodoxe Glaubensrichtung annehmen noch seinen Bruder verraten wollte, der von Kloster zu Kloster flüchtete, um der byzantinischen Verfolgung zu entgehen.[54]

Abschnitt 16

"Diese Unterdrückung [der orientalischen Christen durch die Byzantiner] bestand fortdauernd während der Zeit der islamischen Eroberungen, die dann Syrien-Palästina aus der Hände der Byzantiner befreiten in der Zeit des recht geleiteten Kalifen ʿUmar Ibn Al-Ḫattâb – Gott habe Wohlgefallen an ihm – der so bekannt war wegen seiner Großmut und Gerechtigkeit, dass man ihm den Beinamen „Al-Fâruq" gab (w: Der [die Wahrheit von der Lüge] unterscheidet). Die Kopten wandten sich an den Kalifen ʿUmar Ibn Al-Ḫattâb, damit er einen schicke, der sie aus den Klauen der Römer (der Byzantiner) befreit, ihrer Unterdrückung, der Verdorbenheit ihrer Beamten und ihren Steuerabgaben, speziell nachdem sie gehört hatten, dass die Muslime sich nicht einmischen in die Glaubenssachen andrer: ‚Ihr habt eure Religion und ich habe die meine'.[1]

[1] Der edle Koran, Sure 'Die Ungläubigen', Vers 6."

Dieser kleine Exkurs auf die Religionspolitik ʿUmar Ibn Al-Ḫaṭṭābs ist äußerst wichtig, denn das unter seinem Namen in der Geschichtsschreibung bekannte „Omar-Abkommen" sollte als Grundlage für alle späteren Rechtsverträge mit den Schutzbefohlenen fungieren.[55] Die wesentlichen Inhalte des Dokuments waren: 1. Die vorhandenen Kirchen werden respektiert, aber es dürfen keine neuen gebaut werden; 2. Die Schutzbefohlenen müssen Muslimen Gastrecht gewähren und dürfen keine Allianzen mit den Feinden eingehen; 3. Die öffentliche Äußerung der christlichen Bräuche wird eingeschränkt (keine Gongs vor dem muslimischen Gebetsruf, keine Banner an muslimischen Fastentagen, keine Kreuze in muslimischen Wohnvierteln). In einer ausführlichen Version des Vertragstextes[56], dessen Echtheit jedoch umstritten ist, werden darüber hinausgehende Einschränkungen und diskriminierende Bedingungen genannt, wie z. B. das Verbot, ähnliche Kleidung wie die Muslime zu tragen, Sättel zu gebrauchen oder Waffen zu besitzen, Alkohol zu verkaufen, Kulthandlungen öffentlich zu zeigen, Prozessionen durchzuführen, Klöster oder Mönchzellen zu bauen etc.[57].

54 Vgl. GIRGIS 1987; MÜLLER 1956, 313-340; MÜLLER 1969 Benjamin, 404-410.

55 Vgl. KHOURY 1980, 81f. bzw. KHOURY 1994, 85: „Bekannt in den Quellen der Geschichtsschreibung und der Rechtsnormen ist ein Dokument, das unter dem Namen ‚ʿUmar-Abkommen' erwähnt wird. Dieses Dokument hat große Bedeutung; denn der Khalif ʿUmar ist einer der am häufigsten zitierten Khalifen, deren Verträge und Verhalten als Norm für spätere Rechtsverordnungen und gesetzliche Bestimmungen in bezug auf das Verhältnis zwischen der islamischen Gemeinschaft und ihren nicht-muslimischen Untertanen gelten. Außerdem wird in diesem Dokument all das zusammengefaßt, was auch in späteren Zeiten Richtlinie und Norm geworden ist."

56 ṬURṬŪŠĪ 1872, 135f.

57 Zu den verschiedenen Versionen des Umar-Abkommens und deren Bewertung vgl. KHOURY, 1980, 81-87 bzw. KHOURY 1994, 85-91.

Abschnitt 17

"Von daher kam es zum Angriff des Führers ʿAmrû Ibn Al-ʿĀṣ, um Ägypten zu erobern. Der Sieg aber war sein Verbündeter in mehreren Schlachten, deren wichtigste der Kampf um die Festung Babylon [heute im Stadtteil] in Alt-Kairo war, am 9. April 641 n. Chr. Und im November desselben Jahres zwang er den byzantinischen Herrscher von Alexandria die Stadt an den Heerführer ʿAmrû Ibn Al-ʿĀṣ, auszuliefern. Schließlich verließen er und seine Leute die Stadt auf dem Seeweg am 17. September 642 n. Chr. Die Mönche verließen ihre Klöster. Sie hatten Tamburine dabei und begrüßten [damit] ʿAmrû Ibn Al-ʿĀṣ und seine Mannen. Und daran ist nichts verwunderliches, denn die Araber sind die Söhne Hagars, der Mutter Ismails, der Frau unseres Herrn Ibrahim, des Freundes (al-ḫalîl)58. Sie ist die Schwester aller Ägypter. Da kam der Patriarch Benjamin aus seinem Versteck in der Wüste heraus und ʿAmrû Ibn Al-ʿĀṣ begrüßte ihn und begegnete ihm mit Wertschätzung. Da ließ er ihn zu seinem Posten als Oberhaupt der koptischen Kirche zurückkehren in Alexandria. Und er schrieb an die Ägypter und informierte sie, dass die Byzantiner keinen Staat [mehr] haben und befahl ihnen ʿAmrû Ibn Al-ʿĀṣ zu empfangen und dass es gut sei ihn willkommen zu heißen und er sagte: Die Kopten, die damals in Farama waren, haben ʿAmrû beigestanden. Ebenso sagte der Heerführer ʿAmrû Ibn Al-ʿĀṣ, zu denen, die um ihn waren, dass er keinen so frommen Mann wie Benjamin in all den Ländern gesehen hätte, die er eroberte."

Die Daten und Abfolge der islamischen Eroberung stimmen mit der christlichen Geschichtsschreibung überein.[59] Unbestritten ist auch, dass es zu einer historischen Begegnung zwischen dem Patriarchen Benjamin und dem Feldherr ʿAmrû Ibn Al-ʿĀṣ gekommen ist, die sehr positiv für die Kopten ausgegangen ist, da der Patriarch wieder eingesetzt und Kirchen und Klöster, die zuvor in der Hand der Griechisch-Orthodoxen Christen waren, nun an die koptisch-orthodoxe Kirche zurückgegeben wurden. Schwieriger ist die Beurteilung der Frage, inwieweit die Kopten die Eroberung Ägyptens aktiv unterstützten.

Abschnitt 18

„Die Haltung des Heerführers ʿAmrû Ibn Al-ʿĀṣ,war aber völlig übereinstimmend mit den Hadithen des edlen Gesandten Muhammad – Heil sei über ihm und Frieden - , die über Ägypten folgendes sagen:

‚Wenn ihr Ägypten erobert, dann meint es gut mit den Kopten, denn sie verdienen Schutz und Gnade (lahum ḏimma wa-raḥmân)'

‚Wenn Gott für euch Ägypten erobert, dann nehmt von ihm viele Soldaten, denn diese sind die allerbesten Soldaten der Erde, weil sie eine Verbindung zum Tag der Auferstehung haben'

Und mit dem Eintreten des Islam in das Land Ägypten mischte sich das Blut der Muslime mit dem Blut der Kopten und die ankommenden Muslime verheirateten sich mit den Frauen der Kopten und das arabische Blut mischte sich mit dem Blut der Kopten und

---

58 Al-Ḫalîl (bzw. meist in der englischen Umschreibung „El-Khalil") ist der übliche islamische Beiname von Abraham sowie die Bezeichnung seines Wohnortes im Judäischen Gebirge südlich von Jerusalem, der heute unter der vom Hebräischen abgeleiteten Bezeichnung "Hebron" (חברון - ebenfalls mit der Bedeutung „Freund") im Westen bekannt ist.

59 Vgl. SUERMANN 2002, 174f.

schuf ein einziges Gewebe, eine einzige Familie, die die Einheit des Landes und die Einheit der Ziele des Schicksals vereint."

Dieser Abschnitt weicht von der historischen Betrachtung ab und versucht ein Resümee zu ziehen. Die Beziehung der Muslime zu den Kopten ist eine besondere. Insbesondere hervorzuheben ist, dass die positive Beziehung zu den Kopten und zu Ägypten auf den Propheten selbst zurückgeführt wird, wodurch aus dem Einzelakt einer Toleranzgewährung ein Prinzip wird. Zudem wird durch das Bild vom „gemeinsamen Blut", von dem „einzigen Gewebe" und der „einzigen Familie" die Untrennbarkeit von Muslimen und ägyptischen Christen geradezu beschworen und zu einem Faktor, der auch die Gegenwart des interreligiösen Miteinanders bestimmt.

Abschnitt 19

„Ägypten kurz vor der arabischen Eroberung

Die Ägypter sehnten sich dem Tag der Befreiung von der Unterdrückung der römischen Herrschaft entgegen, die Ägypten um die zentrale wissenschaftliche und kulturelle Stellung beraubt hatte, die es in den Tagen der Ptolemäer gehabt hatte, und es verwandelte das Land zu einem Ackerland, wo das Getreide für Rom [in Italien] angepflanzt wurde. Es kam aber der Tag, da der Islam im Herzen der arabischen Halbinsel erschien mit der Herabsendung der göttlichen Offenbarung an Muḥammad Ibn ʿAbdallah – Heil sei über ihm und Frieden – , die die Religion verkündigte. Und dies ist der Islam, der zur Anbetung des einen Gottes und auch zu den vornehmsten Charaktereigenschaften aufruft, zur Kooperation, zum Frieden und zum Tun des Guten.

Die Nachfolger (Kalifen) des Propheten aber bemühten sich darum, die neue Religion zu verbreiten und sie zu beschützen vor ihren Feinden. Das muslimische Heer rückte vor nach Syrien und Palästina und sie vertrieben die Römer (Rûmân) von dort. Dann kam ʿAmru Ibn Al-Āṣ mit seinem Heer nach Ägypten, hatte Erfolg und eroberte und befreite das Land aus der Tyrannei der Römer im Jahr 641 n. Chr. und er erlaubte den Verbannten unter den religiösen Leuten die Rückkehr, öffnete ihre Kirchen und die Durchführung ihrer Riten. So wurde Ägypten die Trägerin der Fackel der Kultur seit den ersten Anfängen der Geschichte, ein Teil der islamischen Welt und ihr Führer in zahlreichen Zeiten, die folgten. Darüber wirst du in der zweiten Klasse der Mittelstufe [= 7. Klasse] lernen."

Bei diesem Abschnitt scheint es sich um den ursprünglichen Schluss des Buches gehandelt zu haben, denn größtenteils wird hier bereits Ausgeführtes nur noch einmal wiederholt. Möglicherweise schlossen die Sätze direkt an die allgemeinen Ausführungen zum Christentum an,[60] denn die arabische Eroberung wurde ja schon ausführlich behandelt. Zudem ist die Überschrift erstmals wieder wie die vorangehenden Kapitel punktiert, während alle Überschriften des Einschubs *„Lichtblicke auf die Geschichte Ägyptens in der koptischen Epoche"* nicht punktiert sind. In der jetzigen Stellung bietet der Text - außer dem Hinweis auf die wirtschaftlichen Veränderungen in der Römerzeit - keine neuen Informationen, sondern fungiert als Zusammenfassung und Ü-

60 Vgl. oben Teil B, Kap. V.3.

berleitung zu dem bereits Gesagten. Nicht korrekt ist die Bezeichnung *„rûmân"*, denn natürlich kämpfte *ʿAmru Ibn Al-Āṣ* nicht gegen die die Weströmer (*ar-rûmân*), sondern gegen die Byzantiner (*ar-rûm*). Die sprachliche Differenzierung, die man in der 5. Klasse der Grundstufe eingeführt hatte, wird also nicht durchgehalten.[61]

3.4. Stetige Toleranz gegenüber dem koptischen Christentum

So wie bei der Eroberung Ägyptens betont wird, dass es ein sehr gutes Einvernehmen zwischen den muslimischen Eroberern und dem lokalen Christentum gegeben hat, ja dass die Kopten die Eroberung sogar als Befreiung von der byzantinischen Unterdrückung empfanden, wird bei der Beschreibung der gesellschaftlichen Situation der verschiedenen arabischen Dynastien stereotyp wiederholt, dass die Muslime Toleranz und Großmut gegenüber den einheimischen Christen (und Juden) übten:

a) In der Epoche der Tuluniden

> *„Viele Ägypter bekehrten sich freiwillig zum Islam ohne Zwang. Was aber den Rest von ihnen betrifft, die im Christentum blieben, so wurde ihnen jede Toleranz von den tulunidischen Herrschern eingeräumt. Kopten und Muslime und mit ihnen [auch] die Juden lebten in völliger Harmonie zusammen"* [62]

b) In der Epoche der Ikhschididen

> *„Was die Mehrheit des Volkes betrifft so waren sie miteinander verbunden in Liebe und Toleranz und die Schutzbefohlenen (ahl aḏ-ḏimma) von den Christen und Juden waren in der Medizin, im Handel und im Bankenwesen beschäftigt."*[63]

c) In der Epoche der Fatimiden

> *„Al-ʿAzîz Billah (365-386 n. H./975-996 n. Chr.): Seine Epoche war eine Epoche der Bequemlichkeit, des Wohlstands und der religiösen Toleranz ..."* [64] *„Die Fatimiden behandelten die Schutzbefohlenen von den Christen und Juden mit Freundlichkeit und Fürsorge und einige von ihnen bekleideten Posten des Ministeriums"*[65]

d) In der Epoche der Ayubiden

> *„Trotz der Feindschaft zwischen den Muslimen und den Kreuzfahrern blieben die Christen vom Volk Ägyptens ihrem Vaterland treu und lebten mit den Muslimen in Frieden und Wohlstand"*[66]

61 Vgl. oben Kap. IV, 3.2.
62 SK MS 2/2, 50.
63 SK MS 2/2, 53.
64 SK MS 2/2, 57.
65 SK MS 2/2, 60.
66 SK MS 2/2, 68.

e) In der Epoche der Mamelucken

> *„Neben den Ägyptern gab es einige Sekten der Franken, die in einigen Küstenstädten wie in Alexandria und Damiettte lebten und Handel betrieben. Die Ägypter von den Muslimen und den Kopten sahen sich selbst aber als ein einziges Geschlecht an und nahmen gemeinsam Partei an gegen das Unrecht einiger mameluckischer Herrscher.“* [67]

Obwohl diese Erwähnungen nur kurz sind, wiederholen sie sich doch regelmäßig, und es wird so der Eindruck erweckt, dass es den Christen (und Juden) in der gesamten islamisch-arabischen Epoche unter der Herrschaft der Muslime sehr gut ging. Ohne Zweifel ist es auch richtig, dass es in diesen Epochen immer wieder Zeiten des guten Zusammenlebens zwischen den Schutzbefohlenen und Muslimen gab. Immer wieder wird in den historischen Quellen berichtet, dass die Angehörigen dieser Religionen bis in höchste staatliche Ämter aufsteigen konnten, dass sie ihre Feste öffentlich feiern konnten und dass Kirchen gebaut und renoviert werden konnten. Unbestreitbar gab es also Zeiten der religiösen Toleranz und eine weit bessere Rechtssicherheit für Nichtmuslime unter der islamischen Herrschaft als es sie zur gleichen Zeit für Nichtchristen im christlichen Abendland gab. Es bleibt allerdings unerwähnt, dass es in allen genannten Epochen auch Zeiten der Repression gegeben hat (vgl. dazu den Exkurs "Das Christentum unter islamischer Herrschaft aus koptischer Sicht" unten in Kap. V.4.2).

3.5. Das westliche Christentum als Besatzer Ägyptens

a) Die byzantinische Besatzung

Die Zeit der römischen Herrschaft wird im Gegensatz zu der ptolemäischen Herrschaft, in der Kunst, Literatur und Bildung aufblühten, als äußerst negativ beschrieben. Obwohl Ägypten bereits seit der Perserzeit von ausländischen Herrschern beherrscht wurde und die Ptolemäer genauso wie die Römer, Byzantiner und auch die nachfolgenden arabischen Dynastien aus dem Ausland kamen, wird einzig die Herrschaft der Römer als „Einmischung in die inneren Angelegenheiten“ bezeichnet, während die arabische Eroberung als „Befreiung“ gewertet wird.[68]

Und wenn dann unmittelbar nach der Schilderung des Niedergangs der sozialen und wirtschaftlichen Verhältnisse in der römischen Epoche das *„Erscheinen des Christentums und seines Eintritts in Ägypten“* folgt, so wird diese Epoche von vornherein in einem negativen Licht gekennzeichnet. Denn selbst wenn man den Kopten eine nationale Gesinnung bescheinigt, die sich gegen die heidnischen Herrscher ebenso erhoben wie gegen die byzantinischen Herrscher, wird doch die Herrschaft von Christen über Ägypten insgesamt in eine Epoche des kulturellen Niedergangs und der

[67] SK MS 2/2, 73.

[68] Vgl. SK MS 1/1, 71.

Intoleranz eingeordnet. Diese Epoche des Niedergangs und der Toleranz endet erst mit der *„Befreiung“* durch den Islam, hervorgehoben durch die Überschrift *„Die Sonne des Islam erscheint über der Erde des Nils“*, der die koptische Epoche beschließt. [69] Das Schulbuch geht sogar so weit zu behaupten, dass die Muslime nicht um ihrer eigenen Interessen willen Ägypten erobert hätten, sondern um die unterdrückten Kopten von der byzantinischen Unterdrückung zu befreien:

> *„Die Unterdrückung der Kirche von Alexandria durch die [heidnischen] Römer und dann durch die [christlichen] Byzantiner war ein weiteres Glied in der Kette von Herausforderungen der nationalen ägyptischen Gefühle. Und in der Tat erlitten die Ägypter das Unheil von der römischen und byzantinischen Herrschaft bis dahin, dass Ägypten von diesem Albtraum befreit wurde als die Araber unter der Führung von ʿAmrû Ibn Al-ʿÂṣ kamen, um Ägypten aus der Hand der Byzantiner zu befreien.“* [70]

Dem grausamen kulturfeindlichen byzantinischen Christentum, das vom Ausland kommt und sich in die inneren Angelegenheiten Ägyptens einmischt und sogar die eigenständige christliche Konfession der Ägypter unterdrückt, wird der tolerante Islam gegenüberstellt, der den um Hilfe rufenden ägyptischen Christen beiseite steht und sie unter seine Fittiche nimmt. Die unter den Namen „Rûm“ oder „Rûmân“ bezeichneten Christen, die unweigerlich mit dem westlichen Christentum assoziiert werden, werden ausschließlich als Feinde gesehen.

b) Die Besatzung in der Kreuzfahrerzeit

Als Besatzer Ägyptens begegnet das westliche Christentum ein zweites Mal in der Zeit der Kreuzzüge. Diese Zeit wird im Zusammenhang mit der Darstellung der ayubidischen Epoche beschrieben. Im Unterschied zur sehr ausführlichen Behandlung des Themas in der Oberstufe wird hier nur ein knapper Überblick über die Geschichte der Kreuzfahrerzeit bzw. ihrer Abwehr gegeben: Kurze biografische Notizen zu Ṣalâḥ ad-Dîn und seinen Nachfolgern, die Gründe für die Kreuzzüge sowie deren erste Erfolge, die Rückeroberungen durch Nûr Ad-Dîn und Ṣalâḥ ad-Dîn, die Schlacht von Ḥiṭṭîn und die Rückeroberung Jerusalems, der Friedensvertrag von Ramla (nach dem Scheitern eines Rückeroberungsversuchs durch die Kreuzfahrer), die Besatzung Ägyptens 1218 und 1248-1249 und das Ende der ayubidischen Epoche.

Von besonderem Interesse ist in unserem Zusammenhang die Schilderung der Ursachen der Kreuzzugsbewegung. Sie werden wie folgt angegeben:

> *„1. Der Wunsch der europäischen Christen, und an oberster Stelle der des Papstes in Rom, die heiligen Stätten in Palästina aus der Macht (w.: den Händen) der Muslime zu enteignen.*

[69] Vgl. SK MS 1/2, 75.

[70] Vgl. SK MS 1/2, 72.

2. Die Gier einiger Könige Westeuropas und ihrer Fürsten darauf, sich Königreiche und Fürstentümer im arabischen Osten zu errichten.

3. Die Gier der italienischen Seestädte wie Venedig, Genua und anderer nach der Herrschaft des Ost-Handels.

Sie alle unternahmen das unter dem Zeichen der Religion und des Kreuzes. Sie sind es, die man die Kreuzfahrer nennt trotz ihrer unterschiedlichen Begierden und Interessen religiöser und nichtreligiöser Art und es gelang ihnen dank ihrer Vielzahl und Unterstützung durch das byzantinische Reich, die Herrschaft aufzurichten über Edessa, Antiochia, Jerusalem (w: Haus der Heiligkeit), Tripolis und die Länder von Syrien-Palästina (As-Šâm) und sie errichteten Fürstentümer (w.: Emirate) in diesen Gebieten."[71]

Die Motivation der europäischen Christen wird mit sehr negativen Worten beschrieben: Sie wollten die Heiligen Stätten „enteignen", sie waren „gierig" auf politischen und ökonomischen Machtzuwachs. Die Religion erscheint hier nur als Deckmantel für säkulare Expansionsbestrebungen. Der nur kurzen, historisch eher unbedeutenden Besatzung von Teilen Ägyptens durch die Kreuzfahrer wird in dem Sozialkundebuch der Mittelstufe ungewöhnlich viel Raum beigemessen. Es umfasst ca. 1/3 der gesamten Beschreibung der Kreuzfahrerzeit:

„Die Eroberung von Damiettte durch die Kreuzfahrer

Die Kreuzfahrer unternahmen einen heftigen Angriff, der sich gegen Ägypten richtete, unter der Führung von Ḥannâ dî Barîn, dem Kreuzfahrerkönig in Akko.[72] *Und sie eroberten Damiette 1218 n. Chr. Da eilte der König Al-ʿÂdil, der nach dem Tod Saladins König wurde, von Nordsyrien (šamâl aš-šâm) nach Ägypten, um diesen Angriff aufzuhalten, aber er starb auf dem Weg in der Nähe von Damaskus und sein Sohn, der König Al-Kâmil, wurde König nach ihm. Und er sah, dass er die Kreuzfahrer friedlich aus Damiette entfernen konnte, indessen sie sich auf ihre Überzeugung verließen, dass sie mit Leichtigkeit die Gebiete Ägyptens erobern könnten. Und sie unternahmen es, tief ins Delta einzudringen. Die Überschwemmung war aber sehr heftig und die Ägypter öffneten die Brücken und die Staudämme, so dass die Ländereien die überflutet und die Kreuzfahrer von ihrer Führung in Damiette getrennt wurden. Sie erlitten eine niederschmetternde Niederlage durch die Ägypter, so dass sie zum Abzug aus Ägypten gezwungen waren ohne jegliche Beschränkung oder Bedingung (s. Abbildung 10-4).*

Der Angriff Louis IX. auf Ägypten (1248-1249)

Louis IX., König von Frankreich, bereitete einen Kreuzfahrerangriff vor, dessen Ziel es war, Ägypten zu erobern. Der Kreuzzug erreicht Damiette und es wurde erobert. Sultan Ṣâliḥ Ayûb, Sohn des Sultan Al-Kâmil, eilte von Damaskus herbei und bereitete den Kreuzfahrern einige Schlachten, aber plötzlich starb er. Da verbarg seine Frau Šagar Ad-Durr die Kunde von seinem Tod bis der legitime Erbe ins Land gelangte, und dies war Tûrân Šâh.

Was brachte Šagar Ad-Durr dazu, dass sie die Nachricht vom Tod ihres Mannes verbarg?

Und die Mameluken unter der Führung des Emirs Baibars bereiteten den Kreuzfahrern eine Niederlage bei Al-Manṣûra und Fâraskûr, wo die Kanäle und Seitenarme voll mit

71 SK MS 2/2, 64.

72 Gemeint ist wohl Johannes von Brienne, der König von Jerusalem.

> *Nilwasser waren. Der König Louis IX. fiel als Gefangener in die Hände der ägyptischen Streitkräfte. Er wurde im Gebäude (Dâr) des Ibn Luqmân in Al-Manṣûra gefangen gehalten und [erst wieder] nach [Zahlung] eines großen Lösegeldes frei gelassen. Das Dâr Ibn Luqmân in Al-Manṣûra gehört zu den islamischen Altertümern, die dies bezeugen.“*[73]

Für die ägyptische Geschichtsschreibung ist diese Zeit von großer Bedeutung, die in Erinnerung bewahrt werden muss, weil es offenbar ein traumatisches Erlebnis war, dass die westlichen Christen einen Teil Ägyptens (wenn auch nur für kurze Zeit) erobern konnten, und zum anderen, weil es zeigen soll, dass die Ägypter aus eigener Kraft mit List und Tücke dazu fähig waren, die Bedrohung abzuwehren. Diese Daten müssen von den Schülern auswendig gelernt werden und der erfolgreichen Abwehr der Kreuzfahrer wird auch mit Festen in den betroffenen Gouvernements bis heute gedacht.[74]

c) Die französische und englische Besatzung

Ein drittes Mal begegnet das Christentum in den Sozialkundebüchern der Mittelstufe als Besatzer schließlich in der Zeit der französischen und der englischen Besatzung. Die religiösen Aspekte spielen allerdings bei der Darstellung dieser Geschichtsepoche kaum eine Rolle, obwohl sie geschichtlich durchaus von Bedeutung waren: Gerade in dieser Zeit konnten sich nämlich die evangelischen und katholischen Missionen in Ägypten dauerhaft etablieren, die einen gewichtigen Beitrag zum pädagogischen Aufbruch des Landes lieferten. In der Zeit der französischen Besatzung werden nur an wenigen Stellen Passagen hervorgehoben, die ein Licht auf die Religiosität der Besatzer werfen. Als Napoleon nach Ägypten gekommen sei, habe er gleich bekannt gemacht, *„dass er nach Ägypten gekommen ist, um das Land von der Tyrannei der Mamelucken zu befreien und dass er die islamische Religion und den edlen Koran schätzt“.*[75] Positiv wird auch vermerkt, dass er einen „Diwan“ schuf, in dem er ägyptische Gelehrte zur Beratung heranzog. Gleich darauf wird jedoch daran erinnert, dass er

---

73 SK MS 2/2, 66.

74 Vgl. oben Teil B, Kap. IV.3.5. Diese Erinnerung scheint eine ganz ähnliche Funktion zu haben wie die Erinnerung an die Verhinderung des weiteren Vormarschs des Islam in Europa in der westlichen Geschichtsschreibung, die die „Schlacht“ von Karl Martell im Jahre 732 n. Chr. markiert, obwohl sie in historischer Betrachtung eher als Grenzscharmützel[74] angesehen werden muss angesichts der Ausbreitung des arabischen Reiches von Spanien bis nach Ost-Indien. Vgl. ESS/KÜNG 2001, 64: „Daß Karl Martell bei Tours und Poitiers einen arabischen Stoßtrupp aufhielt, wird nur in europäischen Schulbüchern mit Befriedigung notiert; in arabischen Quellen steht gar nichts darüber, man hatte längst den Überblick verloren.“ Der Westen nimmt in der Oberstufe, in der die Ausbreitung des Islam im Fach Geschichte intensiv behandelt wird, dementsprechend auch kaum Raum ein und das Scharmützel von Tours und Poitiers, das für europäische Geschichtsschreibung so wichtig ist, wird mit keinem Wort erwähnt.Vgl. unten Teil B, Kap. VI.

75 SK MS 3/1, 73.

nach der Schlacht von Abû Qîr seine Politik völlig änderte, das Volk mit harten Steuern belegte und den Aufstand von 1798 blutig niederschlug. Dabei wird besonders hervorgehoben, dass er keinerlei Achtung vor der Religion zeigte, da er die Al-Azhar gnadenlos bombardierte:

> *„Die Al-Azhar war ein Zentrum des Aufstandes. Da wurde Napoleon von heftigstem Zorn gegen das Volk erfüllt. Er bombardierte das Al-Azhar-Viertel und seine Umgebung vom Mokattam-Hügel aus und die französischen Soldaten stürzten mit ihren Pferden in die Al-Azhar-Moschee, verwüsteten sie schrecklich und richteten viele Leute hin ...“*[76]

Bedeutsam ist diese Schilderung insbesondere deswegen, weil sie ähnliche Züge aufweist wie die Schilderung der Eroberung Jerusalems: Hier wie dort werden die europäischen Christen als brutale Eroberer geschildert, die keinerlei Respekt vor der Religion anderer und den Heiligen Stätten haben.[77] Sie geben sich religiös, aber ihre Barbarei, die vor nichts Halt macht, entlarvt sie. Wie die Kreuzfahrer bei der Eroberung ein Blutbad anrichteten, so wird des Weiteren auch über Napoleon von einem Blutbad berichtet, das er in Jaffa verübte, ungeachtet dessen, dass sich eine muslimische Garnison ergeben hatte:

> *„Napoleon verließ Ägypten und eroberte auf seinem Weg [nach Palästina] Al-ʿArîš und Gaza. Er erreichte Jaffa und belagerte es mit einer heftigen Belagerung, so dass sich die Garnison der Stadt– ihre Zahl betrug 4.000 Kämpfer – ergab unter der Bedingung, dass ihnen ihr Leben garantiert wird. Aber Napoleon fürchtete, dass sie sich versammeln könnten, um Akko zu beschützen, wenn er sie frei ließe und sah zu, dass er sich ihrer durch die Hinrichtung aller mit Gewehrsalven entledigte – und dies obwohl sie unbewaffnet waren. Dieses schändliche Verbrechen ist in der Geschichte bekannt unter dem Namen „Das Menschen-Massaker von Jaffa“ und hatte großen Einfluss darauf, die Soldaten Akkos zur Verteidigung anzuspornen, da sie befürchteten, einem ähnlichen Massaker zum Opfer zu fallen.“*[78]

Fasst man die Charakterisierung der christlichen Besatzer aus dem Westen zusammen, so lässt sich zeigen, dass einige Elemente durchgängig sind: In byzantinischer Zeit, zur Zeit der Kreuzzüge und auch in der Neuzeit sind die westlichen Christen brutal bei der Durchsetzung ihrer Ziele. Sie kennen – im Gegensatz zum Islam - keine Toleranz, scheuen vor keinem Blutbad zurück und respektieren keine heiligen Orte. Ihre Religiosität ist keine echte. Dahinter verbergen sich nur politische und ökonomische Machtansprüche.

---

76 SK MS 3/1, 73f.

77 Ein ähnliches Motiv liegt auch der Geschichte von dem christlichen Herrscher Äthiopiens zugrunde, der in vorislamischer Zeit die Kaaba zerstören will. Vgl. oben Teil B, Kap. I.3.4.

78 SK MS 3/1, 74.

3.6. Das westliche Christentum, der Feind der arabischen Kultur

Einen großen Raum nimmt die Schilderung der Ausbreitung des Islam in der frühislamischen Zeit ein. Sei es im Raubzug von Mu'ta,[79] im Raubzug von Tabûk,[80] im Raubzug gegen Zypern und Rhodos, in der Schlacht am Yarmuk,[81] im Raubzug nach Ägypten, im Raubzug nach Nordafrika,[82] in der ersten Seeschlacht bei Alexandria,[83] im ersten Versuch, Konstantinopel zu erobern,[84] im Raubzug gegen Nordafrika[85] - überall begegnen dem Islam die byzantinischen Christen als Feinde. Bei der Ausbreitung bis nach Spanien[86], bei den Kreuzzügen in der Fatimidenzeit[87], in der Ayubidenzeit,[88] in der Mamelukenzeit[89] und in der Kolonialzeit treten die Christen Europas ebenfalls vor allem als Feinde in Erscheinung, die die Ausbreitung des Islam verhindern bzw. in der Neuzeit die ökonomische und politische Herrschaft über die Muslime anstreben. Da weder eine Schilderung der byzantinischen noch der westlichen Kultur vorgenommen wird und außer der kurzen Erwähnung der Mongolen und der Israelis bzw. Juden keine anderen Feinde genannt werden, erscheint das westliche Christentum als „der" Erzfeind der arabisch-islamischen Kultur. Dabei wird jedoch übersehen, dass die Europäer nur für einen relativ kleinen Zeitabschnitt über die arabischen Länder Herrschaft ausüben konnten. Langfristige Ausbeutung und Degradierung zu Provinzen erfuhren die islamischen Staaten des Nahen Ostens nicht durch europäische Christen, sondern durch die mameluckischen und die osmanischen Dynastien, die immerhin ca. 550 Jahre (1250-1798) währten. Dies wird jedoch nicht thematisiert. Die Kolonialzeit schließt lückenlos an die Kreuzfahrerzeit in dem Geschichtsbuch für die Oberstufe an.

3.7. Christliche Stätten als Sightseeing-Objekte

Dem Christentum Ägyptens wird als Epoche vor der islamischen Eroberung relativ viel Raum in den Sozialkundebüchern eingeräumt. Danach erscheint es jedoch so gut wie nicht mehr. Ein lebendiges Christentum, das heute noch existiert und über die Jahrhunderte hinweg immer wieder Beiträge zur islamischen Kultur lieferte, scheint es

---

79 SK MS 2/1, 67.
80 SK MS 2/1, 68.
81 SK MS 2/1, 80.
82 SK MS 2/1, 80f.
83 SK MS 2/1, 82.
84 SK MS 2/1, 87.
85 SK MS 2/1, 87f.
86 SK MS 2/1, 88.
87 SK MS 2/2, 57.
88 SK MS 2/2, 64-66.

nicht zu geben. Die wenigen Erwähnungen, die noch vorkommen, stehen meist im Zusammenhang mit der Schilderung der gesellschaftlichen Zustände in den verschiedenen arabischen Dynastien, die allesamt als tolerant gegenüber den ägyptischen Christen bezeichnet werden. Es gibt allerdings einen Kontext, in dem doch noch einmal die Christen Ägyptens in den Sozialkundebüchern genannt werden, nämlich im Zusammenhang mit dem Tourismus. Bei der Schilderung des Tourismus als einer der Wirtschaftszweige Ägyptens wird unter der Rubrik „Religiöser Tourismus" erwähnt, dass es in Ägypten möglich ist, islamische und christliche Sehenswürdigkeiten sowie neben Moscheen auch Kirchen und Klöster zu besuchen. Die dazugehörige Abbildung (der Türme der Al-Muʿallaqa-Kirche und der Minarette der Al-Azhar-Moschee) in gleicher Größe lässt keine unterschiedliche Bewertung erkennen. Die Kinder werden aufgefordert *„Nenne die Namen einiger anderer religiöser Stätten, die du kennst"*, obwohl im Text bis dahin keine Stätte aufgeführt oder das Christentum behandelt wird.[90] Ebenso wird bei der Darstellung Äthiopiens darauf hingewiesen, dass dort Kirchen und Klöster besucht werden können.[91]

Bei der Darstellung von Europa wird – im Unterschied zu allen anderen Kontinenten – nichts über die Religion gesagt. Bei der Darstellung Frankreichs als Beispielland für Europa wird nur kurz erwähnt, dass es dort sehenswürdige Kirchen gibt. Abgesehen davon, dass bei den Kreuzzügen ausgeführt wird, dass es sich um Christen handelte, die – unter dem Deckmantel der Religion – Kriege gegen den Islam führten, und dass es aufgrund der Begegnung mit dem Islam eine Renaissance gegeben hat, ist dies der *einzige* Hinweis darauf, dass es eine abendländisch-christliche Kultur gibt. Kirchen und Klöster werden stets nur als Gegenstände vergangener untergegangener Epochen betrachtet, nicht jedoch als Ausdruck einer lebendigen Kultur, die jahrhundertelang die Länder prägte und bis heute ihre Wirkkraft hat. Damit wird ein wichtiger Aspekt sowohl der Kultur des christlichen Abendlandes als auch der Kultur des christlichen Orients ignoriert. Von der europäischen Geistes- und Kulturgeschichte wird weder ein Überblick gegeben noch eine bestimmte Epoche herausgegriffen. Der Schüler erfährt nichts von dem Kampf zwischen dem Papsttum und der weltlichen Herrschaft im Mittelalter, von der Reformation, von den Religionskriegen, von der Aufklärung oder auch von Entwicklungen in der Neuzeit und Gegenwart.

Die Geschichte und Kultur der Kopten nach 640 wird nicht behandelt. Auch wenn koptische Christen nicht wie im Westen mit dem Staat um die Macht konkurrieren konnten, so haben sie doch auch im Orient die Geschichte, die Kunst, die Wirtschaft

89 SK MS 2/2, 70f.

90 SK MS 1/2, 35.

91 SK MS 3/1, 24.

und die Politik des Orients mitgeprägt. Wenn – wie historisch belegt – tatsächlich orientalische Christen immer wieder in den verschiedensten Epochen in höchste Ämter aufsteigen konnten und einen großen Teil des Verwaltungsapparates in Ägypten bis in die Neuzeit kontrollierten, dann ist dies nicht nur als ein Zeichen muslimischer Toleranz zu sehen, sondern auch als ein kontinuierlicher Beitrag der Christen zu ihrer Gesellschaft und zu ihren Ländern. Wenn zahlreiche Unternehmungen nur durch die Erhebung von Steuern für Nichtmuslime zu finanzieren waren, so bedeutet das, dass orientalische Christen einen nicht geringen finanziellen Beitrag zur Entstehung und Erhaltung der verschiedenen islamischen Dynastien leisteten. Wenn zahlreiche islamische Bauwerke der Frühzeit von byzantinischen, armenischen, syrischen und koptischen Christen entworfen und gebaut wurden, so weist das darauf hin, dass sie einen Anteil haben an der islamischen Kultur. Wenn sie die Wissenschaft der Antike ins Arabische übersetzten, wenn sie die islamisch-arabische Wissenschaft aus dem Arabischen in die Sprachen Europas übersetzten und wenn sie in der Neuzeit die Grundlagen für die moderne arabische Sprache legten, so unterstreicht das, dass sie in den hervorragenden Epochen der islamischen Geschichte stets eine gewichtige Rolle spielten. Und diese Rolle üben gerade auch die Christen im heutigen Ägypten wieder aus, als eine Christenheit, die im 20. Jh. eine umfassende kirchliche Erneuerung erlebte, die viele ihrer Wurzeln wieder entdeckte und belebte, [92] die missionarisch in zahlreichen Ländern tätig wurde und mittlerweile von einer nationalen Kirche zu einer internationalen Gemeinschaft gewachsen ist, die durch die Globalisierung eher eine Stärkung denn eine Schwächung erfahren hat.[93]

3.8. Europa blüht wegen der arabisch-islamischen Kultur auf

Am Ende der Einheit über die islamische Kultur wird ein längerer Abschnitt über die Vermittlung der islamischen Kultur nach Europa wiedergegeben:

> *„Der Transfer der islamischen Kultur nach Europa*
>
> *Jetzt, da du in Kürze die Phänomene der islamischen Kultur kennen gelernt hast, wirst du vielleicht erfassen können, wie viel die Muslime von verschiedenen Bereichen des Fortschritts in den früheren Kulturen profitierten. (Welche sind es?) Sie [die Muslime] fügten aber viel zum menschlichen kulturellen Erbe hinzu. Die Europäer aber – die damals in einer Zeit der Rückständigkeit und der Unwissenheit lebten – empfingen [dann] im Mittelalter eine Lektion, die die islamische Kultur in vielfältigen Schaffensbereichen zu ihr gelangen ließ. Aber wie ereignete sich diese Verbindung zwischen der islamischen und der europäischen Kultur?*

[92] REISS 1998 Erneuerung.

[93] REISS 2001 Wende.

Die Brücken des Transfers der islamischen Kultur nach Europa

Die islamische Kultur wurde über mehrere Zentren nach Europa vermittelt. Unter den wichtigsten waren:

a) Spanien (Al-Andalûs):

Hier entstand eine hohe islamische Kultur, nachdem die Muslime es erobert hatten (in welcher Zeit fand das statt?). Unter den berühmtesten Zentren waren Qordoba, Sevillia, Granada und Talitella, die Zentren der Übersetzungsbewegung vom Arabischen ins Lateinische waren.

b) Sizilien:
Nach dem Untergang der arabischen Herrschaft von Sizilien erfassten die Könige den Wert der islamischen Kultur, hielten an ihr fest und zogen Gelehrte und Übersetzer zur Arbeit in ihren Palästen heran. So bat König Roger II. von dem berühmten muslimischen Geografie-Gelehrten Al-Idrîsî die Anfertigung einer Karte der Welt seiner Zeit und eine Erdkugel. Und die Stadt Palermo in Sizilien war ein wichtiges Zentrum zur Übersetzung von Schriften muslimischer Gelehrter.

c) Syrien (w: Die Länder von Aš-Šâm):

Die Länder von Aš-Šâm waren das Gebiet in dem die Kriege mit den Kreuzfahrern stattfanden, die annähernd zwei Jahrhunderte andauerten. Aber während dieser Zeit waren nicht immer Kriege. Vielmehr gab es auch politische Verbindungen, Handels- und kulturelle Verbindungen zwischen dem islamischen Osten und Europa, so dass die Kreuzfahrer kennen lernten, welche Höhe und welchen Fortschritt die muslimische Kultur erreicht hatte und sie wurden beeinflusst von ihr.

Der Einfluss der islamischen Kultur auf die europäische Renaissance

Die Einflüsse der islamischen Kultur auf die europäische Kultur sind offensichtlich auf verschiedenen Gebieten:

- *Die Europäer wurden von der islamischen Kultur im Bereich der Kriegskünste beeinflusst, z. B. beim Bau der Zitadellen und Kriegsfestungen, bei der Panzerung der Reiter und ihrer Pferde, bei den militärischen Zeichen und bei der Übermittlung von Kriegsbotschaften mittels der Brieftaube.*
- *Es gelangten neue Agrarerzeugnisse nach Europa wie z. B. der Sesam, die Zitrone, der Pfirsich, die Aprikose, die Melone, die Baumwolle und die Orange. Es wurden auch verschiedene Produkte wie z. B. Kleider und Seidenstoffe, Papierprodukte, die Bücherbindung und der Zucker nach Europa gebracht.*
- *Das islamische Wissenschaftserbe war die wichtigste Quelle für die westlichen Gelehrten als Europa mit der Renaissance der Neuzeit aufstieg. Dies bezeugen die Übersetzungen von Schriften muslimischer Gelehrter in die lateinische Sprache wie z. B. Ibn Sînâ, Ibn An-Nafîs, Al-Ḥasan Ibn Al-Hîṯam, Al-Ḫawârizmî, Ǧâbir bin Ḥiyân, Ibn Rušd und anderer Gelehrter und [die Tatsache,] dass sie sich in ihren Universitäten mehrere Jahrhunderte auf sie stützten (w: die Stützung auf...).*
- *Die europäischen Sprachen beinhalten viele arabische Worte und Fachbegriffe, die bis heute erhalten blieben und die die Beeinflussung Europas durch die islamische Kultur bezeugen. Ebenso ist zu bemerken, dass die Kulturen nicht distanziert voneinander lebten, sondern miteinander kooperierten und ein menschliches Erbe schufen, das es verdient, gewürdigt und bewundert zu werden.“*[94]

94 SK MS 2/2, 42f.

Der Kulturtransfer wird hier – im Gegensatz zu der Darstellung des Kulturtransfers im Fach Geschichte der Oberstufe – sehr sachlich vorgetragen. Die Präsentation ist knapp, hat aber viel Substanz. Der Hinweis auf die wirtschaftlichen, kulturellen und wissenschaftlichen Verflechtungen bietet die Möglichkeit, sich im Unterricht von der üblichen Gegenüberstellung von islamischem Osten und christlichem Westen zu lösen. Zudem ist damit impliziert dass abendländische und östliche Kultur auf dem gleichen Kulturerbe aufbauen. Allerdings fehlt für die Neuzeit und Gegenwart eine ähnliche Zusammenstellung des Wissens- und Kulturtransfers wie auch des Handelsaustauschs in umgekehrter Richtung - vom Westen in den Orient.

3.9. Europa als Handelspartner

Mit Stolz wird in der Einheit „*Das arabische Vaterland auf der Weltkarte*“[95] gesagt, dass alle drei himmlischen Religionen im „arabischen Vaterland“ beheimatet sind. Und interessanterweise wird dieses religiöse Faktum in Verbindung gebracht mit wirtschaftlichen Erwägungen:

> *„Auf dem Boden des arabischen Vaterlandes standen die alten Kulturen auf, die die Welt lehrten. Ebenso stiegen auf ihrem Boden die himmlischen Religionen herab und die Araber sammelten die himmlischen Gesetze. Die Mittellage des arabischen Vaterlandes in der Welt half, sie zum Rest der Erde zu verbreiten und Millionen von der Weltbevölkerung streben danach, die heiligen Orte der drei Religionen zu besuchen, die auf dem arabischen Boden vorhanden sind. Und du solltest wissen, dass die arabische Nation eine Einwohnerzahl von ca. 258,4 Millionen im Jahr 1995 erreicht hat und du kannst dir vorstellen, wie der Zustand der arabischen Nation auf der Weltkarte wäre, wenn einmal zwischen ihnen eine Wirtschaftsunion bestehen würde, die sie alle zusammenschließen würde wie dies bei der Europäischen Union der Fall ist.“*[96]

Diese eigentümliche Verbindung von Aussagen zu Religion und Wirtschaft erscheint nochmals bei der Beschreibung des Kontinents Asien. Dort wird gesagt:

> *„Die uralten Kulturen stiegen auf dem Kontinent [Asien] vor tausenden von Jahren auf. Sie standen in Verbindung mit anderen Kulturen in der Welt damals. Ebenso war Asien die Wiege [w: "Landungsplatz"] der drei himmlischen Religionen – wie heißen sie und wo ist jede von ihnen [vom Himmel] heruntergekommen? Und die imperialistischen europäischen Staaten wetteiferten um die Herrschaft über Asien wegen ihrer wirtschaftlichen und strategischen Bedeutung. Die Völker des Kontinents kämpften aber dafür, ihre Unabhängigkeit zu erreichen und die Staaten des Kontinents fingen an, eine enorme Wirtschaftkraft zum Vorschein zu bringen, wie bei Japan, den asiatischen Tiger-Staaten – die du noch studieren wirst – und bei den beiden Riesen China und Indien, die in Zukunft eine große Bedeutung haben werden.“*[97]

---

95 SK MS 2/1, 1-25.

96 SK MS 2/1, 5.

97 SK MS 3/1, 27.

Diese Verbindung von Religion und Wirtschaft soll offenbar besagen: Eigentlich sind die arabischen Länder bzw. ist Asien dem Westen überlegen, denn es hat die älteren Kulturen, es hat die größeren Bevölkerungszahlen und es ist die Wiege der drei himmlischen Religionen (andere große Religionen wie Hinduismus, Buddhismus, Konfuzianismus, Schintoismus etc. werden nicht erwähnt). Europa ist zwar gegenwärtig wirtschaftlich stark, aber es hat im Grunde nur seine Wirtschaft und keine kulturellen und religiösen Leistungen vorzuweisen. Wenn die arabischen Staaten bzw. asiatischen Staaten sich erst einmal befreit haben von dem westlichen Imperialismus, dann werden sie sehr viel stärker sein als der Westen. Diese Interpretation wird dadurch bestätigt, dass im Unterschied zur Darstellung der anderen Kontinente bei Europa religiöse und kulturelle Komponenten völlig unterschlagen werden zugunsten einer bloßen Beschreibung der Wirtschaft.[98] Dass es wirtschaftliche Verflechtungen mit Europa schon früh gegeben hat, wird in den Texten nur angedeutet. Es wird allerdings erwähnt, dass es bereits zur Zeit Karls des Großen zum wirtschaftlichen Austausch gekommen ist,[99] dass viele Handelswege vom Fernen Osten in Europa endeten und dass es wirtschaftliche Verbindungen selbst zu Zeiten der Kreuzzüge gegeben hat. Die heutige Rückständigkeit wird zwar auf die Kolonialherrschaft zurückgeführt, aber zugleich wird positiv beschrieben, dass es heute enge Handelsbeziehungen mit den Staaten der Europäischen Union gibt - speziell mit Frankreich, Deutschland, Italien und Spanien. Nicht erwähnt wird, dass die Haupteinnahmen des ägyptischen Staates allesamt aufs Engste mit den Europäern und der westlichen Welt verflochten sind, z. B. die Einkommen aus dem Suez-Kanal und dem Tourismus. Es gibt in Ägypten kaum größere Entwicklungsprojekte, die nicht von europäischen Partnern unterstützt werden.

4. Evaluation

4.1. Zusammenfassung

Die Geschichte des koptischen Christentums bis zur arabischen Eroberung wird in der 1. Klasse der Mittelstufe explizit zum Thema gemacht und mit 234 Zeilen und 4 Bildern ausführlich behandelt (13,24% des Buches).[100] Nach bisherigem Kenntnisstand ist eine solche extensive Darstellung des einheimischen Christentums in den Schulbüchern des Nahen Ostens einzigartig. Der Beginn der koptischen Epoche, die Christenverfolgung, die christliche Schule von Alexandria, die Entstehung des Mönchtums, die Auseinandersetzung mit Byzanz bis hin zur Arabischen Eroberung werden kenntnis-

98 Vgl. dazu unten Teil B, Kap. VII.3.1-VII.3.3.

99 SK MS 2/1, 91.

100 Vgl. Kap. V.2.1. und V.2.2.

reich, sachgerecht und teilweise mit Stolz beschrieben. Am Ende wird mit zwei Aḥadiṯ ausdrücklich zur Toleranz gegenüber Kopten aufgerufen und vermittelt, dass die Kopten und die Muslime in Ägypten eine nationale Einheit bilden. Lediglich an einigen Stellen sind kleine sachliche Fehler im Detail feststellbar. Die Einordnung der Geschichte des koptischen Christentums in den Niedergang Ägyptens in römischer und byzantinischer Zeit verleiht dem Kapitel allerdings einen negativen Rahmen. Das koptische Christentum wird vornehmlich als Widerstandsbewegung gegen Byzanz beschrieben. Der Inhalt der religiösen Auseinandersetzungen wird nicht erwähnt. Was fehlt ist auch eine altersgerechte Schilderung der allgemeinen religiösen und institutionellen Entwicklung des Christentums (Kirche, Ämter, Auseinandersetzungen um christliche Dogmen im 2.-5. Jh., Kanonisierung der Bibel, Bekenntnis), damit die Konflikte des 5. Jh. verständlich werden. Auffällig ist, dass der Geschichte, Kultur und Religion des Christentums nach 640 kein besonderer Platz mehr eingeräumt. Es gibt nur noch indirekte Hinweise auf die Existenz der Kopten, so dass die koptische Epoche ebenso abgeschlossen scheint wie die pharaonische, griechische oder römische.

Äußerst knappe explizite Erwähnungen des westlichen Christentums erfolgen nur noch im Zusammenhang der geografisch-wirtschaftlichen Beschreibungen der verschiedenen Kontinente und Länder in der 3. Klasse der Mittelstufe. Die Informationen beschränken sich meist darauf, dass das Christentum vorhanden ist (0,72 %). Auffällig ist, dass aber gerade bei Europa auf eine Angabe verzichtet wird. Die religiöse und kulturelle Prägung Europas, die Spaltung des Christentums im Westen, die Religionskriege, die Aufklärung, die Säkularisierung oder andere wichtige Themen, die Europa prägen, werden nicht behandelt. Die Darstellung beschränkt sich im Wesentlichen auf die Wirtschaft. Die einzige Stelle, die allgemein vom Christentum als Religion spricht, entpuppt sich bei näherer Betrachtung als eine inklusive Erwähnung, d. h. als Passage, die das Christentum als integralen Bestandteil der islamischen Religion schildert. Sie umfasst 0,28% des Buches. Umgerechnet auf den Gesamtumfang der Schulbücher der Mittelstufe sind dies sogar nur 0,04%. Grundinformationen über das Christentum erhält der muslimische Schüler also hier genauso wenig wie im Fach Islamischer Religionsunterricht. Abgesehen von dem Kapitel über das koptische Christentum kommt man nur noch marginal im Zusammenhang mit den politischen Entwicklungen in der Geschichte auf das Christentum zu sprechen. Den größten Anteil davon machen die Erwähnungen im Zusammenhang mit militärischen Auseinandersetzungen bei der Ausbreitung des Islam, in der Kreuzfahrerzeit und der Kolonialzeit aus. Insgesamt betragen die impliziten Erwähnungen 2,68%, alle Erwähnungen zusammen 4,94%.

4.2. Bewertung und kritische Anfragen

Trotz der ausführlichen Informationen über die frühe Geschichte der koptischen Kirche ist die Behandlung des Christentums insgesamt nicht ausreichend. Bei der Schilderung späterer Epochen ist das Klischee einer gleich bleibenden Toleranz gegenüber den Nichtmuslimen feststellbar. Die Schwierigkeiten, die im Zusammenleben auftauchten und die Schwankungen in den historischen Beziehungen werden nirgendwo thematisiert. Wie schon in der Grundstufe ist auch in der Mittelstufe eine deutliche Tendenz zur Polarisierung zwischen dem Westen und dem Orient festzustellen. Unterdrückung, Machtgier und Barbarei werden einseitig Byzanz, den Kreuzfahrern und den Kolonialmächten zugeschrieben. Islamische Expansion, Unterdrückung und Repression werden nicht erwähnt. Ebenso wird nur die kulturelle Beeinflussung des Westens durch den Islam ausführlich thematisiert, nicht jedoch, dass es auch umgekehrt in der Neuzeit eine solche in Richtung auf den Orient gab. Es handelt sich also um eine sehr einseitige Geschichtsdarstellung, die kritischer Prüfung nicht standhält, sondern zumindest der Ergänzung durch andere Perspektiven bedürfte.

Wie schon in der Grundstufe wird bei den Bevölkerungsstatistiken (SK MS 1/1, Einheit 1 und SK MS 2/1) auf die christliche Bevölkerung mit keinem Wort eingegangen. Unerwähnt bleibt darüber hinaus, dass die christliche Bevölkerung in manchen Siedlungsgebieten in Mittelägypten (Minya, Asyut) sowie in manchen Stadtteilen von Kairo einen großen Bevölkerungsanteil ausmacht.[101] Diese Ignoranz gegenüber der christlichen Bevölkerung trifft aber einen der wunden Punkte im christlich-muslimischen Miteinander in Ägypten. Hierzu im Folgenden einige Anmerkungen:

Eine der Hauptquellen der Unzufriedenheit und Verbitterung bei den Kopten war (und ist) ihre Unterrepräsentierung im öffentlichen Dienst und in der Armee, wo die ägyptischen Christen wohl in mittlere Positionen aufsteigen können, ihnen jedoch Führungsstellen fast immer vorenthalten werden. Alt gab 1978 hierzu Zahlen an, die tendenziell in Übereinstimmung mit der Situationsbeschreibung anderer Autoren[102] ste-

[101] Zum Aspekt der Bevölkerungsverteilung vgl. die Analyse der Geografiebücher, Kap. VII.2.3. Die Aufnahme solcher Statistiken in deutsche und europäische Schulbücher ist von gleicher Bedeutung, denn die Wahrnehmung von Minderheiten ist immer ein Ausdruck für eine Wertschätzung und einem Respekt gegenüber einem Bevölkerungsteil.

[102] PENNINGTON 1982, 169: "Copts are particularly underrepresented in the higher grades of the civil service: in 1977 *Le Monde* reported, probably accurately, that of 600 undersecretaries in the goverment service only 14 or 15 were Copts. A respected, moderate Coptic authority claims that of 360 heads of stateowned companies, only 10 are Christians." IBRAHIM 1989, 14: "Zwischen 1952 und 1973 wurde kein einziger Kopte Botschafter. Kein Präsident oder Dekan der 12 Universitäten oder der höheren Bildungseinrichtungen in Ägypten ist Kopte. An der Medizinischen Fakultät verringerte sich der Anteil koptischer Professoren zwischen 1952 und 1973 von 40% auf 4%. Stipendien für ein Weiterstudium für Kopten in Europa und den USA sind auf 2% beschränkt. Keiner der bestellten Verwalter oder Vizeverwalter der 37 ägyptischen Städte

hen: "Keine der 160 wichtigsten Stellen im öffentlichen Dienst ist von einem Nichtmoslem besetzt und man muß schon bis in die Zeit der Khediven im 19. Jahrhundert zurückgehen, um einen koptischen Provinzgouverneur zu entdecken. 1977 waren von 600 Unterstaatssekretären nur etwa 20 bis 30 Kopten, während von 120 Universitätsdekanen nur einer Kopte war. Von mehr als 100 Botschaftern waren 1977 nur 3 Kopten, und dann in unbedeutenden Hauptstädten."[103] Ebenso wird eine Diskriminierung auf dem Bildungssektor hervorgehoben. Es sei für einen Kopten prinzipiell unmöglich, im schulischen oder universitären Bereich Klassenbester zu sein und trotz überdurchschnittlicher Leistungen vieler Kopten seien ihnen Auslandsstipendien meist verwehrt. Pennington behauptet zudem, dass es eine informelle Limitierung zur Anstellung von Kopten im öffentlich-staatlichen Sektor gebe.[104]

Bei der Auseinandersetzung um die Diskriminierung im beruflichen Bereich spielt seit Jahren immer wieder auch die Debatte um die tatsächliche Anzahl der koptischen Christen in Ägypten eine Rolle. Nach dem Bevölkerungszensus von 1960 wurde die Zahl der in Ägypten lebenden Christen offiziell mit 1, 9 Mio. angegeben, was einem Anteil an der damaligen Gesamtbevölkerung von 7,3% entsprach.[105] Bei der Volkszählung von 1976 wurde eine Prozentzahl von 6,3% ermittelt. Diesen Zahlen wird jedoch von koptischer Seite heftig widersprochen. Sie seien bewusst viel zu niedrig gehalten worden, um Ansprüchen der Kopten entgegenzuwirken. Einige – vor allem Kopten im westlichen Ausland - behaupten sogar, dass die Christen ca. 20% der Gesamtbevölkerung ausmachten. Dies wäre ein mehr als dreimal so großer Bevölkerungsanteil in Ägypten. Wie es um die tatsächliche demografische Größe der Christen in Ägypten bestellt ist, kann niemand mit Sicherheit sagen angesichts ungenauer statistischer Erhebungen; seriöse Quellen muslimischer wie auch christlicher Herkunft nennen jedoch meist eine Zahl von ca. 10%. Allerdings wird man dabei die starke Emigration der letzten Jahrzehnte berücksichtigen müssen, so dass heute wahrscheinlich nur noch von 6-7% Christen in Ägypten ausgegangen werden kann.

ist Kopte." Auch in den neuziger Jahren hat sich an dieser Situation kaum etwas verändert. Anton Sedhom brandmarkte 1991 in einem Artikel in der koptischen Wochenzeitung Watani, dass die Regierung von 407 jüngst berufenen Richtern des obersten Verwaltungsgerichtes nur 5 Kopten (1,25%) ausgewählt habe, obwohl es eine große Zahl geeigneter Kandidaten für diese Ämter gegeben habe. Sedhom sieht dies als einen offensichtlichen Versuch an, die Christen mehr und mehr aus dem öffentlichen Verwaltungsdienst auszuschließen. Die wenigen Christen in Regierungsverantwortung hätten aber wie z. B. Boutros Ghali [damals Staatssekretär des Außenministeriums, dann Generalsekretär der Vereinten Nationen] nur sehr eingeschränkte Vollmachten und dienten gegenüber dem westlichen Ausland nur als Vorzeige-Kandidaten für die angeblich in Ägypten herrschende Liberalität und religiöse Freiheit. (So WATANI, 10. 11. 1991).

103 ALT 1980, 51.

104 Vgl. IBRAHIM 1989, 14; PENNINGTON 1982, 169.

105 HARTMANN 1980, 177.

Was die Darstellung der Grundlagen und der Frühzeit des Christentums anbelangt, (vgl. oben Kap. V.3.1) so ist auffällig, dass in geradezu hymnischer Weise auf die Person und das Wirken Jesu Bezug genommen wird. Wenn man den Begriff *„daʿwa ilâ al-islâm"* nicht als "Aufruf zum Islam" übersetzt, sondern in "Ruf zur Hingabe zu Gott", wenn man die Begriffspaare *„Liebe Gottes"* (Ḥubb Allah) und *„Aufbau des Menschen"* (binâʾ al-insân) dazu nimmt und dies als einen Versuch der Umschreibung des doppelten Liebesgebotes mit islamisch geprägten Begriffen versteht und wenn man schließlich unter der *„Brüderlichkeit und Toleranz"* die Überbrückung von sozialen und religiösen Grenzen (Verhalten gegenüber Samaritanern, Zöllnern, Huren etc.) versteht, wie sie für Jesus Christus auch nach biblischer Tradition charakteristisch ist, so kann man in dieser Beschreibung durchaus eine Charakterisierung Jesu Christi sehen, der auch von christlicher Seite zugestimmt werden kann. Die ausschließliche Benutzung von Begriffen aus der islamischen Tradition verstellt jedoch den Blick auf Jesus als Stifter einer anderen Religion, denn Jesus wird nur als islamischer Prophet geschildert. Christliche und muslimische Schüler erhalten vermittelt, dass Jesus exakt das gleiche predigte wie Muhammad. Dies mag aus islamischer Perspektive sich auch so verhalten. Christen werden Jesu Botschaft aufgrund der biblischen Zeugnisse im Neuen Testament allerdings anders beschreiben. Hier würde der Ruf zur Buße und Umkehr (Mk 1,14 parr.), das Zeugnis von der anbrechenden Herrschaft Gottes (βασιλεία τοῦ θεοῦ) in Jesu Handeln (vgl. Mt 11,5ff.), die Erniedrigung und Sohnschaft als Menschensohn und Gottessohn (vgl. Phil 2,5ff.), die besondere Auslegung des mosaischen Gesetzes (vgl. Mt 5-7) sowie die Selbsthingabe bis zum Tod am Kreuz in den Passionserzählungen im Vordergrund stehen, die das Zentrum der Evangelien ausmachen. Es liegt also eine Sicht auf die Person Jesu vor, die nur die islamische Perspektive verdeutlicht und der Tatsache, dass Christen einen besonderen Zugang zu Jesus Christus haben, nicht gerecht wird. Dies ist deshalb von Bedeutung, da diese Beschreibung nicht im islamischen Religionsunterricht erfolgt, sondern im Sozialkundeunterricht, d. h. einem Unterricht, der von Muslimen und Christen in Ägypten gleichermaßen besucht wird. Die christliche Sicht auf die zentrale Person ihres Glaubens wird also mit keinem Wort erwähnt wird und jede Multiperspektivität fehlt. Christliche Schüler werden in dieser Beschreibung keine zutreffende Beschreibung dessen finden, was Jesus Christus für ihren Glauben bedeutet.

Schwieriger verhält es sich noch mit den Sätzen, die die historische Situation betreffen. Zunächst muss festgestellt werden, dass Jesus eine *„Unterdrückung von Juden"* nicht erfuhr. Diese wurden vielmehr wie er selbst von den Römern unterdrückt und es richtete sich die Hoffnung von manchen seiner jüdischen Gefolgsleute eher dahin, dass Jesus genau diese Unterdrückung von den Juden abwenden könnte[106] genau so wie dies später von Simon Bar Kochba, dem Führer des zweiten Jüdischen Aufstandes (132-135 n. Chr.), nochmals von jüdischer Seite erwartet wurde, der von Rabbi Akiva als Messias angesehen wurde.[107] Ebenso muss der darauf folgende Schlusssatz „*Da eilten die Leute zu der neuen religiösen Überzeugung herbei und sie verwarfen die Anbetung der Götzen, d. h. der Statuen, die aus Holz, Stein oder Metall gemacht wurden*" aus christlicher Perspektive als Fehlinformation betrachtet werden, bei der eine Übertragung aus Muhammads Biografie erfolgte. Denn nach allen historischen Kenntnissen, die wir von Jesus haben, ist er gerade nicht der erfolgreiche Prophet gewesen, der die Menschen um sich sammeln konnte, sondern derjenige, der in geschichtlich-politischer Perspektive zu Lebzeiten gescheitert ist: Seine Botschaft wurde nach christlichem Zeugnis von der Mehrheit der Juden abgewiesen.[108] Zeitgenössische Zeugen haben von ihm – im Gegensatz zu Johannes dem Täufer – keine Notiz genommen.[109] Er wurde schließlich als Volksaufwiegler von den Römern umgebracht und die kleine Anhängerschar zerstreute sich zunächst nach Galiläa, weil alles gescheitert schien.[110] Jesus konnte im Unterschied zu Muhammad zeit seines Lebens gerade nicht einen größeren Missionserfolg oder gar politischen Erfolg verzeichnen. Dies passt freilich nicht in das Bild eines Propheten, das der Islam entwirft: Weil Muhammad erfolgreich war, weil er Anhänger um sich sammeln, in Medina ein erstes politisches Gemeinwesen nach seinen Vorstellungen gestalten und auf ersten Eroberungszügen die beginnende Ausweitung des arabischen Reiches noch selbst miterleben konnte, ist es gar nicht vorstellbar, dass dies bei früheren Propheten nicht der Fall gewesen sein könnte.[111] Auch wenn Muslime diese Sicht nicht teilen, so wäre doch ein

---

106 Vgl. Marias Erwartung im Blick auf Jesus in Lk 1, 52: „Er stößt die Gewaltigen vom Thron und erhebt die Niedrigen" oder die Jünger von Emmaus in Lk 24, 18ff.: „Bist du der einzige unter den Fremden in Jerusalem, der nicht weiß, was in diesen Tagen dort geschehen ist? Und er sprach zu ihnen: Was denn? Sie aber sprachen zu ihm: Das mit Jesus von Nazareth, der ein Prophet war, mächtig in Taten und Worten vor Gott und allem Volk; wie ihn unsre Hohenpriester und Oberen zur Todesstrafe überantwortet und gekreuzigt haben. Wir aber hofften, er sei es, der Israel erlösen werde."

107 Vgl. LAPIDE/LUZ1980, 32f.; LEHNHARDT/OSTEN-SACKEN 1987.

108 Vgl. Joh 1,11: „Er kam in sein Eigentum, aber die Seinen nahmen ihn nicht auf".

109 So erwähnt z. B. Flavius Josephus Jesus mit keinem Wort, während die Umstände der Predigt und des Todes von Johannes ausführlich gewürdigt werden. Vgl. JOSEPHUS 1978.

110 Vgl. den Schlußsatz des Markusevangeliums Mk 16, 8: „Und sie gingen hinaus und flohen von dem Grab; denn Zittern und Entsetzen hatte sie ergriffen. Und sie sagten niemandem etwas, denn sie fürchteten sich" bzw. die erste Reaktion von Petrus, der von der Kunde der Frauen hört, dass das Grab Jesu leer sein soll, Lk 24, 11: „Und es erschienen ihnen diese Worte, als wär's Geschwätz und sie glaubten ihnen nicht."

111 Vgl. die Darstellung der muslimischen Perspektive von Josef van Ess: „Muhammads Leben ist ganz anders verlaufen als das Jesu. Jesus ist in seiner irdischen Existenz gescheitert; Muhammad hat Erfolg gehabt. Die Enttäuschungen, die Muhammad erlebte, fallen in den Anfang seiner

wichtiger Schritt zum Verständnis gewonnen, wenn diese Sicht der Christen auf Jesus zumindest auch wahrgenommen und dargestellt würde, wenn man denn tatsächlich vom Christentum als einer anderen Religion sprechen möchte.

Eine weitere Differenz besteht hinsichtlich der Adressaten der Botschaft Jesu. Nach dem biblischen Zeugnis richtete sich diese fast ausschließlich an Juden und nicht an Heiden. Eine „kanaanäische Frau", die ihn bedrängt, weist Jesus zunächst ab und sagt ihr (Mt 15, 24): „Ich bin nur gesandt zu den Schafen des Hauses Israel." Dass seine Jünger die Götzenanbetung verworfen hätten stimmt daher nach christlichem Zeugnis nicht, denn dies hatten sie gar nicht notwendig, da sie allesamt Juden waren, die bereits, bevor sie Jesus nachfolgten, keine Götzen und keine Standbilder anbeteten, sondern wie Jesus an den einen Gott Abrahams und der Erzväter glaubten, an den auch die Muslime glauben. Die Mission von Heiden war ein Ansatz, der erst von Paulus in Anknüpfung an das hellenistische Christentum nach dem Tod Jesu zielstrebig entwickelt und verfolgt wurde und der durchaus nicht unumstritten war, wie das Apostelkonzil (Apg 15, Gal 2) zeigt. Es wird also von einem Christentum gesprochen, das ganz und gar aus islamischer Perspektive gesehen wird. Es wird nicht als eigenständige Religion wahrgenommen, noch wird das Selbstverständnis der christlichen Schüler berücksichtigt, die möglicherweise ebenfalls an dem Unterricht teilnehmen.

Die Darstellung des orientalischen Christentums als eine vergangene Kultur, die in der arabisch-islamischen aufgegangen ist und die arabische Kultur nur in der Anfangszeit befruchtete (vgl. oben Kap. V.3.2.), entspricht nicht den historischen Tatsachen. Das orientalische Christentum ist in vielen Ländern des Nahen Ostens bis heute existent, in Ägypten sogar mit einer mehrere Millionen umfassenden Bevölkerung. Das orientalische Christentum gehört über die Jahrhunderte zu der islamisch-arabischen Kultur dazu und hat diese immer wieder befruchtet. Auch die arabische Sprache ist durchaus nicht exklusives Proprium des Islam. Sie ist ebenso untrennbar mit dem orientalischen Christentum verbunden. Christen haben über die Jahrhunderte wesentlich zur Gestaltung dieser Sprache beigetragen. Nicht Muslime, sondern vor allem orientalische Christen waren es, die die Begriffe schufen, mit denen die Araber bis heute die Wissenschaften der Antike zum Ausdruck bringen. Sie waren es, die eigene Begriffe schufen, um schwierige Sachverhalte der Philosophie und Theologie ins Arabische zu übertragen. Sie waren es auch, die im 19./20. Jahrhundert die arabische Sprache wie-

Laufbahn; am Ende stehen die Eroberung Mekkas und die Einigung der Arabischen Halbinsel unter seiner Hand. [...] Alle Propheten haben wie Muhammad Erfolg; sie werden angefeindet, ihre Botschaft wird als ‚Zauberei' denunziert ..., aber sie dürfen nicht scheitern. In der Tat war die Passion ja theologisch nur sinnvoll, wenn sie als Erlösung verstanden wurde; das aber ist eine Kategorie, die der Islam nicht kennt." in: ESS/KÜNG 2001, 25.148.

der belebten, was an anderer Stelle erwähnt wird.[112] Die orientalischen Christen sind also in Vergangenheit *und* Gegenwart ein untrennbarer Teil dieser Kultur und können nicht nur als Relikte einer untergegangenen Kultur betrachtet werden, so wie dies auch in einem Bild vermittelt wird, das in diesem Zusammenhang abgedruckt wird. Dieses Bild zeigt den Innenraum der ʿAmrû Ibn al-ʿĀs-Moschee mit Säulen in hellenistischem Stil, die wahrscheinlich aus zerstörten Kirchen stammten.[113] Obwohl vielleicht nicht intendiert[114], gerät dies zur Illustration der Nutzung der früheren Kulturen: Man hat sich der Relikte der früheren Kulturen als Bruchsteine bedient, stützt sogar ein neues Gebäude darauf, aber im Grunde ist diese Kultur untergegangen. Überhaupt fehlt bei den bildlichen Darstellungen, soweit sie verwendet werden, jeder Bezug zum Christentum als lebendiger Religion: Bilder einer noch heute benutzten Kirche findet man ebenso wenig wie Bilder von Priestern, Bischöfen oder auch vom Patriarchen der Koptisch-Orthodoxen Kirche, die in kirchlichen Räumen und privaten Haushalten oft präsent sind. Es gibt auch keinen Hinweis auf eines der vielen sozialen Projekte, mit denen sich die Koptisch-Evangelische oder Koptisch-Katholische Kirche bis heute in der ägyptischen Gesellschaft hervortun.[115] Trotz der ausführlichen historischen Darstellung des koptischen Christentums bis zur arabischen Eroberung entsteht so unweigerlich der Eindruck, als ob es sich bei den ägyptischen Christen nur um Relikte aus einer längst untergegangenen Epoche handelt. Dies stimmt jedoch nicht mit der Stellung des ägyptischen Christentums überein, das nicht nur ein lebendiges und sehr aktives Christentum ist, sondern das in diesem Jahrhundert sogar eine umfassende Renaissance erlebt hat[116] und zu einer weltumspannenden internationalen Gemeinschaft gewachsen ist, die die nationalen Grenzen hinter sich gelassen hat.[117]

Was die Darstellung der Kopten anbelangt, so ist auffällig, dass die Auseinandersetzung zwischen Byzanz und den Kopten als ein machtpolitischer Konflikt präsentiert wird, bei dem die Inhalte der theologischen Auseinandersetzungen keine Rolle spielen

---

[112] Vgl. GES OS, 17ff. bzw. unten Teil B, Kap. VI.3.4. und VI.3.10.

[113] SK MS 2/2, 31.

[114] Das Bild trägt die Bildunterschrift *„Unterricht in der Moschee"*. Erkennbar sind allerdings ausschließlich Erwachsene, die die weiß-rote Kopfbedeckung eines Ḥağğ tragen, d. h. eines Muslims, der bereits die Wallfahrt nach Mekka und Medina gemacht hat. SK MS 2/2, 31.

[115] Vgl. CEOSS 1999; CEOSS 2002.

[116] Vgl. DOORN-HARDER/VOGT 1997; REISS 1998 Erneuerung.

[117] Die äthiopische Kirche ist über viele Jahrhunderte integraler Bestandteil der Koptischen Kirche gewesen. Die orientalisch-orthodoxen Bischöfe im Sudan sind bis heute Mitglieder der koptischen Synode. Für die Eritreer wurde erst in jüngster Zeit eine eigentständige Heilige Synode begründet und ein Patriarch geweiht. Darüber hinaus hat die koptische Kirche im 20. Jh. über 200 Gemeinden, mehrere Schulen, Priesterseminare, Altersheime, Klöster und kulturelle Zentren in Afrika, Europa, Amerika, Australien und Asien begründet und die British Orthodox Church mit mehreren Gemeinden in die koptische Kirche integriert. Vgl. REISS 2001 Wende.

(vgl. oben Kap. V.3.3, Abschnitt 14). Dies ist jedoch weder nach Ansicht orientalischer noch westlicher Christen der Fall. Es ging schon um einen grundlegenden theologischen Dissens, der erst nach langem Ringen in der Neuzeit überwunden werden konnte: Seit den 60er Jahren fanden unter Federführung der Koptisch-Orthodoxen Kirche Gespräche zwischen den Orientalisch-Orthodoxen Kirchen und den Byzantinisch-Orthodoxen Kirchen statt, die nach inoffiziellen Begegnungen[118] schließlich in offizielle Gespräche einmündeten[119] und im September 1990 zur Unterzeichnung eines Dokumentes[120] führten, in dem der zentrale Streitpunkt, der damals zur Trennung führte, offiziell für überwunden erklärt wird.[121] Die Frontstellung zwischen orientalischem und byzantinischem bzw. zwischen orientalischem und westlichem Christentum besteht also heute nicht mehr in der Weise wie im 5./6. Jahrhundert. [122]

---

[118] Den ersten inoffiziellen Gesprächen in Aarhus (1964), Bristol (1967), Genf (1970) und Addis Abeba (1971) folgten in den 70er Jahren zahlreiche persönliche Begegnungen des Patriarchen mit verschiedenen orthodoxen Hierarchen, die ein neues Klima für das inner-orthodoxe Gespräch schufen. So kam es zu Besuchen bzw. Gegenbesuchen mit den Patriarchen von Konstantinopel, Moskau, Rumänien, Bulgarien und Antiochien. Vgl. PAYER 1985, 168.

[119] Der Dialog zwischen den Orientalisch-Orthodoxen Kirchen und den Byzantisch-Orthodoxen Kirchen nahm 1985 in Genf/Chambesy seinen offiziellen Anfang. Er wurde 1989 unter Beteiligung von 23 Delegierten aus 13 verschiedenen orthodoxen Kirchen im St. Bishoi-Kloster in Ägypten fortgesetzt. Die Teilnehmer einigten sich in einem ersten "Agreed Statement" auf eine gemeinsame Formulierung bezüglich der jahrhundertelang umstrittenen Christologie, die bei der dritten Begegnung im September 1990 nochmals zu einem "Second Agreed Statement" ausgearbeitet wurde, das von allen Kommissionsmitgliedern unterschrieben und dann den Hl. Synoden der verschiedenen Kirchen zur Annahme empfohlen wurde.

[120] Der authentische englischsprachige Originaltext des "Second Agreed Statement" mit den Unterschriften der Vertreter der (chalzedonensisch-)orthodoxen und orientalisch-orthodoxen Kommissionsmitglieder wurde zusammen mit den ebenfalls verabschiedeten "Recommendations on Pastoral Issues" veröffentlicht in: IOK 23, 1990/2, 2–21. Eine deutsche Übersetzung des ersten Teils findet sich in: MD 42 (1991), Nr. 5, 97; in: US 45 (1990), 330f.; in: MEYER/URBAN/VISCHER 1983, 302–304; in: GERHARDS/BRAKMANN 1994, 179–182.

[121] Der zentrale Passus (Punkt 7) des Second Agreed Statement (zit. nach IOK 23, 1990/2, 4), lautet: "The Orthodox agree that the Oriental Orthodox will continue to maintain their traditional cyrillian terminology of 'one nature of the incarnate Logos' ('μία φύσις τοῦ Θεοῦ σεσαρκομένη'), since they acknowledge the double consubstantiality of the Logos which Eutyches denied. The Orthodox also use this terminology. The Oriental Orthodox agree that the Orthodox are justified in their use of the two-natures-formula, since they acknowledge that the distinction is 'in thought alone' ('τῇ θεωρίᾳ μόνῃ'). Cyrill interpreted correctly this use in his letter to John of Antioch and his letters to Acacius of Melitene (PG 77, 184–201), to Eulogius (PG 77, 224–228) and to Succensus (PG 77, 228–245)."

[122] Mit der Römisch-Katholischen Kirche wurden in den „Pro Oriente-Gesprächen" seit 1971 zunächst inoffiziell, dann offiziell Gespräche zur Überwindung der christologischen Schwierigkeiten geführt, die 1988 auch zu einem positiven Ergebnis und zur Überwindung der alten Streitigkeiten führten. Vgl. VRIES, Konsultationen; NEPP 1976; MADEY 1981; MEYER/URBAN/VISCHER 1990, 568–571, 574–577. Zusammenfassung der Gespräche bei: WINKLER 1997. Texte in: STIRNEMANN/WILFINGER 1997. Mit den Evangelischen Kirchen wurden nach anfänglichen Vorbehalten seit den 80er Jahren erste inoffizielle Gespräche geführt,

Vorsicht ist auch geboten im Blick auf die in den Schulbüchern geäußerte Feststellung, die Kopten hätten die Eroberung Ägyptens durch die Muslime aktiv unterstützt und als Befreiung gefeiert (vgl. oben Kap. V.3.3. Abschnitt 17). Einer der besten Kenner der geschichtlichen Quellen dieser Zeit, C. D. G. Müller, urteilt jedenfalls sehr viel vorsichtiger über die Beteiligung der Kopten zur Herrschaftsübernahme: „It is not known whether the Copts played an active role in the invasion. What is certain is that they did not stand by the side of their Byzantine persecutors during the war".[123] Winkelmann hat darüber hinaus die These, dass die Kopten die Muslime als Befreier vom byzantinischen Joch begrüßten, grundlegend in Frage gestellt.[124] Von vielen Kopten in der Diaspora wird dies jedenfalls heute abgelehnt, wobei jedoch auch die späteren negativen Erfahrungen mit Muslimen eine gewichtige Rolle spielen. So hat zum Beispiel der Frankfurter Priester Abûnâ Pigol Bâsîlî eine Streitschrift erstellt, in der er mit Hilfe christlicher und muslimischer Quellen nachzuweisen versucht, dass die Kopten keinesfalls die Muslime begrüßten.[125]

Was die resümierenden Beobachtungen über die christlich-islamischen Beziehungen nach der islamischen Eroberung anbelangt (vgl. oben Kap. V.3.3. Abschnitt 18), so ist deutlich zu spüren, dass das Bemühen um ein gutes Zusammenleben von Christen und Muslimen der Intention der diesbezüglichen Darstellung steht. Das kann allerdings nicht darüber hinwegtäuschen, dass trotz dieser positiven Einstellung damit die traditionell asymmetrische Beziehung auch für die Zukunft beibehalten wird: Christen sind demnach nicht gleichberechtigt, sondern stehen nur unter dem „Schutz und der Gnade" der Muslime (*lahum ḏimma wa-raḥmân*). Es ist jedoch für Christen sehr problematisch, das mittelalterliche *ḏimma-* bzw. Millet-System, das in der Neuzeit durch die Aufhebung der Kopfsteuer und Gewährung von staatsbürgerlichen Rechten nach westlichem Muster verändert wurde, auch in der Zukunft als das Vorbild für das Miteinander von Christen und Muslimen im Nahen Osten anzusehen.

Die angesprochene Blutvermischung ist bei näherer Betrachtung nur eine einseitige: Muslime können sich christliche Frauen nehmen und dadurch neue Familien auf-

---

die ebenfalls zu weitgehenden Übereinstimmungen im christologischen Dissens führten. Auf diesem Hintergrund sind die koptisch-anglikanische Erklärung zur Christologie von 1990, die Presseveröffentlichungen zu den Begegnungen mit der Evangelischen Kirche in Deutschland in den Jahren 1983, 1988 und 1990, das "Agreed Statement on Christology" zwischen den Orientalisch-Orthodoxen Kirchen und dem Reformierten Weltbund von 1994, sowie die Aufnahme eines theologischen Dialoges mit der Lutherischen Kirche von Schweden zu verstehen. Dokumentation und Kommentar der Gespräche in: REISS 1994 Gespräche, 154–167, 182–195, 235–240.

123 MÜLLER, C. D. G.: Art. „Benjamin I", in: CE 2, 376. Vgl. MÜLLER 1956; Müller 1959, MÜLLER 1969 Benjamin.

124 WINKELMANN 1979; WINKELMANN. 1984.

125 BASILI; vgl. KARAS 1986.

bauen, die künftig islamisch geprägt sein werden, weil die Kinder aus einer Mischehe auch nach heute gültigem ägyptischen Recht in jedem Fall als Muslime erzogen werden müssen. Umgekehrt bleibt jedoch offenbar unhinterfragt, dass die Heirat von muslimischen Frauen mit christlichen Männern verboten ist und Kinder aus Mischehen nicht christlich erzogen werden dürfen.[126] Die Blutvermischung geht also auf Dauer immer einseitig auf Kosten des Christentums.[127]

Exkurs: Das Christentum unter islamischer Herrschaft aus koptischer Sicht
Bei der Beschreibung der verschiedenen islamischen Dynastien wird zu Recht festgehalten, dass das Zusammenleben von Muslimen und Christen oft gut war (vgl. dazu oben Kap. V.3.4). Allerdings gerät dies zur stereotypen Aussage, die historischer Realität kaum entspricht. Orientalische Christen haben nicht nur diese guten Zeiten, sondern auch die Zeiten der Unterdrückung und der Diskriminierung, des permanenten wirtschaftlichen und gesellschaftlichen Drucks auf das Christentum in Erinnerung behalten, die das Christentum in islamischen Ländern – wie zum Beispiel im Maghreb – zum Verschwinden brachten und in anderen Ländern kräftig dezimierte. So darf bei aller Anerkennung der Toleranz nicht vergessen werden, dass es in allen genannten Epochen auch Zeiten der Repression gegeben hat. Bei den folgenden Ausführungen zu den verschiedenen arabischen Dynastien wird vor allem das Standardwerk zur koptischen Geschichte von Īrîs Ḥabîb Al-Miṣrî herangezogen. Seine achtbändige arabische Fassung dient der höheren koptischen Bildungsschicht als Standardwerk für die koptische Geschichte. Es wird seit Jahren am Institute for High Coptic Studies und in den Theologischen Seminaren herangezogen und wurde auch (in komprimierter) englischer Übersetzung bereits vor Jahren aufgelegt.[128] Selbst wenn man aus historisch-kritischer Sicht an manchen der herangezogenen Quellen Zweifel haben kann und die Frage ist, ob sich die geschilderten Einzelfälle von Diskriminierungen und Verfolgungen verallgemeinern lassen, wird in jedem Fall deutlich, dass sich die koptische Geschichtsschreibung und – wie zu zeigen ist - teilweise auch die ältere muslimische Geschichtsschreibung erheblich von der Geschichtsdarstellung abweicht, die hier im Schulbuch wiedergegeben wird.[129]

---

126 Vgl. SHAMA 2000, 151f.

127 Courbage und Fargues, die eine Studie zur historischen Entwicklung der Bevölkerungszahlen der Christen und Juden unter islamischer Herrschaft durchführten, sind zu der Auffassung gelangt, dass die Heirat von nichtmuslimischen Frauen neben der Konversion "was the supreme powerful contract through which Islam made progress" (COURBAGE/FARGUES 1998, x).

128 In der Regel wird im Folgenden stets das englische Standardwerk zitiert, da es für den westlichen Leser leichter zugänglich ist als das arabische Werk.

129 Andererseits muß aber auch festgestellt werden, dass die koptische Geschichtsschreibung keine so pejorative Darstellung der islamischen Geschichte bietet wie z. B. die moderne jüdische

a) In der Epoche der Tuluniden (868–905 n. Chr.)

Von koptischer Seite wird zugestanden, dass die Kopten unter Aḥmad Ibn Ṭûlûn, dem Begründer der tulunidischen Epoche, zunächst eine Verbesserung ihrer Lage erlebten:

> *„In fact, for the first time since the Ptolemies, all Egyptians, the Copts included, had a feeling of independence and local prosperity, as is evident from the rate of taxation. Under Ahmad Ibn Al-Mudabbir [dem letzten Abassiden-Herrscher], tax revenues had reached 4.3 million dinars annually, whereas it fell to 800,000 dinars in the first year of Ibn Tulun's reign".*[130]

Es wird auch positiv in Erinnerung behalten, dass ein koptischer Architekt für den Entwurf der – später nach Ibn Ṭûlûn benannten - zentralen Moschee eine große Belohnung erhalten haben soll.[131] Als Aḥmad Ibn Ṭûlûn jedoch gerüchteweise hörte, dass der koptische Patriarch ein größeres Vermögen in Besitz habe, kerkerte er Anba Michael III. kurzerhand ein, bis er ein größeres Lösegeld erhielt, das von der koptischen Gemeinschaft aufgebracht werden musste. Und damit soll er seinen Feldzug nach Syrien finanziert haben.[132]

b) In der Epoche der Ikhschididen (935–969)

Die kurze Epoche der Ikhschiden wird auch von koptischer Seite positiv bewertet. Wenn auch der finanzielle Druck wieder etwas stärker wurde, so wird doch gelobt, dass die Herrscher sogar an christlichen Festen teilnahmen und Christen in hohe Positionen aufstiegen ließen.[133]

c) In der Epoche der Fatimiden (969-1171)

Die fatimidische Epoche hat aus koptischer Sicht ambivalenten Charakter: „The period ushered by Mo-izz was one of the most amazing periods in the age-old country of Egypt. It was a period of divergent contrasts: sympathetic tolerance alternated with atrocious brutality".[134] Seit der Herrschaft von Muʿizz (972-975) fanden Religionsgespräche statt. Nach der Tradition soll in einem Gespräch ein jüdischer Gelehrter darauf

Historikerin Bat Ye'or. Vgl. BAT YE'OR 1985, BAT YE'OR 2002. Im Gegensatz zu ihr, die die Geschichte des Christentums als einen kontinuierlichen "Niedergang des orientalischen Christentums unter dem Islam" beschreibt, hält die koptische Geschichtsschreibung fest, dass es immer wieder auch gute Zeiten unter dem Islam gab. Wichtig an den Arbeiten von Bat Ye'or ist vor allem, dass sie ausführlich Quellentexte zitiert.

130 Vgl. ATIYA, Aziz S.: Art. „Tulunids and Ikhshids, Copts under the" in: CEnc 7, 2280f.

131 Vgl. MASRI 1978, 346. Müller sagt, dass es ein mesopotamischer Christ gewesen sein soll. Dies ist wegen des charakteristischen Minaretts wahrscheinlicher, das an Bautechniken im Zweistromland anknüpft (MÜLLER 1969 Grundzüge, 164).

132 Ebda.

133 MASRI 1978, 356 f.; Vgl. ATIYA, Aziz S.: Art. „Tulunids and Ikhshids, Copts under the" in: CE 7, 2281. Der westliche Kirchenhistoriker C. D. G. Müller bewertet die Ikhschididenzeit dagegen eher als negativ für die muslimisch-christlichen Beziehungen. MÜLLER 1969 Grundzüge, 164.

134 MASRI 1978, 358.

hingewiesen haben, dass es in der christlichen Bibel eine Stelle gäbe, in der gesagt werde, dass das Gebet Berge versetzen könne. Muʿizz habe daraufhin den Patriarchen aufgefordert, solch ein Wunder vor seinen Augen zu bewerkstelligen - ansonsten würde er alle Christen umbringen lassen. Nach koptischer Tradition soll dann der Mokattam-Berg bei Kairo sich tatsächlich bewegt haben, worauf der muslimische Herrscher die Erlaubnis für die Reparatur und Restauration von verschiedenen Kirchen gegeben habe.[135] Wenn dies auch nur eine Legende ist und die Zeit unter Muʿizz auch von Kopten als sehr positiv bewertet wird, so hält sie doch fest, dass Kopten immer wieder mit fast unerfüllbaren Forderungen der muslimischen Herrscher konfrontiert wurden, die alle Rechtssicherheit in Frage stellen konnten.[136] Willkür ist auch dem Schicksal des Kopten Abû Al-Yomn zu entnehmen, der in der Zeit Muʿizz lebte: Zunächst stieg er in höchste Positionen auf, wurde dann aber des Verrats verdächtigt. Seine Familie wurde daraufhin eingekerkert, bis schließlich der Verdacht wieder aufgegeben und er reichlich belohnt wurde.[137] Al-Azîz (975–996), dem Sohn und Nachfolger von Muʿizz, wird sogar noch größere Konzilianz gegenüber den Christen nachgesagt:

> *„Fortunately for the Egyptians and the Copts in particular, al-Aziz was as good a man as his father had been. Described as being of a humane and conciliatory disposition, loth (!) to take offence and averse from bloodshed', he created for the people he ruled an atmosphere in which they could relax, work and toil, and also, if talented, produce exquisite art that reflected their contentment."*[138]

Zu seiner Zeit sollen Kirchen und Klöster aufgeblüht sein, die christliche Kunst Auftrieb bekommen haben, kirchlicher Besitz erweitert und sogar Konversionen vom Islam zum Christentum geduldet worden sein, was besonders hervorgehoben wird, da dies nach islamischem Recht nicht üblich war.[139] Nicht ganz so positiv ist die Einschätzung des westlichen Wissenschaftlers André Ferré, der darauf hinweist, dass Al-ʿAzîz einen hoch gestellten Christen namens ʿÎsâ Ibn Nasṭûrus wegen nichtiger Gründe aus allen Ämtern entfernte. Der Christ konnte sich nur durch die drakonische Strafe von 300.000 Dinaren wieder freikaufen.[140] Auch Al-Ḥâkim wird in der Anfangszeit

135 MASRI 1978, 359-361.

136 Die Geschichte von der wundersamen Verrückung des Mokattam-Berges wird übrigens von den Kopten als Beispiel für die Willkür unter islamischer Herrschaft und die Bewahrung durch Gott selbst angesichts unmenschlischer Forderungen der Muslime bis heute in Erinnerung behalten. Sie ist fester Bestandteil der katechetischen Arbeit in den koptischen Sonntagsschulen und wird bei kirchlichen Festspielen (*mahraǧânât*) gerne als Theaterspiel aufgeführt.

137 Vgl. MASRI 1978, 361.

138 Vgl. MASRI 1978, 362.

139 Vgl. MASRI 1978, 363: „Moreover such was the quality of the king's tolerance and his charitable spirit that he refused to allow the persecution of any Muslim who turned Christian, even though apostasy was punishable by death in Islam." Ähnlich MÜLLER 1969 Grundzüge, 148.

140 FERRÉ, André: Art. „Fatimides and the Copts" in: CEnc 4, 1097.

seiner Herrschaft von den Kopten noch eine tolerante Haltung bescheinigt. Īrîs Habîb al-Miṣrî charakterisiert die ersten sieben Jahre seiner Herrschaft als „years of peace and security for the Copts“. Dann aber habe er sich plötzlich völlig gewandelt, zunächst alle Ägypter gleichermaßen durch willkürliche Anordnungen gequält und gedemütigt bis er sich entschlossen habe „to direct his darts exclusively at the Copts.“ Der arabische Historiker Al-Maqrîzî schildert die Entwicklungen unter Al-Ḥakim mit folgenden Worten (Übersetzung nach F. Wüstenfeld von 1845):

> *„Im J. 393 setzten die Jacobiten den Zacharias zum Patriarchen ein, welcher 28 Jahre blieb, darunter neun Jahre in der Bedrückung unter el-Hàkim Abu Ali Mansur Ben el-'Azîz billahi, welcher ihn drei Monate gefangen hielt und ihn mit dem Nubier Susana den Löwen vorwerfen liess, die ihm jedoch, nach der Behauptung der Christen, nichts thaten; nach seinem Tode blieb der Stuhl 74 Tage leer. Während seines Patriarchates kamen über die Christen Bedrängnisse, wie sie sie vorher nicht zu erdulden gehabt hatten. Viele von ihnen hatten nämlich in der Staatsverwaltung Stellen bekommen, so dass sie sogar Wezire geworden waren und wegen ihres ausgedehnten Wirkungskreises und bedeutenden Vermögens in hohem Ansehn standen. Nun stieg ihr Hochmuth, und es mehrte sich ihr verderblicher Einfluss und ihr Bestreben, den Moslimen zu schaden. Da wurde el-Hakim biamrillahi darüber aufgebracht, und im Zorn konnte er sich selbst nicht beherrschen, ergriff den Christen Isa Ben Nestoris, welcher damals einen Rang, den der Wezire ähnlich, einnahm, und liess ihm den Kopf abschlagen; dann ergriff er den Christen Fehd Ben Ibrahim, Secretär des Lehrers Berdschewân, und liess ihm den Kopf abschlagen. Er bedrückte die Christen und zwang sie, Kleider mit gelben Streifen zu tragen und mitten um den Leib einen Gürtel zu binden; er verbot ihnen, das Fest des Paschas und der Kreuzigung zu feiern und die gewöhnlichen Versammlungen und Lustbarkeiten an ihren Festen öffentlich anzustellen; alles, was den Kirchen und Klöstern vermacht war, nahm er und brachte es in den öffentlichen Schatz, und schrieb an alle Provinzen ein gleiches zu thun. Er verbrannte viele Kreuze und verbot den Christen, Sclaven und Sclavinnen zu kaufen, zerstörte die Kirchen, welche an der Strasse Ràschida hinter der Stadt Misr lagen, verwüstete die Kirchen von el-Macs vor Cahira, und gab, was darin war, den Leuten preis, die nun davon so viel plünderten, als sich nicht beschreiben lässt. Er zerstörte auch das Kloster el-Coseir und überliess was darin war dem Volke zur Plünderung, verbot den Christen, an den Ufern des Nil in Ägypten die Taufe vorzunehmen und schaffte die Versammlungen ab, welche sie dort zur Erholung zu veranstalten pflegten [Wahrscheinlich ist das Epiphanias-Fest gemeint, denn nur dann gab es die Tradition, im Nil zu taufen]. Dagegen zwang er die christlichen Männer, hölzerne Kreuze, deren jedes fünf Rotl wog, um den Hals zu hängen, untersagte ihnen auf Pferden zu reiten und gestattete nur den Gebrauch der Maulthiere und Esel mit Sätteln und Zügeln ohne Gold- und Silber-Verzierungen, sondern nur von schwarzem Leder, und liess in Cahira und Misr durch Klingeln bekannt machen, dass kein Vermiether einem Schutzgenossen ein Reitthier geben und kein Moslimischer Schiffer irgend einen Schutzgenossen fahren solle, dass die Kleider der Christen und ihre Mützen ganz schwarz und die Steigbügel an ihren Sätteln von Sycomoren Holz sein sollten und dass die Juden am Halse ein rundes Holz von fünf Rotl Schwere hängen haben sollten, welches über den Kleidern sichtbar wäre. Dann fing er an, alle Kirchen zu zerstören, und alles, was darin war und was ihnen vermacht war, gab er preis und zu Lehn; nun wurden sie sämmtlich zerstört, alle ihre Geräthe geplündert, die Legate als Lehn vergeben und an ihrer Stelle Moscheen erbaut. Er liess zum Gebet in die Kirche des Schanuda in Misr ausrufen und um die Kirche el-Mo'allaca auf der Casr el-Schem' eine Mauer ziehen. Viele Leute reichten Schriften ein, um die Kirchen und Klöster in den Provinzen Ägyptens heimzusuchen, und sie waren nicht so bald übergeben, als auch schon eine Antwort erfolgte, worin dem Bittsteller sein*

Gesuch gewährt wurde; nun nahmen sie die Geräthe der Kirchen und Klöster und verkauften auf den Märkten von Misr, was sie an goldenen und silbernen Gefässen und dergleichen darin fanden, und verfuhren mit den Legaten nach Willkür. In der Kirche des Schanuda wurden bedeutende Schätze gefunden und in der Mo'allaca eine überaus grosse Menge von goldenen Fabricaten und seidenen Kleidern. Er schrieb an die Statthalter in den Provinzen, den Moslimen die Zerstörung der Kirchen und Klöster zu gestatten; also war die Zerstörung derselben von J. 403 allgemein, so dass ein in dieser Hinsicht glaubwürdiger Berichterstatter angibt, dass bis zum Ende des Jahres 405 in Ägypten und Syrien und den dazu gehörigen Provinzen an grossen Gebäuden, welche die Griechen errichtet hatten, tausend und einige dreissig Kirchen zerstört sein; die goldenen und silbernen Geräthe, welche darin waren, wurden geraubt und die Legate eingezogen, und es waren kostbare Legate für wundervolle Gebäude. Er zwang die Christen die Kreuze am Halse zu tragen, wenn sie ins Bad gingen, und zwang die Juden, Schellen am Halse zu tragen, wenn sie ins Bad gingen. Hierauf befahl er den Juden und Christen sämmtlich aus Ägypten in die griechischen Städte auszuwandern; da kamen sie alle unter dem Schlosse von Cahira zusammen, baten um Schutz und beriefen sich auf das Versprechen des Emir's der Gläubigen, bis sie von der Auswanderung befreit wurden. Bei diesen Ereignissen traten viele der Christen zum Islam über.“[141]

Über die bei Al-Maqrîzî erwähnten Diskriminierungen hinaus werden von El-Masri noch folgende Ereignisse in schmerzlicher Erinnerung behalten: Al-Ḥâkim habe den koptischen Notablen Gabriel Ibn Naǧaḥ aufgefordert, den Islam anzunehmen. Als dieser ablehnte, sei er so lange geschlagen worden, bis er starb. Gleiches sei zehn weiteren Personen angedroht worden. Sechs von ihnen seien unter den Schlägen gestorben, 4 hätten den christlichen Glauben verraten, wovon einer noch an den Folgen der Folter erlag. Der Patriarch Zakariya sei verhaftet und den Löwen vorgeworfen worden. Durch ein Wunder sei der Patriarch jedoch nicht von den Löwen getötet worden. Nur in der Nacht bzw. in den Klöstern sei es möglich gewesen, heimlich Gottesdienste zu feiern. Die Berichte erhalten Ausgewogenheit dadurch, dass von der gleichen Autorin ebenso die schlagartige Verbesserung der Situation nach neun Jahren beschrieben wird: Kopten, die unter massiven Repressionen den Islam angenommen hatten, sei plötzlich erlaubt worden, ihr (heimlich beibehaltenes) Christentum wieder öffentlich zu bekennen,[142] der Patriarch sei freigelassen und nach einer persönlichen Begegnung seien sogar viele der vorherigen diskriminierenden Anordnungen zurückgenommen und die Kopten rehabilitiert worden:

„He [Al-Ḥâkim] then presented them with the most unexpected decree: it empowered them to open all the closed churches and repair the destroyed ones. All the wood, the stones, the gardens and the estates which had been confiscated were to be given back. In addition, the heavy wooden crosses and other insignia which they had been forced to wear, were to be discarded. The bells were to ring once more from the heights of their belfries. It was indeed a joyous day: a day whereon the Copts regained their freedom of

---

141 Deutscher Text in: AL-MAQRÎZÎ 1979, 63-66; arabischer Text: a.a.O., 35-37.

142 André Ferré weist allerdings daraufhin, dass Abu Zakariyya, ein Christ, der Muslim geworden war, dann aber wieder zu seiner ursprünglichen Religion zurückkehren wollte, 1025 enthauptet wurde. Vgl. FERRÉ, André: Art. „Fatimides and the Copts“ in: CEnc 4, 1097.

> *worship and their sense of security. Clergy and people united in offering their praise and glorification to God. Once more, they could celebrate Epiphany by the banks of the Nile turning night into day by the myriads of torches; once more they could indulge in the joyous processions of Palm Sunday; their Ritual hymns echoed and reechoed in the streets and alleys as they marched through them bearing their crosses, their candles and their censors. Al-Hakim, to expiate for all the evil he had irrationally committed, resumed the habit of his father and his grand-father, by attending these festivals in person, and by distributing gifts on all the officials. "*[143]

Diese Politik der Toleranz sei auch unter Az-Zâhir, weitergeführt worden: „Az-Zahir and his paternal aunt followed the tradition of tolerance and goodwill that had been set by Mo-izz. The Copts really savoured this freedom especially because it followed in the wake of travail and stifling restraint".[144] Einige Kopten konnten in hohe Stellungen gelangen, so dass sogar die Errichtung einer neuen Kirche (St. Barbara) und die Reparatur der St. Sergius-Kirche in Alt-Kairo möglich war.[145]

d) In der Epoche der Ayubiden (1171-1250)

Unter den Thronwirren am Ende der Fatimidenzeit und der Bedrohung durch die Kreuzfahrer hatten die Kopten – entgegen der Darstellung in dem Schulbuch - zu leiden. Nach koptischer Geschichtsschreibung war es durchaus nicht so, dass die Muslime eine klare Trennlinie zwischen den Kreuzfahrern und ihren christlichen Mitbürgern gezogen hätten. Es kam verschiedentlich zu Plünderungen und Zerstörungen von Kirchen.[146] Dem Brand von Fustat fielen zahlreiche Kirchen und Häuser der Kopten zugrunde. Und El-Masri fährt fort:

> *„Not satisfied with this atrocious act of burning the city, Shirkuh poured on the Copts the venom of the fury he felt against the Franks. To him, the sins of the invading cross-bearers were to be atoned for by the native cross-bearers. Numbers of them were martyred, and the tribute skyrocketed. Countless of the Copts in Upper Egypt sought the protection of those Arabs who had settled in Egypt earlier. These Copts were exempted*

---

143 Vgl. MASRI 1978, 368f. Vgl. a. FERRÉ, André: Art. „Ḥâkim bi-Amr-illah Abû'Alî Manṣûr" in: The CEnc 4, 1200-1203

144 MASRI 1978, 369.

145 MASRI 1978, 372.

146 MASRI 1978, 388: „This wrath against the copts was intensified by the incursions of the Crusaders into Bilbeis. Many of the Egyptian Muslims could not draw the line between the Christian invaders and their native Christian compatriots, for both wore the cross as symbol of their faith. And since the aggressor bore this emblem, all those who believed in that same cross had to pay for his aggression. As for the cursaders they killed the Egyptians indiscriminatley and so for a while it looked as if the copts had fallen between the crushing weihgt of a grindstone, and were getting mercilessly treated by both the invaders and their own compatriots. One of the sorrowful consequences of all this violence to which the Copts were subjected to, was that many of their churches also were plundered and destroyed in the process."

from the enormous tribute and escaped death, but they were treated as slaves. It was a period of darkness and terror".[147]

Saladin wird allerdings auch von koptischer Seite äußerst positiv gesehen:

„He inaugurated an era of security and justice. All the Egyptians were given equal rights. Generosity and personal charm reinforced his sense of justice. Little wonder that the Egyptians learned to love him and gave him their whole-hearted loyality. Once again the fluent wave of fear and worry was washed away by the refluent tide of equity and fraternity."[148]

Saladin hatte einen koptischen Privatsekretär, ermöglichte wieder die Wallfahrt der Kopten nach Jerusalem, übergab den Kopten dort den Besitz des Klosters „*Dair As-Sulṭân*" auf dem Dach der Grabeskirche und bemühte sich darum, die Christen in vielerlei Hinsicht zu rehabilitieren:

„Salah ad-Din had also ordered the rebuilding of the destroyed churches and monasteries, the construction of new ones, and the return of all confiscated possessions. He had reinstated the Copts who had been dismissed from the government offices and had exempted them from wearing the heavy crosses and the special insignia which had differentiated them from Muslims."[149]

Eine ähnlich tolerante Religionspolitik wird auch seinen Nachfolgern Al-ʿAzîz und Manṣûr zugeschrieben,[150] so dass sich ein reiches kulturelles Leben entfalten konnte und die gesamte Epoche der Ayubiden von koptischer Seite als „Goldenes Zeitalter"[151] betrachtet wird: Es gab bedeutende Theologen wie Abba Paulus von Busch (Abba Bûlos Al-Bušî), der Schriften der Kirchenväter ins Arabische übersetzte, die Brüder Al-ʿAssâl, die sich als Sprachwissenschaftler hervortaten,[152] Linguisten, die mit den ersten Grammatiken und Wörterbüchern die Grundlage legten für die Erhaltung der koptischen Sprache und damit auch für die Koptologie und Ägyptologie, die Jahrhunderte später auf diesen Arbeiten aufbauen sollten,[153] und zahlreiche andere Persönlichkeiten, die wichtige Beiträge im Bereich der Kunst, des Handwerks, der Literatur und der Theologie lieferten.[154]

---

147 MASRI 1978, 391.

148 Ebda.

149 MASRI 1978,.

150 Ebda.

151 So auch MÜLLER 1969 Grundzüge, 164.

152 ATIYA, Aziz S.: Art. „Awlâd Al-ʿAssâl" in: CEnc 1, 309-311.

153 Das Koptische stellte die einzige Verbindung zur altägyptischen Sprache her, dessen letzter Ausläufer sie war: 4/5 aller koptischer Worte stammen aus der altägyptischen Sprache. Und bis heute ist das Koptische immer wieder ein wichtiger Anhaltspunkt für die Entzifferung der Hieroglyphen, insbesondere um die Vokalisierung zu rekonstruieren, ihre Akzentuierung, ihre Silbenstruktur und Metrik. Vgl. KRAUSE, Martin: Art. „Coptology" in: CEnc 2, 616-618.

154 Ausführlich hierzu: MASRI 1978, 399-406.

e) In der Epoche der Mamelucken (1250-1517)

Die Epoche der Mamelucken wird aus koptischer Sicht – im Gegensatz zu der ayubidischen Zeit – sehr negativ bewertet. Auch wenn es einzelne Herrscher gab, mit denen sich die Kopten arrangieren konnten, so wird diese Zeit insgesamt als eine Zeit der großen Instabilität und der Rechtsunsicherheit gesehen, in der es häufig zur Gewaltanwendung, zu Diskriminierungen und zur Brandschatzung von Kirchen kam. Willkürliche Entlassungen aus Ämtern wurden vorgenommen. Manchmal wurden die Christen gezwungen, alle Kirchen zu schließen, so dass sie nur im Geheimen Gottesdienste feiern konnten, bisweilen wurden rigide Kleiderordnungen erlassen, die das Leben schwer machten.[155] Selbst diejenigen, die unter diesem Druck zum Islam übertraten, waren damit nicht von Diskriminierungen ausgeschlossen, denn die Mamelucken sahen sie über mehrere Generationen hinweg noch als Kopten an, denen man die Ernsthaftigkeit ihrer Bekehrung nicht abnahm.[156]

So kam es während des Patriarchats von Papst Johannes VIII. (1300-1320) zu zahlreichen Entlassungen von Kopten, zu Steuererhöhungen, zu neuen Kleidervorschriften (blaue Turbane) und zu Kirchenschließungen. Sogar ein Erlass sei herausgegeben worden, der besagt habe, dass jeder, der einen Kopten töte, sich seines Besitzes bemächtigen könne. Nur weil die Mamelucken in einen Krieg verwickelt worden seien, habe deren innenpolitische Härte wieder nachgelassen und es sei möglich gewesen, wieder eine Kirche nach der anderen zu öffnen.[157] Offenbar wurden auch die traditionellen Schutzbestimmungen, die mit dem *ḏimma*-Status der Christen verbunden waren, in mameluckischer Zeit kaum noch befolgt. Immer wieder sei es vorgekommen, dass marodierende Banden Klöster und Kirchen überfielen, ohne dass dies durch den Staat geahndet wurde.[158] Andererseits sei bei Katastrophen, die auch die Muslime be-

---

155 Vgl. MASRI 1978, 408f.

156 Vgl. PETRY, Carl F.: Art. „Copts in late mediaval Egypt" in: CEnc 2, 618: „Individuals identified by the word *Qibt* figure prominently in the Arabic biographical literature of medieval Egypt, and especially during the Mamluk period *(1249-1517)*. The term referred to persons of Coptic lineage. Virtually all individuals recorded in these biographical sources, however, were practicing Muslims-as were their fathers and often their grandfathers. Yet they were still regarded as ‚of the Coptic people'. They were routinely depicted as having a natural aptitude for accounting and administration, but also as having an inclination toward treachery, dishonesty, guile, and, above all, spiritual ambiguity. Several writers of the Mamluk era claimed that a Muslim of Coptic descent was potentially a false Muslim. Even worse, he was suspected of converting to the majority faith, admittedly often under duress, in order to aggrandize his own position at the expense of his ‚genuine' Muslim colleagues. Indeed, such a person was frequently accused of converting in order to blaspheme against Islam and to lead true believers astray. Such a false Muslim was always, it was alleged, on the verge of retrogressing to Christian practices."

157 MASRI 1978, 411.

158 MASRI 1978, 411: „Another of the many sad empisodes of those troubled times occured during the patriarchate of the 81st Patriarch, Abba Yoannis IX. In a case of spreading mob frenzy, numerous churches were burned all over the country – in Upper Egypt as well as in the Delta.

trafen, der Verdacht einseitig auf die Christen gelenkt worden.[159] Weitere Brandschatzungen seien gefolgt, und es sei für Priester und Bischöfe schwierig geworden, in der Öffentlichkeit zu erscheinen, da sie sich ständiger Anfeindungen ausgesetzt sahen.

Ein weiteres Beispiel für die Diskriminierung der Kopten in der mameluckischen Zeit soll sich in der Zeit des Patriarchen Markus IV. ereignet haben: Ein marokkanischer Muslim habe sich über das herrschaftliche Auftreten eines Kopten entrüstet, andere aufgestachelt und den reichen Kopten mit dem aufgebrachten Mob fast gelyncht. Der Patriarch wurde daraufhin vor den Herrscher zitiert, an die Kleiderordnungen erinnert und für mehrere Wochen in den Kerker geworfen.[160] Für die Zeit des Patriarchen Matthäus I (1378-1408) werden weitere Übergriffe überliefert, die als Reaktion auf einen Angriff der Kreuzfahrer erfolgten:

> „*It, then, happened that the Crusaders made a raid on Alexandria, killed and pillaged then captured a number of women and fled. And since they bore the sign of the cross on their breasts, this roused the ruling prince and his men against the Copts. Not content with harassing the inhabitants of the cities and villages, they went as far as persecuting the monks in their desert fastnesses, and the monks of St. Antoni's monastery had the lion's share of these persecutions. Mattheos who had become abbot by then, was arrested, and so were several of his monks, chief among whom was an aged saint called Marcus. They were driven like cattle across the desert towards Cairo, and on the way were beaten, thrown to the ground, and refused food and water.*"[161]

Allerdings konnte der gleiche Patriarch einige Jahre später durch eine persönliche Freundschaft mit dem neuen Mameluckenherrscher Sultan Barqûq auch wieder die Situation für die Kopten verbessern: Als sich muslimischer Pöbel zusammentat, um die Muʿallaqa-Kirche in Alt-Kairo bzw. das Schahran-Kloster[162] anzugreifen, habe Anba Matthäus I. in einer eiligen Aktion beim Sultan erwirken können, dass die aufgebrachten Muslime daran gehindert wurden.[163] Diese gemäßigte Periode sollte jedoch nur kurze Zeit dauern. Unter dem Mamelucken Sodon und seinem Sohn Ozbek (?)[164]

Several monasteries were also destroyed and their monks killed or dispersed. Alarmed, the ruling Sultan at the time, Muhammad ibn Qalawoon wanted to punish the rioting perpetrators, but was persuaded by some of his princes that this was an act foreordained by God. So he just sent his sordiers to the troubled areas to reestablish order and that was the end of it."

159 So bei einem Brand, der mehrere Viertel von Kairo verwüstete. MASRI 1978, 411f. Vgl. GLUBB 1973, 211.

160 MASRI 1978, 413.

161 MASRI 1978, 418.

162 Das Dair Šahrân (im Süden von Kairo) war nach dem arabischen Historiker al-Maqriîzî im 14. Jh. von größerer Bedeutung. In ihm wurden zwei Patriarchen des 14. Jh. beigesetzt und der Heilige Barsûm lebte dort. Vgl. COQUIN/MARTIN: Art. "Dayr Shahrân" in: CEnc 862f.

163 MASRI 1978, 421.

164 Es ist nicht klar, wer damit gemeint ist.

soll es erneute Diskriminierungen und Verfolgungen gegeben haben.[165] Während der Zeit des Patriarchen Johannes XI. muss dann nach koptischen Quellen eine neue Dimension in den Beziehungen zu den Kopten eingetreten sein. Der Sultan duldete nicht nur Schändungen und Plünderungen von Kirchen, sondern ließ systematisch sämtliche Kirchen daraufhin überprüfen, ob für ihre Erbauung und ihre Erneuerung überhaupt Erlaubnis gegeben worden war. Dann teilte er den Kopten offiziell mit, dass

> „*a) no church, monastery or cell were to be renewed or repaired; b) no masons or builders were to be allowed to do any work in any of these edifices; c) no refurnishing or re-polishing was to be allowed within these places d) no Muslim was to be allowed to buy wine for a non-Muslim, nor sell it to him, nor offer it to him for drink. Should any man – be he the Patriarch himself transgress any of these decrees, the Sultan will demolish the church or monastery or cell that has been touched.*"[166]

Die Nachrichten über diese Restriktionen erreichten auch Äthiopien. Als der äthiopische Herrscher sich in einem Schreiben mit Verweis auf die gute Behandlung der Muslime in Äthiopien für die Kopten einsetzte und um eine bessere Behandlung der Christen in Ägypten bat, soll der koptische Patriarch verhaftet und misshandelt worden sein. Der Sultan ließ den äthiopischen Herrscher wissen, dass er alle Kopten massakrieren würde, wenn sein Gesandter nicht wohlbehalten zurückkehren würde. Es folgten Enteignungen, das Verbot an den äthiopischen Kaiser zu schreiben und einen Bischof für Äthiopien zu entsenden sowie weitere diskriminierende Erlasse, nach denen

> „*a) no Christian or Jewish doctor was to treat a Muslim [...] b) all wealthy Copts were to be questioned if they had any Muslim female slaves, and if they did, they were to release them immediately.*"[167]

Angesichts dieser Repressionen ist es kein Wunder, dass die Zahl der Märtyrer, die die Kopten aus dieser Zeit in Erinnerung bewahren, nicht gering ist. Iris H. El-Masri listet 39 von ihnen namentlich auf und schließt aus ihren unterschiedlichen Herkunftsorten darauf, dass es sich nicht um lokal begrenzte Christenverfolgungen handelte, sondern um eine Christenverfolgung, die das ganze Land betraf.[168] Zusammenfassend wird von ihr die Mamelucken-Zeit folgendermaßen bewertet:

> „*These accounts are but a few of the many similar experiences the Copts had to endure throughout the rule of the Mamelukes. Such was the pattern of life for them and their spiritual leaders – the Patriarchs, Bishops and clergymen – that they never knew the meaning of lasting peace. There were some periods of peace, but they were always bro-*

165 Vgl. zu dem Abschnitt auch die Ausführungen von ATIYA, Aziz S.: Art. "Mamluks and the Copts" in CEnc 5, 1517f.

166 MASRI 1978, 430.

167 MASRI 1978, 431.

168 MASRI 1978, 446. Zu den Heiligen dieser Zeit vgl. auch MEINARDUS 2000 Mameluckenzeit, 1-6.

ken by periods of persecution, hence there was never a feeling of total security, but rather an ever-present sense of insecurity."[169]

Der koptische Historiker Atiya bestätigt zwar, dass es in dieser Zeit erhebliche Unruhen gab, und führt eine Quelle an, die besagt, dass keine Kirche Ägyptens in dieser Zeit von Zerstörungen unbetroffen geblieben sei, nimmt aber die Herrscher in Schutz, indem er sagt: "It seems that the authorities were taken by surprise by this movement and could not do much to stop it."[170] Wie auch immer man die koptische Geschichtsschreibung im Detail beurteilt – aus historisch-kritischer Sicht wird man manche Quellen und manche geschichtliche Darstellung etwas anders bewerten – so geht doch aus diesen Ausführungen hervor, dass die Geschichtsschreibung aus der Perspektive der ägyptischen Christen eine ganz andere ist als die, die in dem Schulbuch mit den Begriffen „Toleranz und Großmut gegenüber den Christen" stereotyp beschrieben wird. Es wird deutlich, dass es in jeder islamischen Epoche auch Willkürakte, Diskriminierungen und regelrechte lokale Verfolgungen gab, die die Rechtssicherheit der „Schutzbefohlenen" grundlegend in Frage stellen konnten, obwohl sie der Islam prinzipiell den Schriftbesitzern einräumte. Die immer wieder erwähnten Rechtsverletzungen sind: a) die willkürlichen, oft mit Gewaltandrohung verbunden Steuerfestsetzungen b) die willkürlichen Entlassungen aus Ämtern c) der Angriff auf christlichen Besitz d) die Zerstörung von Kirchen und die Verhinderung von Reparaturen und Neubauten e) die diskriminierenden Maßnahmen zur Unterscheidung der Bevölkerung (Kleidervorschriften) f) die Repression bei der öffentlichen Religionspraxis (Verbot des Glockenläutens und der Prozessionen) g) der Angriff auf Leib und Leben bzw. der mangelnde Schutz vor Angriffen von aufgestacheltem Mob. Andererseits darf nicht vergessen werden, dass es auch Zeiten gab, in denen die Kopten auch kulturelle Höhepunkte erleben konnten. In fast allen arabischen Dynastien konnten sie bis in höchste Ämter aufsteigen. Sie konnten Kirchen und Klöster – allerdings oftmals nur entgegen den bestehenden Gesetzen – bauen und reparieren. Daher ist es ebenso nicht angemessen, von einer ständigen Verfolgung und Unterdrückung der Christen in Ägypten zu sprechen. Die Ordnung des Dhimma- bzw. Millet-Systems hat zwar in der Vergangenheit das Überleben der christlichen Kirchen in vielen vom Islam geprägten Ländern ermöglicht und zeitweise sogar ein gedeihliches kulturelles Zusammenleben gefördert – bei den Kopten am Deutlichsten sichtbar in der Epoche der Ayubiden. Aber die Mischung von Toleranz und Intoleranz, das asymmetrische Verhältnis zwischen herrschenden

169 MASRI 1978, 443.

170 ATIYA, Aziz S.: Art. "Mamluks and the Copts" in CEnc 5, 1518. Ähnlich MÜLLER 1969, Grundzüge 167.

Muslimen und Schutzbefohlenen hat auch zu Verletzungen grundlegender Rechte geführt, insbesondere in Zeiten instabiler Herrschaftsverhältnisse.[171]

Dies alles aufzulisten kann natürlich nicht im Rahmen von Schulbüchern der Mittelstufe geleistet werden. Es wäre jedoch schon viel gewonnen, wenn den Schülern vermittelt würde, dass es im Laufe der Geschichte ein Auf und Ab der muslimisch-christlichen Beziehungen gab und dass die heutigen Auseinandersetzungen ihre Wurzeln in weit älteren Auseinandersetzungen haben, die es wahrzunehmen und zu analysieren gilt, um erneute Eskalationen der Gewalt in der Zukunft zu vermeiden. Nicht zuletzt geht es darum, zwei Narrative, gegensätzliche historische Darstellungsweisen in Ägypten, kennen zu lernen und zu überwinden: Die christlichen Ägypter, die sich heute oftmals nur als Opfer der Muslime verstehen und darstellen, sollten auch die guten Zeiten des Zusammenlebens würdigen lernen. Umgekehrt sollten Muslime nicht die Augen vor den Zeiten der Demütigung, Verfolgung und Unterdrückung der Nichtmuslime verschließen, die es nun einmal auch gegeben hat.

Im Gegensatz zu der Darstellung, die das Verhältnis zwischen koptischen und byzantinischem Christentum in Kategorien eines unversöhnlichen Antagonismus beschreibt (vgl. oben Kap. V.3.5.a), hat es einen sehr starken Einfluss des byzantinischen auf das ägyptische Christentum gegeben. Alle ägyptischen Kirchenväter der ersten Jahrhunderte schrieben in Griechisch und waren von griechischer Kultur geprägt. Sie waren – auch wenn die Theologen des 5. Jh. eine andere theologische Richtung einschlugen – Teil der großen byzantinisch-hellenistischen Kultur.[172] Es ist daher auch

[171] Vgl. das Resümee von Khoury am Ende seiner Untersuchung der christlich-muslimischen Beziehungen in der Frühzeit des Islam: „Zusammenfassend kann man feststellen, dass das klassische Rechtssystem des Islams die Bildung einer Gesellschaft mit zwei Klassen von Bürgern vorsieht. Die einen, die Muslime, sind die eigentlichen Bürger; die anderen werden toleriert, ihnen wird ein Lebensraum verschafft, aber ihre Rechte sind nur die, die ihnen der islamische Staat gewährt. Und diese gewährten Rechte gehen von einer grundsätzlichen Ungleichheit von Muslimen und Schutzbefohlenen aus. Muslime und Nicht-Muslime sind ja nicht gleich im Staat, sie sind nicht alle Träger der gleichen Grundrechte und der gleichen Grundpflichten. Sie sind auch nicht grundsätzlich gleichgestellt vor dem Gesetz. Die Nicht-Muslime sind zwar in den Augen des Islams nicht recht- und schutzlos, sie werden nicht den Muslimen als freie Beute preisgegeben. Dennoch werden sie im eigenen Land als Bürger zweiter Klasse behandelt. Diese Ordnung hat zwar in der Vergangenheit das Überleben der christlichen Kirchen ermöglicht und im Orient sowie in Andalusien ein erträgliches, ja zuweilen gedeihliches Zusammenleben gefördert. Aber diese Mischung von Toleranz und Intoleranz, diese relative Integration der Nicht-Muslime im Staat und ihr Verweisen in einen Rechtsstatus von Fremden machte in der Praxis die Lebensgeschichte der Schutzbefohlenen, Juden und Christen, unter dem Druck der islamischen Mehrheit oft und immer wieder zu einer Leidensgeschichte.“ KHOURY 1994, 152.

[172] Vgl. PETROS VII. (zitiert nach: http://www.gopatalex.org/islam.html) : „For the Greek Orthodox Patriarchate of Alexandria, which for thirteen centuries has lived in the friendly country of Egypt, dialogue with the Islamic world has special and vital meaning. Islam is our close neighbour and the Patriarchate is not alien to it. Alexandria, where the ancient Patriarchate was founded by St. Mark the Apostle and Evangelist, is alien neither to the West nor to the East, because it is a Greek

kein Wunder, dass die Griechisch-Orthodoxe Kirche die kulturellen Leistungen, die hier als besondere Leistungen der koptischen Kultur beschrieben wurden, für sich selbst reklamiert.[173] So wie zweifellos die ägyptische Kultur ihren Einfluss hatte, so hat auch die byzantinische Kultur das ägyptische Christentum geprägt. Das Erbe der antiken Philosophen, das zunächst im ägyptischen Christentum und dann im Islam zu einer Blüte führte, wurde maßgeblich durch byzantinische (und syrische) Christen vermittelt.[174] Die Griechisch-Orthodoxe Kirche in Ägypten existiert noch heute und versteht sich als Teil und Vertreter dieser byzantinischen Welt in Ägypten: Das Griechisch-Orthodoxe Patriarchat von Alexandrien, das heute nur noch einige Tausend Gläubige in Ägypten besitzt, aber Diözesen in zahlreichen afrikanischen Ländern hat, steht nach wie vor an zweiter Stelle in der Hierarchie der autokephalen Kirchen, die mit dem Ökumenischen Patriarchat von Konstantinopel verbunden sind, und ist mit einem eigenen „Patriarchen von Alexandria und ganz Afrika“ in Ägypten vertreten.

Ein etwas anders gelagertes Problem ergibt sich im Zusammenhang mit der Darstellung der Kreuzzüge als ausschließlich ökonomisch und politisch motivierter Expansionsbewegung (vgl. oben Kap. V.3.5.b). Die Möglichkeit, dass auch religiöse Motive wirklich eine Rolle gespielt haben könnten, wird nicht in Betracht gezogen. Auch wenn machtpolitische Bestrebungen von Bedeutung waren, so wird man doch den religiösen Faktor nicht unterschlagen dürfen, der eine wichtige Rolle für die Menschen des Mittelalters spielte. Möglicherweise spiegelt sich in dieser nichtreligiösen Darstellung der Kreuzzüge auch nur eine Übertragung der Erfahrungen aus der Neuzeit. Die Kreuzzüge haben jedenfalls in der islamischen Geschichtsschreibung erst in der Auseinandersetzung mit dem Kolonialismus größere Bedeutung gewonnen, die sie in früheren Zeiten nicht hatte.[175] Zudem wird man darauf hinweisen müssen, dass auch bei der Ausbreitung des Islam nicht nur religiöse Interessen im Spiel waren, sondern auch

environment from where Greek civilisation and the theological thoughts of the Fathers of the Church have been channelled. The meeting and coexistence of the second-ranking Patriarchate of Orthodox Christianity with the eastern civilisations has its roots deep in history."

[173] Vgl. TILLYRIDES, H. E. Archbishop Makarios: The Patriarchate of Alexandria down the centuries in: www.greeece.org/gopalex/pathistory.html.

[174] Ebda.

[175] Vgl. FALATURI 1986 Bd. 1, 200: "Bemerkenswert ist die unterschiedliche Bewertung der Kreuzzüge aus christlicher und islamischer Sicht. Während es sich auf der christlichen Seite um Feldzüge handelte, die in einem religiös-ideologischen Gesamtzusammenhang stehen, besaßen die Kreuzzüge für die islamische Welt nicht annähernd die gleiche zentrale und existentielle Bedeutung. Sie wurden in der zeitgenössischen islamischen Geschichtsschreibung weniger als europäischer Großangriff denn als mit früheren vergleichbare Grenzzwischenfälle betrachtet. Man sah auch keinen Zusammenhang zwischen den einzelnen Kreuzzügen, weil diese gegen verschiedene Gebiete der islamischen Welt gerichtet waren. [...] Erst in der nachkolonialen Geschichtsschreibung ist die Tendenz festzustellen, die Kreuzzüge nachträglich als

das Bestreben nach Ausweitung der militärischen und ökonomischen Macht. Dies wird jedoch bei der arabischen Eroberungswelle der ersten Jahrhunderte mit euphemistischen Begriffen wie „Öffnung" (fataḥ) eines Landes oder gar „Befreiung" (taḥrîr) verschleiert. Statt die Expansion des Islam in der Epoche vom 7.-10. Jh. nur positiv zu schildern und die Expansionsgelüste des Christentum vom 12.-13. Jh. nur negativ zu kennzeichnen, wäre es angebrachter aufzuzeigen, dass in beiden Religionen ökonomische, politische und religiöse Faktoren ein Konglomerat von Interessen eingingen, die auf Ausweitung der Macht drangen: Dabei war anfangs das Christentum erfolgreich, dann der Islam, und ab dem späten Mittelalter wieder das Christentum.

Auch im Blick auf die Darstellung des westlichen Christentums arbeiten die Schulbücher mit Klischees, die einer genaueren Betrachtung nicht standhalten. Ausbeutung, eine Jahrhunderte währende Okkupation und Degradierung zu Provinzen erfuhren die arabischen Staaten weniger durch Europa, sondern durch die lange Mamelucken- und Osmanenherrschaft, was mit einem Vergessen der eigenen Kultur einherging (vgl. oben Kap. V.3.6) Auch wenn der Kolonialismus zweifellos wirtschaftliche Abhängigkeit von den europäischen Staaten brachte, so muss doch gewürdigt werden, dass erst durch die Konfrontation mit dem Westen die Idee des Nationalismus aufkam, der gleichermaßen zur Loslösung vom osmanischen Reich führte wie auch zu den Unabhängigkeitsbewegungen der arabischen Staaten. Zudem muss gefragt werden, ob die mongolische Gefahr, die zur Zerstörung des damaligen Zentrums der islamischen Herrschaft führte, nicht ein wesentlich größerer Schlag gegen die arabisch-islamische Kultur gewesen ist als die Gefechte mit dem westlichen Christentum, die eher an den Peripherien des islamischen Weltreichs stattfanden.[176] Die Gegenüberstellung von dem machtgierigen christlichen Europa mit einem islamischen Orient, der sich nur verteidigt, ist jedenfalls ein nicht haltbares Klischee: Die arabischen Eroberungen der Frühzeit gingen ebenfalls einher mit der Expansion politischer und ökonomischer Macht. Und wenn ausgeführt wird, dass der Islam *„keine Religion der Gewalt und des Krieges"*[177] und rein defensiver Natur gewesen sei,[178] so steht dies im seltsa-

---

imperialistische Aggression zu interpretieren und auch der islamischen Abwehr eine Einheitlichkeit zuzuschreiben, die sie tatsächlich nicht besaß." Ebenso ESS/KÜNG 2001, 64f.

176 Vgl. ESS/KÜNG 2001, 64f.: „Ebenso waren die Kreuzzüge für die Muslime lokale Ereignisse in einem Gebiet, das ohnehin von streitenden Kleinfürsten zerrissen war; Glaubenskriegatmosphäre kam lange nicht auf, und zum Symbol wurden sie erst als die Araber in unserem Jahrhundert die Parallelen mit dem europäischen Kolonialismus und der israelischen Expansionspolitik entdeckten. [...] Traumatische Wirkung hatte nur der Mongolensturm. Damals im Jahr 1258, wurde Bagdad zerstört und der letzte Kalif ermordet, damals gerieten weite Gebiete, die man als die islamischen Kernlande betrachtete, für etwa zwei Generationen unter nichtislamische Herrschaft."

177 SK MS 2/2, 32.

men Kontrast zu den mächtigen Expansionsbestrebungen des Islam in seiner Frühzeit, die allesamt Angriffskriege gewesen sind, die zum Ziel hatten, den Einflussbereich des Islam und des islamischen Reichs zu erweitern.[179] Der Drang zur Expansion ist daher nicht einseitig dem Christentum zuzuschreiben, sondern ist vielmehr ein *gemeinsamer* Grundzug, der in der Lehre und der Geschichte beider Religionen tief verankert ist: Sowohl der Islam als auch das Christentum haben als Gemeinsamkeit einen „Universalitätsanspruch“ und einen „Totalitätsanspruch“;[180] beide Religionen können auf weltumspannende historische Siegeszüge ihrer Religion blicken und ihre Jahrhunderte lange Verflechtung mit wirtschaftlicher Herrschaft und politischer Herrschaft ist gerade etwas, was sie gemeinsam haben und nicht voneinander unterscheidet.

178 So z. B. der Hinweis in SK MS 2/2, 33, dass der Aufbau einer islamischen Flotte, die bei der Eroberung von Rhodos, Sizilien und Spanien eine Rolle spielte, erst eine Reaktion auf die Begegnung mit der byzantinischen Flotte in den Kriegen um al-Sham und Ägypten gewesen sei.

179 Vgl. den ersten Abschnitt dieses Kapitels und GES OS 3, Kap. 4.

180 Vgl. dazu ZIRKER 1992.

VI. Geschichte (Oberstufe)

1. Einleitung

Während geografische und historische Grundkenntnisse ab der 4. Klasse im Fach „Sozialkunde“ zusammen vermittelt werden, erfolgt ab der Oberstufe (OS) eine Trennung der Fächer Geografie und Geschichte, die nun in der 1. Klasse der Oberstufe mit jeweils zwei Schulstunden pro Woche unterrichtet werden. In der 2. Klasse der Oberstufe ist zunächst das Fach Geschichte nicht vorgesehen, dafür aber als Wahlpflichtfach für das 3. Schuljahr mit einer erhöhten Stundenzahl von fünf Stunden. Die beiden Schulbücher, die für den Unterricht des Fachs Geschichte in der Oberstufe vom Ministerium für Erziehung und Bildung vorgesehen sind (Edition 2001/02), lagen der Untersuchung zugrunde.

Das Schulbuch für das 1. Jahr der Oberstufe trägt den Titel "Ägypten und die Kulturen der Alten Welt" und hat als Titelbild eine Landkarte von Ägypten, auf der verschiedene pharaonische Gottheiten abgebildet sind. Auf der Rückseite des Einbandes befinden sich einige allgemeine Ermahnungen und Erkenntnisse, die nichts mit dem Inhalt zu tun haben.[1] Das Buch ist – im Unterschied zu den Büchern der Grund- und Mittelstufe – im Zweifarbendruck gedruckt (Blau-Schwarz). Trotz besserer Druckqualität hat dies insbesondere bei den Karten und Schaubildern die Folge, dass sie nur schwer zu lesen sind, da die Hervorhebung nur durch Schraffierung oder durch Punkte erfolgen kann. Alle Landkarten sind wie in der Grund- und Mittelstufe mit der Hand gezeichnet. Die blau gefärbten Abbildungen sind oftmals verwischt und entstellen die Originalbilder, so dass es oft besser gewesen wäre, wenn man es bei Schwarz-Weiß-Zeichnungen und Fotos belassen hätte. Die Texte sind unpunktiert. Das Schulbuch hat einen Umfang von 256 Seiten. Auf der Rückseite der Titelseite ist nochmals der Titel abgedruckt sowie die Überschrift zweier Unterkapitel des Buches mit Verfasserangabe. Das bedeutet, dass diese beiden Passagen des Buches erst zu einem späteren Zeitpunkt von den genannten Verfassern angefertigt und in das Buch eingefügt wurden.[2] Bei der ersten Einfügung handelt es sich um eine vierseitige Sammlung von Sprichwörtern aus der pharaonischen Zeit.[3] Bei der zweiten Einfügung wird eine Geschichte

---

[1] "Bildung ist wichtig; nicht nur materielle Bedürfnisse sind wichtig; Frieden, Recht und Gerechtigkeit sind hohe Werte; Rauchen ist eine schlechte Angewohnheit, die der Gesundheit schadet und Geld verschwendet; eine der wichtigsten Stützen der Demokratie ist die freie Meinungsäußerung; deine laute Stimme ist ein Zeichen für deine schwache Position ...".

[2] In der Edition 1998/99, die dem Verfasser vorlag, fehlt der Einschub.

[3] Die im Inhaltsverzeichnis bzw. im Impressum angegebene Überschrift taucht im Text selbst nicht auf. Stattdessen folgt unmittelbar nach den Illustrationen zum ägyptischen Tanz, die das Unterkapitel „Das soziale Leben“ ursprünglich beschlossen, ein halbseitiger einleitender Text und

der koptischen Epoche bis zur arabischen Eroberung geboten, die textlich weitgehend identisch ist mit der Einfügung des gleichnamigen Kapitels im 2. Sozialkundebuch der Mittelstufe, sich jedoch leicht in der Bebilderung unterscheidet.[4] Die Bilder wurden aus dem älteren Text zur koptischen Geschichte, der sich auf zwei Seiten beschränkte, übernommen.[5]

Das zweite Schulbuch, das ursprünglich aus zwei Teilen bestand und den Stoff des 2. und 3. Jahres der Oberstufe enthält, wird im letzten Schuljahr benutzt (11. Klasse). Es trägt den schlichten Titel *„Die Geschichte für die Allgemeine Oberstufe"*, der auf eine Schriftrolle geschrieben ist. Auf der Rückseite des Einbandes befinden sich die gleichen Ermahnungen und Erkenntnisse wie in der 1. Klasse der Oberstufe. Das Buch ist im Schwarz-Weiß-Druck gehalten und mit nur wenigen Zeichnungen, Karten und Fotos illustriert - einige davon allerdings im Mehrfarbendruck. Das Buch hat einen Umfang von 312 Seiten. Es bestand ursprünglich aus zwei Teilen, die nachträglich zusammengefügt wurden. Teil 1 beschäftigt sich mit der *„Islamischen Kultur"* (1-98), Teil 2 mit der *„Modernen Geschichte Ägyptens und der Araber"* (99-211). Als Verfasser werden für die ersten beiden Teile sechs Dozenten von verschiedenen ägyptischen Universitäten genannt.[6] Für die Verbindung der beiden Teile werden fünf Personen genannt, darunter drei der Autoren bzw. Redakteure. Für „die Endredaktion, die auf Grund der Informationen des Ministers, des Herrn Professor Doktor unternommen wurde"[7], wird ein Gremium von fünf Personen genannt, darunter drei bereits genannte Redakteure und zwei weitere.[8] Ein Anhang über die jüngste Geschichte im 20. Jh. mit dem Titel *„Die liberale Epoche (Die Demokratie)"* wurde zunächst getrennt veröffentlicht und seit dem Schuljahrgang 2001/02 an das 12. Kapitel des Geschichtsbuchs an-

---

dann eine Auflistung von 74 kurzen Sprichwörtern, die als Zitate gekennzeichnet und teilweise lingusitisch erläutert werden. GES OS 1, 115-118.

4 SK MS 1/2, 70-77. Vgl. oben Kap. V.3.3.

5 Die Edition des Geschichtsbuches von 1998/99 hat den Einschub noch nicht. Die Bilder werden auf zwei Seiten konzentriert. Sie wurden in größerem Format und besserer Qualität wiedergegeben. Der Text (eineinhalb Seiten auf S. 220-221 und eine halbe Seite auf S. 223) beschränkte sich im Wesentlichen auf die Ausbreitung der christlichen Religion und auf die Unterdrückung der Christen durch die römische und byzantinische Herrschaft. Das heißt, insbesondere die Ausführungen über das Mönchtum und die alexandrinische Schule fehlten. GES OS 1 (Edition 1998/99), 220-223.

6 Aus dem Impressum ist zunächst nicht zu entnehmen, welche der Verfasser den beiden Teilen zuzuordnen sind. Die beiden Buchteile beginnen jedoch mit einem Deckblatt, aus dem erkenntlich wird, dass die Teile jeweils von drei Autoren stammen.

7 Der Name des Ministers wurde vergessen.

8 Die „Endredaktion" bezieht sich wahrscheinlich auf eine Kontrolle des Ministeriums nach der Zusammenführung der beiden Teile. Der Anhang scheint erst später dazugekommen zu sein, denn die Informationen hierüber werden erst nach Angabe der „Endredaktion" gegeben.

gehängt (212-304).[9] Für diesen Teil werden weitere Autoren angegeben. Wer für den Text des Buches verantwortlich zeichnet bzw. einzelne Teile verfasst hat, ist angesichts dieser Fülle von Autoren und Bearbeitungsschritten kaum noch zu erkennen. Die Vielzahl der Verfasser und Redaktoren sowie die Ernennung eines Redaktionsteams unter direkter Leitung des Erziehungsministers machen aber in jedem Fall deutlich, dass dem Buch besondere Aufmerksamkeit von Seiten des Ministeriums gewidmet wurde und dass es einen längeren Überarbeitungsprozess durchlaufen hat, an dem viele mitgewirkt haben. Diese Vielzahl hat nicht unbedingt die Qualität und Sorgfältigkeit verbessert: Abgesehen davon, dass der Name des Ministers vergessen wurde (Prof. Dr. Ḥuṣain Kâmal Bahâ Ad-Dîn), gibt es einen gravierenden Fehldruck bei der Edition 2001/02: Die Seiten 113-144 fehlen.[10] Stattdessen wurden die Seiten 209-230 hier nochmals abgedruckt. Um den Text dieser fehlenden Seiten zu analysieren, musste auf eine ältere Ausgabe des Buches zurückgegriffen werden.[11]

1.1. Bibliografische Angaben

In der Oberstufe wurden folgende Schulbücher untersucht, die für den Unterricht im Fach Geschichte vorgeschrieben sind:

Geschichtsbuch für die 1. Klasse der Oberstufe

<table>
<tr><th colspan="2">Titel</th><th>Umfang</th><th>Abkürzung</th></tr>
<tr><td colspan="2">Ägypten und die Kulturen der Alten Welt,
1. Klasse der Oberstufe</td><td>3 Hauptkapitel,
256 Seiten</td><td>GES OS 1</td></tr>
<tr><th>Autoren des Buches</th><th colspan="3">Autoren der Einfügungen</th></tr>
<tr><td rowspan="2">1. Dr. Muḥammad Ǧamâl ad-Dîn Muḫtâr
2. Dr. Hanrî Riyâḍ
3. Dr. ʿAbd al-ʿAzîz Ṣâdiq</td><td>Dr. ʿAlî Raḍwân</td><td colspan="2">Das antike Ägypten – das Land des Versuchs, der Erfahrung, der Weisheit und des Vorbildes</td></tr>
<tr><td>1. Dr. Ḥusnain Muḥammad Rabiʿ
2. Dr. Zabîda Muḥammad ʿAṭṭâ
3. Dr. Ishaq ʿA[b]îd Tâwuḍrûs</td><td colspan="2">Lichtblicke auf die Geschichte Ägyptens in der koptischen Periode</td></tr>
</table>

9 Der 64 Seiten umfassende Sonderdruck sollte die Seiten 210-219 und 252-255 der Edition 2000/01 des Geschichtsbuches ersetzen. So der Anhang zu GES OS 3.

10 Der Verf. hat zu verschiedenen Zeiten und an verschiedenen Orten versucht, ein vollstänges Exemplar des Geschichtsbuches zu erhalten. Alle Kopien dieser Edition hatten jedoch den Fehldruck.

11 Da die Edition von 1996/97 bis zur Seite 112 und – abgesehen von der Erweiterung durch den Anhang – auch danach bis hin zum Zeilen- und Seitenumbruch übereinstimmen, die Seitenzahl der ausgelassenen Seiten mit der der Ausgabe von 1996/97 identisch ist, kann davon ausgegangen werden, dass die 31 fehlenden Seiten den 31 Seiten der Edition von 1996/97 entsprechen. Bei der Analyse wird bei den fehlenden Seiten stets auf diese ältere Ausgabe zurückgegriffen. Da jedoch nur zwei kurze Erwähnungen im Text zu finden waren, war der Fehldruck für die Analyse nicht von Bedeutung.

Geschichtsbuch für die 2. Klasse Oberstufe[12]

Geschichtsbuch für die 3. Klasse der Oberstufe

Titel		**Umfang**	**Abkürzung**
Die Geschichte für die Allgemeine Oberstufe		13 Kapitel, 312 Seiten	GEO OS 3
Autoren des Buches	**Redaktionsteam, das die beiden Buchteile verband**	**Team für die Endredaktion**	**Verfasser des Anhangs**
Erster Buchteil: Die Islamische Kultur 1. Dr. ʿAṭiya Al-Qûṣî 2. Dr. ʿAbd Ar-Raḥmân Yûsuf Al-ʿAbd 3. Al-Quṭb ʿAlî Hilâl *Zweiter Buchteil:* Die Geschichte Ägyptens und der Araber in der Moderne 1. Dr. ʿAbd Al-ʿAzîz Nawâr 2. Dr. ʿAṣim Ad-Disûqî 3. Dr. Barnas Aḥmad Raḍwân	1. Dr. Aḥmad Al-Luqânî 2. Dr. ʿAṣim Ad-Disûqî 3. Dr. ʿAbd Ar-Raḥmân al-ʿAbd 4. Dr. Sûsan Ar-Rûbî 5. Al-Quṭb ʿAlî Hilâl	1. Barans Aḥmad Raḍwân 2. ʿAbdAr-Raḥmân Yûsuf Al-ʿAbd 3. Al-Quṭb ʿAlî Hilâl 4. Muḥammad Maḥmûd Al-Faḥl 5. Sûsan Ar-Rûbî	*Die liberale Epoche (Die Demokratie)* 1. Dr. ʿAbd Al-ʿAẓîm Ramaḍân *Die Revolution vom 23. Juli 1952/Der Oktoberkrieg 1973* 2. General Ǧamâl Ḥimâd

1.2. Aufbau und Inhalt

Das Buch für den Geschichtsunterricht in der 1. Klasse der OS besteht aus 3 Kapiteln mit 2-5 Unterkapiteln mit bis zu 8 Unterabschnitten.[13] Themen und Lernziele werden im Unterschied zu der Grund- und Mittelstufe nicht am Anfang der Haupt- oder Unterkapitel aufgelistet. Am Ende der Unterkapitel werden Fragen gestellt und bisweilen auf ergänzende Bücher hingewiesen. Das Buch besitzt ein Vorwort, eine Einleitung und ein Nachwort. Auffälligerweise fehlt hier die religiöse Formel *„bism allâh ar-raḥmân ar-raḥîm"*, mit der sonst alle Schulbücher eingeleitet werden. Möglicherweise ist dies ein Zugeständnis gegenüber dem zweiten Hauptverfasser des Buches, bei dem es sich um einen Christen handelt (Hanrî > Heinrich). Am Ende des Buches sind zwei Beispiele für einen Test nach dem ersten und nach dem zweiten Halbjahr des Schuljahres abgedruckt sowie eine Liste der 159 Abbildungen und 17 Landkarten.

Das Geschichtsbuch für die 3. Klasse der Oberstufe enthält 20 von Hand gezeichnete Schwarz-Weiß-Landkarten, deren Beschriftung zum Teil nur mit einer Lupe zu entziffern ist, 19 mehrfarbige Abbildungen von Beispielen islamischer Kunst sowie 13 Schwarzweiß-Fotos. Die 13 Kapitel des Buches werden jeweils mit „Fragen zum Ka-

12 Das Buch fehlt, da kein Geschichtsunterricht in dieser Klasse erteilt wird.

13 Im Unterschied zu der Grund- und Mittelstufe, in der alle Bücher in „Einheiten" (Waḥda) und „Lektionen" (Dars) eingeteilt sind, heißen hier die Hauptkapitel „Türen" (Bâb), während die Unterkapitel „Abschnitte" (Faṣl) genannt werden. Die Unterabschnitte, die teilweise recht umfangreich sind, werden im Inhaltsverzeichnis zwar mit Schrägstrich (/) aufgelistet, haben jedoch keine fortlaufende Bezeichnung oder Nummerierung.

pitel“ abgeschlossen. Am Ende des Buches werden 19 Bücher empfohlen, die für die Wiederholung des Stoffs des ersten Buchteils (Islamische Kultur) nützlich sind sowie 55 Bücher, die für die Wiederholung des Stoffs des zweiten Buchteils (Moderne Geschichte Ägyptens und der Araber) dienen können. Die religiöse Formel *„bism allâh ar-raḥmân ar-raḥîm“*, fehlt auch bei dem zweiten Geschichtsbuch der Oberstufe im Vorwort. Der Umfang der Unterkapitel variiert sehr stark, die Einteilung und die Durchnummerierung der Unterkapitel folgen keiner strengen Systematik. Die Zählweise und Kapiteleinteilung des Buches wird daher nur bei den Hauptkapiteln, nicht aber bei den Unterkapiteln übernommen. Vielmehr wird versucht, dem Leser einen Einblick in den Inhalt des Buches zu geben, größtenteils durch wörtliche Zitierung von Überschriften, teilweise aber auch durch paraphrasierende Zusammenfassung des Inhalts. Die Themen sind der Gliederung des Buches zu entnehmen.

1.3. Gliederung

Abschnitte, in denen das Christentum erwähnt wird, sind grau hervorgehoben.

Geschichtsbuch für die 1. Klasse der Oberstufe

Titel	**Abkürzung**
Ägypten und die Kulturen der Alten Welt, 1. Klasse der Oberstufe	*GES OS 1*
Vorwort	
Einleitung: Die menschliche Kultur und ihre Werte	
Artikel über das Alte Ägypten und seine kulturelle Entwicklung	
Erstes Hauptkapitel [Das pharaonische Ägypten] 1. Abschnitt: Das religiöse Leben: Die Auferstehung und die Unsterblichkeit/ Der Lohn und die Strafe/ Der Monotheismus 2. Abschnitt: Das politische Leben: Das politische System/ Das Heer/ Die Flotte 3. Abschnitt: Das wirtschaftliche Leben 4. Abschnitt: Das gedankliche Leben: Die Literatur/ Die Wissenschaft/ Die Architektur/ Die Kunst 5. Abschnitt: Das soziale Leben *Das alte Ägypten – das Land des Versuches, der Weisheit und des Vorbildes*	*1. Einfügung*
Zweites Hauptkapitel 1. Abschnitt: Die Kulturen des alten Irak: Die Sumerer/Das erste babylonische Reich/Die Assyrer Phänomene der Kultur im Irak 2. Abschnitt: Die Kultur Phöniziens	

Drittes Hauptkapitel	
1. Abschnitt: Die griechische Kultur Phänomene der griechischen Kultur : Die Künste/Die Architektur/Die Literatur/Die Wissenschaften/Die olympischen Spiele 2. Abschnitt: Ägypten in der ptolemäischen Epoche 3. Abschnitt: Die römische Kultur Die Errichtung ihres Reiches/ Der Streit zwischen Rom und Karthago/ Die Herrschaft Roms über die Mittelmeerküsten/ Das Herrschaftssystem bei den Römern/ Phänomene der römischen Kultur/ Der Sieg der christlichen über die heidnische Religion 4. Abschnitt: Ägypten unter der römischen Herrschaft Die römische Herrschaft über Ägypten/ Die Administration der Angelegenheiten des Landes in der römischen Epoche/ Die römische Wirtschaftspolitik/ Die soziale Situation/ Das kulturelle Leben/ Der Widerstand der Ägypter gegen die Römer/ Die byzantinische Epoche *Lichtblicke auf die Geschichte Ägyptens in der koptischen Periode*	*2. Einfügung*
Nachwort: Der Vorzug Ägyptens vor der Kultur der Welt	

Die Geschichte für die Allgemeine Oberstufe (GES OS 3)

Teil 1: Die Islamische Kultur	
1. Die Wurzeln der islamischen Kultur	• Die Kultur des Jemen • Die Kultur der semitischen Königreiche und im Irak • Die Kultur des Al-Ḥiğâz • Die persische Kultur • Die römische Kultur
2. Die Struktur der islamischen Kultur	Das Wirtschaftssystem mit Darstellung der Staatskasse und der verschiedenen Steuerformen und Einkommensquellen des arabischen Staates (Grundsteuer, Almosensteuer, Kopfsteuer, Kriegsbeute, Handelszölle)
3. Das gesellschaftliche Leben im Islam	• Die arabische Ethnie und die anderen Ethnien (*al-mawâlî*) • Die sozialen Schichten • Die Schutzbefohlenen in der islamischen Gesellschaft
4. Die Ausbreitung des Islam und der islamischen Kultur	• Die Ausbreitung auf den ostindischen Inseln (Sumatra, Java, Malaysia) • Die Moghulen-Kultur in Indien • Die Verbreitung des Islam in Westafrika
5. Das kulturelle Leben und die Ausbildung des arabisch-islamischen Denkens	• Das Wissen im Islam und die Wege seiner Überlieferung (Moscheen, Katâtîb, Medresen, Gelehrte, Bibliotheken) • Die „tradierten" Wissenschaften (Religions- und Sprachwissenschaft) • Die „rationalen" Wissenschaften (Philosophie, Medizin und Pharmazie, Astronomie und Mathematik, Al-Chemie, Physik und Mechanik) • Die 16 wichtigsten Gelehrten der islamischen Kultur • Der Einfluss der islamischen Kultur auf den Westen (Handelswege, Kriege mit Kreuzfahrern, Andalusien und Sizilien)
6. Die islamischen Künste	• Die Illustration/Die Malerei/Die Ornamentik • Die Architektur/Die Musik
7. Die Gefahren, die die islamische Kultur bedrohten	• Die Kreuzzüge Der erste Kreuzzug, die Errichtung der Kreuzfahreremirate und das Blutbad bei der Eroberung Jerusalems Der zweite Kreuzzug und seine Abwehr durch Nûr Ad-Dîn und Saladin, der Jerusalem zurückerobert und Toleranz übt Der dritte, vierte, fünfte, sechste und siebte Kreuzzug und die endgültige Abwehr der Kreuzfahrer • Die mongolische Gefahr

Teil 2: Die Geschichte Ägyptens und der Araber in der Moderne	
8. *Der französische Feldzug gegen Ägypten und Syrien*	• Der französische Feldzug gegen Ägypten und Syrien • Die ägyptische Gesellschaft vor dem französischen Feldzug in wirtschaftlicher, sozialer und politischer Hinsicht • Die Landung der Besatzung und der Widerstand • Die letzten Tage der französischen Besatzung und die Räumung • Auswirkungen des französischen Feldzugs (Politik, Wirtschaft, Gesellschaft, Denken, Wissenschaft)
9. *Der Aufbau des modernen Staates in Ägypten*	• Vom Beginn des 19. Jh. bis zur Orabi-Revolution • Der Abzug der französischen Besatzung und das politische Vakuum in Ägypten von 1801-1805 • Die Reformen Muhammad Alis • Zusammenbruch der Monopolpolitik und ihre Auswirkungen • Die Bildung und ihre Rolle im Bau des modernen Staates • Der politische Bau des modernen Staates • Versuche zur Erlangung der Unabhängigkeit von der osmanischen Herrschaft (Aufbau der Streitkräfte und der Flotte; Außenpolitik und Kriege Muhammad Alis, Intervention der europäischen Staaten)
10. *Ägypten seit der Orabi-Revolution bis zum ersten Weltkrieg*	• Die zunehmende Abhängigkeit Ägyptens von Europa • Die Nationalbewegung und die Orabi-Revolution • Die Situation Ägyptens unter der britischen Besatzung • Das nationale Erwachen unter Führung von M. Kâmîl und M. Farîḍ
11. *Die koloniale Expansion in den arabischen Ländern*	Die Europ. Kolonialherrschaft und der Widerstand im Nahen Osten • Der Golf und die Vereinbarungen von 1820, Oman, der dritte saudische Staat • Die französische Kolonialmacht in Nordafrika: Algerien, Tunesien, Marokko • Die italienische Kolonialherrschaft in Libyen Das arabische Erwachen • Der arabische Nationalismus • Die erste Phase: Das literarische und das politische Stadium • Die zweite Phase: Die Entwicklung der arabischen Nationalbewegung • Charakteristika der arabischen Nationalbewegung
12. *Der Erste Weltkrieg und die arab.—türk. Konfrontation*	• Der Weltkrieg und das Schicksal des osmanischen Staates Syrien und Libanon vom Mandat zur Unabhängigkeit • Der Irak vom Mandat zur Unabhängigkeit
Anhang: Die liberale Epoche (Die Demokratie)	
	• Der Zeitraum der Liberalität (Der Aufstand von 1919, Die Verfassung von 1923, Die ägyptisch-britischen Verhandlungen) • Die Revolte vom 23. Juli 1952 (Auslösende Faktoren, Die Organisation der „Befreiungsoffiziere“, Leitlinien und Maßnahmen der Revolte) • Die wirtschaftliche und soziale Entwicklung Ägyptens seit dem 1. Weltkrieg (Landwirtschaft, industrielle Produktion, Transport, Banken, Außenhandel, Binnenhandel)
13. *Ägypten und die Probleme der arabischen Welt in der Gegenwart*	Die Entwicklung der panarabischen Bewegung Die arabisch-israelische Auseinandersetzung • Das Palästinaproblem seit dem 19. Jh. (Balfour-Erklärung, Brit. Mandatspolitik, Weißbuch von 1930, die Revolte von 1936, Baltimor-Beschlüsse, Teilungsvorschlag der UNO, der Krieg von 1948) • Die Entwicklung nach 1948 (Die dreifache Feindschaft von 1956, die Feindschaft Israels von 1967, der Oktoberkrieg von 1973, die Verhandlungen von Camp David und der Friedensvertrag von 1979)

2. Quantität der Darstellung des Christentums

2.1. Ort und Umfang der Erwähnungen

Das Geschichtsbuch der 1. Klasse Oberstufe: "Ägypten und die Kulturen der Alten Welt"		**GES OS 1**		
		Umfang		
Kapitel/ Seite	**Ort der Erwähnung**	Ex-plizit	In-klusiv	Im-plizit
2, 126	Bei der Einleitung zur Darstellung der „Kulturen des alten Irak" wird gesagt, dass im arabischen Vaterland die Grundlagen von Kultur und Religion gelegt wurden.			11 Z
2, 146	Bei der Einleitung zur phönizischen Kultur wird erwähnt, dass in diesem Raum das Judentum und das Christentum entstanden und sich von hier verbreiteten.			3 Z
2, 150	Die Phönizier sollen bereits 2000 Jahre vor den Europäern das Kap der Guten Hoffnung entdeckt und umsegelt haben.			7 Z
3, 212. 3, 215	Das Unterkapitel wird nach Behandlung der römischen Gesetzgebung, der Literatur, der Wissenschaft, der Kunst und der Architektur mit einer Passage beschlossen, die sich mit dem „Sieg der christlichen Religion über die heidnische Religion" befasst.	28 Z		
4, 226	Das 4. Kapitel beschäftigt sich mit der römischen Herrschaft in Ägypten: der Verwaltung, der wirtschaftlichen Ausbeutung, dem sozialen und kulturellen Niedergang sowie dem Widerstand der Ägypter gegen die Römer, der sich a) in bewaffneten Aufständen b) in Boykottmaßnahmen und c) in der *„Hinwendung der Ägypter zum Christentum"* ausdrückte.			7 Z
4, 227-235	Letztere Passage dient zugleich als Übergang zu dem eingefügten Kapitel *„Lichtblicke auf die Geschichte Ägyptens in der koptischen Epoche"*, in dem detaillierte Informationen zum koptischen Christentum gegeben werden.	255 Z 4 B		
4, 236-239	Die Beschreibung der Geschichtsepoche wird in den Merksätzen zum Kapitel und in den Fragen aufgegriffen	35 Z		

Das Geschichtsbuch der 3. Klasse Oberstufe: "Die Geschichte für die Allgemeine Oberstufe"		**GES OS 3**		
		Umfang		
Kapitel/ Seite	**Ort der Erwähnung**	Ex-plizit	In-klusiv	Im-plizit
	Teil 1: Die islamische Kultur			
1, 11, 1, 13, 1, 15	Bei der Behandlung der vorislamischen Kulturen wird das Vorhandensein von Christen bzw. die christliche Prägung der Länder am Rande gelegentlich erwähnt.			11
1, 16f.	Im Abschnitt über die byzantinische Kultur wird von der wichtigen Rolle der syrischen Christen gesprochen bei dem Transfer des antiken Wissens ins Arabische.			20
2, 20-24 passim	Bei der Erläuterung des Finanzsystems werden im zweiten Kapitel die verschiedenen Steuern beschrieben, darunter die Steuern, die speziell von Nichtmuslimen erhoben wurden.			51

3, 28f.	Das Kapitel "Das gesellschaftliche Leben im Islam" beschreibt zunächst die rassische Einteilung (Araber und die Mawâlî), dann die sozialen Schichten (Herrscher, Händler und Gelehrte, Handwerker und Gewerbetreibende, das Volk, die Sklaven) und schließlich als religiöse Schicht die "Schutzbefohlenen".			31
4, 32	Im Kapitel 4 steht die Ausbreitung des Islam in Richtung Ferner Osten und nach Schwarzafrika im Mittelpunkt. Nur bei Sumatra wird das Christentum erwähnt. Der Islam habe sich dort erfolgreich gegen die holländische Missionsarbeit behauptet.			2
5, 52-63 passim	Bei der Darstellung des kulturellen Lebens werden ausführlich die verschiedenen Wissenschaften und die berühmtesten Wissenschaftler dargestellt. Dabei werden an verschiedenen Stellen auch kurz Beiträge orientalischer Christen erwähnt.			23
5, 52-53 passim; 5, 63-65	Es wird darauf hingewiesen, dass eine große Zahl arabischer Schriften ins Lateinische übertragen wurde und zur Grundlage der europäischen Wissenschaft wurde. Das Kapitel wird beschlossen mit einer Darstellung, welche Auswirkung das arabische Denken auf die abendländisch-christliche Kultur hatte.			82
7, 80-95	Die beiden Hauptgefahren für die islamische Kultur waren nach dem Geschichtsbuch die Kreuzzüge und die Angriffe der Mongolen. Im ersten Unterkapitel werden die Begründung der Kreuzzüge, die einzelnen Kreuzzüge, die Gründung der Kreuzfahrerstaaten sowie die islamische Rückeroberung auf 16 Seiten behandelt. Die Eroberung Jerusalems wird auf 5 Seiten beschrieben. Dieses Kapitel ist durch seinen Umfang und seine zusammenhängende Darstellung das ausführlichste Kapitel, das über das westliche Christentum informiert.			398
	Teil 2: Die moderne Geschichte Ägyptens und der Araber			
8, 105, 8, 108	Napoleon gab vor, die muslimische Religion und den Propheten Muhammad zu achten. Aber er brach den muslimischen Widerstand brutal und verletzte die religiösen Gefühle der Muslime als er Aufständische tötete und mit Pferden in die Al-Azhar eindrang.			9
8, 111[14]	Orientalische Christen werden an zwei Stellen kurz erwähnt: Bei den Religionsgerichten für die verschiedenen Konfessionen und der Festsetzung von Finanz- und Erbschaftssteuern sowie bei der Zusammensetzung eines „Allgemeinen Diwans".			4
9, 129-132[15]	Im Kapitel 9 wird der Aufbau des modernen Staates Ägypten unter Muhammad Ali beschrieben, darunter auch die Missionen nach Europa sowie die Gründung von Missionsschulen. Ebenso wird vom negativen kulturellen Einfluss Europas gesprochen.			27
11, 182, 11, 191, 11, 192	a) Die Stämme in der Golfregion sahen in den britischen Schiffen Schiffe von Kreuzfahrern, gegen die der Ǧihâd zu führen ist. b) Die Franzosen wollten zwischen den Arabern und den Berbern Zwietracht säen wie die Engländer dies bei den Muslimen und Kopten in Ägypten versucht hatten. c) Die Italiener vergrößerten ihren Einfluss in Libyen durch die Entsendung von katholischen Missionen, die Schulen bauten			2 2 1

14 Wegen des Fehldrucks der Seiten 113-144 in der Edition 2001/02 muss hier auf die ältere Edition des Geschichtsbuches von 1996/97 ausgewichen werden.

15 Siehe vorangehende Fußnote.

11, 194-196	Den Christen wird in der ersten Phase arabischen Nationalismus eine zentrale Rolle zugeschrieben.				45
11, 200f.	Christen bildeten die Hälfte der Teilnehmer des ersten arabischen Kongresses in Paris 1913.				13
12, 213	Seit 1919 bilde nicht mehr die muslimische Religion das einigende Band des Staates, sondern die ägyptische Nationalität ohne Unterscheidung zwischen Christen und Muslimen.				10
12, 216	Der Austausch von christlichen und muslimischen Predigern sowie das gemeinsame Symbol von Kreuz und Halbmond als Symbol der nationalen Bewegung wird erläutert.				7
13, 256	Die europäischen Kolonialherren versuchten, Zwietracht zwischen die verschiedenen Religionen, christlichen Konfessionen und muslimischen Schulen im Nahen Osten zu säen.				5

2.2. Art und Quantität der Erwähnungen

	Umfang								
	Insgesamt	**Erwähnungen des Christentums**							
		Explizit		**Inklusiv**		**Implizit**		**Insgesamt**	
Schulbuch	S(eiten) = Z(eilen) + B(ilder)	Zeilen/ Bilder	Prozent	Zeilen/ Bilder	Prozent	Zeilen/ Bilder	Prozent	Zeilen/ Bilder	Prozent
GES OS 1	256 S = 4253 Z 194 B	318 Z 4 B	7,48 % 2,06 %	0	0	28 Z	0,66 %	346 Z	8, 14 %
GES OS 3	304 S = 3622 Z 28 B	0	0	0	0	743 Z	20,51%	743 Z	20,51%
Summe	**7875 Z 222 B**	**318 Z 4 B**	**4,04 % 1,80 %**	**0**	**0**	**771 Z**	**9,79 %**	**1089 Z**	**13,83 %**

3. Qualität der Darstellung des Christentums

3.1. Die kulturelle und religiöse Überlegenheit des Orients

Bei der Einleitung der alten Kulturen Mesopotamiens fällt zunächst auf, dass sie als die „Kulturen des alten Irak“ bezeichnet werden. Das heißt, dass in der Benennung eine direkte Verbindungslinie zwischen dem heute bestehenden arabischen Nationalstaat und den antiken Kulturen gezogen wird, was üblicherweise in der westlichen Literatur nicht getan wird, wo man in der Regel von der "Kultur Mesopotamiens" spricht. Zusammen mit dem pharaonischen Ägypten und den dazwischen liegenden Bilâd aš-Šâm, dem Gebiet des „fruchtbaren Halbmonds“, lägen hier die Wurzeln aller Kultur, Religion und Zivilisation für die gesamte Menschheit:

> *„Diese Kulturen hatten einen enorm großen Einfluss auf die Welt, denn sie lehrten die Welt die Grundlagen der Landwirtschaft. Und dank der Landwirtschaft entwickelten sich Dörfer, es entstanden Märkte und es entwickelten sich Regierungen. Ebenso lehrten diese*

Kulturen die Welt die Methoden des Abbaus und des Schmelzens von Metallen sowie die Herstellung von Instrumenten und Geräten, die der Mensch in den verschiedenen Bereichen des Lebens benutzte.

Ebenso gehörten diese Völker zu den ersten Menschen, die die Instrumente erfanden, die die Landwirtschaft, das Handwerk und den Handel erst möglich machten. So z. B. die Erfindung des Pfluges, der half, den Ackerboden zu zerteilen und die Produktion zu steigern, die Erfindung der großen Schiffe mit Segeln und die Erfindung der Fahrzeuge mit Rädern, die halfen, die Menschen und Waren zwischen den Teilen des arabischen Vaterlands zu befördern oder auch die Erfindung des Webstuhls, der half, Stoffe und Kleider zu produzieren. Sie waren die ersten, die der Welt die Grundlagen der Schrift beibrachten, die zum ersten Mal in der Geschichte in verschiedenen Regionen des arabischen Vaterlandes erschien. Sie entwickelte sich von Bildern und Zeichen bis hin zu den Buchstaben des Alphabets, das die Phönizier zu den Griechen brachten und von diesen übernahmen es die Römer und verbreiteten es in alle Länder Europas, um damit die Grundlage für das moderne europäische Alphabet zu bilden.

All dieses geschah, während die Bevölkerung um sie herum noch im Zustand des Nomadentums verharrte, bis dass sie in Verbindung mit dem arabischen Vaterland kamen und von ihm die Grundlagen der Zivilisation übernahmen und bis dass der Islam erschien, der die Kulturen gedeihen ließ und auf ihnen das Meiste aufbaute, bis er es dann ein weiteres Mal an Europa überlieferte.

Der Vorzug des antiken arabischen Vaterlandes beschränkte sich aber nicht nur auf die zuvor genannten Bereiche. Vielmehr war es die Wiege der drei himmlischen Religionen, die den Menschen den rechten Weg wiesen und ihre Seelen erzogen. In der Wüste des Sinai sprach Gott mit Moses und gebot ihm. Und in Palästina wuchs der Herr Christus auf. Und durch ihn kam das Christentum auf, das zur Brüderlichkeit und zum Frieden aufrief. Und in Mekka wuchs Muhammad auf – Gott segne ihn und schenke ihm Heil – und er rief zur Botschaft des Monotheismus auf, zum Glauben und zum Recht."[16]

Zweifellos haben die Kulturen des alten Orients eine maßgebliche Rolle gespielt für die Entwicklung der menschlichen Zivilisation. Dennoch ist die hier gebotene Darstellung nur eingeschränkt richtig:

- Erstens gab es nicht nur in Mesopotamien, Ägypten und dem fruchtbaren Halbmond sehr alte Hochkulturen, sondern z. B. auch in Indien und China.
- Zweitens sind mittlerweile auch andere frühe Kulturen besser erforscht, die zeigen, dass es sehr früh auch in Afrika, Südamerika und Europa hoch stehende Kulturen gab.
- Drittens ist die Zuordnung zu den Arabern bzw. dem „arabischen Vaterland" problematisch. Insbesondere für das Zweistromland ist festzustellen, dass die Bewegung der Kulturaneignung gerade entgegengesetzt verlief wie hier dargestellt: Nicht die sesshaften Großkulturen gaben ihre Zivilisation an die umliegenden Länder ab, sondern diese wurden immer wieder Ziel umliegender Nomaden oder einsickernder Beduinenstämme. Diese nahmen die Kultur der sesshaften Bevölkerung an und errichteten neue Reiche.[17] Auch die Araber waren zunächst eher Invasoren und Erben der Hochkulturen als dass sie Träger dieser Kulturen gewesen wären und diese vererbt hätten.

---

16 GES OS 1, 125f.

17 Vgl. GUNNEWEG 1984, 12-13 sowie zusammenfassend 14: „Überschaut man die altorientalische Geschichte als ganze, so kann man mit dem gleichnamigen Titel einer Studie Albrecht Alts von

- Viertens ist die Zuordnung der Phönizier zur arabischen Welt nicht ganz richtig, denn diese waren ein Volk der Levante, das sich nur in den befestigten Küstenstädten am Rande der arabischen Welt niederließ.[18]
- Fünftens muss gesagt werden, dass sowohl für das Judentum als auch für das Christentum der Ursprung zwar im Nahen Osten lag, dass sich die Religionen jedoch schon sehr früh (Paulus' Missionsreisen in die hellenistischen Gemeinden nach Kleinasien und Griechenland) nach Europa verbreiteten und hier erst aus der „jüdischen Sekte" eine eigenständige Religion entstand.
- Schließlich hat „der" Islam durchaus nicht geradlinig zu einer anhaltenden Fortführung der Hochkulturen geführt. Mag dies vielleicht noch für die arabisch-islamische Epoche gelten, in der zweifellos viele Elemente der antiken Hochkulturen weitergeführt wurden, so gilt dies kaum noch in der türkisch-islamisch geprägten Epoche, eine Epoche, in der das antike Erbe der Hochkulturen in völlige Vergessenheit geriet, bis Europäer (!) es durch archäologische Ausgrabungen und linguistische Forschungen ab dem 19. Jh. wieder zum Vorschein brachten.

Bereits hier wird eine Argumentationskette aufgebaut, die später in einen Gegensatz zum christlichen Abendland gebracht wird. Sie lautet: Die arabisch-islamische Kultur ist von Anfang an die überlegene Kultur und Zivilisation. Andere Kulturen konnten nur dadurch einen Aufschwung nehmen, dass sie daran teilhatten. Wenn sich die arabisch-islamischen Völker von der europäischen Abhängigkeit und Beeinflussung befreien, dann werden sie wieder zu ihrer alten Größe zurückfinden.[19]

Das Thema wird bei der Darstellung der phönizischen bzw. kanaanäischen Kultur nochmals aufgegriffen: Hier seien die beiden Religionen des Juden- und des Christentums entstanden. Von hier hätten sich die beiden Religionen in alle Welt verbreitet. Und auch im Islam habe diese Gegend bei der Verbreitung eine wichtige Rolle gespielt.[20] Die behauptete Überlegenheit der phönizischen Kultur, die als Teil der arabischen Kultur verstanden wird, kommt nochmals an anderer Stelle zu Ausdruck:

> *„Neben den Aktivitäten im See- und Landhandel im Mittelmeerraum unternahmen die Phönizier das größte nautische Abenteuer in der antiken Geschichte. Sie unternahmen eine Entdeckungsfahrt um Afrika im Auftrag/auf Kosten der Pharaonen Ägyptens im 6. Jh. v. Chr. – d. h. fast 2000 Jahre vor der geografischen Entdeckung der Europäer in der Moderne. Die Phönizier fuhren durch das Rote Meer bis zum Indischen Ozean, dann fuhren sie parallel entlang der afrikanischen Küste bis sie zum ‚Kap der Guten Hoffnung' kamen und es entdeckten. Dann setzten die Phönizier ihre Reise hart an der westafrikani-*

1944 vom Rhythmus der Geschichte Syriens und Palästinas im Altertum sprechen, Rhythmus immer neuer Unterwanderungen von der Wüste her, welche das Kulturland semitisieren und im Kommen und Gehen immer neuer Herrenschichten die Geschichte in Bewegung halten."

18 Vgl. NOTH, Art. "Phönizier" in: RGG³ 5, 360-362.

19 Vgl. unten Kap. 3.8. und 3.9 sowie

20 GES OS 1, 146.

schen Küste fort bis sie zur Meerenge von Gibraltar kamen. Und von dort drangen sie in das Mittelmeer ein und kehrten nach Ägypten zurück."[21]

Die Frage, ob sich dies tatsächlich historisch nachweisen lässt, ist hier von untergeordneter Bedeutung. Wichtig ist in diesem Zusammenhang, dass diese antike Entdeckungsfahrt der europäischen Entdeckung gegenübergestellt wird. Die Entdeckung des Schifffahrtsweges um Afrika, die an anderer Stelle schmerzlich als einer der maßgebenden Faktoren bezeichnet wird, die dazu führten, dass Ägypten und die arabische Welt trotz militärischer Erfolge gegen die Kreuzfahrer ab dem späten Mittelalter ins strategische, ökonomische und kulturelle Abseits geriet,[22] wird hier den Phöniziern zugeordnet, deren Kultur man sich selbst zuschreibt. Die Funktion ist deutlich: Selbst wenn die Europäer der islamisch-arabischen Kultur mit dem Aufblühen des Seehandels seit der beginnenden Kolonialzeit eine empfindliche Niederlage bereiten konnten, so soll der Blick auf die phönizische Kultur zeigen, dass dies alles letztlich nur ein Plagiat der Kultur des Orients ist, die die überlegene Kultur bleibt.

3.2. Der Sieg des Christentums über das Heidentum

Das dritte Kapitel beschäftigt sich mit der Schilderung der römischen Kultur. Nachdem der römische Staat, der Streit zwischen Karthago und Rom und die Ausbreitung der römischen Herrschaft im Mittelmeerraum beschrieben werden, erfolgt eine Schilderung der Gesetzgebung, der Wissenschaft und Literatur sowie der Künste und der Architektur. Der Abschnitt wird beschlossen mit einer ca. eine dreiviertel Seite umfassenden Passage über die Anfänge des Christentums, die folgenden Inhalt hat:

„*Der Sieg der christlichen Religion über die heidnische Religion*

Die Römer übernahmen von den Griechen das meiste von ihren religiösen Glaubensvorstellungen. Es vermehrten sich die Zahl der angebeteten Götter, an deren Spitze der Gott Jupiter stand, der Herr des Himmels und höchster Gott. Es wurden aber auch einige altägyptische Gottheiten wie z. B. Isis und Serapis (eine ägyptisch-griechische Gottheit) nach Rom und in einige Gegenden des römischen Reiches überliefert, wo ihnen Tempel und religiöse Kultorte errichtet wurden. Ebenso fing man an, einige römische Imperatoren anzubeten – möglicherweise ein Resultat aus der Begegnung mit der Verehrung der Pharaonen im Alten Ägypten.

Es ereignete sich aber ein glorreiches Ereignis in Bethlehem in Palästina, und dies war die Geburt des Herrn Christus ʿĪsâ – Friede sei mit ihm – weniger als dreißig Jahre nach Bekanntmachung des Augustus als Imperator des römischen Reiches und im 1. Jahr nach der Zeitrechnung der Franken (das mit dem Tag der Geburt des Herrn Christus beginnt). Es dauerte aber nicht lange, da begann ʿĪsâ – Friede sei mit ihm – zur Großmut und Demut aufzurufen, zur Liebe und zur Brüderlichkeit, und er spornte dazu an, die Götzenanbetung zu verwerfen und [stattdessen] den Herrn des Himmels und der Erde an-

[21] GES OS 1, 150.

[22] Vgl. GES OS 3, 81.

> *zubeten und ihm zu gehorchen und verkündigte damit eine neue Religion – die christliche Religion.*
>
> *Der Ruf (daʿwa) des Herrn Christus und seiner Lehre wurde willkommen geheißen unter den Leuten und seine Nachrichten verbreiteten sich besonders, als er sich durch Wunder offenbarte und sein Ruhm allgemein bekannt wurde. Sein Ruf verbreitete sich innerhalb und außerhalb Palästinas durch Gesandte (rusul), die glaubten und der neuen Lehre treu blieben. So bewegte sich der Heilige Petrus zwischen den Territorien Europas bis er nach Rom gelangte, das er zum Christentum aufrief. Ebenso unternahm es der Heilige Markus, es in Ägypten zu verbreiten.*
>
> *Die Verbreitung des Christentums beunruhigte die römischen Imperatoren und sie nahmen eine total feindselige Haltung gegenüber dem Christentum ein. Sie führten an ihren Anhängern eine schreckliche Verfolgung aus. Der Imperator Nero (53-68 n. Chr.) gab Gesetze heraus, die auf die Ausrottung des Christentums zielten. Ebenso legt ihm die Geschichte zur Last, dass er einen Brand in der Stadt Rom gelegt hat, um dann die Anhänger der neuen Religion dafür verantwortlich zu machen, schwerste Sanktionen zu verhängen und heftigste Formen der Folter auf sie herabkommen zu lassen. Und die Christenverfolgung dauerte zwei Jahrhunderte an, während der sie der Abschlachtung, der Verbrennung bei lebendigem Leib und dem Vorwerfen vor wilde Tiere ausgesetzt waren. Sie erduldeten und ertrugen das aber alles und wurden nicht schwach bis dass der Imperator Konstantin (324-337 n. Chr.) das Christentum anerkannte, das offizielle Staatsreligion wurde in der Zeit des Imperators Theodosius (379-395 n. Chr.). Er belegte das Heidentum in allen Regionen des Imperiums mit einem scharfen Verbot.*"[23]

Es fällt auf, dass auch hier wiederum von dem Stifter des Christentums in großer Ehrerbietung gesprochen wird. Seine Geburt in Bethlehem gilt als „*glorreiches Ereignis*" in der Heilsgeschichte. Es herrscht keine Scheu, die Hoheitstitel, die auch im Christentum für Jesus gebraucht werden, zu benutzen. Sie werden ergänzt durch typisch islamische Formeln der Ehrerbietung für einen Propheten. Jesus wird als „der Herr" (*as-sayyid*) und als „der Messias" (*al-masîḥ*) bezeichnet und es folgt jeweils nach seiner Erwähnung die rituelle Formel „Friede sei mit ihm". Gleiches gilt für Petrus und Markus, die ohne Scheu als „Heilige" und „Gesandte" (*ar-rusul*) bezeichnet werden. Auch die Beschreibung der Botschaft Jesu Christi erfolgt mit Hochschätzung vor seiner Verkündigung. So wird gesagt, dass er zu „*Toleranz und Demut, zur Liebe und zur Brüderlichkeit ... und zur Anbetung und zum Gehorsam gegenüber dem Herrn des Himmels und der Erde*" aufrief.[24] Interessanterweise taucht hier nicht die übliche Formulierung auf, dass diese Verkündigung den Aufruf zum Islam (*daʿwa lil-Islâm*) darstelle.[25] Jesus wird nicht ausdrücklich für die islamische Religion vereinnahmt. Vielmehr wird hier gesagt, dass er mit seiner Botschaft „*eine neue Religion, die christliche Religion, verkündet*" habe. Der christlichen Verkündigung wird also eine gewisse Eigenständigkeit zugestanden.

---

[23] GES OS 1, 212.

[24] Wobei natürlich diese Beschreibung äußerst kurz ist und sehr vielfältig verstanden werden kann.

[25] Vgl. SK MS 1/2, 69.

3.3. Widerstand gegen Byzanz: Geschichte und Kultur der Kopten

Am Ende der Schilderung der Römerzeit wird in dem ersten Geschichtsbuch der *„Widerstand der Ägypter gegen die Römer"* geschildert. Ein bewaffneter Widerstand unter Führung eines Priesters Isidorus wird explizit erwähnt, sowie wirtschaftliche Boykottmaßnahmen der ägyptischen Bevölkerung. Als dritte Form des Widerstands wird *„Die Hinwendung der Ägypter zum Christentum"* genannt. Unter dieser Überschrift finden sich folgende Ausführungen:

> *„Die Ägypter waren unter der Avantgarde der Völker, die den Ruf zum Christentum empfingen und die sich beeilten, die Überzeugung der neuen Religion aufzugreifen, da es die Würde des Menschen in sich schloss und die moralischen Prinzipien und die Lobpreisung und Verehrung des Herrn, welcher der Schöpfer des Himmels der Erde ist, und alles dessen, was die Schöpfung enthält. Und sie zwangen - infolge der römischen Verfolgung der Christen im Allgemeinen und der Ägypter im Besonderen – sie zur Flucht in die Wüste, wo sie heimlich Kirchen und Klöster aufbauten. Dies war eine starke Waffe in der Hand des ägyptischen Widerstandes gegen die römische Herrschaft und eine Bestätigung der Unbeugsamkeit, was dazu führte, dass die Ägypter auf diesem Weg unter den verschiedensten Formen des Drucks, der Verfolgung, der Folter und des Terrorismus leiden mussten."*[26]

Das ägyptische Christentum wird hier als eine politische Bewegung geschildert, die sich gegen die römisch-hellenistische Herrschaft richtete.

Im Anschluss daran wird das Kapitel *„Lichtblicke auf die Geschichte Ägyptens in der koptischen Epoche"* wiedergegeben, das bereits in der Mittelstufe durchgenommen wurde. Hier wird es jedoch in einen anderen Kontext gestellt: Während es in der Mittelstufe mit dem kulturellen Niedergang in der Zeit der römischen Herrschaft erwähnt wird, dient es hier als Erläuterung des Widerstands der Ägypter gegen die römische Herrschaft. Der Text ist weitgehend identisch mit dem, der im zweiten Buch Sozialkunde der Mittelstufe abgedruckt wurde.[27] Ein Vergleich zeigt, dass der im Sozialkundebuch abgedruckte Text an 29 Stellen um kurze Passagen und Nebensätze gekürzt ist, an drei Stellen ergänzt wurde und nur an einer Stelle ein anderer Ausdruck gewählt wurde. Der Textvergleich und die Art der Kürzungen legen nahe,

a) dass die im Geschichtsbuch abgedruckte Version die ältere Version ist,
b) dass der Text für das Sozialkundebuch der Mittelstufe nur leicht gekürzt wurde
c) und dass der Redaktor ein Muslim gewesen ist.[28]

---

[26] GES OS 1, 226.

[27] SK MS 1/2, 80-88.

[28] Zu den Argumenten hierfür vgl. oben Teil B, Kap. V.3.3.

Drei der im Zusammenhang mit der Darstellung des Christentums wiedergegebenen Bilder sind im Geschichtsbuch zwar nur im Schwarz-Weiß-Druck, jedoch in besserer Qualität: Bei der Darstellung von St. Markus handelt es sich um eine Grafik, die zwar auch im westlichen Stil gezeichnet wurde, aber klar zu erkennen ist. Das Bild vom Antonius-Kloster ist – im Gegensatz zu dem gleichen Bild im Sozialkundebuch der Mittelstufe – nicht retuschiert und bildet dieses im Hintergrund ab. Bei der koptischen Webarbeit ist durch den Schwarz-Weiß-Druck das Motiv zu erkennen, das man im Sozialkundebuch nur erahnen kann. Das Bild des Syrer-Klosters im Wâdî Natrûn, das im Sozialkundebuch zu finden ist, ist hier nicht abgebildet. Stattdessen findet sich ein Bild des St. Katharinen-Klosters vom Sinai. Die Bilder sind bereits in der Ausgabe des Geschichtsbuches von 1998/99 enthalten, also in einer Ausgabe, in der die ausführliche Geschichte des koptischen Christentums noch nicht enthalten war.[29]

Der Text wird hier nochmals fortlaufend mit den Änderungen wiedergegeben, um deutlich zu machen, worin sich der Text von der Version im Sozialkundebuch unterscheidet. Nur bei längeren identischen Passagen wird auf die Übersetzung im Sozialkundebuch verwiesen. Die Stellen, die hier zusätzlich zu finden sind, wurden fett markiert (**Text**). Die wenigen Stellen, die im Sozialkundebuch ausführlicher, aber im Geschichtsbuch nicht zu finden sind, wurden fett markiert und durchgestrichen (~~**Text**~~). Nur bei längeren identischen Abschnitten wurde auf die Übersetzung im Sozialkundebuch verwiesen. Dieses Vorgehen bietet die Möglichkeit, den Text nochmals im Zusammenhang zu lesen, der bei der ausführlichen Interpretation in der Mittelstufe in einzelne Abschnitte zerlegt worden war. Um Redundanzen zu vermeiden, beschränkt sich die Interpretation auf die Unterschiede zwischen den beiden Texten.

> *„Lichtblicke auf die Geschichte Ägyptens in der koptischen Periode*[30]
>
> [= Text identisch mit Abschnitt 1 im Sozialkundebuch, vgl. oben V.3.3, 167]
>
> *Der Beginn der Koptischen Epoche*
>
> *Die Forscher differieren hinsichtlich der Festsetzung des Beginns der koptischen Epoche. Einige führen den Beginn auf den Eintritt des Christentums nach Ägypten im 1. Jahrhundert n. Chr. durch St. Markus zurück (siehe Abbildung 1).*[31] *Sicher ist, dass Ägypten eines der ersten Länder war, in die das Christentum kam.* ***Einige [andere] sehen den Anfang zurückgehen auf die Zeit, in der sich die koptische Sprache entwickelte und sich verbreitete, im 2. Jh. n. Chr. Einige [andere] Forscher [wiederum] verbinden ihn mit dem***

---

29 GES OS 1 (Edition 1998/99), 222f.; 227.

30 Während die Überschrift im Sozialkundebuch nur eine Subunterschrift war, die in den fortlaufenden Text integriert wurde, wird hier im Geschichtsbuch der Oberstufe mit einem neuen Seitenbeginn und mit Fettdruck sehr viel deutlicher hervorgehoben, dass es sich um einen eigenständigen, ursprünglich nicht zum Text gehörigen Teil des Buches handelt.

31 Dass es sich um einen nachträglich integrierten Teil handelt ist auch an der Zählung der Abbildungen abzulesen. Die Abbildung auf der vorangehenden Seite (S. 226) wurde mit Nr. 171 angegeben. Hier erfolgt nun ein Neubeginn der Zählung der Illustrationen.

Jahr 284 n. Chr., dem Jahr, nachdem die Kopten Ägyptens ihre Zeit berechnen, [d. h.] in der Epoche des Imperators Diokletian, oder mit dem Jahr 313 n. Chr., dem Jahr, in dem der Imperator Konstantin das Christentum anerkannte, was den Anfang seines Sieges [des Christentums] markierte [32] *und* ***die Übereinstimmung zwischen allen diesen Meinungen*** *kann* ***man damit ausdrücken, dass***[33] *man sagt, dass das 3. Jahrhundert [in jedem Fall] als der Anfang der koptischen Epoche angesehen werden kann, als die koptische Sprache herrschte, die christliche Religion sich auf dem Territorium Ägyptens verbreitet hatte und alle Gebiete des geistigen und kulturellen Lebens prägte.*

~~***Das Wort Kopte bedeutet Ägypter***~~[34]

Es ist erwähnenswert, dass das Wort ‚Kopte' ‚Ägypter' bedeutete. Es ist abgeleitet vom griechischen Wort ‚ğîbtûs', das die Griechen zur Bezeichnung von Ägypten benutzten und es war eine Entstellung des alten Namens, mit dem die Stadt «Memphis ***Haiptaḥ», d. h. das Haus, in dem die Seele des Ptah wohnt, einer der Götter des alten Ägypten,***[35] *bezeichnet wurde. Die Araber nannten Ägypten „Haus der Kopten" (Dâr Al-Qibt) und weil damals die Leute des Landes Christen waren, entwickelte sich das Wort Kopte zur Bezeichnung für einen Christen in der Geisteswelt der Araber nach der Eroberung.*

Das wichtigste, was die koptische Epoche in der ägyptischen Geschichte charakterisiert, ist folgendes:

1. ***Die Kontinuität mit der Vergangenheit, als die Geschichte Ägyptens sich hervortat in den beiden Phänomenen der Vorzeit und der Fortdauer- was zuvor erwähnt wurde***
2. ***Die Verbindung des religiösen Verständnisses mit dem Vaterland***[36]

[Weiterer Text identisch mit Abschnitt 4 in Kap. V.3.3., 169, dann:] *Die Religion hatte großen Einfluss auf die Verknüpfung des Ägypters zwischen Religion und Vaterland und die Verbindung des Ägypters zu der ägyptischen Kirche und ihrer religiösen Schule (madhab). Sie lehnte die religiösen Beschlüsse ab, die die Kirche, die dem byzantinischen Staat in ihrer Hauptstadt Konstantinopel folgte, erließ,* ***wenn sie dem Kanon des Glau-***

32 Diese Passage fehlt in dem Sozialkundebuch. Es ist zu vermuten, dass man die Passage bei der Einfügung in das Sozialkundebuch einfach wegkürzte, weil man die Informationen für zu detailliert hielt. Zudem blieben die Satzkonstruktion und der Inhalt weitgehend die Gleichen. Es bleibt lediglich offen, welche Meinungen es noch gibt neben „einigen" Forschern, die den Beginn mit dem Wirken des St. Markus sehen.

33 Die Satzkonstruktion wurde im Sozialkundebuch etwas vereinfacht und gekürzt.

34 Diese im Sozialkunde wiedergegebene Überschrift fehlt im Oberstufenlehrbuch. Wenn es sich so verhält, dass der im Oberstufenbuch abgedruckte Text die ältere Version des Textes darstellt, so ist die Einfügung im Sozialkundebuch leicht zu erklären: Sie dient zur besseren Gliederung des Textes.

35 Die im Sozialkundebuch kritisierte fehlende altägyptische Bezeichnung für Memphis wird hier teilweise wiedergegeben und genauer erläutert. Um die Ableitung sinnvoll zu machen fehlt zwar immer noch das „Ka" in „Hai-*Ka*-Ptah", aus dem sich das griechische „ai-gy-pt(os)" ableiten läßt, aber die arabische Übersetzung ist korrekt und übersetzt noch das fehlende „Ka" (altägyptische Bezeichnung für die Seele) mit: *bait fîhî* rûḥ *Ptâḥ*. Es ist also zu vermuten, dass das „Ka" möglicherweise in einer noch älteren Version des Textes einmal vorhanden war. Als man jedoch den Text für die Einfügung in das Sozialkundebuch überarbeitete, ließ man die Bezeichnung „Haiptaḥ" weg, da sie in der Tat in dieser falschen Form keinen Sinn macht. Zurück blieb im Sozialkundebuch das kritisierte Fragment einer Ätiologie, die keine mehr ist.

36 Der Abschnitt fehlt im Sozialkundebuch. Dass er ursprünglich dazu gehörte, ist sehr wahrscheinlich, da explizit Bezug genommen wird auf den ersten Absatz der Einfügung. Wahrscheinlich wurde der Abschnitt für die Einfügung im Sozialkundebuch einfach weggekürzt.

bens der ägyptischen Kirche widersprachen*. Die Ägypter fanden im Christentum die Artikulation der Ablehnung [, die sich] gegen die römisch-griechische Präsenz in Ägypten [richtete]. Der Weg zur Übertragung von bedeutenden Ämtern* ***im Verwaltungsapparat*** *war ausschließlich offen für die griechischen Byzantiner. Sie hatten auch große Landgüter und sie bildeten eine aristokratische Kolonie, die ihren Einfluss mit der Ausweitung ihres Vermögens vergrößerte. Die Griechen bewohnten die Hauptstädte der Provinzen und ließen [d. h. besiedelten nicht] die dörflichen Gegenden. Es kam keine Ähnlichkeit oder Eintracht auf zwischen den Byzantinern und dem Volk der Ägypter* ***und das Volk hatte eine eigene Kultur, deren es sich rühmte, und bekämpfte die byzantinische Kultur als Feind, und die Religion wurde ein Mittel zum Ausdruck des Wunsches, von der byzantinischen Herrschaft befreit zu werden****. Und es erschien eine nationale Sprache und dies war die koptische Sprache.*

Und die Ägypter mussten dem byzantinischen Staat in seiner Hauptstadt Konstantinopel (dem jetzigen Istanbul) Lasten von Weizen jeden Morgen abliefern, die unter dem Namen die „frohe Fracht" bekannt war, zusätzlich zu einer Menge von hohen und üblen Steuern neben der Schmach der Zwangsarbeit, die den Arbeitern und Bauern in den Dörfern auferlegt wurde.

Unter den byzantinischen Beamten war es der für die Eintreibung der Steuern Zuständige, der stets bekannt war für seine Härte und seine schmutzige Zunge. Ebenso waren die Beamten der Behörden allesamt korrupt. Aus einem der Papyri, die auf die byzantinische Zeit zurückgehen, können wir folgendes entnehmen: Einer dieser byzantinischen Beamten führte einmal mit seiner Soldatenbande eine Razzia gegen eines der Dörfer durch. Sie gingen mit den Dorfleuten wie Wegelagerer um. Sie griffen [sogar] die Frauen an und drangen in die Nonnenkloster ein. Sie verstopften die Kanäle, warfen die Dorfbewohner in die Gefängnisse, nahmen das Geld mit Gewalt von den Leuten, raubten die Tiere und hörten damit nicht auf bis sie das Volk bis auf das Hemd ausgezogen hatten.[37]

Der Triumph des Christentums in Ägypten und die Epoche der Märtyrer

Die Lehre des St. Markus in der Stadt Alexandria blühte auf und es wurde in ihr die Schule für religiöse Studien gegründet. ***Unter den Gelehrten dieser Schule waren alle folgenden: Origenes, Didymus der Blinde, Clemens von Alexandria und Athanasius der Apostolische.***[38] *Und es wurden an diese Schule viele Gelehrte und Philosophen von verschiedenen Provinzen aus dem Westen und Osten des römischen Imperiums entsandt. Währenddessen entfachte das römische Imperium eine heftige Schlacht gegen die Anhänger der neuen christlichen Religion, um sie vollständig auszurotten.*

Die ***offizielle*** *Unterdrückung fing bereits in der Zeit des Imperators Nero (54-68 n. Chr.) an, der an so gewaltiger Geisteskrankheit litt, dass er [sogar] selbst die Stadt Rom anzündete, dann [aber] den Verdacht auf die Christen in Rom lenkte. Der Imperator und seine Soldaten überhäuften die Christen mit Ermordungen und exemplarischen Bestrafungen auf abscheulichste Weise. Nach einiger Zeit setzte dann der Imperator Septimus Severus (193-211 n. Chr.) die Welle der Unterdrückung gegen die Christen fort. Er gab*

---

37 Die hier wiedergegebenen ausführlicheren Passagen lassen sich am ehesten dadurch erklären, dass sie ursprünglich waren und von einem Redaktor herausgestrichen wurden, weil ohne sie der Text weiterhin verständlich bleibt.

38 Die Auslassung der Namen der Kirchenväter, die an der Katechumenenschule lehrten, ist ein erster Hinweis darauf, dass die redaktionelle Überarbeitung für das Sozialkundebuch durch einen Muslim durchgeführt wurde: Koptische Christen, die ihre Geschichte im wesentlichen als personalisierte Geschichte ihrer Heiligen, Kirchenväter und Päpste darstellen, würden niemals ihre Kirchenväter bei einer Darstellung ihrer Geschichte weglassen. Für die meisten Muslime sind dies dagegen weitgehend fremde Namen griechischer Provenienz, mit denen sie nur wenig anfangen können. Eine Kürzung liegt von daher nahe.

einen Erlass heraus, dass es notwendig sei, dass sich alle Bürger in den Provinzen vor den Statuen niederwerfen und weihräuchern beim Herantreten zu diesen Statuen. Die Strafe aber bei Nichtbefolgung dieses kaiserlichen Befehls war der Tod durch Enthauptung, dass man sie den Löwen zum Fraß vorwarf oder die Verbrennung bei lebendigem Leibe. ***Dann befahl Severus die Schließung der religiösen Schule in Alexandria und er statuierte ein Exempel an den Christen.*** *Und es blieb die Situation in diesem elenden Zustand bestehen bis sie [noch weiter] abfiel in der Zeit des Imperators Diokletian (284-305 n. Chr.), dessen Epoche bekannt ist als die Epoche der großen Unterdrückung, speziell in Ägypten. Diokletian gab einen kaiserlichen Erlass heraus, die Kirchen zu zerstören, die heiligen Schriften zu verbrennen und alle hinzurichten, die der christlichen Lehre offen oder heimlich folgten. Die Zahl der christlichen Märtyrer in Ägypten betrug 144.000 Personen und einige Forscher nehmen als Zahl sogar ca. 800.000 Märtyrer an.* ***Unter den Märtyrern waren die Heilige Damyâna und die 40 Nonnen im Delta, die Heilige Katharina von Alexandrien und einige Patriarchen Alexandriens.***[39] *Wegen dieser massiven Unterdrückung erachten die Ägypter das erste Jahr der Herrschaft des Imperators Diokletian – das ist das Jahr 284 n. Chr. – als Anfang des koptischen Kalenders, und diese Zeitrechnung (w.: Geschichte) ist bekannt unter der Bezeichnung ‚Jahr des Märtyrers'.* [Der folgende Text ist identisch mit den beiden letzten Absätzen des Abschnitts 6 in Kap. V.3.3., 171f.]

Das Mönchtum oder das klösterliche Leben

[Text identisch mit Abschnitt 7, Kap. V.3.3., 172 von "Mit dem Erscheinen des Christentums ..." bis zu "... Askese, Gebet und Meditation"]. ***Das höchste Ziel für denjenigen, der diesen Weg beschritt, war es, das Geistliche zu erheben und die materiellen Begierden des Fleisches zu überwinden.*** *Ägypten mit seinem Land und Klima war aber günstig für das Mönchtum: Es dehnt sich über weite Wüstenflächen aus und diese Wüste war der Zufluchtsort, zu dem die Mönche flüchteten. Dies dank des gemäßigten Klimas, das die Mönchen ermunterte, ihre Städte und Dörfer zu verlassen und in die Wüste zu gehen, um sich dort im mönchischen bzw. monastischen Leben zu üben.*

Der Begriff für Râhib (Mönch) in der koptischen Sprache ist „Monachos". Und dies wurde in die modernen europäischen Sprachen so überliefert wie es im Koptischen ist. Ebenso ist dies der Fall mit dem Wort Mutawaḥḥad (Anachoret), d. h. einer Person, die sich von den Dingen der Welt abscheidet.[40]

---

39 Auch hier lasssen sich die ausführlicheren Passagen am ehesten dadurch erklären, dass sie ursprünglich waren und von einem Redaktor herausgestrichen wurden, weil auch ohne sie der Text weiterhin verständlich bleibt. Dass die Streichung auch die Namen der Heiligen betraf, legt ein weiteres mal nahe, dass die Überarbeitung nicht von einem Kopten, sondern von einem Muslim durchgeführt wurde, denn es ist ein Grundzug koptischer Geschichtsschreibung, dass Geschichte als Geschichte von Heiligen wiedergegeben wird. Zudem ist insbesondere die Auslassung der Heiligen Damyana und ihrer 40 Jungfrauen sowie der Heiligen Katharina kaum durch einen Kopten geschehen, denn sie gehören zu den wichtigsten weiblichen Vorbildern in der koptischen Frömmigkeit. Vgl. hierzu MEINARDUS 1999 Dreigestirn.

40 Die hier wiedergegeben ausführlicheren Passagen lassen sich am ehesten dadurch erklären, dass sie ursprünglich waren und von einem Redaktor herausgestrichen wurden, weil auch ohne sie der Text weiterhin verständlich bleibt. Inhaltlich ist der Ableitung nicht zuzustimmen. Die Worte sind keine ursprünglichen koptischen Worte, sondern sind Lehnworte aus dem Griechischen. μοναχός wird von Euseb erstmals als Bezeichnung für einen einzeln lebenden Christen gebraucht, der in der Askese nach Vervollkommnung des christlichen Lebens sucht. Der Begriff "al-mutawaḥḥad" entspricht inhaltlich eigentlich eher dem μοναχός, da beides „vereinzelt, einzelner" bedeutet, jedoch wird im Arabischen der Mönch stets mit „ar-râhib" bezeichnet, dessen Wortbedeutung eigentlich „Gottesfürchtiger" ist. Ebenso ist der Begriff Anachoret ursprünglich nicht koptischen Ursprungs, sondern ist vom griechischen ἀνα–χορέω „sich zurückziehen" abzuleiten. Da jedoch

Das Mönchtum in Ägypten nahm zwei Hauptformen an:

1. Die völlige Abgeschiedenheit oder Einsiedelei (das individuelle Mönchtum), wo der Mönch sein Essen, seine Kleidung und seine Handarbeit selbst regelt ohne Hilfe von irgendjemand. Und der Einsiedler ist von Liebe [zu Gott] getrieben (w: liebestoll bzw. von Sinnen) freigelassen in der Wüste und zeigt keinem Menschen sein Gesicht (w: er sieht kein Gesicht eines Menschen) ***und diese bezeichnet man mit dem Begriff as-suwwâḥ (w: Wanderer, Reisende).***[41] *Unter den ersten Einsiedlern in der Geschichte des ägyptischen Mönchtums ist Anba Anton, der der „Stern der Wüste" genannt wird (siehe Abbildung 2). Er wurde im Jahr 251 n. Chr. geboren. Er ist aus dem Dorf Qiman Al-ʿArûs, Zentrum von Al-Wasṭa in Oberägypten, und starb im Alter von ca. 100 Jahren im Jahr 356 n. Chr. Obwohl er aus einer reichen Familie kam, verließ er alles und ging weg zum Berg Al-Qulzum im Wâdî ʿAraba in der Nähe des Roten Meeres. Seine asketische Lebensführung hatte aber Einfluss auf seine Zeitgenossen. Und denselben Weg beschritt Anba Paulus aus dem Volk Thebens (er starb im Jahr 341 n. Chr.) und viele andere mehr.*

2. Der Orden der Gemeinschaft (das koinobitische Mönchtum). Dies gründete der Mönch Pachom ***und er wurde [deswegen] der „Vater der Gemeinschaft" genannt. Er starb im Jahre 349 n. Chr.***[42] *Er gehörte zu den Söhnen Edfus in Oberägypten, auf der westlichen Seite des Nils bei den Anhöhen der Wüste. Pachom errichtete ein Kloster, das von einer Mauer umgeben war. Darin lebte eine Anzahl von Mönchen, jeder in seiner Zelle oder seiner eigenen Einsiedelei.*

In beiden Formen, des Einsiedlertums und des Gemeinschaftslebens unterwarf sich der Mönch der Bedingung der „Keuschheit", d. h. der Nichtverheiratung, der Bedingung des Lebens der Askese und der Armut und der Bedingung des vollkommenen Gehorsams gegenüber dem geistlichen Vater des Klosters und dies neben den geistlichen Übungen zur Überwindung der Verführungen des Satans und der bösen Gedanken. Pachom führte in dieses System der Gemeinschaft auch die Notwendigkeit der Handarbeit ein und die Kultivierung des Bodens mit der Absicht, den Körper zu ermüden und seine Triebe niedrig zu halten, um die Erhöhung des Geistes und seine Vervollkommnung zu erreichen.[43]

---

nur sehr wenige Kopten der griechischen Sprache mächtig sind, halten viele Gläubige griechische Lehnworte für koptische.

41 Das christliche Arabisch benutzt für den Einsiedler bzw. Anachoreten das gleiche Wort wie für den modernen Touristen. Beiden kann man heute in den Wüsten Ägyptens begegnen. Sie sind jedoch leicht zu unterscheiden: Der eine tritt meist einzeln auf, ist von Kopf bis Fuß dunkel verhüllt und versucht vor der Welt zu fliehen, der andere tritt in Scharen auf, ist spärlich, jedoch stets bunt gekleidet und betrachtet seine Umwelt häufig nur durch eine Fotolinse.

42 Die hier wiedergegebene ausführlichere Erläuterung zum Heiligen Pachom wurde wahrscheinlich für das Sozialkundebuch gekürzt. Möglicherweise steckt hinter der Kürzung auch ein inhaltlicher Aspekt. Wenn es stimmt, dass der Redaktor ein Muslim war, so könnte der Begriff „Vater der Gemeinschaft" (Abu Aš-Širka) möglicherweise auch weggelassen worden sein, weil er zu stark anklingt an „Abû aš-Širk", was ein Muslim als äußerst negative Bezeichnung verstehen könnte, nämlich als „Vater des Polytheismus".

43 Auch hier liegt nahe, dass der im Sozialkundebuch fehlende Abschnitt nur von einem Muslim gestrichen worden sein kann, denn es werden ja hier die zentralen Kennzeichen des Mönchtums wiedergegeben. Aus christlicher Sicht könnte man eher die folgenden Ausführungen zu der Person Schenutes von Atripe weglassen als dieses Kernstück der Beschreibung des Mönchtums. Da dem Redaktor jedoch offenbar mehr daran lag, den Widerstand der Ägypter gegenüber dem byzantinischen Reich deutlich zu machen (siehe den Rahmen der Einfügung der koptischen Epoche), entfiel die Entscheidung für die Kürzung auf diesen statt auf den folgenden Abschnitt.

["Und nach dem Tod Pachoms ... erreichte" identisch mit letztem Absatz des Abschnittes 8 in Kap. V.3.3., 173; "Die Klöster waren ein hervorragendes ... anzufertigen" identisch mit Abschnitt 9 in Kap. V.3.3.174]. ***Unter den wichtigsten dieser Handschriften war die Heilige Schrift, die Biografie der Patriarchen, die Übersetzungen des Lebens der Märtyrer und ihrer Taten, die Gesetze der Kirche und anderes darüber hinaus, was dazu half, das kulturelle und religiöse Erbe zu verbreiten in einer Zeit, da man noch nichts vom Buchdruck wusste.***[44] [Passage "Es ist erwähnenswert ... für Nonnen [bestimmt]" ist identisch mit Abschnitt 10 in Kap. V.3.3., 175]

Die Vorrangstellung des Patriarchats von Alexandrien

Die Geschichte Ägyptens bezeugt in der koptischen Epoche die Vorrangstellung des Patriarchen von Alexandrien, der einen hohen Rang in der christlichen Welt einnahm. Es gibt keinen besseren Beweis dafür als das Bekenntnis des Konzils von Nicäa - es war das erste der ***ökumenischen***[45] *Weltkonzilien im Jahre 325 n. Chr. -, das besagt, dass der Patriarch der ägyptischen Kirche die religiöse Herrschaft über die Bischöfe Ägyptens, Libyens und Nordafrikas auszuüben hat. Die Patriarchen der ägyptischen Kirche - an oberster Stelle Athanasius, Theophilus, Kyrill und Dioskur - kämpften lange um die Vorreiterrolle des Ansehens der koptisch-ägyptischen Kirche und um die Erhöhung ihres Ranges. Sie spielten herausragende und ehrenwerte Rollen in den* ***Kirchenversammlungen in allen ägyptischen Kirchen~~. Nach dem Konzil von Chalzedon, 451 n. Chr., wurde die griechische Sprache in den Riten der Kirche in allen ägyptischen Kirchen abgeschafft~~***[46] *und das Streben nach Trennung und Unabhängigkeit vom byzantinischen Staat wurde größer.*

Alexandria: Die Metropole der Bildung, des Wissens, der Literatur und der Kunst

Das Christentum begann die Menschen in der koptischen Periode zu beschäftigen und es beherrschte die gedanklichen und kulturellen Aktivitäten. Die koptische Sprache breitete sich mit ihrer Charakteristik als nationale Sprache aus. Und Alexandria wurde zu einer Metropole der Kultur, des Wissens, der Literatur und der Kunst dank seiner Bibliotheken und seiner Schulen. Es gab in Alexandria bereits spezielle Bibliotheken, die im Privatbesitz waren, in denen der Verleih von Büchern zum Lesen möglich war. Und in Alexandria gab es seit der Ptolemäerzeit ein Haus speziell für das Studium und die Forschung, ***das ‚Museion' genannt wurde, was ‚Haus der Mutter der 9 Künste' bedeutet,*** *an das eine große Bibliothek angeschlossen war, in dem das größte Erbe der Menschheit versammelt war, die Originale (w: Mütter) der Bücher und die Handschriften. Die Anzahl der Papyrusrollen, auf denen man die Bücher schrieb erreichte 700.000 Stück.* ***Und diese Zahl ist nicht zu gering geschätzt.***[47] *Und Alexandria erlangte eine Weltberühmtheit dank seiner*

---

44 Der Abschnitt wurde wahrscheinlich weggekürzt, da die Passage auch ohne ihn verständlich ist. Außerdem haben diese Schriften aus der Sicht eines Muslim kaum Bedeutung.

45 Eines der wichtigsten Indizien dafür, dass der hier wiedergegebene Text älter ist als der Text im Sozialkundebuch, ist der hier gebrauchte Terminus „al-maskûnî" – „ökumenisch" für die Ökumenischen Konzilien. Dieser Begriff, der nur im christlichen Arabisch gebraucht wird, wurde wahrscheinlich durch den muslimischen Redaktor durch „ad-dînî" ersetzt. Vgl. hierzu die Ausführungen oben in Teil B, Kap. V.3.3.

46 Diese Stelle ist eine der wenigen, bei denen der Text des Sozialkundebuches nicht kürzer, sondern länger ist. Wahrscheinlich wurde die zusätzliche Information eingeflochten, da sie ein weiteres Zeichen des Widerstandes gegen die byzantinische Vorherrschaft war.

47 Die beiden Erläuterungen wurden wahrscheinlich für das Sozialkundebuch aus dem Text gekürzt, da der Text auch so verständlich ist. Etymologisch ist die Ableitung von „Museion" als „Haus der Mutter der neun Künste" zwar nicht ganz zutreffend, inhaltlich aber schon, denn seit Hesiod wird durchgehend von neun Musen(-Göttinen) in der griechischen Kultur gesprochen. Μουσεῖον

Schulen und seiner berühmten Bibliothek, und sie empfing Gelehrte jeder Neigung und Richtung an ihr. Anscheinend war dies ein Anstoß für die Kirche, um eine starke christliche Schule zu gründen, die die heidnische Schule bekämpfen, mit ihr konkurrieren und die Jugendlichen zum Christentum anziehen konnte.

Diese christliche Schule in Alexandrien spielte eine effiziente Rolle bei der Bereicherung des kulturellen Lebens in Ägypten in der koptischen Epoche. ***Die Gründung dieser Schule geht auf die ersten Tage des Eindringens des Christentums nach Ägypten zurück. Wie die Legenden über Sankt Markus berichten, war er es [selbst], der diese Schule gründete, um die christliche Kultur unter ihren Schülern zu verbreiten. Bei ihrer Gründung war diese Schule eine Schule zur religiösen Unterweisung von Kindern mit der Methode von Frage und Antwort. Dann weitete sie ihren Bereich aus, um sich mit den Wissenschaften, der Literatur, der Predigt, dem Kirchenrecht und der Philosophie zu beschäftigen.***[48] *Philosophie wurde dann*[49] *wie bei der griechischen Schule, die damals existierte, das wichtigste Wissensgebiet, das an dieser Schule gelehrt wurde. Daneben beschäftigte sich diese Schule mit den anderen Wissenschaften wie der Medizin, der Chemie, der Physik, der Mathematik, der Geometrie, der Astronomie, der Geografie, der Musik und der Geschichte. Es lernten an dieser Schule einige von den Kirchenvätern wie z. B. die Hl. Athanasius und Kyrill und andere. Sie spielte eine wichtige Rolle bei der Verbreitung der christlichen Religion in den ägyptischen Regionen.* ***Aber nach dem Konzil von Chalzedon 451 n. Chr. begann der Stern dieser Schule zu sinken. Sie wurde stufenweise immer schwächer. Es erschienen einige andere Schulen, die nicht der Kirche angehörten, obwohl sie einer christlichen Verwaltung unterworfen waren. Das Studium an diesen Schulen umfasste die Philosophie, die Grammatik, die Medizin, und die Kritik. Die Heiden strömten zu diesen Schulen, da sie nichts davon abhielt, sich ihnen anzuschließen oder die Wissenschaft an ihr zu lehren. Es versammelte sich in jenen Schulen eine gleichermaßen große Anzahl von christlichen und heidnischen Schülern, denn es gab keinen Widerstand gegen das Schwanken der heidnischen Schüler in diesen öffentlichen Schulen. Dies förderte die wissenschaftliche Konkurrenz zwischen den beiden Gruppen, was wiederum zu einer wissenschaftlichen Bewegung und ihrer Blüte in Alexandria führte.*** *Zudem spielten die Klosterschulen eine wichtige Rolle, von denen einige der Bildung von einzelnen aus dem Volk dienten, während andere speziell für die Bildung der Mönche selbst waren.*

Was die koptische Literatur betrifft, so beschäftigte sie sich mit religiösen Themen. ***Die religiösen Denker reicherten vieles an mit den ägyptischen Bedeutungen entsprechend des Reichtums der ägyptischen Mythen.*** *Es erschien die Predigtliteratur, die die Gestalt von Ermahnungen annahm, die mit weltlichen Angelegenheiten zusammenhängen, ebenso das, was man [unter dem Begriff] Weisheitsliteratur kennt. Die Literatur umfasste die Geschichten der Heiligen und die Erklärung der Evangelien, sowie die Übersetzungen der koptischen Märtyrer. Ihr Ziel aber war die Ermahnung und der Ansporn zu*

bezeichnet insoweit in der griechischen Antike den Tempel der Musen (-Göttinen) bzw. den Ort, an dem die Musengöttinen bzw. Musenkünste anzutreffen sind.

48 Dass ein Kopte den Namen des Gründers der Koptischen Kirche weggekürzt haben könnte, ist äußerst unwahrscheinlich. Zudem ist es bezeichnend, dass hier noch die Erläuterung erfolgt, die auf die ursprüngliche Bezeichnung der Schule hinweist, die Katechumenenschule, denn an ihr „wurde nach der Methode des ‚Katechismus' , d. h. mit der Methode von Frage und Antwort gelehrt". So MURQOS 1984, 72. Für einen Muslim dagegen sind diese Erläuterungen weitgehend irrelevant. Auf sie konnte daher aus muslimischer Pespektive gut verzichtet werden.

49 An dem hier im Satz folgenden „dann", das auch im Sozialkundebuch vorhanden ist, kann deutlich geschlossen werden, dass ursprünglich eine Aufzählung der verschiedenen Wissensgebiete, wie sie hier im Geschichtsbuch geliefert wird, vorangegangen sein muss. Dies ist ein weiteres Indiz dafür, dass der Text des Geschichtsbuches dem Sozialkundebuch als Vorlage diente.

den Tugenden und den vornehmsten Charaktereigenschaften. ***Unter den wichtigsten Philosophen der Schule Alexandrias war Hypatia, die große Berühmtheit in der Philosophie hatte, speziell in der Philosophie Platons und Plotins. Indessen tauchte eine Richtung auf, die der Stadt Alexandria einen Anstrich christlicher Prägung geben und jeglichen heidnischen Charakter ausmerzen wollte. Hypatia wurde Opfer dieser Richtung indem man sie festnahm und sie wurde im Jahr 415 n. Chr. umgebracht.*** [50]

---

[50] Der Abschnitt wurde wahrscheinlich für das Sozialkundebuch weggekürzt, da die Passage biografische Details zu einer koptischen Heiligen bietet, die für einen Muslim kaum von Bedeutung sind. Für die Kopten hat sie jedoch große Bedeutung, da in ihrer Person die Verbindung der christlichen Lehre mit dem Neuplatonismus in Erinnerung bewahrt wird. Hypatia wurde als Tochter des angesehenen Philosophen und Mathematikers Theon um 364 in Alexandrien geboren. Sie soll ihren Vater in philosophischen und mathematischen Kenntnissen, besonders aber in der Astronomie übertroffen haben. Aufgrund ihrer überragenden Intelligenz, ihrer Schönheit und Tugendhaftigkeit erreichte sie unter den Philosophen und Naturwissenschaftlern Alexandrias einen großen Bekanntheitsgrad. Über viele Jahre übte sie zuerst im Museion, später im Serapeion eine vielbeachtete Lehrtätigkeit in Philosophie, Mathematik und Astronomie aus. Unter anderem war sie in der Lage, selbst ein Astrolabium, einen Sternenhöhenmesser, anzufertigen. Ihr Schüler, der spätere Bischof Synesius von Kyrene, widmete ihr mehrere Briefe, Hymnen und Bücher, in denen sich die Synthese von Neuplatonismus und christlicher Lehre widerspiegelt, die für diese Zeit typisch war. Ihre undurchsichtigen politischen Beziehungen zu dem Stadtkämmerer Orestes, der mit dem koptischen Kirchenvater Kyrill verfeindet war, werden von manchen Biografen als Grund für ihre grausame Ermordung im Jahre 415 gesehen: Sie soll unter Anführung des Lektors Petrus buchstäblich in einer der großen Kirchen zerrissen worden sein. Hypatia ist die einzige der heiligen Frauen der Koptischen Kirche, die auch im Westen zu größerer Bedeutung gelangte und hier sogar einen festen Platz in der Romanliteratur einnimmt. So wurde sie im Zeitalter des Skeptizismus und Rationalismus als furchtlose Verfechterin einer „aufklärerischen" Lebensweise wiederentdeckt. Sowohl im „Tedradymus" des Religionsphilosophen John Toland (London 1720) als auch in Voltaires „Dictionaire philosophique" erscheint Hypatia als Opfer christlicher Gewalt. Für den Historiker Edwar Gibbon (1737/1794) war der Untergang Roms und der Antike durch das aufstrebende Christentum bedingt. Er machte Kyrill für die Konflikte in Alexandrien und für den Mord an der Philosophin verantwortlich. Als Märtyrerin für ihren schöpferischen Glauben diente Hypatia sowohl dem Antiklerikalismus als auch dem im 19. Jh. erwachenden Geist der „antiken Romantik". Für die französischen Dichter Charles Leconte de Lisle (1848/94) und Maurice Barrès (1862/1923) bestand ein unüberbrückbarer Gegensatz zwischen dem freien Denken der Antike und dem Dogmatismus der Kirche. Diese Polarität, dargestellt in der Persönlichkeit der Hypatia, wurde auch das entscheidende Thema ihrer Gedichte und Dramen. Hypatias Bekanntheit in der Neuzeit im Westen beruht jedoch hauptsächlich auf dem historischen Roman von Charles Kingsley (1819/75), der den alexandrinischen Klerus und die Wüstenväter mit dem ihm verhassten Katholizismus seiner Tage verglich. Hypatia, die von einem ihrer jüdischen Schüler zum Christentum bekehrt wird, wird trotzdem Opfer christlicher Intrigen. Auch Bertrand Russel (1872/1970) sah in seiner „Philosophie des Abendlandes" den schmählichen Hauptverdienst des Heiligen Kyrill in der Ausrottung der Antike und in der Ermordung der Hypatia. Es sollte jedoch zu denken geben, dass die Kirche, die in der Tradition des Kyrill steht, bis heute die Philosophin als Heilige verehrt, obwohl diese nach den ältesten Berichten nicht durch Taufe mit Wasser zum christlichen Glauben kam, sondern nur durch ihr Martyrium. In diesem Rahmen können natürlich nicht alle Schriftsteller genannt werden, die sich mit dem Thema der Hypatia befasst haben. Es soll jedoch noch auf das Jugendbuch von Arnulf Zitelmann „Hypatia" (Basel 1989), auf Annemarie Maegers „Hypatia, die Dreigestaltige" (Hamburg 1992) und „Hypatia II" (Hamburg 1995) sowie auf Maria Dzielskas eingehende Studie „Hypatia of Alexandria" (Cambridge 1995) hingewiesen werden. In jüngster Zeit wurde Hypatia auch als Vorkämpfering der feministischen Bewegung in Europa und Amerika entdeckt: Zwei angesehene feministische Frauenzeitschriften

Trotz der Ermordung Hypatias hörten die philosophischen Studien nicht auf, sondern wurden fortgesetzt und spielten eine wichtige Rolle. Und die Schüler eilten von allen Enden des Ostens herbei nach Ägypten, hauptsächlich aus Palästina, aus Syrien und Kleinasien. Ebenso wurden Gelehrte von allen Gegenden entsandt.[51] *Das Studium der Philosophie blühte in den Schulen Alexandriens [besonders] auf nach der Schließung der heidnischen Schulen in Athen, was dazu führte, dass viele Gelehrte nach Alexandrien wechselten, was die wissenschaftliche Bewegung in ihr belebte.*

Ebenso wurde die Schule für Medizin in Alexandria berühmt wie die der philosophischen Schule. Eine Gruppe von hervorragenden Ärzten konnte Alexandria aufweisen, wohin Schüler jeder Neigung und Richtung [der medizinischen Fachgebiete] eilten. ***Und unter den herausragenden Ärzten waren Basilikus, Sergius, Attikiyus und andere.***

Es wurde in Alexandria neben der Philosophie und der Medizin das Recht (al-fiqh) in der christlichen Religion gelehrt, die Literatur und die Dichtung, die Astronomie und die Sternenkunde, die Geografie und die Geschichtswissenschaft, der eine große Bedeutung zugemessen wurde. Es gab in Ägypten in der koptischen Epoche eine große Anzahl von Historikern, unter ihnen das hervorragende Beispiel des Ḥannâ Al-Niqîyûsî.

Was die koptische Kunst betrifft, so sind die Überreste der Altertümer bis heute im Koptischen Museum in Alt-Kairo zu finden sowie in den alten Kirchen und Klöstern. Der koptische Künstler aber vergaß nicht seine ägyptische Identität nachdem er Christ geworden war, sondern hielt an der Charakteristik der ***pharaonischen*** *Kunst fest,* ***nachdem er den altägyptischen Symbolen ein christliches Erscheinungsbild gegeben hatte und sie*** *zu christlichen Symbolen verändert hatte. Diese Kunst ist vom Christentum beeinflusst worden. Die Grundlage [dieser Kunst] sind die ägyptischen Sitten und Gebräuche. Der koptische Künstler hielt an den Wesenszügen und Eigenschaften der alten* ~~***pharaonischen***~~ ***ägyptischen*** *Kunst in der Zeichnung, in der gestaltenden Malerei, in der Bildhauerei und in der Produktion von Teppichen und der Stickkunst fest. Ebenso finden wir, dass der koptische Künstler der Natur Ausdruck gibt in der Malerei von Menschen und Tieren.* ***Er bemühte sich, sie zu erneuern, obwohl er als treuer Christ die materiellen Dinge verabscheute und sie nur als Symbole verwandte.*** *In der Textilkunst (siehe Abbildung* ***3****) erschien die Webkunst, die man „Al-Qabâtî" nennt. Das ist die Bezeichnung, die die Araber den ägyptischen Webarbeiten gaben, die große Berühmtheit erlangten, eine Auszeichnung für die Kopten Ägyptens.*

In der Baukunst finden wir die Eigenschaften mit denen sich die pharaonische Kunst in den Tempeln auszeichnete. Die Kopten hielten an ihr beim Bauen ihrer alten Kirchen und Klöster fest. ***Man kann einige ihrer Eigenschaften kennen lernen, darunter die dicken Mauern, die wenigen Öffnungen und die hervorragende Ornamentik, die auf Fenstern erscheint, die mit farbigem Glas gefasst sind.***[52]

---

beziehen sich explizit auf die neuplatonische Lehrerin, die offenbar als antike Vorkämpferin der weiblichen Emanzipation gesehen wird. Die eine Zeitschrift heißt „Hypatia: Feminist Studies" und erscheint seit 1984. Die andere nennt sich „Hypatia. A Journal of Feminist Philosophy" und erscheit seit 1986. Vgl. MEINARDUS 1999 Dreigestirn.

51 Auch hier ist wieder auffällig, dass der Name der Heiligen Hypatia für das Sozialkundebuch weggelassen wurde.

52 Der Satz "Er bemühte sich, sie zu erneuern, obwohl er als treuer Christ die materiellen Dinge verabscheute und sie nur als Symbole verwandte" hat apologetischen Charakter. Sie will die bildlichen Darstellungen der Kopten verteidigen und Muslimen klar machen, dass ein Unterschied zwischen den bildlichen Darstellungen christlicher und heidnischer Kunst bestehe, die von Muslimen abgelehnt wird. Der vermutete muslimische Redaktor hat diese Apologetik gestrichen, weil er diese Argumente nicht teilt oder weil er die Verteidigung nicht für nötig hält. Die übrigen durch Fettschrift hervorgehobenen Abschnitte wurden bei der Einarbeitung in das Sozialkundebuch wahrscheinlich gekürzt, weil es sich um Passagen handelt, die für das Textverständnis nicht unbedingt notwendig sind.

Die Sonne des Islam erscheint über der Erde des Nils

Wir sagten zuvor, dass die Kopten Ägyptens ~~**das Morden und**~~ *das Verbrennen ihrer Bücher und die Vernichtung ihrer Kirchen durch die heidnischen Imperatoren erduldeten, weil sie die Anbetung des Imperators* ***Diokletian*** *ablehnten*~~**und am Christentum festhielten. Die religiöse Unterdrückung erreichte ihr [extremstes] Ausmaß in der Zeit des Imperators Diokletian,**~~[53] *-dessen Epoche auch als Epoche der Märtyrer bezeichnet wird.*
[Der Text ist ab hier exakt identisch mit den Abschnitten 14 ab dem 2. Absatz "Obwohl das Christentum..." und den Abschnitten 15-18 in Kap. V.3.3., 178-181. Abschnitt 19 hingegen wurde komplett gestrichen]

Wie bereits bei der Analyse des Sozialkundebuchs vermutet, ist der letzte Abschnitt, der in dem Sozialkundebuch abgedruckt wurde, in dem hier abgedruckten Text nicht enthalten, sondern war bereits vor der Einfügung vorhanden. Der Text endete also ursprünglich mit den zwei Hadithen und der daraus gezogenen Schlussfolgerung für das christlich-muslimische Zusammenleben. In beiden Fällen steht die Geschichte der Kopten am Ende der römisch-byzantinischen Epoche, die als Zeit des Niedergangs und der Unterdrückung geschildert wird. Das Kapitel und das Buch enden damit, dass die koptische Geschichte und Kultur in den Islam integriert werden. Koptische Geschichte erscheint damit genau so wie die pharaonische, persische, griechische und römisch-byzantinische als untergegangene Epoche.

Aufgrund der text- und redaktionskritischen Beobachtungen lässt sich feststellen: Dem im Sozialkundebuch abgedruckten Text lag wahrscheinlich der Text des Geschichtsbuchs der Oberstufe als Vorlage zugrunde. Er ist zu großen Teilen identisch. Die Unterschiede lassen sich am ehesten durch die Bearbeitung durch einen muslimischen Redaktoren erklären. Dieser kürzte den Text, entfernte die Namen einiger Kirchenväter und Heiliger und strich einige für einen Muslim nicht so interessante Details der koptischen Geschichte. Zum Teil wurden damit wesentliche Aspekte der Darstellung verändert. Der Text wurde vermutlich ursprünglich von einem Kopten mit akademischer Bildung geschrieben. Es ist zu vermuten, dass bereits die Einfügung in das Geschichtsbuch durch muslimische Redaktore vorgenommen wurde und dass dabei "Islamisierungen" erfolgten, die nicht mit dem ursprünglichen Autor abgesprochen wurden. Dieser (recht freizügige) Umgang mit Autorenrechten wurde in der Pilotphase des Forschungsprojekts von Christian Schäfer ebenfalls in Gesprächen festgestellt.[54]

---

53 Einer der wenigen Stellen, die im Sozialkundebuch ausführlicher sind. Die Einfügung wurde notwendig, weil am Anfang der Geschichtsbeschreibung die Passage mit der Erwähnung des Kaisers Diokletian gestrichen worden war.

54 Vgl. SCHÄFER 2000, 8: "Kritische inhaltliche Rückfragen eines Religionslehrers der Schule der Borromäerinnen in Kairo gegenüber den angeblichen Autoren zweier Schulbücher für den christlichen Religionsunterricht führten zu dem Ergebnis, dass die auf den Klappentexten als Autoren angegebenen Personen lediglich die erste Version der beiden Bücher verfasst hatten. Die gegenüber der ursprünglichen Fassung veränderten Texte der aktuellen Auflage waren ihnen nicht bekannt. Offensichtlich werden im Rahmen der kurzfristigen inhaltlichen Veränderung durch das

3.4. Der Islam knüpft an die Kultur des Christentums an

Wie bereits in der Mittelstufe wird die christliche Prägung der Kulturen im arabischen Raum vor dem Islam auch im Geschichtsunterricht vereinzelt erwähnt.[55] Ebenso wenig wie dort werden genauere Auskünfte über diese Gruppen oder gar ihre konfessionelle Prägung gegeben. Lediglich im Abschnitt über die byzantinische Kultur wird über die Rolle der syrischen Christen bei der Kulturvermittlung informiert. Im Text heißt es:

> *"Die byzantinische Kultur*
>
> *So wie die islamische Kultur sich von der persischen Kultur [vieles] aneignete, griff sie auch [vieles] von der byzantinischen Kultur auf. Es fand aber zwischen den Arabern vor dem Islam und den Byzantinern mit Hilfe von einigen kulturellen byzantinischen Zentren eine kulturelle Begegnung statt: [In] Edessa, dem Sitz der syrischen Christen, [in] Ḥurân, dem Sitz der die Sterne anbetenden Sabier, und [in] Antiochia und Alexandria. In jedem Zentrum aber gab es große Bibliotheken. Und es gab in ihnen syrische Gelehrte, die große Bildung und byzantinische Kultur hatten.*
>
> *Als die Muslime diese Länder eroberten (w: öffneten) traten einige der Syrer zum Islam über. Einige aber blieben bei ihrer Religion und zahlten die Kopfsteuer. Viele von ihnen leisteten Außerordentliches in der Zeit der Ummayaden. Die syrische Schule blieb aber wie zuvor geöffnet in der Zeit der Ummayaden. Als aber die Generation des Transfers der Philosophie und der Wissenschaften in das Arabische in der ersten Epoche der Abbasiden kam, da spielten diese Syrer die wichtigste Rolle bei der Übersetzung ins Arabische. Und so sehen wir, dass die griechische Kultur unter die Kontrolle/in den Besitz (w: unter die Hand) der Muslime kam in den verschiedenen Ländern. Sie griffen sie auf und profitierten von ihr und lernten sie durch die Hand der Syrer kennen.*
>
> *Es ist erwähnenswert, dass die kulturelle Verbindung zwischen den Arabern und Byzanz weder in Kriegs- noch in Friedenszeiten abriss und dass der kulturelle Austausch zwischen beiden Seiten andauerte. Bei der Kriegsführung übernahmen die Araber von Byzanz einige Strategien und Kampfmethoden und übernahmen von ihnen weit entwickelte Waffen im Heer und in der Flotte. In Friedenszeiten gab es muslimische Expeditionen nach Konstantinopel, der Hauptstadt der Byzantiner, welche eine wichtige Rolle spielten bei dem Transfer von vielen Phänomenen der römischen Kultur in die Länder des Islam.*
>
> *Auf jeden Fall entstand die islamische Kultur nicht aus dem Nichts, sondern gründete auf den früheren und späteren Kulturen. Als aber der islamische Staat Fuß fasste und seine Grundsätze verwurzelt waren, da unternahm er es, zu übertragen, was ihm nützlich schien von den alten indischen, persischen und byzantinischen Kulturen und danach entwickelte sich ihre [eigene] charakteristische Kultur, die die Geschichte des Mittelalters erleuchtete und die den Kern der modernen europäischen Kultur darstellte."*[56]

Diese Ausführungen machen wie kaum ein anderer Abschnitt des Schulbuchs deutlich, dass es kulturelle Verbindungslinien und religiöse Zusammenarbeit zwischen Christen und Muslimen, zwischen dem Westen und dem Orient gab, die es verbieten, von un-

Institut für Curriculum-Forschung also auch Passagen in den christlichen Religionsbüchern überarbeitet. Die Art der zahlreichen theologischen und historischen Fehler in den veränderten Texten lässt sogar vermuten, dass diese Überarbeitungen von muslimischen Autoren vorgenommen wurden."

55 GES OS 3, 11; 13; 15.

56 GES OS 3, 16f.

überbrückbaren Gegensätzen zwischen diesen Kulturen und Religionen zu sprechen. Beide Kulturen, die islamisch-orientalische, christlich-orientalische wie auch die christlich-westliche basieren weitgehend auf den gleichen kulturellen Quellen; gerade die Begegnung mit anderen Kulturen hat bei der Begründung des islamischen Reiches und der europäischen Neuzeit entscheidende Impulse für Aufbrüche in Wissenschaft und Kultur gegeben. Auch wird hier die besondere Rolle der syrischen Christen hervorgehoben. Allerdings werden diese Ausführungen gerade der Begegnung mit Byzanz subsumiert und dadurch wird ein weiteres Mal der aramäisch-syrischen Kultur eine Eigenständigkeit abgesprochen, obwohl sie sich bis nach China, Indien und Innerasien verbreiten konnte.[57] Es wird hier auch nichts über die verschiedenen syrischen Konfessionen gesagt, die miteinander konkurrierten ("Nestorianer" versus "Monophysiten") und es werden auch keine herausragenden Wissenschaftler und Übersetzer genannt, wie dies z. B. in den palästinensischen Schulbüchern getan wird.[58] Eine Erläuterung der theologischen Streitigkeiten und der politischen Auseinandersetzungen mit Byzanz, warum es zu dieser fruchtbaren Zusammenarbeit zwischen den syrischen Christen und den Muslimen kam, fehlt. Ebenso fehlt der Hinweis darauf, dass die interreligiösen Beziehungen trotz dieser Blütezeit für die orientalischen Kirchen auch Schattenseiten hatten, dass es zu Übergriffen und Einmischungen der muslimischen Herrscher kam, und dass die Zerstrittenheit der Christen einer der maßgeblichen Gründe dafür war, dass die Christen auf Dauer ihre hohe Kultur nicht bewahren konnten.[59]

Interessant ist, dass die Auseinandersetzung mit den Christen bei der Motivation zum Transfer des griechischen Denkens in Kapitel 5 des Geschichtsbuchs nochmals erwähnt wird: Die Streitgespräche mit den Christen hätten dazu geführt, dass man sich mit deren hellenistisch-philosophischen Denkweise beschäftigte, dass man sie sich aneignete, weiterentwickelte und dann auch bei den innerislamischen Auseinandersetzungen anwandte. Auch in diesem Kapitel wird nochmals bestätigt, dass man das Aufblühen der eigenen islamischen Kultur sehr stark den früheren Kulturen verdankt:

> *„Die muslimischen Gelehrten akzeptierten das Studium [der griechischen Philosophie] am Ende der Ummayaden-Epoche und Anfang der Abbasiden-Epoche, weil der Streit*

57 Vgl. unten Teil B, Kap. VI.4.

58 Das Geschichtsbuch für die 6. Klasse (GES ES 6, 133f.) nennt immerhin zwei berühmte syrische Wissenschaftler mit Namen: a) Ibn Buḫtîšû, der aus einer nestorianischen Gelehrtenfamilie stammte, die seit der sassanidischen Epoche bis ins 11. Jh. eine führende Postion unter den Übersetzern und Gelehrten einnahm (vgl. CAHEN 1998, 130), und b) Ḥunain Ibn Isḥâq, der durch philologische Methode und sprachliche Meisterschaft die Kunst der Übersetzung zu einer vor und nach ihm nicht erreichten Blüte brachte, am "Bait al-Ḥikma" wirkte und eine wissenschaftliche Terminologie entwickelte, die bis heute im Arabischen gebraucht wird (vgl. STROHMAIER, G.: Art. "Ḥunayn B. Isḥâq al-ʿIbâdî" in IE² III, 578f.; BERGSTRÄSSER 1913; HARB 2000, 56). Vgl. ULLMANN 1970.

59 Vgl. SPULER 1964; WAARDENBURG 1993, 70-98.

zwischen den Muslimen und Christen damals heftig wurde bezüglich der Religionen. Dies brachte die Muslime dazu, sich der gleichen Waffen in diesem Streit zu bedienen und dies sind die Logik und der Disput. Und die Liebe der Muslime verwandelte sich von einer Waffe zur Verteidigung des Islam zu einer Liebe um ihrer selbst willen nachdem sie rationale Lust daran fanden [...].

Einer der Gründe für das Wachsen der Rhetorik bei den Muslimen war, dass die islamischen Gruppen Unterschiede annahmen in vielen Fragen und sich teils bis zum Streit verurteilten, teils bis zu [der Auseinandersetzung mit] dem Schwert, um ihre Meinung zu bekräftigen. Ebenso gab es die Notwendigkeit, dass sich die muslimischen Gelehrten mit den Anhängern der anderen Religionen stritten, die nicht Muslime waren und die sich in ihrem Streit auf die Philosophie und Logik stützten, um ihre Ansichten zu bekräftigen und die Muslime kämpften mit den gleichen Waffen in ihrem Kampf mit ihnen."[60]

Die Konkurrenz der Religionen wird hier als Motiv zur Belebung des Denkens und des kulturellen Fortschritts verstanden. Stolz kann man sogar bei der Beschreibung der christlichen Ärzte heraushören, die im islamischen Herrschaftsbereich ihre für die damaligen Zeit „genialen" Künste entfalten konnten, während ihre Glaubensgenossen im christlichen Europa von der Kirche Hindernisse in den Weg gelegt bekamen:

„Und es arbeiteten viele Christen und Juden im Bereich der Medizin, die im islamischen Staat blieben. Und die christlichen Ärzte des Orients entfalteten ihre Genialität, während die westliche Kirche das Handwerk der Medizin verbot und zum Ausdruck brachte, dass Krankheit eine Strafe Gottes sei, von der gilt, dass es dem Menschen nicht angemessen sei, sie abzuwenden von dem, der zu Recht davon betroffen wurde."[61]

An mehreren Stellen wird die Übersetzungsarbeit von Christen gelobt, die das griechische Wissen bzw. das der hellenistisch-christlichen Kultur in das Arabische und in die islamische Kultur vermittelten. So werden zum Beispiel explizit ein *„Alchemist, der Mönch Maryânûs aus Alexandria"* sowie ein *„Arzt Stefan"* erwähnt, die im Auftrag der arabischen Herrscher die ersten Bücher der (Al-)Chemie übersetzten.[62] Des Weiteren wird Johannâ Al-Mâsawaih, der Leibarzt des großen Herrschers Hârûn Ar-Rashid erwähnt, der in seinem Auftrag Bücher übersetzte, die Ar-Rashid von seinen Eroberungszügen mitbrachte.[63] Trotz dieser positiven Bewertung der Leistungen der Christen und anderer Schutzbefohlenen im arabischen Herrschaftsbereich werden regelmäßig zwischen den Zeilen auch negative Urteile gefällt, vor allem über die europäischen Christen. So wird bei der Darstellung der kulturellen Leistungen immer betont, wie rückständig das christliche Europa zur gleichen Zeit in den verschiedenen Wissensge-

60 GES OS 3, 53f.

61 GES OS 3, 54.

62 GES OS 3, 57. Die Erwähnung basiert wahrscheinlich auf einer Legende, die über Ḫâlid Ibn Yazîd Ibn Muʿâwiyya erzählt wird. Vgl. Art. ULLMANN, M.: "Khâlid b. Yazîd b. Muʿâwiyya" in: IE² IV, 929f.; Zu einzelnen Ärzten und Chemikern vgl. die Bibliografie bei ULLMANN 1970.

63 GES OS, 53.

bieten gewesen sei[64] und dass dieses seine Renaissance nur der Übernahme des arabischen Wissens ab dem Ende des Mittelalters verdankt.

Auffällig ist dabei, dass der Transfer des hellenistisch-griechischen Wissens in den Islam als große Kulturleistung des Islam dargestellt wird – wiewohl vor allem orientalische Christen diese bewältigten - während der Transfer desselben in das Christentum eher als ein Raub beschrieben wird. Außerdem wird betont, dass man bei der Übermittlung des griechischen Wissens dieses von den Verfälschungen der Christen befreit und es selbständig weiterentwickelt habe, so dass sich ein eigenständiges islamisches Kulturwissen daraus entwickelt habe.[65] Ähnlich wie im religiösen Bereich den Christen nur ein vorläufiges Wissen um die Offenbarung zugestanden wird, während die letztgültige Offenbarung erst durch den Koran erfolgt sei, so wird auch im kulturellen Bereich eine Überlegenheit und Letztgültigkeit der islamischen Kultur behauptet, die sich befreien musste von den „Verlusten", die das griechische Wissen erfuhr, während es von den Christen überliefert wurde. Umgekehrt wird unterstellt, dass die Renaissance in Europa nur ein Plagiat der islamisch-arabischen Kultur sei. An keiner Stelle wird thematisiert, dass es auch in Europa eine Weiterentwicklung von Wissenschaft und Kultur gegeben hat und dass man nicht auf dem arabisch-islamischen Kenntnisstand des Mittelalters stehen blieb.

3.5. Das Christentum als Finanzquelle des islamischen Staates

Das koptische Christentum ist nach der Darstellung der Sozialkundebücher und Geschichtsbücher mit dem Niedergang der römisch-byzantinischen Epoche beendet und wird nach der arabischen Eroberung in den Islam integriert. Dementsprechend sind der Islam und seine Kultur sowohl in der Mittelstufe als auch in der Oberstufe nach Behandlung der römisch-byzantinischen Epoche ausschließlich Gegenstand des Geschichtsunterrichts. Nur noch am Rande bzw. indirekt werden Christen, Juden bzw. die Schutzbefohlenen thematisiert. Eine der Stellen, an denen zwangsläufig von den Nichtmuslimen gesprochen werden muss, ist die Finanzierung des islamischen Reiches. Dies deshalb, weil ein Großteil des Steueraufkommens von Nichtmuslimen aufgebracht wurde, die noch über Jahrhunderte die Mehrheit der Untertanen des islamischen Reiches stellten. Im Folgenden werden die Ausführungen zur Grundsteuer und zum Zehnt zusammengefasst, die in dem Schulbuch gegeben werden.[66]

---

64 So im Bereich der Medizin (GES OS 3, 54), der Astronomie (GES OS 3,55), der Mathematik (GES OS 3, 56) und der Physik (GES OS 3, 58).

65 GES OS 3, 52f.

66 GES OS 3, 20f.

Bei der Grundsteuer (*al-ḫarâǧ*) wird zunächst hervorgehoben, dass sie bereits seit ältester Zeit bei anderen Völkern bekannt war. Im Islam wurde dann bei der Steuererhebung auf Ländereien grundsätzlich unterschieden, ob sie mit oder ohne Gewalt erobert wurden. Wurden sie durch Gewalt erobert, gingen sie in den Besitz des Staates über und es wurden muslimische Aufseher bestellt, die von den (überlebenden oder wieder angesiedelten) Bauern die Steuern erhoben. War das Land dagegen durch Kapitulation seiner Bewohner in den Besitz des islamischen Staates gekommen, blieb das Land Eigentum der vorherigen (nichtmuslimischen) Besitzer und diese waren für die Zahlung der Steuer verantwortlich. Vorbild hierfür war die Regelung, die Muhammad mit den Juden von Ḫaibar getroffen hatte: Als Zeichen ihrer Unterwerfung hatten sie die Hälfte ihrer Erträge an die Muslime abzugeben. Die Höhe bemaß sich nach der Art und Weise, wie die Eroberung zustande gekommen war. Je nachdem, ob die Tributzahlung durch gewaltsame Eroberung oder durch vertragliche Lösung zustandegekommen, umfasste die Steuer ein Drittel bis zur Hälfte des Ernteertrages.[67]

Neben diesen Ländereien, auf die die hohe Bodensteuer erhoben wurde, gab es auch Länder, die wesentlich niedriger, mit dem Zehnt (*al-ʿušr*), besteuert wurden. Dies geschah dann, wenn

a) die Bevölkerung zum Islam übertrat und die Eroberung nicht durch Krieg erfolgt war,
b) das Land verlassen war, die Besitzer nicht bekannt waren und die Bauern Muslime waren
c) es sich um Brachland handelte, das erst nach der islamischen Eroberung kultiviert wurde.

Bei der *ʿušr* handelte es sich also um die Steuer, die vom Boden in muslimischem Besitz erhoben wurde, im Gegensatz zur – wesentlich höheren *ḫarağ*, die Nicht-Muslime zu entrichten hatten. Die *ʿušr* wurde als eine Form der Entrichtung der für Muslime gebotenen *zakât* angesehen. Man unterschied grundsätzlich zwischen *ʿušr*-Land, das bei der Eroberung an Muslime verteilt wurde und mit dem Zehnt belegt wurde, und *ḫarâg*-Land, das weiterhin von Nichtmuslimen bestellt wurde und wesentlich höher besteuert wurde. Die Diskussion der muslimischen Juristen ab dem 9. Jh. drehte sich vor allem darum, was passiert, wenn nun Nichtmuslime konvertierten. Die schafiʿitische Rechtsschule war der Meinung, dass dann zusätzlich zu dem *ḫarâg* noch die *ʿušr*-Steuer erhoben werden müsse, die hanbalitische Rechtsschule war dagegen der Meinung, dass nur eine Steuer, entweder *ḫarag* oder *ʿušr* erhoben werden dürfe, dass aber *ḫarâǧ*-Land nicht in *ʿušr*-Land umgewandelt werden dürfe.[68] Für die nichtmuslimi-

---

67 Cahen 1968, 110; Bat Yeor 2002, 63. Legitimiert wurde diese Praxis von Juristen mit dem Fall von Ḫaibar. Dort hatten Juden nach anderthalb Monate andauernden Kämpfen kapituliert unter der Bedingung, dass sie in der Oase verbleiben und ihr Land weiterhin bestellen dürfen, aber die Hälfte der Erträge an die Muslime geben. Diese Vereinbarung wurde zum Präzedenzfall und locus classicus für spätere juristische Erörterungen über den Status besiegter nichtmuslimischer Untertanen des muslimischen Staates. Vgl. Lewis 1987, 19f.

68 Sato, Art. *ʿushr* in: EI^2, X 917ff.

schen Pächter bestand der Unterschied darin, ob sie also die muslimische Steuer zusätzlich erwirtschaften mussten oder ob diese von der *ḫarağ* abgezogen wurde – wobei der Gewinn des muslimischen Großgrundbesitzers in der Differenz zwischen den beiden Beträgen bestand.[69]

Das Schulbuch betont, dass die Grundsteuer die "Haupteinnahmequelle der Staatskasse" darstellte, mit der der Sold des Heeres, die Gehälter der Verwaltung und sämtliche sonstigen Maßnahmen und Unternehmungen des Staates bezahlt wurden. Die Ausführungen, die hier zu den Bodensteuern gemacht werden, sind korrekt. Die Grundsteuer knüpfte in der Tat an Bodensteuern an, die auch von früheren Reichen erhoben wurden.[70] In der islamischen Argumentation spielt stets Sure 7, 128 eine Rolle, nach der "die Erde Gottes ist, und er sie vererbt, wem er will unter seinen Dienern".[71] Die religiöse Diskriminierung, die mit der Unterscheidung der verschiedenen Besteuerung verbunden war, wird nicht thematisiert, sondern nur angedeutet.

Die Kopfsteuer (*al-ğizya*), die speziell von Christen und Juden erhoben wurde, war eine Steuer, die *zusätzlich* zu der erhöhten Bodensteuer (*al-ḫarâğ)* zu entrichten war. Über die Kopfsteuer wird in dem Schulbuch folgendes ausgeführt:

> *"Die Kopfsteuer*
>
> *Die Kopfsteuer (al-ğizya) gehört nicht zu den Erneuerungen des Islam, sondern war bereits bei den alten Griechen als Kopfsteuer bekannt. Sie legten sie den Bewohnern der Küste Kleinasiens seit ungefähr dem 5. Jh. v. Chr. als Gegenleistung für ihren Schutz vor den Angriffen der Phönizier auf. Ebenso legten die Byzantiner sie den Völkern auf, die sie ihrer Herrschaft unterwarfen, und die Perser folgten ihnen darin.*
>
> *Die Kopfsteuer im Islam ist der Betrag, den die Schutzbefohlenen zahlten als das islamische Reich zu ihnen vordrang, teils wegen des Schutzes und der Fürsorge [die der islamische Staat ihnen zuteil werden ließ], teils dafür, dass sie sich nicht dem Islam zuwandten und in ihrer religiösen Konfession/Nation blieben (biqâ'ihim ʿalâ millatihim) und dafür, dass man sie nicht zwang, sie zu verlassen. Sie entspricht der Almosensteuer (az-zakât), die den Muslimen auferlegt ist. Damit wurden beide Gruppen, der Muslim und der Schutzbefohlenen (ḏimmî), gleich behandelt hinsichtlich dessen, was sie dem Staat bezahlten, der ihnen Dienste leistete und ihnen Schutz und Sicherheit gewährte.*
>
> *Die Auferlegung der Kopfsteuer endete - im Unterschied zu der Bodensteuer - sobald der Schutzbefohlene übertrat. Die Kopfsteuer wurde nur den Männern und nicht den Frauen auferlegt und nur denjenigen, die dazu fähig waren, sie zu zahlen. Jugendliche, Alte, Invalide, Blinde und Mönche waren davon befreit."*[72]

---

69 CAHEN 1968, 46.

70 Die Bezeichnung *al-ḫarâğ* ist wahrscheinlich aus dem griech. χορηγία abzuleiten. Vgl. FATTAL 1958, 292.

71 Vgl. 1. Kor. 10, 26!

72 GES OS 3, 21f.

Bei der *ǧizya* handelte es sich im Gegensatz zur Bodensteuer um eine personenbezogene Steuer.[73] Grundlage für die Erhebung der Kopfsteuer war Sure 9, 29: „*Kämpft gegen ... die Schriftbesitzer bis sie Tribut (al-ǧizya) entrichten als Erniedrigte.*“ Die Höhe der zu entrichtenden Kopfsteuer wurde, wenn eine vertragliche Lösung friedlich zu erreichen war, zwischen dem Oberhaupt des islamischen Staates und den obersten Vertretern der Schutzbürger ausgehandelt. Mussten die Muslime zur Unterwerfung Gewalt anwenden, wurde die Höhe willkürlich festgelegt.[74] Im Unterschied zur Bodensteuer, deren Erhebung entsprechend den Ernten auf das Sonnenjahr bezogen war, war die *ǧizya* auf das Mondjahr bezogen.[75]

3.6. Die Christen als Schutzbefohlene

Obwohl die Begriffe *(ahl aḏ-)ḏimma* und *ḏimmî* bereits in der Grund- und Mittelstufe mehrfach gebraucht werden,[76] wird erst im Abiturjahrgang ausführlicher beschrieben, was damit gemeint ist. Die Erläuterung erfolgt im Rahmen des Kapitels 3 "Das gesellschaftliche Leben im Islam" im zweiten Geschichtsbuch der Oberstufe. In drei Anläufen versucht man die Strukturen der islamischen Gesellschaft den Schülern zu erläutern. In ethnischer Hinsicht wird darauf hingewiesen, dass es Araber und "Mawâlî" gab. Dabei handelte es sich um die Angehörigen der verschiedenen Völker – darunter auch christliche Völker, die unterworfen und allmählich in das islamische Reich integriert wurden. Sodann werden die sozialen Schichten (Herrscher, Händler und Gelehrte, Handwerker und Gewerbetreibende, das gemeine Volk sowie die Sklaven) beschrieben. Als letztes folgt die Beschreibung der Schutzbefohlenen im Islam.

> *"Die Schutzbefohlenen im Islam*
>
> *In sprachlicher Hinsicht bedeutet 'aḏ-ḏimma' Vertrag, Sicherheit oder Bürgschaft und 'ahl aḏ-ḏimma' (Schutzbefohlene) ist die Bezeichnung, die man den Einheimischen in den Ländern des Islam gab, die zu den Schriftbesitzern gehörten. Man gebrauchte diese Bezeichnung, da sie zustimmten, die Kopfsteuer (al-ǧizya) an den islamischen Staat zu bezahlen, damit sie Sicherheit für ihr Leben, ihre Ländereien, ihr Vermögen und ihre religiöse Gemeinschaft (milla) haben. Und so erhielten sie Sicherheit (amâna) im Schutz*

---

[73] Die Terminologie von *al-ḫarâǧ* und *al-ǧizya* liegt für die Frühzeit des Islam im Dunkeln. Dies ist zum einen dadurch bedingt, dass es kein einheitliches Finanzsystem im islamischen Reich gab, zum anderen dadurch, dass die Begriffe teilweise unterschiedlich benutzt wurden, zum Teil jedoch auch gleiches meinten. Nicht zuletzt liegen auch die Steuersysteme, an die das islamische Reich anknüpfte, im Dunkeln bzw. sind Gegenstand der wissenschaftlichen Auseinandersetzung. In der neueren Diskussion zeichnet sich jedoch ab, dass man wohl schon relativ früh von einer personenbezogenen Steuer neben einer landbezogenen Steuer unterscheiden muss, auch wenn eine klare Differenzierung sich erst ab der Abbasidenzeit ausbildet. Vgl. CAHEN: Art. *Djizya* in: EI^2, 559ff.

[74] KHOURY 1994, 147.

[75] CAHEN, Art. *"Djizya"* in: EI^2, II, 559ff. und DERS. Art. *"Kharâdj"* in: EI^2, IV, 1030ff.

[76] Vgl. SK MS 1/2, 77; SK MS 2/2, 53; SK MS 2/2, 60.

> *(ḏimma) der Muslime. Die Schriftbesitzer sind die Leute der Heiligen Bücher, Juden und Christen. In der Zeit ʿUmar Ibn Al-Ḫattâbs rechnete man auch noch die Magier (die Anhänger des Mazda-Glaubens) hinzu, in der Zeit von ʿUṯmân die Berber und in der Zeit des Ma'mûn die Sabier. Der Begriff 'ahl aḏ-ḏimma' (Leute des Schutzes) bzw. die 'ḏimmîs' (Schutzbefohlene) wurde allgemein gebräuchlich im islamischen Reich als Bezeichnung für die Nichtmuslime, insbesondere für die Juden und Christen, die unter der Fürsorge des islamischen Staates und im Schatten seines Schutzes lebten.*
>
> *Die Situation der Schutzbefohlenen in der islamischen Gesellschaft*
>
> *Trotz der offensichtlich großmütigen Rechtsposition des Islam gegenüber den Schutzbefohlenen blieb die Situation der Schutzbefohlenen in der islamischen Gesellschaft nicht stets gleichförmig in der langen islamischen Ära und in allen verschiedenen Gebieten des Islam. Vielmehr wurde diese Situation bisweilen durch äußere Einflüsse beeinträchtigt, die die islamische Gesellschaft betraf, vor allem durch die Byzantiner und die Kreuzfahrer. Es gab daher für kurze Zeit Epochen der heftigen Drangsal durch einige muslimische Herrscher und den Schutzbefohlenen wurden auch einige Einschränkungen auferlegt aufgrund des religiösen Fanatismus, der die Welt des Mittelalters in den Ländern der Muslime wie in den Ländern der Franken gleichermaßen beherrschte. Dies waren aber Ausnahmen und die Einschränkungen wurden wieder abgeschafft und die Gleichheit wiederhergestellt, so wie es in den Zeiten des [Harûn]Ar-Rašîd, des Al-Mutawakkil und des Fatimiden Ḥâkim Bi'amrallah geschah. Die Kirchen und jüdischen Tempel wurden aber kontinuierlich weitergebaut in den Ländern der islamischen Welt obwohl in den Vertragstexten festgehalten war, dass den Schutzbefohlenen im Islam eigentlich nicht erlaubt ist, neue Kirchen und Tempel zu bauen, sondern dass sie nur an denen festhalten dürfen, die bereits im Gebrauch sind.Ebenso erlaubten die Muslime den Schutzbefohlenen, dass sie ihre religiösen Riten öffentlich zeigen durften in ihren Städten. Sie schlugen die Zimbeln und bliesen die Trompeten(?), sie führen religiöse Prozessionen mit Kreuzen und mit Weihrauchfässern ohne Widerspruch durch. Wir haben aber in unseren Geschichtsquellen zahlreiche Belege für christliche, jüdische und mazdäische Feste in Ägypten, Irak und Persien. Und diese Feste waren eine Gelegenheit zur Unterhaltung für alle Leute. Oftmals haben sogar die Kalifen und Herrscher selbst oder ihre Stellvertreter daran teilgenommen, um die Ehrerbietung ihren Genossen zu zollen. Die Schutzbefohlenen spezialisierten sich in einigen Tätigkeitsbereichen in der islamischen Gesellschaft. Ihre Bedeutendsten arbeiteten im Handel, im Bankenwesen, in den 'ǧihandah' (Staatskassen), in den Schreibstuben der Diwane und die mittlere Schicht von ihnen arbeitete in der Landwirtschaft, im Webe-, Gerber- und Färbehandwerk. Ebenso arbeiteten die Ärmsten unter ihnen in den Bereichen, die mit der Sauberkeit der Straßen und Märkte zu tun hatten und als Schuster und Schmiede."*[77]

Die Definition des *ḏimmî*-Status der Schriftbesitzer ist weitgehend richtig. In der Tat bot die Entrichtung eines Tributs an den islamischen Staat bestimmten Religionsgruppen die Möglichkeit, Verträge abzuschließen, die ihnen Rechtssicherheit gewähren sollten. Etwas schwierig ist der Begriff der „Zustimmung" zu der Bezahlung der *al-ǧizya*, denn er erweckt den Eindruck, dass die Schriftbesitzer eine freie Wahl gehabt hätten. Dies war jedoch nicht der Fall. Die frühislamischen Quellen belegen, dass es nur drei Alternativen gab, sobald Christen oder Juden in den Herrschaftsbereich des Islam gerieten: Sie wurden vor die Wahl gestellt, ob sie konvertieren, umgebracht oder

[77] GES OS 3, 28.

die Kopfsteuer zahlen wollten. Angesichts dieser Alternativen fiel die Wahl für die Mehrheit der Christen nicht schwer – sie kauften sich frei.[78]

Neben den Juden und Christen konnten im Laufe der Zeit noch andere Religionsgemeinschaften den *ḏimmî*-Status erhalten. Bei dem zoroastrischen Glauben war es z. B. zunächst nicht klar, ob er zu den Schriftreligionen oder zum Polytheismus gerechnet werden sollte. Erst unter dem Kalifen ʿUmar wurde offiziell die Möglichkeit der *ǧizya*-Zahlung eröffnet.[79] Auch wurde immer wieder verschiedenen Religionsgemeinschaften und Konfessionen der *ḏimmî*-Status verliehen. Dies führte zu Listen von anerkannten Religionen und Konfessionen. Der Nachteil dieser Regelungen ist jedoch, dass alle Religionsgemeinschaften, die nicht eine solche Anerkennung erlangen konnten, keine Rechtssicherheit genossen.[80] Im Gegensatz zu der Schilderung in der Mittelstufe wird hier eingestanden, dass es unter der Herrschaft des Islam auch zu bestimmten Zeiten zu erheblichen Einschränkungen gegenüber den Schutzbefohlenen gekommen ist. Mit den Herrschern Harûn ar-Rašid, Al-Mutawakkil und Al-Ḥâkim Bi'amrallah werden jedoch nur die Herrscher benannt, unter denen es zu extremen Einschränkungen gekommen ist. Die Einschränkungen, die automatisch mit dem *ḏimmî*-Status verbunden waren, werden nicht beschrieben. Außerdem ist es nicht richtig, dass die Einschränkungen nur Reaktionen auf äußere Einflüsse (Byzantiner und Kreuzfahrer) gewesen sind. So sind es auch nicht so sehr die extremen Kleidervorschriften bzw. die drastischen Einschränkungen zur öffentlichen Ausübung der Religion gewesen, die unter den genannten Herrschern nur für kurze Zeit eingeführt und dann bald wieder abgeschafft wurden, die für die Christen eine besondere Belastung darstellten.[81] Im Rahmen der Ausführungen über den Status der Schutzbefohlenen werden auch die verschiedenen Tätigkeitsbereiche der Nichtmuslime dargestellt. Indirekt wird dadurch angedeutet, dass die Christen und Juden einen nicht unerheblichen Beitrag zur islamischen Gesellschaft leisteten. Dieser Beitrag der Nichtmuslime wird allerdings nicht ausführlicher skizziert.

---

78 Vgl. LEWIS 1983, 61f.

79 Vgl. MORONY, M.: Art. "Madjûs" in EI² V, 1110-1116; CAHEN, C.: Art. "Dhimma" in EI² II, 227-231.

80 In den Verfassungen der Staaten des Nahen Ostens gibt es bis heute solche Listen (BLAUSTEIN/FLANZ 1971). Alle, die nicht in diesen Listen enthalten sind (in Ägypten z. B. Baptisten, Adventisten, Zeugen Jehovas und andere religiöse Gruppierungen) haben in den Ländern des Nahen Ostens bis heute keine Rechtssicherheit. Die Problematik zeigt sich auch in der Türkei, wo nach dem Lausanner Vertrag nur Armeniern, Griechen und Juden der Status von anerkannten nichtmuslimischen Minderheit gewährt wurde. Syrisch-orthodoxen Christen hingegen wurde mit dem Verweis darauf, dass sie keine anerkannte Minderheit sind, bis in jüngste Zeit immer wieder die Ausübung ihrer Religion verweigert und keine Rechtssicherheit gewährt. Vgl. MERTEN 1997, 50-68; SCHWAIGERT 2002.

81 Vgl. FERRÉ, André: Art. "Ḥâkim Bi-amr-illah Abû ʿAlî Manṣûr al-" in: CEnc 4, 1200-1203.

3.7. Der Angriff des christlichen Westens im Mittelalter: Die Kreuzzüge

Die Kreuzzüge spielen eine zentrale Rolle in der Geschichtsdarstellung. Sie werden im 6. Kapitel des Geschichtsbuches für die Abiturklasse unter der Überschrift „Die Gefahren, die die islamische Kultur bedrohten" auf 16 Seiten beschrieben. Das Kapitel wird eingeleitet durch eine allgemeine Bewertung der Kreuzzüge. Da diese Bewertung nicht nur die gesamte Darstellung dieser Epoche prägt, sondern darüber hinaus auch das ganze Geschichtsbild, das hier und in anderen Büchern zu finden ist, wird die Passage im Folgenden vollständig wiedergegeben:

> *„Die Kreuzzüge*
>
> *Einleitung*
>
> *In der Zeit, da die islamische Kultur blühte und den Höhepunkt ihrer Blüte im 4. Jh. nach der Hiğra (10. Jh. n. Chr.) erreichte, ihr Licht in die Welt verbreitete und ihre Dunkelheiten beseitigt waren, da traf die islamische Welt im folgenden Jahrhundert auf eine Feindschaft, die Europa gegen den edelsten Teil von ihm richtete. Diese Feindschaft war in Wirklichkeit eine koloniale Feindschaft, auch wenn sie sich den Anschein einer religiösen gab. Seine Kriege aber sind bekannt unter dem Namen Kreuzzüge.*
>
> *Diese Bezeichnung ‚Kreuzzüge' kommt daher, weil die europäischen Krieger Kreuze auf ihre Brustschilde, ihre Rüstungen und Fahnen malten. Und ihre Männer nahmen das Kreuz zu ihrer Maskierung, um die Leute zu täuschen, dass sie wegen der Feindschaft der Muslime für den Sieg des Christentums kämpften. Sie versteckten aber hinter dieser Maske ihren wahren kolonialen Machthunger, [den sie] hinsichtlich der reichen Länder des islamischen Orients [hegten].*
>
> *Die Kriege zwischen den Muslimen und den Europäern dauerten annähernd zwei Jahrhunderte an und waren auf die Länder Syrien-Palästina (Aš-Šâm) und auf Ägypten – der damaligen Festung des Islam und seiner starken Burg – gerichtet, wobei sie die Schwäche ausnutzten, die die islamische Welt damals erlebte. Und die Kreuzfahrer hatten auch zunächst Erfolg bei der Verwirklichung ihrer Träume, aber die effektive Antwort auf ihre Angriffe gegen die Muslime war gewaltig: Alsbald erwachte die islamische Welt zu[r Entgegnung] dieser Gefahr, die sich gegen ihre Geschichte, ihren Glauben und ihre Kultur richtete und die Einheit kehrte zu dieser [islamischen] Welt wieder zurück unter der Macht der Ayubiden und der Mamelucken, die erfolgreich ihre* [gemeint sind die Kreuzfahrer, W.R.] *darauf folgende Niederlage verwirklichten, bis im Jahr 1291 ihre letzten Zufluchtsorte in Akko schließlich vernichtend geschlagen wurden durch die Hand des Mamelukensultans Ḫalîl Ibn Qalâwûn, und die Länder des Islam gereinigt waren von ihrem Dreck und die siegreichen Schwerter der Muslime ihrer Sudelei ein Ende bereiteten."*[82]

Es folgt an dieser Stelle eine kurze Beschreibung der Abwehr der Mongolen mit mehreren Zeilen. Sodann fährt der Text fort:

> *„Obwohl die Raubzugarmeen der Kreuzfahrer und der Mongolen[, die sich] gegen die Länder der islamischen Welt im Mittelalter [richteten,] eine Niederlage erlebten, endete die ausländische Feindschaft gegen diese [islamischen] Länder nicht. Die europäische*

82 GES OS 3, 80.

> *Feindschaft nahm vielmehr am Ende dieses Zeitalters eine andere Gestalt an als die des Krieges und dies war die Gestalt des Wirtschaftskrieges (al-ḥarb al-iqtiṣâḍiyya).*
>
> *[Dieses Mal] siegten die Europäer, besonders die Portugiesen und die Spanier. Sie trafen die Wirtschaft Ägyptens und Syriens/Palästinas empfindlich, indem sie ihre geografischen Entdeckungen machten. Dies war die Öffnung eines neuen Weges, der den Welthandel Ägypten und Syrien/Palästina umgehen ließ - des Weges um das Kap der Guten Hoffnung. Dadurch dass Ägypten - die größte islamische Festung damals - der Quelle seiner militärischen Macht beraubt wurde, siegten die Kreuzfahrer der modernen Epoche (aṣ-ṣalîbiyû al-ʿaṣr al-ḥadîṯ) und verwirklichten den Sieg über die Muslime, den ihre Ahnen im Mittelalter nicht erringen konnten.*
>
> *Sie übten nun Rache an der islamischen Welt durch ihre Besatzung, zwangen ihr ihre Herrschaft auf, beuteten ihre Einnahmen zu ihren Gunsten aus, so dass ihre Kultur und ihr Fortschritt stehen blieb und sie zur Rückständigkeit und zur Erstarrung gezwungen wurde, während der Westen seit diesen Kreuzzügen davon [von der islamischen Kultur] profitierte. Sie hatten nämlich durch die Kriege die islamische Kultur kennen gelernt, und sie waren eine der [kulturellen] Vermittlungsbrücken. So waren die Kreuzzüge ein militärischer und ein kultureller Kampf zwischen dem islamischen Osten, der eine blühende Kultur hatte, und dem europäischen Abendland, das Dunkelheit und Unwissen erlebte – bis dahin, dass sie [die Europäer] ihr Mittelalter als Zeitalter der Dunkelheit bezeichneten.“*[83]

Dieser Abschnitt ist eine Passage, der einprägsam die Geschichtsdarstellung verdeutlicht, die in allen ägyptischen Schulbüchern vermittelt wird. Die Kreuzzüge der europäischen Christen werden nicht als religiös motivierte Kriege, sondern als Kriegszüge verstanden, die lediglich auf imperialistischen Machtgelüsten beruhten.[84] In militärischer Hinsicht sei zwar ein Sieg über die überlegene islamische Kultur nicht möglich gewesen, langfristig habe Europa jedoch den Sieg davon getragen, indem es die militärische Auseinandersetzung auf einen Krieg der Wirtschaft verlagerte, indem es die arabische Kultur ihrer Kulturerrungenschaften beraubte und sie zu Rückständigkeit und Erstarrung verdammte. Die Feindschaft wird durch die unmittelbare Verknüpfung zwischen der Kolonialzeit und den Kreuzzügen zu einer permanenten, über Jahrhunderte andauernden Feindschaft. Und diese Erfahrung ist so prägend, dass sie auch die Geschichtsdarstellung der früheren und späteren Epochen der Beziehungen zwischen dem Westen und dem Orient prägt: Sei es nun in der Antike[85], in christlicher Zeit[86] oder auch in moderner Zeit[87] – stets wird das Bild gezeichnet, dass sich der Orient gegen die "imperialistischen" Angriffe des Westens wehren musste. Die Darstellung des

---

83 GES OS 3, 81.

84 Dabei wird an das angeknüpft, was bereits in der Sozialkunde in der Grundstufe vermittelt wurde: SK GS 5/1, 33. Vgl. oben Kap. IV.3.3.

85 Bereits bei der Darstellung der antiken Kulturen wird die Gegenüberstellung und grundsätzliche Feindschaft zwischen dem Westen und dem Orient herausgearbeitet. Vgl. oben Kap. VI.3.1.

86 Von diesem Abschnitt her wird verständlich, warum das orientalische Christentum weniger als Religion, denn als eine Form der Widerstandsbewegung gegen Rom und Byzanz dargestellt wird. Vgl. oben Teil B, Kap. V.3.3., V.3.5. und VI.3.3.

87 Vgl. oben Teil B, Kap. IV.3.4., IV.3.5, V.3.6. ; unten Teil B, VI.3.9., VI.3.10.

Westens bis zum Mittelalter schwankt dabei zwischen dem Vorwurf, ihm jegliche Religion abzusprechen und dem Vorwurf, ihm einen religiösen Fanatismus anzukreiden: Die heidnischen Römer unterdrücken die Christen, die Byzantiner unterdrücken die Orientalischen Christen und sind die Feinde des Islam, die Kreuzfahrer unterdrücken Muslime und orientalische Christen gleichermaßen. Klar ist bei alledem, dass der Orient sowohl in der Vergangenheit als auch in der Zukunft als die überlegene Kultur geschildert wird. Er müsse nur diese Vorherrschaft des imperialistischen Westens (wie im Mittelalter) abschütteln, dann würde er wieder zu neuer Blüte erstehen.[88]

Wie hoch das Thema mit Emotionen besetzt ist, wird dadurch deutlich, dass der Sieg über die Kreuzfahrer am Ende des Abschnitts als "Reinigung" des Landes von "Dreck" bzw. Sudelei" (*rağas* = "Dreck, Schmutz, Scheußlichkeit"; *dans* = "Dreck, Sudelei, Unreinheit") bezeichnet wird. Zugleich wird durch die Wortwahl deutlich, dass hier der Schlüssel für alle nachfolgenden geschichtlichen Epochen gesehen wird. Die Ausbeutung der Kolonialstaaten kann nach der Darstellung nur als eine direkte Fortsetzung der Kreuzzüge verstanden werden, und auch die gegenwärtige wirtschaftliche Abhängigkeit und die Wirtschaftsprobleme der nahöstlichen Staaten erscheinen ebenfalls in diesem Licht. Die europäischen Christen der Moderne sind damit nichts anderes als „*die Kreuzfahrer der modernen Epoche*".

Diese Geschichtseinstellung wird auch in der folgenden Passage deutlich, die die Motive der Kreuzzüge nochmals genauer beschreiben will:

> *"Die Motive zu den Kreuzzügen*
>
> *Die Kreuzfahrer behaupteten, dass der einzige Anlass dafür, dass sie ihre Kriege gegen die islamische Welt im Mittelalter richteten, ein religiöser Anlass gewesen sei. Sie hätten die christlichen Pilgerwege zur Auferstehungskirche in Jerusalem sichern wollen, nachdem die Päpste behauptet und viele Anschuldigungen von Pilgern sie erreicht hatten, dass die türkischen Seldschuken sie schlecht behandelt hatten, als sie die Pflicht der Pilgerfahrt dorthin durchführten. Ebenso wollten sie das heilige Kreuz (das Kreuz der Kreuzigung) zurückerobern, das im Besitz der Muslime in Jerusalem war.*
>
> *Neben diesen angeblichen religiösen Anlässen von Seiten der Führer dieser Kriege gab es andere Ziele wirtschaftlicher und politischer Art, die diese Führer mit Hilfe dieser Kriege erreichen wollten. Die wirtschaftlichen Zustände in Europa waren damals allgemein sehr schlecht. Die Staaten des Westens wollten sie verbessern und die Güter der reichen Länder des Orients erlangen. Ebenso wollten die europäischen Bauern, die unter der Härte des despotischen Systems der Feudalherrschaft in ihren Ländern litten, ihre Situation verbessern und ihre Länder verlassen durch die Teilnahme an diesen Kriegen. Die Ritter Europas und ihre Führer wollten ihre sozialen und wirtschaftlichen Probleme lösen, die eine Folge des Charakters des unterdrückenden Feudalsystems im europäischen Westen waren. Sie beeilten sich, dem päpstlichen Aufruf Folge zu leisten, die allgemeinen Massen zu führen, die sich an diesen Kriegen beteiligten. Ebenso waren die italienischen Handelsstädte wie Pisa, Genua und Venedig begierig darauf, die Kreuzfahrer*

[88] Vgl. die Ausführungen über das Vorbild der Europäischen Union in den Geografiebüchern, unten Teil B, VII.3.1-VII.3.3 und die Ausführungen im Fach Sozialkunde s. oben Teil B, Kap. V.3.8-V.3.9.

und ihren Nachschub auf ihren Schiffen nach Syrien/Palästina zu befördern, um spezielle Handelsvorteile zu erlangen.

Was die politischen Motive betrifft, so spielte die Antwort des europäischen Westens auf den Hilferuf des byzantinischen Imperators Romanus IV. die wichtigste Rolle nachdem er durch den Seldschukensultan Alp Arslan im Jahr 464 nach der Ḥiğra (1071 n. Chr.) in der Schlacht von Mantzikert vernichtend geschlagen worden war. Papst Urban II. antwortete auf diesen Hilferuf, den der byzantinische Herrscher Alexios Comnenos im Jahr 488 n. H. (1095 n. Chr.) erneuert hatte, indem er zu den Kreuzzügen aufrief und dazu, sich den Ländern des islamischen Orients zuzuwenden [Dies geschah] in diesem Jahr in dem Konzil von Clermont in Frankreich. Die Kreuzzüge erfolgten aber in sieben Angriffen, die von einigen Königen und Herrschern Europas geführt wurden. Der erste fand 1097 statt und der letzte, bei dem die Kreuzfahrer schließlich endgültig aus Syrien/Palästina (aš-Šâm) vertrieben wurde, im Jahr 1291 n. Chr."[89]

Hervorzuheben ist, dass hier neben den religiösen auch die wirtschaftlichen, sozialen und politischen Gründe der Kreuzzüge mit benannt werden.[90] Richtig ist auch der Hinweis auf die Probleme des Ritterstandes, die Handelsinteressen der italienischen Mittelmeerstädte und der Hilferuf von Byzanz. Der Kreuzzugsaufruf von Urban II. wird erwähnt. Die These wird bezweifelt, dass die Situation der Pilger sich wesentlich verschlechtert habe.[91] Im Folgenden werden die Kreuzzüge im Detail beschrieben. Die einzelnen militärischen Etappen sind im Rahmen dieser Untersuchung nicht von Bedeutung. Eine besondere Stellung nimmt jedoch die Eroberung Jerusalems ein, die als ein einziges Blutbad beschrieben wird und im Zentrum der Kreuzzugszeit steht:

„Das Königreich von Jerusalem war das dritte der Emirate, das die Kreuzfahrer in Syrien/Palästina (Aš-Šâm) errichteten, nachdem sie die Heilige Stadt am Freitag, dem 22. Šaʿbân 492 n. H. (15. Juli 1099) erobert hatten und 40 Tage lang Blut vergossen hatten und nachdem ihre Garnison zu schwach war, um sie zu verteidigen. Die Kreuzfahrer begingen, als sie die Stadt eroberten, viele Gräueltaten und forderten Blutzoll von jedem Muslim, Juden und Christ in ihr, der ihnen im Weg stand, ob Mann, ob Frau, ob Kleinkind. Und jene Angreifer schreckten nicht vor der Unverletzlichkeit/ Unantastbarkeit (ḥurma) der Al-Aqsa-Moschee zurück und sie schändeten ihre Ehre (w. "vergewaltigten ihre Unantastbarkeit) und töteten jeden, der darin Zuflucht suchte von den Muslimen.

---

89 GES OS 3, 81f.

90 Insbesondere DUBY 1953 und HERLIHY 1958 haben zu Recht auf die sozialen und ökonomischen Gründe der Kreuzzüge hingewiesen.

91 Vgl. MAYER 2000, 11: "Es ist nicht nachweisbar, dass die Türken die östlichen Christen unterdrückten, wie westliche Quellen und angeblich Urban II. in Clermont behaupteten. In den eroberten Gebieten wurden die einheimischen Christen nicht anders behandelt als es unter dem Islam immer gewesen war: Sie galten als unterworfene, aber den Schutz des islamischen Gesetzes genießende, steuerpflichtige religiöse Minderheit mit begrenzter Kultfreiheit. Was den Christen im Laufe der Eroberung widerfuhr, hing mit den Kriegsläuften zusammen und betraf alle Schichten der Bevölkerung. Besonders die nicht-melkitischen Kirchen des Ostens (nicht griechisch sprechende Jakobiten und Nestorianer), die unter der griechisch-orthodoxen Kirche wegen ihrer monophysitischen und sonstigen ketzerischen Neigungen bedrückt worden waren, hatten keinen Anlass den Herrschaftswechsel zu bedauern, und ihre Schriftsteller sangen das Lob Malik Schahs, der nach den Eroberungswirren die Rückkehr zur Ordnung symbolisierte, ebenso laut wie die islamischen Chronisten."

Es wurden islamische und christliche Quellen über die Barbarei der Kreuzfahrersoldaten zusammengetragen und über das Blutbad, das sie anrichteten, die so weit gingen, dass eine von ihnen berichtet, dass die Streitkräfte auf den Straßen der heiligen Stadt durch das Blut der Getöteten waten mussten und dass der Anführer der Besatzung ein Blut-Badehaus errichtete für die Angehörigen der drei Religionsgemeinschaften (ahl al-milal), und dass sie ihre Männer auf die Straße losließen, um jeden zu töten, den sie zufällig antrafen von ihrer Religionsgruppe ohne Unterscheidung ob Mann, ob Frau, ob Kind. Und das Abschlachten fand Tag und Nacht statt. Gottfried [von Bouillon] wurde aber König über das Emirat Jerusalem und nach seinem Tod in Dezember 1100 n. Chr. riefen die Kreuzfahrer seinen Bruder Balduin von dem Emirat Edessa herbei und sie krönten ihn in der Marienkirche in Jerusalem zum König von Jerusalem. Mit dem Fall von Jerusalem in die Hand der Kreuzfahrer hatten die europäischen Truppen, die gegen den Islamischen Osten eine Kampagne führten, aber ihr erklärtes Ziel erreicht, das hinter dieser Besatzung stand, die sich gegen diese Länder richtete.“[92]

Auf der dem Bericht folgenden Seite des Buches bietet dann eine „historische Lektüre“ mit besonderer Hervorhebung (Rahmung) eine weitere Schilderung des Blutbades bei der Eroberung Jerusalems in den Versionen eines westlichen und eines arabischen Historikers der Gegenwart. Über die bereits gegebene Schilderung betont der arabische Historiker als besonders schlimm, dass die Kreuzfahrerhistoriker dieses barbarische Gemetzel noch nicht einmal zu vertuschen versucht hätten.

"Geschichtliche Lektüre

Steven Runciman – er ist einer der großen Historiker der Kreuzzüge – erwähnt die Gräueltaten, die die Kreuzfahrer begangen haben als sie Jerusalem eroberten in dem ersten Kreuzzug in dem Buch 'Geschichte der Kreuzzüge', das von As-Sayed Al-Bâz Al-ʿAzîzî übersetzt wurde (Beirut 1967),[93] *folgendermaßen: Die Kreuzfahrer gerieten in Raserei über den großen Sieg, den sie errungen hatten nach all den heftigen Leiden und Entbehrungen, sie durchstreiften die Straßen der Stadt, die Häuser und Moscheen und töteten jeden, der ihnen in den Weg kam, Männer, Frauen und Kinder, ohne Unterschied. Das Morden währte den ganzen Tag und die ganze Nacht über hindurch. [1.Auslassung] Und am nächsten Morgen erstürmten die [Runciman: "eine Rotte"] Kreuzfahrer die Al-Aqsa-Mosche und erledigten alle, die sich in die Moschee geflüchtet hatten. Als Raimund (der Fürst Raimund) sich am Vormittag zum Besuch des Moscheenplatzes aufmachte, musste er sich seinen Weg durch die Leichen und Blutströme hindurch suchen, die ihm bis zu seinen Knien reichten [2.Auslassung] und das Massaker führte zur Entleerung seiner [Runciman: "jüdischen und mohammedanischen"] Einwohner'.*[94]

Über die Gräueltaten bei der Eroberung Jerusalems am 14./15. Juli 1099 n. Chr. führt Dr. Saʿîd ʿAšûr in seinem Buch (Die Kreuzzüge, 1. Teil, Kairo 1986) folgendes aus: 'Die Kreuzfahrer begingen ein abscheuliches Verbrechen in Jerusalem. Sie töteten tausende von unschuldigen Muslimen. Die Kreuzfahrer ließen nicht einen Muslim auf den Straßen, in den Häusern oder Moscheen, bis dass sie ihn getötet und sein Blut vergossen hatten, ohne zu unterscheiden zwischen Mann, Frau und Kind. Die Kreuzfahrer schreckten nicht vor der Verletzung der Unantastbarkeit der Al-Aqsa-Moschee zurück und gaben jedem Muslim den Todesstoß, der sich in ihr verborgen hatte. Die Anzahl [der Toten] be-

92 GES OS 3, 84.

93 Die Übersetzung basiert wahrscheinlich auf der dreibändigen englischen Originalausgabe (RUNCIMAN 1951-1954); deutsche Ausgabe: RUNCIMAN 1968.

94 Vgl. RUNCIMAN 1968, 274.

trug 70.000, unter ihnen sämtliche muslimischen Imame und Gelehrten und Gläubigen. Die Kreuzzugshistoriker versuchten noch nicht einmal die Wahrheit abzustreiten. Wilhelm von Tyrus [Erzbischof von Tyrus] erwähnt, dass Jerusalem bei der Invasion der Kreuzfahrer ein schreckliches Gemetzel erlebte, bis dass die Stadt ein weites Schlachtfeld war, das so getränkt war vom Blut der Muslime, das es sogar bei den Eroberer selbst in Schrecken und Ekel auslöste. Ein anderer Kreuzzugshistoriker, der bei diesen Ereignissen anwesend war, erwähnt, dass es bei seinem Besuch des Tempelplatzes (al-ḥaram aš-šarîf) nicht möglich war, dass sich die Eroberer nur mit äußerster Schwierigkeit ihren Weg inmitten der erschlagenen Muslime bahnen konnten und dass das Blut der Getöteten bis an seine beiden Knie reichte.'"[95]

Die Schilderung des Blutbades bei der Eroberung nimmt in dem Schulbuch in mehrfacher Hinsicht eine herausragende Stellung ein. Rein äußerlich ist diese Passage durch einen Rahmen hervorgehoben. Zum anderen werden nur hier (und bei der Rückeroberung Saladins, die der Eroberung durch die Kreuzfahrer fünf Seiten später folgt) im Geschichtsbuch Bücher von modernen Historikern zitiert, zu denen auch ein westlicher Historiker zählt. Das schändliche Verhalten besteht vor allem darin, dass mit Tabus gebrochen wird, die von Anfang an in muslimischer Kriegsethik bestehen.[96] Das unterschiedslose Töten von Männern, Frauen und Kindern - im Text zuvor schon zweimal hervorgehoben - wird hier nochmals zweimalig wiederholt. Die Kreuzfahrer brechen des Weiteren das Tabu, dass sie religiöse Leute, Imame und Gelehrte, gläubige Muslime, Juden und orientalische Christen gleichermaßen abschlachten. Das Schlimmste aber besteht darin, dass sie sogar mit ihrer Barbarei vor dem Allerheiligsten nicht Halt machen, dem Tempelplatz mit der Al-Aqsa-Moschee. Dieser heißt im Arabischen "*al-ḥaram aš-šarîf*", was man wörtlich mit "ehrwürdige Unantastbarkeit, heiliger verbotener Bezirk, heiligstes Tabu, edles Heiligtum" übersetzen kann. Und genau diese Unantastbarkeit, dieses Verbotene, diese Ehre nimmt man dem Ort, man "vergewaltigt" ihn (*intahakû ḥurmatihi*).[97] Dies ist aus islamischer Sicht, bei der die Ehre das höchste Gut darstellt, der größte Frevel, der begangen werden kann. Es geht also nicht nur um die Einnahme einer Stadt im Nahen Osten mit besonderer Blutrüns-

95 GES OS 3, 86.

96 Der Islam hat schon sehr früh klar gemacht, dass Krieg immer nur bedingter Krieg ist. Muslime werden im Koran aufgefordert, auch gegenüber ihren Feinden Gerechtigkeit walten zulassen und keine Übertretung zu begehen. Nach Sure 17, 33 und 2, 190 ist maßloses Töten explizit verboten. Den Angehörigen der zu Unrecht Getöteten wird sogar das Recht auf Rache zugestanden. Frauen, Kinder und Greise dürfen nach Ṭabarî und Al-Buḫârî nicht getötet werden. Auch gab es schon früh Bestimmungen, nach denen Vertreter der Schriftbesitzer wie Priester und Mönche und Unbeteiligte Schutz genossen (vgl. HEINE 2001, 29). Sobald Feinde sich zum Frieden bereit erklärten, bestand für Muslime die Pflicht, darauf einzugehen. Dies galt insbesondere dann, wenn die Feinde zum Islam übertraten. Nur wenn Feinde ein Friedensangebot ausschlugen oder wenn sie Verpflichtungen aus Verträgen brachen, brauchten Muslime keine Gnade mehr walten zu lassen. Vgl. KHOURY 1980, 41f.

97 Zur geschlechtlichen Symbolik im Islam vgl. SCHIMMEL 1995; FELDTKELLER 1998, 145f.

tigkeit oder darum, dass es bei dieser Eroberung viele Tote gegeben hat, sondern um die Entehrung, Schändung und Vergewaltigung des Allerheiligsten einer gesamten Kultur und Religion, um einen Tabubruch ungekannten Ausmaßes.[98]

Auffällig sind die Auslassungen und kleinen Veränderungen, die bei dem Zitat von Runciman gemacht werden. Bei der ersten Auslassung wird im Originaltext gesagt, dass Tankred (von Antiochia) sein Banner auf dem Tempelplatz aufgestellt hatte, da er denen, die sich dorthin geflüchtet hatten, gegen ein hohes Lösegeld das Leben versprochen hatte. Außerdem wird das Zitat dahin geändert, dass es sich bei dem Massaker in der Al-Aqsa nicht um eine *Horde/Rotte* plündernder Soldaten handelte, die *gegen* die Schutzanweisung Tankreds handelten, sondern dass "die" Kreuzfahrer die Untat in der Al-Aqsa verübten. Bei der zweiten Auslassung und Veränderung handelt es sich um die Erzählung von dem Massaker an den Juden, deren Hauptsynagoge angezündet wurde und die Bemerkung im Text von Runciman, dass sogar "viele Christen über diese Massaker in Jerusalem entsetzt waren". Nicht zuletzt wird im Text übergangen, dass der Kommandant der muslimischen Truppen, der sich in die Zitadelle von Jerusalem zurückgezogen hatte, nach Verhandlungen mit Raimund freies Geleit erhielt, um seine Truppen mit der muslimischen Garnison in Askalon vereinigen zu können.[99] Die Funktion dieser Auslassungen und Veränderungen ist klar: Jeder Hinweis darauf, der die Barbarei der Kreuzfahrer entschuldigen oder relativieren könnte, wird getilgt. Zudem wird (zumindest hier)[100] die Erwähnung des Massakers an den Juden getilgt, die an anderen Stellen der ägyptischen Schulbücher pauschal als Feinde Gottes und der Muslime bezeichnet werden.[101]

Auf den folgenden Seiten werden der zweite Kreuzzug und die allmähliche Rückeroberung durch Nûr Ad-Dîn bzw. Salâḥ Ad-Dîn (Saladin) geschildert, wobei wiederum die Rückeroberung Jerusalems in besonderer Weise hervorgehoben und ausführlich beschrieben wird.

„Und Saladin unterbreitete der Bevölkerung Jerusalems die gleichen Kapitulationsbedingungen, die er den anderen Städten in Palästina aufgelegt hatte, die zuvor den Kreuzfahrern gehört hatten, aber sie verweigerten zunächst die Kapitulation und als die Truppen Saladins ein Loch in ihre Mauer brechen konnte und sie die Nutzlosigkeit des

98 Es steht insoweit außer Frage, dass die im Mai 2004 veröffentlichten Bilder der irakischen Gefangenen, die sich vor amerikanischen Soldatinnen ausziehen mußten und gedemütigt wurden. ein Entsetzen in der arabischen Welt auslösen, das weit über das in der westlichen Welt hinausgeht. Aus islamischer Sicht geht es um weit Schlimmeres als um den Vorwurf der Folter. Es geht um die Entehrung der islamischen Kultur. Die Amerikaner haben sich damit mehr als mit allen Bomben, Folter und Besatzung jede Sympathie in der arabischen Welt verspielt.

99 Vgl. RUNCIMAN 1968, 273f.

100 In der ersten Beschreibung der Eroberung Jerusalems wird gesagt, dass auch Juden bei dem Gemetzel umkamen. Siehe vorige Seite bzw. GES OS 3, 84.

101 Vgl. REISS 2003 Juden.

Widerstandes begriffen, da baten sie um Versöhnung. Und Saladin akzeptierte es, dass er den Kreuzfahrern Sicherheit gab unter der Bedingung, dass sie die Stadt verlassen und dass er von den Männern, die konnten, 10 Dinar bekommt, von den Frauen, die konnten, 5 Dinar und dies innerhalb von 40 Tagen. Und am Gedenktag der Nacht der Entrückung und der Himmelfahrt [des Muhammad], am Freitag, dem 27. Rağab des Jahres 583 (12. Oktober 1187 n. Chr.), da betrat Saladin Jerusalem und es wurde seine Großmut offenbar und sein Vergeben des Volkes, was die muslimischen und nicht-muslimischen Geschichtsschreiber veranlasst, dies mit Lob und Respekt zu erwähnen. Und Saladin gab allen Bewohnern der Stadt Sicherheit für ihr Leben und verteilte seine Soldaten in den Straßen der Stadt und in den Vierteln, damit sie für die Sicherheit und Ordnung in ihr sorgten und das Leben ihrer Bewohner schützten und es geschah kein einziger Fall von Plünderung oder Raub, was normalerweise unzertrennlich mit einer Eroberung verbunden ist. Saladin wollte [nämlich] nicht so handeln mit den Christen und den Juden wie die Kreuzfahrer es zuerst getan hatten mit ihren Schlägen der Verrohung und Ausrottung gegen die Bevölkerung Jerusalems. Sein Erbarmen, sein Edelmut, sein Großmut steht im Gegensatz zu den Taten beim Angriff der Christen bei dem ersten Kreuzzug und so kehrte mit dieser Eroberung die heilige Stadt wie zuvor in die Hand der Muslime zurück, nachdem sie fast 90 Jahre lang in der Hand der Kreuzfahrer gelegen hatte.“[102]

Wie schon bei der Eroberung durch die Kreuzfahrer werden die Umstände der Rückeroberung nochmals besonders in Erinnerung gerufen und eingeprägt durch eine zusätzliche, mit Rahmen hervorgehobene Seite, die Zitate von Historikern liefert, die die Eroberung nochmals beschreiben:

"Historische Lektüre

In dem Buch 'Über die Geschichte der Ayubiden und Mameluken" des Autors Dr. Aḥmad Muḫtâr Al-ʿAbâdî ist folgendes über die Großmut des Saladin und seiner Männer bei der Befreiung und Eroberung Jerusalems zu lesen: 'Saladin wandte sich gen Jerusalem und belagerte sie heftig bis die Einwohner die Kapitulation eingestanden und er im Monat Rağab des Jahres 583 (1187 n. Chr.), in der Nacht der nächtlichen Himmelsreise in sie einmarschieren konnte.' Die Bedingungen, die Saladin der Stadt auferlegte, waren äußerst großmütig und der Edelmut ging bis zu einem Maß, dass einige Kreuzzugshistoriker der damaligen Zeit darüber sagten:'Eine solche Größe wie die des Saladin bei der Kapitulation der ewigen Stadt wurde noch nie offenbar.' Dieses Sprichwort entspricht in der Tat der Wahrheit und hat viel Bedeutungsgehalt, denn Saladin nutzte seinen Sieg nicht dazu aus, um ein Exempel an seinen Feinden zu statuieren, wie dies die Kreuzfahrer zuvor an den Muslimen getan hatten, als sie die Stadt im Jahre 1099 n. Chr. eroberten. Vielmehr ließ er sie die Stadt mit ihrem Hab und Gut verlassen nachdem sie ein gerechtes Lösegeld gezahlt hatten. Was aber die Armen betraf, so ließ er sie ohne das geforderte Lösegeld laufen. Und was die orientalischen Christen der Einwohner der Stadt betrifft, so erlaubte er ihnen bei den Muslimen zu bleiben. Saladin versuchte nicht, die Kirchen anzugreifen, sondern ließ sie [unangetastet], an oberster Stelle die Auferstehungskirche. Er begnügte sich damit, nur in Moscheen zurückzuverwandeln, was zu Kirchen umgewandelt worden waren, darunter besonders die Al-Aqsa-Moschee, die die Franken in eine Kirche verwandelt hatten, die sie den Tempel des Salomo nannten. Dies ist aber ein Hinweis darauf, dass Saladin nicht die christliche Religion bekämpfte, sondern die imperialistische europäische Politik."[103]

---

102 GES OS 3, 89f.

103 GES OS 3, 91.

Die Botschaft, die vermittelt wird, ist folgende: Der christlichen Barbarei, die noch nicht einmal vor dem Allerheiligsten der Religion Halt macht, wird die muslimische Toleranz und Größe gegenübergestellt. Dass es sich um ein ganz wesentliches Kapitel handelt, das die ganze Geschichtsinterpretation verständlich macht, wird durch die Hervorhebung und die mehrfache Schilderung des gleichen Sachverhalts deutlich: Dies soll den Schülern tief eingeprägt werden und bietet auch das Interpretationsmuster für frühere und spätere geschichtliche Entwicklungen. Der Westen, der so tut, als ob er christlich sei - ist barbarisch, kennt keine menschlichen und religiösen Tabus. Und dies ist eine Erfahrung, die so grundsätzlich ist, dass sie auch in anderen Epochen deutlich wird. Dies zeigt vor allem der letzte Satz der „historischen Lektüre“. Hier wird - wie schon in der Einleitung des Kapitels - ein Begriff, der erst aus einer viel späteren Epoche stammt, auf eine Situation des Mittelalters übertragen: Schon Saladin "kämpfte gegen die imperialistische europäische Politik“. Auch umgekehrt werden Begriffe des Mittelalters für die Neuzeit genutzt: die Kolonialmächte sind nichts anderes als die "Kreuzfahrer der modernen Epoche".[104]

3.8. Die Muslime bringen dem christlichen Westen Kultur

Während das Christentum beim Transfer des antiken Wissens zwar regelmäßig, wenn auch nur verstreut erwähnt wird, wird den Auswirkungen des Transfers der islamisch-arabischen Kultur in die europäische ein ganzes Kapitel gewidmet. Drei Wege der Vermittlung werden beschrieben:

> *„Europa erhielt die arabisch-islamische Kultur durch drei Zugänge oder Brücken im Mittelalter: Durch die Karawanenhandelswege zwischen Asien und Europa, durch die Kriege der Kreuzzüge, schließlich durch die Länder, die der muslimischen Herrschaft unterworfen waren wie Andalusien, Sizilien.“*[105]

Es werden nochmals die wichtigsten Handelswege aufgeführt[106] und betont, dass auf diesen Wegen nicht nur ein Transport von Waren, sondern auch von Kultur in das damals rückständige Europa stattfand. Die Kreuzzüge werden sodann als der eigentliche

---

[104] Darauf hinzuweisen ist, dass diese Sicht der Kreuzzüge durchaus keine rein muslimische, sondern eine Sicht ist, die auch bei vielen Kopten verbreitet ist. Der koptische Historiker Aziz S. Atiya, der auch in Amerika, Deutschland und der Schweiz lehrte, hat in mehreren Veröffentlichungen die Kreuzzüge als Teil einer noch andauernden militärischen und kulturellen Auseinandersetzung zwischen Orient und Okzident beschrieben, die in das antike Griechenland und Römische Reich zurückverfolgt werden kann und bis in unsere Gegenwart reicht. Vgl. ATIYA 1938; ATIYA 1964. Atiya hat sich allerdings auch zu den gegenseitigen kulturellen Bereicherungen und zu den intensiven Handelsbeziehungen ausführlich geäußert, so daß der Auseinandersetzung ein ambivalenter Charakter gegeben wird.

[105] GES OS 3, 64.

Auslöser für die Renaissance des christlichen Abendlandes benannt. Das, was die Kreuzfahrer an Kultur aus dem Orient mitbrachten, habe das rückständige Europa in die Moderne katapultiert:

> *„Durch die Kriege der Kreuzritter, die zwischen dem europäischen Westen und den islamischen Ländern des Ostens stattfanden, wurde die islamische Kultur nach Europa gebracht, das damals Epochen der Rückständigkeit und der Unwissenheit erlebte. Es gab nicht nur eine militärische Begegnung zwischen zwei Heeren, sondern auch eine Begegnung zwischen zwei Denk- und Lebensweisen, und als die kämpfenden Kreuzfahrer in ihre Länder zurückkehrten, brachten sie alles mit sich, was sie über die Wissenschaft der Muslime und ihr Denken in Erfahrung gebracht hatten. Und diese Begegnung löste eine große Umwälzung in Europa aus, die man als die Epoche der europäischen Renaissance kennt, die wiederum die Basis der europäischen Kultur in der Moderne war.“*[107]

In einem weiteren Kapitel werden nochmals die kulturellen Errungenschaften aufgelistet, die Europa von den Arabern übernahm: Dies reiche von der Dichtkunst, der Medizin, der Chemie und Mathematik über die Philosophie des Aristoteles-Schülers Ibn Rušd, *„der an allen europäischen Universitäten drei Jahrhunderte lang gelehrt wurde“*, bis hin zum Kompass und dem Gesetz der Schwerkraft, zu dem Newton über das Studium von Al-Bîrûnî und Ibn Sîna (Avicenna) gekommen sei. Sogar im Bereich der Musik habe Europa fast alles von der arabischen Kultur geerbt, denn *„Die Europäer kannten bis zur Begegnung zwischen Europäern und Arabern keinerlei Arten von Musikinstrumenten außer den im Krieg benutzten Instrumenten der Kreuzfahrer.“*[108] Europas Fortschritt wird damit einseitig mit der Übernahme der islamisch-arabischen Kulturerrungenschaften erklärt.

3.9. Die Fortsetzung des Angriffs in der Neuzeit: Die Kolonialzeit

Obwohl die Politik der Kolonialmächte als Fortsetzung der Kreuzzüge mit anderen Mitteln gezeichnet wird und 500 Jahre im Geschichtsunterricht unerwähnt bleiben, um die Kolonialzeit unmittelbar an die Kreuzzugszeit anschließen zu lassen, sind bei der prägenden Begegnung mit den Franzosen keine größeren religiösen Ressentiments gegenüber der abendländisch-christlichen Kultur zu spüren. Die imperialistische Machtpolitik Frankreichs wird zwar bekämpft, aber die nachhaltigen wissenschaftlichen, politischen und kulturellen Einflüsse werden zum Teil auch positiv beschrieben. Im Kapitel 8, das direkt an die Kreuzzugszeit anschließt, wird die wirtschaftliche, soziale und politische Situation unmittelbar vor der Landung Napoleons dargestellt um zu erklären, wie die Wehrlosigkeit Ägyptens in dieser ersten Konfrontation mit den

[106] Die Darbietung knüpft in vielem an das an, was im Sozialkundeunterricht der Mittelstufe vermittelt wird. Vgl. oben Kap. V.3.8. GES OS 3, 30.

[107] GES OS 3, 64.

Europäern nach den Kreuzzügen möglich war. Sodann wird der Widerstand beschrieben, dem Napoleon von Seiten der ägyptischen Bevölkerung begegnete und die Umstände, unter denen die Franzosen das Land wieder verlassen mussten. Den größten Umfang nimmt am Ende ein Unterkapitel ein, in dem der nachhaltige Einfluss der französischen Besatzung auf das politische, wirtschaftliche, und soziale Leben sowie auf die Wissenschaft und das Denken – durchaus auch in positiver Weise - beschrieben wird. Der Islam und das Christentum spielen kaum noch eine Rolle und auch der Widerstand gegen die Kolonialherrschaft wird weniger als religiöse, sondern als politische Auseinandersetzung beschrieben. An zwei Stellen wird allerdings kurz etwas über die religiöse Einstellung der Eroberer gesagt, das direkt anknüpft an die Erfahrungen in der Kreuzzugszeit. Bei der Beschreibung der französischen Invasion wird unter einem Bild von Napoleon berichtet, dass er vorgab, nur nach Ägypten zu kommen, um das Land von der osmanischen Unterdrückung zu befreien und dass er beabsichtigt hätte, eine Regierung einzusetzen, in der Ägypter das Sagen haben sollten. In einer Erklärung vom 28. Juni 1798 habe Napoleon dann offiziell verkündet, dass er Gott, die muslimische Religion und den Propheten Muhammad achte:

> *"Ich bin nur zu euch gekommen, damit ich euch aus eurer Unterdrückung zu eurem Recht verhelfe und ich verehre Gott, den Gepriesenen und Erhabenen mehr als die Mamelucken und achte seinen Propheten und den edlen Koran. Alle Menschen sind gleich bei Gott. Was sie voneinander unterscheidet ist nur der Verstand und die Tugenden und die Wissenschaften. Wenn aber das ägyptische Land notwendigerweise den Mamelucken gehören würde, dann könnten wir das in den Schriften nachlesen, die Gott ihnen schrieb."*[109]

Dieser angebliche Respekt vor der islamischen Religion und seine Verehrung Gottes werden jedoch durch das Verhalten Napoleons bei der Niederschlagung des Aufstandes von 1798 desavouiert, bei dem er die religiösen Gefühle der Muslime zutiefst verletzte, als er fast zweitausend Aufständische tötete und es sogar wagte, mit Pferden in die Al-Azhar einzudringen.[110] Die Parallelität zu den Kreuzfahrern ist offensichtlich:

- Erstens zeigt sich bei diesem Führer, dass seine angebliche religiöse Motivation genauso verlogen ist wie die der Kreuzfahrer. Napoleon gibt religiöse Gründe vor, aber in Wirklichkeit ist er nur an der Ausweitung seiner Macht interessiert.
- Zweitens zeichnet sich der westliche Herrscher dadurch aus, dass er wie die Kreuzfahrer die Heiligkeit und Unantastbarkeit eines religiösen Ortes nicht respektiert.
- Drittens wird er wie die Kreuzfahrer als barbarischer Schlächter dargestellt, der maßlos ist im Töten.[111]

---

[108] GES OS 3, 65.

[109] GES OS 3, 105.

[110] GES OS 3, 108. Das Motiv wird bereits im Sozialkundeunterricht der Mittelstufe angesprochen. Siehe oben V.3.5.c.

[111] Die Parallelisierung zwischen Kreuzzugszeit und Kolonialzeit wird nochmals an ganz anderer Stelle explizit vorgenommen, nämlich im Zusammenhang mit der britischen Expansion der

Mit den Kolonialmächten unmittelbar verbunden ist der Versuch, auf allen Gebieten Einfluss zu nehmen. So wird die Entsendung von christlichen Missionen in den Orient als kolonialistische Maßnahme dargestellt, um religiösen und kulturellen Einfluss zu nehmen, was dementsprechend negativ bewertet wird:

> *"Da fing die Förderung der Ausländer aus Europa und den Vereinigten Staaten an, spezielle Schulen zu gründen, die Missionsschulen, die einhergingen mit der ausländischen Kolonialherrschaft im Bereich der Wirtschaft. Diese Schulen, in die ägyptische Söhne eintraten, trugen aber zur Vertiefung der Spaltung des Denkens und der Kultur bei".*[112]

Diese Bildungsinitiative habe sich nur daran orientiert, für den eigenen Bedarf in der Kolonialwirtschaft ausgebildete Leute zu gewinnen.[113] Damit man nun nicht die Schüler an die ausländischen Schulen verlor, sei der Staat gezwungen gewesen, selbst einige moderne Schulen zu begründen.[114] Die westlichen Missionsschulen werden also im Zusammenhang mit den Bildungsreformen Muhammad Alis und seiner Nachfolger genannt. Ihr Einfluss wird jedoch ausschließlich negativ beschrieben. Sie hätten wesentlich dazu beigetragen, dass *„sich der Dualismus des Denkens und der Kultur vertiefte"*, der durch das Nebeneinander von traditioneller religiöser Erziehung und moderner westlicher Erziehung erhebliche *„Probleme der Kultur und des Denkens in Ägypten"* verursachte.[115] Zudem wird das Vorhandensein der europäischen Schulen dafür verantwortlich gemacht, dass man sich von vielen alten Sitten und Traditionen löste, angefangen bei der Übernahme westlicher Kleidung, über das Bauen von Häusern in westlichem Stil, bis hin zum Essen und zur Freizeitgestaltung, denn nun ging man in die Oper oder ins Theater, hörte westliche Musik statt die traditionelle arabische. Diese Einmischung in die Kultur sei jedoch so stark gewesen, dass sich schon bald eine Gegenbewegung dazu formierte, die diese Entfremdung ablehnte und unter dem Ruf „Ägypten den Ägyptern" in die Nationalbewegung einfloss.[116]

Schließlich wird es als Kennzeichen der westlichen kolonialistischen Politik angesehen, dass man versuchte, die orientalischen Christen und die Muslime auseinanderzudividieren. Klingt der Vorwurf, die kolonialistische Politik habe orientalische Christen und Muslime auseinanderzudividieren versucht, bereits bei der Kritik der

---

Kolonialherrschaft in der Golfregion. Die Stämme in der Golfregion hätten in den britischen Kolonialschiffen, die den arabischen Golf passierten, Schiffe von Kreuzfahrern gesehen, gegen die der Ǧihâd auszurufen ist. Aus dem Text wird allerdings nicht deutlich, ob die Autoren diese Auffassung teilen oder ob man sich von einem solchen Anachronismus eher distanziert. GES OS 3, 182.

112 GES OS 3, 130. Vgl. auch a.a.O., 192, wo die italienische Kolonialmacht in Libyen ebenso mit der Entsendung von italienischen Missionen einherging, die Schulen bauten.

113 GES OS 3, 131.

114 GES OS 3, 131.

115 GES OS 3, 130.

Schulpolitik der Missionen mit an, die vor allem von Christen aufgesucht wurden, so wird er an verschiedenen Stellen noch explizit ausgesprochen. Zu der Expansion der französischen Kolonialherrschaft in Nordafrika wird beispielsweise gesagt, dass die Franzosen zwischen den Arabern und den Berbern Zwietracht säen wollten wie dies die Engländer auch bei den Muslimen und Kopten in Ägypten versucht hatten.[117] Dieser Vorwurf wird in dem Kapitel "Ägypten und die Probleme der Arabischen Welt in der Gegenwart" wiederholt. Die europäischen Kolonialherren hätten versucht, Zwietracht zwischen die verschiedenen Religionen, christlichen Konfessionen und muslimischen Schulen im Nahen Osten zu streuen um dadurch den Widerstand gegen die Kolonialherrschaft zu schwächen.[118]

3.10. Christen und Muslime kämpfen gemeinsam gegen den Westen

Im Zusammenhang mit der Einrichtung von Religionsgerichten für die verschiedenen Konfessionen erfährt man zum ersten Mal in dem Geschichtsbuch, dass es verschiedene Konfessionen in Ägypten gibt: die Kopten, die Syrer, die Armenier und die Juden werden genannt.[119] Welche Geschichte und Besonderheiten diese Konfessionen haben, warum sie eigene Gerichte haben sollen, erfährt der Schüler nicht. Nicht erklärt wird, dass die damals eingeführte Regelung, dass Streitigkeiten zwischen Muslimen und Christen immer vor einem islamischen Gericht ausgetragen werden müssen, in der Neuzeit zu erheblichen Schwierigkeiten geführt hat.[120]

Den orientalischen Christen wird in der Frühzeit des Nationalismus eine wichtige Rolle zugestanden. Die Auseinandersetzungen mit den Muslimen an der Wende zum 20. Jh. bleiben unerwähnt. Stattdessen wird über die Rolle der Christen in der nationalen Bewegung, die sich schließlich durchsetzen konnte, folgendes gesagt:

> *"Die zweite Gruppe: Sie wurde durch die arabischen Christen vertreten, die die arabische Geschichte objektiv lasen und entdeckten, dass die Christen zu ihrem Aufbau beigetragen hatten. Von daher sei es nicht Aufgabe, sich von ihr loszulösen und nun einen christlichen Nationalismus zu bilden, sondern sich mit den Muslimen unter der Fahne des Arabischen gegen die osmanische Präsenz gemeinsam zu verbünden. Unterstützt wurde dieses Arabertum der Christen durch die Arabisierung der Kirchenstruktur und die Abhaltung ihrer Riten in der arabischen Sprache im Jahr 1899 in der orthodoxen, katholischen und protestantischen Kirche."*[121]

116 GES OS 3, 131f.
117 GES OS 3, 191.
118 GES OS 3, 256.
119 GES OS 3 (Edition von 1996/97), 111.
120 ARAB WEST REPORT 2003.
121 GES OS 3, 194.

Im Folgenden wird zwischen einer ersten und einer zweiten Phase der Entwicklung des arabischen Nationalismus unterschieden. In der ersten Phase, die nach dem Buch das letzte Viertel des 19. Jh. bis 1908 umfasste, wird nochmals die besondere Bedeutung der Christen in Syrien-Palästina hervorgehoben:

> *"Die erste Phase*
>
> *In dieser Phase beschränkte man sich auf die Weckung des arabischen Nationalbewusstseins durch Literatur und Kultur. Die arabischen Christen nahmen dabei aber eine herausragende Rolle ein. Dies war aber natürlich, denn die nationale Bewegung war ein ebenbürtiger Pol zur islamischen Bewegung, die die nichtislamischen Elemente aussonderte ... - eine Folge der Vernachlässigung der arabischen Sprache durch die Osmanen war, dass sie nicht nur nicht mit modernen Methoden vermittelt wurde, sondern dass sie sie sogar ganz zu verbannen versuchten -... [So war es natürlich,] dass die christlichen Missionsgesellschaften in der arabischen Sprache und ihrer Literatur ein [wirksames] Instrumentarium für sich [ihre Missionsarbeit] fanden. Die Länder von Aš-Šâm wurden aber wegen spezieller Bedingungen von vielen Christen besiedelt und wegen des Vorhandenseins der christlichen heiligen Stätten wurden sie zum Zentrum für die Aktivitäten dieser Missionen seit dem 17. Jh.*[122] *Die Aktivitäten dieser Missionen beschränkten sich auf die östlichen Christen. Die meisten dieser Missionen waren aber katholisch. Dann kamen kurz vor der ägyptischen Herrschaft die protestantischen Missionen, die in den Ländern von Aš-Šâm evangelisierten. In der Zeit der ägyptischen Herrschaft (1832-1840) stieg das Interesse an der arabischen Sprache. Ebenso wurden die Aktivitäten dieser evangelisierenden Missionen in der Zeit Ibrahim Paschas, des Sohnes von Muhammad Ali, auf bemerkenswerte Weise vermehrt. Nach dem Ende der ägyptischen Herrschaft setzten die Missionsgesellschaften ihre Tätigkeiten fort, insbesondere die amerikanischen Missionen im Bereich der Kultur. Sie öffneten Schulen im Libanon, in Beirut und Jerusalem. Dann öffneten sie eine Schule zur Ausbildung von Lehrern. Schließlich gründeten sie 1866 die Syrische Protestantische Schule (Syrian Prostestant College) in Beirut (aus der später die Amerikanische Universität wurde).*
>
> *Die literarische Phase der arabischen Nationalbewegung*
>
> *In dieser Phase fand die Belebung der arabischen Sprache und ihrer klassischen Literatur statt. Dies weckte die große Herrlichkeit der Tradition des arabischen Denkens. Das wird besonders deutlich bei der Geschichte des Al-Bustânî, der erbittert gegen den religiösen Fanatismus kämpfte, der schändlich ausgenutzt wurde in den Tagen der Massaker im Libanon. Und er gründete die 'Syrische Schar', dann die nationale Schule, die den religiösen Fanatismus bekämpfte. Ihre Tätigkeit konzentrierte sich darauf, eine nationale Generation hervorzubringen, die auf ihr Arabertum stolz war. Dann gab er die Zeitung 'Al-Ğinân' heraus und machte zu ihrem Motto: 'Der Patriotismus aus dem Glauben'. In diesem Stadium wurden die verschiedenen wissenschaftlichen Vereine gegründet, darunter die 'Gesellschaft der Literatur und der Wissenschaften' in Beirut 1847, die ihre Aktivitäten auf die Nutzung der arabischen Kultur konzentrierte. Schließlich wurde auch die 'Syrische wissenschaftliche Gesellschaft' gegründet, in der sich Muslime, Christen und Drusen Seite an Seite hervortaten."*[123]

---

[122] Es ist bedauerlich, dass man gerade dort, wo von der Wiederentdeckung der Schönheit der arabischen Sprache gesprochen wird, schreckliche syntaktische Fehlkonstruktionen findet, die jedem Arabisten die Nackenhaare sträuben lassen!

[123] GES OS 3, 195f.

Ebenso wird auf einer der folgenden Seiten noch darauf hingewiesen, dass Christen die Hälfte der Teilnehmer des ersten arabischen Kongresses in Paris 1913 bildeten.[124] So wird hier auf die bedeutende Rolle der arabischen Christen für die arabische Renaissance hingewiesen. Ebenso werden einige historische Fakten korrekt erwähnt, so z. B., dass die osmanischen Herrscher vom 16.-18. Jh. das Arabische allmählich zurückdrängten, dass die katholische Missionsarbeit im Nahen Osten älter war als die der Protestanten, dass die Missionen vor allem unter den östlichen (orthodoxen) Christen Missionserfolge hatten, und dass sich ihre Arbeit sehr stark auf pädagogische und kulturelle Arbeit stützte. Auch wird erwähnt, dass die Amerikanische Universität von Beirut, die bis heute als Elite-Universität des Nahen Ostens gilt, ursprünglich aus der Arbeit evangelischer Missionare hervorging und dass Buṭrus Al-Bustâni (1819-1883), der die erste arabische Enzyklopädie herausgab (*Dâʾirat Al-Maʿârif*), eine bedeutende Rolle in der arabischen Renaissance spielte.[125] Dabei wird allerdings unterstellt, dass die Förderung des Arabischen und des Nationalismus nur ein Mittel der europäischen Missionen gewesen sei, um ihre eigenen Ziele zu verfolgen.

Zu Beginn des angehängten Kapitels 12 "Die liberale Epoche (Die Demokratie)" wird hervorgehoben, dass seit dem Aufstand von 1919 das Staatsverständnis in Ägypten sich grundlegend verändert habe:

> *"Der Aufstand von 1919 ist der erste nationale Aufstand in der Geschichte Ägyptens und der Beginn des Erscheinens der ägyptischen Nation als Nation (umma), die vereint ist aus nur Ägyptern ohne Unterscheidung zwischen Muslimen und Kopten, die sich um die vollständige Unabhängigkeit von jeglichem ausländischen Staat bemühte. Damit war die Revolution von 1919 der Beginn des Erscheinens des modernen Ägypten, dessen politisches System auf der ägyptischen Nationalität alleine und nicht auf der Basis der Religion beruhte. Vor der Revolution von 1919 war Ägypten unter osmanischer Herrschaft (Türkei) und wurde behandelt als eine Provinz des osmanischen Sultans, d. h. als Teil der islamischen Welt. Der Gedanke der nationalen Loslösung von der Türkei war noch nicht aufgeworfen, denn das ägyptische Volk fühlte sich als Teil der islamischen Welt, die aus mehreren Nationalitäten bestand und nicht eine von ihr getrennte Nationalität bildete. Es fühlte sich dem Gedanken an die islamische Gemeinschaft (al-ǧâmiʿa al-islâmiyya) verpflichtet als Ausdruck für das muslimischen Volk."*[126]

Im gleichen Kapitel wird dann darauf hingewiesen, dass Christen und Muslime sich 1919 gemeinsam gegen die Briten erhoben:

> *"In diesem Aufstand waren von Anfang an Muslime und Kopten gleichermaßen beteiligt, mit dem Ziel die vollständige Unabhängigkeit von der Türkei und England [zu erreichen]. Dies war der Beginn der Epoche der vollständigen nationalen Unabhängigkeit. Ägypten wurde zum einzigen arabischen Staat, dessen Volk nicht den religiösen Fanatismus mit dem nationalen vermengte, nachdem sich die Muslime und Kopten vereinigt hat-*

[124] GEO OS 3, 200.

[125] HARB 2000, 59f.

[126] GES OS 3, 213.

> *ten. Das durch die Schüsse der Engländer vergossene Blut vereinigte sie und sie nahmen sich den Halbmond mit dem Kreuz in seiner Mitte zum Symbol. Die Priester unternahmen es auf den Kanzeln der Moscheen zu predigen bis hin zur Kanzel der Al-Azhar. Und die muslimischen Scheiche hielten Predigten vor den Altären der Kirchen bis hin zum Altar der großen Markuskirche*[127]*".*

Hier wird an die gemeinsame Haltung der Kopten und der Muslime erinnert. Das Symbol der Bewegung wird in diesem Zusammenhang allerdings nur erklärt, aber nirgendwo abgebildet.

4. Evaluation

4.1. Zusammenfassung

Im Geschichtsunterricht wird das Christentum in der 1. Klasse der Oberstufe zweimal explizit thematisiert: Die Beschreibung der historischen Entwicklung des Christentums ist sehr kurz gehalten (28 Zeilen = 0,66% des Buches) und als defizitär zu bezeichnen. Die Beschreibung des koptischen Christentums ist dagegen noch ausführlicher als im Sozialkundeunterricht der Mittelstufe ausgefallen (290 Zeilen bzw. 6,82% des Buches).[128] Dies ist ein recht stattlicher Umfang der Beschreibung des koptischen Christentums angesichts dessen, dass eine Vielzahl der antiken Kulturen in dem Schulbuch beschrieben wird. Allerdings ist der Text weitgehend identisch mit dem im Sozialkundebuch der Mittelstufe, so dass es sich um eine umfangreiche Redundanz handelt. Der Text ist vermutlich Vorlage für den im Sozialkundebuch SK MS 1/2 gewesen und von muslimischen Redaktoren überarbeitet worden, wobei für Christen wichtige Elemente wegfielen. Die Redundanz und die Vorgehensweise bei der Redaktion ist zu kritisieren. Statt der Doppelung des Textes sollte erwogen werden, den Text für die Mittelstufe erheblich zu kürzen und stattdessen ausführlichere Informationen über das Christentum als Religion einzufügen.

Im Geschichtsbuch der Abiturklasse, das – im Gegensatz zu dem für die 1. Klasse – bis in die Gegenwart führt, wird das Christentum nicht mehr explizit thematisiert. An diesem Befund bestätigt sich die Beobachtung, die sich bereits in den Sozialkundebüchern abzeichnete: Das koptische Christentum ist als *gegenwärtige lebendige* Religionsgemeinschaft nicht im Blick, sondern nur in historischer Perspektive.

Beschreibungen des Christentums als inklusiver Bestandteil der islamischen Religion, wie sie für den islamischen Religionsunterricht charakteristisch sind, fehlen. Allerdings ist die Zuordnung des oben angeführten kurzen Abschnitts über die christliche

[127] Mit dieser Bezeichnung ist die Markuskathedrale des damals im Stadtteil Al-Azbakiyya gelegenen Koptisch-Orthodoxen Patriarchats gemeint.

[128] Vgl. oben Kap. VI.1.3., VI.2.1. und VI.2.2.

Religion schwierig: Man versucht das Christentum als eigenständige Religionsgemeinschaft darzustellen, verfällt dann aber größtenteils wieder in eine inklusive Sichtweise.

Der Anteil der impliziten Erwähnungen im Schulbuch der 1. Klasse OS ist gering, in der 3. Klasse der OS jedoch sehr groß (20,51%). Diese große Zahl kommt nur dadurch zustande, dass das gesamte Kapitel über die Kreuzzugszeit mit eingerechnet wurde (ohne diese beträgt der Anteil nur 9,53%). Die Kreuzzüge wurden komplett in die Statistik einbezogen, da es sich um eine Auseinandersetzung zwischen Muslimen und dem christlichen Westen handelt, auch wenn den Christen jegliche Religiosität abgesprochen und ihre Absichten auf rein machtpolitische und kolonialistische Motive reduziert werden. Die Auseinandersetzungen in der Kolonialzeit hingegen wurden nicht komplett in die Statistik übernommen, da man sich bei dieser Auseinandersetzung weitgehend religiöser Deutungen enthält.

Bei der inhaltlichen Betrachtung zeigte sich, dass viele Themen, die im Sozialkundeunterricht bereits behandelt wurden, mit ähnlicher Tendenz im Geschichtsunterricht der Oberstufe vertieft werden:

1. Die Polarisation zwischen dem Orient und dem Okzident wird aufgegriffen und auf die antiken Kulturen übertragen. Die orientalische Kultur sei der westlichen überlegen. Teilweise werden dabei falsche Zuordnungen zu Kulturen vorgenommen.
2. Das koptische Christentum wird noch stärker als Widerstandsbewegung gegen die heidnischen Römer und gegen Byzanz denn als religiöse Bewegung gekennzeichnet.
3. Bei der Beschreibung des *ḏimmî*-Status der Nichtmuslime im islamischen Staat werden die negativen Seiten ausgelassen oder beschönigt beschrieben (finanzielle Ausbeutung, Erniedrigung, Probleme beim Kirchbau).
4. Die Kreuzzüge und die blutige Eroberung Jerusalems wird zentral in den Mittelpunkt der Geschichtsdarstellung gerückt. Dem wird die tolerante Haltung der Muslime gegenübergestellt.
5. Kulturbeeinflussung wird nur einseitig geschildert: Der Islam hat den Westen seit dem Mittelalter bereichert. Dass es in der Neuzeit auch eine umgekehrte Beeinflussung gegeben hat, wird verschwiegen.
6. Um der nationalen Einheit willen bleiben alle historischen und gegenwärtigen Konflikte zwischen Kopten und Muslimen unerwähnt.

Eine solche Geschichtsdarstellung betont die Polarisationen zwischen dem Westen und dem Islam, während die gegenseitige kulturelle Beeinflussung und die Gemeinsamkeiten in den Hintergrund rücken. Die historischen und gegenwärtigen gesellschaftlichen Konflikte zwischen Kopten und Muslimen werden nicht erwähnt. Ohnehin sind bei den Geschichtsbüchern nicht nur die Erwähnungen, sondern auch die Passagen besonders bedeutsam, in denen zu erwarten wäre, dass vom Christentum gesprochen wird. Dies betrifft verschiedene Themenbereiche und Epochen, vornehmlich jedoch die syrisch-aramäische Kultur und den Beitrag der orientalischen Christen zur islamischen Kultur, aber auch Auslassungen der mamluckischen und osmanischen Zeit.

4.2. Beurteilung und kritische Anfragen

Die in den Schulbüchern behauptete kulturelle und religiöse Überlegenheit des Orients sowie die darauf aufbauende Argumentation, die arabisch-islamischen Völker müssten sich nur von europäischen Beeinflussungen befreien, um zu alter Stärke zurückzufinden, ist äußerst problematisch (vgl. oben Kap. VI.3.1). Sie wird der komplexen Kulturgeschichte im Orient und Okzident nicht gerecht, hat eine gegen Europa und das christliche Abendland gerichtete apologetische Tendenz und übersieht sowohl die Zeiten des eigenen kulturellen Niedergangs als auch die positiven Einflüsse, die die islamisch-arabische Kultur auch von anderen Kulturen erfuhr.

Bereits das Argument, Judentum und Christentum seien aus der phönizischen Kultur hervorgegangen und hätten sich so erfolgreich behaupten können, weil sie Anteil an der Überlegenheit der arabischen Kultur gehabt hätten, ist aus religionswissenschaftlicher Sicht nicht zu halten. Die Zuordnung der beiden Religionen zu der phönizischen Kultur ist historisch nicht korrekt. Wer die biblischen Zeugnisse betrachtet, wird finden, dass das Volk Israel, das nomadischer Herkunft war und im Zuge der aramäischen Wanderbewegung in das fruchtbare Land eingesickert ist,[129] mit seinem monotheistischen Glauben gerade im Widerspruch und Feindschaft zu dem Polytheismus der ansässigen Kulturlandbewohner Kanaans bzw. zu den Seevölkern stand, die später die kanaanäischen Küstenstädte besiedelten. Auch wenn die kanaanäische El-Gottheit und Schöpfungsvorstellungen des Kulturlandes allmählich integriert wurden, urteilt O. Eißfeldt über das prinzipielle Verhältnis zwischen kanaanäischer und israelitischer Religion wie folgt:

> *„Aufs Ganze gesehen hat vielmehr das Alte Testament darin Recht, daß die Jahwe-Religion zu der kanaanäischen allezeit in schärfstem Gegensatz gestanden hat und daß sich Israel dieses Unterschiedes vornehmlich an der ihm eigenen Fernhaltung alles Sexuellen aus seiner Gottesvorstellung bewußt geworden ist. Insoweit wurde die kanaanäische Religion für die israelitische als Kontrast-Parallele wirksam"*[130]

Es ist insoweit höchst fragwürdig, die israelitische Religion bzw. das Judentum der phönizischen Kultur zuzuordnen. Ebenso muss die Zuordnung des Christentums zur phönizischen Kultur als historisch unzutreffend angesehen werden, ist diese doch mehr

[129] Vgl. das Bekenntnis: „Mein Vater war ein umherirrender Aramäer". In der Wissenschaft hat sich die „Amphiktionie-Hypothese" von M. Noth von 1930 weitgehend durchgesetzt, nach der die „Landnahme" in einem langsamen Prozeß der Einsickerung von Nomadenstämmen stattfand, die sich als vorstaatlicher Stämmeverband um einen gemeinsamen Kult versammelte. Vgl. NOTH 1930.

[130] EIßFELDT, O.: Art. „Kanaanäische Religion" in: RGG^3, Bd. 3, 1111-1113.

als ein Jahrtausend vor Jesus bereits untergegangen.[131] Daran ändert auch die Tatsache nichts, dass Jesus nach dem Zeugnis des Evangeliums einer „kanaanäischen" (Mt 15,21ff.) bzw. „syro-phönizischen" (Mk 7,24ff.) Frau begegnete. Diese Bezeichnungen leiten sich lediglich davon ab, dass sie aus einer der alten phönizischen bzw. kanaanäischen Küstenstädte, Tyrus, kam. Die Evangelisten wollten damit aussagen, dass sie eine Heidin ist. Jesu Reaktion auf ihre Bitte macht aber noch die Distanz zwischen „phönizisch"-heidnischer und jüdisch-israelitischer Kultur deutlich, der sich Jesus angehörig fühlt. Er weist sie ab und sagt zu ihr (Mt 15, 24): „Ich bin nur zu den verlorenen Schafen des Hauses Israels gesandt." Es kann daher nicht davon die Rede sein, dass das Judentum oder das Christentum unmittelbar aus der phönizischen Kultur entstanden seien. Erst recht ist der Islam nicht der phönizischen Kultur begegnet. Vielmehr stießen die muslimischen Heerführer bei den Eroberungszügen Richtung Westen vor allem anderen auf die byzantinisch-christliche Kultur.

Was die Darstellung des Christentums im Zusammenhang mit der Schilderung des Sieges über das Heidentum betrifft, wird dem Christentum, wie oben festgestellt, eine gewisse Eigenständigkeit zugestanden (vgl. oben Kap. VI.3.2). Das stellt einen Fortschritt in der religionsgeschichtlichen Betrachtung gegenüber der Darstellung in der Mittelstufe dar.[132] Gleichwohl bleibt als Kritik bestehen, dass auch hier die Botschaft nur in muslimischen Termini beschrieben und wiederholt wird, dass Jesus gegen das Heidentum gepredigt und eine eigene Religion bereits vor Augen gehabt habe.

Dies ist nach christlicher Auffassung und nach den biblischen Quellen nicht richtig: Jesus wandte sich zunächst nur an das Volk Israel und seine Bewegung war bis zu seinem Tod eine weitgehend innerjüdische Reformbewegung. Die heidnisch-hellenistischen Gemeinden formierten sich langsam und stets im Umfeld der jüdischen Gemeinden. Erst durch die Missionsaktivität des Apostels Paulus unter den Heiden erfuhren sie eine größere Ausweitung, die in der Urgemeinde jedoch umstritten war.[133] Insoweit wäre es aus christlicher Sicht und in religionshistorischer Perspektive korrekter zu sagen, dass durch Jesus selbst zwar keine neue Religion begründet wurde, dass aber durch die Verbreitung des Glaubens an ihn unter den Heiden und die allmähliche Trennung von der jüdischen Gemeinschaft seit 70 n. Chr. eine solche sich allmählich zu einer neuen Religion formierte.

---

[131] Die phönizische Kultur wurde bereits im 12. Jh. v. Chr. durch die „Philister" abgelöst, einem Volk, das zu den sogenannten Seevölkern gehörte und zu dem Israel in der beginnenden Königszeit in Feindschaft stand. Vgl. DONNER, H.: Art. „Philister" in RGG[3], Bd. 5, 339-341.

[132] Dort wird den Schülern vermittelt, dass Jesus zum Islam aufgerufen habe. Vgl. Kap. V.3.1. Die Hochachtung vor dem Propheten Jesus.

[133] Vgl. die Streitigkeiten beim Apostelkonzil Apg 15 bzw. Gal 2.

Ein Defizit ist, dass nur die Apostel Petrus und Markus genannt werden, nicht aber auch Paulus, dem durch seine Mission unter den Heiden und durch seine Briefe eine besondere Rolle bei der Ausbreitung des Christentums und in der christlichen Verkündigung zukommt. An seiner Verkündigung, die an die älteste christliche Verkündigung anknüpft, könnte auch deutlich werden, dass bereits in apostolischer Zeit nicht so sehr die Taten und Lehren Jesu, sondern der Glaube an den Gekreuzigten und Auferstandenen den Mittelpunkt der christlichen Verkündigung ausmacht.[134]

Problematisch ist des Weiteren, dass hier wiederum nur eine reine „Erfolgsgeschichte“ wiedergegeben wird, in der die Ablehnung Jesu durch den Großteil seines Volkes, sein Leidensweg und sein Tod am Kreuz völlig ausgeblendet wird. Jesus erscheint als erfolgreicher Prophet, der Wunder tut, zum Glauben an Gott und zu frommen Tugenden aufruft und viele Gläubige um sich versammelt. Seine Anhänger müssen zwar Verfolgung erleiden, aber schließlich schaffen sie es doch, sich durchzusetzen und ihre Religion zur Staatsreligion werden zu lassen. Diese "Erfolgsstory" des Christentums steht dann auch im Mittelpunkt dessen, was der Schüler sich über das Christentum merken soll.

> *"Die heidnischen Römer leisteten einen bis zum Äußersten gehenden Widerstand gegen die christliche Religion, unterdrückten sie schamlos und erniedrigten sie extrem. Aber die Christen hielten der Unterdrückung stand bis der Imperator Konstantin die christliche Religion anerkannte. Dann dauerte es nicht lange bis der Imperator Theodosius die christliche Religion als Staatsreligion anerkannte und das Heidentum gänzlich verbot."*[135]

Diese Geschichtsdarstellung steht im Gegensatz zu der christlichen Auffassung, in der Jesus nach menschlichem Ermessen scheitert, durch das Leid und den Tod hindurch muss und als Unschuldiger für andere sein Leben opfert. Es ist festzuhalten, dass trotz sichtlichen Bemühens, das Christentum als eine positive Erscheinung zu würdigen, die „das Heidentum besiegte“, der Kern und das Zentrum der christlichen Botschaft – Kreuz und Auferstehung – auch hier bei der Darstellung des Christentums völlig ausgeklammert wird. Insoweit erhält die Darstellung der Christenverfolgung eine andere Perspektive: Während die christlichen Märtyrerakten zeigen, dass in den ersten Jahrhunderten bei vielen Märtyrern der intensive Wunsch vorhanden war, Christus auf

---

[134] Im Mittelpunkt der urchristlichen Predigt steht der Satz, dass Christus von den Toten auferstanden ist (Röm 10,9; 1. Kor. 15, 1-5, Phil 2,6-11 u.v.a. m.). Diese Erkenntnis ist nicht etwas, was zur christlichen Botschaft hinzugekommen ist, sondern was aller Botschaft zugrundeliegt. Die Ostergeschichten, die Schilderung des Lebens und der Botschaft Jesu sind sekundär hinzugekommen bzw. setzen diese Erkenntnis voraus. Vgl. LOHSE 1984, 52.80f.

[135] GES OS 1, 215.

dem Weg des Kreuzes nachzufolgen,[136] bleibt hier die religiöse Triebfeder der Nachfolge auf dem Weg des Kreuzes[137] unerwähnt. Die Christenverfolgung wird ausschließlich als Widerstandsbewegung einer verfolgten religiösen Gruppe gedeutet, die sich schließlich erfolgreich behaupten konnte. Die im Geschichtsbuch gebotene Darstellung ist eher als eine Übertragung der Erfahrungen frühislamischer Zeit anzusehen, als dass sie die wirklichen Vorgänge in der Geschichte des Christentums beschreibt. Aber gerade der Gedanke, dass religiöses Heil nicht durch die Vermeidung des Todes, sondern durch den Tod hindurch erlangt wird, wäre von zentraler Bedeutung für das Verständnis des Christentums.

Obwohl man durchaus einen Ansatz erkennen kann, das Christentum als eigenständige Religion zu thematisieren, verfällt man doch wieder in das inklusive islamische Interpretationsmuster, in dem man die eigenen religiösen Erfahrungen auf das Christentum überträgt. Aus islamischer Sicht mag das vielleicht die richtige Sicht des Christentums sein. Aus christlicher Sicht verstellt es jedoch den Blick für das Christentum, wie es sich selbst versteht. Christliche Schüler, die an dem Geschichtsunterricht teilnehmen, werden ihre Glaubenserfahrungen und ihre Geschichte in dieser Schilderung nicht wieder finden. Muslimische Schüler erhalten nur die islamische Sicht vermittelt. Eine Multiperspektivität fehlt also auch hier.

Indem bei der Darstellung des koptischen Christentums der Schwerpunkt auf den Widerstand der Kopten gegen Byzanz gelegt wird, erscheint es vornehmlich als politische Bewegung, die sich gegen Einflüsse der hellenistisch-römischen Welt richtete (vgl. oben Kap. VI.3.3). Das ist in dieser Pauschalität jedoch historisch nicht zutreffend. Wer die frühen Dokumente der ägyptischen Christenheit studiert, wird finden, dass sie selbst durchaus ein Teil der hellenistisch-römischen Welt waren, was schon daran zu erkennen ist, dass die frühen Kirchenväter Alexandrias ihre Werke allesamt in Griechisch verfassten. Erst im 4./5. Jh. n. Chr. wurden die Spannungen zwischen hellenistisch geprägten Ägyptern in den Städten und der oberägyptischen Landbevölkerung stärker. Dies war jedoch ein innerchristlicher bzw. ein innerägyptischer Konflikt, dessen Grenzlinien nicht zwischen Ägypten und dem römischen Reich, sondern zwischen Stadt und Land und zwischen hellenistisch-römisch geprägten christlichen Ägyptern und pharaonisch-koptisch geprägten christlichen Ägyptern verlief. Völlig

136 Vgl. DÖRRIE, H.: Art. „Märtyrer. I. Religionsgeschichtlich" in: RGG 3, 588: „Um so mehr war das Leiden Christi das Vorbild für alle Märtyrer, es spielte stark mit, daß in ihm der Konflikt zum Staat das erste Opfer gefordert hatte" und CAMPENHAUSEN 1936.

137 Die Christen konnten sich dabei unmittelbar auf das in allen vier Evangelien überlieferte Diktum Jesu über die Notwendigkeit der Hingabe bei der Nachfolge berufen: „Wenn jemand mit mir gehen will, der verleugne sich selbst und nehme sein Kreuz auf sich und folge mir nach. Denn wer sein Leben retten will, der wird es verlieren; wer aber sein Leben verliert um meinetwillen, der wird es finden." (Mt 16,24f. parr.)

irreführend ist die Bemerkung, dass die Verfolgung durch die römischen Herrscher ein Grund für die monastische Bewegung gewesen sei. Vielmehr ist nachzuweisen, dass gerade die Konstantinische Wende und das Mailänder Edikt viel zur monastischen Bewegung beitrugen. Es war eine Auflehnung und ein Protest dagegen, dass nun das Christentum aus der Verfolgung heraus in den Genuss staatlicher Macht kam. Das christliche Mönchtum entstand nicht im Kampf *um* die Macht, sondern war vor allem Entsagung *von* der Macht und eine Absage an die Macht, die die Kirche allmählich entfalten konnte. Dieser Gedanke ist dem sunnitischen Islam jedoch offenbar ebenso fremd wie die oben geschilderte Konzeption einer Erlösung durch den Tod. [138]

Die Ausführungen der verschiedenen Steuern, die die Finanzgrundlage des islamischen Staates darstellten, sind weitgehend korrekt (vgl. oben Kap. VI.3.5). Was im Schulbuchtext nicht gesagt wird, sondern nur zwischen den Zeilen bei der Unterscheidung zwischen *ʿušr*-Land und *ḫarâǧ*-Land angedeutet wird, ist die prinzipielle religiöse Diskriminierung, die mit diesem Steuerwesen lange Zeit einherging. Es waren vornehmlich Christen, die die hohen *al-ḫarâǧ*-Steuern zu zahlen hatten. Sie waren "in den Augen der neuen Herren die tributäre Anerkennung des obersten Eigentumsrechts (*rakaba*) der islamischen Gemeinschaft über die Beute der Eroberungen".[139] Muslime dagegen hatten den nur sehr viel geringeren Zehnt zu zahlen, der ihnen zudem noch als Almosensteuer angerechnet wurde, die sie als Muslimen zu zahlen hatten. Christen konnten sich dieser Steuer noch nicht einmal durch den Übertritt zum Islam entziehen, denn die Steuer blieb an das Land und nicht an deren Besitzer gebunden. Die Grundsteuer wurde nicht auf individuelle Besitztümer erhoben, sondern einem Kollektiv von Dörfern auferlegt, so dass die Konversion eines Einzelnen keine Folgen auf die Höhe des Steuereinkommens hatte: Wenn ein Einzelner übertrat bzw. flüchtete, um sich der Steuern zu entziehen, musste seine Familie bzw. die Gemeinschaft der Christen trotzdem für seinen Anteil geradestehen. Der Konvertit machte die Belastung für die Gemeinde nur noch höher und wurde wegen seines Übertritts auch noch sozial geächtet.[140] Dennoch nahmen Landflucht und Konversionen wegen der Steuern immer größere Ausmaße an. Dies ging so weit, dass Ḥaǧǧâǧ Ibn Yûsuf nicht nur die Geflüchteten wieder zwangsweise auf die Ländereien zurückschickte, sondern sogar ihren Übertritt verbot.[141] Auch wenn diese Anweisung schon bald wieder aufgehoben wurde, so macht sie doch deutlich, wie sehr der Reichtum des islamischen Reiches auf der Ausbeutung der Ländereien beruhte, die sich in der Hand von Nichtmuslimen befand.

[138] Es ist jedoch darauf hinzuweisen, dass im schiitischen Islam die Existenz in der Ohnmacht, das Scheitern, das Leiden und die Selbsthingabe eine wichtige Rolle spielen.

[139] CAHEN 1998, 149.

[140] CAHEN, C.: Art. "Kharâdj" in EI² IV, 1030ff.

[141] CAHEN 1998, 47.

Erst in späterer Zeit, als bereits große Teile der Bevölkerung zum Islam übergetreten waren, wurde allmählich die Grundsteuer zu einer Steuer, die auch von Muslimen bezahlt werden musste.

Auch die Spezifika der Kopfsteuer, der damit verbundenen Eintreibungspraxis sowie die Tatsache, dass auch die anderen Steuern Christen betrafen, werden in den Schulbüchern nicht erwähnt. So wurde die Erhebung der *ğizya* den Oberhäuptern der verschiedenen religiösen Gruppen – Patriarchen oder Notabeln - übertragen. Diese mussten dann ihren eigenen Gemeinden den Tribut abfordern, wobei sie sich auch selbst bereicherten. Die Rivalitäten der einzelnen Notabeln und der religiösen Gruppen untereinander wurden dabei geschickt genutzt und förderten die Kollusion und Ausbeutung.[142] Wurde die *ğizya* bei Muslimen persönlich entrichtet, war sie meist mit öffentlichen Demütigungen verbunden. Wenn ein Ḏimmî seinen Tribut entrichtete, wurde ihm in einer öffentlichen Zeremonie auf den Kopf oder den Nacken geschlagen.[143] Abû Yûsuf, oberster Kadi des Kalifen Hârûn Ar-Rašîd, der ein Standardwerk über die Steuern schrieb („*kitâb al-ḫarâğ*"), verwahrte sich zwar gegen solche erniedrigenden Behandlungen von Nichtmuslimen in der Öffentlichkeit, befürwortete jedoch Zwangsmaßnahmen, um die Steuern in voller Höhe einzutreiben:

> *„Niemand aus dem Personenkreis der ḏimma darf um der ordnungsgemäßen Entrichtung der ğizya willen geschlagen werden noch in der Sonne stehen oder sonstige körperliche Schmach erleiden. Man behandle sie vielmehr mit Nachsicht und Milde [...] Man werfe sie aber ins Gefängnis bis sie ihre Schuld beglichen haben. Sie dürfen erst aus der Haft entlassen werden, wenn die ğizya in voller Höhe eingetrieben wurde. Kein Gouverneur darf Christen, Juden, Anhänger des Zarathustra, Sabäer oder Samaritaner auf freien Fuß setzen, ohne daß die ğizya erhoben wurde. Er darf keinem Zahlungsabstriche gewähren, indem er ihm einen Teil der Schuld erläßt. Es ist nicht statthaft, bei dem einen eine Ausnahme zu machen, während der andere bezahlen muss. Dies darf nicht geschehen, denn sichere Gewähr für ihr Leben und ihre Habe besteht nur bei der Entrichtung der ğizya, die einem Tribut entspricht."*[144]

Angesichts dieser Eintreibungspraxis der *ğizya* ist auch die Steuerbefreiung von Frauen, Jugendlichen, Greisen und Behinderten zu relativieren: Sobald die Ernährer der

[142] Vgl. BAT YE'OR 2002, 134-136; WAARDENBURG 1993, 88; 90.

[143] Vgl. LEWIS 1987, 23: „Die Wörter *'an yadin wahum ṣaġîrûn* werden symbolisch erklärt. So deutet sie Maḥmûd ibn 'Umar al-Zamaḫšârî (1075-1144), Autor eines Standardkommentars zum Koran, dahingehend, daß ‚die *ğizya* von ihnen einzufordern ist, indem man sie demütigt und erniedrigt. Er (der ḏimmî, das heißt der nichtmuslimische Untertan des muslimischen Staates) soll persönlich erscheinen, zu Fuß, nicht zu Pferd. Beim Bezahlen soll er stehen, während der Steuereinnehmer sitzt. Der Steuereinnehmer soll ihn am Genick packen, ihn schütteln und dabei sagen: Entrichte die ğizya! Und wenn er sie herzählt, soll er auf den Nacken geschlagen werden." Nach Bat Yeor wurden solche öffentlichen Demütigung noch bis ins 20. Jh. in Marokko und im Jemen praktiziert. BAT YE'OR 2002, 82. Ausführlich zu den Zahlungsmodalitäten siehe FATTAL 1958, 286-288.

[144] Zitate nach LEWIS 1987, 24.

Familien durch Verhaftung wegfielen, waren auch diese Gruppen im Kollektiv dazu gezwungen, den fälligen *ǧizya*-Betrag irgendwie aufzutreiben, um die Familienväter auszulösen und der Familie das Weiterleben zu ermöglichen. Neben den willkürlichen Verhaftungen war es eine häufig angewandte Methode, Privilegien der Christen aufzuheben, sie nur gegen unrechtmäßige Zahlungen weiter zu gewähren und immer neue Zahlungen zu erpressen.[145] Die Kirchen waren häufig gezwungen, auf Kircheneigentum oder Klosterbesitz zurückzugreifen, um die geforderten Zahlungen leisten zu können. Bisweilen wurden die Beträge einfach vervielfacht, oder es wurden außerordentliche zusätzliche Steuern erlassen, so dass die Nichtmuslime unter dem Islam oftmals trotz der vorhandenen Verträge unter Willkür zu leiden hatten.[146] Von einer gleichen steuerlichen Behandlung von Muslimen und Christen kann also keine Rede sein. Vielmehr besteht ein unmittelbarer Zusammenhang zwischen dem auf den Schutzbefohlenen lastenden Steuerdruck und den Bekehrungen zum Islam.[147]

Doch nicht nur die Grundsteuer und die Kopfsteuer sind unmittelbar mit den Nichtmuslimen verbunden. Auch die anderen Einkommensquellen des Staates, die in dem Schulbuch aufgelistet werden, betrafen oftmals Christen: Bei der *ġanîma* handelte es sich im Unterschied zum *faiʾ* um die bewegliche Beute, um alles, was bei Eroberungszügen unter den Kämpfenden gleich verteilt werden konnte: Gefangene, Sklaven, Vieh, Schmuck, Geld und sonstige Wertgegenstände. Bei dem zur *ġanîma* gerechneten Land handelte es sich um die Besitzungen, die als *qaṭîʿa* an einen Muslim vergeben werden konnten und dann mit dem Zehnten besteuert wurden.[148] Ein Fünftel der *ġanîma* blieb dabei nach dem Vorbild des Propheten dem islamischen Herrscher vorbehalten.[149] Das wichtigste Gut der beweglichen Kriegsbeute bestand über Jahrhunderte in den Sklaven. Da sich Sklaven im islamischen Reich nach dem Übertritt zum Islam prinzipiell freikaufen konnten, Kinder von Sklavinnen und ihrer muslimischen Herren als Muslime galten und bekehrte Sklaven in der islamischen Gesellschaft bis in hohe Positionen aufsteigen konnten, war das islamische Reich im Unterschied zu früheren antiken Reichen sehr viel stärker auf die ständige Einfuhr von Sklaven angewiesen. Aus diesem Grunde mussten immer wieder militärische Expeditionen in die angrenzenden Länder durchgeführt werden.[150] Besonders während des 10., 11. und 12. Jh.

---

145 Vgl. WAARDENBURG 1993, 90.

146 A.a.O., 87f. Zu den außerordentlichen Steuern vgl. FATTAL 1958, 281-284.

147 WAARDENBURG 1993, 88; BAT YE'OR 2002, 72-77.

148 Das an Muslime zugeteilte Land wird unter die bewegliche Beute gezählt, da es wie die beweglichen Güter an die Muslime zugeteilt wurde.

149 Vgl. Sure 8, 41: „Ihr müßt wissen, wie es um das steht, was ihr erbeutet habt (ġanimtum). Wenn ihr etwas erbeutet, steht ein Fünftel davon Gott und dem Gesandten zu, zum Wohl aller, den nahen Verwandten, den Waisen, den Bedürftigen und den Reisenden."

150 LEWIS 1983, 193-199; CAHEN 1998, 135-138.

wurden immer wieder Expeditionen an die christlichen Küsten des Mittelmeeres durchgeführt. So sollen z. B. im Jahr 928 bei einer einzigen Expedition an die Adria 12.000 Gefangene gemacht und auf islamischen Märkten verkauft worden sein.[151] Während die *ḫarağ* und die *ğizya* also vornehmlich die einheimischen Christen im Dâr al-Islâm traf, waren von der *ġanîma* sehr stark Christen aus dem Gebiet des angrenzenden Dâr al-Ḥarb betroffen.[152]

Im Gegensatz zu der *ġanîma*, der beweglichen Kriegsbeute, die gleich verteilt werden konnte und meist bei Eroberungs- oder Raubzügen extern gewonnen wurde, handelt es sich bei der *fai*ʾ-Steuer um die immobile Kriegsbeute (vornehmlich die Häuser und der Landbesitz), die langfristig prinzipiell den Muslimen als Beute zur Verfügung stand, in das Eigentum der Muslime überging und in das islamische Reich integriert wurde.[153] Sie stellte das gesamte Dâr al-Islâm dar, das (nicht an Muslime verteilte) Land, die (nicht versklavten) Menschen und aller Besitz, der zum Nutzen der Muslime und ihrer Nachkommen nach islamischem Recht verwaltet werden sollte. Der weitaus größte Teil des *fai*ʾ-Landes wurde nicht an Muslime verteilt und mit dem Zehnten belastet, sondern den Nichtmuslimen zur weiteren Verfügung überlassen. Die Nichtmuslime erhielten das Recht, aber auch die Pflicht, die Güter zu bestellen und zu verwalten. Die Nichtmuslime waren allerdings größtenteils ab sofort nur noch Besitzer, Nutzer bzw. Verwalter, aber nicht mehr die Eigentümer des Landes. In Anerkennung dieser Tatsache hatten sie an die muslimischen Eigentümer die ḫarâğ-Steuer zu leisten.[154] Die theologische Rechtfertigung für die Enteignung und das Verständnis der *fai*ʾ wird bei Ibn Taimiyya in einem Kommentar zur Sure 59, 6-7 deutlich:

> *„Diese Güter haben die Bezeichnung faiʾ bekommen, weil Gott sie den Ungläubigen abgenommen hat, um sie den Muslimen zurückzugeben. Im Prinzip hat Gott die Güter dieser Welt nur geschaffen, damit sie dazu beitragen, ihm zu dienen, denn er hat die Menschen nur geschaffen, damit sie ihm dienen. Die Ungläubigen übergeben also auf ganz erlaubte Weise ihre Person, mit der sie Gott keineswegs dienen, und ihre Güter, die sie keineswegs benutzen, um Gott zu dienen, den treuen Gläubigen, die Gott dienen; Gott gibt das ihnen Zustehende zurück. So gibt man einem Menschen das Erbe zurück, dessen er beraubt ist, selbst wenn er es noch nicht in Besitz genommen hat.*
> *Zu dieser Kategorie gehören: Die Kopfsteuer (ğizya), die von Juden und Christen bezahlt wird; die bestimmten Feindländern auferlegten Beiträge oder die Geschenke, die*

[151] LEWIS 1983, 196. Die an den nördlichen Mittelmeerküsten überall verstreuten Wehrtürme sind steinerne Zeugen dieser Angriffe. Ab dem 15. Jh. verlagerte sich die Aushebung von Sklaven nach Südosteuropa, „wo der vorrückende osmanische Jihâd für einen stetigen und ausreichenden Zustrom albanischer, slawischer, walachischer, ungarischer und anderer christlicher Sklaven sorgte." Ebenda.

[152] Natürlich gab es neben den Sklavenaushebungen im christlichen Europa auch Aushebungen in anderen Ländern, insbesondere in Schwarzafrika, in der Türkei und in Asien.

[153] CAHEN 1998, 26.

[154] Vgl. BAT YE'OR 2002, 72-74; Lockegard, Art. *fay*ʾ in: EI², II, 869f.

> *diese dem Sultan der Muslime darbringen, wie etwa das aus bestimmten christlichen Ländern Überbrachte (haml); der Zehnt (ʿušr), den Kaufleute aus Ländern bezahlen, die zum Dar al-Harb gehören; das Zwanzigstel, das von den Dhimmis erhoben wird, die außerhalb ihres Herkunftslandes Handel treiben; Abgaben, die von Schriftbesitzern erhoben wurden, die ihre Dhimma verletzen; die Grundsteuer (ḫarâǧ), die ursprünglich nur die Schriftbesitzer betraf und von der ein Teil später auch von bestimmten Muslimen erhoben wurde. Zum faiʾ gehörten auch alle Staatsgüter, die das Erbe der Muslime ausmachen, wie etwa Güter, die keinen namentlich bekannten Besitzer haben: erbenlose oder usurpierte Güter, Leihgaben oder Güter, deren Besitzer nicht auffindbar sind,* [d. h. meistens Güter, die von Schutzbefohlenen aufgrund von Steuerflucht oder bei Kriegshandlungen verlassen wurden] *und ganz allgemein, alle beweglichen und unbeweglichen Güter, die Muslimen gehören und für die ähnliches gilt. Alle diese Güter bilden das Erbe der Muslime."*[155]

Aus diesem Zitat wird zweierlei deutlich: Erstens handelt es sich bei *faiʾ* gewissermaßen um einen Überbegriff für die verschiedenen Steuerarten, die es im arabischen Reich gab. Zum anderen wird deutlich, dass fast alle Steuerarten vornehmlich die Schutzbefohlenen trafen, wovon die meisten Christen waren. Die Verflechtung zwischen dem *ḏimmî*-Status und dem Steuerwesen war sogar so eng, dass man die Geschichte der Schutzbefohlenen und ihre demografische Entwicklung aus den Quellen zur Finanzpolitik mittelbar ablesen kann.[156]

In der Darstellung des Schulbuchs ist zu bemängeln, dass der religiöse Charakter der Steuern nicht stärker herausgearbeitet wird und deutlich gesagt wird, dass der Reichtum des islamischen Staates fast ausschließlich von Christen und Juden begründet wurde. Eine kritische Bewertung dieser Finanzpolitik fehlt völlig.

Bei der Darstellung der Christen als "Schutzbefohlene" (vgl. oben Kap. VI.3.6) tritt in den Hintergrund, dass die "ahl aḏ-ḏimma" nicht so sehr unter extremen diskriminierenden Maßnahmen litten wie etwa den rigiden Kleidervorschriften oder den massiven Einschränkungen der öffentlichen Religionsausübung unter Ar-Rašîd, Al-Mutawakkil oder Al-Ḥâkim. Diese waren stets nur von kurzer Dauer. Viel stärker und auf Dauer litten sie unter den prinzipiellen Einschränkungen, die ihren Status betrafen. Dazu gehört zum einen der große Steuerdruck, der nicht nur durch die *ǧizya*, sondern auch durch die anderen Steuern auf ihnen lastete.[157] Zum anderen führte auch die Forderung nach der Unterwerfung und Demütigung der Nichtmuslime immer wieder zu Willkürakten gegenüber der nichtmuslimischen Bevölkerung. Immer wieder berichten die Quellen darüber, dass Nichtmuslime aus ihren Positionen willkürlich entlassen bzw. erpresst werden konnten, sobald man den Eindruck hatte, dass sie eine zu hohe Position erreicht, zu viel Geld erworben oder sich in anderer Weise gegenüber Musli-

155 Zitat nach BAT YE'OR 2002, 319.
156 Vgl. COURBAGE/FARGUES 1998; RUSSEL 1987; BAT YE'OR 2002, 74.

men überheblich gezeigt hatten.[158] Eine weitere grundlegende Einschränkung bestand in der Erhaltung und im Neubau von Kirchen und Synagogen und der öffentlichen Religionsausübung, was im Text vorsichtig angedeutet wird. Die Darstellung der Freizügigkeit der Religionspraxis ist daher problematisch. Es ist zwar richtig, dass den Christen und Juden in der Geschichte oftmals faktisch die Möglichkeit gewährt wurde, in der Öffentlichkeit aufzutreten und auch neue Kirchen bzw. Synagogen zu bauen. Aber sie begaben sich damit in einen Bereich, der gerade nicht durch die Schutzverträge abgedeckt war, so dass hier die Herrscher jederzeit Gnade oder Willkür üben konnten.[159] Und auch die Repräsentation in öffentlichen Ämtern und die Möglichkeit, den Glauben öffentlich zu praktizieren, sowie der mangelnde Schutz gegenüber willkürlichen Übergriffen von Muslimen war immer wieder eine der zentralen Ursachen der Unzufriedenheit der nichtmuslimischen Minderheiten. Gerade in diesen Bereichen gab und gibt es keine Gleichheit mit den Muslimen.[160] Anstatt solche Einschränkungen, die auf der islamischen Rechtsprechung beruhen, aus heutiger Perspektive prinzipiell zu kritisieren, werden sie gutgeheißen bzw. durch die Aussage relativiert, dass man sich nicht immer streng an die eigenen Gesetze gehalten habe.

Was die Darstellung der Kreuzzüge anbelangt (vgl. oben Kap. VI.3.7), so werden diese als Kriege verstanden, die primär auf imperialistischen Machtgelüsten beruhten, für die religiöse Gründe lediglich vorgeschoben worden seien. Konsequenterweise werden schwerpunktmäßig die wirtschaftlichen, politischen und sozialen Gründe der Kreuzzüge in den Vordergrund gestellt. Nicht richtig ist allerdings bei dieser Schilderung, dass die Päpste und die Kreuzfahrer all diese Gründe verheimlicht und so getan hätten, als ob sie ausschließlich religiöse Gründe gehabt hätten. Bereits in dem Aufruf von Papst Urban II. wird überdeutlich, dass es eine Vielzahl von Motiven gab, wobei die Antwort auf den Hilferuf von Byzanz und die sozialen Probleme in Europa eine gewichtige Rolle spielten. Zugleich wird verkannt, dass der religiöse Faktor eine erhebliche, die ausschlaggebende Rolle spielte.[161]

---

157 Vgl. oben Kap. VI.3.5.

158 Vgl. oben Kap. V.3.4.

159 Das Problem des Kirchbaus besteht bis heute vgl. unten Kap. VII.4.

160 Vgl. REISS 1998 Erneuerung, 285-298.

161 Vgl. MAYER 2000, 39: "Aber in Verbindung mit dem überall populären Gedanken der Wallfahrt nach Jerusalem enthüllte sich die Sprengkraft des Kreuzzugsablasses. Ekkehard von Aura sprach von einem 'neuen Weg der Buße', der hier eingeschlagen worden sei. Hier liegt auch das Geheimnis des überraschenden, nicht zuletzt die Kirche überraschenden Erfolges von Urbans Kreuzzugsaufruf. Man stelle sich einen Ritter im Frankreich südlich der Loire vor, der mit seinen Verwandten in der sozial und wirtschaftlich unbefriedigenden Form der Frérêche lebte, dem der Gottesfriede die Fehde und die oft genug damit verbundene gehobene Wegelagerei versagte. Ihm wurde plötzlich die Gelegenheit zu einer von der Kirche gesteuerten Pilgerfahrt geboten, die ohnehin der Wunsch vieler war, zu einer bewaffneten Pilgerfahrt obendrein, auf der man am

Es ist interessant, dass in den palästinensischen Schulbüchern genau diese Vielschichtigkeit der Motive anhand einer europäischen Quelle (Fulcher von Chartres) und der Rede Urbans II. besonders herausgearbeitet wird,[162] während in den ägyptischen Schulbüchern dem christlichen Westen unterstellt wird, dass er nur religiöse Gründe vorgeschoben habe, während wirtschaftliche, soziale und politische Gründe die eigentlichen Motive gewesen seien, die man aber verborgen habe.[163] Signifikant ist in diesem Zusammenhang der verschiedene Gebrauch der Termini. In den palästinensischen Schulbüchern werden – entsprechend der älteren islamischen Geschichtsschreibung - die Kreuzzüge konsequent nur als "Frankenkriege" (*ḥurûb al-firanǧ*) bezeichnet; und nur an einer einzigen Stelle wird in einer Anmerkung erläutert, dass man diese Kriege in Europa als "Kreuzzüge" bezeichnet hat.[164] Man sieht die Kriege also als eine machtpolitische Auseinandersetzung, betont jedoch, dass bei diesen Kriegen religiöse, wirtschaftliche, soziale und politische Motive gleichermaßen eine Rolle spielten.

In den ägyptischen Schulbüchern werden hingegen dieselben Kriege ausschließlich als "Kreuzzüge" (*al-ḥurûb aṣ-ṣalîbiyya, al-ġazawât aṣ-ṣalîbiyya* oder *al-ḥamalât aṣ-ṣalîbiyya)* bezeichnet, was ihnen die Dimension von Religionskriegen gibt, obwohl den Europäern zugleich vehement jegliche echte religiöse Motivation abgesprochen wird. Diese sei nur ein verlogener Vorwand gewesen, um die eigentlichen wirtschaftlichen und politischen Interessen zu verstecken.[165]

Eine weitere vereinfachende Darstellung des Textes liegt darin, dass der byzantinische Kaiser zum Kreuzzug aufgefordert hätte. Es ist zwar richtig, dass Byzanz den Westen mehrfach um militärischen Beistand in Form von Söldnern gebeten hatte. Byzanz hatte jedoch nie zu einem Kreuzzug aufgefordert, wie er sich dann tatsächlich ergab. Vielmehr war Konstantinopel ziemlich überrascht, als große Massen einfacher,

---

ritterlichen Lebenselement des Kampfes teilnehmen durfte. Dafür winkte neben der Aussicht auf Beute noch der vorher nie angebotene vollkommene Erlaß der zeitlichen Sündenstrafen, insbesondere des Fegefeuers. Ein solches Angebot nicht anzunehmen, seine Annahme zumindest nicht sehr ernstlich zu erwägen, wäre in der Tat höchst töricht gewesen. [...] Man darf freilich nicht annehmen, alle Kreuzfahrer wären aus Frömmigkeit auf den Kreuzzug gezogen. [...] Aber für die, die auf dem Boden der Kirchenlehre standen oder zumindest nicht außerhalb derselben, die die Sündenstrafen für eine Realität hielten oder zumindest die Möglichkeit ihrer Existenz einräumten, musste das Angebot einen unwiderstehlichen Reiz haben."

162 GES ES 7, 28. 31.

163 Diese Unterstellung taucht auch bei den Auseinandersetzungen zwischen den Kopten und Byzanz auf und wird bei dem verlogenen Verhalten von Napoleon wiederholt. Das Christentum des Westens, über das ansonsten nirgendwo etwas gesagt wird, gerät so zu einer verlogenen Religion, die nur religiöse Motive vorschiebt, obwohl sie ausschließlich von wirtschaftlichen und politischen Interessen geleitet wird.

164 GES ES 7, 29.

165 Diese Verlogenheit der Europäer wird im folgenden Hauptkapitel bei der Schilderung von Napoleons Verhalten bei der französischen Invasion dann explizit aufgegriffen.

schlecht bewaffneter und wenig disziplinierter Soldaten 1097 plötzlich auf byzantinischem Reichsgebiet eintrafen und ließ sie schnell nach Osten weiterziehen, wo ihnen von den Muslimen eine vernichtende Niederlage beigebracht wurde, so dass sie schon bald wieder die Flucht über den Bosporus antreten mussten.[166] Eine Hilfe stellten diese Scharen für Byzanz keinesfalls dar, eher ein Problem.[167]

Was die Darstellung der Brutalitäten während der Eroberung Jerusalems anbelangt, so liegt die Problematik weniger darin, dass sie nicht den historischen Tatsachen entspricht, sondern darin, dass es die *einzigen* geschichtlichen Ereignisse sind, die so ausführlich und detailliert geschildert werden und dass sie zu einem Interpretationsmuster stilisiert werden, die das Verhältnis zwischen dem Islam und dem Westen grundsätzlich und zu allen Zeiten prägte. Selbst wenn man über die Details der geschichtlichen Ereignisse im Mittelalter streiten und möglicherweise kaum zu einer Einigung von westlicher und östlicher Geschichtsbetrachtung kommen kann,[168] so wird die hier gebotene in jedem Fall fatal, wenn man bedenkt, dass dieses Kapitel die einzige zusammenhängende intensivere Beschäftigung mit dem westlichen Christentum in diesem Buch (und in allen Schulbüchern Ägyptens) darstellt. Die Verantwortlichen für das Schulbuch sollten sich überlegen, ob es von ihnen beabsichtigt ist, so zu informieren. Wenn man eine Erziehung anstrebt, die zu einem friedlichen Zusammenleben der Religionen und Kulturen erziehen will, müsste sich das jedenfalls verbieten. Es wäre ja auch ein Zerrbild, wenn man in deutschen Schulbüchern vom Islam nichts anderes erfahren würde außer einem ausführlichen Kapitel über die Christenverfolgungen, die sich unter dem Fatimiden Al-Ḥâkim in Ägypten ereigneten. Solche einseitigen Verkürzungen führen unweigerlich zu falschen Einstellungen und Feindbildern, gegen die Muslime und Christen gemeinsam arbeiten sollten.

Dass es durchaus auch anders gehen kann, zeigt ein Blick auf die palästinensischen Schulbücher.[169] Dort, wo man erwarten könnte, dass der Gegensatz zwischen Ost und West vielleicht noch stärker herausgearbeitet wird, weil es die eigene Hauptstadt und das nationale Heiligtum des Landes betrifft, ist die Darstellung sehr viel nüchterner und ausgewogener. Es wird zwar ebenfalls von einem Blutbad bei der Eroberung von Jerusalem gesprochen, aber dieses wird nicht ausgemalt und die Eroberung hat längst nicht die hervorgehobene und traumatisierende Bedeutung wie in den

---

166 Vgl. MAIER 1995, 254.

167 A.a.O., 254f.

168 Vgl. das Urteil von GRABAR zur Eroberung Jerusalems durch die Kreuzfahrer: "There was some gruesome bloodbath, no doubt. But it was not as embracing as the summary reports of the chroniclers led us to believe." GRABAR: Art. "Al-Ḳuds" in: EI² V, 322-338.

169 GES ES 7. Vgl. unten Kap. IV.3.10; IV.3.11; IV.3.12. in Teil 2/B.

ägyptischen Schulbüchern.[170] Zudem wird es nicht als Interpretationsmuster für andere Zeiten benutzt. Vielmehr wird mit Hilfe zahlreicher Quellentexte versucht, die Schüler zu einer differenzierten Wahrnehmung Europas anzuleiten. Europa selbst, die Römisch-Katholische Kirche im Mittelalter und das Feudalsystem geraten ins Visier, um die Hintergründe der Kreuzzüge den Schülern besser verständlich zu machen.[171] Aufschlussreich ist, dass man den Erfolg der Kreuzfahrer, sehr stark auch auf die eigene Uneinigkeit innerhalb des Islam zurückführt. So wird mit Berufung auf Ibn Al-Aṯîr gesagt, dass die Fatimiden Ägyptens explizit die Europäer aufgefordert hätten, sich in dem Gebiet von Syrien/Palästina zu etablieren. Ihr Interesse daran sei gewesen, einen Pufferstaat zu haben, der die Kräfte des konkurrierenden abbasidischen Kalifatsstaates bindet.[172] Schließlich beendet man in den palästinensischen Geschichtsbüchern die Kreuzzugszeit mit dem Hinweis auf die freundschaftlichen und engen Beziehungen kultureller und wirtschaftlicher Art, die heute zu Europa bestehen.[173] Auch hier ist also ein eklatanter historischer Sprung festzustellen, der jedoch mit einem positiven Vorzeichen versehen ist. Deutlich wird in jedem Fall, wie sehr man sich bei den palästinensischen Schulbüchern um eine differenzierte Sicht bemüht und versucht, jeden prinzipiellen Gegensatz zwischen dem Westen und dem Islam zu vermeiden, während die Darstellung der Kreuzzüge in Ägypten genau dazu dient, den prinzipiellen Gegensatz aufzuzeigen und diese polarisierende Sicht auf andere Epochen zu übertragen.

Auch die Darstellung des vom Osten nach Westen erfolgten Kulturtransfers und seiner Folgen ist in der in den Schulbüchern vorliegenden Form problematisch (vgl. oben Kap. VI.3.8). Europas Fortschritt monokausal mit der Übernahme der islamisch-arabischen Kulturerrungenschaften zu erklären, ist eine sehr vereinfachende Sicht der Begegnung der Kulturen. Sicherlich darf nicht vergessen werden, dass in der Tat der Transfer des antiken Wissens größtenteils über die islamisch-arabische Kultur erfolgte – wobei übrigens ein zweites Mal orientalische Christen maßgeblich beteiligt waren[174] – und dass dies zu einer großen Blüte der Wissenschaft in Europa führte. Sigrid Hunke hat mit Recht in den 60er Jahren auf die vielen kulturellen Anstöße hingewiesen, die

170 Interessant ist, dass das palästinensische Schulbuch aus einer Quelle zitiert, in der über das Blutbad sehr ausführlich berichtet wird (Ibn Al-Aṯîr) . Aber genau diese Passage wird gerade beim Zitat weggelassen. A.a.O, 40.

171 Vgl. das einleitende Kapitel "Europa im Mittelalter" des Schulbuches (a.a.O., 2-31). Dabei kommt es zwar ebenfalls verschiedentlich zu falschen Darstellungen, aber insgesamt ist den Texten deutlich abzuspüren, dass man sich um eine sachliche Darstellung bemüht und jede Polarisierung oder Polemik vermeidet.

172 A.a.O., 32.

173 A.a.O., 77. Eine detaillierte Auswertung der palästinensischen Schulbücher wird vom Verf. im Rahmen des Forschungsprojektes "Die Darstellung des Christentums in Schulbüchern islamisch geprägter Länder" in Kürze veröffentlicht.

174 Vgl. HARB 2000.

von der Begegnung mit den Arabern ausgegangen sind.[175] So wie den Muslimen zuzugestehen ist, dass es beim Kulturtransfer des antiken Erbes nicht nur bei einer Übersetzung blieb, sondern dass auch eine eigenständige Interpretation, Veränderung und Weiterentwicklung stattfand, so ist dies aber auch für den Transfer in das europäische Abendland nachzuweisen. Zudem muss darauf hingewiesen werden, dass viele der Kulturerrungenschaften des arabischen Erbes ursprünglich aus anderen Kulturen stammen. Die vereinfachende Darstellung der Übernahme der arabisch-islamischen Kultur lässt sich auch bei der Darstellung der Bedeutung des islamischen Erbes in Spanien und in Sizilien nachweisen. Ohne Frage hat die islamische Kultur diese nachhaltig geprägt. Mit Sicherheit kann man jedoch nicht davon sprechen, dass es zu einer unmittelbaren „Fortsetzung der islamischen Kultur“ auch nach der arabischen Herrschaft gekommen sei.[176] Vielmehr hat eine befruchtende Kulturvermischung stattgefunden, ähnlich wie dies auch für die indisch-islamische Kultur in dem Geschichtsbuch entfaltet wird.[177]

Die Darstellung der Kolonialzeit und ihrer Folgen für die intellektuelle und politische Entwicklung des Landes (vgl. Kap. VI.3.9) provozieren eine Reihe kritischer Anfragen. So wird etwa eine sehr negative Sicht der missionarischen Einrichtungen wiedergegeben, die dem Beitrag nicht gerecht wird, die diese Einrichtungen für das Land bedeuteten.[178] Abgesehen davon, dass viele der Schulen hervorragende Persönlichkeiten der neueren Geschichte Ägyptens hervorbrachten, muss auch anerkannt werden, dass erst durch die hervorragenden Leistungen der Missionsschulen die staatlicher Seite dazu gezwungen wurde, auch Grund- und Hauptschulen mit besserem Niveau zu errichten, was bis dahin völlig vernachlässigt worden war.[179] Nicht zuletzt ist bei aller berechtigten Kritik hinsichtlich des europäischen Einflusses nicht zu vergessen, dass nicht wenige Einrichtungen der Kolonialherren bis heute Prestigeobjekte der ägyptischen Regierung geblieben sind und dass das kulturelle Leben in Kairo ohne Theater, ohne Kino, ohne die Amerikanische Universität und zahlreiche andere Institutionen, die in der Kolonialzeit gegründet wurden, um einiges ärmer wäre.

Die in den Schulbüchern aufgestellte Behauptung, dass erst die Kolonialmächte einen Keil zwischen die Muslime und orientalischen Christen getrieben hätten, ist zumindest im Blick auf Ägypten ein weitgehend nicht berechtigter Vorwurf, denn Mus-

---

175 Vgl. HUNKE 2001.

176 Vgl. GES OS 3, 65: „Und die islamische Kultur hat nicht mit dem Ende der muslimischen Herrschaft auf dieser Insel aufgehört, sondern auch die [späteren] Herrscher stützten sich auf die Fortsetzung der islamischen Kultur."

177 GES OS 3, 34f.

178 Vgl. WATSON 1904; ELDER 1958; BOUTROS 1961.

179 Vgl. RADWAN 1951, 84-87; REISS 1998, 18f.

lime und Christen waren in der Kolonialzeit zunächst vor allem aus inneren Gründen zerstritten darüber, in welche Richtung sich Ägypten in der Moderne bewegen sollte. In dem Schulbuch wird nur kurz darauf hingewiesen, dass es in der Anfangszeit der nationalen Bewegung zwei Richtungen gegeben habe: eine, die an dem osmanischen Staat, der Gemeinschaft des Islam und dem Erbe des Kalifats anknüpfen wollte und nur Reformen und mehr Rechte für die Araber einforderte; die andere, die eine Gründung eines eigenständigen arabischen Staates und die Loslösung vom osmanischen Staat forderte. Dass in der zweiten Gruppe Christen eine große Rolle spielten wird zwar erwähnt, dass es aber seit Beginn der Kolonialzeit eine heftige Auseinandersetzung zwischen Muslimen und Christen um die Ausrichtung des künftigen Staates gab, die relativ wenig mit den Kolonialherren zu tun hatte, wird verschwiegen. Historisch richtig ist jedoch, dass viele Kopten zu Beginn der Kolonialzeit gehofft hatten, dass die europäischen Machthaber sich klar auf ihre Seite stellen und sie bevorzugen würden. Diese Erwartungshaltung, die nichts mit dem Verhalten der Kolonialherren zu tun hatte, führte zu erheblichen Spannungen mit den Muslimen. Erst nachdem die Kopten realisierten, dass sie keine Bevorzugung durch die neuen Machthaber erlangen konnten, schlossen sie sich der Nationalbewegung an. Um dies verständlich zu machen, muss hier ein Rückblick auf die Stellung der Kopten zu den Kolonialmächten erfolgen.

Exkurs: Die Haltung der Kopten zu Beginn der Kolonialzeit

Die offizielle Kirchenleitung der Koptisch-Orthodoxen Kirche hatte sich sehr zurückhaltend gegenüber den großen Umwälzungen verhalten, die mit dem französischen Feldzug verbunden waren. Viele einflussreiche Laien unterstützten aber offen die Invasion der Franzosen.[180] Folge dieser Kollaboration war, dass die in den Jahren 1798/99 ausbrechenden Aufstände sich vor allem gegen Kopten richteten.[181] Die Kopten waren durchaus nicht sofort in der entstehenden Nationalbewegung aktiv, sondern agierten zunächst gegen sie, da der führende Kopf der Nationalbewegung, Musṭafâ Kâmil und dessen "Vaterländische Partei" den Kampf für die nationale Unabhängigkeit mit der Propagierung eines (pan-)islamischen Bewusstseins und einer engeren Rückbindung an das Osmanische Reich verband.[182] Das kop-

180 Zu ihnen gehörten z. B. Jaʿqûb Al-Ǧundî, der eine 2000 Mann starke koptische Legion aushob und auf Seiten der Franzosen kämpfte, oder auch Ǧirǧis Al-Gauharî, der als Oberhaupt der Staatsfinanzen eine mächtige Position im Staat und in der koptischen Minderheit einnahm.

181 Nach Abzug der Invasoren im Jahre 1801 verstand es Papst Markus VIII., sich mit Muhammad Ali gut zu stellen, so dass ein größerer Pogrom verhindert werden konnte.Vgl. MEINARDUS 1970 Faith and Life, 14ff.; ATIYE 1968, 101ff.; MASRI 1978, 499ff; KOLTA 1985, 85f.

182 Vgl. BEHRENS-ABOUSEIF 1972, 51f. Die 1879 vor allem von Offizieren aus bürgerlichen Familien gegründete "Vaterländische Partei" war die erste politische Partei Ägyptens. Nach der Niederschlagung der Orabi-Revolte wurde im Jahr 1907 eine Partei gleichen Namens von Mustafa Kamel gegründet. BÜREN 1970, 7–9. 14–16.

tisch-muslimische Verhältnis wurde durch den islamischen und türkenfreundlichen Charakter dieser Bewegung belastet, denn die Christen befürchteten, dass bei einem Erfolg dieser Bewegung die christliche Minderheit endgültig in der islamischen Mehrheit aufgehen würde oder dass es gar zu Massakern kommen könnte wie an den Armeniern in Konstantinopel und in Anatolien in den Jahren 1894–96.[183] Die Zeitschrift "Al-Waṭan"[184] ging soweit, sich im Jahr 1906 explizit für das Verbleiben der Engländer und für ein britisches Protektorat auszusprechen,[185] und schätzte, dass 90 % der Kopten, aber nur 10 % der Muslime das Okkupationsregime unterstützten.[186] Diese Position muss vor dem Hintergrund der Haltung der Kopten gegenüber dem Orabi-Aufstand von 1882 gesehen werden. Die Kopten hatten sich am Aufstand nicht beteiligt, sondern seine Niederschlagung begrüßt. Sie bauten auf eine Politik der Stärke und sahen nicht sich selbst, sondern ausschließlich die Muslime als die Besiegten. Die Kopten hofften, das seit dem 7. Jh. auf ihnen lastende "islamische Joch" mit Hilfe der Engländer endgültig abzuschütteln. Das Bewusstsein, dass sie die eigentlichen Nachfolger der Pharaonen seien, verbreitete sich.[187]

So war innerhalb von zwei Generationen "aus der Milla, d. h. aus einer isolierten Gruppe Menschen zweiter Klasse, eine Religionsgemeinschaft geworden, die sich gern als politische Partei oder Volk verstand und beanspruchte, 30 % der Gebildeten zu stellen und 19 % des Vermögens des Landes zu besitzen".[188] Die Kopten hofften, dass die Briten eher ihre Interessen und Ansprüche vertreten würden. Diese Rechnung ging jedoch nicht auf. Wenn auch die öffentliche Meinung in Europa den Christen Ägyptens zugeneigt war, so beabsichtigten die verantwortlichen Machthaber in Ägypten doch durchaus nicht, die Kopten generell zu bevorzugen.[189] Dies mussten die Kopten mit Verbitterung zur Kenntnis nehmen.

Statt sich mit den Muslimen zu solidarisieren, setzten die Kopten aber zunächst weiterhin darauf, in Verhandlungen mit den Briten ihre Rechte und Privilegien zu wahren bzw. auszubauen. Die politischen Spannungen entwickelten sich daher im-

183 BEHRENS-ABOUSEIF 1972, 54; vgl. HEYER 1978, 40: "Allein in den Jahren 1894–1896 wurden in Istanbul und Anatolien Hunderttausende Armenier ausgeraubt und massakriert, bevor die Hohe Pforte Sicherheitsmaßnahmen für die Provinzen ergreifen konnte oder wollte (Oktober 1896)".

184 Das Wochenblatt "Al-Waṭan" ("Das Vaterland") wurde seit 1877 von dem Kopten Miḫa'īl ʿAbd As-Sayyid herausgegeben und auf der von Papst Kyrill IV. eingeführten Druckerpresse gedruckt. Bis zur Gründung der zweiten koptischen Zeitung "Misr" ("Ägypten") ist sie die einzige Quelle zur Kenntnis der politischen Haltung der Kopten in dieser Zeit.

185 EL-WATAN, 2. 10. 1906.

186 EL-WATAN, 16. 12. 1907.

187 Vgl. EL-WATAN, 22. 5. 1908 (zitiert nach der Übersetzung von BEHRENS-ABOUSEIF 1972, 54): "Die Kopten sind die echten Ägypter, sie sind die wahren Herren des Landes. Alle anderen hingegen, die ihre Füße auf ägyptischen Boden gesetzt haben, seien es Araber, Türken, Franzosen oder Engländer, sind nichts anderes als Besatzer. Der Ursprung der Nation sind ohne Zweifel die Kopten; sie allein haben das Blut und die Religion ihrer Ahnen bewahrt."

188 BEHRENS-ABOUSEIF 1972, 81.

189 BEHRENS-ABOUSEIF 1972, 46f.

> mer stärker auch zu einer religiösen Konfrontation. Als schließlich im Februar des Jahres 1910 der koptische Ministerpräsident Buṭrus Ġâlî[190] von einem Anhänger der Nationalpartei ermordet wurde, wurde das Attentat auf den englandfreundlichen Politiker von den Kopten als ein Beweis für den *religiösen* Fanatismus der muslimischen Unabhängigkeitsbewegung verstanden. Koptische Nationalisten hielten daraufhin vom 5.-8. März 1911 einen "Koptischen Kongress" in Asyût ab. Der Kongress verabschiedete eine Erklärung, in der eine bessere staatsbürgerliche Repräsentation der Kopten, ihre Gleichstellung im Beamtendienst und im staatlichen Bildungswesen gefordert wurde. Zudem wurde die Einführung des Sonntags als Feiertag und des christlichen Religionsunterrichts an den staatlichen Schulen verlangt.[191] Die koptischen Forderungen hatten jedoch nur den Erfolg, dass ein Monat später ein islamischer Gegenkongress stattfand. In ihm versuchten die Teilnehmer nachzuweisen, dass die Kopten weit über ihren Bevölkerungsanteil Stellen innehaben, dass die Einführung der Sonntagsruhe aufgrund der überwiegenden muslimischen Mehrheit nicht berechtigt sei und dass schließlich das gesamte Vorhaben eines speziellen koptischen Kongresses zeige, dass die Kopten nur die ägyptische Nation spalten wollten.[192] Die Kopten hatten sich immer mehr ins politische Abseits manövriert. Seit dem Kongress in Asyût hatten sie den Khediven, die Engländer, die Unabhängigkeitsbewegung und die gesamte arabische Presse gegen sich.[193] Eine Änderung des Kurses war darum dringend notwendig. Die Brücke hierzu bildete der ägyptische Liberalismus, der nach dem Abdrängen der "Vaterländischen Partei" die Oberhand in der nationalen Bewegung gewann.[194] Die liberale "Umma-Partei", die jegliche religiöse Zielsetzung verneinte, panislamische Ideen klar ablehnte und auf die Schaffung eines säkularen ägyptischen Nationalismus abzielte, wurde schließlich zum "Bindeglied zwischen der nationalen Bewegung und den Kopten", in der sich nun auch die ägyptischen Christen zu engagieren begannen.[195]

Betrachtet man diese komplexe Geschichte, so wird deutlich, dass man es sich etwas zu leicht macht, wenn man einseitig die westlichen Kolonialmächte für die aufkommenden christlich-muslimischen Spannungen verantwortlich zeichnet, die wohlweißlich nicht beschrieben, sondern nur angedeutet und einseitig den Kolonialmächten vorgeworfen werden. Die obigen Ausführungen zeigen, dass es sehr viele endogene

---

[190] Er ist der Großvater des gleichnamigen späteren UNO-Generalsekretärs.

[191] Kurze Zusammenfassungen des koptischen Kongresses geben MEINARDUS, Faith and Life, 39f., und BEHRENS-ABOUSEIF 1972, 70–73; ausführliche Informationen bietet BIŠRÎ 1988, 65-83.

[192] Bewusst wurde der Gegenkongress darum auch nicht als islamischer, sondern als "Ägyptischer Kongress" bezeichnet. Eine kurze Zusammenfassung des ägyptischen Kongresses bietet BEHRENS-ABOUSEIF 1972, 73–79. Detaillierte Informationen bietet BIŠRÎ 1988, 83-97.

[193] BEHRENS-ABOUSEIF 1972, 77.

[194] A.a.O., 78.

[195] A.a.O., 86.

Faktoren gab, die die Auseinandersetzungen zwischen Christen und Muslimen am Anfang des Jahrhunderts bedingten. Der Wechsel der Machtverhältnisse hatte nur bewirkt, dass diese schon lange vorhandenen Konflikte ausgelöst und ausgetragen werden konnten. Davon übrig geblieben ist in dem Schulbuch nur noch der Hinweis darauf, dass es zwei verschiedene Gruppen innerhalb der Nationalbewegung gab.

Bei der Beschreibung der Entstehung der ägyptischen Nationalbewegung, in der sich orientalische Christen und Muslime gemeinsam engagierten (vgl. oben Kap. VI.3.10), wird gegen die Tätigkeit der westlichen Missionen polemisiert. Entgegen den in den Büchern geäußerten Vorwürfen wird man jedoch sagen müssen, dass die arabische Erweckung eine Frucht der Begegnung der arabischen mit der westlichen Kultur war, deren Anstöße in Wissenschaft und Kultur von arabischen Christen mit Begeisterung aufgegriffen und auf den Orient übertragen wurden.[196] Westliche Christen haben dafür die pädagogische Basis und die wissenschaftliche Methodik geliefert. Die Durchführung erfolgte vornehmlich durch die orientalischen Christen.

Die Arbeit der Missionare fand zwar im Gefolge, unter dem Schutz und teilweise mit Unterstützung der Kolonialherrschaft statt, aber man geht zu weit, wenn man behauptet, dass die missionarische Arbeit unmittelbar politische Ziele hatte oder sich für politische Zwecke direkt einspannen ließ. Vielmehr standen Ziele kirchlich-religiöser, diakonischer und pädagogischer Art bei der Missionsarbeit im Vordergrund. Insbesondere aufgrund apokalyptischer Erwartungen in Amerika spielte bei der Mission der amerikanischen Presbyterianer der Gedanke der "Weltmission" eine Rolle. Den Erfolg des Islam meinte man dadurch erklären zu können, dass das Wort Gottes bei den orientalischen Christen verloren gegangen sei. Dementsprechend setzte man alle Kraft in eine Wiederbelebung und Erweckung des orientalischen Christentums und förderte die Übersetzung, Verbreitung und Predigt der Heiligen Schrift. Man hegte die (falsche) Hoffnung, dass das Wort Gottes selbst zunächst unter den orientalischen Christen, dann unter den Muslimen eine solche Kraft entfalten würde, dass es zur Bekehrung eines großen Teils der Bevölkerung kommen würde.[197]

Neben den genannten Christen, die eine bedeutende Rolle bei der arabischen Erweckung gespielt haben, könnten noch einige mehr aufgezählt werden. So z. B. der melkitische Mönch ʿAbdallâh Zaḫar, der 1835 die erste arabische Druckerei gründete und arabische Lettern herstellte, der griechisch-katholische Humanist Nâṣîf Al-Yâziǧî oder die drei berühmten Gelehrten der katholischen Saint-Josef-Universität: Der Maronit Rašid Aš-Šartûnî, der 1906 die arabische Grammatik veröffentlichte, mit der mehrere Generationen die arabische Sprache erlernten und die bis heute als Standard-

[196] Vgl. Art. TOMICHE, N.: "Nahḍa" in EI² VII, 900-903.

[197] Vgl. BOUTROS 1967, 30-33.

werk gilt; der chaldäische Christ Louis Šaiḫû, der mit seiner sechsbändigen Anthologie "*Maǧânî Al-Adab*" die klassische arabische Literatur wieder zugänglich machte und mit "*Al-Mašriq*" die erste arabische Zeitschrift herausgab;[198] schließlich der Melkit Ibrâhîm Al-Yâziǧî (Sohn von Nâṣîf Al-Yâziǧî), der neben einer Bibelübersetzung mit dem Buch "*luġat al-ǧarâʾid*" ("Sprache der Zeitungen") ein Standardwerk für die moderne Arabische Sprache entwickelte.[199] Bedauerlich ist auch, dass nicht ein einziges Wort über die Reformer in Ägypten gesagt wird, die nicht minder tätig waren und in Kairo Zeitungen, wissenschaftliche Gesellschaften, Kulturvereine sowie die ersten Parteien gründeten.[200] Nicht zuletzt muss an dieser Stelle darauf hingewiesen werden, dass gerade im Bereich der Bildung nicht nur Anstöße von Muhammad Ali und von den europäischen Missionen, sondern auch von den einheimischen Christen ausgingen. So brach mit dem Patriarchen Kyrill IV. (1854–1861)) eine neue Ära im Bildungswesen an. Heyworth-Dunne bezeichnet ihn sogar als "one of the foremost men in the cultural history of Modern Egypt"[201]. Er begründete ab dem Jahr 1855 unter Beratung des deutsch-anglikanischen Missionars Lieder[202] und in Anknüpfung an die Reformversuche von Muhammad Ali gleich vier neue Schulen in verschiedenen Stadtteilen Kairos, die für die weitere pädagogische Entwicklung in der Koptisch-Orthodoxen Kirche und in ganz Ägypten von elementarer Bedeutung sein sollten: Die Patriarchenschule, zwei Grundschulen für Jungen und eine Grundschule für Mädchen. Diese Schulen, die nach europäischem Vorbild geschaffen wurden und in denen auch ausländische Lehrer angestellt wurden, führten neue moderne Fächer wie Geschichte, Geografie und Mathematik ein. Der größte Wert wurde aber auf die sprachliche Ausbildung gelegt. Die Schüler lernten Englisch, Französisch, Italienisch, Arabisch, Koptisch und Türkisch. Die Kyrill-Schüler wurden gerne in den neu entstehenden Verwaltungsämtern und Institutionen (z. B. Eisenbahnverwaltung, Post, Banken, europäische Handelsagenturen) angestellt, in denen Fremdsprachenkenntnisse dringend benötigt wurden. Muslime wie auch Christen anderer Konfessionen hatten Zugang zu den Schulen und bekamen sogar noch Verpflegung, Lehrmittel und Kleidung gestellt.[203] Zu den Schulen von Muhammad Ali gab es gravierende Unterschiede: In den Schulen von Muhammad Ali versuchte man den Schülern nach Durchlaufen der traditionellen Schulbildung im

---

198 Vgl. POUZET, L.: Art. "Sheykhû, Luwîs" in: EI² IX, 405.

199 HARB 2000, 60f.

200 Art. TOMICHE, N.: "Nahḍa" in EI² VII, 900-903; HEYWORTH-DUNNE 1940; NASIM 1983; CARTER 1988, 43-57; MEINARDUS 1970 Faith and Life, 28-38.

201 HEYWORTH-DUNNE 1940, 102.

202 Lieder hatte sich schon bei seiner Wahl sehr stark für ihn eingesetzt. Vgl. STROTHMANN 1932, 25f.; vgl. REISS 1992.

203 NASÎM 1983, 69; BEHRENS-ABOUSEIF 1972, 98–99; STROTHMANN 1932, 26; HEYWORTH-DUNNE 1940, 103.

Schnellverfahren mit Gewalt europäisches Wissen einzutrichtern. In den Schulen Kyrills IV. hingegen vermittelte man bereits in der Grundstufe eine moderne Schulbildung, um die Schüler schon früh mit der europäischen Bildung vertraut zu machen und ihnen ein Fundament für die weitere Bildung zu geben. Der Unterricht wurde von seinen militärisch-brachialen Zwangsmaßnahmen befreit.[204] Zum ersten Mal wurde von einem Ägypter mit der Gründung von zwei Mädchenschulen eine Initiative zur Ausbildung von Mädchen ergriffen.[205] Nicht zuletzt bedeutete die weite Öffnung der Schule für andere Christen und für Muslime wie auch der kostenlose Unterricht eine Wende im ägyptischen Bildungssystem. Es war der Versuch, die moderne Bildung nicht mehr nur für eine kleine Elite, sondern für eine größere Zahl von Menschen ohne Ansehen ihrer Religion und Konfession zugänglich zu machen.[206]

Wenn bei der Darstellung des modernen Nationalstaates behauptet wird, dass der moderne ägyptische Staat nur auf der Nationalität und nicht auf der Religion basiert, so ist dies nur eingeschränkt richtig. Zwar wurden in die ägyptische Verfassung von 1923 Paragrafen eingeführt, die die Gleichheit der Menschen ungeachtet ihrer Religion und die Freiheit zur religiösen Praxis für verschiedene Religionen zum Ausdruck bringen.[207] Aber zugleich wurde der islamischen Rechtsprechung nach wie vor eine staatstragende Rolle zugewiesen, und diese wurde 1980 nochmals verschärft, indem ihr eine Priorität zugestanden wurde, die andere Gesetze relativiert. Diese Regelungen haben in den 70er und 80er Jahren zu heftigen christlich-muslimischen Auseinandersetzungen geführt, die noch heute immer wieder aufleben.[208]

Betrachtet man die Geschichtsbücher insgesamt, so sind insbesondere die oben erwähnten Auslassungen (Kap. VI.4.1) zu kritisieren:

a) Die syrisch-aramäische Kultur

Am Ende des geschichtlichen Überblicks der mesopotamischen Kulturen, der bis in die islamische Zeit führt, ist im ersten Geschichtsbuch der Oberstufe eine eklatante Auslassung festzustellen: Die syrisch-aramäische Kultur, die vor dem Islam jahrhundertelang die Sprache der Wissenschaft und der Bildung im Orient lieferte, wird bei den Geschichtsepochen übergangen, obwohl gerade diese den Islam nachhaltig prägte. Die aramäisch-syrische Sprache und Kultur, die Anfang des 1. Jahrtausends v. Chr. ursprünglich im Raum der syrischen Wüste

204 NASÎM 1983, 71–72.

205 Papst Kyrill IV. wird daher als einer der Pioniere der Mädchenausbildung in Ägypten angesehen. Vgl. ABD EL-KARIM 1946, 833–836; ASSAD 1973 Koptische Identität, 103.

206 NASÎM 1983, 71–72.

207 Vgl. GES OS 3, 220.

208 Vgl. zur Problematik REISS 1998 Erneuerung, 293-298; ARAB-WEST REPORT 2003.

beheimatet war, breitete sich in den folgenden Jahrhunderten stark aus.[209] Daher kommt es, dass z. B. Teile des Alten Testamentes in Aramäisch abgefasst sind, Jesus nicht Hebräisch, sondern Aramäisch sprach oder dass die beiden Talmude zum Teil in Aramäisch verfasst sind. Im Großreich der persischen Achämeniden breitete sich das Aramäische als Verkehrs- und Verwaltungssprache aus und wurde auch von der nichtaramäischen Bevölkerung benutzt. Ähnlich wie das Latein im Westen wurde das Aramäische in seinen verschiedenen Dialekten die *lingua franca* des Ostens, die sich bis nach Fernost ausbreitete.[210] Schon in vorislamischer Zeit vermittelten die Aramäer zahlreiche kulturelle Einrichtungen an die Araber, wovon unter anderem zahlreiche aramäische Fremdwörter im Arabischen zeugen.[211] Muhammad selbst ist wahrscheinlich von aramäischen Christen stark beeinflusst worden[212] und nicht ohne Grund ist jüngst in der Islamwissenschaft wieder eine Debatte darum entbrannt, inwieweit das Aramäische der eigentliche Schlüssel zum Verständnis des Korans ist.[213] Die Auslassung der syrisch-aramäischen Kultur ist auch beim ersten Kapitel des zweiten Schulbuches für die Oberstufe festzustellen, in dem die "Wurzeln der islamischen Kultur" behandelt werden. Während beim Jemen, bei den semitischen Königreichen, dem Irak und dem Ḥiǧâz immerhin kurz darauf hingewiesen wird, dass dort Christen wirkten, fehlt bei der persischen Kultur, die beson-

209 Vom 5.-7. Jahrhundert fand eine erstaunliche Ausbreitung des Aramäischen bis zum Fernen Osten statt. Mönche der Apostolischen Kirche des Ostens ("Nestorianer") folgten den Handelsstraßen bis nach Zentralasien und China, etablierten dort christliche Zentren und verbreiteten die aramäische Sprache und Kultur. Nach einer bilingualen chinesisch-aramäischen Inschrift aus dem 8. Jh. sollen bereits 635 die ersten christlichen Missionare in China gewirkt haben. In Südarabien, am persischen Golf und in Südindien wurde von Christen das Aramäische eingeführt – eine Sprache und Kultur, die bis heute von den Thomas-Christen in Kerala gepflegt wird. Die christlichen Stämme, denen Muhammad begegnete und mit denen er erste Verträge schloß, waren vermutlich allesamt Vertreter der syrisch-aramäischen Kultur. HOLMBERG, B.: Art. "Nasṭûriyyûn" in: EI VII, 1030-1032. Vgl. die Beschreibung der nestorianischen Mission durch Wolfgang Hage: "Unter der Herrschaft der sich einander ablösenden persischen Großkönige, muslimischen Kalifen und mongolischen Ilchane entwickelte sich die Kirche des Ostens zur größten Missionskirche des Mittelalters. Ihre Missionare erreichten um das Jahr 300 die Südwestküste Indiens, etwa ein Jahrhundert später den Süden der Arabischen Halbinsel und im Jahre 635 die chinesische Hauptstadt Sianfu unweit des Hwang Ho. Nach der Jahrtausendwende reichte das Netz der insgesamt etwa 30 Kirchenprovinzen (Metropolien) von Tarsus (Kilikien) und Jerusalem im Westen bis nach Chanbalyq (Peking) und zur Insel Java im Osten, und eine nur in Bruchstücken erhaltene kirchliche Übersetzungsliteratur zeugt von den Missionserfolgen unter den Angehörigen der verschiedenen Völkerschaften Zentralasiens und Chinas. Zugleich blühte das wissenschaftliche Leben im mesopotamischen Kernland dieser Kirche auf theologischem wie profanwissenschaftlichem Gebiet, und nestorianische Gelehrte (unter ihnen vor allem Ärzte) genossen hohes Ansehen auch bei den nicht-christlichen Herrschern." HAGE 1997, 202.

210 BROCKELMANN 1953, 135-162.

211 FRAENKEL 1962.

212 Vgl. HOLMBERG, B.: Art. "Nasṭûriyyûn" in: EI² VII, 1030: "In his [Muhammads] religious views he was strongly influenced by the Nestorian missionaries he met in Yemen and on the trade route between Yemen and Irak."

213 Die Debatte wurde ausgelöst durch das Buch des Linguisten LUXENBERG, Christoph: Die syro-aramäische Lesart des Koran. Ein Beitrag zur Entschlüsselung der Koransprache, Berlin 2000.

ders durch die syrisch-aramäische Kultur geprägt wurde, eine Beschreibung.[214] Die syrischen Christen werden zwar schließlich als Vermittler des antiken Wissens doch noch erwähnt, dann aber in falschem Zusammenhang, nämlich als Vertreter der byzantinischen Kultur.[215]

b) Der Beitrag der orientalischen Christen zur islamischen Kultur

So wie der Beitrag der syrisch-aramäischen Kultur als Grundlage der islamisch-arabischen Kultur weitgehend ausgeklammert wird, werden auch andere christliche Kulturen, auf die der Islam im Zuge der Expansion des islamisch-arabischen Reiches stieß, nicht berücksichtigt. In dem Kapitel "Die Ausbreitung des Islam und der islamischen Kultur" wird, wiewohl an fast allen Missionsorten vertreten, das Christentum nur bei der Islamisierung der Insel Sumatra beschrieben.[216] Und auch bei dem Kapitel 5, bei dem es um die Ausbildung des arabisch-islamischen Denkens geht, wäre zu wünschen, dass der Beitrag der orientalischen Christen stärker hervorgehoben wird. Wenn deutlich würde, dass es gerade orientalische Christen waren, die durch ihre Übersetzungstätigkeit und Bildung die sprachlichen und wissenschaftlichen Grundlagen für die Entwicklung der islamisch-arabischen Kultur legten, dann könnten sie sehr viel deutlicher als konstitutiver Bestandteil der orientalisch-arabischen Kultur verstanden werden, und es könnte dem Missverständnis entgegengewirkt werden, dass die arabische Sprache nur eine Sprache der Muslime sei.[217]

Bei der Darstellung der Orte der Wissensvermittlung[218] fehlt die Erwähnung der christlichen Katâtîb, die gerade in Ägypten eine große Bedeutung hatten. Sie spezialisierten sich auf mathematische Kenntnisse, die für die Nilstandsvermessung, Flutungs- und Ernteberechnung und der damit zusammenhängenden Steuerfestsetzung über Jahrhunderte von Bedeutung waren, weil davon das ganze Finanzsystem Ägyptens abhing. Zudem waren sie auch ein Hort der Bewahrung altägyptischer Traditionen, an die das nationale Erwachen im 19./20 Jh. anknüpfen konnte.[219] Bei den Ausführungen zur Bedeutung des Arabischen als Kultursprache sollte nicht vergessen werden, dass sie bereits vor dem Islam auch eine Sprache der christlichen Araber gewesen ist und über viele Jahrhunderte das kulturelle Medium der Christen des Nahen Ostens war und es bis heute geblieben ist.[220] Wäre dem nicht so, so bliebe unverständlich, warum gerade orientalische Christen in der Neuzeit dazu in der Lage waren, diese Kultursprache wieder zu beleben, was ja ausdrücklich in Kapitel 11 des Geschichtsbuchs bestätigt wird.[221] Orientalische Christen waren es wiederum, die nach der Eroberung von Konstantinopel durch die Osmanen maßgeblich am Transfer arabischen Wissens nach Europa beteiligten

---

[214] GES OS 1, 133 und 143. Vgl. die Gliederung des Geschichtsbuches GES OS 3, oben Kap. VI.1.3.

[215] Vgl. oben Teil B, Kap. VI.3.4.

[216] GES OS 3, 32.

[217] Vgl. HARB 2000;NOTH 1996.

[218] GES OS 3, 41-43.

[219] Vgl. NASÎM 1983, 60-61; REISS 1998 Erneuerung, 15.

[220] Vgl. GRAF 1944-1953 Bd. 1-5.

[221] GES OS 3, 194-196.

waren und die gegen Ende des 17. Jh. die Grundlage legten für die Orientalistik in Europa.[222] Nicht zuletzt ist darauf hinzuweisen, dass die orientalischen Christen mit der Einführung der ersten Druckerpressen die Grundlage legten für das arabische Buch- und Pressewesen.[223] Ebenso waren es arabische Christen in Beirut, Damaskus und Kairo, die mit ihren Enzyklopädien, Grammatiken und Wörterbüchern die Grundlage für die moderne arabische Sprache legten und die klassische arabische Literatur wieder für die arabische Welt erschlossen. Ihre Werke gehören bis heute zu den Standardwerken der arabischen Sprache, und das arabische Verlagswesen ist bis heute eine Domäne der orientalischen Christen geblieben.[224]

c) Die Auslassung der mameluckischen und osmanischen Zeit

Bei der geschichtlichen Darstellung ist eine weitere auffallende Lücke festzustellen. Die gesamte mameluckische und osmanische Zeit bis zum Feldzug Napoleons – immerhin rund 500 Jahre – fehlt in der Geschichtsdarstellung in der Oberstufe. Die Kolonialzeit schließt im Geschichtsunterricht der Oberstufe lückenlos an die Kreuzfahrerzeit an und wird als unmittelbare Fortsetzung der Kreuzzüge mit anderen Mitteln angesehen: Was die Kreuzfahrer militärisch nicht erreichen konnten, versuchten die *„Kreuzfahrer der modernen Epoche"* nun auf dem Umweg über den Wirtschaftskrieg. Die hier erkennbare selektive Wahrnehmung von Geschichte verstärkt massiv die Tendenz, die bei der Darstellung in den Texten vermittelt wird: Der christliche Westen, der gar keine wahrhaftigen christlichen Wurzeln hat, befindet sich auf einem ständigen imperialistischen Kreuzzug gegen den islamischen Orient. Er beginnt mit den Christenverfolgungen in der römischen Zeit, setzt sich in der Unterdrückung der Kopten durch Byzanz und in der byzantinischen Feindschaft gegenüber den Muslimen fort, eskaliert während der Zeit des Mittelalters und wird in der Kolonialzeit in einen Wirtschaftskrieg verwandelt, der dann wieder sein wahres Gesicht zeigt beim Kampf um die Unabhängigkeit Ägyptens. In der Gegenwart versucht sich die arabische Welt immer noch von dem ökonomischen Hegemoniestreben des Westens zu befreien.

---

[222] HARB 2000, 56.

[223] In Ägypten führte Patriarch Kyrill IV. die erste private Druckerei ein.

[224] Vgl. HARB 2000, 59-63.

VII. Geografie (Oberstufe)

1. Einleitung

Während geografische und historische Grundkenntnisse ab der 4. Klasse im Fach „Sozialkunde“ zusammen vermittelt werden, erfolgt ab der Oberstufe eine Trennung der Fächer Geografie und Geschichte, die nun mit jeweils zwei Schulstunden unterrichtet werden. Im ersten Schuljahr der Oberstufe ist der Geografieunterricht verpflichtend, im zweiten Schuljahr kann Geografie als fünfstündiges Fach in Kombination mit einer Stunde Geologie und Umweltkunde gewählt werden. Für das 1. Schuljahr der Oberstufe (9. Klasse) gibt es ein Buch und ein weiteres für das 2. Schuljahr der Oberstufe (10. Klasse). Im letzten Schuljahr der Oberstufe (11. Klasse) wird das Fach Geografie nicht mehr unterrichtet.

Das Schulbuch für die 9. Klasse ist äußerlich schlicht gestaltet mit einem bordeauxroten Balken auf sandfarbenem Grund in der Mitte, auf dem der Titel "Geografie des Menschen, der Umwelt und der Einnahmequellen" und die Namen der Autoren abgedruckt sind. Im unteren Seitenbereich sind zwei Fotos abgebildet, die ein rosa Tulpenfeld vor Bergen sowie ein gelbes Feld (Raps?) mit einem Baum und einem Dorf in der Ferne zeigen. Am Himmel zieht eine dichte Wolkendecke heran. Auf der Rückseite des Buches ist ein Gebirgssee mit Wald und einem kahlen Berg mit Schnee abgebildet, darunter ein Bild mit einer Sandwüste und Palmen. Das Buch ist bis auf die Seiten 102-112 (5 Farbfotos) im Schwarz-Weiß-Druck gehalten. Dies hat trotz besserer Druckqualität insbesondere bei den Karten und Schaubildern die Folge, dass sie nur schwer zu lesen sind, da die Hervorhebung nur durch Schraffierung oder durch Punkte erfolgen kann. Alle Landkarten sind wie in der Grund- und Mittelstufe handgezeichnet. In dem Vorwort, das mit der traditionellen islamischen Formel "*bismillah ar-raḥmân ar-raḥîm* eingeleitet wird, wird angegeben, dass für das erste Kapitel ein Buch des Ministeriums mit dem Titel ("Allgemeine Regeln der angewandten Geografie") zugrunde gelegen habe. Das Titelblatt des Schulbuchs für die 2. Klasse der Oberstufe zeigt eine gelb-himmelblaue Karte von Ägypten und dem Mittelmeer. Das Buch trägt den Titel "Die Geografie für die Oberstufe". Auf der Rückseite befinden sich die gleichen allgemeinen Ermahnungen und Erkenntnisse wie bei den Geschichtsbüchern.[1] Das Buch ist im Schwarz-Weiß-Druck und enthält nur relativ wenige Karten und Illustrationen. Teilweise sind diese so verwischt oder klein, dass man die Beschriftung und Legenden erraten muss[2]. Bisweilen sind die Hervorhebungen durch Schraffierun-

[1] Vgl. oben Kap. VI.1., Anm. 1.

[2] GEO OS 2, 5; 32; 73; 88; 168.

gen und Punktierungen so verwirrend oder unklar, dass die Illustrationen keine Aussagekraft mehr haben.[3] Das Buch bestand ursprünglich aus zwei Teilen: "Die Geografie des arabischen Vaterlandes"[4] und "Die Geografie Ägyptens und des Niltals", die nachträglich zusammengefügt wurden. Für die beiden Teile werden jeweils drei Verfasser genannt und neun Redaktore, die die beiden Teile miteinander verbanden. Das Buch besitzt kein Vorwort und beginnt und endet nicht mit einer religiösen islamischen Formel.

1.1. Bibliografische Angaben

In der Oberstufe wurden folgende Schulbücher untersucht:

Geografiebuch für die 1. Klasse der Oberstufe

Autoren	**Titel**	**Umfang**	**Abkürzung**
Dr. Aḥmad ʿĀlî Ismâ'îl Dr. Amâl Ismâ'îl Šâwur Dr. Aḥmad Ḥasan Ibrâhîm Dr. Muḥammad Subḥî ʿAbd al-Ḥakîm (Aufsicht)	Geografie des Menschen, der Umwelt und der Einnahmequellen, 1. Klasse der Oberstufe	6 Einheiten, 206 Seiten	GEO OS 1

Geografiebuch für die 2. Klasse der Oberstufe

Redaktionsteam, das die Buchteile verband	**Titel**	**Umfang**	**Abkürzung**
1. Dr. Yûsuf ʿAbd Al-Mağîd Fâyid 2. Dr. Fâriʿa Ḥasan Muḥammad 3. ʿĀlî ʿAbd Al-Mağîd ʿĀlî 4. Muḥammad Yasrî Ibrâhîm 5. Dr. Muḥammad Ḥiğâzî Muḥammad 6. ʿAbd Ar-Raḥmân Yûsuf Al-ʿAbd 7. Fu'âd Muḥammad Al-Ġandûr 8. Zahîya Muḥammad Ḥusain 9. Amâni Muḥammad Taha	Die Geografie für die Oberstufe [= 2. Klasse der Oberstufe]	6 Kapitel, 257 Seiten	GEO OS 2
Ursprüngliche Verfasser der Buchteile	**Ursprüngliche Titel der Buchteile**		
Verfasser des ersten Buchteils: 1. Dr. Muḥammad Ṣabrî Maḥsûb Salîm 2. Dr. Fauzîya Maḥmûd Ṣâdiq 3. Dr. Yûsuf ʿAbd al-Mağîd Fâyid (Aufsicht)	Die Geografie des arabischen Vaterlandes		
Verfasser des zweiten Buchteils: 1. Dr. Muḥammad as-Sayyid Ġalâb 2. Dr. Muḥammad Ḥiğâzî Muḥammad 3. Dr. Sulaimân ʿAbd as-Sitâr Ḫaṭir	Die Geografie Ägyptens und des Niltals		

Geografiebuch für die 3. Klasse der Oberstufe fehlt, da es keinen Unterricht gibt

3 Z. B. GEO OS 2, 88; 208; 232; 237; 239; 243.

4 Die Übersetzung „Arabisches Vaterland“ für *„al-waṭan al-ʿarabî“* wurde hier bewusst anstelle der Übersetzung „Arabische Nation“ gewählt, da es sich bei *waṭan* eher um einen geografischen Begriff handelt im Unterschied zu *„al-umma (al-islamiyya) al-ʿarabiyya“*, der eine religiöse Konnotation aufweist und auch nichtarabische Völker umfassen kann bzw. zu *„al-qaumiyya al-ʿarabiyya“*, der stärker den ethnisch-nationalstaatlichen Aspekt einzelner Länder der *„al-waṭan al-ʿarabî“* betont. Gemeint ist in diesem Zusammenhang stets das Ausbreitungsgebiet der arabischsprachigen Länder von Marokko bis zum arabischen Golf.

1.2. Aufbau und Inhalt

GEO OS 1 besteht aus sechs Kapiteln mit fünf bis neun Unterkapiteln.[5] Vor jedem Hauptkapitel werden die Themen und die Lernziele knapp aufgelistet, nicht mehr jedoch nach jedem Unterkapitel. Ebenso werden nicht mehr nach jedem Unterabschnitt Fragen gestellt, sondern nur noch nach jedem Hauptkapitel. Am Ende des Buches werden 12 Bücher aufgelistet, auf denen das Buch beruht. Im ersten Kapitel wird in die Kartografie eingeführt. Im zweiten wird der Zusammenhang zwischen Geografie, Bevölkerung und Wirtschaftsformen dargestellt. Im dritten Kapitel werden Faktoren erläutert, die das Klima bedingen sowie verschiedene natürliche Zyklen. Im vierten Kapitel werden die zahlreichen Formen der Nahrungsproduktion und –gewinnung erläutert, während im Kapitel 5 die verschiedenen Energieträger behandelt werden. Im letzten Kapitel werden diverse Industrieformen vorgestellt.

GEO OS 2 ist ebenfalls in sechs Kapitel und zwei bis sieben Unterkapitel eingeteilt. Themen und Lernziele werden nicht aufgelistet, die Hauptkapitel werden jedoch mit Fragen und Übungen abgeschlossen. Das Buch enthält keine Einleitung und wird auch nicht mit der religiösen Formel *„bismillâh ar-raḥmân ar-raḥîm“* eingeleitet. Am Ende des Buches findet sich eine Liste der 62 Landkarten und Schaubilder.[6] Quellen- oder Literaturangaben werden nicht gemacht. Das Buch ist im Schwarz-Weiß-Druck. Karten und Schaubilder sind handgezeichnet. Der Aufbau des Buches weist eine Ähnlichkeit zu dem Vorgehen in den geografischen Teilen der Sozialkundebücher der Mittelstufe auf. Ähnlich wie bei der Beschreibung der fünf Kontinente in der Mittelstufe wird im zweiten Teil des Buches immer zunächst eine ganze Region beschrieben und sodann ein einzelnes Land dieser Region herausgegriffen, das dann exemplarisch detaillierter beschrieben wird. Bei Ostafrika ist dies Somalia, bei Nordafrika Marokko, bei der arabischen Halbinsel Saudi-Arabien, bei dem "fruchtbaren Halbmond" der Irak.

5 Im Unterschied zu der Grund- und Mittelstufe, in der alle Bücher in „Einheiten“ (Waḥda) und „Lektionen“ (Dars) eingeteilt sind, heißen hier die Hauptkapitel „Abschnitte“ (Faṣl), während die Unterkapitel nur den Inhalt der folgenden Passagen angeben und keine fortlaufende Bezeichnung oder Nummerierung haben.

6 GEO OS 2, 255-257.

1.3. Gliederung

Geografiebuch für die 1. Klasse der Oberstufe (GEO OS 1)

Geografie des Menschen, der Umwelt und der Einnahmequellen	
Überschriften der Hauptkapitel	**Kurzbeschreibung des Inhaltes**
1. Die Karte ist ein Hilfsmittel zum Studium	Einführung in die Kartografie: Abkürzungen auf Karten, Maßstab, verschiedene Kartenarten.
2. Der Mensch	Die Verbreitung der Menschheit auf der Welt; Gründe für das Bevölkerungswachstum und Faktoren, die es beeinflussen; Probleme, die damit zusammenhängen.
3. Die Umwelt	Kreisläufe, die die Natur bestimmen: Tag und Nacht, Sonne und Mond, die Fotosynthese, der Wasserkreislauf. Verteilung von Wasser und Festland auf der Erde. Verschiedene Formen der Erdoberfläche. Faktoren, die das Klima bestimmen. Tiere und Pflanzen, die Bedeutung von Wasser und Mineralien, Umweltschäden, Umweltschutz.
4. Der Mensch und die Nahrung	Die Nahrungsproduktion. Der Zusammenhang zwischen Nahrung und Bevölkerung. Die Nahrungsproduktion in den verschiedenen Erdteilen. Die Agrarproduktion, die Tierzucht, der Fischfang.
5. Der Mensch und die Energie	Verschiedene Formen der Energie. Die Entwicklung der Energieproduktion in der Welt. Vorkommen der verschiedenen Energie-Ressourcen auf der Welt und ihre Förderung bzw. Erzeugung (Kohle, Öl, Gas, Elektrik).
6. Der Mensch und die Industrie	Traditionelle und moderne Produktionsformen. Die Entwicklung der Industrie und ihre Formen. Faktoren, die die industrielle Pro-duktion bestimmen. Regionen der industriellen Produktion auf der Welt.

Geografiebuch für die 2. Klasse der Oberstufe (GEO OS 2)

Die Geografie für die Oberstufe	
Überschriften der Hauptkapitel	**Kurzbeschreibung des Inhaltes**
1. Ein allgemeiner Blick auf das arabische Vaterland	Die Bedeutung des arabischen Vaterlandes. Die politische Karte. Die Bevölkerung. Die Wirtschaft. Die Kooperation zwischen den arabischen Staaten.
2. Die geografischen Regionen des arabischen Vaterlandes	Das Niltal. Die Nilschwemme und die Nilebbe. Klima und Pflanzen im Niltal. Das Horn von Afrika. Natürliche Bedingungen am Horn von Afrika.
3. Das geografische Studium einiger Staaten des Niltals und des afrikanischen Kontinents	Lage, Oberfläche, Klima, Bevölkerung Ägyptens. Seine Wirtschaft und Produktion, Transport und Verkehr, sein Außenhandel. Die Republik von Somalia.
4. Die Region Nordafrika	Die geografische Lage, die Bodenerhebungen, das Klima, die Flora von Nordafrika; Das Königreich von Marokko.
5. Die Region der arabischen Halbinsel	Die geografische Lage, die Oberfläche, das Klima, die Flora, die Menschen auf der arabischen Halbinsel; Das Königreich von Saudi-Arabien.
6. Die Region des fruchtbaren Halbmonds	Die geografische Lage, die Erhebungen, das Klima, die Flora, die Menschen in der Region des fruchtbaren Halbmonds; Die irakische Republik.

2. Quantität der Darstellung des Christentums

2.1. Ort und Umfang der Erwähnungen

Das Geografiebuch der 1. Klasse Oberstufe: "Die Geografie des Menschen, der Umwelt und der Einnahmequellen"		**GEO OS 1**		
		Umfang		
Kapitel/ Seite	**Ort der Erwähnung**	Ex-plizit	In-klusiv	Im-plizit
	Keine Erwähnungen			

Geografie für die Oberstufe		**GEO OS 2**		
		Umfang		
Kapitel/ Seite	**Ort der Erwähnung**	Ex-plizit	In-klusiv	Im-plizit
1, 7	Zur Einleitung wird gesagt, dass verschiedene Mächte seit der Antike versuchten, die Herrschaft über die arabischen Länder zu erlangen. U. a. werden die Römer, die Kreuzfahrer und die europäischen Kolonialländer erwähnt. Die Mittellage habe auch die Verbreitung der himmlischen Religionen sehr gefördert.			14
3, 68	Es wird erwähnt, dass die ägyptische Kultur insbesondere in der christlichen Zeit beeinflusst von der hellenistischen Kultur wurde.			7

2.2. Art und Quantität der Erwähnungen[7]

Schulbuch	**Umfang**								
	Insgesamt	**Erwähnungen des Christentums**							
		Explizit		**Inklusiv**		**Implizit**		**Insgesamt**	
	S(eiten) = Z(eilen) + B(ilder)	Zeilen/ Bilder	Prozent	Zeilen/ Bilder	Prozent	Zeilen/ Bilder	Prozent	Zeilen/ Bilder	Prozent
GEO OS 1	206 S= 3477 Z	0	0	0	0	0	0	0	0
GEO OS 2	257 S= 5098 Z	0	0	0	0	21	0,41%	21	0,41%
SUMME	463 S= 8575 Z	**0**	**0**	**0**	**0**	**21**	**0,25%**	**21**	**0,25%**

7 Was statistisch nicht zu erfassen war, weil es sich nicht um Erwähnungen des Christentums handelt, sind mehrere Aussagen zur politischen und wirtschaftlichen Bedeutung Europas. Sie spielen aber dennoch eine Rolle, da sie das negative Europabild ein wenig korrigieren, das in den Sozialkunde- und Geschichtsbüchern entfaltet wird. Einige dieser Stellen werden daher bei der qualitativen Analyse mit berücksichtigt, obwohl sie nicht in der Statistik auftauchen.

3. Qualität der Darstellung des Christentums

3.1. Die Bedrohung durch die Wirtschaftsmacht Europas

Die Ursache für die Bedrohung der arabischen Länder durch die Wirtschaftsmacht Europas wird in deren geostrategischen Lage gesehen: Schon seit dem Altertum habe die Mittellage Ägyptens und die Lage an den Meerengen, durch die bis heute der Weltwirtschaftshandel führt, alle Imperien dazu verleitet, sich dieser zentralen Handelsplätze und militärstrategisch wichtigen Punkte zu bemächtigen. Die wirtschaftliche und militärstrategische Bedeutung der Meerenge von Gibraltar (Verbindung zwischen Mittelmeer und Atlantik), der Meerenge von Bâb Al-Mandab (Verbindung zwischen Rotem Meer und Indischem Ozean) und der Meerenge von Hormus (Verbindung zwischen Arabischem Golf und Indischem Ozean) wird detailliert erläutert.[8] Danach steht folgender Passus:

> *„Die strategische Bedeutung der besonderen Lage des Vaterlandes wird deutlich durch die Versuche, die die großen politischen Mächte [immer wieder] unternahmen, um sie zu beherrschen, um von den Vorzügen seiner Lage zu profitieren, die die Haupthandelsstraßen beherrscht. Es gab Versuche zur Erlangung der Herrschaft schon seit Urzeiten und diese Versuche dauern bis in die Gegenwart an. So herrscht z. B. Persien über die Meere, die das arabische Vaterland umgeben, um über seine Länder Herrschaft auszuüben. Genauso machten es die Römer im 2. Jh. v. Chr. Dann kamen die Mongolen zu Eroberungszügen aus den Weiten Asiens und die Kreuzzüge aus Europa um sich seiner zu bemächtigen. Und im Mittelalter beherrschte der osmanische Staat den größten Teil des arabischen Vaterlandes für mehr als 400 Jahre. Und nach seinem Niedergang teilten die europäischen Staaten seine Länder auf, um seine wirtschaftlichen Erzeugnisse, [Handels-]Straßen und wichtigen [Meer-]Engen zu beherrschen, speziell während des Zweiten Weltkrieges, der nicht aufhörte bis das arabische Vaterland Ziel für den Durchbruch der um die Weltherrschaft ringenden Blöcke war.“*[9]

Diese Erklärung ist von eminenter Bedeutung, denn sie zeigt, dass in der Tat wirtschaftliche und militärstrategische Ambitionen die Region immer wieder in den Mittelpunkt der Interessen der verschiedenen Weltmächte rückten. Insbesondere ist die Erwähnung der Perser und Osmanen hervorzuheben. Sie macht deutlich, dass es nicht um ein Gegenüber von West und Ost oder von Christentum und Islam geht, sondern dass alle Staaten ungeachtet ihrer religiösen Prägung strategische und machtpolitische Ziele verfolgen. Zu ergänzen wären hier noch die arabischen Dynastien und Staaten, die genauso danach strebten und streben, die strategischen und wirtschaftlich bedeutsamen Regionen zu besetzten – vgl. z. B. den Angriffskrieg des Irak gegen den Iran

---

[8] GEO OS 2, 4-8.

[9] GEO OS 2, 8.

und Kuwait in den 80er und 90er Jahren – und die Weltmacht USA, für die die Golfregion wegen der Abhängigkeit der Wirtschaft vom Öl besondere Bedeutung hat.

3.2. Die Chancen der Wirtschaftsmacht Europas

Die zentrale Lage der arabischen Länder (und Ägyptens im Besonderen) hatte aber nicht nur negative Folgen:

> *„Ägypten war seit Urzeiten eine Brücke für den Handel zwischen Ost und West. Und dies wegen seiner Häfen am Roten Meer und am Mittelmeer und am Nil - erwähne die wichtigsten der alten Hafenstädte und ihre Rolle für den Handel zwischen den verschiedenen Kontinenten! Neben dem was zuvor [über die alten Handelsstraßen nach Asien] gesagt wurde, gibt es auch einige Handelsstraßen durch die Wüste zwischen Nordafrika und den afrikanischen Staaten, die hinter der Sahara liegen. Sie spielten eine wichtige Rolle bei der Verbreitung der islamischen Kultur. Die Bedeutung des arabischen Vaterlandes als Bindeglied und Durchgangsregion blieb bestehen bis dass diese Rolle einige Zeit verschwand – frage deinen Lehrer nach den Gründen dafür! Aber ach wie schnell ist doch die Bedeutung ihrer Lage ein zweites Mal wegen mehrerer Gründe wieder zurückgekehrt! Die wichtigsten von ihnen sind:*
>
> *a) Das Ausheben des Suez-Kanals, der für den Weltschifffahrtsverkehr im November 1869 eröffnet wurde und der eine Rolle in den Operationen des Seetransfers spielt zwischen den verschiedenen Weltregionen, da es der kürzeste Seeschifffahrtsweg ist, der den Osten mit dem Westen verbindet. Seine Bedeutung stieg – neben seiner vitalen strategischen Lage - enorm seit dem zweiten Weltkrieg und seitdem das Öl entdeckt wurde.*
> *b) Das Aufblühen der Industrie in Europa und das Erscheinen des gewaltigen Überflusses an Waren, die die anderen Staaten brauchten. Dies führte zu einem blühenden Handel auf dem Wege über die arabischen Länder.*
> *c) Die Entdeckung des Öl[-Vorkommen]s und die Öl-Förderung in den meisten arabischen Staaten, was zu ihrem Aufblühen verhalf und ihre Bedeutung steigen ließ und zur Aktivierung der Bewegung des Handels auf ihrem Boden und ihren Häfen führte.*
> *d) Das Erscheinen der gigantischen Staaten in Asien wie Japans, Chinas und Südkoreas und anderer mit ihrer gewaltigen Produktion und dem Warenaustausch zwischen ihm und den anderen Staaten der Welt.*
> *e) Das Aufblühen des Flugverkehrs in der Welt machte die Bedeutung der Lage des arabischen Vaterlandes offensichtlich, dessen Länder zur Brücke für den Luftverkehr der Welt wurden (erwähne die natürlichen angemessenen Rahmenbedingungen für den Luftverkehr im arabischen Vaterland).“*[10]

Die hier beschriebene wirtschaftliche Verflechtung mit Europa ist von großer Bedeutung. Im Gegensatz zu der historischen Darstellung, in der vor allem die negativen

[10] GEO OS 2, 9f.

Aspekte der Beziehung zu Europa betont werden,[11] wird hier deutlich, dass Ägypten und die arabischen Länder von ihrer geostrategischen Lage und dem Handel zwischen Ost und West auch stark profitierten. Wiederum ist eine auffällige Auslassung der osmanischen Epoche zu bemerken. Die 500 Jahre der osmanischen Herrschaft, in denen Ägypten zu einer Randprovinz degradiert wurde, wird mit einem „Aber ach wie schnell ist doch die Bedeutung ihrer Lage ein zweites Mal .... zurückgekehrt“[12] überspielt.

Zudem ist darauf hinzuweisen, dass die Anstöße für die Entwicklung in den arabischen Ländern in der Neuzeit vornehmlich nicht von "innen" ausgingen, sondern vor allem von Europa. Indirekt lässt sich dies an den Faktoren ablesen, die hier benannt werden. Es fehlt jedoch, dass - bei aller kritischen Betrachtung der kolonialen Einflussnahme, die damit einherging – auch die positiven Beiträge des Westens hervorgehoben werden: Der Suez-Kanal, die Industrie Europas, die Entdeckung und Förderung der Öl-Ressourcen, der stark gestiegene Handel auf dem See- und Luftweg, von denen die Wirtschaft der arabischen Länder profitieren und denen sie ihren Aufschwung in der Neuzeit verdanken: Dies sind allesamt Maßnahmen, die nicht von den arabischen Ländern, sondern von Europa ausgingen.

An Handelsbilanzen, die für die ägyptische Wirtschaft angegeben werden, lässt sich nur indirekt einiges davon ablesen. Der Wirtschaftsaustausch mit den europäischen Staaten steht beim Export mit 40% ebenso an erster Stelle wie beim Import, der mit 38% angegeben wird.[13] Aufschlussreich sind auch die Zahlen, die als Haupteinkünfte der ägyptischen Wirtschaft angegeben werden: Die Einnahmen, die durch den Suezkanal eingenommen werden, betragen 1, 8 Milliarden Dollar, die Einnahmen durch den Tourismus 3, 2 Milliarden Dollar.[14] Ägyptens Wirtschaft profitiert also maßgeblich vom Welthandel und von der Reisefreudigkeit der Europäer (und anderer Industrieländer). Dies wird auch eingestanden und es werden Pläne geschildert, den Tourismus als Wachstumsbranche stärker auszubauen.

---

[11] Vgl. hierzu die Analyse der Sozialkundebücher der Grundstufe, Teil B, Kap. IV.3.3-5, der Mittelstufe Kap. V.3.5-6 und der Geschichtsbücher für die Oberstufe, Kap. VI.3.1 und VI.3.7-10.

[12] Der Originaltext: „*Walâkin sarʿâna mâ taʿûd al-ahmîya ilâ mawqiʿhâ*“ kann alternativ auch mit „Im Handumdrehen kehrte jedoch die Bedeutung ihrer Lage wieder zurück“ übersetzt werden.

[13] Zum Vergleich: Der Export in afro-asiatische Staaten wird mit 15% angegeben, der in die arabischen Anrainerstaaten mit 13%. In die USA wird nur 6,6% exportiert. Beim Import steht die USA mit 16,2% an zweiter Stelle nach der EU, gefolgt von 6,2% Importen aus Osteuropäischen Staaten und nur 1,4% aus den arabischen Ländern. So die Zahlen von 1998/1999 gemäß GEO OS 2, 200.

[14] So die Zahlen von 1998/99 gemäß GEO OS 2, 201.

Im Kapitel über die Kooperation zwischen den arabischen Staaten wird die EU dem Schüler als großes Vorbild für die Schaffung eines regionalen arabischen Marktes dem Schüler nahe gebracht:

> *„Der gemeinsame europäische Markt*
> *als erfolgreicher Versuch der gegenseitigen wirtschaftlichen Ergänzung*
>
> *Der gemeinsame europäische Markt ist Ausdruck für den Gipfel der Versuche der gegenseitigen Ergänzung zwischen den westeuropäischen Staaten. Seine Charakteristik und seine Ausweitung wurden niedergelegt und kristallisierten sich seit dem Ende des zweiten Weltkrieges heraus. Der Markt stellt einen Versuch dar, die europäische Wirtschaft zusammenzuballen. Er zielt elementar darauf, die Vereinzelung dieser Staaten zu verhindern und ebenso darauf, eine starke Wirtschaftsexistenz aufzubauen, die mit den großen Wirtschaftsmächten in der Welt konkurrieren kann, wie z. B. mit den Vereinten Staaten von Amerika, der früheren Sowjetunion und Japan. Tatkräftig begannen die europäischen Staaten feste und sichere Schritte zu gehen in Richtung auf die Verwirklichung dieser wirtschaftlichen Ergänzung zwischen ihnen. So fing der gemeinsame europäische Markt an, einer der erfolgreichsten Versuche der Welt zu sein im Bereich der gegenseitigen wirtschaftlichen Ergänzung und vieles kommt in der Gegenwart erst zur Reife. [....] Es ist in der Tat von Nutzen für die arabischen Staaten unter ihren gegenwärtigen Rahmenbedingungen, dass sie sich recht leiten lassen von diesem erfolgreichen Versuch zur gegenseitigen wirtschaftlichen Ergänzung und dass sie von den Konsequenzen und Problemen, die ihnen begegneten gut Gebrauch machen, bis dahin, dass sie die ausländischen Versuche unterstützen, die sich auf den Nil richten, d. h. dass eine arabische Wirtschaftseinheit entsteht, eine dringliche Notwendigkeit in dieser Weltgegend, die dafür bekannt ist, dass sie in ihrem Wesen zerstückelt ist.“*[15]

Diese positive Schilderung der europäischen Staaten, die sich in der EU um eine wirtschaftliche Einheit bemühen, bleibt völlig unverbunden mit der Schilderung Europas als imperialistischem Gegner, gegen den man sich schützen muss.

3.3. Der kulturelle Austausch zwischen Orient und Okzident

An zwei Punkten wird in Erinnerung gerufen, dass es einen kulturellen Austausch zwischen Orient und Okzident gab. Zum einen bei der (knappen) Erwähnung, dass die geografische Mittellage der arabischen Länder die Verbreitung der drei „himmlischen Religionen“ begünstigte.

> *„Was die Lage unseres arabischen Vaterlandes betrifft, so liegt es in der Mitte der Welt und es ist leicht, in andere Staaten zu gelangen. Es war die Wiege für die drei himmlischen Botschaften [Judentum, Christentum und Islam], die sich über die umliegenden Regionen bis zu den Enden der bewohnten Welt verbreiteten.*

[15] GEO OS 2, 27.

Und dank des Großmuts des Islam spielten sie ihre Rolle in der Vermengung der Araber mit anderen Völkern.“[16]

Zum anderen bei der Erwähnung, dass Ägypten in der christlichen Zeit auch eine Prägung durch die mediterrane europäische Kultur erfuhr.

„Die wichtigste und zahlenmäßig größte Einwanderung ist die, welche Ägypten in der christlichen Epoche vom Mittelmeerbecken aufnahm, damals in der Stadt Alexandria, die Alexander der Große im Jahr 332 v. Chr. gründete. Sie wuchs und gedieh und wurde ein Zentrum der griechischen Kultur, die ihre Lichtstrahlen in das gesamte Mittelmeerbecken ausgoss. Ägypten änderte seine Sprache zum ersten Mal. Und ihre Gelehrten schrieben in der griechischen Sprache. Und als das Christentum erschien, hieß es Ägypten willkommen (w.: nahm es Ägypten in die Arme/drückte Ägypten es an sich wie ein Kleinkind) und es wurde sein erstes Zentrum in der Welt. Und während das Christentum blieb, nahm Ägypten viele Einwanderungen aus den Ländern des Mittelmeerbeckens und seiner verschiedenen Inseln auf. Diese Einwanderungen dauerten aber nicht lange, da lösten sie sich auf (w: zerschmolzen) im ägyptischen Volk während der koptischen Epoche (der griechisch-römischen oder byzantinischen Epoche).“[17]

Diese Erwähnung des Einflusses der hellenistischen mediterranen Kultur ist besonders von Bedeutung, da in der Mittelstufe zuvor ein sehr negatives Bild von der römisch-hellenistischen Kultur gezeichnet wurde. Hier wird die mediterrane Kultur, die unzweifelhaft im ägyptischen Nildelta mehrere Jahrhunderte Fuß fasste und bis in die Neuzeit durch die Anwesenheit einer großen italienischen und griechischen Kolonie in Alexandria präsent war, nicht negiert oder in einen Gegensatz zu der koptischen Nationalbewegung gestellt. Vielmehr wird sie als Bereicherung der ägyptischen Kultur angesehen, die integriert wurde und mit der ägyptischen Kultur „verschmolz“.

4. Evaluation

4.1. Zusammenfassung

Im ersten Buch der Oberstufe (GEO OS 1) gibt es keine Erwähnungen des Christentums. Dies ist bei den behandelten Themen auch nicht zu erwarten. Im zweiten Buch der Oberstufe (GEO OS 2) gibt es nur zwei kurze implizite Erwähnungen des Christentums: Einmal im Zusammenhang mit der Darstellung der für den Welthandel bedeutenden geostrategischen Lage der arabischen Länder, einmal bei der Schilderung des Einflusses der hellenistischen Kultur auf Ägypten. Obwohl der Umfang der Erwähnungen sehr gering ist (0,41% im Buch, 0,25% insgesamt), kann man nicht sagen, dass hier das Christentum zu wenig behandelt würde, denn die Themenfelder legen

[16] GEO OS 2, 7.

[17] GEO OS 2, 67.

nicht nahe, auf die Religion zu sprechen zu kommen. Auch der Islam wird kaum erwähnt.[18]

Der Westen wird im Fach Geografie in der Oberstufe vor allem als Wirtschaftsmacht wahrgenommen. Einige dieser Passagen sind von Bedeutung, da sie zum Teil das negative Europabild korrigieren, das in den Sozialkunde- und Geschichtsbüchern entfaltet wird. Die Wirtschaftsmacht Europa hat ambivalenten Charakter: Einerseits wird von der bis heute andauernden Bedrohung der arabischen Länder durch die wirtschaftlichen Interessen Europas gesprochen, andererseits wird indirekt bei den anzustrebenden Wirtschaftsprojekten deutlich, dass genau diese Wirtschaftsmacht Vorbild für die eigene Entwicklung ist. Diese positive Sicht deutet an, dass auch eine andere Betrachtungsweise möglich ist, in der Europa nicht nur als Feind gekennzeichnet wird. Die in den Texten vorhandene Ambivalenz wird jedoch nirgendwo thematisiert, sondern steht unverbunden nebeneinander. Ebenso kommt der kulturelle Austausch in Vergangenheit und Gegenwart nur minimal in den Blick.

4.2. Bewertung und kritische Anfragen

Was die Darstellung der wirtschaftlichen und kulturellen Verflechtungen zwischen Ägypten und Europa anbelangt (vgl. oben Kap. VII.3.2), so ist auffällig, dass die Hinweise auf Bestrebungen hinsichtlich einer stärkeren wirtschaftlichen Verflechtung keine Auswirkungen auf das vorherrschende negative Gesamtbild von Europa haben, vor dem man sich eher schützen muss als dass es als Kooperationspartner in Betracht kommt. Die Begegnung mit dem Westen wird also recht eindimensional dargestellt, so dass eine differenzierte Sicht auf Europa ausbleibt. Gerade im Blick auf das Vorhaben, den Tourismus als Wirtschaftsbranche stärker auszubauen, bleibt es daher für den Schüler schwer verständlich, warum er die Menschen, vor denen sein Staat sich mit allen Mitteln schützen muss, millionenfach in sein Land einladen soll.

Generell bleibt auch in den Geographiebüchern eine Darstellung vorherrschend, die Europa vornehmlich als imperialistischen Gegner erscheinen lässt. Mit keinem Wort wird erwähnt, dass die europäischen Staaten sich im 20. Jh. allmählich vom Kolonialismus und von der Idee des Nationalstaates abwandten, dass Politik und Recht in der EU vereinheitlicht wurden, dass man sich auf die Anerkennung von Grundwerten einigte, die der wirtschaftlichen Einigung auch eine kulturelle Basis gaben.

Nicht einmal andeutungsweise kommt die Sprache darauf, dass ein kultureller Austausch mit Europa sinnvoll sein könnte, obwohl dieser längst parallel zur Verbesserung der wirtschaftlichen Beziehungen begonnen hat. Auf einige Aspekte des

---

[18] Vgl. oben Kap. VII.1.3, VII.2.1 und VII.2.2.

deutsch-ägyptischen Austauschs sei an dieser Stelle beispielhaft kurz hingewiesen: Sowohl von Seiten privater Stiftungen als auch von politischen Stiftungen wird seit Jahren ein Kulturdialog gepflegt. So gibt es z. B. von der Bertelsmann-Stiftung ein Projekt zum Kulturdialog, bei dem es um die arabische und die europäische Identität geht. Von der gleichen Stiftung wird die „Mubarak Public Library" in Gizeh gefördert.

Die Friedrich-Ebert-Stiftung versucht mit verschiedenen Programmen die Zivilgesellschaft zu stärken und einen Dialog zwischen den unterschiedlichen Gruppen innerhalb des Landes zu fördern. Ein Büro in Kairo organisiert Begegnungen mit Vertretern aus anderen Ländern, um Kenntnisse und Erfahrungen auszutauschen und um die bestehenden Probleme auf den Gebieten der Wirtschafts-, Sozial, Umwelt- und Frauenpolitik besser zu bewältigen. Die Konrad-Adenauer Stiftung initiierte 1991 mit dem „Mubarak-Kohl-Project for Developing Technical Education" die berufsbezogene technische Ausbildung in einem dualen System nach deutschem Vorbild. Die CSU-nahe Hans-Seidel-Stiftung in Kairo engagiert sich im Aufbau von Informations- und Kommunikationszentren für die regionale Entwicklung und für die pädagogische Weiterbildung von Journalisten in Ägypten. Die Heinrich-Böll-Stiftung unterstützt ein außerschulisches Alphabetisierungsprojekt in Mittelägypten. Die Friedrich-Naumann-Stiftung versucht in Zusammenarbeit mit einer ägyptischen Nichtregierungsorganistion um Reformempfehlungen zum Parteiensystem und zur politischen Partizipation in Ägypten zu erarbeiten. Die Deutsch-Arabische Handelskammer und der Nah- und Mittelost-Verein intensivieren den Ausbau der wirtschaftlichen Kontakte. Die Deutsche Oberschule in Kairo-Dokki gilt seit vielen Jahren als Begegnungsschule in Ägypten, in der der kulturelle Austausch gepflegt wird. Die Gesellschaft für Technische Zusammenarbeit (GTZ) ist mit vielen Entwicklungsprojekten im Land tätig. Das Goethe-Institut leistet seit vielen Jahren seinen Beitrag für den kulturellen Austausch. Jüngst wurde nun auch eine Deutsche Universität in Kairo gegründet.

Ähnliches lässt sich für zahlreiche Entwicklungsorganisationen aus Europa und Amerika sagen wie auch für die diversen bilateralen Projekte, die von verschiedenen Ländern Europas initiiert werden und die sich um umfassenden kulturellen und wirtschaftlichen Austausch bemühen. Die Hinweise, die im Rahmen dieser Studie nur angedeutet werden können, sollen beispielhaft vermitteln, dass die Verflechtungen mit Europa weit intensiver sind und alle Ebenen des Austauschs betreffen. In den Schulbüchern findet dies jedoch leider keinen Niederschlag.

Lediglich in historisch-rückblickender Perspektive werden hinsichtlich des kulturellen Austauschs zwischen Orient und Okzident einige Hinweise gegeben (vgl. oben Kap. VII.3.3), so insbesondere eine ausführliche Würdigung des Transfers des antiken Erbes in die islamisch-arabische Kultur und des Rück-Transfers desselben in die europäische Kultur. Völlig ausgeklammert bleibt jedoch die gegenseitige kulturelle Beeinflussung in der Neuzeit. Der Gedanke des Nationalstaats, der in arabischen Ländern heute weit stärker verankert ist als in den europäischen Ländern, Rechtssysteme, die übernommen wurden bis hin zu administrativen Strukturen oder den Prinzipien von bürgerlicher Gleichheit und Menschenrechten, das Parteienwesen, das parallel zu den paternalistischen Strukturen aufgebaut wurde, sind Beispiele des kulturellen Einflusses in den arabischen Ländern. Umgekehrt lässt sich durch die Auswanderung aus den Staaten des Nahen Ostens in vielen europäischen Ländern mittlerweile ein Einfluss der arabischen und türkischen Kultur nachweisen, der die Kultur in Europa verändert. Dies wirkt sich auf vielen Ebenen aus und führt ebenso wie in den arabischen Ländern teilweise zu Problemen – sei es bei dem Bau von Moscheen, bei der Einrichtung von Religionsunterricht an öffentlichen Schulen, bei der Aufnahme muslimischer Bestattungsriten auf Friedhöfen bis hin zu den Arabisch-Kursen, deutsch-türkischen Musikgruppen und Kabarettisten, Trommel- und Bauchtanzgruppen, die mittlerweile in fast jeder Volkshochschule angeboten werden. Es wäre insoweit ein besonders reizvolles Unterfangen, diese gegenseitige kulturelle Beeinflussung in der Gegenwart in den Schulbüchern zur Sprache zu bringen.

Eine Auslassung, die bei bereits bei der Interpretation der Sozialkundebücher angesprochen wurde,[19] soll hier nochmals unter anderem Aspekt aufgegriffen werden: Auch in den Geographiebüchern werden in den Kapiteln zur Bevölkerungsstatistik und zur Migration die einheimischen Christen nicht mehr erwähnt. Im Folgenden soll aufgezeigt werden, dass nicht nur die absoluten Zahlen, sondern auch die Migrationsbewegungen der ägyptischen Christen erhebliche soziale und politische Auswirkungen in Ägypten haben. Bei Berücksichtigung der religiösen Komponente kann nachgewiesen werden, dass die christlich-muslimischen Konflikte der letzten Jahrzehnte zu einem nicht geringen Teil durch die Bevölkerungsexplosion und die Migration im 20. Jh. bedingt sind. Unbestritten ist, dass die Christen Ägyptens nicht gleichmäßig über das Land verteilt sind, sondern dass es eine Konzentration der christlichen Siedlungsgebiete in den mittelägyptischen Provinzen, in den Großstädten Kairo und Alexandria sowie in einigen Küstenstädten (Suez, Port Said und Ismailiya) gibt. Hartmann entnahm aus offiziellen Statistiken der 60er Jahre, „daß in den vier aneinandergrenzenden Provinzen Oberägyptens al-Minyâ, Asyûṭ, Sûhâg und Qinâ bereits 50% der ägyptischen Christen wohnen. In den beiden Städten Kairo und Alexandria leben weitere 30%, der Rest der christlichen Ägypter verteilt sich auf die übrigen 19 Muḥâfaẓât"[20]

Diese Siedlungsgebiete beginnen sich jedoch in der jüngsten Zeit stärker zu durchmischen, und es ist eine stärkere Abwanderung der Christen in die Städte und ins

19 Zur Problematik der Bevölkerungsstatistik vgl. oben Kap. V.4.

20 HARTMANN 1980, 177.

Ausland festzustellen. Ein maßgeblicher Faktor dabei ist, dass sich die Muslim-Brüder und fundamentalistischen Gruppen nach der Verfolgung unter Nasser und Sadat in den 60er und 70er Jahren gerade in diese Region zurückzogen und von hier aus ab Anfang der 70er Jahren zu agitieren begannen, nachdem Sadat ihnen im Zuge seiner „Öffnungspolitik“ langsam wieder Zugeständnisse machte: Das Zentrum der religiösen Unruhen liegt seit 1977 in den mittelägyptischen Städten Asyût und Minyâ, wo die Christen traditionell einen besonders hohen Bevölkerungsanteil stellen und wo die islamistischen Gruppen die studentischen Gremien an den Universitäten eroberten.[21] Hier fanden sie Unterstützung bei einem Gouverneur, der sich bei lokalen Übergriffen von muslimischen Fanatikern auf die Kopten kaum um den Schutz seiner christlichen Bürger kümmerte.[22]

Zudem sind viele Konflikte um den Kirchbau – einer der neuralgischen Punkte im christlich-muslimischen Miteinander – durch das Bevölkerungswachstum und das Abwandern von Christen in neue Regionen und Stadtteile entstanden: Das Hamâyûnî-Dekret, das zahlreiche Restriktionen zum Kirchbau enthält,[23] war lange Zeit nicht von

---

21 PETTIT 1988, 7; SADAT 1990, 331. Seit der Mitte der 70er Jahre waren die islamistischen Gruppen überall an den Universitäten in die studentischen Gremien eingezogen und begannen, diese zu dominieren. Vgl. ABDALLAH 1985, 226: "From 1974 onwards, the fundamentalists gathered strength on the campusses. By 1976 they had become one of the three principal groupings of the student movement opposing the regime on clear ideological grounds. Between 1977 and 1981 they became the dominant force, managing to win increasing numbers of seats in Student Union elections, which they swept in a landslide in the academic year 1978/79."

22 ABDALLAH 1985, 226; PETTIT 1988, 8; PENNINGTON 1992, 173. Ausführlicher zu den Auseinandersetzungen der 70er und 80er Jahre vgl. REISS 1998 Erneuerung, 283-307.

23 Das Gesetz wurde am 6. 2. 1856 von der Hohen Pforte in Istanbul erlassen und bezweckte in erster Linie die Regelung bzw. Einschränkung des Kirchbaus in Ägypten, als es noch unter osmanischer Herrschaft war. Im Jahr 1934 wurde das Gesetz unter Azabi Pasha, dem damaligen Deputy Minister of Interior, aktualisiert und mit der Ausformulierung von 10 konkreten Bedingungen restriktiv ausgelegt und bestätigt. Das Gesetz, das übrigens das einzige ist, das noch aus der osmanischen Zeit stammt und bis heute in der ägyptischen Rechtsprechung Geltung hat, legt den Kopten folgende Bedingungen für den Neubau bzw. die Reparatur einer Kirche auf: Jede Reparatur und Renovierung, jede Veränderung eines Kirchbaus bedarf grundsätzlich der ausdrücklichen Zustimmung des Oberhauptes des Staates, d. h. in osmanischer Zeit der Einwilligung des Sultans, in republikanischer Zeit der Einwilligung des ägyptischen Präsidenten.
Bevor dem Präsidenten jedoch ein Fall vorgelegt wird, muss in einem Polizeibericht der lokalen Behörden überprüft und protokollarisch festgehalten werden, dass das Kirchbauprojekt sich tatsächlich in kirchlichem Besitz befindet, dass es keine Einwände von Seiten der muslimischen Nachbarn und der Behörden vor Ort gibt und dass ein Mindestabstand von mehreren hundert Metern zu Moscheen und allen öffentlichen Gebäuden (Krankenhäuser, Schulen, Gerichte, Bahn- und Busstationen, Banken, Nilbrücken etc.) eingehalten wird. Dieser Bericht wird dann auf dem Dienstweg über das Innenministerium dem Staatspräsidenten zur Unterschrift vorgelegt, sofern er nicht während der sich über Jahre hinziehenden Prozedur irgendwo auf dem Verwaltungsweg liegenbleibt. Vgl. KARAS 1986, 6f. und SCHAROUBIM 1989. Die diskriminierenden Regelungen dieses Gesetzes wurden im Jahr 1991 nochmals in einer mehrwöchigen Kampagne durch den Chefredakteur der Wochenzeitschrift Watani der ägyptischen Öffentlichkeit zum Bewusstsein gebracht. Anlass war, dass am 21. April 1991 wieder einmal ein Präsidialdekret erlassen worden

solch großer Bedeutung, weil die Kopten weitgehend in eigenen Siedlungsgebieten wohnten. Wenn eine Kirche gebaut werden sollte, so war dies kein größeres Problem, da die christlichen Nachbarn kaum Einwände dagegen hatten, und weil es in der Verwaltung hochstehende Christen gab, die den Genehmigungsprozess eines Kirchbaus vorantreiben konnten. In den ständig neu entstehenden Trabantenstädten besteht jedoch keine christliche Infrastruktur, in der höheren Verwaltung sind kaum noch Christen vertreten, die die Interessen der Christen berücksichtigen und die kirchliche Arbeit musste zusehends in direkter Nachbarschaft mit Muslimen erfolgen. Da die Kopten oftmals keine Chance hatten, eine offizielle Genehmigung für Kirchbauten zu erhalten, mussten sie illegal bauen.[24] Wenn dies fanatischen Muslimen zu Ohren kam, begannen Auseinandersetzungen, die schnell eskalieren konnten.[25]

war, um die Erlaubnis für die Reparatur einer Toilettentür einer Kirche in dem kleinen Dorf Mît Barra in der Provinz Minoufiya zu geben. Abgesehen davon, dass die Kopten es diskriminierend finden, dass sie wegen solchen Banalitäten wie der Instandsetzung von sanitären Anlagen des kircheneigenen Besitzes von höchster staatlicher Autorität Erlaubnis einholen müssen, stellten die Kopten die Frage, ob der Präsident angesichts größter wirtschaftlicher, sozialer und politischer Probleme nichts anderes zu tun habe als sich um die Reparatur von Kirchen-Toiletten zu kümmern. Vgl. WATANI, 9.6.1991. In jüngster Zeit wurden die Bestimmungen des Hamayuni-Gesetzes etwas erleichtert, da jetzt nur noch die Provinzgouverneure Renovierungen und Neubauten legalisieren müssen. Das Problem an sich ist damit jedoch nicht behoben, sondern nur auf eine andere Ebene verschoben worden wie aus einem Gespräch mit dem Kirchenpräsidenten der evangelischen Nilsynode im Oktober 2003 hervorging. Vgl. REISS 2003 Bericht, 13.

24 Eine Untersuchungskommission, die nach Brandschatzung einer „illegalen Kirche" und blutigen Auseinandersetzungen in einem Vorort von Kairo 1972 eingesetzt wurde, stellte fest, dass von 1.442 Stätten, an denen christliche Gottesdienste in Ägypten abgehalten werden, nur ca. 500 offiziell genehmigt war. Der Vorschlag des Ausschusses, die Gesetze bezüglich des Kirchbaus zu erleichtern, wurde jedoch nicht aufgegriffen. Vgl. CHITHAM 1986, 104f.

25 In der Praxis erweist sich die Hauptschwierigkeit des Hamâyûnî-Dekrets in der Bestimmung, dass ein Mindestabstand zu Moscheen einzuhalten und die ausdrückliche Zustimmung der muslimischen Nachbarn einzuholen ist. Da die Genehmigungsverfahren für Kirchen sich im Gegensatz zu Moscheen über Jahre hinziehen, ist es für muslimische Gruppierungen recht leicht, offiziell beantragte Kirchbauten zu vereiteln: Es braucht nur ein Appartment zu einer Moschee erklärt werden oder ein Minarett in nächster Nähe des Bauplatzes in Eile hochgezogen werden und schon sind Gründe gegeben, die Baugenehmigung für eine Kirche zu verweigern. Vgl. PENNINGTON 1982, 170; PETTIT 1988, 6; YONAN 1982, 27. Die Zeitschrift COPTS und in ihrer Folge andere westliche Zeitschriften haben mehrfach konkrete Orte aufgelistet, in denen seit Jahren keine Genehmigung für den Kirchbau gegeben wurden: In den Alexandria-Distrikten von Mamoura (seit 1964) und Ameriya (seit 1971); in King Maryout (seit 1980); in Zagazig (seit 1981); in Qusiya (seit 1971); in Nasser-City bei Souhag (seit 1971); in Asyout, El-Souwaf-Straße. Ebenso wurden Reparaturen verweigert in der St. Abadeer-Kirche, Asyout; St. Boutros-Kirche, Qena; St. Bishoi-Kirche, Abu Teeg; St. Hedra-Kloster, Aswan. Vgl. COPTS 16 (1989), Nr. 1/2, 6; COPTS 19 (1992), Nr. 1/2, 7. Ein Leserbrief eines Kopten aus einem neuen Stadtviertel von Al-Minyâ an die Zeitschrift Watani International macht anschaulich, welche konkreten Behinderungen und Frustrationen beim Kirchbau immer wieder auftauchen: *"I am a cardiologist who decided to respond to the government's call for young people to relocate in new towns. With my new bride, we were* among *the first inhabitants of al-Minya al-Gadida. We patiently bore the difficulties of the shortage in services, such as the scarcity of public transport, especially*

Es lässt sich daher nachweisen, dass das Bevölkerungswachstum und die Migration in die Städte nicht unwesentlich für die Zuspitzung der muslimisch-christlichen Auseinandersetzungen in den 70er und 80er Jahren waren: Das traditionelle Toleranzsystem des Islam, das den Kopten eine eigene „Nation" („Milla") im Staate erlaubte, die in vielen Bereichen ihr eigenes Rechtssystem ausüben konnte, funktionierte lange Zeit recht gut, als es relativ geschlossene Siedlungszentren der Christen gab. Das explosive Bevölkerungswachstum und die massive Abwanderung aus den Stammgebieten stellte dieses alte System jedoch in Frage. Damit wird deutlich, dass ein Teil der heuti-

---

annoying after sunset. We were particularly frustrated with the lack of a church in the town. Even though this new town included six mosques, only one of which was in current use – there was not one church. Anba Arsanius, Bishop of Minya and Abu Qurqas, filed an application with the Minster of Housing and Urbanization for the allocation of land in al-Minya al-Gadida to build a church. The minister agreed to allocate a 2,000-sq.m. piece of land for that purpose, and the bishopric and congregation received the news with jubilation. But they had rejoiced too soon. As we set about the procedure of obtaining the required building permit for the church, and as our papers followed their arduous route from one official's desk to another, we were surprised by a sudden, vigorous activity of building on the site right next to one allocated to the church. As it became clear that this was a new (seventh) mosque, the security authorities intervened to halt the procedure of licensing the projected church building, on the grounds that it was not permissible to build a church next to or in front of a mosque. When we complained that the papers for licensing the church had been long submitted and were awaiting approval, we were enraged by the bold answer: 'Had you started building the church, we would have forbidden the building of the mosque!' As though the security officials were ignorant of the fact that a church can never be built unless a presidential decree is issued to that effect, while a mosque needs no such measures. In fact, mosques are allowed to bypass any and all buildings regulations in order to be the sole winner of this absurd race, which is the outcome of a sick system that forbids building a church next to a mosque, even it allows building mosques next to existing churches. All negotiations or efforts to solve this ridicules situation proved futile, and we were obliged to accept an alternative site – on the outskirts of the town- for the church. We went through the repeat scenario of taking over the new land, applying for a building permit. With no hint of that approval in sight, we asked for information on our application, only to be told that the papers were lost (!!) and would we please file a new application with a new set of papers, at a recent date, so as to embarrass non of the officials. Can there be any clearer example of the rampant gross negligence and corruption, deliberately sheltered from any questioning or accountability? Struck with no place to worship, we started negotiating with the security authorities the possibility of our setting up temporarily a place for prayers in one of the local Coptic homes, until the much-hoped-for church can materialize. The security officials agreed to the proposal provided we obtain the approval of the local civil authority. And what the local authority ask for in return of that approval, but for us to cede that land allocated for the church in the first place, and to pay LE 30,000 in order to have the home officially changed from a residential building to something else!! At a loss, we refused to comply. We still have to agonize over having no place to worship, especially painful on the eve of feasts, when about 100 Coptic families are forced to keep to their homes, since going to the nearest church involves the hazards of finding late-evening transport there and back. Given our situation, where do the 'national unity' slogans come in? What can all the 'one fabric' slogans in the world do for us? [The famous slogan of national unity goes: Muslims and Copts form the one fabric of the Egyptian community.] And why this disparaging inequality between the sons or daughters of the same homeland? Is President Mubarak aware of our problem? Is he happy with it? And does he know that we are not the only ones suffering from this situation?" Zitat nach WATANI, 31. März 2002, 1.

gen Probleme des christlich-muslimischen Miteinanders nicht religiöser Natur sind, sondern ein Teil der allgemeinen Probleme, die mit dem Bevölkerungswachstum und der Migration zusammenhängen.

Des Weiteren ist es wichtig, im Zusammenhang mit der Auswanderung von Ägyptern auf die Auswanderung der Kopten zu sprechen zu kommen. Diese hatte ebenfalls weitreichende Folgen für das soziale und politische Gefüge. Die seit den 50er und 60er Jahren ausgewanderten Kopten hatten einen maßgeblichen Anteil an der Verschärfung der innenpolitischen Spannungen, die letztlich zur Absetzung von Patriarch Schenuda III. in den Jahren 1981-1985 führten: Im Jahr 1980 brachte die Agitation der Kopten in den USA Sadat dazu, einen Kurswechsel gegenüber den Christen in Ägypten einzuschlagen. Aufgebracht über massive Anschuldigungen der Auslandskopten, zu denen Sadat vor dem amerikanischen Präsidenten Stellung beziehen sollte, schlug Sadat nach seiner Rückkehr aus Amerika gegenüber dem Patriarchen einen neuen Kurs ein. Hatte er sich bisher dazu bereit gefunden, bei Eskalationen einzulenken - so 1972 in der Kirchbaufrage und 1977 bei den Gesetzesinitativen zur stärkeren Implementierung der islamischen Scharia - so war er nunmehr zu keinen weiteren Konzessionen bereit.

In einer großen Rede am 14. Mai 1980 sprach er der koptischen Führung eine öffentliche Warnung aus. Er beschuldigte sie der politischen Agitation und ging sogar so weit zu behaupten, dass die Kopten mit ihren internationalen Kontakten gegen die ägyptische Regierung konspirierten und die Errichtung eines separatistischen Staates in Mittelägypten planten.[26] Auch wenn diese Beschuldigungen bis heute durch nichts nachgewiesen werden konnten,[27] so sind sie doch auch als eine Reaktion auf die deutliche Radikalisierung der koptischen Massen zu verstehen, die die kompromisslose und standfeste Haltung ihres Patriarchen bewunderten und die ihn z. B. bei seiner ersten Freitagspredigt nach Ostern, am 25. April 1980, mit Zurufen wie "Schenuda ist unser Präsident" und "Wir opfern uns für dich" feierten.[28] Sadat bezog sich in seiner Rede auch auf seine frühere Rücksichtnahme auf die koptische Minderheit und deutete an, dass es damit nun vorbei sei, da die Kopten dies alles offenbar nur als Schwäche

---

26 Die wichtigsten Passagen der Parlamentsrede Sadats, in denen er die Beschuldigungen gegen die Kopten vorbrachte, sind abgedruckt in: MUHAMMAD 1990, 73–92.

27 Der Gedanke an eine eigene christliche Staatsgründung ist irrational, taucht aber bisweilen doch immer wieder auf. Bei der Weihe der koptischen Kirche in Düsseldorf im Jahr 1992 wurden z. B. Flugblätter eines Kopten namens Fâyiz Naǧîb in Umlauf gebracht, in dem von der Gründung einer "Koptischen Pharaonischen Republik" mit einer "Exilregierung in der Bundesrepublik Deutschland" berichtet wurde. Obwohl es sich bei dem Unterzeichner des Flugblattes um einen verwirrten Kopten handelt, der nur für sich selbst spricht, hielt es Patriarch Schenuda (vor dem Hintergrund der Vorwürfe Sadats) für notwendig, diese Meldung in der ägyptischen und der deutschen Presse sofort zu dementieren. Vgl. die Meldung der FAZ vom 1. 9. 1992, 7, mit der Überschrift "Patriarch der Kopten will keinen eigenen Staat". Vgl. www.cpr-goverment.org.

28 So PENNINGTON 1982, 174.

angesehen hätten. Er stellte klar, dass er "muslimischer Präsident eines islamischen Staates" sei und dass er fernerhin nicht gewillt sei, sich von einer Minderheit seine Politik vorschreiben zu lassen.[29] Was diese Bemerkungen bedeuteten, erfuhren die Kopten schon bald: Die 1972 von dem Präsidenten versprochene Genehmigung für 50 Kirchenbauten wurde nachträglich so eingeschränkt, dass sie praktisch damit aufgehoben war;[30] die Gesetzesinitiative zur stärkeren Implementierung der Scharia wurde wieder aufgegriffen und bereits am 22. Mai 1980 durch eine Volksabstimmung eine Verfassungsänderung beschlossen. Sie besagte, dass der Koran nicht mehr nur "*eine* wesentliche Quelle" für die Gesetzgebung in Ägypten sei, sondern "*die* wesentliche Quelle".[31] Kurz darauf beschloss der Oberste Gerichtshof, dass diese Bestimmung des Artikels 2 der Verfassung Vorrang hat gegenüber dem Artikel 46, der die religiöse Freiheit und die Gleichstellung vor dem Gesetz zum Inhalt hat.[32]

Es steht außer Zweifel, dass die christliche Auswanderung eine Veränderung der innenpolitischen Konstellationen mit sich brachte. Die Auslandskopten spielten auch bei der Wiedereinsetzung des Patriarchen eine wichtige Rolle[33] und sind ein wichtiger Faktor für die Entwicklung der Koptischen Kirche im 20. Jh., die sich von einer Nationalkirche zu einer internationalen christlichen Konfession gewandelt hat. In der beispiellosen Begleitung der Kopten im Ausland könnten auch wichtige Impulse für den staatlichen Umgang mit den ägyptischen Auswanderern ausgehen.[34]

Es ist insoweit bedauerlich, dass dem Phänomen der christlichen Wanderungsbewegungen weder im Fach Sozialkunde noch in Geografie Raum gegeben wird. Dadurch beraubt man sich der Chance, zahlreiche Phänomene religiöser Spannungen erklärbar zu machen, indem man sie in den Kontext allgemeiner sozialer und gesellschaftlicher Veränderungen stellt. Zudem verstärkt die Nichtbeachtung des religiösen Faktors im Zusammenhang mit der Thematik Bevölkerungswachstum und Migration bei vielen Kopten das Gefühl, dass ihre Existenz und ihr Beitrag zur ägyptischen Kultur vernachlässigt und übersehen werden.

---

29 MUHAMMAD 1990, 86–87 .

30 Vgl. PENNINGTON 1982, 171.

31 PETTIT 1988, 8; SADAT 1990, 346. Der seit 1978 von den Christen unter Führung von Amba Samuel ausgearbeitete Entwurf eines Gesetzes zur Regelung der personalrechtlichen Angelegenheiten war damit hinfällig geworden. Vgl. SPULER 1980, 254; YONAN 1982, 27.

32 PETTIT 1988, 8.

33 Vgl. REISS 1988 Erneuerung, 301-308.

34 Vgl. dazu REISS 2001 Wende, 201-210.

Die Darstellung des Christentums in palästinensischen Schulbüchern

Religiöse und pädagogische Rahmenbedingungen in Palästina

I. Das Christentum in Palästina[1]

Christen in Palästina verstehen sich innerhalb der christlichen Ökumene als eine Ausprägung des christlichen Glaubens, der historische und theologische Priorität vor allen anderen Kirchen zukommt. Sie verstehen sich als authentische Quelle, Ursprung und Rest der christlichen Gemeinde, die bis heute in direkter genealogischer, lokaler und apostolischer Kontinuität mit der urchristlichen Gemeinde steht.[2] Sie beanspruchen "Mutter der Kirchen" zu sein, da hier die christliche Kirche ihren Anfang nahm und bis heute ihre Wurzel hat.[3] In Jerusalem fand nach dem Zeugnis des Neuen Testamentes die erste Apostelversammlung statt, bei der der Geist auf die Urgemeinde gesandt wurde und erste organisatorische Regelungen getroffen wurden (Apg 1). Hier ereigneten sich das Pfingstwunder und die ersten christlichen Feiern, bei denen die Urgemeinde betete, lehrte und das Brot gemeinsam brach (Apg 2). Hier begann nach Apg 1, 8 auch die weltweite Mission des Christentums: "Ihr werdet die Kraft des heiligen Geistes empfangen, der auf euch kommen wird, und werdet meine Zeugen sein in Jerusalem, in ganz Judäa und in Samarien und bis an das Ende der Erde." In Jerusalem versammelten sich die Apostel zu einem ersten Konzil um Streitigkeiten wegen der Mission von Heiden zu schlichten (Apg 15).

Obwohl Petrus und der Zebedaide Jakobus in der frühen Gemeinde ebenfalls Leitungsfunktionen innehatten, wird der Herrenbruder Jakobus nach der Tradition als erster Vertreter des monarchischen Bischofsamtes in Jerusalem angesehen. Er soll zwi-

---

1 In diesem Kapitel soll nur ein sehr knapper Überblick über maßgebliche Prägungen und historische Entwicklungen des Christentums in Palästina gegeben werden. Damit soll das christliche Gegenüber skizziert werden, mit dem palästinensische Schulbuchautoren, Lehrer und muslimische Schüler unmittelbar konfrontiert sind. Auf geschichtliche oder konfessionelle Details des Christentums in Palästina wird bisweilen im Zusammenhang mit der Auswertung der Darstellung in den Schulbüchern eingegangen. Zur weiteren Information über das Christentum in Palästina sei hier auf einige Standardeinführungen hingewiesen: COLBI 1988; RAHEB 1990; TSIMHONI 1993; PRIOR/TAYLOR 1994; RAHEB 1994; BECHMANN/RAHEB 1995; HEYER 2000; RÖHLING 2000; O'MAHONY 2003; Reiss 2003 Christian Communities.

2 Mitri Raheb bringt diese besondere Beziehung stellvertretend für viele folgendermaßen zum Ausdruck: "Für mich gibt es so etwas wie eine besondere Beziehung zu David und zu Christus; eine Beziehung, die sich nicht 'nur' durch die Bibel, nicht 'nur' durch den Glauben, sondern 'auch' durch das Land entwickelt hat. Meine Stadt und mein Land sind etwas, was ich mit David und Jesus gemeinsam habe und teile. Mein Selbstverständnis als christlicher Palästinenser ist geprägt durch meine besondere Beziehung zu diesem Ort, diese Beziehung bildet eine eigene Dimension in meinem Denken. Es ist das Gefühl, in einer lokalen Kontinuität mit jenen biblischen Gestalten zu leben und mit ihnen die gleiche Landschaft, Kultur und Umgebung zu teilen. Es ist das Gefühl, keine Pilgerreise unternehmen zu müssen, weil man an der Quelle, am Ursprungsort selbst lebt." RAHEB 1994, 15. Vgl. Geries Sa'ed Khoury in: SUERMANN 2001, 39f. und 243-251.

3 FELDTKELLER 1998; Vgl. die Selbstdarstellung des Patriarchats Jerusalem im Internet: http://www.jerusalem-patriarchate.org/en/home/homefr.htm (15.01.05).

schen 62 und 66 n. Chr. das Martyrium erlitten haben.[4] Aber auch Paulus hatte nach biblischer Tradition ein besonderes Verhältnis zur Jerusalemer Gemeinde: An verschiedenen Stellen setzt er sich für Sammlungen für die Jerusalemer Gemeinde ein (Röm 15,26; 1. Kor 16,1-4; 2. Kor 8, 4ff.; vgl. a. Apg 11, 29).[5] Palästinensische Christen sehen das gesamte Christentum auf ihre Kirche hin ausgerichtet und verstehen das Pilgerwesen und die ökumenische Vielfalt im Lande als ein Ausdruck dieser Verbundenheit zur Urgemeinde in Palästina. Die kontinuierliche Anwesenheit der palästinensischen Christen im Heiligen Lande hat theologische Relevanz.[6]

Trotz der theologischen Bedeutung Jerusalems als dem Ort, wo Christi Passion und Auferstehung geschah und sich die christliche Urgemeinde konstituierte, verlagerte sich das Zentrum des Christentums schon bald: Bei der Niederschlagung der jüdischen Aufstände von 66 n. Chr. und 133-135 n. Chr. zog die christliche Gemeinde aus Jerusalem aus und verlegte ihren Mittelpunkt in die aufstrebende Hafenstadt Caesarea.[7] Hier wirkte ab 231 Origenes aus Alexandria (†253/254), der als Begründer der wissenschaftlichen Theologie und als "fruchtbarster Gelehrter des christlichen Altertums" gilt.[8] Er betrieb exegetische Studien und legte mit der "Hexapla" den Grundstein für die Textkritik. Er verfasste Scholien, Homilien, Kommentare, apologetische, liturgische und dogmatische Schriften.[9] Die Stellung zu seiner Person und Lehre führte sowohl zu seiner Lebenszeit als auch in späterer Zeit zu Auseinandersetzungen in der Kirche ("origenistische Streitigkeiten").[10] Euseb, der in Caesarea 313 zum Bischof aufstieg, führte die wissenschaftliche Tradition fort und schuf die Grundlagen für die Kirchengeschichtsschreibung. Wie in Ägypten kam es auch in Palästina im 3. und zu Anfang des 4. Jh. zu schweren Verfolgungen des Christentums. Unter den Märtyrern befand sich u. a. der Soldatenheilige St. Georg, der sein Martyrium in Lydda (Diospo-

---

4 Vgl. HEYER 2000, 9.

5 Neuerdings versucht man an diese "Ur-aktion ökumenischer Solidarität" anzuknüpfen, um eine besondere ökumenische Gemeinschaft mit den palästinensischen Christen zu begründen. Vgl. EMW/EMOK 2001, 33f.

6 Vgl. SABBAH 2001, 2. Dieses Selbstverständnis stimmt jedoch nicht damit überein, wie das palästinensische Christentum in der christlichen Ökumene meist gesehen wird. Es hat zwar stets ein Interesse aller christlichen Konfessionen an einer Präsenz im "Heiligen Lande" gegeben, aber damit war durchaus nicht immer eine besondere Wertschätzung der palästinensischen Christen verbunden. Zur theologischen Begründung der Präsenz der verschiedenen christlichen Gruppen vgl. SCHOON 1986, 64-104.

7 HEYER 2000, 10-11; 14-15.

8 ALTANER/STUIBER 1978, 197.

9 KETTLER, F.H.: Art. "Origenes" in: RGG[3], 1692-1701; ALTANER/STUIBER 197-209.

10 HEYER 2000, 79-84.

lis) erlitten haben soll und der für den gesamten Orient zum Sinnbild des kämpferischen Gläubigen wurde.[11]

Die "Konstantinische Wende" und der Besuch der Kaiserinmutter Helena in Palästina leiteten ab 326 n. Chr. eine neue Ära ein: Eine rege Bautätigkeit begann, die zu ca. 180 byzantinischen Kirchenbauten im Heiligen Land führte. Im Zentrum dieser Bautätigkeit stand die Basilika über dem Ort der legendären Kreuzauffindung, die 335 eingeweiht und später mit der Rotunde über dem Grab Christi verbunden wurde. Sie bildeten den Komplex der Anastasis-Kirche.[12] Große Bedeutung gewann auch die Geburtskirche in Bethlehem, obwohl das Geburtsfest Jesu Christi jüngeren Datums ist als das Epiphanias-Fest und die damit verbundenen Riten und Prozessionen zum Jordan.[13] Mit der Bautätigkeit begann auch das Pilgerwesen. Unter den Pilgern befand sich u. a. der Pilger von Bordeaux, der 333 ins Heilige Land kam, sowie Melania die Ältere (372) und ihre Enkelin, Melania die Jüngere (383). 385 zog die römische Aristokratin Paula mit ihrer Tochter Eustachium und Hieronymus ins Heilige Land. Ende des 4. Jh. unternahm die Nonne Egeria (Ätheria) eine Wallfahrt ins Land. Über einige dieser Pilgerfahrten sind Berichte überliefert, die bis heute eine wichtige Grundlage für die Geschichtsschreibung Palästinas in byzantinischer Zeit darstellen.[14]

Das palästinensische Christentum brachte in byzantinischer Zeit große Theologen und Gründerväter der monastischen Bewegung hervor. Zu ihnen gehört Bischof Kyrill von Jerusalem (†386), der zwar zu seiner Zeit umstritten war,[15] dessen Katechesen jedoch bis heute in der griechischen Orthodoxie benutzt werden. Ebenso ist Juvenal (†458) zu nennen, der während des Konzils von Ephesus im Jahre 431 eine zentrale Rolle spielte und erreichen konnte, dass Jerusalem auf dem Konzil von Chalzedon 451 als Patriarchensitz anerkannt wurde und in der Hierarchie an die 5. Stelle (nach Rom im Westen, Konstantinopel, Alexandria und Antiochia im Osten) rückte.[16] Diese Stellung nimmt das Patriarchat von Jerusalem in der Gesamtorthodoxie bis heute ein. Hilarion von Gaza (ca. 291-361) gilt als Begründer des Mönchtums in Palästina. Nach der Vita von Hieronymus lebte er einige Monate bei St. Antonius in Ägypten und kehrte dann unter Begleitung von ägyptischen Mönchen in seine Heimat zurück, wo er maß-

---

11 Zur Märtyrerära ausführlich vgl. HEYER 2000, 18-24.

12 HEYER 2000, 24f.; KRÜGER 2000.

13 HEYER 2000, 26.

14 DONNER 1979.

15 Kyrill wurde dreimal im Konflikt mit dem Metropoliten von Caesarea bzw. dem Kaiser abgesetzt. Vgl. ALTANANER/STUIBER 1978, 312; HEYER 2000, 31-33.

16 Dieser Aufstieg war immens wenn man bedenkt, dass bis dahin Jerusalem dem Metropoliten von Caesarea und dieser wiederum dem Patriarchen von Antiochia unterstellt war. Insgesamt drei Metropolien mit 60 Diözesen musste das Patriarchat von Antiochien an Jerusalem abtreten. Vgl. WINKLER 1997 Ostkirchen, 34.

geblich dazu beitrug, die monastische Idee zu verbreiten. Chariton wirkte ungefähr in der gleichen Zeit (um 330) in der judäischen Wüste und gründete dort erste "Lavren" – für Palästina typische Höhlensiedlungen, die sich auf beiden Seiten von Wadis (Trockenflusstälern) hinziehen. In den Wadis Fâran und Qilt bei Jerusalem sind solche Mönchslavren (und das St. Georgskloster) bis heute zu besichtigen. Zu diesen Klostergründungen gehören ebenfalls das Versuchungskloster auf dem Berg oberhalb von Jericho und die so genannte "Alte Lavra" in der Nähe des Herodions.[17]

Wissenschaftliche Bedeutung hatte Hieronymus († um 419/420), der seit 386 bei Bethlehem exegetischen und historischen Studien nachging. Seine Übersetzung des Alten Testaments ins Lateinische wurde zur wichtigsten Übersetzung in der katholischen Kirche. Sie ist seit dem 13. Jh. unter der Bezeichnung "Vulgata" bekannt.[18] Weitere bedeutende Mönche in Palästina waren Rufinus von Aquileja (†410) der Übersetzungen ins Lateinische anfertigte und Petrus der Iberer (†491), der ein Kloster beim Davidsturm baute und die Präsenz georgischer Mönche im Heiligen Land begründete.[19] Für das 5.-7. Jh. sind Euthymios (ca. †475), Sabas (†532) und Sophronios (†638/9) zu nennen. Euthymios leitete die Blüte des palästinensischen Mönchtums ein und wird daher bis heute in der byzantinischen Liturgie an zweiter Stelle nach St. Antonius genannt. Sabas gründete in der judäischen Wüste sechs Mönchslavren, woraus das bis heute existierende Mar-Saba-Kloster im Kidrontal hervorging.[20] Hier wurden u. a. die Stundengebete geprägt, die bis heute in der gesamten Orthodoxie gelten.[21]

Sophronios überlieferte das "Leimonarion" seines Lehrers und Freundes Johannes Moschos. Dieses Buch gilt in der Orthodoxie als das wichtigste Erbauungsbuch für die monastische Frömmigkeit und bietet einen einzigartigen Einblick in das monastische Leben im 6./7. Jahrhundert. Sophronios erlebte die persische Eroberung im Jahre 614, bei der zahlreiche Kirchen niedergebrannt wurden und war der Patriarch, der 638 die Stadt Jerusalem an die Araber auslieferte. Nach einer späten Legende, die von Christen und Muslimen gleichermaßen bezeugt wird, soll Sophronios die Stadt persönlich dem Kalifen kampflos übergeben haben und ihn sogar aufgefordert haben, in der Grabeskirche zu beten. Dieser habe jedoch abgelehnt, da er nicht wollte, dass die Grabeskirche aus diesem Grund in eine Moschee umgewandelt würde.[22]

---

17 HEYER 2000, 42-44.

18 Vgl. ALTANER/STUIBER 1978, 394-403.

19 HEYER 2000, 49.

20 Ingesamt entstanden in byzantinischer Zeit ca. 60 monastische Siedklungen mit ca. 3.000 Mönchen. VGL. HIRSCHFELD 1990; HIRSCHFELD 1992, 78-90.

21 HEYER 2000, 46-77; 102f.

22 Dazu ausführlich unten II.3.3. und II.4.2.

In den theologischen Streitigkeiten des 5. Jh. stand das Patriarchat von Jerusalem zunächst ganz auf der Seite von Alexandria.[23] Auf dem Konzil von Chalzedon (451 n. Chr.) schwenkte Bischof Juvenal jedoch plötzlich um – eine Entscheidung, die zunächst von einem Großteil seines Klerus nicht akzeptiert wurde und zur Spaltung führte. Vier Jahrzehnte der Ausgleichsbemühungen und schließlich Druck vom byzantinischen Kaiserhaus führten 518 jedoch zur Wiederherstellung der kirchlichen Einheit und zur Annahme von Chalzedon. Das Jerusalemer Patriarchat gehört damit bis heute zu der Gemeinschaft der 14 autokephalen orthodoxen Kirchen, die zu Byzanz hielten, während die angrenzenden Patriarchate Alexandria und Antiochia sich mehrheitlich gegen das Chalzedonense stellten und nach wie vor gespalten sind.[24] Die Anbindung an Byzanz stellte für das Patriarchat Jerusalem nach der arabischen Eroberung eine Schwächung seiner Position dar. Während man den "monophysistischen" und "nestorianischen" Gruppen eher Loyalität zugestand, da sie von Byzanz verfolgt worden waren, stand das nach Byzanz orientierte Christentum unter Illoyalitätsverdacht. Trotzdem konnte im Wesentlichen der Status quo erhalten bleiben und es konnten auch weiterhin griechisch-orthodoxe Christen in hohe Beamtenfunktionen aufsteigen. Das 8./9. Jh. brachte mehrere bedeutende Theologen hervor, unter ihnen Johannes von Damaskus, der aus einer hohen Beamtenfamilie der omayadischen Hauptstadt stammte und ab ca. 700 im Mar-Saba-Kloster wirkte. Hier fasste er die dogmatische Tradition der Kirchenväter des Ostens zusammen und schrieb eine erste Apologetik gegen den herrschenden Islam.[25] Diese Tradition setzte Theodor Abû Qurrâ (ca. 755-829) fort, der als einer der wichtigsten Theologen gilt, die erstmals in Arabisch schrieben.[26]

Die Arabisierung und Islamisierung war vordringliches Anliegen der Politik der Abbasiden (750-969). Einerseits ging damit eine Förderung von Christen (insbesondere der "Nestorianer") einher, die als polyglotte Übersetzer und Tradenten den Muslimen den Zugang zum hellenistischen Wissen öffneten. Andererseits wurde damit aber auch der langsame Niedergang der Kultur des orientalischen Christentums eingeleitet: Das Arabische verdrängte allmählich das Griechische und Syrische.[27] Gebildete Muslime begannen die Christen in ihren hohen Positionen zu ersetzen. Der Steuerdruck wurde erhöht, diskriminierende Kleider- und Verhaltensvorschriften kamen auf. Um die Zahlungen an die muslimischen Herrscher leisten zu können, mussten Kirchengü-

23 Bischof Juvenal hatte auf den Konzilien von Ephesus 431 und 449 die Alexandrinischen Patriarchen Kyrill und Dioskur sehr stark unterstützt.

24 HEYER 2000, 85-102.

25 HEYER 2000, 125.

26 Zur Ausbreitung des Arabischen in der christlichen Literatur vgl. GRIFFITH 1988; GRIFFITH 1992; zu Abû Qurrah vgl. SUERMANN, Harald: Art. "Theodor Abû Qurrah" in: TRE 33, 237-239.

27 O'MAHONY 2003, 4.

ter verkauft werden und es kam zur Simonie.[28] Insbesondere wenn Byzanz gelegentlich militärische Erfolge gegen das islamische Reich erringen konnte, kam es zu Repressalien gegen die Christen.[29]

Im Jahr 797 wurden Beziehungen zum aufstrebenden Karolingerreich aufgenommen: Hârûn Ar-Rašid erkannte Karl den Großen als "Beschützer der heiligen Orte" an und es wurden erste westliche Stiftungen in Jerusalem begründet: Eine Marienkirche mit Hospiz, eine Abtei auf dem Ölberg und ein Frauenkloster bei der Grabeskirche.[30] Durch westliche Mönche gelangte das in westlicher Tradition in das Nizänum eingefügte "filioque"[31] nach Jerusalem und führte dort zum erbitterten Streit mit den orthodoxen Mönchen. Zwei Jahrhunderte später war dies einer der maßgeblichen theologischen Gründe für das Schisma zwischen der Römisch-Katholischen und der Orthodoxen Kirche.[32] Mit dem Vorrücken der schiitischen Fatimiden aus Nordafrika, den Seldschuken im Norden und der Schwächung der abbasidischen Herrschaft wurde Syrien/Palästina um die Jahrtausendwende immer häufiger zum Austragungsplatz von Auseinandersetzungen. 966 wurde die Grabeskirche angezündet und der griechische Patriarch umgebracht, weil dieser sich an den ägyptischen Herrscher um Hilfe gewandt hatte. Beduinen machten die Wege unsicher. 1003-1013 fand unter dem Fatimiden Al-Ḥâkim eine Christenverfolgung statt, der zahlreiche Kirchen zum Opfer fielen, darunter auch die Grabeskirche im Jahr 1009. Obwohl schon bald die Genehmigung zum Wiederaufbau gegeben wurde, dauerte es noch fast 40 Jahre bis der zentrale Kirchenbau restauriert war. In den Jahren 1071-1098 wechselte die Herrschaft mehrmals von den Seldschuken zu den Fatimiden.[33] In dieses Machtvakuum hinein erfolgte der Vorstoß des ersten Kreuzzuges. 1099 wurde Jerusalem erobert. Bei der Eroberung kam es zu einem Blutbad, dem nicht nur Muslime, sondern auch zahlreiche Christen und Juden zum Opfer fielen. Juden und Muslime wurden der Stadt verwiesen, Moscheen in

28 Vgl. WAARDENBURG 1992, 88.

29 Als Al-Mahdî z. B. in einer Schlacht gegen den byzantinischen Kaiser Leo IV. 778 geschlagen wurde, kam es zu Zerstörungen von Kirchen und anderen Repressalien. Ebenso war dies der Fall unter Hârûn Ar-Rašîd nachdem seine Armee 806/07 von Kaiser Nikephoros geschlagen worden war. Kalif Al-Mutawakkil (847-861) erhöhte den sozialen, finanziellen und kulturellen Druck noch stärker und es entstanden erste muslimische Werke, die sich gegen das Christentum richteten. WAARDENBURG 1992, 72; HEYER 2000, 131.

30 HEYER 2000, 128. Die Annäherung zwischen den beiden Herrschern wurde möglich, weil beide Herrscher gemeinsame Gegner hatten: Karl war an der Schwächung von Byzanz und an der Rückdrängung der Muslime auf der iberischen Halbinsel gelegen. Hârûn kam dies gelegen, da das abbassidische Emirat in Al-Andalus sich verselbständigt hatte und den Machtanspruch von Bagdad in Frage stellte. Und Byzanz war ohnehin der Feind, gegen den man seit Jahrzehnten kämpfte. Vgl. TIBI 1999, 86-98; ausführlich: PIRENNE/GABRIELI 1993.

31 Der Zusatz besagt, dass "der Heilige Geist vom Vater *und vom Sohn*" ausgeht.

32 HEYER 2000, 129f.

33 Vgl. GRABAR, O.: Art. "Al-Kuds" in: EI V, 323f.

Kirchen umgewandelt oder einer profanen Nutzung zugeführt.[34] Ein lateinisches Patriarchat mit Arnulf von Rohes wurde errichtet, da die höhere orthodoxe Geistlichkeit ins Exil ging. Die orthodoxen Gottesdienstorte wurden latinisiert, die non-chalzedonensischen Kirchen enteignet und verdrängt.[35] Nach einiger Zeit konnten jedoch insbesondere die Armenier wieder stärkeren Einfluss gewinnen, zum einen wegen der Verheiratung einer Armenierin mit Balduin, zum anderen weil eine größere Anzahl nach dem Fall des Emirats von Edessa in das Königreich Jerusalem floh.[36]

1187 wurde Jerusalem von Ṣalâh Ad-Dîn nach der Schlacht bei Ḥittîn am Genezareth zurückerobert. Die Franken bekamen gegen ein Lösegeld freies Geleit. In das von Saladin beherrschte Jerusalem zog ein neuer orthodoxer Patriarch ein.[37] Die Kopten kehrten zurück, erhielten ihre früheren Besitztümer und weihten einen eigenen Bischof für Jerusalem.[38] Zwar konnte Jerusalem auf dem Verhandlungswege nochmals 1229 von Friedrich II. zurück gewonnen werden, aber schon 1244 wurde die Stadt von choresmischen Reiterhorden geplündert.[39] Die Situation der Christen in der Zeit der Mameluckenherrschaft (1250-1517) war eine Zeit der Instabilität. Nur die Georgier und die Armenier konnten aufgrund der kaukasischen Herkunft mehrerer Mameluckenherrscher in dieser Zeit ihre Position kräftig ausbauen.[40]

---

34 Im Laufe der Zeit scheint dieses strenge Verbot jedoch aufgeweicht zu sein. Usâma Ibn Munqiḏ berichtet jedenfalls davon, dass er regelmäßig auf dem Tempelplatz beten konnte und sogar von Templern beschützt wurde als sich fränkische Neuankömmlinge darüber entrüsteten, dass er in die "falsche" Richtung betete. Vgl. IBN MUNQIDH 2004, 158f.; GABRIELI 1975, 122f.

35 Die Situation in den Kreuzfahrerstaaten Antiochien und Edessa unterschied sich von der in Jerusalem. Während man sich dort schon bald mit dem armenischen und syrisch-jakobitischen Patriarchen arrangierre versuchte, weil die non-chalzedonensischen Christen die Mehrheit der Bevölkerung bildeten und weil die Hierarchen auch für Christen in muslimischem Herrschaftsgebiet zuständig waren, griff man in Jerusalem, wo die Mehrheit der Bevölkerung (nach Meinung der Kreuzfahrer) gleichen Glaubens war, sehr viel stärker in die Kirchenstruktur und Liturgie einz und beraubte die Non-Chalzedonenser ihrer Rechte. HEYER 2000, 158f.

36 HEYER 2000, 160f.

37 Die Sukzessionsreihe der orthodoxen Jerusalemer Patriarchen war zwar nie abgebrochen, da in Konstantinopel stets neue Patriarchen geweiht wurden. Aber diese Patriarchen residierten in Konstantinopel, hatten kaum Verbindung mit ihren Gläubigen und waren der Jurisdiktion des Patriarchen von Konstantinopel untergeordnet. Hort der Orthodoxie in Palästina blieb während der gesamten Kreuzzugszeit das Mar Saba Kloster im Kidrontal. HEYER 2000, 158; 174f.

38 Dagegen protestierten die Syrer, weil es für die Non-Chalzedonenser seit uralten Zeiten einen Bischof für Jerusalem gab, der dem Patriarchat von Antiochia unterstand. HEYER 2000, 159f.

39 Seit dieser Zeit gelangten die Schlüssel der Grabeskirche in muslimische Hände. Zwei Familien sind für die Öffnung (Familie Nusseibeh) und Verwahrung der Schlüssel (Familie Joudeh) der Grabeskirche zuständig. Die Schließung erfolgt durch einen griechischen Mönch, der von einem Armenier und einem Lateiner beaufsichtigt wird. Vgl. KRÜGER 2000, 153; MEINARDUS 1988, Heilige Woche, 289-292.

40 HEYER 2000, 186-188; 192-193.

Der Einfluss der Griechen begann sich erst unter osmanischer Herrschaft wieder zu festigen. Maßgeblich trug dazu bei, dass nach der Eroberung im Jahr 1453 Konstantinopel nun wieder in einem zusammenhängenden Staatsgebiet mit Palästina verbunden war und dass 1534 der peleponnesische Grieche Germanos auf den Patriarchenthron erhoben wurde, der die alten Bindungen der Griechen an die Heiligen Stätten wieder belebte.[41] Die Jerusalemer Grabesbruderschaft, der der Patriarch als Abt vorstand, wurde zu einem griechischen Herrschaftsinstrument ausgebaut, Kopten, Äthiopier, Serben und Georgier dem griechischen Patriarchen unterstellt.[42] Im 17. Jh. flammte ein Streit zwischen Griechen und Lateinern auf, bei dem die Besitzrechte an den Heiligen Stätten mehrfach hin- und herwechselten. Bestechungsgelder flossen an die muslimischen Herrscher, um die jeweiligen konfessionellen Interessen durchzusetzen, und politischer Druck durch Frankreich ausgeübt, um die Rechte der Lateiner an den Heiligen Stätten zu sichern. Die Präsenz der Konfessionen an den Heiligen Stätten ist seitdem sehr eng mit den jeweiligen Machtkonstellationen verflochten.[43] Das Erstarken der europäischen Mächte hatte im 18./19. Jh. mehrfach Repressionen gegenüber den Christen in Palästina zufolge, die jedoch durch Geldzahlungen und Druck der westlichen Mächte schon bald wieder abgemildert werden konnten. Christen gerieten unter Verdacht der Illoyalität und Kollaboration mit den westlichen Mächten.[44]

1822 kam mit Josef Wolff der erste protestantische Missionar nach Palästina. Die evangelische Mission richtet sich in der Anfangszeit vornehmlich an Juden. Dies war auch noch der Fall unter dem ersten Bischof des anglikanisch-preußischen Bistums, Bischof Michael Salomon Alexander, der 1842 nach Palästina einreiste. Unter seinem Nachfolger, Bischof Samuel Gobat änderte sich die Strategie: Auf dem Hintergrund der Erfahrungen in Ägypten und Äthiopien verfolgte er die Strategie eines mehr oder weniger offenen Proselytismus unter den orthodoxen Kirchen.[45] Dies stieß nicht nur auf Widerstand bei den orthodoxen Kirchen, sondern zum Teil auch bei den Anglika-

---

[41] Griechen und Armenier waren die ersten Millets, die das osmanische Reich anerkannte, während die Lateiner als Verbündete der westlichen Feinde galten. Vgl. O'MAHONY 2003, 5.

[42] HEYER 2000, 194.

[43] HEYER 2000, 195f. In die Zeit des 17. Jh. fällt auch die Kontaktaufnahme des Jerusalemer Patriarchates zu den Orthodoxen in Rumänien, der Ukraine und Rußland. Die Rumänen trugen maßgeblich zu den Geldsammlungen für die Sicherung der Rechte an den Heiligen Stätten bei und lieferten eine Druckerei in den Orient. Zur Ukraine kam es zu besonderen Beziehungen weil der Jerusalemer Patriarch 1620 die Ukraine bereiste und orthodoxe Bischöfe weihte, die der Union von Brest widerstanden. Zum Dank dafür wurde dem Jerusalemer Patriarchat von Petrus Mogilas eine einzigartige Vorrangsstellung innerhalb der Orthodoxie als "Mutter aller Kirchen" eingeräumt. Vgl. HEYER 2000, 215-222.

[44] Vgl. HEYER 2000, 222-228.

[45] RAHEB 1990, 37-45; REISS 1992, 30-32.

nern, denen an einer Einigung mit den Orthodoxen Kirchen gelegen war.[46] Die deutschsprachige Gemeinde wurde durch die Gründung des "Syrischen Waisenhauses" unter Leitung von Johann Ludwig Schneller und durch die Ankunft von Diakonissen gestärkt.[47] Man beschloss, einen Pastor für die Deutschsprachigen zu entsenden. Die Wahl fiel auf Friedrich Peter Valentiner.[48] Im Jahr 1889 wurde der deutschen Gemeinde eine ungeahnte Entfaltungsmöglichkeit eröffnet durch die Schenkung des Muristan-Grundstückes: Die deutsche Gemeinde konnte nun eine Kirche, die Propstei und weitere Bauten in unmittelbarer Nähe zur Grabeskirche errichten. In den folgenden Jahren kam es zu Spannungen zwischen Deutschen und Anglikanern, was schließlich zur Trennung der Arbeit führte.[49] Die Errichtung des preußisch-anglikanischen Bistums leitete eine Fülle missionarischer Aktivitäten in Palästina ein.[50]

1847 wurde ein katholischer Bischof geweiht, der vornehmlich unter Orthodoxen missionierte. Er genoss die tatkräftige Unterstützung des französischen Konsuls. Für die verschiedenen mit Rom unierten orthodoxen Kirchen wurden Vikare geweiht. Es kam zu zwischenkirchlichen und auch innerkatholischen Auseinandersetzungen, denn die Franziskaner, die jahrhundertelang die lateinische Alleinvertretung im Heiligen Land innegehabt hatten, rivalisierten ebenso mit dem neuen lateinischen Bischof wie der melkitische Patriarch von Antiochia, dem Jerusalem unterstellt war. Er entsandte einen patriarchalischen Vikar nach Jerusalem, um seine Rechte zu wahren und gründete das melkitische Priesterseminar, das bald zu einer der besten Ausbildungsstätten im Nahen Osten avancierte.[51] Das Ringen um die heiligen Stätten eskalierte. Schließlich legte ein Firman der Hohen Pforte vom 8.2.1852 die Rechte der einzelnen Kirchen an den heiligen Stätten fest, die 1856 nach dem Krimkrieg bestätigt wurden. Der damals festgeschriebene "Status quo" gilt seitdem als sakrosankt. Weder von den Briten, Jordaniern oder Israelis wurde er angetastet. Alle Kirchen wachen bis in die Gegenwart eifersüchtig über alle Details seiner Einhaltung.[52] Im letzten Drittel des 19. Jh. kam es auf Initiative des lateinischen Patriarchen und mit Hilfe französischer Unterstützung zu einer immensen Ausweitung katholischer Ordensniederlassungen. Karmeliter, Salesianer, Rosenkranzschwestern, Klarissinnen, Trappisten, Benediktiner, Lazaristen, Borromäerinnen und andere Kongregationen errichteten Schulen, Kirchen, Hospize, Spitä-

46 RAHEB 1990, 45-49.

47 SCHNELLER 1911; SCHNELLER 1960; KAISERSWERTHER DIAKONISSEN 1901; HEYER 2000, 240f.; RAHEB 1990, 59-61; Ruth Felgentreff in: RONECKER 1998, 72-80.

48 HEYER 2000, 243f.

49 HEYER 2000, 245-249; RAHEB 1990, 99-105.

50 HEYER 2000, 249.

51 HEYER 2000, 250-257.

52 HEYER 2000, 258; O'MAHONY 2003, 13; SABBAH 2001, 3.

ler und andere Einrichtungen.[53] Es war die umfangreichste christliche Bautätigkeit im heiligen Land seit byzantinischer Zeit. Die katholische und evangelische Mission hatte weitreichende Folgen für die Einheit des palästinensischen Christentums. Waren um 1830 noch 90% der Christen des Hl. Landes der Jurisdiktion des griechischen Patriarchen unterstellt, so waren es Ende des 19. Jh. nur noch ca. 30%. Es fehlte zwar nicht an Gegenreaktionen von orthodoxer Seite,[54] aber dabei kam es auch zu Interessenskonflikten zwischen Griechen und Russen, die die Arabisierung der Kirche förderten.[55]

Die im Geschichtsüberblick bis hier erwähnten Gruppen sind die Religionsgemeinschaften, die das Christentum in Palästina bis heute maßgeblich prägen. Hinzugekommen sind Ende des 19. und im 20. Jh. noch kleinere protestantische Gruppen aus verschiedenen Ländern (z. B. Baptisten, Pfingstler, Adventisten u. a.), die missionarisch bis heute tätig sind. Charakteristisch für alle christlichen Konfessionen in Palästina ist, dass sie zum Teil aus Palästinensern, zum Teil aus Ausländern mit einer langjährigen Präsenz in Palästina, und zum Teil aus Mönchen, Geistlichen und Pilgern bestehen, die sich nur eine befristete Zeit in Palästina aufhalten.

Das Christentum in Palästina kann in sechs Konfessionsfamilien eingeteilt werden, deren Mitglieder sich bis vor der Al-Aqsa-Intifada ungefähr wie folgt auf die verschiedenen Konfessionen verteilten:[56]

1. Die Orthodoxe Kirche
Damit ist an vorderster Stelle das Patriarchat von Jerusalem gemeint, die am ehesten als die Nationalkirche Palästinas gelten kann, da sie geschichtlich am Anfang stand und ihr bis in die Neuzeit die meisten Palästinenser angehörten. Mitte der 90er Jahre gab es in Israel noch 31.000, in den palästinensischen Autonomiegebieten 20.000 und in Jerusalem 3.000 Gläubige. Insgesamt machen die orthodoxen Gläubigen ca. 33,5 % der christlichen Gesamtbevölkerung im Heiligen Land aus.[57]

2. Die mit Rom unierten orthodoxen Kirchen
Der Teil der griechisch-orthodoxe Kirche, der sich Rom unterstellte ("melkitische Kirche") entwickelte sich im 19./20. Jh. zur zweitgrößten Kirche des Heiligen Landes. Die überwiegende Mehrzahl ihrer

---

53 HEYER, 2000, 261-269; O'Mahony spricht von "thirty orders, brotherhoods and asscociations with twenty-nine convents, eighteen hospices, six higher schools, sixteen orphanages, four industrial schools and five hospitals", die damals errichtet wurden (O'MAHONY 2003, 9).

54 In diesem Zusammenhang wurde 1855 z. B. eine orthodoxe theologische Schule im Kreuzkloster gegründet und es wurden alte Klöster im ganzen Lande wieder besiedelt. Orthodoxe gründeten nun auch Schulen, Spitäler, Druckereien und Hospize und weiteten ihre Tätigkeit auf das ganze Land aus. Vgl. HEYER 2000, 271-273; 283; 287).

55 HEYER 2000, 275.

56 Zahlen nach RÖHLING 2000. Die Angaben stammen teilweise aus den 90er Jahren. Sicherlich haben sich diese Zahlen nochmals reduziert aufgrund der ersten und zweiten Intifada und der damit zusammenhängenden verstärkten Emigration palästinensischer Christen.

57 Konfessionell gehören dazu aber auch die anderen orthodoxen Kirchen byzantinischer Tradition (Russen, Rumänen, Serben u. a.) die mit einigen Einrichtungen, aber nur mit sehr wenigen Personen im Land vertreten sind. Zum Griechisch-Orthodoxen Patriarchat vgl. Sotiris Rousos in: O'MAHONY 2003, 38-56.

Gläubigen (50.000) lebt auf israelischem Staatsgebiet. In den palästinensischen Gebieten leben nur ca. 2.500, in Jerusalem sogar nur 900. Die Melkiten haben keine Rechte an den zentralen Kultorten, da diese alleine an das lateinische Patriarchat gebunden sind.[58] Insgesamt machen die Gläubigen ca. 33% der christlichen Gesamtbevölkerung aus. Zählt man noch die Maroniten hinzu, die mit ca. 5.300 Gläubigen vertreten sind, so sind es 36%.

3. Die Lateinische Kirche
Die Lateinische Kirche ist mit 12.000 Christen in Israel und 9.500 in den Palästinensischen Gebieten im Vergleich zu dem Jerusalemer und dem melkitischen Patriarchat zahlenmäßig relativ klein. Sie ist jedoch mit 4.500 Christen in Jerusalem überproportional gut vertreten und ist zudem mit zahlreichen Rechten an den zentralen Kultorten ausgestattet. Die Lateiner stellen mit 16% die drittgrößte christliche Gemeinde im Heiligen Land. Fasst man alle Kirchen zusammen, die Rom unterstellt sind, so stellen diese die Mehrheit der palästinensischen Christen: ca. 52%.[59]

4. Die Orientalisch-Orthodoxen Kirchen
Dazu gehören die Armenier mit ca. 1.500 Gläubigen in Jerusalem und je ca. 300 in Israel und den palästinensischen Gebieten,[60] die Syrer mit 1.000 Gläubigen in Palästina und 200 in Jerusalem, die Kopten mit 450 in Israel und ca. 300 Gläubigen in Jerusalem[61] und den palästinensischen Gebieten sowie einige hundert Äthiopier.[62] Trotz der relativ kleinen Anzahl (2,5% der christlichen Gesamtbevölkerung) konnten sich die orientalischen Christen an den zentralen Kultorten bis in die Gegenwart wichtige Rechte bewahren.

5. Die anglikanischen und lutherischen Kirchen
Die Lutheraner gehören mit ca. 2.200 Mitgliedern ebenso wie die Anglikaner mit ca. 1.700 Christen zu den kleineren Gemeinschaften. Sie sind jedoch mit vielen sozialen, pädagogischen und karitativen Einrichtungen im Heiligen Land tätig, die für die palästinensische Gesellschaft von Bedeutung sind.[63]

6. Andere protestantische Kirchen
Die Zahl der jüngeren protestantischen Gruppen (Adventisten, Pfingstler, Baptisten u. a.) ist nicht bekannt. Es handelt sich durchgehend um kleinere Gruppen, die zum Teil kleine arabische Gemeinden um sich scharen. Während es zwischen den größeren Kirchen kaum noch zu Abwerbungen kommt, sind viele dieser Gemeinden noch immer auf Kosten der großen Kirchen missionarisch aktiv. Alle kleinen Religionsgemeinschaften protestantischer Provenienz zusammen machen ca. 2,5% der christlichen Gesamtbevölkerung aus.

Die Christen sind nicht gleichmäßig über das Land verteilt. Vielmehr konzentriert sich ihre Bevölkerung in den Städten Jerusalem (10.000), Bethlehem, Bet Jala und Bet Sahour (21.000) sowie in Nazareth (21.000) und Haifa (14.700) sowie in Ramallah (12.000). Das heißt die Mehrzahl der Christen in den palästinensischen Gebieten siedelt im Zentrum der Westbank, während im Gazastreifen und im Norden nur eine sehr geringe Anzahl von Christen zu finden ist.[64] Die Kriege des Nahost-Konfliktes und die

58 HEYER 2000, 259.

59 Zum lateinischen Patriarchat vgl. O'MAHONY 2003, 90-114.

60 Zum armenischen Patriarchat vgl. Ara Sanjian in: O'MAHONY 2003, 57-89.

61 Zu den Kopten vgl. MEINARDUS 1960 Jerusalem; John Watson in: O'MAHONY 2003, 115-129.

62 Zur äthiopischen Kirche in Palästina vgl. PEDDERSEN 1994 und dieselbe in: O'MAHONY 2003, 130-146.

63 Vgl. RONECKER 1998; RAHEB 1990; Hummel/Okkenhaus in: O'MAHONY 2003, 147-199.

64 Die christliche Bevölkerung in Gaza beträgt nur 0,3%, die in Nablus nur 0,5%. In Bet Sahour und Bet Jala sind dagegen noch 70-80% Christen. Vgl. BECHMANN/RAHEB 1995, 30-32.

militärischen Auseinandersetzungen in den Kerngebieten der christlichen Bevölkerung (Jerusalem, Bethlehem, Ramallah) haben zu einer dramatischen Abwanderung geführt, die erstmals in der Geschichte die Existenz der christlichen Palästinenser bedroht.[65]

Die Multikonfessionalität und die enge Verflechtung jeder Konfession mit Interessen verschiedener Nationen prägen das palästinensische Christentum maßgeblich. Griechen, Armenier, Georgier, Russen, Rumänen, Franzosen, Engländer, Deutsche und viele andere Nationen haben gleichermaßen nach Einfluss im palästinensischen Christentum gestrebt und sind mit Kirchen, sozialen Einrichtungen, aber auch mit Geistlichen und Gläubigen in Palästina präsent. Dies führte vielmals in der Geschichte zum erbitterten Machtkampf unter den Christen, aber auch dazu, dass das Christentum von vielen Muslimen als eine "Religion von Ausländern" angesehen wurde, die völlig zerstritten sind, die man gegeneinander ausspielen kann und die in Zeiten der Krise unter Illoyalitätsverdacht standen. Palästinensische Christen haben seit dem 19. Jh. dem entgegen zu treten versucht, in dem sie ihr Arabertum besonders hervorhoben. Nicht ohne Grund sind daher zahlreiche Christen unter den Begründern des arabischen Nationalismus und der arabischen Erweckungsbewegung zu finden. In diesem Kontext sind auch die Versuche zur Arabisierung der Kirchenleitungen in Palästina zu verstehen, die sich Mitte des 20. Jh. langsam durchsetzte. Heute sind der lateinische Patriarch, der melkitische Patriarch, die anglikanischen und lutherischen Bischöfe allesamt palästinensischer Herkunft.[66] Einzig der orthodoxe Patriarch und die orientalisch-orthodoxen Hierarchen sind ausländischer Herkunft. Eine nicht unbedeutende Rolle zur Arabisierung der christlichen Kirche in Palästina spielte in jüngster Zeit auch die Entstehung einer "Befreiungstheologie" bzw. einer "kontextuellen Theologie". Durch sie versucht man, die nationale Identität und die gemeinsame muslimisch-christliche Frontstellung gegenüber dem israelischen Besatzungsregime deutlich zu machen.[67] Die gemeinsamen Erfahrungen unter israelischer Besatzung haben auch ökumenische Annäherungen der palästinensischen Kirchenführer in jüngerer Zeit gebracht. 1988 unterzeichneten die orthodoxen Kirchenführer erstmals ein Dokument, in dem sie die

65 Vgl. BECHMANN/RAHEB 1995, 34.

66 Vgl. HEYER 2001 Arabisierung.

67 Hauptvertreter sind Mitri Raheb (Ev. Lutherische Kirche); Naim Ateek (Episcopal Church), Geries Khoury (Griech.-Orth. Kirche). Elias Chacour (Griech.-Kath. Kirche), Rafiq Khoury (Römisch-Kath. Kirche). Als Plattformen für ökumenische und interreligiöse Begegnungen dienten das "Al-Liqâ-Centrum" und das "Sabeel-Centrum für palästinensische Befreiungstheologie". Ausführliche Information zur kontextuellen palästinensischen Theologie bieten: DAMM 1993; GRÄBE 1999; ATEEK/ELLIS/RUETHER 1992.

Unterdrückung und Ungerechtigkeit der israelischen Besatzung anprangerten. Diesem Aufruf folgten verschiedene andere Verlautbarungen.[68]

Die rechtliche Stellung der Christen ist sowohl in Israel als auch im Bereich der Gebiete, die von der Palästinensischen Autonomiebehörde verwaltet werden, bis heute durch das osmanische *Millet*-System bestimmt. Danach können die Religionsgemeinschaften im Bereich des Personalstatusrechtes (Ehe-, Familien- und Erbrecht) ihre Angelegenheiten nach eigenem Recht regeln. Geistliche der anerkannten Religionsgemeinschaften handeln als Standesbeamte.[69] Theoretisch besteht das Recht auf freien Zugang zu den heiligen Stätten; praktisch gab und gibt es jedoch erhebliche Einschränkungen. Die Palästinenser haben in den 90er Jahren ein Grundgesetz für die Übergangszeit bis zur Staatswerdung entworfen, das seit 2003 in Kraft ist. Zudem wurde ein Entwurf einer Verfassung ausgearbeitet, der breit diskutiert wurde. In diesen Dokumenten wird in Anlehnung an die Verfassung Ägyptens der Islam als Staatsreligion festgelegt (Art. 5a) und das islamische Recht als eine der Hauptquellen des Rechts bezeichnet (Art. 7). Zugleich wurde aber auch festgelegt, dass "dem Christentum und den übrigen himmlischen Botschaften Verehrung und Respekt gebührt" (Art. 5b). Zudem wird den Bürgern "die Gleichheit in allen Rechten und Pflichten ungeachtet ihres religiösen Glaubens garantiert" (Art. 5c). Diese explizite Erwähnung des Christentums ist für Verfassungen des Nahen Ostens einzigartig. Das Christentum gehört damit konstitutiv zu dem geplanten Staat Palästina hinzu, obwohl es nur noch eine Minderheit von 1,5-2% der Bevölkerung ausmacht.[70]

II. Pädagogische Entwicklungen in der Neuzeit

Die Schulbildung erfolgte wie in Ägypten über Jahrhunderte in christlichen und muslimischen Katâtîb. Sie waren den Kirchen und Moscheen in Dörfern und Städten angegliedert und boten eine Erziehung, die vornehmlich darin bestand, religiöse Texte zu lesen, zu rezitieren und zu memorieren.[71] Eine grundlegende Änderung brachten auch hier erst die privaten Missionsschulen der Europäer, wo selbstverständlich sofort auch christlicher Religionsunterricht eingeführt wurde. Mit dem Anwachsen der muslimischen Schülerzahlen wurde später auch parallel islamischer Religionsunterricht für die islamischen Schüler eingeführt. Öffentliche Schulen gab es um die Jahrhundertwende noch relativ wenig. Beim Ausbruch des Ersten Weltkrieges gab es insgesamt nur 95

68 HEYER 2001 Arabisierung, 51. Vgl. http://www.lpj.org/Nonviolence/Patriarch/Index-Pat.html (28.2.2005).

69 PRADER 1991, 203-211.

70 Kommentierter englischer Text der Verfassung: BROWN 2003 Constitution. Zur Entwicklung der Verfassung und zur Konzeption der Religionsfreiheit vgl. REISS 2004 Staatsreligion.

öffentliche Primar- und drei weiterführende Schulen für die Sekundarstufe, die nur von einem Neuntel der palästinensischen Jungen[72] besucht wurden, während es 379 Katâtîb gab, die von ca. 72.000 Schülern besucht wurden.[73]

Erst das Britische Mandat brachte eine Veränderung: Nun wurden die traditionellen Katâtîb allmählich in das staatliche Bildungssystem integriert und das Bildungssystem wurde erheblich ausgeweitet, so dass am Ende des Mandats immerhin ein Viertel der Schüler diese Schulen besuchten. Auch das private Schulsystem weitete sich aus, wenn auch langsamer: Am Ende des Mandats besuchten ca. ein Sechstel der arabischen Schüler muslimische oder christliche Einrichtungen. Die öffentliche Schulbildung wurde direkt der Mandatsregierung unterstellt und fast ausschließlich von der arabischen Bevölkerung genutzt. Die jüdische Bevölkerung erhielt finanzielle Unterstützung zur Errichtung eines unabhängigen Schulsystems, das von jüdischen Organisationen (Vaad Leumi, Jewish Agency) verwaltet und finanziert wurde.[74] Das jüdische und arabische Bildungssystem war weder qualitativ noch quantitativ miteinander vergleichbar, denn das staatliche Angebot an Schulbildung deckte nur etwa die Hälfte der Nachfrage aus der arabischen Bevölkerung, während das jüdische Bildungssystem fast für die gesamte Bevölkerung eine Schulbildung ermöglichte.[75] Dies begann sich erst Mitte der 40er Jahre grundlegend zu ändern als ca. 400 Schulen in ländlichen Regionen gegründet wurden.[76]

Die Kontrolle der Briten über das Bildungssystem war den Palästinensern ein Dorn im Auge. Die führenden Positionen wurden abgesehen von der Frühzeit und den letzten Jahren des Mandates ausschließlich mit Engländern besetzt. Das Schulsystem lehnte sich an das osmanische System bzw. an Entwicklungen in Ägypten an, im Bereich des Geschichtsunterrichts jedoch an englische Geschichtsdarstellungen. Am Ende der Mandatszeit waren damit wesentliche Faktoren der Schulbildung festgelegt, die bis in die jüngste Zeit eine große Rolle spielten: Die Verwaltung des Schulsystems war stark zentralisiert und zu einem sensiblen Thema der politischen Einflussnahme ge-

---

71 Vgl. RAHEB 1995, 216f. Zur Beschreibung der Katâtîb vgl. Teil A, Kap. II.1.

72 Eine Erziehung der Mädchen geschah nur in zehn Schulen, die seit 1869 von westlichen Missionaren gegründet wurden.

73 RAHEB 1995, 217.

74 Die beste Studie zur Geschichte der Bildung in Palästina vor 1948 bietet TIBAWI 1956. Die Angaben folgen diesem Werk. Eine sehr kurze Übersicht über die Entwicklungen bietet das Erziehungsministerium auf seiner Webseite: http:/www.pna.net/reports/edu_in_pal.htm (14.2.2002). Vgl. a. GRAHAM-BROWN 1987.

75 Dies zeigt ein Blick auf die Einschulungsquoten: 1944 besuchten 97% der jüdischen Kinder eine Schule, aber nur 32,5% der palästinensischen Kinder. GRAHAM-BROWN 1987, 24.

76 Im Jahr 1946 gab es insgesamt 795 Schulen in Palästina, wovon 478 in öffentlicher Hand waren, 182 von christlichen und 135 von muslimischen Organisationen getragen wurden. TIBAWI 1956, 224.

worden. Das Curriculum war größtenteils aus dem Ausland importiert worden und ignorierte die Identität der Palästinenser und die nationale Geschichte und Tradition.[77]

Diese Tendenzen wurden nach 1948 noch verstärkt. Allerdings wurde nun das Schulsystem in der West Bank dem jordanischen Erziehungsministerium unterstellt, während die Schulen in Gaza dem ägyptischen Curriculum folgten. Hinzu kamen nun noch die Schulen, die von dem Flüchtlingshilfswerk UNRWA (United Nations Relief and Works Agency for Palestine Refugees in the Near East) seit 1950 gegründet und betrieben werden.[78] Diese übernahmen das Schulsystem und das Curriculum, das jeweils in dem Bereich angewandt wurde, in dem die Schulen lokalisiert waren.

Insgesamt nahm die Zahl der Schulen in den Jahren nach 1948 auf Initiative der jordanischen und ägyptischen Regierung beträchtlich zu. Insbesondere wurde die Sekundarstufe nun kräftig ausgebaut und das zentrale Abitur (nach den jeweils geltenden Richtlinien in Ägypten bzw. Jordanien) eingeführt. Allerdings wurde bei der Ausweitung wenig auf Qualitätsverbesserung geachtet. Außerdem blieben die Palästinenser auch weiterhin weitgehend von der Administration und von der Gestaltung des Curriculums ausgeschlossen. So mussten sich palästinensische Schüler in Gaza nun intensiv mit der pharaonischen Kultur und der Geschichte des modernen ägyptischen Staates beschäftigen, während sich palästinensische Schüler in der Westbank im Detail mit der Geschichte des haschemitischen Herrscherhauses von Jordanien auseinandersetzen mussten. Auch die pan-arabische Identität wurde gestärkt. Die Geschichte der Palästinenser, mit Palästina verbundene Traditionen und lokale Bezüge hingegen blieben weitgehend ausgespart. Die palästinensische Schulbildung war Teil zweier verschiedener Bildungssysteme geworden. Dies erleichterte zwar einerseits spätere Studien in Jordanien und Ägypten zu einer Zeit da in Palästina noch keine universitäre Ausbildung eingerichtet war, spaltete jedoch das Bildungssystem in Palästina.[79]

Drastische Änderungen erfolgten nach dem Sechs-Tage-Krieg von 1967. Alle Reformen und Ausweitungen des Schulsystems, die im Rahmen der nationalen jordanischen und ägyptischen Reformen in den 50er und 60er Jahren eingeleitet worden waren, kamen unter der israelischen Besatzung zum Stillstand. Die staatlichen Schulen wurden einem "Büro für Erziehungsangelegenheiten der Zivilverwaltung“ unterstellt, dem ein Armeeoffizier vorstand. Lehrern der staatlichen Schulen war es unter der isra-

77 Vgl. BROWN 2002, 6.

78 Das Flüchtlingshilfswerk UNRWA wurde aufgrund der UNO-Resolution 302 (IV) vom 8. Dezember 1949 begründet, um die Palästinensischen Flüchtlinge zu betreuen. Was ursprünglich nur als Improvisationslösung gedacht war, hat sich wegen des ungelösten Nahostkonflikts als eine Dauereinrichtung etabliert, die mittlerweile vier Generationen von palästinensischen Flüchtlingen mit Bildung und Gesundheitsdiensten versorgt. Das Mandat wurde jüngst erst erneuert und gilt zunächst bis 30. Juni 2008.

79 BROWN 2002, 7.

elischen „Zivilverwaltung" generell verboten, sich zu organisieren, Lehrertreffen abzuhalten und mit Ausländern zu sprechen. Ausländern war der Zutritt zu den staatlichen Schulen verboten. Die Schulbildung verschlechterte sich: Zehn Jahre lang wurden überhaupt keine Schulgebäude mehr gebaut, danach nur wenige, die jedoch mit dem Bevölkerungswachstum nicht Schritt hielten. Fortbildungsmaßnahmen für Lehrer und alle Aktivitäten außerhalb des Lehrplans wurden unterbunden, die Schülerzahlen wuchsen auf 40-60 Schüler pro Klasse an. Schulen begannen im Schichtwechsel zu unterrichten, um die ansteigenden Schülerzahlen zu bewältigen. Die meisten Schulen wurden nicht mit speziellen Räumen für den Unterricht in den Naturwissenschaften, mit Schülerbibliotheken oder audiovisuellen Hilfsmittel ausgestattet, manche verfügten noch nicht einmal über sanitäre Einrichtungen. Die Lehrer wanderten wegen der unerträglichen Arbeitsbedingungen und wegen Unterbezahlung in private, jordanische oder UNRWA-Schulen ab.[80]

Wie schon zur Mandatszeit kam es zu Konflikten wegen des Curriculums. Israel wollte Änderungen durchführen, aber die Palästinenser befürchteten, dass jede Änderung dazu führen würde, dass zionistische Ideologie Eingang finden könnte. Deshalb beharrten sie darauf, an dem ägyptischen und jordanischen Curriculum festzuhalten, was - wenn schon kein palästinensisches – doch wenigstens ein Curriculum nach Lehrplänen der arabischen Nachbarländer sicherstellte. Die Israelis begnügten sich ihrerseits damit, Bücher bzw. Textpassagen aus den Büchern zu zensieren, die israelischen Interessen zuwiderliefen.[81] Diese Zensur stieß auf Protest bei den Palästinensern. Zum einen, weil damit jede Spur nationaler Identität ausgemerzt wurde (jede Erwähnung von "Palästina" und "Palästinenser" bzw. "palästinensisches Volk" wurde getilgt), zum anderen aber auch, weil dadurch Lücken im Geschichts- und Religionsunterricht entstanden, die mit nichts gefüllt wurden. Die Zensur verzögerte den Editionsprozess der Schulbücher erheblich und war von starker Willkür geprägt.[82] Nicht zuletzt blieben die Aktualisierungen der Nachbarländer unberücksichtigt, so dass man in manchen Nachdrucken in den besetzten Gebieten noch bis in die 90er Jahre nachlesen konnte, "wie großartig das Königreich Ägypten mit seinen 20 Millionen Einwoh-

---

80 Vgl. ABU DUHOU 1996, 15f.; RAMSDEN/SENKER 1993, 22; BROWN 2002, 7; KRIENER 2001, 111.

81 BROWN 2002, 7. Nach Andrew Rigby sollen im Jahr 1992 103 Schulbücher von solcher Zensur betroffen gewesen sein (RIGBY 1995, 12).

82 BROWN 2002, 7. Vgl. MAHSHI 2003, 3: "1. The deletion from the textbooks adopted of whatsoever related to Palestine history and the Palestinian cause before 1948, the UN Resolutions in this respect, the struggle of the Arabs for their liberation from the colonization and the Arab heroism. It cancelled Palestine Historical map from the curriculum. 2. The deletion of the relationsship between the Muslims and the Jewish at the time of the Prophet, and what is related to Palestine people, their moral, values and culture and the deletion of whatever criticizes the ancient and modern Jewish history, the Zionist movement and the Zionist efforts to dominate and occupy Palestine and establish the Jewish state.".

nern sei".[83] Besonders kompliziert wurde die Lage in Ost-Jerusalem, von dem große Teile nach 1967 durch Israel annektiert wurden. Die Missstände an den staatlichen Schulen in Ost-Jerusalem eskalierten zwar nicht genauso wie in der Westbank, da sie durch den Anschluss an die Stadtverwaltung von Jerusalem ein etwas höheres Budget hatten. Israel versuchte jedoch hier den Lehrplan für arabische Schulen in Israel durchzusetzen. Erst 1974 gab man diesen Versuch wieder auf nachdem zahlreiche Palästinenser von den staatlichen auf private Schulen abgewandert waren. Die Schulen von Jerusalem unterstanden seitdem weiterhin offiziell dem Israelischen Bildungsministerium, faktisch wurde der Lehrplan von Jordanien jedoch wieder eingeführt. Die Abiturzeugnisse wurden vom jordanischen Bildungsministerium unterschrieben.[84]

Die Unruhen in den besetzten Gebieten und die erste Intifada in den 80er Jahren bedeuteten einen weiteren Schlag für das palästinensische Bildungssystem: Da die Schulen sich zu Orten entwickelt hatten, an denen sich der Unmut über das Besatzungsregime artikulierte,[85] reagierte die militärische Verwaltung mit Schulschließungen, Schulzerstörungen und Verhaftungen von Schülern und Lehrern – letzteres insbesondere vor den Abiturprüfungen.[86] Zugleich hatten die erklärten Generalstreiks der palästinensischen Führer erhebliche Auswirkungen auf das Bildungswesen.[87] Das Bildungssystem entwickelte sich zum Instrument kollektiver Repression und Sanktion der palästinensischen Bevölkerung. Schulschließungen und Ausgangssperren legten zeitweise oder langfristig den Betrieb von Schulen, Universitäten und sogar Kindergärten lahm: Während der ersten Intifada wurden die Schulen in der Westbank fast zwei Jahre ununterbrochen geschlossen, einige Universitäten sogar fast vier Jahre lang. In Gaza gab es zwar keine längerfristigen Schließungen, aber hier wurden die Schulen so oft geöffnet und wieder geschlossen, dass ebenfalls kaum an einen geregelten Schulbetrieb zu denken war. Resultat war, dass in den Jahren 1988-1992 für die palästinensischen Kinder insgesamt ca. 35-50% der Unterrichtszeit ausfiel und dass die Kinder und Jugendlichen auf den Straßen erst Recht den Konflikt mit der Besatzungsmacht

---

83 So der Bildungsminister nach seiner Übernahme der Verantwortung. Zitat nach Le Monde Diplomatique/Die Tageszeitung vom 12.4.2001. Ägypten ist seit 1953 eine Republik und hat mittlerweile ca. 70 Millionen Einwohner.

84 Vom Israelischen Curriculum blieb nur der Hebräisch-Unterricht und das Fach Staatsbürgerkunde erhalten. Vgl. Kap. 6 in: CHESHIN/HUTMAN/MELAMED 1999 und MAHSHI 2003, 3.

85 Vgl. RAHEB 1998, 351: "Die Jugendlichen wurden in und mit der Intifada die neue führende Gruppe im Befreiungsprozeß. Diese exponierte Rolle bedeutete auch den Verlust eines Stücks der Kindheit. ... Die Mehrheit derjenigen, die sich an den unterschiedlichen Aktionen der Intifada beteiligt hatten, waren Kinder. Deshalb versuchte die israelische Militärverwaltung, genau diese Gruppe mit ihren Kollektivstrafen zu schwächen."

86 GRAHAM-BROWN 1987, 92ff.

87 Zu Beginn der Intifada war die Anzahl solcher Streiktage hoch. Später wurden diese reduziert und die Schüler wurden von den Boykott- und Streikaufrufen ausgeschlossen. RAHEB 1995, 224.

suchten.[88] Die Quote der Schulabbrüche schnellte angesichts dieser Situation, aber auch aufgrund der sich verschlechternden Wirtschaftslage in die Höhe; selbst elementare Kenntnisse wurden nicht mehr vermittelt.[89] Eine Studie aus dem Jahre 1990 ergab, dass ein Großteil der palästinensischen Schüler der Elementarstufe noch nicht einmal einfachste mathematische Aufgaben mehr bewältigen konnte und auch sprachlich erhebliche Mängel aufwies.[90] Eine weitere Untersuchung, die 1992 von UNICEF durchgeführt wurde und die Leistung von Schülern aus zwanzig verschiedenen Ländern verglich, zeigte, dass die palästinensischen Schüler staatlicher Schulen in der Westbank an zweitunterster Stelle lagen, weit hinter den jordanischen, obwohl diese das gleiche Curriculum benutzten.[91]

Lehrer, Eltern und Schüler und einige soziale Einrichtungen versuchten die Unterrichtsausfälle durch Unterricht in privaten Häusern, Kirchen oder Moscheen zu kompensieren. Überall formierten sich kleine Gruppen, die Unterricht organisierten. Als

---

88 RAMSDEN/SENKER 1993, 9.16; KRIENER 2001 Fremdbilder, 114. RAHEB 1995, 223f.; RAHEB 1998, 351f. Mahshi beschreibt die Zustände unter der israelischen Besatzung in einem offiziellen Bericht an die UNESCO folgendermaßen: "In 1987-1988, all West Bank schools were closed during the second trimester and then were reopened gradually. The primary cycle was reopened after a 107-day closure, the preparatory cycle after a 118-day closure (approximately 50% of the school year of basic education), and the secondary cycle after a 121-day closure. During the Intifada, schools were besieged and stormed; more than 31 schools were turned into military casernes or prisons. In other situations, the occupation authority divided one school into two, sometimes it turned schools for both scientific and arts classes into schools for scientific or arts classes and some other secondary schools were turned into preparatory ones. In addition to all that, it changed the names of a lot of schools that imply national means. In 1986-1987, the occupation authority undertook a wide process of transfer for schools and pupils in the preparatory and secondary cycle in Gaza strip, and from the cities to the suburbs, which affected the relationship between the student and the teacher, and the student and his environment. Educational skills and capacities were deported; the average of university student admission in the field of culture and education became very limited. The Authority resorted to appoint underqualified teachers for university teaching (holder of the intermediary diploma and the secondary education certificate); it failed to train teachers. Moreover, it deported teachers, active on the national and patriotic level away from the culture and education process and adopted the policy of differentiation and favoritism among teachers, forced early retirement, arbitrary transfer and termination of services of some teachers, suspension of the work of some teachers depriving them from their salaries and allowances during the period of stop, freezing the grades and salary adjustment of teachers, calling them to investigations, prison, arrest, imposing the house arrest, deportation and ban of travel. The imposition of punitive measures against students, like expelling, arresting, and transferring them and imposing fines on them, kidnapping them causing sometimes fatal injuries or permanent disabilities in many cases." (MAHSHI 2003, 4).

89 RAMSDEN/SENKER 1993, 11.17.

90 76% der Schüler konnten noch nicht einmal eine Linie von 5 cm mit einem Lineal abmessen; 73% konnten nicht 1/2 und 1/4 addieren. 98% der Viertklässler und 77,2% der Sechstklässler konnten nicht auf einfachste Fragen nach einem Text antworten oder antworteten mit so viel grammatikalischen und orthographischen Fehlern, dass die Tests nicht mehr bewertbar waren. So ABU DUHOU 1996, 16.

91 UNICEF 1993.

die israelische Armee diese Aktivitäten entdeckte, wurde auch dieses private Engagement durch Razzien und hohe Gefängnisstrafen eingedämmt. Dennoch spielen private, religiöse und ehrenamtliche Bildungsangebote seitdem eine wichtige Rolle im Bildungssystem, weil sie zumindest ein Mindestmaß an Bildung gewährleisten konnten und weil sie sich zudem stärker an den speziellen lokalen und individuellen Bedürfnissen der Schüler orientierten, wie dies kaum jemals zuvor der Fall bei dem formellen Schulsystem war. Nicht zuletzt boten diese heimlichen Bildungsangebote einen Hort der Identitätsbildung und einen ersten Ansatz zur Kontextualisierung des Bildungswesens: Schüler, Lehrer und Eltern wuchsen zu einer engen Solidargemeinschaft zusammen, die allen Schwierigkeiten und Kämpfen auf der Straße zum Trotz erstmals die Bildung in die eigenen Hände nahm und neue Wege einer anschaulichen Pädagogik ging.[92] Seit Mitte der 90er Jahre und im Zuge der Al-Aqsa-Intifada haben diese Aktivitäten wieder zugenommen.

Die Kontrolle über die Bildungspolitik entwickelte sich zum zentralen Gegenstand der politischen Auseinandersetzung und die Erziehung wurde sehr stark durch politische Fragestellungen bestimmt. Die Abschüttelung der Fremdherrschaft im Bereich der Bildung galt als ein erster wesentlicher Schritt zur Gewinnung der politischen Selbständigkeit. Als es daher 1993 und 1994 zu Verhandlungen mit der PLO kam, war die uneingeschränkte Kontrolle über das Bildungssystem eine der zentralen Forderungen der Palästinenser, der die israelischen Verhandlungspartner schließlich auch zustimmten. 1994 erhielt das neu gegründete "Palestinian Ministry of Education" die Kontrolle über das Bildungssystem. Eine der ersten Taten war, dass man in Absprache mit dem jordanischen und ägyptischen Erziehungsministerium die jordanischen und ägyptischen Curricula in ihrem vollen Umfang wieder herstellte: Von Israel verbotene Schulbücher wurden nun wieder gedruckt, zensierte in ihrem vollen Umfang ohne Schwärzungen veröffentlicht. Der einzige Unterschied war, dass nun auf dem Um-

---

92 Vgl. RAMSDEN/SENKER 1993, 88-100; ABU DUHOU 1996, 18; RAHEB 1995, 224f. Zur Kontextualisierung vgl. RAHEB 1998, 352f.: "Die Motivierung der SchülerInnen zum Lernen stellte eine große Herausforderung für viele PädagogInnen dar. Die Motivation war unter anderem deshalb gering, weil gerade die Themen, die die Schüler beschäftigen, wie z. B. die Geschichte des Nahost-Konflikts oder die Frage des Umgangs mit Gewalt, nicht berücksichtigt wurden. [...] Die Nachbarschaftsschulen veränderten das gängige Lernverständnis von einer traditionellen Teilung in Lehrende und Lernende und die vorherrschende Methode des Frontalunterrichts. [...] Lernen war nicht getrennt vom sozialen, gesellschaftlichen, wirtschaftlichen und politischen Kontext. Der Mangel an Lehrmaterialien führte dazu, daß theoretische Lernstoffe im sozialen Umfeld praktisch vermittelt wurden, ... [...] Der Ansatz der Nachbarschaftsschulen sowie einige andere Ansätze haben zum ersten Mal Fragen der palästinensischen Identität und Erfahrungen im Lernprozeß reflektiert und somit kontextualisiert."

schlag der Aufdruck "Palästinensisches Erziehungsministerium" unter dem palästinensischen Wappen (Adler mit rot-schwarz-grün) prangte.[93]

Freilich konnte diese Rückkehr zu dem Bildungssystem vor 1967 nicht die Probleme der überfüllten Klassen, der zu wenigen und zu schlecht ausgerüsteten Schulen, der unterbezahlten Lehrer und des gespaltenen Bildungssystems in Palästina beheben. Zusammen mit internationalen Organisationen wurde deshalb eine Prioritätenliste zur Reform bzw. Begründung eines eigenständigen Bildungssystems aufgestellt. Dies führte dazu, dass seit 1994 unter dem palästinensischen Erziehungsministerium wieder zahlreiche neue Schulen errichtet bzw. Räume angemietet wurden, die als Schulen genutzt wurden. Im Zeitraum von 1994-1998 wurden 36 Schulen in der Westbank und 34 Schulen in Gaza neu errichtet, weitere 55 wurden geplant bzw. sind im Bau.[94]

Nach Konferenzen in den Jahren 1993 und 1994 wurde in Kooperation mit der UNESCO ein "Palestinian Curriculum Development Center" errichtet, das vom italienischen Ministerium für Internationale Kooperation und anderen internationalen Geldgebern finanziert wurde.[95] Dieses legte nach einem Jahr (1996) eine umfassende, sehr kritische Bestandsaufnahme des Bildungssystems und einen ersten Plan zum Entwurf eines eigenständigen palästinensischen Curriculums vor [96]. Gleichzeitig wurde im Schnellverfahren eine Reihe von Schulbüchern zur "Nationalen Erziehung" (*At-tarbiya al-waṭaniya al-filastiniya*) für die Klassen 1-6 geschrieben und herausgegeben, um wenigstens ein Minimum an nationalen Bezügen im Unterricht herstellen zu können, solange es kein eigenständiges palästinensisches Curriculum gab.[97] Die Pläne für das heute gültige Curriculum wurden dann in dem "First Palestinian Curriculum Plan" festgelegt. Dieser wurde 1997 auf der Basis des Berichtes von 1996 angefertigt und im März 1998 vom Palästinensischen Legislativrat angenommen. Das Erziehungsministerium griff darin einige Vorschläge des Planes von 1996 auf. So z. B. die Wahlmöglichkeiten in der Sekundarstufe, die Einführung des Englisch- und eines Staatsbürgerkunde-Unterrichtes ab der 1. Klasse und die Einführung einer allgemeinen Sekundarstufe. Andererseits wurden viele Vorschläge zur grundlegenden Umgestaltung des Unterrichtes oder zur Abschaffung des zentralen Abiturs nicht aufgegriffen,

---

93 Die Wiederherstellung des jordanischen und ägyptischen Curriculums war weniger inhaltlich begründet, denn eine politische Gegenreaktion: Man sah die Lösung aller Bildungsprobleme erst einmal darin, sich schnellstmöglich von aller israelischer Einflußnahme zu befreien. Dazu gehörte aber zweifellos die Aufhebung der israelischen Zensur, wobei nicht überprüft wurde, was da im Detail wieder freigegeben wurde. Vgl. BROWN 2002, 8.

94 MAHSHI 2003 Part II, 2.

95 PCDC 1998, 1.

96 PCDC 1997. Der Bericht wurde der UNESCO und dem Erziehungsministerium am 15.09.1996 vorgelegt. Zu dem Bericht vgl. auch die Anmerkungen in der Einleitung, siehe oben 31f.

97 Vgl. BROWN 2002, 16.

was dazu führte, dass Fachleute, die an dem ersten Bericht beteiligt waren, ihre Ideen in dem tatsächlichen Entwurf des Curriculums nicht mehr verwirklicht sahen.[98]

Für alle drei Schultypen ist derselbe Lehrplan verbindlich. Er fußt auf demokratischen Prinzipien (Gleichheit, Freiheit, Würde, Frieden und Menschenrechte) und will die nationale und kulturelle Identität stärken, wobei Palästina als integraler Bestandteil der arabisch-islamischen Welt angesehen wird. Soziale Gerechtigkeit, Gleichheit und gleiche Bildungsmöglichkeiten für alle Palästinenser sollen ungeachtet jeglicher Diskriminierung aufgrund von Rasse, Religion, Farbe oder Geschlecht gewährt werden. Deshalb wird es vom palästinensischen Erziehungsministerium begrüßt, dass Fachwissenschaftler, Lehrer und „professionelle Körperschaften jeder Art“ Kommentare, Verbesserungsvorschläge und Kritik an den veröffentlichten Büchern äußern. Es wird jedoch gleichzeitig stark betont, dass die Entscheidung darüber, was palästinensische Kinder lernen, alleiniges Recht der Palästinenser bleibt und dass die Revision bzw. Neuerarbeitung sich keinem Druck oder Zwang in eine bestimmte Richtung von außen beugen wird.[99] Der Lehrplan zielt auf die Beseitigung des Analphabetismus, die Entwicklung kritischen Denkens und anderer Fähigkeiten, um als verantwortungsvoller Bürger an der Lösung gesellschaftlicher Probleme mitzuwirken.[100] Der Glaube an den einen Gott und die Konzentration auf die arabisch-islamische Kultur bildet den Ausgangspunkt und die Basis des palästinensischen Lehrplans, auch wenn man sich darüber bewusst ist, dass durch die Zerstreuung der Palästinenser in alle Welt eine Notwendigkeit darin besteht, eine globale Perspektive einzubeziehen. Der Plan behandelt explizit Themen der Demokratie, der Menschenrechte, der Rechte von Kindern, der Stärkung der Frauen, der Pluralität und der Toleranz.[101]

Seit der Al-Aqsa-Intifada sind die Möglichkeiten zum Schulbesuch und zur Durchführung des Lehrbetriebs ein weiteres Mal grundlegend in Frage gestellt. Faktisch konnte die Nationalbehörde wegen anhaltender Straßenkämpfe, Ausgangsverbote, Schulschließungen und militärischer Aktionen das im palästinensischen Grundgesetz verankerte Bildungsrecht kaum noch gewährleisten. Straßenblockaden und die Errichtung militärischer Checkpoints an strategischen Stellen isolieren Städte und Dörfer voneinander und verhinderten oftmals den Schulbesuch von Lehrern und Schülern. Einige Schulen wurden wie schon bei der ersten Intifada wegen der Abriegelungen

---

98 Vgl. BROWN 2002, 19.

99 Vgl. die Punkte 4, 5 und 11 der Erklärung des Erziehungsministeriums vom 12. Mai 2001 (Übersetzung in: REISS 2001 Debatte um Antisemitismen, 17-19).

100 PCDC 1998, 5.

101 PDCD 1998, 7-9.

zeitweise völlig geschlossen.[102] Des Weiteren mussten Schulen aufgrund einer Order des israelischen Militärkommandos geschlossen werden.[103] Mehrere Schulen wurden in Militärposten umgewandelt und zahlreiche Schulen wurden während militärischer Auseinandersetzungen beschossen.[104] Bis zum September 2004 starben nach einem Bericht der Menschenrechtsorganisation Al-Haq während der Al-Aqsa-Intifada 689 minderjährige Schüler, darunter 164 Schüler, die unter 12 Jahre alt waren.[105] Nach einem im Internet veröffentlichten Bericht des Palästinensischen Curriculumszentrums vom 19.8. 2004 handelte es sich um 490 getötete sowie um 3.235 verletzte Schüler.[106] Die Menschenrechtsorganisation "The Palestinian Human Rights Monitoring Group" (PHRMG) listet auf ihrer Internetseite 340 Kinder unter 14 Jahren sowie 303 Jugendliche im Alter von 15-17 Jahren als Opfer auf.[107] Zahlreiche Schüler und Lehrer wurden auch verhaftet. Welche katastrophalen Auswirkungen diese Entwicklungen für die Schulbildung hatten, lässt sich deutlich auch an den Tagebuchaufzeichnungen des Leiters der Talitha Kumi-Schule in Beit Jala ablesen.[108] Sofern nicht unmittelbar betroffen, sind viele Schüler und Lehrer traumatisiert durch die Ereignisse und zahlreiche Unterrichtsstunden müssen verwandt werden, um das Erlebte zu verarbeiten.

III. Das gegenwärtige Schulsystem

1. Gesellschaftliche und rechtliche Rahmenbedingungen

Artikel 24 des palästinensischen Grundgesetzes besagt, dass es ein Recht und die Pflicht auf Erziehung bis zur Elementarstufe gibt und dass diese kostenlos erteilt wird. Alle Stufen der Erziehung und alle Schulen unterstehen der Nationalbehörde, welche Lehrpläne und Schulbücher entwirft, die für alle Schulen verbindlich sind.[109]

---

102 Die Menschenrechtsorganisation Al-Haq listet in einem Bericht vom März 2001 neun Schulen auf, die in der ersten Phase der Al-Aqsa-Intifada geschlossen werden mußten. AL-HAQ 2001, 4.

103 Im Dorf El-Khadir bei Bethlehem mußten gemäß der Militärorder Nr. 378 vier Schulen für 3 Monate geschlossen werden. Angaben gemäß AL-HAQ 2001, 4f.

104 Al-Haq listet die Bezirke und Schulen einzeln auf, die jedoch durch die Zerstörungen in den Jahren 2001-2005 ergänzt werden müssen: AL-HAQ 2001, 6-10.

105 Al-Haq 2004, 6.

106 Vgl. http://www.pcdc.edu.ps/children_under_occupation.htm . 87 Schüler, 4 Lehrer und ein Angstellter, die seit dem 1. September 2003 getötet wurden, werden namentlich mit genauer Angabe von Schule, Ort Klasse, Todestag und Todesursache aufgelistet unter: http://www.pcdc.edu.ps/students_killed.htm

107 Vgl. http://www.phrmg.org (1.3.2005).

108 GOLLER 2004.

109 Atikel 24 lautet wörtlich: "1. Every person has the right to education which shall be compulsory until the basic stage and free in schools and public institutions; 2. The National Authority shall supervise all education in all its stages and institutions, and will work on upgrading its standards; 3. Universities, higher education institutes and centers of scientific research shall enjoy respect

In der Westbank und im Gazastreifen gibt es drei Schultypen: Staatliche Schulen, Schulen des Flüchtlingshilfswerks UNRWA[110] und private Schulen. 68% der palästinensischen Schüler besuchen staatliche Schulen, 26,1% besuchen UNRWA-Schulen[111] und 5,9% besuchen private Schulen.[112] Bei einem Vergleich der Schulsysteme lässt sich feststellen, dass Schüler der privaten Schulen die besten Chancen haben, einen qualifizierten Schulabschluss zu erreichen. Nur 9,27% erreichen diesen dort nicht. Bei UNRWA-Schulen beträgt die Ausfallquote dagegen 26,53% und bei staatlichen Schulen liegt sie sogar bei 37,24%. Und auch die Schülerleistungen sind im Detail entsprechend besser. Meist liegen jeweils ca. 10% zwischen den Leistungen der Schüler an staatlichen Schulen, der UNRWA-Schulen und der privaten Schulen.[113]

Der Besuch der privaten Schulen kostet Gebühren. Ein Teil fordert jedoch nur symbolische Beträge oder bietet Stipendien an. Manche bieten nur die untere Elementarstufe- (Klassse 1-4) oder die obere Elementarstufe (Klasse 5-10) an, andere den ganzen zwölfjährigen Unterrichtszyklus bis zum Abitur. Obwohl auch an den privaten Schulen das offizielle Curriculum unterrichtet wird, gelten sie jedoch als Schulen mit den höheren Qualitätsstandards, an denen Auswendiglernen nicht die Regel ist und der Unterricht weniger auf den Lehrer zentriert und weniger autoritär abläuft. Dies liegt auch daran, dass die Klassenstärke wesentlich geringer ist. Viele dieser Schulen haben zusätzlich zum offiziellen Curriculum Ergänzungskurse entwickelt und eingeführt. An der Talitha Kumi-Schule in Beit Jala wird z. B. zurzeit mit einem Buch einer israelisch-palästinensischen Organisation experimentiert, das die kontroverse palästinensische und israelische Geschichtsschreibung neben einander stellt und zu Diskussionen auffordert.[114] Zugleich wird in einem Pilotprojekt erstmals gemeinsamer Religionsunterricht für Christen und Muslime erteilt. Die privaten Schulen haben insoweit Kapazi-

---

and autonomy in the manner provided by the law, including freedom of scientific research, literary, cultural and artistic creativity; the National Authority shall encourage and support all such activities. 4. Private schools and educational institutions shall follow the curricula set forth by the National Authority, which shall supervise all education."

110 Die UNRWA betreibt nach eigenen Angaben zur Zeit 644 Schulen, die im Jahr 2001/02 fast 490.000 palästinensischen Flüchtlingskindern eine Schulbildung ermöglichten. Vgl. http://www.un.org/unrwa/programmes/education/basic.html (1.03.2005). Von diesen 644 Schulen befinden sich 168 im Gazastreifen und 98 in der Westbank. Die übrigen befinden sich in Jordanien, Syrien und im Libanon. Zur Entwicklung der UNRWA-Schulen von 1950-1999 vgl. die statistischen Übersichten unter http://www.un.org/unrwa/publications/pdf/education.pdf (1.03.2005).

111 Während die Schulen der UNRWA in der Westbank weniger als 1/5 der Schüler versorgen, stellen sie im Gazastreifen wegen des hohen Anteils von Flüchtlingen an der Bevölkerung mehr als die Hälfte der Schulplätze.

112 Zahlen gemäß PCDC 1998, 11. Mahshi spricht von 111 privaten Schulen im Schuljahr 1993/1994.

113 Khalil Mahshi gibt detailierte Zahlen für Arabisch und Mathematik in: MAHSHI 2003 Part I, 6-9.

täten, Freiheiten und Möglichkeiten, die weit über das hinaus gehen, was staatliche Schulen bieten können.

Die UNRWA-Schulen wurden 1950 eingerichtet, um der großen Zahl von Flüchtlingen eine Mindestversorgung an Bildung zu gewährleisten. Die UNRWA betreibt nach eigenen Angaben zur Zeit 168 Elementarschule im Gazastreifen und 98 in der Westbank.[115] Sie bieten nur die verpflichtenden zehn Schuljahre an. Schüler, die die Sekundarstufe durchlaufen möchten, können dies nur in den staatlichen oder privaten Schulen tun. Die UNRWA kontrolliert die Finanzen und die Verwaltung dieser Schulen und welche Lehrer dort beschäftigt werden. Dieselben Probleme wie an den staatlichen Schulen erschweren auch an den Schulen der UNRWA das Lernen: Die durchschnittliche (!) Schülerzahl pro Klasse beträgt 49 Schüler in Gaza, 38 in der Westbank. Aufgrund des Mangels an Klassenräumen muss ein Teil der Räumlichkeiten in den staatlichen und UNRWA- Schulen im Schichtwechsel genutzt werden. 83% der UNRWA-Schulen der Grundstufe und 62% der Mittelstufe werden als Schulen mit voller doppelter Schicht betrieben.[116]

2. Die Schulstufen

Das palästinensische Schulsystem besteht nach dem 1998 konzipierten Curriculum nur noch aus zwei Schulstufen, der verpflichtenden Elementarstufe (*at-taʿlîm al-asâsî*) und der fakultativen Sekundarstufe (*at-taʿlîm aṯ- ṯânawî*). Davon zu unterscheiden ist die Vorschulerziehung, die vornehmlich in privaten Kindergärten erfolgt, aber bisher nicht in das formelle Erziehungssystem eingegliedert ist sowie die Ausbildung an den Universitäten und Technischen Hochschulen.

Die Elementarstufe ist nochmals untergliedert in eine "Untere Elementarstufe" (auch "Preparatory Stage") und eine "Obere Elementarstufe" (auch "Empowerment Stage"). Die Sekundarstufe unterscheidet einen allgemeinen akademische Ausbildungsweg und einen technischen, berufsspezifischen Ausbildungsgang.

---

[114] PRIME 2003.

[115] Nach http://www.un.org/unrwa/programmes/education/basic.html (1.03.2005) betreibt die UNRWA insgesamt 644 Schulen, die im Jahr 2001/02 490.000 palästinensischen Flüchtlingskindern eine Schulbildung ermöglichten. Neben den Schulen im Gazastreifen und in der Westbank gibt es Schulen in Jordanien, Syrien und im Libanon. Zur Entwicklung der UNRWA-Schulen von 1950-1999 vgl. die statistischen Übersichten unter http://www.un.org/unrwa/publications/pdf/education.pdf (1.03.2005).

[116] Man unterscheidet zwischen einer teilweisen Doppelnutzung und einer vollen Doppelnutzung. Bei der teilweisen Doppelnutzung werden nur einige Klassenzimmer nachmittags noch für anderen Unterricht benutzt. Bei der vollen Doppelnutzung werden alle Klassenzimmer doppelt genutzt.

Die folgende Tabelle gibt einen Überblick über das Erziehungssystem:

<table>
<tr><td>Universität</td><td>Technische Hochschulen</td><td>Hochschulausbildung</td></tr>
<tr><td colspan="3">Allgemeine Sekundarstufenprüfung qualifiziert für Hochschulstudium</td></tr>
<tr><td colspan="3">Zertifikat über den erfolgreichen Abschluss der "Allgemeinen Ausbildung"</td></tr>
<tr><td>Schulen für allgemeine akademische Ausbildung</td><td>Schulen für die technische und berufsspezifische Ausbildung</td><td rowspan="2">Sekundarstufe</td></tr>
<tr><td colspan="2">Klasse 11-12
Alter: 16-17</td></tr>
<tr><td colspan="3">Zertifikat über den erfolgreichen Abschluss der "Elementarausbildung"</td></tr>
<tr><td colspan="2">Obere Elementarschule
Klasse 5-10
Alter: 10-16 Jahre</td><td rowspan="2">Elementarstufe
(Schulpflicht)</td></tr>
<tr><td colspan="2">Untere Elementarschule
Klasse 1-4
Alter: 6-10 Jahre</td></tr>
<tr><td colspan="2">Kindergarten
Alter: 3-6 Jahre</td><td>Vorschulerziehung</td></tr>
</table>

2.1. Der Kindergarten/Die vorschulische Erziehung

Kindergärten waren bisher nicht Teil des formalen Bildungssystems in Palästina. Zu Anfang der 90er Jahren gab es nur wenige Kindergärten, die fast ausschließlich in den Städten der Westbank lagen und vornehmlich von privaten Organisationen getragen wurden. Allerdings ist die Zahl der Kindergärten im letzten Jahrzehnt sprunghaft angestiegen.[117] Die Kindergärten dienten aber mehr als Horte und hatten kein spezielles vorschulisches Curriculum. Man orientierte sich bei vorschulischer Erziehung an den Erfordernissen des ersten Schuljahres und machte vorbereitende Übungen.[118] Neuerdings gibt es vom Erziehungsministerium jedoch Bemühungen, ein dreijähriges Programm auszuarbeiten, das gezielt auf die Einschulung vorbereiten soll.[119]

[117] Eine Untersuchung aus dem Jahr 1995 zeigte, dass es aufgrund sozialer Veränderungen (vermehrte Arbeitstätigkeit von Frauen, Bevölkerungswachstum und enge Wohnverhältnisse) in der Westbank bereits 730 und in Gaza 270 Kindergärten gab.

[118] Vgl. MAHSHI 2003, 4f.

[119] MAHSHI 2003, 7.

2.2. Die Elementarstufe

Die Einschulung erfolgt sobald ein Kind das Alter von 6 Jahren am Ende des Kalenderjahres erreicht. Die Kinder haben in den ersten 4 Schuljahren ("Untere Elementarstufe") zehn verschiedene Fächer, wobei der Schwerpunkt auf der arabischen Sprache und Mathematik liegt. Gegenüber dem bisherigen jordanischen und ägyptischen Curriculum, gibt es einige Neuerungen: a) Die Zahl der Unterrichtsstunden wurde von 27 auf 30 Stunden pro Woche erhöht. b) Englischunterricht wird bereits ab der 1. Klasse mit 3 Stunden erteilt. c) Eine Stunde wird für "Freie Aktivitäten" reserviert.[120] d) Neben dem Fach "Nationale Erziehung" wurde das Fach "Staatsbürgerkunde" eingeführt, in dem das Zusammenleben, Umweltschutz und die Rechte und Pflichte der Bürger thematisiert werden. Dagegen wurde der Arabischunterricht von neun auf acht Stunden reduziert und der Musikunterricht generell gestrichen.[121] Ab der 5. Klasse ("Obere Elementarstufe") wird Arabisch auf sieben Stunden reduziert. Englisch dagegen wird auf vier Stunden, Naturwissenschaft auf fünf Stunden, Nationale Erziehung auf drei Stunden erhöht. Hinzu kommt ab der 5. Klasse noch das Fach "Technologie und angewandte Wissenschaften". Die Stundenzahl erhöht sich insgesamt auf 35 Wochenstunden. Ab der 7. Klasse muss noch ein zweistündiges Wahlpflichtfach dazu genommen werden. Die Schüler können auswählen zwischen einer weiteren Fremdsprache (Französisch, Hebräisch oder Deutsch), Hauswirtschaftslehre oder Umweltkunde. Dafür wird Sport auf eine Stunde reduziert. Christlicher und Islamischer Religionsunterricht wird parallel durchgeführt und in der gesamten Elementarstufe durchgehend mit drei Wochenstunden unterrichtet.

In der 10. Klasse bestehen weitere Wahlmöglichkeiten. Insbesondere können aus den Bereichen Landwirtschaft, Industrie, Handel/Verwaltung und Tourismus zwei Fächer ausgewählt werden, die jeweils im Umfang von drei Stunden unterrichtet werden. Hinzu kommt noch ein allgemeines berufsbildendes Training mit einer Wochenstunde. Die Stundenzahl bleibt jedoch gleich (36 Stunden), da "Staatsbürgerkunde" und "Freie Aktivität" in der 10. Klasse gestrichen werden und der Umfang mehrerer anderer Fächer reduziert wird. Die Tabelle auf der folgenden Seite gibt einen Überblick über die Unterrichtsstunden in der Elementarstufe.[122]

---

[120] Darunter versteht man erste Erfahrungen mit dem Computer, wissenschaftliche Experimente, Besuche von Ausstellungen und öffentlichen Einrichtungen verschiedener Art, kulturelle Ausflüge oder auch soziale Tätigkeiten.

[121] PCDC 1998, 19f.

[122] PCDC 1998, 21-23 und Appendix 3.

Verteilung der Unterrichtsstunden in der Elementarstufe:

Klassenstufe/ Fach	**Untere Elementarstufe**				**Obere Elementarstufe**					
	1. Klasse	**2. Klasse**	**3. Klasse**	**4. Klasse**	**5. Klasse**	**6. Klasse**	**7. Klasse**	**8. Klasse**	**9. Klasse**	**10. Klasse**
Religiöse Erziehung	3	3	3	3	3	3	3	3	3	3
Arabisch	8	8	8	8	7	7	7	7	7	5
Englisch	3	3	3	3	4	4	4	4	4	4
Naturwissenschaften	3	3	3	3	5	5	5	5	5	4
Mathematik	5	5	5	5	5	5	5	5	5	5
Soziale und nationale Erziehung	2	2	2	2	3	3	3	3	3	2
Staatsbürgerkunde	1	1	1	1	1	1	1	1	1	-
Kunst und Werken	2	2	2	2	2	2	2	2	2	1
Sport	2	2	2	2	2	2	1	1	1	1
Freie Aktivität	1	1	1	1	1	1	1	1	1	-
Technologie und angewandte Wissenschaften	-	-	-	-	2	2	2	2	2	2
Wahlpflichtfach (1 von 3) 2. Fremdsprache/Hauswirtschaft/Umweltkunde	-	-	-	-	-	-	2	2	2	2
Berufsbildendes Training	-	-	-	-	-	-	-	-	-	1
Wahlpflichtfächer (2 von 4) Landwirtschaft/Industrie/ Handel u. Verwaltung/ Tourismus	-	-	-	-	-	-	-	-	-	2x3
Insgesamt	**30**	**30**	**30**	**30**	**35**	**35**	**36**	**36**	**36**	**36**

Mit Abschluss der 10. Klasse wird ein Zertifikat darüber erteilt, dass man erfolgreich die elementare Schulbildung absolviert hat. Die Schulpflicht endet damit. Zugleich erwirbt man mit diesem Zeugnis das Recht, die Sekundarschulen zu besuchen. Dabei zeichnet sich in der 7. und 10. Klasse bereits eine erste Schwerpunktbildung ab, die dann in der Sekundarschule vertieft werden kann. Eine Alternative ist, dass man nach der 10. Klasse ein Berufsschulzentrum besucht. Nach zwei Jahren bekommen die Schüler ein erstes Diplom in einem speziellen Fach. Danach kann über einen Zeitraum von sechs Monaten bis zu vier Jahren eine weitere Spezialisierung erfolgen. Nach erfolgreichem Besuch dieser Fachausbildung kann auch auf diesem Weg noch die Zulassung zu einem Universitätsstudium für spezielle Fächer erreicht werden (vergleichbar dem deutschen "Fachabitur").[123]

[123] PCDC 1998, 25.

2.3. Sekundarstufe

In der 1. Klasse der Sekundarstufe (11. Klasse) soll nach dem neuen Palästinensischen Curriculum mit neun Stunden ein Schwerpunkt in den Naturwissenschaften (Biologie, Chemie, Physik) gelegt werden. Zugleich werden Geschichte, Geographie und Wirtschaft/Verwaltung, die in der Elementarschule im Rahmen des Unterrichts in Staatsbürgerkunde und Nationale Erziehung teilweise integriert sind, nun als eigenständige Fächer unterrichtet. Im letzten Jahr können die Schüler aus drei naturwissenschaftlichen und drei humanwissenschaftlichen Fächern je zwei Fächer auswählen, die mit je vier bzw. drei Wochenstunden unterrichtet werden.

Geplante Verteilung der Unterrichtsstunden in der Oberstufe (Paläst. Curriculum) [124]

Fächer/Klasse	**Sekundarstufe 1. Klasse (11. Klasse)**	**Sekundarstufe 2. Klasse (12. Klasse)**
Religiöse Erziehung	3	3
Arabisch	5	5
Englisch	4	4
Mathematik	4	4
Chemie	3	Wahl von zwei Fächern 4+4
Physik	3	
Biologie	3	
Geschichte	2	Wahl von zwei Fächern 3+3
Geographie	2	
Wirtschaft und Verwaltung	2	
Kunst und Werken	1	1
Sport	1	1
Technologie und angewandte Wissenschaften	2	-
Insgesamt	**35**	**32**

Zum Zeitpunkt der Untersuchung waren diese Reformpläne für die Oberstufe jedoch noch kaum realisiert. Bis 2004 wurde in der Sekundarstufe noch nach dem jordanischen bzw. ägyptischen Curriculum gelehrt, da die Bücher für die reformierte Oberstufe noch in Produktion sind.

Die ägyptischen Lehrpläne in Gaza bzw. die jordanischen in der Westbank, die grundsätzlich einen literarischen Zweig (Lit.) von einem naturwissenschaftlichen (Nat.) unterscheiden, haben folgende Struktur:[125]

[124] PCDC 1998, 24 und Anhang Nr. 5 und 6.

[125] PCDC 1998, Anhang Nr. 5 und 6.

Stundentafel nach dem jordanischen bzw. ägyptischen Curriculum

Fächer	**11. Klasse**				**12. Klasse**			
	West Bank		**Gaza**		**West Bank**		**Gaza**	
	Lit.	*Nat.*	*Lit.*	*Nat.*	*Lit.*	*Nat.*	*Lit.*	*Nat.*
Religion	3	3	2	2	3	3	2	2
Arabisch	6	4	7	5	6	5	6	6
Englisch	6	5	7	6	6	5	6	6
Mathematik	3	0	-	7	3	6	-	7
Allgemeine Naturwissenschaften	2	0	2	-	3	-	-	-
Chemie	0	3	-	3	-	3	-	3
Physik	0	4	-	3	-	5	-	3
Biologie	0	3	-	3	-	3	-	3
Arabische Gesellschaft	2	2	2	2	-	-	-	-
Geschichte	3	0	3	-	3	-	3	-
Geographie	3	0	3	-	3	-	3	-
Philosophie/Logik	-	-	-	-	-	-	3	-
Psychologie/ Soziologie	-	-	-	-	-	-	3	-
Wirtschaft/ Verwaltung	-	-	-	-	-	-	2	-
Kunst und Werken	1	1	1	-	-	-	-	-
Sport	1	1	2	2	1	1	2	2
Berufsausbildung (m)	2	2	-	-	-	-	-	-
Hauswirtschaft (w)	2	2	2	2	1	1	2	2
Ingesamt (männl.)	**32**	**33**	**29**	**33**	**28**	**31**	**30**	**32**
Insgesamt (weibl.)	**32**	**33**	**31**	**35**	**29**	**32**	**32**	**34**

Der erfolgreiche Abschluss der 12. Klasse führt nicht zwangsläufig zur Zulassung zum Hochschulstudium. Vielmehr müssen diejenigen, die an einer Universität studieren wollen, sich einer speziellen Prüfung unterziehen, der "At-Tauǧīhī" ("General Secondary Examination"). Es handelt sich dabei um ein Zentralabitur, das von dem Erziehungsministerium selbst abgenommen wird. Die Studenten müssen Prüfungen in den Fächern Religiöse Erziehung, Arabisch, Englisch, Mathematik sowie in zwei naturwissenschaftlichen und zwei humanwissenschaftlichen Fächern ablegen. Dabei können in Arabisch maximal 200 Punkte, in Englisch und Mathematik 150 Punkte, in den anderen Fächern jeweils 100 Punkte erreicht werden.[126]

[126] PCDC 1998, 24f.

2.4. Universitätsausbildung

Vor 1967 existierten keine Universitäten in der Westbank und im Gazastreifen. Absolventen der palästinensischen Schulen konnten jedoch problemlos eine akademische Ausbildung in arabischen Ländern absolvieren, zumal die Schulausbildung komplett nach dem jordanischen bzw. ägyptischen Schulsystem durchlaufen wurde. Erst unter israelischer Besatzung wurde dies immer schwieriger infolge von Ausreiseeinschränkungen, Beschränkung der Aufenthaltserlaubnis im Ausland und erheblichen Repressionen bei der Rückkehr durch die israelischen Behörden. Hinzu kam, dass die arabischen Staaten seit den 70er Jahren die Zulassung von palästinensischen Studenten erschwerten und einschränkten. Da andererseits der Bildung in der palästinensischen Gesellschaft hoher Stellenwert eingeräumt wurde, wurde der Aufbau eines eigenen Hochschulsystems zum vordringlichen Anliegen der Palästinenser.[127]

Die Bir Zeit Universität, die bis dahin nur eine Sekundarschule gewesen war, ergriff die Initiative. Sie erweiterte 1972 die zweijährige Ausbildung und bot erstmals einen Abschluss als Bachelor of Arts bzw. of Science an. Die Bethlehem Universität folgte 1973, anknüpfend an eine private christliche Schule. Die An-Najah Universität wurde 1977 gegründet, die Gaza Islamic University folgte 1978 und die Hebron University 1982. Die Al-Quds University begann mit vier unabhängigen Hochschulzweigen: 1978 das Sharia College in Beit Hanina, 1979 das College of Nursing (später College of Medical Professions) in Al-Bira, ebenso 1979 das College of Science and Technology in Abu Dis und 1982 das College of Arts (für Frauen). Ein Zweig der Azhar-Universität wurde 1992 in Kooperation mit der Islamischen Universität in Gaza errichtet. Die Al-Quds Open University wurde zunächst 1985 von der PLO in Amman begründet, ab 1992 wurde ein Büro in Jerusalem mit Zweigen in der Westbank und in Gaza eröffnet. Nach Übernahme der Verantwortung der Palästinenser für die Erziehung wurde der Hauptsitz offiziell von Amman nach Jerusalem verlegt.[128]

Obwohl die Hochschulen während der Intifada am schwersten von Schließungen und Behinderungen betroffen waren, konnte sich die akademische Bildung stabilisieren. Die Studentenzahl wuchs von wenigen hundert im Jahr 1972 auf ca. 20.000 im Jahr 1992. Die Zahl der Universitätslehrer mit Master oder Doktorat wuchs von 20 auf 900 im selben Zeitraum an. Palästinensische Universitäten können heute für fast alle Gebiete der Wissenschaft ein Studium und in einigen Fächern auch ein Studium für Postgraduierte anbieten. Die Planung und Organisation der Hochschulen liegt in den Händen des "Palestinian Ministry of Higher Education".[129]

[127] BARAMKI 1996, 37.

[128] BARAMKI 1996, 38.

[129] BARAMKI 1996, 42.

3. Islamischer und christlicher Religionsunterricht

Der Religionsunterricht ist in Palästina in allen Schultypen verbindlich und soll in allen Klassenstufen dreistündig durchgeführt werden. Dem Religionsunterricht wird sowohl von Christen als auch von Muslimen ein hohes Maß zur Identitätsbildung zugeschrieben. Er fördere die Kenntnis der arabischen Sprache, trage zur Toleranz und Verständnis untereinander und zum Respekt vor und Anerkennung von anderen Religionen bei. Wo eine größere Anzahl von Christen vertreten ist, soll christlicher Religionsunterricht im gleichen Umfang wie islamischer Religionsunterricht durchgeführt werden. [130] Eine Studie der pädagogischen Fakultät der Universität Bethlehem aus dem Jahre 2001 ergab, dass viele Eltern und Schüler wünschen, dass man sich mit ähnlichen Themen beschäftigt und dass der Religionsunterricht mit anderen Unterrichtsfächern stärker verbunden wird. Bemängelt wird auch, dass im Religionsunterricht nach wie vor zu viel auswendig gelernt wird und dass zu wenig praxis- und gesellschaftsbezogene Themen behandelt werden. Bemerkenswert ist, dass gegenwärtig diskutiert wird, ob es sinnvoll ist, christliche und muslimische Geistliche in die Schulen einzuladen. Ebenso ist erstaunlich, dass nur die Hälfte mit dem Modell eines getrennten Religionsunterrichtes zufrieden ist. Deshalb empfiehlt die Studie, wöchentlich eine gemeinsame Religionsstunde im Klassenverband durchzuführen, um gemeinsame Themen zu besprechen.

Die Teilnahme an gemeinsamen Aktivitäten oder auch die Teilnahme an religiösen Festen und Feiern sowie Besuchen von Heiligen Stätten der anderen Religion ist kein Tabu, sondern stößt auf Interesse und wird auch im Alltag praktiziert.[131] Allerdings ziehen es trotzdem die meisten vor, mit Angehörigen ihrer eigenen Religion zusammen zu sein. Schüler haben prinzipiell aber nichts dagegen, z. B. neben einem andersgläubigen Schüler zu sitzen, suchen sich ihre Freunde nicht nach der Religionszugehörigkeit aus oder trennen sich aus diesem Grund. Religiöse Unterschiede werden akzeptiert, wobei umstrittene Themen vermieden werden. Auch in den Familien wird diese Offenheit und Toleranz praktiziert. Eltern ermutigen ihre Kinder zu Freundschaften mit Angehörigen der anderen Religion und erziehen ihre Kinder bewusst zum Respekt gegenüber der anderen Religion.[132] Viele sehen es als sinnvoll an, sich mit der anderen Religion zu beschäftigen.

---

[130] Die in diesem Kapitel gemachten Angaben beruhen auf einem Vortrag, den Prof. Dr. Sami Adwan beim Jahresfest des Jerusalemsvereins in Berlin am 6.2.2005 hielt (ADWAN 2005).

[131] In Gegenden, in denen Muslime die Majorität bilden, stoßen solche Ideen auf Desinteresse und Unverständnis, während in gemischten Regionen (Ramallah, Bethlehem, Jerusalem) dies durchaus von Pädagogen und Eltern denkbar ist und angestrebt wird.

[132] Nur zwischen 17% und 22% der Familien warnen ihre Kinder vor dem Kontakt mit Angehörigen anderer Religionen und wünschen keinen Kontakt mit ihnen.

4. Die obligatorischen Schulbücher

Vorrangiges Ziel des Palästinensischen Bildungsministeriums war es, seit Übernahme der Verantwortung für die Bildung im Jahr 1994 das duale Bildungssystem mit verschiedenen Curricula in der Westbank und in Gaza durch ein eigenständiges nationales palästinensisches Curriculum zu ersetzen. Die nationale Identität der Palästinenser sollte gestärkt bzw. zum ersten Mal ihren Ausdruck in den Schulbüchern und Lehrplänen finden. Zudem wollte man sich der jahrzehntelangen Einflussnahme durch Osmanen, Briten und Israelis entledigen.[133] Es ist daher kein Wunder, dass das Erziehungssystem und die Schulbuchproduktion zentralistisch geregelt ist: Die Produktion der Schulbücher wird von dem Curriculumszentrum, "Palestinian Curriculum Development Center" (PCDC), überwacht und allein diese Bücher sind für den Unterricht in staatlichen, privaten und UNRWA-Schulen verpflichtend und für die Prüfungen maßgeblich. Lediglich zusätzliches Material kann von Lehrern herangezogen werden.

Für die Schulbuchproduktion hat das Curriculumzentrum für die verschiedenen Fachgebiete "Nationale Teams" zusammengestellt, die über die Umsetzung des Lehrplans wachen. Sie bestehen aus den Leitern regionaler Direktorate, Supervisoren, herausragenden Lehrern und Dozenten der Universitäten und Colleges sowie jeweils einem Vertreter des PCDC als Koordinator. Diese nationalen Teams präzisieren die Rahmenrichtlinien für die Schulbücher der Fachgebiete: Lernziele für jedes Fach und jede Klassenstufe werden festgelegt, die Aufteilung des Stoffes auf die Schuljahre und die Lektionen, der Umfang der Illustrationen. Vergleiche mit Lehrplänen anderer Länder werden gezogen, ein Zeitplan zur Umsetzung festgelegt.

Dann werden in der Regel 3-5 Fachwissenschaftler damit beauftragt, diese Rahmenlinien umzusetzen. Die Autoren schreiben einen Textentwurf, der dann in Workshops von Kollegen evaluiert wird. Die Autoren überarbeiten den Text. Designer und Illustratoren machen Vorschläge für die Gestaltung, was wiederum mit den Autoren abgesprochen wird. Lehrer, Schüler und Eltern werden informiert über das neue Curriculum und können Feedback geben. Nach mehrfacher Überarbeitung und Korrekturlektüre durch Lektoren und Fachleute wird das Buch dem zuständigen nationalen Team, dem Curriculumzentrum und dem Erziehungsministerium zur Endabnahme vorgelegt. Sofern die Gremien zustimmen geht das Buch in den Druck und kann dann an Schüler und Lehrer verteilt werden. Die Drucke in den ersten beiden Jahren gelten als "Probedrucke". Rückmeldungen von Lehrern, Schülern und Eltern werden im nati-

[133] Vgl. oben Kap. II in Teil 2/A.

onalen Team des jeweiligen Fachgebietes diskutiert und von den Autoren eingearbeitet. Im dritten Jahr wird dann die endgültige Version jedes Buches festgelegt.[134]

In der Regel gibt es für jedes Fach und Schuljahr 1-2 Schulbücher. Äußerlich haben Sie allesamt eine ähnliche Gestaltung: In der Mitte jeder Umschlagseite wird ein wechselndes Bild gezeigt, das oben und unten mit einem Rahmen umgeben ist. Dieser Rahmen hat für jede Schulbuchreihe eine gleich bleibende charakteristische Farbe. Auf dem oberen Rahmen ist der Titel der Schulbuchreihe abgedruckt, links davon ist die Klassenstufe und die Bandangabe zu finden. Rechts vom Titel steht das palästinensische Wappentier, der arabische Adler, mit der Unterschrift: „Der Staat Palästina. Ministerium für Erziehung und Bildung“.[135] Auf dem Rand unten links steht "Curriculumszentrum" und das Signet dieser Institution wird abgebildet (ein stilisierter Leser, der ein aufgeschlagenes Buch in den Händen hält). Auf der ersten Seite werden nochmals Wappen, Titel und Klassenstufe wiederholt. Darüber steht in allen untersuchten Schulbüchern die Kaligraphie des Satzes „Im Namen des barmherzigen Gottes, des Allerbarmers“, des traditionellen Satzes, mit dem jede Sure eingeleitet wird und mit dem jeder fromme Muslim eine Handlung oder eine Rede beginnt. Auch der letzte Satz jedes Buches ist religiös geprägt. Er lautet „Es wurde mit dem Lob Gottes vollendet“ (*tamm bi-ḥamd Allah*). Durch diese Rahmung wird der islamisch-religiöse Charakter Palästinas bzw. des gesamten Bereichs der Bildung zum Ausdruck gebracht entsprechend der Vorgabe des palästinensischen Grundgesetzes, nach dem "Der Islam die offizielle Religion des Staates ist".[136] Im unteren Bereich der Seite werden die Autoren und der zuständige Mitarbeiter des Curriculumzentrums genannt.

---

[134] Die Ausführungen zur Schulbuchproduktion folgen der Selbstdarstellung des Curriculumzentrums in: PCDC 1998, 35-41 bzw. in: http://www.pcdc.edu.ps/PCDCbrochure.pdf (16.3.2005), 8f.

[135] Im Arabischen steht „Palästinensischer Staat“ (*dawla*) nicht „Palästinensische Autorität“ (*sulta*)! Interessanterweise ist lediglich bei einem Exemplar des dritten Schuljahres für das Fach "Islamische Erziehung", das der Autor im Februar 2003 erhielt, auf der Titelseite und der ersten Seite der Adler und die Beschriftung entfernt worden. Handschriftlich wurde auf der zweiten Seite der Begriff „Palästinensischer Staat“ in „Palästinensische Autorität“ geändert und mit dieser provisorischen Nachbesserung wurde das Buch nachgedruckt.

[136] Die religiöse Einleitungsformel ist auch in allen anderen Schulbüchern zu finden, die nicht in die Detailanalyse einbezogen wurden (z. B. Mathematik, Naturwissenschaften, Technologie). Die große Ausnahme bildet die Schulbuchreihe für christlichen Religionsunterricht. Offensichtlich wollte man hier nicht die religiösen Gefühle der Christen verletzen. Andererseits geht die Empathie nicht so weit, dass man die trinitarische Formel stattdessen abdruckt, mit der orientalische Christen eine Handlung, Rede oder Buch beginnen: "Im Namen des Vaters und des Sohnes und des Heiligen Geistes, des einen Gottes. Amen." Die Schlußformel hingegen findet sich in den Schulbüchern für christlichen Religionsunterricht durchgängig, da sie gleichermaßen auch von Christen gebraucht wird. Zum paläst. Grundgesetz und zur Verfassung vgl. REISS 2004 Staatsreligion.

Auf der zweiten Seite wird angegeben, ab welchem Schuljahr das Schulbuch erstmals von dem Erziehungsministerium eingeführt wurde. Sodann werden als "Generelle Aufsicht" für die Schulbuchproduktion gleichbleibend Dr. Naʿîm Abû Al-Ḥummus (der palästinensische Erziehungsminister) und Dr. Ṣalâḥ Yâsîn, der Gereraldirektor des Curriculumzentrums, genannt. Für jede Schulbuchreiche wird ein nationales Team von 7-15 Personen vorgestellt. Schließlich folgen Angaben, wer in dem jeweiligen Buch für das Layout, die Illustration, die Korrekturlektüre und die wissenschaftliche und pädagogische Überarbeitung zuständig war. Die Bücher haben ein weitgehend einheitliches Vorwort, in dem auf die Schulbuchproduktion entsprechend dem palästinensischen Curriculumsplan von 1998 verwiesen wird. Dieser sah vor, dass ab dem Schuljahr 2000/01 die jordanischen und ägyptischen Schulbücher schrittweise ersetzt werden. Beginnend mit der Elementarstufe sollten in einem Fünf-Jahres-Plan jeweils für zwei Klassen, dann jährlich für drei Klassen neue Schulbücher entstehen.

Planung für die Einführung des neuen Curriculums

Ursprüngliche Planung				
1. Phase	2000/01	1. Klasse 17 Schulbücher	6. Klasse 19 Schulbücher	-
2. Phase	2001/02	2. Klasse 16 Schulbücher	7. Klasse 21 Schulbücher	
3. Phase	2002/03	3. Klasse 16 Schulbücher	8. Klasse 23 Schulbücher	
4. Phase	2003/04	4. Klasse 16 Schulbücher	9. Klasse 22 Schulbücher	11. Klasse (1. Sekundarstufe)
5. Phase	2004/05	5. Klasse 19 Schulbücher	10. Klasse 23 Schulbücher	12. Klasse (2. Sekundarstufe)

Dieser Plan konnte trotz der Al-Aqsa-Intifada, die Treffen von Schulbuchautoren und Erziehungsexperten durch militärische Aktionen, Ausgangssperren und Checkpoints erheblich erschwerte, weitgehend eingehalten werden. Allerdings musste man das Vorhaben aufgeben, in dem Zeitraum von fünf Jahren auch die Schulbücher für die Sekundarstufe zu produzieren. Diese sollen nun nach einer Revision der Planung in den Jahren 2005 und 2006 produziert werden.[137]

[137] Vgl. PCDC 1998, 42 und die Selbstdarstelltung des Curriculumzentrums in: http://www.pcdc.edu.ps/PCDCbrochure.pdf, 16.3.2005, 6.

Analyse der palästinensischen Schulbücher

I. Islamischer Religionsunterricht (Elementarstufe)

1. Einleitung

Islamischer Religionsunterricht wird in der Elementarstufe mit drei Stunden pro Woche unterrichtet. Für das Fach wurden von der PNA seit dem Jahr 2000 für die Klassen 1-4 und 6-9 pro Schuljahr bisher jeweils zwei Schulbücher herausgegeben. Der Untersuchung lagen die insgesamt 16 Schulbücher für die acht Jahrgänge zugrunde. Sie alle tragen den Titel „Die islamische Erziehung" (*at-tarbiya al-islâmiya*) und sind in einheitlicher Aufmachung gestaltet.[1] Der Rahmen ist bei dieser Buchreihe grün. Auf der Titelseite werden auf den Bänden 1/2, 2/1, 2/2, 3/1, 3/2 und 4/1 gemalte Jungen oder Mädchen dargestellt, die traditionell gekleidet vor einer Moschee im Koran lesen, die Waschung vollziehen oder sich in einer Gebetshaltung befinden. Auf den Bänden 3/2 und 9/2 sind gemalte Reiterbilder, bei 3/2 in Kombination mit einem Schiff und einer Straßenszene zu sehen. Die Bände 1/1, 6/1, 6/2, 7/1 und 7/2 werden mit Fotocollagen des Felsendoms aus verschiedenen Perspektiven illustriert. Auf den Bänden 4/1, 6/1, 8/1, 8/2, 9/1 sind Fotos der Moscheen in Mekka und Medina zu sehen.

Als Autoren werden jeweils ein Team von 3-5 Personen angegeben, darunter ein Teamleiter (immer die erstgenannte Person der Autorenliste) und eine Person vom Curriculum-Zentrum, Barakât Fawzî Al-Qiṣrâwî. Die Zusammensetzung der Teams wechselt von Klasse zu Klasse, bleibt aber bei den Teilbänden gleich. Der gleich bleibende Ansprechpartner vom Curriculum-Zentrum scheint zum Teil als Autor mitzuwirken, teils nur koordinatorische Aufgaben zu übernehmen.[2] Zusätzlich werden auf der zweiten Seite mehrere Personen aufgelistet, die für die Zeichnungen, das Layout, die sprachliche und die pädagogische Aufarbeitung verantwortlich zeichnen.

Für die Gesamtkonzeption der Schulbücher wird ein „Nationales Team für die Curricula der islamischen Erziehung" mit sieben Personen genannt: 1. Dr. Marwân ʿAli Al-Qadûmî, 2. Dr. Ḥamza Ḏîb Muṣṭafâ, 3. ʿAbd Al-ʿAzîz Ḥusain Al-Baṭš, 4. Ġassân Ḫalîl Aš-Šilla, 5. Mâhir Rašîd Ḫaṭṭâb, 6. Maǧdî Ḥassan Badaḥ 7. Mahâ Ḥussain ar-Rifâʿî. Die oberste Aufsicht für die Lehrpläne haben [der Bildungsminsister][3] Naʿîm Abû al-Ḥummus und Ṣalâh Yâsîn, der Generaldirektor des Curriculum-Zentrums. Abgesehen vom Schulbuch 1/1 werden alle Drucke als „Probeauflagen" bezeichnet, zu deren Verbesserung angeregt wird.

---

1 Vgl. oben, Kap. 4, 351.

2 Dies ergibt sich daraus, dass Barakât Fawzî al-Qiṣrâwî teilweise unter den Autoren direkt aufgelistet wird, teilweise gesondert oder auch erst auf Seite 2 erwähnt wird. Im ersten Fall ist die Mitautorenschaft offensichtlich, im zweiten und dritten Fall scheint keine vorzuliegen.

3 Nicht als solcher benannt, sondern als „Vorsitzender des Ausschusses für die Curricula".

Die Schulbücher für die „Islamische Erziehung" bilden den Grundstock des islamischen Religionsunterrichts. Neben diesen Büchern werden für die Klassen 6-8 drei weitere Bücher für den Islamunterricht herangezogen. Diese tragen den Titel „Die Interpretation und Rezitation" (at-tilâwa wat-tağwîd). In ihnen werden anhand von Suren die Regeln für die phonetisch und syntaktisch richtige Rezitation vermittelt. Die äußere Gestaltung mit palästinensischem Adler, grüner Rahmung und einem Titelfoto (mit einem Koran oder einer Moschee) ist ähnlich wie bei den Schulbüchern für die „Islamische Erziehung". Ebenso werden auf der 2. Seite die gleichen Angaben zur allgemeinen Aufsicht, zum nationalen Team und zu den speziellen Gestaltungsbereichen gemacht und dasselbe Vorwort abgedruckt. Die Bücher sind im Zweifarbendruck gehalten und enthalten außer dem Titelbild keine Bilder, sondern nur einige Ornamente und Kaligrafien.

1.1. Bibliografische Angaben

Autoren	Titel	Umfang	Abk.
1. ʿAbdallah Aḥmad Šukârana 2. Sihâm Sulaimân Rašîd 3. Aḥmad Maḥmûd Aṭ-Ṭaqâṭaqa 4. ʿAbd al-ʿAzîz Ḥusain Al-Baṭš *Vom Curriculum-Zentrum:* Barakât Fawzî Al-Qiṣrâwî	**Islamische Erziehung, 1. Klasse der Elementarstufe**		
	1. Teil, Al-Bîra Ramallah 2002 (3. Auflage)	66 Seiten	IE ES 1/1
	2. Teil, Al-Bîra Ramallah 2002 (2. Probeauflage).	60 Seiten	IE ES 1/2
1. Hasan ʿAbd Ar-Raḥmân As-Silwâdî 2. Ğumʿa Barakât Abû Faḫîḍa 3. Ğamâl Maḥmûd Abû Hâšim 4. Barakât Fawzî Al-Qiṣrâwî (Curriculum-Zentrum)	**Islamische Erziehung, 2. Klasse der Elementarstufe**		
	1. Teil, Al-Bîra Ramallah 2002 (2. Probeauflage).	76 Seiten	IE ES 2/1
	2. Teil, Al-Bîra Ramallah 2003 (3. Probeauflage).	91 Seiten	IE ES 2/2
1. ʿAbdallah Aḥmad Šukârana 2. Ğamâl Maḥmûd Abû Hâšim 3. Saʿîd Sulaimân Al-Qayyaq 4. Wafâʾ Yûsuf Zibâdî *Vom Curriculum-Zentrum:* Barakât Fawzî Al-Qiṣrâwî	**Islamische Erziehung, 3. Klasse der Elementarstufe**		
	1. Teil, Al-Bîra Ramallah 2002 (1. Probeauflage).	92 Seiten	IE ES 3/1
	2.Teil, Al-Bîra Ramallah 2003 (2. Probeauflage).	7 Einheiten, 91 Seiten	IE ES 3/2
1. Aḥmad Fahîm Ğabr 2. ʿUmar Ğabr Ğanîm 3. Ḫâlid Maḥmûd Al-Ġazâwî 4. Samîḥa Ḥasan Al-Aswad	**Islamische Erziehung, 4. Klasse der Elementarstufe**		
	1.Teil, Al-Bîra Ramallah 2003 (1. Probeauflage).	9 Einheiten, 83 Seiten	IE ES 4/1
	2.Teil, Al-Bîra Ramallah 2004 (1. Probeauflage).	6 Einheiten, 83 Seiten	IE ES 4/1
1. Ḥamza Dîb Muṣṭafa 2. Barakât Fawzî Al-Qiṣrâwî (Curriculum-Zentrum) 3. ʿAlî Yûsuf Abû Zaid	**Islamische Erziehung, 6. Klasse der Elementarstufe**		
	1. Teil, Al-Bîra Ramallah 2002 (3. Auflage)	4 Einheiten, 99 Seiten	IE ES 6/1
	2. Teil, Al-Bîra Ramallah 2001 (1. Probeauflage)	5 Einheiten, 99 Seiten	IE ES 6/2

1. Muṣṭafa Maḥmûd Abû Ṣiwâ 2. Raqîya Ziyâd Al-Qâsim 3. ʿAli Yûsuf Abû Zaid 4. Tamîm Sâlim Šabîr 5. Barakât Fawzî Al-Qiṣrâwî (Curriculum-Zentrum)	**Islamische Erziehung, 7. Klasse der Elementarstufe**		
	1. Teil, Al-Bîra Ramallah 2002 (2. Probeauflage).	4 Einheiten, 107 Seiten	IE ES 7/1
	2. Teil, Al-Bîra Ramallah 2002 (2. Probeauflage).	4 Einheiten, 107 Seiten	IE ES 7/2
1. Aḥmad Fahîm Ḫabar 2. Tammâm Kamâl Aš-Šaʿir 3. Zakariyâ Ibrahîm Az-Zamîlî 4. ʿAbdallah Muṣṭafa Salâma 5. Barakât Fawzî Al-Qiṣrâwî (Curriculum-Zentrum)	**Islamische Erziehung, 8. Klasse der Elementarstufe**		
	1. Teil, Al-Bîra Ramallah 2002 (1. Probeauflage).	5 Einheiten, 84 Seiten	IE ES 8/1
	2. Teil, Al-Bîra Ramallah 2003 (2. Probeauflage).	5 Einheiten, 91 Seiten	IE ES 8/2
1. Ḥamza Ḏîb Muṣṭafa 2. Tammâm Kamâl Aš-Šâʿir 3. Saʿîd Sulaimân Al-Qayyaq 4. Laila Muḥammad Islîm	**Islamische Erziehung, 9. Klasse der Elementarstufe**		
	1. Teil, Al-Bîra Ramallah 2003 (1. Probeauflage).	6 Einheiten, 91 Seiten	IE ES 9/1
	2. Teil, Al-Bîra Ramallah 2004 (1. Probeauflage).	6 Einheiten, 91 Seiten	IE ES 9/2

Ergänzende Schulbuchreihe:

Autoren	**Titel**	**Umfang**	**Abk.**
1. Dr. Ḥamza Ḏîb Muṣṭafâ 2. Barakât Fawzî al-Qiṣrâwî (Curriculum-Zentrum) 3. ʿAlî Yûsuf Abû Zaid	**Die Interpretation und Rezitation,** 6. Klasse der Elementarstufe, Al-Bîra Ramallah 2002 (3. Auflage)	87 Seiten	IREZ ES 6
1. Maḥmûd ʿAbd al-Karîm Muhanna 2. Ṭâriq Muṣṭafâ Ḥamîda 3. Barakât Fawzî al-Qiṣrâwî (Curriculum-Zentrum)	**Die Interpretation und Rezitation,** 7. Klasse der Elementarstufe, Al-Bîra Ramallah 2002 (2. Probeauflage)	76 Seiten	IREZ ES 7
1. Maḥmûd ʿAbd al-Karîm Muhanna 2. ʿÎsâ Ibrahîm Wâdî 3. Fiḫriya ʿabd al-Ḥamîd Mubârak 4. Barakât Fawzî al-Qiṣrâwî (Curriculum-Zentrum)	**Die Interpretation und Rezitation,** 8. Klasse der Elementarstufe, Al-Bîra Ramallah 2002 (1. Probeauflage)	76 Seiten	IREZ ES 8

1.2. Aufbau und Inhalt

Abgesehen von den beiden Schulbüchern der ersten Klasse die in 28 bzw. 32 Lektionen mit wechselnder Thematik eingeteilt sind, sind die Schulbücher für das Fach Islamische Erziehung der übrigen Klassen in jeweils 4-5 thematische *„Einheiten"* mit mehreren *„Lektionen"* eingeteilt. Stets wiederkehrende Themenbereiche sind: *„Der Koran (und seine Auslegung)"*, die *„Islamische Glaubenslehre"*, die *„Ethik, das Denken und die Erziehung"*, das *„Prophetenleben"*, *"Islamisches Recht"*. Ab dem Schulbuch 7/2 wird die Sunna bzw. die Hadith-Auslegung in eigenen Kapiteln entfaltet.

In den Einheiten zum *„Koran“* werden in den unteren Klassen 1-3 und 6 vornehmlich die hinteren, kurzen Suren des Koran vorgestellt,[4] in den Klassen 7-8 die mittleren Suren.[5] Zum Teil werden in diesen Einheiten zusätzlich auch noch Informationen über die Offenbarung und Überlieferung des Koran, die Regeln der Interpretation/Rezitation und der Bedeutung des Koran gegeben.[6] In den Einheiten zur *„Islamischen Glaubenlehre“* werden die Grundlagen des Glaubens besprochen (die 2 Glaubensbekenntnisse,[7] die 5 Säulen des Islam[8], die 6 Säulen des islamischen Glaubens[9]) und es werden Eigenschaften bzw. Namen Gottes in verschiedenen Lektionen erläutert.[10] Themen, die die Glaubenspraxis betreffen, werden dagegen eher in den Einheiten zum *„Islamischen Recht“* (ab Klasse 6) behandelt: Das Fasten[11], das rituelle Gebet[12] und spezielle Formen des Gebetes (Gebete für Ramadannächte[13], für Tote, für Regen, für Kranke und Reisende, freie Anrufungen[14]). Ebenso werden hier einige Lektionen zum Bereich von Handel und Finanzen wiedergegeben (Die Armenabgabe am Ende des Ramadan[15] und die Almosensteuer, Regeln für den Kauf und das rechte Verhalten eines muslimischen Kaufmanns). [16] Schließlich werden in diesem Rahmen auch Regeln für die Unreinheit, die Regel und die Mutterschaft der Frau, für die Feste und das Schlachten behandelt.[17] In den Einheiten *„Ethik, Denken und Erziehung“* werden Verhaltensregeln des Islams vermittelt. Darunter finden sich religiöse wie z. B. der Gebrauch der Bismallah-Formel, des Friedensgrußes und der Ruf zum Gebet.[18] Andererseits werden hier auch soziale Verhaltensregeln aufgestellt wie das Achten auf Sau-

4 Es sind die Suren 82, 85-87, 95-97, 99, 103, 101, 104-107; 109-113 sowie die Sure 1, die „Eröffnende“ ganz zum Anfang.

5 Es sind die Suren 36, 39, 55 und 68.

6 Vgl. IE ES 1/1, 4-10; IE ES 2/1, 2-7; IE ES, 3/1, 83-91; IE ES 6/2, 18-21; IE ES 7/1, 4-11; IE ES 8/1, 3-10.

7 IE ES 1/1, 12-13.

8 IE ES 1/1, 14-19; IE ES 2/1, 8-11.

9 Gemeint ist der Glaube an Gott, an die Engel, an die Propheten, an die heiligen Schriften, an den letzten Tag und die göttliche Macht/Vorsehung. Vgl. dazu die Lektionen in IE ES 3/1, 2-31; IE ES 6/2, 48-59; IE ES 7/1, 39-49; IE ES 8/1, 20-35.

10 IE ES 1/1, 18-19; 33-35; IE ES 2/1, 12-14; 18-21; IE ES 3/1, 32-39; IE ES 6/1, 2-27.

11 IE ES 6/1, 28-37.

12 IE ES 6/2, 62-71.

13 IE ES 6/1, 38-39.

14 IE ES 7/2, 56-71.

15 IE ES 6/1, 40-43.

16 IE ES 7/2, 72-75.

17 IE ES 8/1, 52-61.

18 IE ES 1/1, 2-3; 26-29; IE ES 1/2, 18-20.

berkeit, auf die Pflanzen und Tiere,[19] die Regeln für ein sittsames Essen und Trinken,[20] die religiös-hygienisch richtige Benutzung der Toilette,[21] der freundlich-hilfsbereite und respektvolle Umgang mit anderen Menschen,[22] die Tugenden eines Muslim[23] u. ä. Insbesondere das Verhältnis zu den Eltern kommt mehrmals zur Sprache.[24] In den Einheiten *„Das Leben des Propheten"* wird aus der Kindheit des Propheten berichtet und von seiner ersten Offenbarung.[25] Sodann wird der Vorbereitung der Auswanderung besondere Beachtung geschenkt[26] und der Bedrohung, die ihm in Mekka von den Polytheisten widerfuhr.[27] Ein weiteres Thema sind der Moscheenbau und der Vertrag zwischen den Ausgewanderten und den Muslimen und Juden in Medina.[28] In der Einheit *„Der heilige Propheten-Hadith"* der 7. Klasse wird kurz definiert, was die Begriffe Sunna und Hadith meinen. Sodann werden sofort einige sozial-ethische Themen behandelt, die sich aus der Sunna ableiten lassen: Die Freundlichkeit der Muslime untereinander, das gemeinsame Gebet, der gute und der schlechte Freund, der Islam und die Arbeit sowie das Verbot der Nachahmung der Männer bzw. der Frauen.[29] Erst in der 8. Klasse werden dann in einer Einheit *„Die heilige Propheten-Sunna"* die Grundlagen der Auslegung des Hadith genauer besprochen: Es werden die beiden Ṣaḥîḥ sowie die Regeln, wie ein Hadith beurteilt werden muss, vorgestellt und dann anhand von zwei Beispielen praktisch angewandt.[30]

Die Bücher sind bis zur Klasse 6 im (qualitativ recht guten) Mehrfarbendruck. Bei den meisten Bildern handelt es sich nicht um Fotos, sondern um Illustrationen; die Schrift ist durchgängig vokalisiert, die Einheiten sind mit verschiedenen Farben gekennzeichnet. Ab Klasse 7 sind die Bücher nur noch im Zweifarbendruck (grün-schwarz); die Texte sind (abgesehen von Texten aus dem Koran und dem Hadith) nicht vokalisiert; auf gezeichnete Bilder wird vollständig verzichtet und die Illustration ist auf 2-3 Fotos von Moscheen aus aller Welt reduziert. Lernziele werden nicht angegeben. Es gibt wiederkehrende Bestandteile der Lektionen. Bei den Koran-Einheiten

---

19 IE ES 1/1, 60-75; IE ES 7/2, 92-95.
20 IE ES 1/2, 24-28.
21 IE ES, 1/2, 58-59.
22 IE ES 1/2, 52-57; IE ES 2/1, 30-36; IE ES 3/1, 66-82.
23 IE ES 2/1, 40-63; IE ES 3/1, 53-60; IE ES 6/1, 62-75; IE ES 6/2, 78-97; IE ES 7/1, 86-105; IE ES 7/2, 96-105; IE ES 8/1, 62-82.
24 IE ES 1/2, 36-40; IE ES 2/1, 26-29; IE ES 3/1, 61-65; IE ES 6/1, 36-61.
25 IE ES 1/1, 42-55; 58-59; IE ES 2/1, 63-73; IE ES 3/1, 40-51.
26 IE ES 6/1, 77-97.
27 IE ES 6/2, 22-45.
28 IE ES 7/1, 64-75.
29 IE ES 7/2, 26-53.
30 IE ES 8/1, 36-51.

wird z. B. stets der Korantext vorangestellt, wobei eine Sure meist auf mehrere Lektionen aufgeteilt wird. Es folgen Worterklärungen (*maʿnâ al-âyât*). In allen Einheiten sind Übungen zu finden, die den Stoff vertiefen (*an-našât*), aber auch Aufforderungen über Hintergründe nachzudenken oder weitergehende Beispiele aufzulisten (*li-nufakkir* oder *ufakkir*) sowie Zusammenfassungen des Gelernten in wenigen Sätzen (*nataʿal-lam*), bisweilen auch Übungen um sich selbst zu überprüfen (*at-taqwîm*). Ab der Klasse 6 werden zusätzliche Texte zur Lektüre (*lil-muṭâliʿa* oder *fâʾida*) angeboten und eine Literaturliste (am Ende jedes Buches) angegeben.

In der Buchreihe „Interpretation und Rezitation“ werden in der Einleitung der Autoren die Begriffe *at-tilâwa* und *at-tağwîd* näher erläutert, die der Buchreihe den Namen geben. Unter *at-tilâwa* versteht man die Bedeutung und die Regeln des Korans, die den Koran richtig interpretieren helfen, unter *at-tağwîd* die richtige Lesweise bzw. den korrekten Rezitationsvortrag. Der Schwerpunkt liege bei den Büchern auf dem *at-tağwîd*, da die Vermittlung der Inhalte eher in den Büchern für die „Islamische Erziehung“ gegeben werde. Der Aufbau der Lektionen ist stets der gleiche.

Aufbau der Lektionen in der Buchreihe "Interpretation und Rezitation"	
1. Surenabschnitt / Worterklärungen	Ausgangspunkt der Lektionen ist stets eine Sure, die in 3-6 verschiedene Abschnitte eingeteilt wird. Am linken Rand werden schwierige Worte erläutert.
2. Allgemeine Informationen	In einem zweiten Abschnitt werden stets Informationen zum Ort der Herabsendung, zur Anzahl der Verse und zur Stellung der Sure im Koran gegeben. Darüber hinaus wird mit wenigen Sätzen beschrieben, um welche Themen es in der Sure geht. Dem Lehrer wird in der Einleitung der Bücher freigestellt, bei Verständnisfragen eventuell noch weiter auszuholen und weitere Worterklärungen und Erklärungen zum Inhalt einer Sure zu geben.
3. Zu merkende Regeln	In diesem Abschnitt werden Rezitationsregeln vermittelt, die bei der abgedruckten Sure vorkommen. Es handelt sich dabei vornehmlich um Regeln, auf welchen Konsonanten und Konsonantenkombinationen der Rezitierende ausruhen darf oder soll, welche Anfangs- und Endkonsonanten zusammen gelesen werden sollen und welche Pausen oder Verbindungen zu unterlassen sind. Darüber hinaus werden die „Satzzeichen“ erläutert, die in alten Handschriften vermerkt sind, um eine Hilfestellung für die syntaktische Gliederung bei der Koranrezitation zu geben.
(4. Übungen)	Bei manchen Lektionen werden hier Übungen eingefügt, um die gelernten Regeln praktisch in der Klasse anzuwenden.
5. Bewertung	Es werden Fragen zu den Regeln (und dem Inhalt) der Sure gestellt.
6. Hausaufgabe/ Übungen	Hier steht die praktische Anwendung der erlernten Rezitationsregeln im Vordergrund, teilweise auch mit Hilfe von anderen Suren. Dabei kommt es nicht auf den Sinnzusammenhang an, sondern ausschließlich darauf, dass das gelernte rhytmisch-syntaktische oder lautliche Phänomen dort häufiger vorkommt.

Die Schulbücher für die „Interpretation und Rezitation“ befassen sich also weniger mit den Inhalten des Koran als mit der Art und Weise, wie dieser gelesen bzw. vorgetragen werden muss. Westliche christliche Leser mögen dem geringe Bedeutung zumessen, da Christen gewohnt sind, vornehmlich nach den Inhalten ihrer Heiligen Schriften zu fragen.[31] Für Muslime liegen die Prioritäten anders. Für sie hat die Rezitation (und Memoration) des Koran große Bedeutung. Nach ihrem Selbstverständnis ist der Koran weniger eine Schrift, deren Inhalte jeder Muslim verstehen als eine Lesung, die in der Glaubensgemeinschaft vorgetragen werden soll. Der Verlesung und dem Hören des unmittelbaren göttlichen Wortes wird eine eigenständige Wirkkraft zugemessen.[32]

1.3. Gliederung

Islamische Erziehung	**Klasse 1, Teil 1**
Ethik, Denken und Erziehung	Die Bismallah
Der heilige Koran	Sure [1] „Die Eröffnende" (I) - (II) - (III)
Der islamische Glaube	Die beiden Glaubensbekenntnisse - Die Säulen des Islam - Von den Namen des Erhabenen
Der heilige Koran	Sure [112] „Der uneingeschränkte Glaube" (I) - (II)
Der islamische Glaube	Gott ist der Schöpfer
Ethik, Denken und Erziehung	Der Gruß im Islam
Der heilige Koran	Sure [114] „Die Menschen" (I) - (II)
Der islamische Glaube	Von den Namen des Erhabenen
Der heilige Koran	Sure [105] „Der Elefant" (I) - (II) - (III)
Das Prophetenleben	Der Name des Propheten und sein Titel - Die Geburt des Propheten - Das Säuglingsalter des Propheten - Die Kindheit des Propheten - Vom Verhalten des Propheten
Der heilige Koran	Sure [110] „Der Beistand" (I) - (II)
Das Prophetenleben	Das Gebet für den Propheten
Ethik, Denken und Erziehung	Der Muslim achtet auf die Sauberkeit - Der Muslim achtet auf die Bäume und Blumen Der Muslim ist sanft zu den Tieren
Islamische Erziehung	**Klasse 1, Teil 2**
Der heilige Koran	Der heilige Koran - Das Herabkommen des heiligen Koran -Die Regeln der Rezitation - Der Muslim verehrt den Koran - Sure [97] „Die Herrlichkeit" (I) - (II) - (III)
Ethik, Denken und Erziehung	Der Ruf zum Morgen- und Abendgebet
Der heilige Koran	Sure [103] „Die Zeit"
Ethik, Denken und Erziehung	Die Regeln des Essens und Trinkens
Der heilige Koran	Sure [95] „Die Feigen" (I) - (II) - (III)
Ethik, Denken und Erziehung	Die Fürsorge der Eltern für die Kinder - Der Muslim liebt seine Eltern
Der heilige Koran	Sure [111] „Die Palmfasern" (I) - (II) – Sure [113] „Das anbrechende Morgenlicht" (I) - (II)
Ethik, Denken und Erziehung	Der Muslim tut seinem Nachbarn Gutes - Die Regeln für den Umgang mit Freunden Die Kooperation - Die Regeln für die Verrichtung des Bedürfnisses

---

31 Reste dieser Hochschätzung der Rezitation haben sich im Christentum in den orthodoxen Kirchen erhalten. Vgl. REISS 1993 Perspektiven 2.

32 Vgl. ZIRKER 1999, 2. Dementsprechend ist das Wort Koran auch abgeleitet vom dem Verb *qara'a*, dessen Grundbedeutung „hersagen, deklamieren, laut aussprechen, vortragen, vorlesen" ist. Die richtige Interpretation/Rezitation des Koran (*ḥaqq tilâwatihi*) gilt nach Sure 2, 121 explizit als Kriterium für den rechten Glauben. Zudem setzt damit jeder Muslim fort, wozu Muhammad selbst aufgefordert wurde: *iqra' - „Trag vor!"* (Sure 96, 1).

Islamische Erziehung	**Klasse 2, Teil 1**
1. Einheit Der heilige Koran und seine Wissenschaften	Der heilige Koran - Regeln der Koranrezitation
2. Einheit Der islamische Glaube	Die Säulen des Islam - Von den Eigenschaften Gottes des Erhabenen: Die Einheit - Sure [109] „Die Ungläubigen" - Von den Eigenschaften Gottes des Erhabenen: Die Schöpfung - Sure [99] „Die Erschütterung" (I) - (II)
3. Einheit Die Ethik und das Verhalten	Die Achtung der Eltern - Die Achtung des Lehrers - Die Achtung der Brüder und Schulfreunde - Sure [107] „Die Hilfeleistung" - Die Achtung der Ordnung - Die Bewahrung der Umwelt - Die Selbständigkeit - Die Spielregeln - Die Freundschaft - Das Erbarmen
4. Einheit Das Leben des Propheten	Die Geburt des Propheten - Die Kindheit des Propheten -Von den Taten des Propheten (I) - Von den Taten des Propheten (II) - Sure [106] „Quraisch"
Islamische Erziehung	**Klasse 2, Teil 2**
1. Einheit *Der Heilige Koran und das Prophetenleben*	Die Sure [94] "Das Weiten" – Die Fürsorge Gottes für den Propheten vor seiner Sendung – Eigenschaften des Propheten – Sure [93] "Der Morgen" (I) - (II)
2. Einheit *Die Ethik und das Verhalten*	Der Muslim achtet auf die Sauberkeit seines Körpers – Der saubere Muslim liebt die Sauberkeit – Der Anstandsbesuch – Die Ehrung des Gastes – Das rechte Verhalten auf dem Weg
3. Einheit: *Das islamische Recht*	Die rituelle Waschung (I) - (II) - Sure [108] "Die Gabenfülle" – Der Gebetsruf – Das Bekenntnis – Das Gebet Abrahams – Das Pflichtgebet – Das Morgengebet – Das Mittags-, Nachmittags- und Nachtgebet – Das Gebet bei Sonnenuntergang – Sure [102] "Die Vermehrungssucht"

Islamische Erziehung	**Klasse 3, Teil 1**
1. Einheit Der islamische Glaubenslehre	Die Säulen des Islam - Der Glaube an Gott, den Erhabenen - Der Glaube an die Engel - Der Glaube an die Propheten - Der Glaube an die himmlischen Schriften - Der Glaube an den letzten Tag - Sure [101] „Die Pochende" - Von den schönen Namen Gottes (I) - Von den schönen Namen Gottes (II)
2. Einheit Das Leben des Propheten	Das Herabkommen des heiligen Korans auf den Propheten - Sura [96] „Der Embryo" - Die Heimkehr des Propheten in sein Haus
3. Einheit Die Ethik und das Verhalten	Die Regeln der Rede - Die Sicherheit - Die Rechte der Eltern - Die Achtung der Anderen - Sure [104] „Der Stichler" - Der Beistand für den Bedürftigen und Schwachen - Die Sorge für die gemeinnützigen Einrichtungen
4. Einheit Die Rezitation des heiligen Koran	Sure [85] „Die Konstellationen" - Sure [86] „Der Nachtstern" - Sure [87] „Der Allerhöchste" - Sure [82] „Die Spaltung"
Islamische Erziehung	**Klasse 3, Teil 2**
1. Der Heilige Koran	Sure [92] "Die Nacht" (I) – (II)
2. Das islamische Recht	Die Waschhandlungen – Der Gebetsruf – Das Ritualgebet – Die Kleidung des Gebets und sein Vorzug
3. Der Heilige Koran	Sure [91] "Die Sonne" (I) – (II)
4. Das Leben [der Propheten]	Der gemeine Aufruf – Der Aufruf zur Hiğra – Abû Bakr Aṣ-Ṣadîq – Bilâl Ibn Ribâḥ – Ḥamza Ibn Abû Ṭâlib – ʿAlî Ibn Abû Ṭâlib – Die Geschichte von Noah – Die Geschichte von Abraham
5. Der Heilige Koran	Sure [100] "Die Rennenden"
6. Die Ethik und das Verhalten	Das Recht des Muslim auf seinen muslimischen Bruder – Das gute Aussehen – Die Vermeidung von Gefahren
7. Die Rezitation des Heiligen Koran	Sure [98] "Das klare Beweiszeichen" (I) – (II) – Sure [90] "Die Stadt" (I) – (II) – Sure [89] "Die Morgendämmerung" (I) – (II) – (III) – Sure [88] "Die Verhüllende"(I) – (II)

Islamische Erziehung	Klasse 4, Teil 1
1. Der islamische Glaube	Der Glaube an Gott (I) – (II) – Der Thronvers [Sure 2,255]
2. Der Heilige Koran	Begriffe des Heiligen Koran – Sure [98] "Das klare Beweiszeichen" (I) – (II)
3. Das Recht	Das Ritualgebet (I) – (II) – Das Gemeinschaftsgebet – Das Ramadanfasten (I) – (II)
4. Der Heilige Koran	Der Aufruf des Heiligen Koran - Sure [90] "Die Stadt" (I) – (II)
5. Die Ethik und das Verhalten	Die Liebe zu Gott und seinem Propheten – Die Liebe zum Lernen – Der Respekt der Lehrer – Die Liebe des Nächsten und seines Tuns – Die Rechte der Verwandten
6. Der Heilige Koran	Der Vorteil, den Heiligen Koran kennen- und auswendig zu lernen - Sure [88] "Die Verhüllende"(I) – (II)
7. Die Rezitation des Heiligen Koran	Sure [84] "Der Riss" – Sure [83] "Die Betrüger" – Sure [81] "Die Umwölbung"
Islamische Erziehung	**Klasse 4, Teil 2**
1. Der Heilige Koran	Die Geschichte von Abraham und Ismael – Der Bau der Kaaba – Sure [87] "Der Allerhöchste" (I) – (II)
2. Das Prophetenleben	Der Aufruf zum Monotheismus – Die Beleidigungen, die die Quraisch dem Propheten ständig zufügten – Die Beleidigungen, die die Quraisch den Gefolgsleuten ständig zufügten – Die Flucht nach Äthiopien – Die Bekehrung des 'Umar Ibn Al-Ḫattâb
3. Der heilige Koran	Der Vorteil des Gläubigen bei dem Erhabenen – Sure [86] "Der Nachtstern" (I)–(II)
4. Die Ethik und das Verhalten	Die Verwirklichung der Gleichheit zwischen den Menschen – Die Kooperation - Versöhnt die Streitigkeit! – Die Vergebung – Die Bedeutung der Zeit
5. Der Heilige Koran	Al-Walîd Ibn Al-Muġîra – Sure [89] "Die Morgendämmerung" (I) – (II)
6. Die Rezitation des Heiligen Koran	Sure [80] "Er runzelte die Stirn" – Sure [79] "Die Herausziehenden" – Sure [78) "Die Meldung"

Islamische Erziehung	6. Klasse, 1. Teil
1. Die islamische Glaubenslehre	Sure [55] „Der Gnädige“ (I) - Die überlieferten Hinweise auf den Glauben an die Namen Gottes, des Erhabenen und seine Eigenschaften - Von den Eigenschaften Gottes, des Starken und Mächtigen: Das Wissen (I) - Die Bestimmung (II) - Folgen des Glaubens an die Namen Gottes und an seine Eigenschaften - Sure [55] „Der Gnädige“ (II)
2. Das islamische Recht	Das Fasten (I) - (II) - Das Gebet zur Ruhe [in den Nächten des Ramadan] - Die Armenabgabe (sadaqat al-fiṭr) [am Ende des Ramadan]
3. Ethik, Denken und Erziehung	Die Gebote des Luqmân an seinen Sohn - Von den größten Sünden „Die Schmähung der Eltern“ - Die Rechte der Kinder im Islam - Die wirkungsvolle Hinführung zum Guten - Der Muslim liebt sein Vaterland und verteidigt es - Der Islam ruft auf zum Interesse an der Gesundheit
4. Das Leben des Propheten	Der Prophet legt den Stämmen den Islam vor - Die erste Abmachung von Aqaba - Die zweite Abmachung von Aqaba - Die Flucht der Muslime zu der erleuchteten Stadt (Medina)
Islamische Erziehung	**6. Klasse, 2. Teil**
1. Der heilige Koran	Sure [55] „Der Gnädige“ (III) - (IV) - Die Geschichte von den Gartenbesitzern [Sure 68,17-32] - Das Mekkanische und das Medinensische des Korans
2. Das heilige Prophetenleben	Die Polytheisten befahlen, den Propheten zu töten - Die Auswanderung des Propheten (I)-(II)-(III) - Die Geschichte der Unterwerfung des Persers Salmân
3. Die islamische Glaubenslehre	Der Glaube an die Engel (I) - (II) - Die Eingebung
4. Das islamische Recht	Das Gebet (I) - Das Gebet (II) - Das Abwischen der Schuhe und der Schienbeine [anstelle der üblichen rituellen Fuß- und Ellenbogenwaschung]
5. Ethik, Denken und Erziehung	Von den Eigenschaften der Gläubigen - Der Muslim ist ein umgänglicher Kamerad - Der Muslim zeichnet sich durch das Leben aus - Von den Eigenschaften der Heuchler - Der Islam ruft zur Ausübung des Sports auf

Islamische Erziehung	**7. Klasse, Teil 1**
1. Der hl. Koran und seine Wissenschaften	Der heilige Koran in der Zeit des Propheten - Der heilige Koran in der Zeit der rechtgeleiteten Kalifen - Sure [36] „Yâ-Sîn" (I) - (II) - (III) - (IV) - (V)
2. Die islamische Glaubenslehre	Das Bedürfnis der Menschen nach Gesandten - Die Wundertaten der Propheten - Der Wundercharakter des Korans - Gründe für die Ausbreitung des Islam – Der Vorzug des Islams für die Menschheit
3. Das Prophetenleben	Der Bau der heiligen Prophetenmoschee - Die Brüderlichkeit zwischen den Muslimen - Die Niederschrift des Vertrags - Von den Gefährten des Propheten (I): Abû ʿAbîda ʿĀmir Ibn al-Ǧarâḥ – (II): Die Mutter der Gläubigen ʿĀʾiša
4. Die Ethik und das Verhalten	Die Wahl der Freunde - Vom lobenswerten Verhalten: Die Nächstenliebe - Vom tadelnswerten Verhalten: Die Verleumdung - Die Scham und der Schmuck
Islamische Erziehung	**7. Klasse, Teil 2**
1. Der hl. Koran und seine Wissenschaften	Sure [36] „Yâ-Sîn" (VI) - Von den Eigenschaften der Anbetung des Gütigen - Die Geschichte Noahs mit seinem Volk (I) - (II)
2. Die heilige Prophetenüberlieferung (al-ḥadîṯ)	Die Propheten-Sunna - Das Beispiel der Gläubigen in ihrer Freundlichkeit und ihrem Erbarmen - Das Streben nach dem gemeinschaftlichen Gebet - Der gute und der schlechte Tischgenosse - Der Islam und die Arbeit - Das Verbot der Nachahmung der Männer durch Frauen und der Frauen durch Männer
3. Das islamische Recht	Das Totengebet - Das Gebet um Regen - Das Gebet für den Kranken, den Reisenden und den Furchtsamen - Die Freiwilligkeit in der Anbetung - Die Almosensteuer (az-zakât) - Der Verkauf - Das Verhalten des muslimischen Kaufmanns
4. Das Denken und die Erziehung	Die Anrufung [Gottes] - Der Islam und die Natur - Der Wert der Zeit im Leben des Muslim - Der Islam und die Kunst

Islamische Erziehung	**8. Klasse, 1. Teil**
1. Der heilige Koran	Die Wissenschaft der Auslegung - Die Gründe für das Herabkommen [des Koran] Sure [39]„Die Scharen" (I) - (II)
2. Die islamische Glaubenslehre	Der Glaube an den letzten Tag - Die Hölle und das Feuer - Folgend des Glaubens an den letzten Tag
3. Die heilige Propheten-Sunna	Die Grundlagen des Ḥadith - Die Beurteilung des Ḥadith - Die beiden Šaḥîḥ - Die Gottesfurcht und die gute Schöpfung - Das Verdienst der Almosenspende (aṣ-ṣadaqa)
4. Das islamische Recht	Die Regeln für die große rituelle Unreinheit, die Menstruation und die Niederkunft - Die Regeln für die beiden Feste und das Schlachten
5. Die Ethik und die Erziehung	Verhaltensregeln des Ḥadith - Das offene Aussprechen der Wahrheit - Die barmherzige Verwandtschaftsbeziehung - Die Demut - Die Redlichkeit - Die Toleranz
Islamische Erziehung	**8. Klasse, 2. Teil**
1.Der heilige Koran	Sure [49] "Die inneren Gemächer" (I) – (II) – (III) – (IV)
2. Der Hadith des Hl. Propheten	Die sieben Todsünden – Ihr müsst aufrichtig sein – Das Tun um Gottes willen
3. Das heilige Prophetenleben	Expeditionen und Raubzüge – Der große Raubzug von Badr (I) – (II) – Der Raubzug von Uḥud (I) – (II) – Die Gefährtinnen des Propheten Gottes
4. Islamisches Recht	Die Almostensteuer – Die Abgabe der Almosensteuer – Der Verkauf: Seine Formen und rechte Abwicklung
5. Das islamische Denken	Die Sicht des Islam auf den Menschen, die Schöpfung und das Leben – Der Islam und die Jugend – Das Gebotene und das Verbotene – Die Ordnung des Islam für die Beziehung zwischen den Menschen

Islamische Erziehung	9. Klasse, 1. Teil
1. Der heilige Koran	Sure [47] "Muhammad" (I) – (II) – (III)
2. Der islamische Glaube	Die Rolle der Vernunft im Glauben an Gott – Die Einzigartigkeit Gottes, des Großen und Mächtigen
3. Der heilige Propheten-Hadith	Die Bücher der Sunna (I)- (II) – Die Solidarität der muslimischen Gemeinschaft – Der Vorzug des Koran
4. Das heilige Prophetenleben	Der Raubzug von Ḫandaq – Der Raubzug gegen die Banû Quraiẓa – Der Friedensvertrag von Ḥudaiba – Umm Salma
5. Das islamische Recht	Die Pilgerfahrt (I) – (II) – Das Schlachten und das Jagen – Der Glaube und die Regeln – Das Dankopfer – Die Stiftung
6. Die Ethik	Die Bedeutung des guten Rates – Die Umkehr – Das Festhalten am Vertrag
Islamische Erziehung	**9. Klasse, 2. Teil**
1. Der heilige Koran	Die Erzählung im Heiligen Koran – Der Dialog im Heiligen Koran – Die Geschichte von dem Besitzer der beiden Gärten – Die Geschichte von ʿIsa -
2. Der islamische Glaube	Die Aufgabe des Menschen im Leben – Die Verwerfung des Aberglaubens und der nichtigen
3. Der heilige Propheten-Hadith	Die Bedeutung des guten Verhaltens – Die Pluralität der guten Wege – Das Fernhalten vom Verbotenen und Zweifelhaften
4.Das heilige Prophetenleben	Die Botschaften des Propheten an die Könige und Fürsten – Der Raubzug von Ḫaibar – Der Raubzug von Muʾta – Ḫâlid Ibn Al-Walîd
5. Das islamische Recht	Die Schenkung – Die Hinterlegung – Die Fundsache – Das Pfand – Das Darlehen
6. Das islamische Denken	Der Islam und das Wissen – Der wissenschaftliche Plan im Islam und sein kultureller Einfluss – Der Ruf zu Gott – Dem Recht gehört die Herrschaft im Islam – Die Rechte des Menschen im Islam

Die ergänzende Buchreihe „Interpretation und Rezitation“[33]

Die Interpretation und Rezitation, 6. Klasse			
Lektion	**Name der Sure**	**Lektion**	**Name der Sure**
1.-2.	Sure [71] „Noah“	13.-15.	Sure [64] „Die Übervorteilung“
3.-4.	Sure [70] „Die Allmachtswege“	16.-18.	Sure [65] „Die Scheidung“
5.-6.	Sure [67] „Die Herrschaft“	19.-21.	Sure [66] „Das Verbot“
7.-8.	Sure [62] „Der Freitag“	22.-24.	Sure [60] „Die Prüfende“
9.-10.	Sure [61] „Die Reihe“	25.-27.	Sure [59] „Die Versammlung“
11.-12.	Sure [63] „Die Heuchler“		
Die Interpretation und Rezitation, 7. Klasse			
Lektion	**Name der Sure**	**Lektion**	**Name der Sure**
1.-5.	Sure [37] „Die sich Reihenden“	13.-16.	Sure [57] „Das Eisen“
6.-7.	Sure [72] „Die Dschinn“	17.-19.	Sure [53] „Der Stern“
8.-9.	Sure [69] „Das Wahrhaftige“	20.-25.	Sure [20] „Ta Ha“
10.-12.	Sure [58] „Die Debatte“		
Die Interpretation und Rezitation, 8. Klasse			
Lektion	**Name der Sure**	**Lektion**	**Name der Sure**
1.-4.	Sure [46] „Al-Aḥqâf“	14.-15.	Sure [52] „Der Berg Tûr“
5.-8.	Sure [48] „Der Sieg“	16.-18.	Sure [54] „Der Mond“
9.-10.	Sure [50] „Qâf“	19.-25.	Sure [25] „Die Entscheidung“
11.-13.	Sure [51] „Die Treibenden“		

33 In diesen Schulbüchern dient stets nur der Name der Sure bzw. des Surenabschnittes, der besprochen wird, als Überschrift. Unterschiede bestehen lediglich darin, auf wie viele Lektionen eine Sure aufgeteilt wird, welche Suren behandelt werden und welche rhythmisch-phonetischen oder syntaktischen Phänomene dabei erklärt werden.

2. Quantität der Darstellung des Christentums

2.1. Ort und Umfang der Erwähnungen

Schulbuch	Seite	Ort der Erwähnung	Umfang		
			Ex-plizit	In-klu-siv	Im-plizit
IE ES 1/1	41	In der 16. Lektion wird Sure 105 abgedruckt und mit drei großformatigen Illustrationen und einem kurzen Begleittext erläutert. Das äthiopische Heer, das es unter der Führung des christlichen Königs Abraha wagte, die Kaaba zu bedrohen, wird als „Heer der Ungläubigen" bezeichnet.			4 Z 3 B
IE ES 1/2		Keine Erwähnung			
IE ES 2/1	16	In der 5. Lektion gibt es zu dem Koranvers „Ihr habt eure Religion, ich habe meine" eine Worterklärung			1 Z
IE ES 2/2		Keine Erwähnungen			
IE ES 3/1	17	Neben Noah, Abraham, Moses und Muhammad wird auch Jesus (ʿIsâ) als islamischer Prophet aufgezählt.		1 Z	
	19-23 passim	Es wird erläutert, an welche Schriften die himmlischen Religionen glauben und welchen Vorzug der Koran gegenüber den anderen Offenbarungsschriften genießt.	8 Z		
	67	Es wird gesagt, dass Muhammad aufgetragen habe, alle Menschen – u. a. auch die Nichtmuslime - zu achten.			1 Z
IE ES 3/2		Keine Erwähnungen			
IE Es 4/1		Keine Erwähnungen			
IE ES 4/2	50	In der Lektion "Die Verwirklichung der Gleichheit zwischen den Menschen" wird ausgeführt, dass der Islam den Nichtmuslimen gleiche Rechte und Pflichten gewährt.			
IE ES 6/1	33	Als Beispiel dafür, dass der Fastenmonat Ramadan kein Monat des Müßiggangs ist, sondern der Arbeit und des Dschihads, werden erfolgreiche Kriege aufgelistet, darunter Kriege gegen Christen und Juden.			3 Z
	66	In der Lektion „Der Muslim liebt sein Vaterland und verteidigt es" wird eine Karte wiedergegeben, auf der Israel und Libanon als Länder mit mehr als 80% muslimischer Bevölkerung dargestellt werden.			1 B
IE ES 6/2		Keine Erwähnungen			
IE ES 7/1	44-46 passim	In der Lektion "Die Wundertaten der Propheten" werden neben den Wundertaten Moses, Abrahams und Muhammads die Wundertaten Jesu erwähnt und die Sendung von Muhammad mit der früherer Propheten verglichen.		17 Z	
	57-58	Einer der „Gründe für die Ausbreitung des Islam" sei die gerechte Behandlung der Nichtmuslime aufgeführt. Der Islam sei keine „Religion des Schwertes". Vielmehr habe immer das Prinzip gegolten, keinen Zwang auszuüben.			14 Z
IE ES 7/2		Keine Erwähnung			
IE ES 8/1	81-82	In der letzten Lektion „Die Toleranz" kommt man nach der Besprechung der Toleranz unter Muslimen auch auf die Toleranz gegenüber Nichtmuslimen zu sprechen.			20 Z
IE ES 8/2		Keine Erwähnungen			
IE ES 9/1		Keine Erwähnungen			
IE ES 9/2	16-19	Ein ganzes Kapitel wird der "Geschichte Jesu" nach dem Koran gewidmet			
	39-40	In Einheit 4 wird über die Korrespondenz Muhammads mit den Herrschern der benachbarten Reiche berichtetet.			

Die Buchreihe „Interpretation und Rezitation"

Schulbuch	Seite	Ort der Erwähnung	Umfang		
			Ex-plizit	In-klusiv	Im-plizit
IREZ ES 6		Keine Erwähnungen			
IREZ ES 7		Keine Erwähnungen			
IREZ ES 8		Keine Erwähnungen			

2.2. Art und Quantität der Erwähnungen

Die Buchreihe "Islamische Erziehung"

Schulbuch	Umfang								
	Insgesamt	Erwähnungen des Christentums							
		Explizit		Inklusiv		Implizit		Insgesamt	
	S(eiten) = Z(eilen) + B(ilder)	Zeilen/ Bilder	Prozent	Zeilen/ Bilder	Prozent	Zeilen/ Bilder	Prozent	Zeilen/ Bilder	Prozent
IE ES 1/1	66 S = 450 Z 94 B	0	0,00 %	0	0,00 %	35 Z 5 B	7,78 %	35 Z 5 B	7,78 %
IE ES 1/2	60 S = 359 Z 62 B	0	0,00 %	0	0,00 %	0	0,00 %	0	0,00 %
IE ES 2/1	76 S = 689 Z 65 B	0	0,00 %	0	0,00 %	0	0,00 %	0	0,00 %
IE ES 2/2	92 S = 707 Z 132 B	0	0,00 %	0	0,00 %	0	0,00 %	0	0,00 %
IE ES 3/1	92 S = 894 Z 28 B	14 Z	1,57 %	2 Z	0,22 %	1 Z	0,11 %	17 Z	1,90
IE ES 3/2	92 S = 1069 Z 60 B	0	0,00 %	0	0,00 %	0	0,00 %	0	0,00 %
IE ES 4/1	84 S = 1099 Z 29 B	0	0,00 %	0	0,00 %	0	0,00 %	0	0,00 %
IE ES 4/2	92 S = 1168 Z 30 B	0	0,00 %	0	0,00 %	4 Z	0,34 %	4 Z	0,34 %
IE ES 6/1	100 S = 1342 Z 17 B	0	0,00 %	0	0,00%	3 Z 1 B	0,22 %	3	0,22 %
IE ES 6/2	100 S = 1312 Z 18 B	0	0,00 %	0	0,00 %	0	0,00 %	0	0,00 %
IE ES 7/1	108 S = 1664 Z 9 B	0	0,00 %	17 Z	1,02 %	14 Z	0,84 %	31 Z	1,89 %
IE ES 7/2	108 S = 1636 Z 10 B	0	0,00 %	0	0,00 %	0	0,00 %	0	0,00 %

IE ES 8/1	84 S = 1366 Z 6 B	0	0,00 %	0	0,00	20 Z	1,46 %	20 Z	1,46 %
IE ES 8/2	92 S = 1640 Z 7 B	0	0,00 %	0	0,00 %	0	0,00 %	0	0,00 %
IE ES 9/1	92 S = 1750 Z 15 B	0	0,00 %	0	0,00 %	0	0,00 %	0	0,00 %
IE ES 9/2	92 S = 1794 Z 14 B	0	0,00%	82 Z	4,57 %	72 Z	4,01 %	154 Z	8,58 %
Summe	**1430 S = 18939 Z 596 B**	**14 Z**	**0,07 %**	**101 Z**	**0,53 %**	**149 Z**	**0,78 %**	**264 Z**	**1,39 %**

Die Buchreihe „Interpretation und Rezitation"

	Umfang								
	Insgesamt	**Erwähnungen des Christentums**							
		Explizit		**Inklusiv**		**Implizit**		**Insgesamt**	
Schulbuch	S(eiten) = Z(eilen)	Zeilen	Prozent	Zeilen	Prozent	Zeilen	Prozent	Zeilen	Prozent
IREZ ES 6	88 S = 1019 Z	0	0,00 %	0	0,00 %	0	0,00 %	0	0,00 %
IREZ ES 7	76 S = 1043 Z	0	0,00 %	0	0,00 %	0	0,00 %	0	0,00 %
IREZ ES 8	76 S = 1015 Z	0	0,00 %	0	0,00 %	0	0,00 %	0	0,00 %
Summe	**240 S = 3077 Z**	**0**	**0,00 %**	**0**	**0,00 %**	**0**	**0,00 %**	**0**	**0,00 %**

3. Qualität der Darstellung des Christentums

3.1. Jesus ist einer der anerkannten Propheten

In der Lektion *„Der Glaube an die Gesandten"* im Schulbuch der dritten Klasse wird den Kindern erklärt, was Gesandte bzw. Propheten sind. Die Lektion wird in Form eines Dialoges zwischen einer Familie dargeboten.[34] Der Vater erläutert zur Sure 2, 285, die zuvor gebetet wurde:[35] Die Propheten sind Menschen, die Gott auserwählt hat und *„auf die er himmlische Schriften* herabgesandt *hat, um die Menschen recht zu leiten auf den Weg des Guten.*[36]*"* Im Koran seien 25 namentlich erwähnt, aber es gäbe noch viel mehr. Die Mutter ergänzt, dass sie normale Menschen gewesen seien, aber mit besonders guten Charaktereigenschaften. Auf Anfrage des Sohnes Ḫâlid antwortet der Vater, dass der erste Prophet Adam und der letzte Muhammad gewesen sei. Die Kinder werden an die Pflicht erinnert, die man gegenüber den Propheten hat: *„Dass wir an sie alle glauben und sie lieben und dass wir tun, womit unser Prophet Muhammad – Gott segne ihn und schenke ihm Heil – gekommen ist."*[37] Damit schließt der Dialog und der Schüler wird direkt angesprochen: *„Wusstest du, dass die ersten unter den Gesandten, die einen festen Entschluss [zur Prophetie hatten] Gesandte waren, die eine große Kränkung von ihrem Volk erlitten? Es waren Noah, Abraham, Moses, Jesus und Muhammad – Segen und Heil sei mit ihnen."*[38] Dem Text ist zu entnehmen, dass der Person Jesus gleiche Verehrung wie den anderen Propheten entgegengebracht wird. Wie bei Muhammad selbst und den anderen Propheten wird die rituelle Segensformel „Gott segne ihn und schenke ihm Heil" nach seiner namentlichen Erwähnung stets beigefügt. Im Text wird explizit gesagt, dass Muslime die Pflicht haben, an alle diese Gesandten zu *glauben* und dass sie sie *lieben* sollen. Außerdem wird implizit ausgesagt, dass Jesus zu denen gehört, auf die Gott himmlische Schriften herabsandte, die dazu dienten, die Menschen auf den Weg des Guten zu leiten. Auch wird angedeutet, dass Jesus wie andere Propheten vor ihm Anerkennung versagt blieb. Die erste Erwähnung von Jesus in den palästinensischen Schulbüchern für die Islamische Religionserziehung ist also durchweg positiv. Er wird im vollen Sinne als Prophet, als Offenbarungsträger und als Schriftempfänger anerkannt. Muslime haben an ihn zu glau-

---

34 Auf der Illustration scharen sich alle um den Vater. Der Vater spricht, die verschleierte Mutter hat die Augen niedergeschlagen. Die ebenso verschleierte ältere Tochter und der ältere Sohn hören zu. Der kleinere Sohn kuschelt sich an die Mutter.

35 Sure 2,285: *„Gottes Gesandter glaubt an das ihm von seinem Herrn Offenbarte, und also die Gläubigen: sie glauben an Gott, an seine Engel, an seine Bücher und an seine Gesandten. Sie sagen: ‚Wir glauben an die Gesandten, ohne Unterschiede zwischen ihnen zu machen'."*

36 IE ES 3/1, 16.

37 IE ES 3/1, 15-16.

ben und ihn zu lieben. Eine Einschränkung und Unterscheidung zur Prophetie Muhammads ist lediglich im letzten Satz des Dialoges zu erkennen: An die anderen Propheten muss man *glauben* und sie *lieben*. Das, was Muhammad jedoch sagte, muss man darüber hinaus auch *tun*. Bei dieser Textstelle handelt es sich um die inklusive Sicht auf Jesus als einen Propheten des Islam. Dass Jesus in besonderer Weise vom Christentum verehrt wird, wird nicht deutlich.

3.2. Christen haben eine vorläufige begrenzte Offenbarung

Die darauf folgende Lektion über den „Glauben an die himmlischen Schriften" beginnt mit einem Satz, der ganz ähnlich ist wie der über die Propheten: *„Der Muslim glaubt an alle himmlischen Schriften, der Gott der Erhabene auf seine Propheten gesandt hat, aber er tut das, was in dem Heiligen Koran steht."*[39] Wie bei den Propheten, die zwar anerkannt werden, zugleich aber durch Muhammad in ihrer Bedeutung für den Glaubenden relativiert werden, werden auch hier die früheren Offenbarungsschriften anerkannt und zugleich relativiert: Der Muslim soll zwar an die früheren Schriften glauben, aber sie sind überholt, da nur noch das getan werden muss, was im Koran gelehrt wird. Dieses Verständnis prägt auch die folgenden Ausführungen.

> *„Die himmlischen Schriften*
> *Der Heilige Koran erwähnt folgende himmlischen Schriften:*
> 1. *Die Schriften (suḥuf) Abrahams - Friede sei mit ihm. Sie riefen sein Volk zum Glauben an Gott auf, den Starken und Mächtigen, zu seiner Anbetung und Entwicklung der lobenswerten Charaktereigenschaften. So sagt der Erhabene: ‚Das steht bereits in den früher offenbarten Schriften, in den Schriften von Abraham und Moses' (Sure* [87] *Der Allerhöchste', 18-19).*
> 2. *Die Torah: Sie wurde auf Moses –Friede sei mit ihm – herabgesandt als Gabe für das Volk Israel.*
> 3. *Der Psalter: Er wurde auf David herabgesandt– Friede sei mit ihm. In ihm gibt es Ermahnungen und Anweisungen an das Volk Israel.*
> 4. *Das Evangelium: Es wurde auf Jesus herabgesandt– Friede sei mit ihm – als Gabe für das Volk Israel und zur Bestätigung dessen, was Moses überliefert hatte.*
> 5. *Der heilige Koran: Er wurde auf Muhammad herabgesandt– Gott segne ihn und schenke ihm Heil – um alle Menschen zur Anbetung Gottes, des Starken und Mächtigen, aufzurufen. Dies ist die letzte der himmlischen Schriften, die Gott vor Verlust und Veränderung zu bewahren gebot".*[40]

Im darauf folgenden Abschnitt wird dann der Glaube der „Anhänger der himmlischen Religionen" genauer charakterisiert:

---

[38] IE ES 3/1, 17.
[39] IE ES 3/1, 19.
[40] IE ES, 3/1, 20.

„Die Juden: Sie glauben an das, was in der Torah und dem Psalter gekommen ist. Die Christen: Sie glauben an das, was in der Torah, im Psalter und dem Evangelium gekommen ist. Die Muslime: Sie glauben an alle himmlischen Schriften, benutzen aber den heiligen Koran alleine, denn er ist das Siegel dieser Schriften und umfasst alles, was in ihnen ist an Geboten Gottes, des Starken und Mächtigen, sowie seine Weisung. An ihm gab es keine Veränderung oder Verfälschung so wie dies mit den himmlischen Schriften geschah, die ihm vorangingen. So spricht der Erhabene: ‚Wir haben die Ermahnung herabgesandt, und wir bewahren sie [für immer]‘ (Sure [15] *‚Die Versammlung‘, 9).“*[41]

Diese Informationen werden in der Bewertung wortwörtlich abgefragt und durch die Lektüre der Sure 3, 3 ergänzt, die allerdings keine neuen Informationen bietet. Hier wird die Sicht des Islam auf die beiden anderen monotheistischen Religionen wiedergegeben, die sich erheblich von deren Selbstverständnis unterscheidet.[42]

3.3. Jesus ist ein Wundertäter

In der Lektion „Die Wundertaten der Gesandten“ im Schulbuch der Klasse 7 wird nochmals erzählt, dass Gott Propheten auf die Erde sandte, um die Menschen auf den rechten Weg zu bringen. Diese vollbrachten Wundertaten, die ihre göttliche Sendung bestätigten. Moses' Stock verwandelte sich vor dem Pharao zu einer Schlange (Sure 7, 104-108), Abraham wurde vor dem Feuer bewahrt (Sure 21, 68-70). Danach folgt eine Passage, in der Jesu Wundertaten direkt und indirekt erwähnt werden. Der Text lautet:

„Die Wundertaten der Gesandten – Friede sei mit ihnen

Gott, der Gepriesene und Erhabene, schuf die Welt entsprechend den Gesetzen, die auf ihr regieren. Das Wesen des Feuers ist es, den Körper zu verbrennen, der in es hineingeworfen wird; kein Toter kann mehr zum Leben zurückkehren und das Wesen eines Stocks ist es nicht, sich in eine Schlange zu verwandeln. Gott aber, der Gepriesene, durchbricht diese Regeln für die Gesandten, um ihre Wahrhaftigkeit zu beweisen und ihre Sendung zu bestätigen. Als Moses – Friede sei mit ihm - vor dem Pharao stand und ihn zum Glauben aufrief, da forderte der Pharao ein Zeichen von Moses – Friede sei mit ihm – damit bestätigt werde, dass er gesandt ist. Da gab ihm Gott das Zeichen indem Moses seinen Stock hinwarf und er verwandelte sich in ein lebendiges Wesen, das sich bewegte. Die Wundertat Moses – Friede sei mit ihm – bestand also darin, dass er einen Stock in eine Schlange verwandelte; die Wundertat des Jesus – Friede sei mit ihm – bestand darin, dass er einen Toten aufweckte. Die Wundertat ist also: Ein Ereignis, das die Gewohnheit durchbricht, das Gott, der Gepriesene und Erhabene, in die Tat umsetzt durch einen seiner Propheten, damit es ein Beweis sei für die Wahrhaftigkeit seiner Prophetie.“[43]

In den Text ist - mit Rahmen hervorgehoben - noch folgende Aufgabe eingefügt:

"Aktivität in der Klasse: Erwähne die Wundertaten, die sich durch die Hand Jesu – Friede sei mit ihm - ereigneten!“

---

41 IE ES 3/1, 21.

42 Vgl. hierzu die Ausführungen bei der Analyse der ägyptischen Schulbücher Teil 1/B, Kap. I.3.2. und Kap. II.3.1. und die kritischen Anfragen in Teil 1/B, Kap. I.4.2. und II.4.2.

43 IE ES 7/1, 45.

Auch in diesem Text wird wieder die Prophetie Jesu bestätigt, die ebenso wie bei Moses und Abraham mit übernatürlichen Wundertaten verbunden war. Explizit wird gesagt, dass er einen Toten wieder zum Leben erweckte und dass dies ein Beweis seiner prophetischen Sendung ist, an der genauso wenig wie an der Abrahams oder Moses zu zweifeln ist. Mit der Aufforderung an die Schüler, weitere Wundertaten Jesu aufzuzählen, wird die Möglichkeit eröffnet, in der Klasse über verschiedene Stationen in Jesu Leben zu sprechen. Da Jesus hier wiederum den islamischen Propheten zugeordnet wird, ist zu vermuten, dass damit allerdings nur eine Beschäftigung mit Stellen aus dem Koran[44] bzw. in der islamischen Tradition[45] gemeint ist.

Im Anschluss an die zitierte Textpassage über die Wundertaten der früheren Offenbarungsträger folgt ein Abschnitt über die Wundertat Muhammads, der für die Einordnung der Anerkennung der Wundertaten und der Prophetie Jesu von Bedeutung ist.

> „*Die Wundertat Muhammads – Gott segne ihn und schenke ihm Heil - unterscheidet sich in charakteristischer Weise*
>
> *Gott sandte jeden Propheten zu seinem speziellen Volk. Den Propheten Muhammad – Gott segne ihn und schenke ihm Heil – sandte er aber zu der gesamten Menschheit. Die früheren Propheten richteten ihre Predigt an ihre Völker, die zu ihrer Zeit lebten. Die Botschaft des Islam aber, mit der Muhammad – Gott segne ihn und schenke ihm Heil – gesandt wurde, richtete sich an alle Menschen, in jeder Zeit und jedem Ort. Deshalb waren die Wundertaten der früheren Propheten auf die Leute beschränkt, die sie sahen. Diejenigen, die Jesus sahen – Frieden sei mit ihm – als er den Kranken heilte und den Toten belebte, wussten, dass seine Prophetie wahrhaftig ist. Und diejenigen, die Abraham sahen – Friede sei mit ihm – als er gerettet wurde vor dem Feuer, erfuhren die Wahrhaftigkeit seiner Prophetie. […]*[46] *Die Wundertat der früheren Propheten waren sinnlich-materieller Art, die die Menschen sahen und an die sie glaubten. Jedes Wunder ging mit der Wirkungszeit des Propheten vorüber. Aber die Angelegenheit verhält sich anders mit der Wundertat des Muhammad*

44 Im Koran werden in Sure 3, 49 die Beglaubigungswunder Jesu aufgezählt, die er in eigener Person bereits in der Wiege ankündigt: „*Ich bin zu euch mit einem Zeichen Gottes, eures Herrn, gekommen. Ich schaffe euch aus Lehm eine vogel-ähnliche Figur, die werde ich anhauchen, so dass sie mit Gottes Erlaubnis zu einem Vogel wird. Ich heile den Blinden und Aussätzigen und rufe die Toten mit Gottes Erlaubnis zurück. Ich kann euch sagen, was ihr essen werdet und was ihr zu Hause an Vorräten speichert. Darin liegt fürwahr ein Zeichen für euch, wenn ihr zu glauben gewillt seid.*“ Das Wunder der Kreation wird in der Kindheitserzählung des Thomas erzählt (HENNECKE 1968, 293), mit den anderen Wunder sind wahrscheinlich die Wunder gemeint, die auch in den kanonischen Evangelien erwähnt werden. Bei dem letzten Wunder, dem Wunder mit den Vorräten, ist nicht ganz klar, worin das Wunder bestand und ob und wo es in der biblischen Tradition seine Parallele hat. Vgl. dazu BUSSE 1991, 121f.

45 Zu Jesus im Hadith, in der Koranexegese und in muslimischen Legenden vgl. LEIRVIK 1999, 42-75.

46 In der bei der Übersetzung ausgelassenen Passage wird erklärt, dass man an die Wundertaten der früheren Propheten glauben müsse, auch wenn man heute keine Wunder mehr sieht, da sie im Koran aufgezählt werden.

– Gott segne ihn und schenke ihm Heil. Seine Prophetie wurde für alle Menschen und für alle Zeiten und Orte bestätigt."[47]

Die Wahrhaftigkeit der Prophetie Jesu wird hier nochmals mehrfach bestätigt. Wie schon bei den Ausführungen über die Propheten und über die Offenbarungsschriften erfolgt aber auch hier bei der Beschreibung der Wundertaten eine Einschränkung gegenüber dem Wirken Muhammads. Dabei spiegelt sich wiederum nur die Sicht des Islam auf die beiden früheren Religionen, nicht deren Selbstverständnis. Judentum und Christentum sehen die Geschichte ihrer Propheten bzw. die Geschichte Jesu Christi nicht als vergangene Geschichte, die nur für die Menschen ihrer Zeit und regional eingegrenzt Bedeutung gehabt hat, sondern als Geschichte, die sich ebenso an die heutigen Menschen richtet und für alle Menschen von Bedeutung ist.[48]

3.4. Jesus nach dem Koran

Während bei den zuvor genannten Stellen nicht explizit gesagt wird, dass es sich um die islamische Sicht auf Jesus handelt, wird die "Geschichte ʿĪsâs" nach dem Koran in der 9. Klasse explizit zum Thema gemacht. Zur Einleitung wird Sure 3, 45-55 zitiert:

> *45) Einst sprachen die Engel: "Maria, Gott verkündet dir eine frohe Botschaft durch ein Wort von ihm. Sein Name ist ʿĪsâ, Sohn Marias, der Messias. Würdig ist er im Diesseits und im Jenseits. Er gehört zu denen, die in Gottes Nähe weilen. 46) In der Wiege und im Mannesalter* wird er zu den Menschen sprechen. Er gehört zu den Rechtschaffenen." 47) Sie sprach: "Herr, wie soll ich einen Sohn gebären, da mich kein Mann berührt hat?" Darauf hörte sie ihn sagen: "So ist Gott. Er schafft, was er will. Wenn er etwas beschließt, sagt er nur: Es sei! Und es ist." 48) Gott wird ihm das Buch, die Weisheit, die Thora und das Evangelium lehren. 49) Er wird ihn als Gesandten den Kindern Israels schicken, denen er verkündigen wird: "Ich bin zu euch mit einem Zeichen Gottes, eures Herrn, gekommen. Ich schaffe euch aus Lehm eine vogelähnliche Figur, die werde ich anhauchen, so dass sie mit Gottes Erlaubnis zu einem Vogel werden wird. Ich heile den Blinden** und den Aussätzigen*** und rufe die Toten mit Gottes Erlaubnis ins Leben zurück. Ich kann euch sagen, was ihr essen werdet und was ihr zu hause an Vorräten speichert. Darin liegt fürwahr ein Zeichen für euch, wenn ihr zu glauben gewillt seid. 50) Ich bin zu euch gesandt worden, um zu bestätigen, was schon vor mir da war, die Thora, und euch einiges zu erlauben, was euch verboten worden war. Mit einem Zeichen von Gott, eurem Herrn, bin ich zu euch gekommen. So fürchtet Gott und gehorcht mir! 51) Gott ist mein und euer Herr. Ihn sollt ihr verehren. Das ist der gerade Weg." 52) Als ʿĪsâ merkte, dass sie nicht zu glauben gewillt waren, sprach er: "Wer sind meine Helfer auf dem Weg zu Gott?" Die Jünger**** antworteten: "Wir sind Gottes Helfer. An Gott glauben wir; bezeuge du, dass wir ihm ergeben sind! 53) Unser Herr! Wir glauben an die von dir herabgesandte Offenbarung und*

47 IE ES 7/1, 45f.

48 Vgl. unten Kap 4.2 Bewertung und kritische Anfragen.

wir folgen dem Gesandten. Reihe uns unter die Bekenner ein!" 54) Die Widersacher ersannen listige Pläne, doch auch Gott fasste seine Pläne. Gott ist der beste Planer. 55) Einst sprach Gott: "ʿĪsâ! Ich werde dein Leben beenden, dich zu mir erheben und dich von dem Übel der Ungläubigen läutern. Deine Anhänger will ich über die Ungläubigen stellen bis zum Tag der Auferstehung. Ihr werdet zu mir zurückkehren, und ich werde über eure Differenzen richten."

** Mannesalter: Ein Mann, der 40 Jahre und mehr erreicht hat*
*** Blinden: Einer der von Geburt an blind ist*
**** Aussätzigen: Aussatz ist eine Hautkrankheit*
***** Jünger: Anhänger ʿĪsâs, die an ihn glaubten und ihm beistanden*[49]

Nach dem Zitat des Surenabschnittes, der auswendig gelernt werden soll, wird gesagt, dass Jesus einer der Propheten sei, mit dessen Geschichte sich der Koran befasse und von dessen Geburt, Prophetie, Wunder und Botschaft berichtet wird. Zur Geburt wird zusätzlich auf Sure 19, 15-33 verwiesen und folgendes ausgeführt:

Die Geburt des Christus – Friede sei mit ihm
Maria – Friede sei mit ihr - wuchs in Anbetung und im Gehorsam zu Gott auf. Ihre Mutter weihte sie vor ihrer Geburt zum Dienst Gottes – gepriesen sei er. Ihr Herr akzeptierte aber ihr Anliegen und ließ sie zu einem guten Spross heranwachsen, er reinigte und läuterte sie und sie wuchs in rechter Weise unter der Obhut des Propheten Gottes Zakaria – Friede sei mit ihm – auf. Am selben Tag, an dem Maria – Friede sei mit ihr! – abgesondert wurde für den Dienst Gottes – Gepriesen sei er! – da sandte Gott zu ihr einen Engel, der verkündigte, dass sie mit einem gesegneten Kind schwanger werde, dessen Name ʿĪsâ Christus, Sohn der Maria sei. Er werde ein angesehener Prophet für viele seiner Anhänger im Diesseits werden und im Jenseits würdig eines hohen Sitzes im Paradies. Der Prophet Gottes – Gepriesen sei er - sandte Gabriel – Friede sei mit ihm – zu Maria in einer Verkündigungsvision. Er sagte zu ihr, dass er ein Bote Gottes sei und ihr einen reinen Knaben schenken wolle. Maria aber wurde von Furcht ergriffen und missbilligte solche Rede: Wie sollte ich schwanger sein, da doch kein Mann mich angerührt hat? Da antwortete ihr Gabriel – Friede sei mit ihm - und sagte: Das ist es, was Gott – Gepriesen sei er – will. Gott ist kein Ding unmöglich. Er schafft, was er will. Und wenn er etwas will, so sagt er 'Es sei!' und es ist. So schuf Gott den Christus – Friede sei mit ihm – ohne einen Vater, ebenso wie er Adam – Friede sei mit ihm – ohne Vater und Mutter geschaffen hat. Die Menschen wunderten sich über seine Geburt und befragten seine Mutter darüber und sie wies sie auf ihn hin. Er war aber noch ein kleines Baby in der Wiege, so dass die Menschen verwundert waren und sprachen. Wie sollen wir mit einem Jungen in der Wiege reden? Da sprach aber Christus (Sure 19, 30-32):

'30) Er sagte: Ich bin ein Diener Gottes. Er wird mir das Buch geben und mich zum Propheten bestimmen. Er hat mich, wo immer ich bin, gesegnet und mir befohlen, zu beten und die Zakat-Abgaben zu entrichten, solange ich lebe. 32) Ich soll gut zu meiner Mutter sein und er macht mich nicht zu einem anmaßenden, bösen Gewalttä-

---

[49] IR ES 9/2, 17.

ter. Friede sei mit mir am Tag meiner Geburt, am Tag meines Todes und am Tag meiner Wiedererweckung zum Leben.'[50]

Zur Prophetie Jesu wird folgendes ausgeführt:

Die Prophetie ʿĪsâs– Friede sei mit ihm

Gott sandte ʿĪsâ – Friede sei mit ihm – an die Kinder Israels um ihnen aufzutragen, dass sie Gott anbeten sollen , um einiges aufzuheben, was ihnen verboten war und um die Botschaft Moses zu bestätigen, die vor ihm gesandt wurde und um den Propheten Muhammad anzukündigen – Gott segne ihn und schenke ihm Heil – der das Siegel der Propheten ist und nach ihm gesandt wurde. Der Christus – Friede sei mit ihm – bestätigte, dass er Diener Gottes und sein Prophet ist, aber behauptete nicht, dass er Gott oder Sohn Gottes – Gepriesen sei er - ist.[51]

Die Schüler werden ergänzend in einer Übung aufgefordert, die Sure 5, 116-118 nachzuschlagen. Dort streitet Jesus in einem Gespräch mit Gott am Jüngsten Tag ab, dass er die Menschen gelehrt habe, dass er und seine Mutter zwei Gottheiten seien.[52] Im Anschluss werden "Die Wundertaten des Christus – Friede sei mit ihm" aufgezählt.

Die Wundertaten des Christus – Friede sei mit ihm

Gott – Gepriesen sei er – bestätigte den Christus – Friede sei mit ihm – mit Wundertaten:
1. Seine Rede in der Wiege.
2. Er formte aus Ton eine Figur, die Vogelgestalt hatte und blies ihr Odem ein. Da verwandelte sich diese Figur mit Gottes – des Erhabenen – Erlaubnis in einen wahrhaftigen Vogel.
3. Er heilte die Blinden und Aussätzigen mit Gottes Erlaubnis.
4. Er machte die Toten lebendig mit Gottes Erlaubnis.
5. Er machte den Menschen kund, welche Arten von Essen in ihren Häusern sind.[53]

Die Haltung des Volkes Israel gegenüber Jesus wird folgendermaßen beschrieben:

---

50 IR ES 9/2, 17f.

51 IR ES 9/2, 18.

52 Sure 5, 116-118: "Gott wird am Jüngsten Tag sagen: 'Jesus, Marias Sohn, hast du den Menschen gesagt, dass sie dich und deine Mutter als zwei Gottheiten außer Gott nehmen sollen?' Er wird antworten: 'Gepriesen seist du! Es ziemt sich nicht, dass ich etwas sage, was ich nicht sagen darf. Hätte ich es gesagt, hättest du es erfahren. Du weißt, was in mir ist, aber ich weiß nicht, was in dir ist. Du bist der Allwissende, der um alles Verborgene weiß. 117) Ich habe ihnen nur das ausgerichtet, was du mir befohlen hast: Dienet Gott, meinem und eurem Herrn! Ich war ihr Zeuge, solange ich unter ihnen weilte. Als du mein Leben beendetest, warst du der Wächter über sie. Du bist doch der allerhöchste Zeuge, dem nichts entgeht. 118) Bestrafst du sie, sind sie deine Diener, verzeihst du ihnen, so sind deine Macht und deine Weisheit unermeßlich."

53 Während es für die Wunder 1-4 Anknüpfungspunkte gibt zu den synoptischen Evangelien bzw. zum Thomasevangelium, sind bei dem letzten Beglaubigungswunder Übersetzung und Bedeutung unklar. Während die hier wiedergegebene Übersetzung an die islamische Tradition anknüpft, die das Wunder in einer hellseherischen Fähigkeit sieht, handelt es sich nach Henninger um eine normative Aussage im Rahmen der jüdischen Speisegesetze. Vgl. BUSSE 1991, 122.

Obwohl Gott – Gepriesen sei er – ʿĪsâ – Friede sei mit ihm – mit vielen Wundertaten beglaubigte, verleugnete ihn das Volk Israel. Sie widersetzten sich und kränkten ihn. Nur wenige glaubten mit ihm. Die sind es, die der Koran die "Jünger" (Ḥawâriyûn) nennt. Diese bekannten ihren Islam und ihren Glauben an ʿĪsâ – Frieden sei mit ihm. Sie wandten sich mit dem Aufruf zu Gott indem sie wie im Koran beschrieben sagten (Sure 3, 53): "Unser Herr, wir glauben an die von dir herabgesandte Offenbarung, und wir folgen dem Gesandten. Reihe uns unter die Bekenner ein!"

Schließlich wird noch über das Ende des Lebens unter der Überschrift *"Die Verschwörung zum Mord an ʿĪsâ – Friede sei mit ihm"* folgendes gesagt:

Sie beschränkten sich nicht nur darauf, ʿĪsâ – Friede sei mit ihm – zu verleugnen, sondern verschworen sich gegen ihn, um ihn zu töten. Gott aber errettete ihn vom Tod und erhob ihn zu sich und setzte an seiner Stelle einen der ihm ähnlich sah. Als aber seine Feinde kamen, um ihn zu töten, fanden sie den, der ihm ähnlich war, nahmen ihn gefangen und kreuzigten ihn. Sie dachten aber, dass sie den Christus – Friede sei mit ihm – gekreuzigt hätten. Dazu sagt aber Gott – Gepriesen sei er, der Erhabene – (4, 156-157): [Gott zürnt ihnen ...] " und weil sie sagten: 'Wir haben Gottes Gesandten, ʿĪsâ Christus, den Sohn Marias, getötet. Die Wahrheit ist, dass sie ihn weder getötet noch gekreuzigt haben, sondern es war ein anderer, den sie für ʿĪsâ hielten. Sie sind über ihn im Zweifel, und ihre Ansichten gehen auseinander. Sie wissen darüber nichts, sondern gehen ausgeklügelten Vermutungen nach. Sie haben ihn gewiss nicht getötet. Gott hat ihn zu sich erhoben. Gott ist allmächtig und weise." Der Messias – Friede sei mit ihm – wurde nicht getötet und nicht gekreuzigt. Gott hat ihn vielmehr zu sich erhoben. Die richtigen Überlieferungen (al-ahâdiṯ aṣ-šaḥîḥa) weisen darauf hin, dass er – Friede sei mit ihm – am Ende der Zeit wieder herabsteigen wird und mit der Scharia des Islam richten wird und die Erde wird mit Gerechtigkeit erfüllt werden, nachdem sie mit Unterdrückung erfüllt wurde."

An die Lektion schließen sich mehrere Fragen an:

1. Erkläre die Bedeutung der folgenden Begriffe: Der Blinde, die Jünger, würdig
2. Womit charakterisiert der Koran Maria – Friede sei mit ihr?
3. Worin besteht die Ähnlichkeit in der Schaffung ʿĪsâs und Adams?
4. Wie antworte ich auf einen, der sich darüber wundert, dass der Christus – Friede sei mit ihm – ohne Vater geboren wurde?
5. Wie verhielt sich das Volk Israel gegenüber ʿĪsâ– Friede sei mit ihm?
6. Erwähne vier Wunder mit denen Gott ʿĪsâ – Friede sei mit ihm – beglaubigte.
7. Wie ist der Glaube der Muslime hinsichtlich der Frage der Kreuzigung des Christus – Friede sei mit ihm?
8. Schreibe die heiligen [Koran-]Verse auf, die auf die folgenden Wundertaten ʿĪsâs – Friede sei mit ihm – hinweisen: a) Die Rede in der Wiege b) Die Erweckung der Toten mit Gottes Hilfe c) Er machte den Menschen kund, welche Arten von Essen in ihren Häusern ist
9. Rezitiere die heiligen Verse auswendig.

In diesem Kapitel wird die Sicht des Korans auf Jesus entfaltet. Im Zentrum stehen die zentralen Suren und Verse, die über Jesus im Koran berichten. Dabei gibt es viele Übereinstimmungen und Ähnlichkeiten mit der Überliefung in der christlichen Bibel:

Die Verkündigung der Geburt eines Sohnes an Maria, die Ankündigung seiner göttlichen Berufung, die wundersame Geburt Jesu durch göttliche Zeugung, die Bestätigung der Thora, einige Wundertaten (Blindenheilung und Totenerweckung), die Ablehnung der Botschaft durch ein Großteil seines Volkes, das Richteramt Christi am Jüngsten Tag. Auch die Personen um Jesus sind in die Verehrung mit einbezogen. Nicht nur bei ihm selbst, sondern auch bei Zakaria und Maria wird die rituelle Formel "Friede sei mit ihm/ihr" beigefügt und die Jünger werden ausdrücklich als Gläubige gekennzeichnet. Die Differenzen zur christlichen Überlieferung werden an vielen Stellen (z. B. Vogelwunder, Rede in der Wiege, Verkündigung des Propheten Muhammad) nicht thematisiert, an einigen Stellen jedoch angesprochen.

So wird insbesondere gesagt, dass Christus nicht behauptet hätte, Gott oder Gottes Sohn zu sein. Auch wird auf die Sure hingewiesen, in der Jesus leugnet, dass er dazu aufgefordert habe, ihn und seine Mutter als Gott zu verehren. Besonders aber grenzt man sich im Blick auf die Kreuzigung ab: Es wurde zwar versucht, Jesus zu töten, aber an seiner Stelle wurde ein anderer gekreuzigt, der ihm ähnlich sah. Jesus selbst wurde zuvor zu Gott erhoben und entging dadurch dem Kreuzestod. Auffällig ist dabei, dass nicht genau benannt wird, wer die "falschen Lehren" von Gottessohnschaft und Kreuzestod verbreitete oder verbreitet und worin genau diese Lehren bestehen, gegen die sich der Koran bzw. die islamische Tradition wendet. Der erläuternde Text geht kaum über die Korantexte hinaus. Nur indirekt ist aus dem Hinweis auf die "richtigen Überlieferungen" (al-aḥâdîṯ aṣ-ṣaḥîḥa) zu entnehmen, dass es offenbar auch "falsche Überlieferungen" gibt. Welche dies sind und worin diese bestehen, wird nicht thematisiert. Obwohl man hier also von einer Person spricht, die für eine andere Religion zur zentralen Stifterfigur wurde, fehlt eine Auseinandersetzung mir deren Verständnis und mit deren Lehren in Geschichte und Gegenwart. Der Text beschränkt sich auf die rein islamische Sicht auf Jesus. Ein Versuch, die christlichen Lehren zu verstehen oder auch die biblischen Texte zu berücksichtigen, die die Grundlage für die Entfaltung der christlichen Lehre von Gott und Jesus Christus waren, wird nicht unternommen.

3.5. Die islamische Toleranz gegenüber Anderen

Toleranz gegenüber Anderen wird an mehreren Stellen geäußert, die spezielle Toleranz gegenüber Nichtmuslimen jedoch nur am Rande, denn die Bücher für das Fach Religionserziehung konzentrieren sich ganz auf die islamische Gemeinschaft in Palästina.[54] Im Religionsbuch der 2. Klasse wird Vers 6 der Sure 109 zitiert *„Ihr habt eure Religion und ich habe meine Religion“*, der in der islamischen Tradition allgemein als

[54] Vgl. dazu unten Kap. 3.6.

Begründung für Koexistenz und Pluralismus herangezogen wird. Die kurze Worterläuterung *„Meine Religion ist der Islam und ihr seid Gotteslästerer/Ungläubige"*[55] ist im historischen Kontext wahrscheinlich richtig, weist jedoch in eine andere Richtung. Es bedeutet, dass man nur die eigene Religion für richtig hält, die des anderen jedoch grundsätzlich für falsch und für Unglaube. Ohne Erläuterung, wie der Text in der islamischen Geschichte interpretiert wurde, ist in dieser Erklärung eher eine Verachtung anderer Religionen als Toleranz und Respekt zu erkennen. Bei dem Anderen wird eine „Verstockung" oder „Halsstarrigkeit" vermutet, die Distanzierung und nicht Toleranz oder Dialog erfordert. Nicht eine respektierliche, sondern eine despektierliche Einstellung gegenüber anderen Religionen wird ausgedrückt.[56] Im Religionsbuch der 3. Klasse gibt es eine Lektion mit der Überschrift *„Die Achtung der Anderen"*. Darunter wird primär hilfsbereite Umgang mit älteren Menschen und Behinderten verstanden. Generalisierend wird dann aber gesagt, dass der Prophet befohlen habe *„die anderen zu achten, gleich ob sie groß oder klein, reich oder arm, Muslime oder Nichtmuslime sind"*.[57] Es handelt sich also mehr um allgemeinmenschliche Umgangsformen, weniger um eine spezielle Toleranz gegenüber Nichtmuslimen. Im Unterschied zum Fach Staatsbürgerkunde, in dem es im gleichen Schuljahr eine ähnliche Lektion gibt, wird jedoch in diesem Zusammenhang nicht von der Glaubensfreiheit für alle Religionen gesprochen oder praktische Hilfestellung dafür gegeben, wie religiöse Toleranz gegenüber Andersgläubigen geübt werden kann.[58] Im Religionsbuch der 4. Klasse wird in der Lektion "Die Verwirklichung der Gleichheit zwischen den Menschen" nach einem Hinweis auf Sure 49, 13 ausgeführt, dass Muhammad keine Unterscheidung gemacht hat bei denen, die ihm folgten. Im Blick auf die Nichtmuslime wird erläutert:

> *"Zum Aufruf des Islam zur Gleichheit gehörte auch, dass er die Rechte der Nichtmuslime garantierte, die in den islamischen Gesellschaften leben. Er garantierte ihnen die Rechte, die die Muslime genossen und auferlegte ihnen, was auch Pflicht der Muslime war. Er verbot sie zu schädigen, ihr Vermögen zu nehmen und gebot, sie gut zu behandeln."*[59]

---

55 IE ES 2/1, 16.

56 Vgl. die Einleitung der von der Al-Azhar autorisierten Koranübersetzung zur Sure 109 in al-Muntakhab 1999, 1047: „Diese 6 Verse zählende, mekkanische Sure ermächtigt den Gesandten, mit den Ungläubigen nicht weiter zu debattieren. Er soll ihnen klar sagen, dass es keinen Kompromiss geben kann. Jeder beharrt auf seinem Glauben. Sie wollen die verkündete Wahrheit Gottes nicht annehmen und setzen die heidnische Tradition fort. Er aber hängt an der Religion, die Gott für ihn auserkoren hat."

57 IE ES 3/1, 67.

58 SBK ES 3/1, 22-27. Vgl. unten Kap. II.3.2 und II.3.3.

59 IE ES 4/2, 50.

Im Schulbuch der 7. Klasse wird als einer der Gründe für die Ausbreitung des Islam ausgeführt, dass man in den eroberten Gebieten die Nichtmuslime *„gerecht und gnädig"* behandelte[60] und dass *„der Islam ihnen ihr Vermögen, ihre Sicherheit und ihre religiöse Freiheit garantierte und Anfeindung von ihnen fernhielt."*[61] Außer diesem einen knappen Satz erfährt man zu diesem wichtigen Thema hier nicht mehr. Das Thema wird jedoch in der letzten Lektion eines Schulbuches für die 8. Klasse nochmals aufgegriffen. In der Lektion, die den Titel *„Die Toleranz"* trägt, beschäftigt man sich zunächst ausführlich mit der Toleranz innerhalb der muslimischen Gemeinschaft und wendet sich dann in einem zweiten Abschnitt der *„Toleranz im Umgang mit Nichtmuslimen"* zu. Hierzu wird folgendes gesagt:

> *„Der Islam errichtet Beziehungen zwischen den Menschen auf der Basis von Gerechtigkeit, Erbarmen und dem Bewahren der menschlichen Würde. Er ermutigt zur Beziehung zwischen muslimischen und nichtmuslimischen Bürgern in der islamischen Gesellschaft, die gegründet ist auf den soliden Fundamenten von Toleranz, Gerechtigkeit und Erbarmen. So sprach der Gepriesene: ‚Gott verbietet euch nicht, gegen diejenigen, die euch des Glaubens wegen nicht bekämpft und euch aus euren Häusern nicht vertrieben haben, gütig und gerecht zu sein. Gott liebt die Gerechten' (Sure* [60] *‚Die Prüfende', 8). Der Koran machte Schluss mit dem Disput der Schriftbesitzer, wer von ihnen besser ist. Ebenso erlaubte er die Heirat ihrer Frauen und das Essen von ihren Schlachttieren. Der Prophet – Gott segne ihn und schenke ihm Heil – erachtete die Feindschaft gegen sie und ihre Unterdrückung als eine große Sünde. Er sagte: ‚Wer ein Abkommen bekämpft, wird nicht den Duft des Paradieses riechen, dessen Wohlgeruch 40 Jahre vorhanden bleibt' (Überlieferung des Buḫârî).*
>
> *Der Islam lehnt es ab, irgendeinen dazu zu zwingen, zu ihm einzutreten. Denn so sagt der Gepriesene: ‚Es gibt keinen Zwang in der Religion' (Sure* [2] *‚Die Kuh', 256). Indessen gebietet er den Kampf gegen die Unterdrücker und die Usurpatoren, die die Menschen aus ihren Häusern vertreiben und sie von ihrer Religion abbringen und die Menschen ihrer Glaubensfreiheit berauben. Diese haben kein Recht auf ihr Vermögen und auf ihre Bestätigung. Der Gepriesene sagt: „Gott verbietet euch allerdings, euch mit denjenigen zu verbünden, die euch des Glaubens wegen bekämpft, euch aus euren Häusern vertrieben und anderen bei eurer Vertreibung Beistand geleistet haben. Das sind die Unterdrücker' (Sure* [60] *‚Die Prüfende', 9)*
>
> *Der Islam hat die Freiheit des Glaubens und der Anbetung für Nichtmuslime in der Gesellschaft bestätigt. Dies ist bereits in den Verträgen und in den Abkommen enthalten, die der Prophet – Gott segne ihn und schenke ihm Heil – und seine Gefolgsleute – Gott möge Wohlgefallen an ihnen haben – mit ihnen schloss, den Leuten in den eroberten Ländern entsprechend dem Vorbild des ʿUmar-Abkommens. In ihm gab Omar – Gott möge Wohlgefallen an ihm haben – der Bevölkerung von Jerusalem Sicherheit für ihr Leben, ihr Vermögen, ihre Kirchen und Kreuze. [Er garantierte], dass ihre Kirchen [von den muslimischen Eroberern] nicht besiedelt oder zerstört, ihr Besitz, ihre Kreuze oder sonst etwas von ihrem Vermögen*

60 Zum Zusammenhang in dem der Text steht vgl. oben den Abschnitt Krieg/Frieden.

61 IE ES 7/1, 57.

angetastet wird. Diese große Toleranz, zu der der Islam aufrief und durch die die Muslime sich auszeichnen, ist einer der wichtigsten Gründe für die schnelle Ausbreitung des Islam und die Akzeptanz bei den Menschen.“[62]

Ausdrücklich wird in dem Text betont, dass der Islam die Möglichkeit zu einem friedlichen Zusammenleben mit Nichtmuslimen eröffnet hat. Der Islam erlaubte seinen männlichen Angehörigen von Anfang an, Mischehen einzugehen und erlaubte den Frauen, weiterhin ihrer Religion nachzugehen. Der Mann wurde nicht zu Bekehrungsversuchen verpflichtet. Die Frau erhielt explizit das Recht, an ihrer Religion festzuhalten. Dies ist in der Tat im Bereich der Ehegesetze eine Form der Toleranz, die im Christentum (und Judentum) lange nicht bekannt war. Bis in jüngste Zeit wurde z. B. Katholiken auferlegt "sich um die Bekehrung des nichtkatholischen Ehegatten mit Klugheit zu bemühen"[63] und es wurde deutlich von Mischehen mit Anhängern anderer Religionen oder Konfessionen abgeraten.[64] Die Eheschließung eines christlichen Mädchens mit einem Muslim hat im Orient den Ausschluss aus der kirchlichen Gemeinschaft und die soziale Ächtung der Familie zur Folge.[65] Nicht gesagt wird, dass eine Ehe eines christlichen Mannes mit einer muslimischen Frau nach islamischem Recht nicht möglich ist. Die Toleranz bei der Eheschließung ist also eingeschränkt auf den weiblichen Ehepartner. Des Weiteren wird hier die Pflicht, Verträge auch mit Nichtmuslimen zu halten, deutlich eingeschärft. Ihr Bruch wird als eine Sünde dargestellt. Auf den ʿUmar-Vertrag wird hingewiesen, der als Mustervertrag den Nichtmuslimen Rechte garantierte. Die Pflichten des Vertrages werden jedoch nicht erwähnt.

3.6. Der Islam: eine Religion des Friedens oder des Krieges?

Im Schulbuch der ersten Klasse wird nach der Erläuterung, dass der islamische Friedensgruß bei allen möglichen Begrüßungsszenen gebraucht wird, in einem Gedicht folgendes zusammengefasst:

---

62 IE ES 8/1, 81-82. Zur Interpretation dieses Textes im Blick auf den Konflikt mit Israel bzw. den Juden vgl. Reiss, Die palästinensischen Schulbücher für das Fach Islamische Religionserziehung, GEI 2003.

63 Canon 1062 des Codex Juris Canonici von 1918: "conversionem conjugis acotholici prudenter curandi". Zitat nach SUCKER/LELL/NITZSCHKE 1959, 258.

64 Vgl. FRIELING 1971, 50.

65 Vgl. HULSMAN 2004, 42: "The Coptic Orthodox does not except inter-religious marriage or inter-denominational marriage. Neither Orthodox men or women are allowed to marry someone from another denomination or faith. Those who do can no longer take part in the sacraments of the church and are cut off from their original communities. If this should happen, they also cannot receive an Orthodox burial which is terrifying prospect for many people in the Orthodox Church." Um der Schande zu entgehen, die mit einer interreligiösen Heirat verbunden sind, streuen christliche Familien bisweilen das Gerücht, dass ihre Töchter entführt und gegen ihren Willen zur Heirat mit einem Muslim gezwungen worden seien. A.a.O., 43.

„Kennt ihr meinen Gruß, wenn ich vor euch hintrete?
Wenn ich eine Gruppe sehe, sage ich: Friede sei mit euch!
Ich bin ein Muslim, ich bin ein Gläubiger.
Meine Religion gewöhnt mich an den Frieden.
Ich bin ein Muslim, ich bin ein Gläubiger.
Wahrhaftig rufe ich zum Frieden auf."[66]

Die Aussageansicht der Lektion und des Gedichtes ist es, aufzuzeigen, dass der muslimische Gläubige eine besondere Affinität zum Frieden habe, weil er es tagtäglich in zahlreichen Situationen gewohnt ist, anderen den Frieden zu wünschen. Das Thema der prinzipiellen Friedensliebe des Islam wird nochmals an anderem Ort aufgegriffen. In der Lektion *„Gründe für die Ausbreitung des Islam"* werden im 7. Schuljahr acht Gründe für die schnelle Ausbreitung des Islam benannt: 1. Die Zerstrittenheit der Menschen vor dem Islam hinsichtlich ihres Glaubens; 2. Die Rationalität des Islam, die natürliche Veranlagung des Menschen zum Islam sowie die Einfachheit des islamischen Glaubens; 3. Das Verlangen der Menschen nach einer Religion, die sie von der *„geistigen und sittlichen Anarchie"* und der *„sozial-ökonomischen Ungerechtigkeit"* befreite; 4. Die *„gerechte und gnädige Behandlung"* der eroberten Völker;[67] 5. Die Geduld bei den Bemühungen um die Islamisierung; 6. Die herausragenden Charaktereigenschaften der Muslime; 7. Die Wirkkraft des Korans auf die Seelen; 8. Die gute Regierung Muhammads und seiner Nachfolger.[68] Nach dieser Aufstellung der positiven Eigenschaften, die man dem Islam zuschreibt, folgt in einem hervorgehobenen Abschnitt unter der Überschrift *„Ich lerne"*, unter der ansonsten meist Zusammenfassungen des zuvor entfalteten Stoffs enthalten sind, ein Abschnitt, in dem die Behauptung, dass der Islam sich mit Gewalt und Krieg verbreitet wurde, abgewiesen wird:

> *„Einige Feinde des Islam behaupten, dass die Verbreitung des Islam mit der Schärfe des Schwertes erfolgt sei. Die Wahrheit unterscheidet sich aber von dem, was sie behaupten. Wie soll denn das Schwert die Methode zur Verbreitung des Islams gewesen sein, wenn doch Gott, der Erhabene, den Zwang in der Religion verboten hat! Der Erhabene sagte: ‚Es gibt keinen Zwang in der Religion' (Sure* [2]*,Die Kuh', 256). Der Islam ist doch die Religion des Friedens, d. h. Gott, der Erhabene, spornt zu ihm an, solange ein Weg zu ihm zu finden ist. Der Erhabene sagt: ‚Wenn sie zum Frieden neigen, entschließe du dich auch dafür, und verlass dich auf Gott! Er ist es, der alles hört und alles weiß' (Sure [8],Die Beute', 61). Der Frieden ist die Grundlage und der Krieg nur ein Ausnahmezustand, der zur Selbstverteidigung vorgeschrieben ist, zur Entfernung einer Unterdrückung und zur Beseitigung von Hindernissen hinsichtlich der Ausbreitung der islamischen Mission (ad-daʿwa al-islâmiya). Der Erhabene sagt: ‚Wenn sie euch angreifen, dann bekämpft sie ebenso. Das ist die Strafe, die die Ungläubigen verdienen' (Sure [2] ‚Die Kuh ', 191). Der*

66 IE ES 1/1, 29.

67 Vgl. hierzu unten den Abschnitt über die Toleranz.

68 IE ES 7/1, 57-58.

Erhabene sagt: ‚Ihr sollt sie bekämpfen, damit die Gläubigen nicht in Aufruhr (fitna) geraten und damit der Glaube an Gott vorherrscht‘ (Sure [2]*,Die Kuh‘, 193). Die Ausbreitung des Islam geschah mit Weisheit, mit freundlicher Ermahnung und guter Behandlung. Der Erhabene sagt: ‚Lade ein zum Weg deines Herrn mit Weisheit und freundlicher Ermahnung und debattiere mit ihnen auf die beste Art und Weise! Dein Herr ist es, der am besten weiß, wer sich von seinem Weg abwendet und wer zur Rechtleitung findet.‘ (Sure [16] ‚Die Bienen‘, 125).“*[69]

Hier wird vermittelt, dass der Islam prinzipiell eine positive Einstellung zum Frieden habe und den Krieg nur in Ausnahmefällen erlaube. Insbesondere die Bezeichnung des Islam als „Religion des Friedens“ und die Rede vom Krieg als „Ausnahmezustand“ kann dazu beitragen, dass eine Friedensethik bei den Schülern begründet wird: Nicht derjenige, der Frieden befürwortet, sondern derjenige, der unfriedliche Mittel befürwortet, ist prinzipiell gezwungen, seine Haltung zu legitimieren.

Das Thema Krieg taucht noch an einer weiteren Stelle auf – erstaunlicherweise im Zusammenhang mit einer Lektion über das Fasten. Nachdem den Schülern erklärt wird, was Fasten bedeutet, welchem Zweck es dient und welche Bräuche es gibt, wird eine ergänzende Information gegeben, die wie die zuvor besprochene Passage ein Missverständnis abwenden will:

„Gott hat das Fasten für die Muslime im zweiten Jahr der Hiğra zur Pflicht gemacht. Der Fastenmonat ist aber nicht ein Monat des Faulenzens und des Niederlegens der Tätigkeit. Vielmehr ist es ein Monat der Kraft, der Anstrengung (jihâd) und der Tätigkeit. Die Muslime haben sogar [während der Fastenzeiten] große Siege vollbracht, die in die islamische Geschichte eingingen. Unter den hervorragensten sind die muslimischen Siege bei folgenden [historischen] Ereignissen [zu nennen]: 1. Die Schlacht von Badr im zweiten Jahr nach der Hiğra 2. Die Eroberung Mekkas im 8. Jahr nach der Hiğra 3. Der Raubzug von Tabûk im 9. Jahr nach der Hiğra; 4. Die Eroberung von Spanien im Jahr 92 nach der Hiğra; 5. Die Schlacht von Zalaqa im Jahr 479 nach der Hiğra, die sich zwischen den Muslimen und den Franken in Spanien ereignete; 6. Die Schlacht von Ain Jalût im Jahre 658 nach der Hiğra, die sich zwischen den Muslimen und den Tataren in Palästina ereignete; 7. Die ruhmreiche Ramadanschlacht im Jahre 1973 n. Chr. zwischen den Arabern und Israel“[70]

Diese Auflistung islamischer Siege, die etwas seltsame Sprünge durch die Jahrhunderte macht, ist dadurch zu erklären, dass es hier nicht einfach um die Aufzählung besonders ruhmreicher Kriege geht,[71] sondern vielmehr um etwas anderes: Es soll der geschichtliche Beweis dafür geliefert werden, dass die Fastenzeit keine Zeit des

69 IE ES 7/1, 58.

70 IE ES 6/1, 33.

71 Wenn dies gemeint wäre, so würden zahlreiche viel wichtigere Feldzüge für die Ausbreitung des Islams fehlen, z. B. die gesamten Eroberungszüge nach Persien, Indien und Afrika. Außerdem hätte man dann Tabûk und wohl aus Mekka aus der Liste streichen können, da sie militärisch längst nicht von solcher Bedeutung waren.

Müßiggangs ist, sondern dass in ihr sogar große Anstrengungen und militärische Siege errungen werden konnten. Die Liste der Schlachten, die im Fastenmonat stattfanden, ist der Beweis für die Möglichkeit extremer (erfolgreicher) Anstrengung in der Fastenzeit. Sie soll zeigen, dass der Fastenmonat wirklich eine Zeit *„der Kraft, der Anstrengung und der Arbeit ist"* - bis hin zum militärischen Ǧihâd. Es geht also mehr um einen Lobpreis dessen, was trotz/wegen des Fastens möglich ist, als um eine unmittelbare Kriegsverherrlichung. Dennoch darf nicht vergessen werden, dass es sich dabei ausschließlich um Angriffskriege handelt.

In der 15. Lektion des gleichen Schulbuches mit dem Titel *„Der Muslim, der sein Vaterland liebt, verteidigt es"* wird ein weiteres Mal die Friedens- bzw. Kriegsproblematik thematisiert. Zum Eingang sollen die Schüler sich selbst die Frage stellen, a) woraus ihrer Meinung nach das Vaterland besteht und b) wie die Schüler es sich gerne wünschten. Die Antwort auf diese beiden zentralen Fragen sind die politisch brisantesten. Wer jedoch den Text weiter verfolgt, wird darauf kaum eine klare Antwort erhalten. Statt einer Erläuterung, was man unter dem Vaterland versteht, das es zu verteidigen gilt, wird zunächst betont, dass jeder Mensch sein Vaterland liebe, dass er dort leben wolle, dass sein Herz daran so hänge, dass er bereit sei, es zu verteidigen. Sodann wird ausgeführt, dass das Vaterland Palästina besondere Vorzüge dadurch genieße, dass dort viele Propheten lebten, dass der Prophet Muhammad selbst dort in einer Nachtreise zum Himmel aufstieg, dass dort mit der Al-Aqsa-Moschee der drittheiligste Kultort des Islam besteht, der schon im Koran als gesegneter Ort erwähnt wird, dass dort eine der ältesten Kulturen der Welt entstand, bis es nach der islamischen Eroberung Teil des islamischen Reiches wurde.[72] Unter der Überschrift „Die Liebe des Vaterlandes im Islam" steht dann folgende zentrale Passage:

> *„Der Islam missbilligt dem Muslim die Liebe seines Vaterlandes nicht, sondern ermuntert ihn dazu und fordert ihn dazu auf, es zu verteidigen als eine Pflicht für jeden Muslim, wenn auch nur eine Handbreite widerrechtlich enteignet wurde. Ich als palästinensischer Muslim liebe mein Land Palästina (baladî filasṭîn). Gleichzeitig erachte ich alles islamisch-arabische Land (arḍ) als einen Teil des großen Vaterlandes (waṭan), das ich liebe und schätze und nach dessen Einheit ich strebe."*[73]

Die Problematik dieses Textes liegt wiederum weniger in seinem Wortlaut als in seiner Interpretation. Im Prinzip ist es niemandem zu verwehren, wenn er sein Vaterland liebt und bereit ist, es zu verteidigen. Niemand wird den Palästinensern das Recht absprechen können, dass sie sich gegen die israelische Besatzung und Enteignung ihres Landes aufbäumen, deren Völkerrechtswidrigkeit auch in zahlreichen UN-Resolutionen von der Staatengemeinschaft bestätigt wurde. Die große Frage besteht darin, was man

---

72 IE ES 6/1, 66-67.

als Vaterland ansieht und was diese Pflicht zur Verteidigung für die Politik der Gegenwart konkret heißt: Wird hier von den Siedlungen geredet oder von der West-Bank und vom Gaza-Streifen, wird hier vom ehemaligen Mandatsgebiet Palästina geredet oder bezieht sich der Aufruf zur Verteidigung gar auf das gesamte arabische Vaterland?[74] Und welche Mittel sind zur Verteidigung erlaubt? Sind es militärische Mittel ebenso wie politische? Können damit auch die Selbstmordattentate militanter palästinensischer Gruppen gerechtfertigt werden? Wie verhält sich die hier geschilderte Theorie zu den politischen Realitäten der Gegenwart? Wenn jede „Handbreit arabischen Landes" verteidigt werden muss, müsste dann nicht theoretisch sogar Spanien zurückerobert werden?[75] Letztere Frage zeigt, dass der Text bis dahin überhaupt keine Hilfestellung für die aktuellen realpolitischen Fragestellungen abgibt, wenn auch mit der Rede von der Verteidigung jeder „Handbreite" arabischen Landes eine radikale, kompromisslose Haltung angedeutet wird. Die Radikalität zeigt sich erst im darauf folgenden Abschnitt. Hier heißt es:

> *„Unsere Pflicht gegenüber unserem Vaterland*
> *Gegenüber dem Vaterland gibt es zahlreiche Pflichten in Bezug auf sein Volk und seine Söhne:*
> - *Seine Verteidigung auf jede mögliche Weise. D. h. der Islam macht die Verteidigung des Vaterlandes zu einer religiösen Pflicht. Und derjenige, der auf dem Weg seiner Verteidigung getötet wird, wird als Märtyrer erachtet. Ihm gebührt die höchste der Stufen. So sagt der Erhabene: ‚Warum sollten wir denn nicht für die Sache Gottes kämpfen, da der Feind uns doch aus unseren Häusern vertrieben und uns von unseren Söhnen getrennt hat? (Sure* [2] *‚Die Kuh', 246).*[76]
> - *Das Achten darauf, dass sein Land bebaut wird und dass jeder Handbreit nutzbringend angelegt wird.*
> - *Das Achten auf seine Bevölkerung, die Förderung der Zusammenarbeit und Solidarität, die Stärkung der bestehenden sozialen Beziehungen in Richtung auf Gleichheit, Gerechtigkeit und Achtung der anderen."*[77]

---

73 IE ES 6/1, 67-68.

74 Eine Frage, die weiter unten auf den Text bezug nimmt, legt nahe, dass man mit dem palästinensischen Vaterland, das es zu verteidigen gilt, die West-Bank und den Gazastreifen meint. Die Fragestellung lautet . *„Aus den palästinensischen Ländereien trat ein großer Teil zum Bau von den Siedlungen heraus. Wie kann man dem entgegentreten?"* Aber natürlich kann man auch ganz Israel als Kolonialherrschaft ansehen, die sich zu Unrecht im ehemaligen Mandatsgebiet Palästina niederließ. Dann würde die Frage implizit ebenso das Existenzrecht Israels bestreiten.

75 Vgl. HEINE 2001, 23: „Gehörte ein Territorium einmal zum ‚dâr al-islâm', war dieser Zustand nicht mehr rückgängig zu machen, auch wenn sich das Kriegsglück einmal gegen die Muslime wandte und sie das entsprechende Gebiet verloren. Danach gehören also Teile des Balkan oder der iberischen Halbinsel immer noch zum ‚Gebiet des Islams.'"

76 Sure 2, 246.

77 IE ES 6/1: 68.

Der erste Abschnitt kann nicht nur als Legitimation der Gewaltanwendung inklusive der Selbstmordattentate angesehen werden, sondern sogar als Aufruf dazu, denn es wird explizit gesagt, dass *jede mögliche Weise* zur Verteidigung angewendet werden soll. Da das Buch in einer Situation erscheint, da häufig Selbstmordattentate verübt werden, kann dies nicht anders gedeutet werden als dass man die Selbstmordattentate nicht nur legitimiert, sondern auch zu ihnen ermutigt und sie sogar zur religiösen Pflicht macht – auch wenn sie nicht explizit als zulässiges Mittel genannt werden.

3.7. Die Botschaften an die christlichen Reiche

In einer Einheit der 9. Klasse werden die Beziehungen Muhammads zum Beginn der Ausweitung des islamischen Reiches besprochen.[78] Es wird berichtet, dass Muhammad nach dem Waffenstillstand von Ḥudaiba Briefe an die Herrscher der umliegenden Länder richtete, in denen er sie zum Islam aufforderte. Die Reaktion darauf sei sehr verschieden gewesen. Der äthiopische Herrscher sei dem Ruf gefolgt und habe den Islam angenommen. Andere hätten wie Muqauqas, der König von Ägypten, den Islam zwar nicht angenommen, aber immerhin höflich und ehrfurchtsvoll geantwortet. Andere dagegen hätten abscheulich darauf reagiert. So habe der persische König den Brief zerrissen und eine hässliche Antwort gegeben, worauf Muhammad dem Königreich prophezeite, dass es selbst in Stücke gerissen werde. Dies sei dann auch tatsächlich unter dem Kalifen ʿUmar Ibn Al-Ḫaṭṭâb geschehen. Zum Christentum wird hier nichts explizit gesagt, aber implizit schwingt bei diesen historischen Rückblicken mit, dass die Beziehungen zu christlichen Herrschern in der Frühzeit des Islam in einem positiveren Licht als die Beziehungen zu anderen Herrschern gesehen werden, auch wenn in späterer Zeit gegen diese ebenso Kriege geführt wurden.

3.8. Das homogene Gesellschaftsbild der Schulbücher

Das Bild, das in den Islamischen Religionsbüchern entworfen wird, ist das einer konservativen islamischen Gesellschaft. Alle Frauen und alle Mädchen sind (auch vor der Pubertät) tief verschleiert und tragen Kleidung, die sie vollständig von Kopf bis Fuß verhüllen – selbst im häuslichen Rahmen.[79] Jungen und Mädchen, Männer und Frauen sieht man außer in der Familie nie nebeneinander sitzen oder eine Handlung gemeinsam ausführen. Es wird von getrennten Klassen von Mädchen und Jungen ausgegan-

78 IE ES 9/2, 39-41.

79 Vgl. IE ES 1/1, 7; IE ES 1/2, 25; IE ES 3/1, 83.

gen.[80] Selbst wenn nur ein einziges Mädchen auf Fotos zu sehen ist, wird die männliche Form im Begleittext benutzt, was ungewöhnlich ist, da dies im Arabischen normalerweise nicht üblich ist.[81] Nur die Kinder bei Zeichnungen lachen, Kinder auf Fotos sind stets sehr ernst. Die Autorität der Eltern, der Lehrer und der Älteren wird mehrfach hervorgehoben. Die Nichtachtung der Eltern wird als größte Sünde dargestellt.[82] Es wird von einer natürlichen Unterscheidung zwischen Frauen und Männern ausgegangen, die nicht überschritten werden darf.[83] In der Lektion „Die Scham und der Schmuck" wird besonders betont, dass Frauen zum Gebet und für Bildungszwecke das Haus verlassen dürfen – offenbar sollten sie das zu anderen Gelegenheiten lieber nicht tun.[84] Lektionen zu ethischem Verhalten beschäftigen sich vor allem mit dem Frömmigkeitsverhalten des Einzelnen oder mit dem der Muslime untereinander. Andersgläubige kommen nur ganz am Rand in den Blick und wenn, dann nur, um einen Aspekt islamischer Ethik deutlich zu machen (Muhammad schloss ein Abkommen mit den Muslimen und Juden in Medina; Muslime üben Toleranz untereinander und auch gegenüber Nichtmuslimen). Werden gesellschaftliche Themen angesprochen, dann wird nicht an die Einsicht der Kinder appelliert, sondern es wird Gehorsam eingefordert gegenüber Gottes Geboten und der islamischen Sitte. Auch wird in den Übungen nicht zu Diskussionen oder zu eigenen Ideen in der Klasse aufgerufen oder zum selbständigen Finden von Lösungen von Problemen. Mit diesem Weltbild entwerfen die Schulbücher für Islamische Religion ein Gesellschaftsbild, das dem westlich-säkularen in den Schulbüchern für Staatsbürgerkunde und Nationale Erziehung diametral entgegengesetzt ist, obwohl zum Teil ähnliche Themen besprochen werden.[85] Das einzige, was es mit diesen gemeinsam hat, ist die Irrealität des Gesellschaftsbildes von Palästina: Während die Bücher für Staatsbürgerkunde das Faktum der konservativen islamischen Gruppen in der palästinensischen Gesellschaft kaum erwähnen, werden hier westlich-säkular geprägte Muslime und die Welt der Nichtmuslime in Israel/Palästina

[80] Klasse mit nur verschleierten Mädchen und verschleierter Lehrerin abgebildet in: IE ES 2/1, 30. Reine Jungen-Klasse mit einem Lehrer: IE ES 1/1, 26; IE ES 1/2, 7; IE ES 2/1, 41.

[81] Alle sieben Bilder, die das richtige Essen erläutern (IE ES 1/2, 24-27) zeigen immer nur ein einziges Mädchen. Im Text, der die Handlung erklärt, steht jedoch stets die männliche Form. „*Der* Muslim wäscht sich die Hände vor und Nach dem Essen", „*Der* Muslim sagt vor dem Essen: Im Namen des Barmherzigen Gottes .... „ etc. Vgl. auch die Lektion „Die Achtung *des* Lehrers", die illustriert ist mit einer Lehrer*in* in einer reinen Mädchenklasse in: IE ES 2/1, 30. In den Schulbüchern für Staatsbürgerkunde findet sich dagegen stets inklusive Sprache: Entweder es wird die 1. Person Singular/Plural gewählt, in der eine Geschlechterdifferenzierung nicht vorhanden ist, oder es werden stets die männliche und weibliche Form nebeneinander benutzt.

[82] Vgl. die Lektion „Von den größten Sünden: Die Schmähung der Eltern" in: IE ES 6/1, 54-57.

[83] Vgl. hierzu insbesondere das Kapitel „Das Verbot der Nachahmung der Männer durch Frauen und der Frauen durch Männer" in: IE ES 7/2, 50-53.

[84] IE ES 7/1, 100-103.

weitgehend ebenso ignoriert wie viele westlich-säkulare gesellschaftliche Fragestellungen, die in Palästina debattiert werden. Sichtbares Zeichen für die Selbstbeschränkung der Sicht auf die islamische Welt und für die Ignoranz anderer ist eine Karte der islamischen Welt, in der sowohl Libanon als auch Israel/Palästina als Länder mit mehr als 80% muslimischer Bevölkerung dargestellt werden.[86]

4. Evaluation

4.1. Zusammenfassung

Die Tabellen der quantitativen Analyse (vgl. oben Kap. I.2.2) zeigen, dass vom Christentum in den Schulbüchern für Islamische Erziehung explizit nur minimal die Rede ist. Nur ein einziges Mal in der dritten Klasse wird das Christentum mit 14 Zeilen explizit erwähnt. Dies entspricht 0,16 % des Buches bzw. 0,07% der Gesamtreihe, ist also statistisch kaum noch erfassbar.[87] Auf Jesus als islamischen Propheten kommt man in der dritten, siebenten und neunten Klasse zu sprechen. In der 9. Klasse machen diese inklusiven Erwähnungen 4,57 % eines Buches aus. Dies ist die längste zusammenhängende Beschäftigung mit seiner Person. Auch indirekt kommt man in den Schulbüchern für die Islamische Erziehung nur wenig auf das Christentum und andere Religionen zu sprechen. Selbst wenn man alle Stellen heranzieht, die allgemein von einer Toleranz und vom Frieden sprechen und alle Passagen einbezieht, die im weitesten Sinne von Begegnungen mit anderen Religionen sprechen, so ist der Umfang sehr gering (0,78 %). Alle Erwähnungen zusammen machen 1,39 % der Schulbuchreihe aus. Ein besonderes Bemühen um eine Erziehung zum Frieden und zur Verständigung zwischen den Religionen ist in den Schulbüchern für Islamische Erziehung daher nicht

85 Vgl. REISS 2004 Islamic Education; REISS 2004 Visions.

86 IE ES 6/1, 66. Allerdings muss man einräumen, dass es sich dabei um eine *Weltkarte* des Islam handelt, auf der Afrika, Europa und ganz Asien abgebildet sind und bei der die Ländernamen und –grenzen so klein und verschwommen gedruckt sind, dass man kaum etwas erkennen kann. Die gleiche Karte ist nochmals zweifarbig in IE ES 7/1, 56 abgedruckt. Trotz des etwas klareren Druckes lassen sich auch hier Ländergrenzen und -bezeichnungen insbesondere im Bereich der kleinen Staaten Libanon, Israel, Syrien kaum erkennen. Von einer speziellen anti-israelischen Darstellung oder Leugnung Israels wird man nicht sprechen können, denn die Landesgrenzen von Jordanien, Syrien und dem Libanon sind genauso wenig zu erkennen. Den Schülern wird daher vor allem der Eindruck vermittelt, dass von Westafrika bis nach Pakistan und den Ostindischen Inseln Muslime die Mehrheit der Bevölkerung stellen.

87 Wahrscheinlich wäre der Anteil der expliziten Erwähnungen des Christentums größer, wenn man einfach nur den Koran abdrucken würde. Legt man die hier angewandten Analysekriterien auf die Suren an, die in der Buchreihe "Interpretation und Rezitation" abgedruckt sind, dann ist jedenfalls der prozentuale Anteil der expliziten Erwähnungen immerhin dreimal so hoch (0,52 %), obwohl diese Texte nicht wegen ihres Inhalts, sondern wegen des Einübens von Rezitationsregeln

zu erkennen, obwohl mehrfach der Anspruch erhoben wird, dass der Islam eine Religion des Friedens sei.[88] Dies fällt umso mehr auf, als in den Schulbüchern für die Staatsbürgerkunde oder Nationale Erziehung sehr viel ausführlicher und konkreter über das Miteinander der Religionen und Kulturen die Rede ist.[89]

Die Klärung der Beziehung zu anderen Religionen wird weitgehend in andere Fächer delegiert. Sofern in den Schulbüchern für Islamische Erziehung überhaupt von Jesus und dem Christentum gesprochen wird, wird eine inklusive Sicht auf Jesus und das Christentum vermittelt: Jesus wird als islamischer Prophet und Wundertäter vorgestellt, der eine vorläufige und begrenzte Offenbarung erhielt. Aussagen über das Christentum erfolgen auf der Basis des Korans, nicht nach seinem Selbstverständnis oder seiner realen Gestalt. Informationen darüber, welche Bedeutung Jesus für das Christentum hat, werden nicht gegeben. Die Friedlichkeit des Islam gegenüber anderen Religionen und Kulturen wird betont, aber andererseits wird an manchen Stellen auch Gewalt gerechtfertigt bzw. Textstellen sind offen für Interpretation. Insgesamt gehen die Bücher eher von einer geschlossenen islamisch-konservativen als von einer Gesellschaft aus, die von kultureller und religiöser Pluralität geprägt ist.

4.2. Bewertung und kritische Anfragen

Die minimale Beschäftigung mit anderen Religionen und Kulturen im Islamischen Religionsunterricht ist bedauerlich. Es ist die Frage, ob das Feld der Beziehung zu anderen Religionen und die Vermittlung von Informationen über andere Religionen in andere Fächer delegiert werden sollte. Der Verfasser ist der Meinung, dass keine Religion es sich heute mehr leisten kann, sich auf eine Selbstdarstellung zu beschränken. Angesichts des Zusammenwachsens der Welt im Rahmen der Globalisierung, der neuen Kommunikations- und Informationsmittel, der Emigrations- und Flüchtlingsbewegungen ist die interreligiöse und interkulturelle Begegnung heute sehr viel intensiver als zu früheren Zeiten. Gläubige aller Religionen sind daher auf Informationen angewiesen, um Andersgläubige zu verstehen und Toleranz einzuüben. Es sollte daher im eigenen Interesse der Religionen sein, profunde Informationen über andere Religionen an die Gläubigen weiterzugeben und zum Dialog über Formern friedlicher Koexistenz beizutragen. Zudem sind alle Religionen angesichts zahlreicher politischer und gesellschaftlicher Konflikte, in denen die Religion eine maßgebliche Rolle spielt, dazu auf-

abgedruckt sind. Da jedoch mit keinem Wort darauf im Schulbuchtext Bezug genommen wurde, konnte dies statistisch nicht erfasst werden. Vgl. dazu oben Einleitung/Methodischer Ansatz.

88 Vgl. oben Kap. I.3.6.

89 Vgl. unten Kap. II und III.

gefordert, einen Beitrag zur Friedenserziehung zu leisten. Dies gilt für Palästina umso mehr als der politische Konflikt teilweise auch entlang religiöser Grenzlinien verläuft.

Im Blick auf die Darstellung von Jesus als islamischem Propheten (vgl. oben Kap. I.3.1) ist zu fragen, ob es im Zeichen einer interreligiösen Erziehung nicht sinnvoll wäre, darauf hinzuweisen, dass Christen sich des Glaubens an und der Liebe zu Jesus Christus in besonderer Weise verpflichtet fühlen und dass dadurch (trotz allen Differenzen des Verständnisses der Person Jesu) eine wichtige Gemeinsamkeit zwischen Christen und Muslimen gegeben ist. Zum anderen könnte darauf hingewiesen werden, dass die Verehrung von Moses, Abraham und Noah sowie weiterer Propheten bzw. biblischer Gestalten ein Grundzug aller drei monotheistischen Religionen ist.

Die allochthone Sicht auf die Schriften der himmlischen Religionen (vgl. oben Kap. I.3.2) wirft Grundfragen der Darstellung anderer Religionen auf. Jeder Muslim, der eine Bibel in die Hand nimmt, könnte zwar feststellen, dass die Inhaltsangaben, die hier von den Schriften der Juden und Christen gemacht werden, unvollständig sind. Da jedoch im Koran nur diese Schriften erwähnt werden und der Koran nicht als geschichtlich gewordenes, sondern als unmittelbar diktiertes Gotteswort verstanden wird, das die früheren Offenbarungsschriften relativiert, besteht das Problem, ob man sich bei der Darstellung anderer Religionen eher an die Realität und das Selbstverständnis der anderen Religionen oder an die koranischen bzw. dogmatischen Vorgaben der eigenen Religion hält.[90] Hält man sich streng an das, was im Koran über die früheren Schriften ausgesagt wird, so ist die Darstellung richtig. Fragt man jedoch danach, welche Schriften bei den Juden und Christen realiter in Gebrauch sind und welche diese anerkennen, so wird man die Darstellung als ergänzungsbedürftig bezeichnen müssen, zumal der biblische Kanon schon Jahrhunderte vor dem Islam festgelegt wurde. Wenn in der Darstellung deutlich würde, dass dies die *islamische Sicht* auf die Schriften des Christentums und Judentums ist und nicht eine Beschreibung der von diesen selbst

[90] Vgl. LEWIS 1987, 69: „Nach der akzeptierten sunnitischen Lehre ist der Koran die Sammlung der unmittelbaren Offenbarungen Allahs und besteht mit Allah weiter, von Ewigkeit zu Ewigkeit. Der Koran, der diese Mohammed zuteil gewordene Offenbarung verkündet, besitzt daher eine unmittelbar von Allah stammende göttliche Authentizität, für die es in den üblichen Formen von Judaismus und Christentum keine Entsprechung gibt. Der Gedanke an Anleihe oder Einflussnahme ist deshalb vom muslimischen Gesichtspunkt aus blasphemisch, absurd. Macht Gott Anleihen? Läßt Allah sich beeinflussen? Für einen Muslim sind Judentum wie Christentum mittlerweile abgelöste Vorläufer des Islam. Die jüdischen und christlichen Schriften waren authentische, göttliche Offenbarungen, die den von Gott gesandten Propheten zu teil wurden. Doch sie wurden von Juden wie Christen missachtet und verfälscht und sind nun durch Gottes endgültige, unverfälschte Offenbarung, eben den Koran, ersetzt worden. Wenn es gemeinsame Elemente oder Ähnlichkeiten zwischen der Bibel und anderen jüdischen und christlichen Schriften und der islamischen Ordnung gibt, so ist dies auf den gemeinsamen göttlichen Ursprung zurückzuführen. Wo sie sich unterscheiden, sind die jüdischen oder christlichen Texte von ihren unwürdigen Hütern entstellt worden."

anerkannten Schriften, wäre schon viel gewonnen. Zu überlegen ist darüber hinaus, ob es nicht auch notwendig und möglich ist, dass sich Muslime mit den Schriften des Judentums und des Christentums eingehender befassen und beschreiben, was der Inhalt der dort im Gebrauch befindlichen Offenbarungsschriften ist. Das Gespräch über die Offenbarungsschriften ist nicht a priori ausgeschlossen. Der Koran selbst fordert dazu sogar explizit auf: „Wenn du Zweifel über die Offenbarung hegst, die wir dir herabgesandt haben, frage jene, die vor dir das Buch lasen!" (Sure 10, 94).[91]

Die Aufgabenstellung, sich mit den Wundertaten Jesu zu beschäftigen (vgl. oben Kap. I.3.3.) ist sehr hilfreich, um mehr über das Leben Jesu und seine Botschaft zu erfahren. Zu überlegen ist, ob hierbei nicht nur auf die Quellen des Koran, sondern auch auf die des Neuen Testamentes hingewiesen werden sollte. Neben den wenigen Stellen der islamischen Tradition, in denen von Wundern Jesu gesprochen wird, könnte man dazu auffordern, parallel einige Heilungsgeschichten aus der Bibel kennen zu lernen. Dadurch könnte den Schülern sehr gut deutlich werden, dass es sowohl im Islam als auch im Christentum sehr ähnliche Traditionen zu Jesus gibt und dass ein Blick in die Bibel und das Gespräch mit Christen darüber auch manche Passage im Koran interpretieren hilft und sie deutlicher werden lässt. Im Gegensatz zu der hier gebotenen Charakterisierung der früheren Offenbarungsschriften, die sich nur an das Volk Israel gerichtet hätten, ist darauf hinzuweisen, dass sich weder die jüdische noch die christliche Religion als rein partikulare Religionen verstehen, die nicht auch einen universalen Anspruch hätten.[92] Texte wie die Völkerwallfahrt zum Zion (Jesaja 2), die apokalyptische und die Messias-Erwartung wie auch die Konzeption der „Gottesfürchtigen" zeigen, dass es im Judentum durchaus Konzepte für die gesamte Völkerwelt gab und gibt.[93] Für das Christentum gilt dies erst recht, das ebenso wie der Islam einen universalen Missionsauftrag kennt (Matthäus 28) und schon in seinen Anfängen beschloss, seine Botschaft auch an die Heidenvölker zu richten (Apostelkonzil in Apg 15 bzw. Gal 2).[94] Eine weitere Differenz resultiert daraus, dass Christen die Offenbarung in Christus bereits als die wesentliche und endgültige Offenbarung ansehen. Auch hier wird also lediglich die Sicht des Islam auf die früheren Religionen wiedergegeben, nicht deren Selbstverständnis. Im Blick auf die Bedeutung des Wirkens Jesu ist zu fra-

---

91 Zu Muslimen, die sich ernsthaft mit den neutestamentlichen Schriften beschäftigt haben vgl. REISS 2004 Habil C, Kap. I.5. Zur Darstellung in ägyptischen Religionsbüchern vgl. oben I.3.2, II.3.1 und III.3.2 in Teil 1/B und die kritischen Anmerkungen in den Kap. I.4.2, II.4.2 und III.4.2.

92 Vgl. dazu ZIRKER 1992, 264-272 und DERS. 1999,1-44.

93 Vgl. MÜLLER 1994.

94 In Anlehnung dazu wird im Schulbuch der Klasse 7 ausgeführt (IE 7/1, 44-46), dass die Botschaft der früheren Propheten sich nur an ein bestimmtes Volk (Israel) in einer bestimmten Zeit gerichtet habe, während Muhammads Botschaft sich an alle Menschen richte und von zeitlos gültiger Natur sei.

gen, ob es nicht möglich ist, die fortwährende Bedeutung für die Christen und den universalen christlichen Sendungsauftrag zu beschreiben. Beschreibung ist nicht identisch mit Zustimmung. Es könnte jedoch deutlich machen, dass das Christentum mit seinem Anspruch auf Universalität große Ähnlichkeiten zum Islam aufweist.[95]

Die Darstellung von Jesus Christus nach dem Koran (vgl. oben Kap. 3.4) ist sehr hilfreich, um das islamische Verständnis seiner Person kennen zulernen. Allerdings wäre es im Blick auf Multiperspektivität gut, wenn daneben auch das christliche Verständnis dargestellt und eine Auseinandersetzung mit der christlichen Lehre in Geschichte und Gegenwart erfolgen würde. An manchen Stellen könnte sich erweisen, dass die koranische Kritik durchaus auch von Christen geteilt werden kann. Dann z. B., wenn gegen ein Gottesverständnis polemisiert wird, in dem aus dem Schöpfergott, Maria und Jesus drei Götter gemacht werden. Andererseits wäre es hilfreich, wenn auch von Muslimen biblische Texte zur Kenntnis genommen werden – die die Grundlagen dafür waren, dass sich die christlichen Lehren von Gottessohnschaft und Trinitätslehre ausbildeten.

Im Blick auf die Auslegung von Sure 109,6 (vgl. oben Kap. I.3.5) ist anzufragen, ob hier neben der wörtlichen Bedeutung nicht darauf hingewiesen werden sollte, dass dieser Vers in der islamischen Tradition gemeinhin zur Begründung für Pluralität und Koexistenz von Religionen diente.[96] Die lebensnahe Erziehung zu religiöser Toleranz wird weitgehend den Schulbüchern für Staatsbürgerkunde und Nationale Erziehung überlassen, die eher von einem säkularen Gesellschaftssystem ausgehen.[97] Es stellt sich jedoch die Frage, ob dies nicht zu den ureigensten Aufgaben der religiösen Erziehung gehört. Dies gilt umso mehr angesichts der Behauptung, dass der Islam sich dadurch besonders auszeichne, dass er eine Religion des Friedens ist.[98] Im Blick auf die Ausführungen zur historischen Toleranz des Islam kann auf die kritischen Anmerkungen an anderer Stelle verwiesen werden.[99] Eine Besonderheit liegt hier vor, insoweit zur Begründung von Toleranz auf Sure 60 Bezug genommen wird, die explizit einen Vorbehalt formuliert: Nur mit Nichtmuslimen, die nicht Gewalt gegen Muslime angewandt und Muslime aus ihren Häusern vertrieben haben, dürfen vertragliche Regelungen getroffen werden. Im Text bleibt offen, was dies für das konkrete Zusammenleben mit Juden und Christen heute bedeutet, insbesondere im Blick darauf, dass im gegenwärtigen Nahostkonflikt Häuserzerstörungen und Gewaltanwendung gegen Muslime durch israelische Sicherheitskräfte stattfinden. Da aktuelle Bezüge fehlen, kann der

95 Vgl. oben Kap. II.4.2 in Teil 1/B.
96 Vgl. LEWIS 1987, 22.
97 Vgl. unten Kap. II.3.1, II.3.2., II.3.3.4. und Kap. III.3.2., III.3.5., III.3.8.
98 Vgl. oben Kap. I.3.6.
99 Vgl. oben Kap. I.4.2, II.4.2, III.4.2, IV.4.2, V.4.2, VI.4.2. in Teil 1/B.

Text auch als Aussage verstanden werden, dass mit Israel bzw. den Juden keine friedliche Lösung gefunden werden kann. Nicht unproblematisch ist auch der Verweis auf das ʿUmar-Abkommen, denn hier werden nur die positiven Teile des Inhalts dieses Abkommens erwähnt. Die Informationen, die hier gegeben werden, sind sogar noch viel spärlicher sind als in den Büchern für Nationale Erziehung. Außerdem werden mit keinem Wort Fragen der aktuellen Beziehungen zu Christen und Juden angesprochen. Auch hier stellt sich also die Frage, ob es angemessen ist, die Erziehung zur Toleranz weitgehend den eher säkular ausgerichteten Schulbüchern zu überlassen.[100]

Die Grußformel "Friede sei mit euch" als Begründung für eine besondere Friedfertigkeit des Islam heranzuziehen (s. oben Kap. I.3.6) ist sehr oberflächlich, denn dieselbe Grußformel ist bereits seit der heidnischen Antike im Orient verbreitet und hat nichts speziell mit dem Islam zu tun. Sie wird in hebräischer Sprache genauso auch von Juden benutzt oder auch in aramäischer Sprache von syrisch-orthodoxen Christen. Dennoch ist hier klar die Intention zu erkennen, dass man vermitteln möchte, dass Muslime „zum Frieden aufrufen" sollen und dass Frieden prinzipiell das Bestimmende sein soll, was die Beziehung zwischen Menschen ausmachen soll. Das Problem bei der Darstellung der Position des Islams zum Frieden in IE ES 7/1 besteht darin, dass nicht genauer definiert wird, was den *„Ausnahmezustand"* begründen kann, der einen Krieg gerechtfertigt. *„Selbstverteidigung"* und *„Beseitigung einer Unterdrückung"* sind Kriterien, die sehr interpretationsfähig sind. Handelt es sich bei der Selbstverteidigung um eine individuelle, eine nationale oder gar eine Verteidigung der gesamten arabischen Welt? Handelt es sich bei der *„Beseitigung einer Unterdrückung"* nur um die Beseitigung eines offensichtlichen Tyrannen oder könnten damit auch sämtliche Regime des Nahen Ostens gemeint sein? Wer stellt fest, wann eine „Selbstverteidigung" oder eine „Befreiung von einer Unterdrückung" gerechtfertigt ist? Und was bedeutet dies konkret im Konflikt mit Israel? Alle diese Fragen bleiben unbeantwortet. Es kommt sehr auf die Interpretation des Lehrers an, wie dieser Text gelesen und verstanden wird. Wenn die Kriterien für den *„Ausnahmezustand Krieg"* sehr eng gezogen werden, kann der Text als ein guter Ansatz für eine Erziehung zum Frieden dienen. Wenn die Kriterien weit gedehnt werden, könnte der Ausnahmezustand ebenso zum Normalzustand werden. Wenn z. B. die Gründung des Staates Israel als illegitime Verteilung des Landes einer Okkupationsmacht (Großbritannien) angesehen wird, die eine *„Selbstverteidigung"* der Palästinenser rechtfertigt, und wenn die israelische Besatzung bzw. militärische Kontrolle der Westbank und des Gaza-Streifens als eine *„Unterdrückung"* (*ẓulm*) definiert wird, dann kann diese Passage, die vom Frieden spricht, ebenso zur religiösen Legitimierung der gegenwärtigen Gewalt dienen. Und diese Gewaltanwen-

[100] Zum ʿUmar-Vertrag ausführlicher unten Kap. III.3.2. und III.4.2.

dung wäre dann nicht nur zu rechtfertigen, sondern sie wäre sogar nach islamischem Gesetz notwendig, denn im Text steht, dass bei diesen Ausnahmezuständen Krieg *gesetzlich vorgeschrieben* ist (al-ḥarb ḥâla istiṯnâʾiya *sharaʿat* lid-difâʿ).[101] Selbst wenn man bei der Behandlung dieses Abschnittes in der Klasse nicht auf die gegenwärtige Situation zu sprechen kommt und den Status des Rechtes auf Selbstverteidigung und Beseitigung einer Unterdrückung ausdrückt, ist das dritte Kriterium, das den Ausnahmezustand des Krieges erlaubt, höchst problematisch. Wenn Krieg immer dann geboten ist, wenn *„Hindernisse hinsichtlich der Ausbreitung der islamischen Mission"* auftauchen, dann wird die Schwelle zum Krieg so niedrig gesetzt, dass der Anspruch, eine Friedensreligion zu sein, sich ins Gegenteil verkehren kann. Dies könnte nämlich heißen, dass immer dann, wenn Muslime nicht in einer Machtposition sind, militärische Gewalt nicht nur erlaubt, sondern sogar geboten wäre, um diesen Zustand zu erreichen. Dieses Prinzip hat in der islamischen Geschichte oftmals auch gegolten. Das viel zitierte koranische Prinzip *„Es gibt keinen Zwang in der Religion"* hat nicht zu einer rein defensiven Haltung im Islam geführt. Es galt in der Zeit der Ausdehnung des islamischen Reiches immer erst dann, wenn Länder bereits militärisch erobert worden waren oder wenn zumindest eine militärische Drohkulisse aufgebaut worden war. Vor dem *„Es gibt keinen Zwang in der Religion"* von Sure 2, 256 stand zunächst der Aufruf zum Islam und - wenn dieser nicht angenommen wurde - immer auch das Prinzip aus Sure 9, 29: *„Kämpft gegen die Ungläubigen, ... bis sie von dem, was ihre Hand besitzt, Tribut entrichten als Erniedrigte."*[102] Die Toleranz des Islam zeigte sich nicht in einer grundsätzlichen Defensivität und einem prinzipiellen Pazifismus, sondern zeigte sich in einem – für die damalige Zeit – hohen Maß an Toleranz gegenüber den *eroberten* Völkern. Erst wenn die Vormacht des Islam gesichert war, war Frieden und Toleranz möglich.[103] Dementsprechend wird auch bis heute die gesamte westliche Welt als *„Dâr al-Harb"* (Haus des Krieges) angesehen, während nur dort, wo der Islam herrscht, im *„Dâr al-Islâm"*, in islamischem Sinne Frieden herrschen kann.[104]

---

[101] IE ES 7/1, 57.

[102] Vgl. KHOURY 1994, 52.

[103] Schon sprachlich liegt die Verbindung von Islam und Frieden (silm) bzw. Heil, Unversehrtheit, Frieden (salâm) im Arabischen nahe: Der IV. Stamm des Verbes *salima* steht in kausativem oder faktischen Verhältnis zum Grundstamm. Rein grammatikalisch ist ein *muslim* einer, der *silm* (Friede) veranlasst oder schafft bzw. sich den Bereich des *salâm* (des Heils, Friedens) bewirkt. Vgl. dazu auch Tibi, der darauf hinweist, dass die Begriffe "Haus des Islam" und "Haus des Friedens" auf der Basis von Sure 10, 35 praktisch gleichbedeutend sind (TIBI 2001, 57).

[104] Als die Expansion des islamischen Reiches ins Stocken geriet, wurden zunächst die Pflichten zum Jihad eingeschränkt und neu interpretiert. Ein vorläufiger Waffenstillstand konnte zum Dauerzustand werden. Einige islamische Juristen akzeptieren auch einen mittleren Status, zwischen dem „Haus des Krieges" und dem „Haus des Islam". Mit den Begriffen „Dâr as-Sulh" (Haus der Waffenruhe) oder „Dâr al-Ahd" (Haus des Bündnisses) wurden nichtislamische Staaten

Die hier getroffenen Aussagen zur prinzipiellen Friedensbereitschaft und zur reinen Defensivität des Islam sind also weder im Blick auf die Gegenwart noch auf die Vergangenheit ganz zutreffend und hilfreich zu einem wirklichen Verstehen der Stellung des Islam zum Frieden. Eine prinzipielle Defensivität und ein grundsätzlicher Pazifismus ist dem Islam nicht zu eigen. Dagegen spricht der universale Anspruch des Islam. Dagegen spricht auch die ganze Geschichte der offensiven islamischen Eroberung, die schon zu Zeiten Muhammads selbst begann mit den Eroberungszügen auf der arabischen Halbinsel.[105] Andererseits ist es in der Tat nicht richtig, die islamische Religion als eine „Religion des Schwertes" zu bezeichnen, denn sie hat stets sehr schnell mit den eroberten Völkern Verträge geschlossen, die Leben, Vermögen und Religionsausübung zumindest so sicherten, dass ein Überleben von Christen und Juden bis in die heutige Zeit im Bereich des Islam möglich war, wenn auch im Status von Schutzbürgern mit minderen Rechten.[106] Dies war in der Menschheitsgeschichte ein gewaltiger Schritt in Richtung einer Humanisierung der Gesellschaft, den es anzuerkennen gilt, denn Vergleichbares war in Europa erst nach dem Westfälischen Frieden von 1648 rechtlich offiziell möglich.[107] Ein Grundproblem des Textes über die Friedensethik des Islam in IE ES 7/1 ist, dass fast ausschließlich Koranabschnitte zitiert werden, dass aber auf die Geschichte des Islam kaum Bezug genommen wird. Das ist so wie wenn man nur die Abschnitte über Feindesliebe und Nächstenliebe aus der Bibel zitieren, aber von der Geschichte des Christentums abstrahieren würde, um die Stellung des Christentums zum Frieden zu beschreiben. Darüber hinaus ist darauf hinzuweisen, dass manche Koranzitate, die hier herangezogen werden, bisweilen völlig anders interpretiert werden. So dient zum Beispiel der Hinweis auf Sure 2, 191 - dessen erster Teil *„Tötet sie, wo ihr sie greifen könnt und vertreibt sie woraus sie euch vertrieben haben"* im Schulbuch unterschlagen wird - der hier als Beweis für die Defensivität des Islam herangezogen wird, bei zahlreichen islamistischen Gruppen derzeit als Begründung dafür, dass unter keinen Umständen irgendeine Friedensvereinbarung mit Israel geschlossen werden darf.[108] Zusammenfassend kann man sagen, dass die Passage im Schulbuchtext über den Frieden (in IE ES 7/1, 58) durchaus Ansätze und Intentionen zeigt zu einer Erziehung zum Frieden, dass aber aufgrund des großen Interpretationsfreiraums auch Möglichkeit gegeben ist, ihn ins genaue Gegenteil zu ver-

bezeichnet, die mit dem islamischen Reich in eine Vertragsbeziehung traten, die moslemische Oberhoheit anerkannten und Tribut bezahlten, aber einige Autonomierechte behielten. Vgl. LEWIS 1982, 59-61; HEINE 1987, 24-26.

105 Vgl. unten die Auflistung der Eroberungszüge im Zusammenhang mit dem Fastenmonat.

106 Vgl. BAT YEOR 2002.

107 Zum Status der Christen und Juden im Islam vgl. FATTAL 1958; LEWIS 1987; KHOURY 1994; COURBAGE/FARGUES 1998; BAT YE'OR 2002.

108 Vgl. REISS 2002.

kehren. Im Blick auf die Legitimation aller möglichen Methoden zur Verteidigung des Landes ist kritisch darauf hinzuweisen, dass eine solche Auffassung nicht dem traditionellen islamischen Rechtsdenken entspricht, das schon sehr früh den islamischen Kämpfern Einschränkungen hinsichtlich der Gewaltanwendung auferlegte. Die Kampfhandlungen dürfen sich nach traditionellem islamischem Recht nicht gegen Frauen, Kinder oder andere Wehrlose richten oder gegen solche, deren Friedfertigkeit vorausgesetzt wird (z. B. Priester und Mönche). Manche Gelehrte waren sogar der Auffassung, dass unbeteiligte Privatleute grundsätzlich nicht Ziel von Angriffen sein dürfen.[109] Der Koran selbst macht es in Sure 17, 33 zum Prinzip, dass für zu Unrecht Getötete sogar Rache genommen werden darf, dass man aber auf keinen Fall „maßlos im Töten" sein darf. Im Aufruf, dass jedes beliebige Mittel recht sei, um sein Land zu verteidigen, spiegelt sich nicht islamisches Recht, sondern dessen Fehlinterpretation durch militante islamistische Gruppen.[110] Es stellt sich daher die Frage, was eine solche Position in einem Schulbuch in Palästina zu suchen hat. Viel wichtiger wäre die Klarstellung, was unter dem Vaterland Palästina zu verstehen ist, das zu verteidigen ist und welche Mittel dafür eingesetzt werden dürfen.

Die Liste der erfolgreichen Schlachten im Ramadan ist problematisch weil hier ausschließlich Kriege als positiver Gegensatz zum Müßiggang und zum Ruhen von der Arbeit dargestellt werden. Dass kulturelle, wirtschaftliche oder soziale Leistungen und Anstrengungen während des Ramadan möglich sind, kommt nicht in den Blick. Zudem werden hier in positiver Weise vor allem Angriffskriege und nicht Verteidigungskriege aufgelistet, wodurch die prinzipielle Friedfertigkeit des Islam, die andernorts in den Schulbüchern behauptet wird, in Frage gestellt wird. Sollte das beste, was ein Schüler während des Ramadan tun kann, ein Angriffs- bzw. Eroberungskrieg sein? Es wäre besser, wenn hier kulturelle und religiös-soziale Leistungen aufgelistet würden.

Das Gesellschaftsbild, das in den islamischen Religionsbüchern entworfen wird (vgl. oben Kap. I.3.8), steht in einem starken Gegensatz zu dem Bild, das in den Büchern für Staatsbürgerkunde und Nationale Erziehung entworfen wird.[111] Muslimische Schüler werden von einer Schulstunde zur anderen in den Schulfächern mit völlig verschiedenen Gesellschaftsvisionen konfrontiert, ohne dass die Alternativen diskutiert werden. Hier ist zu fragen, ob es nicht sinnvoll wäre, diese verschiedenen Orientierungen explizit zu thematisieren, die verschiedenen Positionen zu benennen und zu Diskussionen anzuregen.

---

109 Vgl. HEINE 2001, 29; FERCHL 1991, 316.

110 Vgl. dazu HEINE 2001, 124-132.

111 Vgl. unten Kap. II und III in Teil 2/B.

II. Staatsbürgerkunde (Elementarstufe)

1. Einleitung

Das Fach "Staatsbürgerkunde" *(at-tarbiyya al-madaniyya)* wird ab der ersten bis zur neunten Klasse unterrichtet. Bis zum Jahr 2003 wurden zehn Schulbücher veröffentlicht, die vom palästinensischen Erziehungsministerium herausgegeben wurden. In den unteren Klassen 1-4 gibt es jeweils zwei Schulbücher im Umfang von ca. 40 Seiten, in den Klassen 6-8 jeweils nur ein Schulbuch im Umfang von ca. 50-60 Seiten.

Die Schulbücher sind äußerlich ähnlich wie die Schulbücher für islamischen Religionsunterricht gestaltet; nur ist der Rahmen statt in grünem in rosa-beigem Ton gehalten. Alle Titelbilder sind gezeichnet. Bei den unteren Klassen werden Jungen und Mädchen gemeinsam bei verschiedenen Tätigkeiten abgebildet: Beim Singen (SBK ES 1/1, beim Pflegen eines Baumes (SBK ES 1/2), im Straßenverkehr (SBK ES 2/1), mit einer Weltkugel (SBK ES 2/2), beim Tauziehen (SBK ES 3/1), beim Basteln (SBK ES 3/2) und bei der Gartenarbeit (SBK ES 4/1 und SBK ES 6). Auf dem Schulbuch der 7. Klasse (SBK ES 7) wird eine Gruppe von Jugendlichen an zwei Tischen in einem alten Gemäuer gezeigt. Das Schulbuch der 8. Klasse (SBK ES 8) zeigt ein Gemälde, auf dem eine Gruppe von 7 Erwachsenen in traditioneller Kleidung, 5 Kindern und 2 Säuglingen vor einem Blumenbeet (?) schemenhaft in gebückter Haltung zu erkennen ist. Im Hintergrund wirft eine Frau (in Trauer/Freude?) die Hände nach oben. Auf dem Titelbild der 9. Klasse (SBK ES 9) wird ein Puzzle angedeutet. Auf einem Stück sind eine Waage und ein Hammer abgebildet, auf einem anderen eine Wahlurne. Im Hintergrund sind Sitzreihen vor einem Podium skizziert (Parlament?). Man sieht eine Person von hinten, die sich zu Wort meldet. Die sonstige Gestaltung orientiert sich an den allgemeinen Vorgaben für die Schulbücher.[1] Die Bücher sind allesamt mit recht hoher Qualität in mehreren Farben gedruckt. Das Bildmaterial, das von Klassenstufe zu Klassenstufe allmählich zugunsten von Texten abnimmt, besteht fast ausschließlich aus Zeichnungen, in denen reale Situationen ideal nachgestellt sind. Fotos werden nur sparsam verwendet und wenn, handelt es sich fast ausschließlich um Gebäude oder Landschaftsaufnahmen. Personen werden auf Fotos nicht abgebildet. Als „Nationales Team für das Curriculum der Staatsbürgerkunde" werden folgende Personen vorgestellt. 1. Rîmâ Zayyid Al-Kîlânî, 2. Ibrâhîm Bišârât, 3. Zahîra Kamâl, 4. Lînâ ʿAbd Al-Hâdî, 5. Hîfâʾ Aš-Šiwâ Al-Miṣrî, 6. Ibtisâm Al-Aḥmad, 7. Ǧihâd Zakârana, 8. Ġasân Ar-Rîša, 9. Muḥammad Al-ʿĀyadî.

---

[1] Vgl. oben Kap. A.III.4.

1.1. Bibliografische Angaben

Autoren	Titel	Umfang	Abk.
1. Zahîra Kamâl 2. Ġasân ar-Riša 3. Ibtisâm Al-Aḥmad 4. Farîd Al-ʿĀrûrî *Vom Curriculum-Zentrum:* ʿAbd Ar-Rahmân Al-Maġribî	Die Staatsbürgerkunde,1. Klasse der Elementarschule		
	1. Teil, Al-Bîra Ramallah 2002^{3}	40 Seiten	SBK ES 1/1
	2. Teil, Al-Bîra Ramallah 2002^{3}	42 Seiten	SBK ES 1/2
1. Suʿâd Al-Qadûmî 2. Alî Abû Samak 3. Ḫâlid Aḥmad Ḫusain 4. Karam Al-Abwa *Vom Curriculum-Zentrum:* 1. ʿAbd Ar-Rahmân al-Maġribî 2. ʿUmar Abû al-Ḫummuṣ	Die Staatsbürgerkunde, 2. Klasse der Elementarschule		
	1. Teil, Al-Bîra Ramallah, 2002^{2} (Probeauflage)	43 Seiten	SBK ES 2/1
	2. Teil, Al-Bîra Ramallah 2002^{2} (Probeauflage)	43 Seiten	SBK ES 2/2
1. Walîd Sâlim 2. Ğamîl Abû Hilâl 3. Suʿâd Al-Qadûmî 4. Alî Abû Samak *Vom Curriculum-Zentrum:* 1. Yusrî Zaidân 2. ʿUmar Abû Al-Ḫummuṣ	Die Staatsbürgerkunde 3. Klasse der Elementarschule		
	1. Teil, Al-Bîra Ramallah 2002^{1} (Probeauflage)	36 Seiten	SBK ES 3/1
	1. Teil, Al-Bîra Ramallah 2002^{1} (Probeauflage)	35 Seiten	SBK ES 3/2
1. Nâṣir As-Saʿâfain 2. Ṣâdiq Al-Ḫuḍûr 3. Îmân Raḍwân 4. Muḥammad ʿAsqûl *Vom Curriculum-Zentrum:* 1. Yusrî Zaidân 2. ʿUmar Abû Al-Ḫummuṣ	Die Staatsbürgerkunde 4. Klasse der Elementarschule		
	1. Teil, Al-Bîra Ramallah 2003^{1} (Probeauflage)	36 Seiten	SBK ES 4/1
1. Farîd Al-ʿĀrûrî 2. Dr. ʿAbd Ar-Rahmân Al-Maġribî *(Mitautor/Curriculum-Zentrum)* 3. Samar Ğabr 4. Muḥammad Al-ʿĀyadî	Die Staatsbürgerkunde, 6. Klasse der Elementarschule, Al-Bîra Ramallah, 2002^{3}	56 Seiten	SBK ES 6
1. Nâṣir as-Suʿâfain 2. Rafʿat Aṣ-Ṣabâḥ 3. Ibtisâm Al-Aḥmad 4. Farîd Al-ʿĀrûrî *Vom Curriculum-Zentrum:* 1. ʿAbd ar-Rahmân Al-Maġribî 2. ʿUmar Abû Al-Ḫummuṣ	Die Staatsbürgerkunde, 7. Klasse der Elementarschule, Al-Bîra Ramallah 2002^{2} (Probeauflage)	52 Seiten	SBK ES 7
1. Hadîl al-Qazâz 2. Wisâm Ar-Rafîdî 3. Mâlik Ar-Rimâwî 4. Dr. ʿUmar Abû Al-Ḫummuṣ *(Mitautor/Curriculum-Zentrum)* *Vom Curriculum-Zentrum:* ʿAbd ar-Rahmân Al-Maġribî	Die Staatsbürgerkunde, 8. Klasse der Elementarschule, Al-Bîra Ramallah 2002^{1} (Probeauflage)	60 Seiten	SBK ES 8
1. Hadîl al-Qazâz 2. Maǧdî ʿAlî Zâmil 3. Saʿîd Al-Bîšâwî 4. ʿAbd Ar-Raḥmân Al-Maġribi *(Mitautor/Curriculum-Zentrum)* *Vom Curriculum-Zentrum* ʿUmar Abû Al-Ḫummuṣ	Die Staatsbürgerkunde, 9. Klasse der Elementarschule, Al-Bîra Ramallah 2003^{1} (Probeauflage)	67 Seiten	SBK ES 9

1.2. Aufbau und Inhalt

Die Einleitung der Autoren erläutert in den unteren Klassen (1-3) zunächst, worum es bei dem Fach „Staatsbürgerkunde“ geht. Es soll die palästinensischen Schüler mit den wesentlichen Grundlagen der Zivilgesellschaft vertraut machen: Die Bedeutung der Demokratie, der Gerechtigkeit und Gleichheit, die Toleranz und die Kooperation mit anderen, die Sauberkeit und der Schutz der Umwelt, die Rechte und Pflichte des Einzelnen, der Familie und der Gesellschaft. Sodann wird der Schwerpunkt der einzelnen Schulbücher vorgestellt. Am Ende der Einleitung steht bei mehreren Heften die Mahnung, dass das Buch keinen Stoff zum Auswendiglernen darstelle, sondern dass alle Konzentration auf die Diskussion und das Gespräch gelegt werden soll, so dass die Schüler das Gelernte verstehen und praktisch anwenden können. Während in Ägypten die Tendenz zum Auswendiglernen immer noch vorhanden ist, indem fiktive Autoritäten (Lehrer, Väter, Imam o. a.) alle Antworten und Merksätze vorgeben oder die Kinder zu den "richtigen" Antworten hinleiten,[2] werden in den palästinensischen Schulbüchern offene Situationen vorgestellt, aus denen die Schüler dann selbst in der Diskussion verschiedene Handlungsmöglichkeiten erarbeiten sollen. Die Kinder werden angeregt, eigene Ideen und Fantasie zur Lösung eines Problems zu entwickeln, sie in ihrem Umfeld einzubringen und dann in einem Diskussionsprozess mit anderen Kindern oder Erwachsenen abzuklären, was verwirklicht werden kann.[3] In den höheren Klassen wird auf die in dem jeweiligen Buch besprochenen Themen sofort eingegangen. Der Stoff wird in jeweils 3-4 Einheiten mit 3-4 Lektionen dargeboten, die ein Thema behandeln. Innerhalb der Lektionen gibt es regelmäßig nach kurzen Texten und Bildern Aufgaben, offene und geschlossene Fragen sowie Vorschläge für Aktivitäten, um das behandelte Thema abzufragen, auf andere Fälle zu übertragen und das Thema zu vertiefen.

---

2 Vgl. oben Kap. II.1. in Teil 1/B.

3 Beispiel aus dem Buch für die erste Klasse der Staatsbürgerkunde: Auf Seite 36 wird eine Szene dargestellt, bei der sich ein Junge und ein Mädchen um einen Teddybären streiten. Die Mutter steht mit offenem Mund und abwehrender Handhaltung daneben. Die drei Fragen dazu sind: *„Was geschieht da zwischen Faraḥ und ʿAnbar? Warum gibt es Streit zwischen den Geschwistern? Ich erzähle von einem Problem, das ich einmal mit meinem Bruder hatte und wie ich[!] es löste“* So in: SBK ES 1/1, 36. Das besondere dabei ist, dass keinerlei Vorgaben für die Lösung des Streites gemacht werden, dass auch die Mutter nicht eingeschaltet wird und die Lösung bietet, sondern dass die Kinder selbst aufgefordert werden, zu überlegen wie eine Lösung gefunden werden kann und auf welche *eigenen* Erfahrungen zur Lösung des Streites rekuriert werden kann. Die Mutter (Autorität) kann eventuell einbezogen werden, muss es aber nicht.

1.3. Gliederung

Staatsbürgerkunde, Klasse 1, Teil 1	**Staatsbürgerkunde, Klasse 1, Teil 2**
1. Einheit: Mein schulisches Umfeld	1. Einheit: Die Ordnung
• Mein Name • Ich und meine Klasse • Mein schönes Land • Ich habe Rechte und Pflichten	• (Auf dem Weg] zu meiner Schule • Wohlbehalten auf dem Weg • Die Ordnung im Klassenraum • Wir achten auf die Ordnung
2. Einheit: Ich bin sauber	2. Einheit: Das Gespräch mit den Anderen
• Wir achten auf unsere Sauberkeit • Die Sauberkeit des Menschen • Wir achten auf die Sauberkeit unserer Nahrung	• Das Gespräch ist der Weg zum Lernen • Das Gespräch ist der Weg zum Verstehen • Das Gespräch drück die Gemeinschaft aus
3. Einheit: Ich und meine Familie	3. Einheit: Werte des Lebens
• Im Haus • Geburtstagsfest • In meiner Familie lerne ich auf die Dinge zu achten • Die Familie hilft Probleme zu lösen	• Die Pflicht und die Ordnung • Ich behandle die Leute so wie ich möchte, dass sie mich behandeln • Die Redlichkeit • Übernahme von Verantwortung
	4. Einheit: Wie helfen wir den Anderen?
	• Die Nächstenhilfe • Wir arbeiten zusammen im Dienst am Stadtviertel • Wie verhalten wir uns bei Unfällen? • Wir achten auf das Allgemeineigentum
Staatsbürgerkunde, Klasse 2, Teil 1	**Staatsbürgerkunde, Klasse 2, Teil 2**
1. Einheit: Die Sauberkeit um uns herum	1. Einheit: Wir arbeiten zusammen
• Unsere Schule ist sauber • Auf, lasst uns mitmachen! [beim Aufräumen] • Wir wollen auf die Sauberkeit achten	• Jeder von uns hat seine Aufgabe • Wir helfen unserer Familie und den Anderen • Wir beteiligen unsere Freunde
2. Einheit: Wir achten die Ordnung	2. Einheit: Wir lernen die Anderen kennen
• Wir achten auf die Ordnung in unserer Familie • Wir achten auf die Ordnung in unserer Schule • Die Ordnung ist wichtig in unserem Leben	• Wir sind uns ähnlich • Wir und die Anderen
3. Einheit: Wir reden miteinander und bleiben Freunde	3. Einheit: Wir sind Freunde
• Wir reden miteinander und hören zu • Meist stimmen wir überein aber machmal sind wir anderer Meinung • Die Überzeugung ist keine Schwäche	• Ich lerne meine natürliche Umgebung kennen • Schulausflug • Wir sind Freunde der Natur
Staatsbürgerkunde Klasse 3, Teil 1	**Staatsbürgerkunde Klasse 4, Teil 1**
1. Einheit: Ich und die anderen	1. Einheit: Meine Familie
• Unsere verschiedenen Nöte [Lektion über Behinderte] • Vielleicht hat mein Nächster recht • Wir unterscheiden uns und reden miteinander • Die Achtung vor der Meinung der Anderen	• Das Familienleben ist Verständnis und Beteiligung • Von den Pflichten der Familie und der Kinder • Unsere Familie ist unser Vorbild • Die Pflichten der Familie gegenüber der Gesellschaft
2. Einheit: Die Toleranz	2. Einheit: Der Mensch achtet die anderen
• Ich akzeptiere die anderen • Wir üben gegenseitig Toleranz	• Meinungsverschiedenheiten heben nicht die Brüderlichkeit auf • Unsere Werte • Die Werte in unsrem Leben • Meine Gesellschaft ist meine große Familie
3. Einheit: Die Zusammenarbeit	
• Die Arbeit im Teamgeist • Durch Zusammenarbeit werden wir Erfolg haben	

Staatsbürgerkunde, Klasse 6	**Staatsbürgerkunde, Klasse 7**
1. Einheit: Die Bildung einer Familie	1. Einheit: Die Zivilgesellschaft
• Der Familienstammbaum • Warum leben die Menschen in Familien? • Die Familie trägt zur Bildung ihrer Mitglieder bei • Wie lebt die Familie in Gemeinschaft?	• Die Zivilgesellschaft ist eine Gesellschaft der Organisationen • Die verantwortliche Teilnahme am Bau der Zivilgesellschaft • Von den Werten der Zivilgesellschaft
2. Einheit: Wir beteiligen die Familie in der Arbeit für die Befriedigung der Bedürfnisse	2. Einheit: Die Arbeit
• Arbeiten der Familie zuhause • Arbeiten und Dienste der Familie außer Haus • Arbeiten zur Produktion von Waren außer Haus	• Die Achtung der Arbeit und der Berufe • Die Gesellschaft bedarf vieler Berufe • Pflichten und Rechte des Arbeiters
3. Einheit: Die Einrichtungen der Gesellschaft und ihre Rolle im Zivilleben	3. Einheit: Die Information und Kommunikation
• Die Einrichtungen zum Dienst an der Gesellschaft • Die uneigennützigen öffentlichen Einrichtungen, die im sozialen Bereich arbeiten • Charakteristika der uneigennützigen Einrichtungen • Über eine der uneigennützigen öffentlichen Einrichtungen: „Der Verein"	• Die Kommunikation und ihre Formen • Die Information und die öffentliche Meinung • Die Kommunikation mittels des Informationsnetzes „Internet"
4. Einheit: Die heile Gesellschaft	4. Einheit: Soziale Probleme
• Die Gründe, die die Arbeitsbereitschaft der Kinder bedingen • Substituierende Rahmen, die die Gesellschaft bereichern • Das Gesetz erachtet das Verbrechen als einen Verstoß gegen die Gesellschaft	• Die Förderung der Demokratie in der Familie • Das Problem der Menschenrechte • Das Problem der Armut
Staatsbürgerkunde, Klasse 8	**Staatsbürgerkunde, Klasse 9**
1. Einheit: Die Familie	1. Einheit: Die Werte der Zivilgesellschaft
• Meine Familie ist ein Bild meiner Gesellschaft • Verantwortlichkeiten der Mitglieder der Familie • Die Gesundheit der Familie • Die Familie und die Kinderzeugung	• Der Achtung der Menschenwürde • Der Pluralismus in der paläst. Gesellschaft • Die Vertrauenswürdigkeit und die Verantwortung • Die Befragung und die Transparenz
2. Einheit: Das Gesetz ist die Stütze der Demokratie	2. Einheit: Die Beteiligung beim Aufbau der Zivilgesellschaft
• Keiner steht über dem Gesetz • Das Gesetz ist eine gemeinschaftliche Verantwortung • Die Verfassung ist die Grundlage des Regierens • Wir Bürger bilden Parteien	• Die Beteiligung an den Wahlen und der Gesetzgebung • Die Bezahlung der Steuern • Die Gründung und Unterstützung der öffentlichen Einrichtungen • Der freiwillige Dienst
3. Einheit: Ich verfolge mein Recht und achte die Freiheit anderer	3. Einheit: Unsere demokratischen Rechte
• Ich spreche mit dir und lerne mich selbst kennen • Ich gebe meiner Meinung Ausdruck • Palästina ist ein Land der Pluralität und Vielfalt	• Unsere Rechte • Arten der Menschenrechte • Die Rechte des Kindes sind Menschenrechte • Die Rechte der Frau sind Menschenrechte •
4. Einheit: In Richtung auf ein friedliches Leben	4. Einheit: Die Solidarität zwischen den Menschen
• Nein zur Gewalt [in der Familie] • Ich kenne mein Recht • Ich erlange meine Bedürfnisse • Ich verbessere meine Situation	• Die Solidarität mit den Unterdrückten • Die Solidarität mit den Behinderten • Die Solidarität mit den Alten • Die Rolle der Institutionen bei der Solidarität
	Anhang: • Die Allgemeine Erklärung der Menschenrechte • Das Abkommen zur Abschaffung aller Formen der Diskriminierung der Frau • Das Abkommen zu den Rechten des Kindes

2. Quantität der Darstellung des Christentums

2.1. Ort und Umfang der Erwähnungen

Schulbuch	Einheit/ Seite	Ort der Erwähnung	Umfang		
			Ex-plizit	In-klusiv	Im-plizit
SBK ES 1/1	E 1, 11	Die Lektion „Unser schönes Land" wird mit einer Fotomontage mit dem St. Georgskloster eingeleitet.			1 B
	E 1, 12-13	Felsendom und Grabeskirche werden abgebildet. Die Schüler sollen schildern, was man bei einem Besuch von Jerusalem sehen kann und Bilder Hl. Stätten sammeln.			5 Z 1 B
SBK ES 1/2		Keine Erwähnung			
SBK ES 2/1		Keine Erwähnung			
SBK ES 2/2		Keine Erwähnung			
SBK ES 3/1	E 1, 12-13	Ein Konfliktlösung durch Kompromiss zwischen einem christlichen und muslimischen Jungen wird geschildert.			16 Z 1 B
	E 2, 21-27	Zwei Lektionen widmen sich der kulturellen und religiösen Toleranz, speziell zwischen Christen und Muslimen.	40 Z 6 B		
SBK ES 3/2	E 6, 26	Bild einer Kreuzwegsprozession zur Einleitung des Kapitels "Der Tourist meines Landes ist mein Gast"			1 B
	E 6, 29	Bild einer Kirche in Bethlehem			1 B
	E 6, 30	Fotomontage aus Felsendom, Grabeskirche und Geburtskirche mit der Überschrift "Welcome to Palestine"			2 B
SBK ES 4/1		Keine Erwähnungen			
SBK ES 6	E 4, 47	Bei Einrichtungen, die einen Beitrag zur Bildung und Erziehung der Kinder leisten, werden auch Moschee und Kirche aufgezählt.			1 Z
SBK ES 7	E 4, 38	Es wird gesagt, dass die himmlischen Religionen und internationale Dokumente bestätigen, dass es ein Recht auf ein menschenwürdiges Leben gibt.			7 Z
	E 4, 43-44	Art. 1 der allgemeinen Menschenrechtserklärung und Art. 16 der palästinensischen Verfassung werden zitiert. Letzterer garantiere die Religionsfreiheit für alle Religionen in Palästina. Die Menschenrechte würden durch palästinensische Dokumente bestätigt.			16 Z
SBK ES 8	E 2, 17-18 24 E 3, 40	Palästinensische Dokumente werden zitiert, die die Gleichheit vor dem Gesetz, die Menschenrechte, die Respektierung der Minderheiten, die Religionsfreiheit und die Meinungsfreiheit garantieren. Palästina wird als Land des religiösen und kulturellen Pluralismus beschrieben.			12 Z
SBK ES 9	E 1, 3 6	Auf die Werte der Zivilgesellschaft und auf den religiösen Pluralismus wird hingewiesen.			11 Z

2.2. Art und Quantität der Erwähnungen

Schulbuch	Umfang								
	Insgesamt	Erwähnungen des Christentums							
		Explizit		Inklusiv		Implizit		Insgesamt	
	S(eiten) = Z(eilen) + B(ilder)	Zeilen/ Bilder	Prozent	Zeilen/ Bilder	Prozent	Zeilen/ Bilder	Prozent	Zeilen/ Bilder	Prozent
SBK ES 1/1	40 S = 155 Z 81 B	0	0	0	0	5 Z 2 B	3,26 % 2,47 %	5 Z 2 B	3,26 % 2,47 %
SBK ES 1/2	42 S = 190 Z 65 B	0	0	0	0	0	0	0	0
SBK ES 2/1	43 S = 255 Z 59 B	0	0	0	0	0	0	0	0
SBK ES 2/2	43 S = 278 Z 59 B	0	0	0	0	0	0	0	0
SBK ES 3/1	36 S = 300 Z 21 B	40 Z 6 B	13,33% 28,57%	0	0	16 Z 1 B	5,33 % 4,76 %	56 Z	18,66 % 33,33 %
SBK ES 3/2	35 S = 221 Z 32 B	0	0	0	0	4 B	12,5 %	4 B	12,5 %
SBK ES 4/1	36 S = 284 Z 15 B	0	0	0	0	0	0	0	0
SBK ES 6	56 S = 565 Z 85 B	0	0	0	0	1 Z	0,18 %	1 Z	0,18 %
SBK ES 7	52 S = 773 Z 16 B	0	0	0	0	23 Z	2,98 %	23 Z	2,98 %
SBK ES 8	60 S = 804 Z 18 B	0	0	0	0	12 Z	1,49 %	12 Z	1,49 %
SBK ES 9	68 S = 1478 Z 12 B	0	0	0	0	11 Z	0,74 %	11 Z	0,74 %
SUMME	**511 S = 5303 Z 463 B**	**40 Z 6 B**	**0,75 % 1,29 %**	**0**	**0**	**68 Z 7 B**	**1,28 % 1,51 %**	**108 Z 13 B**	**2,04 % 2,81 %**

3. Qualität der Darstellung des Christentums

3.1. Stolz auf christliche und muslimische Stätten

Im Schulbuch der ersten Klasse Staatsbürgerkunde wird auf das Christentum in Palästina durch zwei Fotos hingewiesen. Die beiden (nicht beschrifteten) Fotos des St. Georgsklosters im Wadi Qilt und der Grabeskirche in Jerusalem werden in einen positiven Zusammenhang gestellt. Sie dienen zur Veranschaulichung des Kapitels „Unser schönes Land". Versteckte Klöster wie auch das zentrale christliche Heiligtum werden in ungefähr gleicher Größe neben dem Felsendom abgebildet. Dies ist insoweit hervorzuheben als die Grabeskirche wegen ihrer engen Verschachtelung und wegen der Nähe der umliegenden Gebäude kaum fotogen ist und nicht als typisches Symbol für Jerusalem gilt. Wenn man das Bild der wichtigsten Kirche in gleicher Größe neben das wichtigste islamische Heiligtum, den Felsendom, stellt, der das sehr viel weiter verbreitete, übliche Symbol für Jerusalem ist, will man die Aufmerksamkeit der Kinder darauf lenken, dass Jerusalem gleichermaßen ein heiliger Ort des Islam *und* des Christentums ist. Die Kinder werden aufgefordert, über weitere religiöse Stätten und Altertümer zu sprechen. Offensichtlich ist dabei daran gedacht, dass über christliche Stätten ebenso wie über muslimische Stätten gesprochen werden kann. Beides macht die „Schönheit des Landes" aus, auf die man mit Stolz blicken kann. Die gleiche Intention kann man auch bei der nochmaligen Abbildung der Grabeskirche neben der ʿAmr Ibn Al-Ḫaṭṭâb-Moschee erkennen, die nebeneinander in gleicher Größe im Schulbuch der 3. Klasse abgebildet sind.[4] Diese Gleichstellung fällt um so mehr auf, da es andererseits in keinem Schulbuch für Staatsbürgerkunde einen Hinweis auf Heilige Stätten des Judentums gibt. In dieser Hinsicht wird die gleiche Konzeption verfolgt wie in den Schulbüchern für Nationale Erziehung.[5]

3.2. Toleranz gegenüber allen Religionen und Kulturen

In der Lektion *„Ich respektiere die andern"* der Einheit *„Die Toleranz"* wird ausgehend von der Verschiedenheit der Menschen, die bereits in der zweiten Klasse zum Thema gemacht wurde,[6] die Toleranz gegenüber anderen Religionen entfaltet. Unter einem Bild, auf dem verschiedene Vertreter von Völkern dargestellt werden, darunter

4 SBK ES 3/1, 25. Zum Begleittext siehe unten Kap. 3.3.

5 Vgl. unten Kap. III.

6 SBK ES 2/2, 18-29.

zwei (nachlässig) verschleierte Frauen[7], ein nordafrikanisch und ein arabisch gekleideter Mann[8], wird folgender Text wiedergegeben:

> *„Jedes Volk der Völker der Erde hat seine spezielle Religion. Alle himmlischen Religionen aber rufen dazu auf, sich gegenseitig zu achten. Ebenso unterscheiden sich die Sitten und Bräuche der Menschen, im Hinblick darauf, wie sie sich kleiden, was sie essen, wie sie Feste und die Hochzeit feiern. Ebenso unterscheiden sich die Leute in der Hautfarbe ihrer Menschen. Es gibt unter ihnen weiße, weizenfarbige[9], schwarze und gelbe. Wir aber haben alle Religionen der Menschen zu respektieren, ihre Sitten und Gebräuche und wenn sich ihre Farbe unterscheidet. Ebenso ist darauf zu achten, dass der Mensch wegen seines Tuns und seines Verhaltens gegenüber anderen beurteilt wird.*
>
> *Wir disktutieren folgende Fragen:*
>
> *1. Wodurch unterscheiden sich die Menschen auf der Welt?*
> *2. Wie müssen wir über andere urteilen?*
> *3. Wie respektieren wir die anderen, die sich von uns unterscheiden?"*[10]

Im Anschluss an diesen Text werden die Schüler zu einer praktischen Übung aufgerufen, die mit der Überschrift *„Wir machen dasselbe auf verschiedene Weisen"* überschrieben ist. Darunter sind in gleicher Größe zwei Bilder abgedruckt. Auf dem einen ist ein Junge mit einem Buch abgebildet, der vor einer Kirche steht, auf dem anderen ein Junge, der in Gebetshaltung auf einem Gebetsteppich vor einer Moschee steht. Der Schüler wird aufgefordert, die beiden Bilder zu vergleichen: *„Wir vergleichen die beiden sich gegenüberstehenden Bilder und schreiben in die Lücke[11]"*.[12] Auf der nächsten Seite sind ohne weitere Anweisung insgesamt vier Kinder abgebildet. Auf einem Bild isst ein Kind mit Messer und Gabel, auf dem anderen isst ein Kind mit asiatischen Gesichtszügen mit Stäbchen. Darunter sind zwei Begrüßungs- oder Verabschiedungsszenen abgebildet. Auf dem einen Bild schütteln sich zwei Jungen die rechte Hand; auf dem anderen verneigt sich der eine Junge vor dem anderen. Jeweils unter zwei Bildern ist eine Leerzeile, auf der die Ergebnisse des Vergleichs festgehalten werden sollen.[13]

---

7 Die Frau im Vordergrund soll wahrscheinlich eine palästinensische Frau darstellen, denn die rötlich-violette Farbe ihres Kleides und die Stickerei im Brustbereich spielt auf die typischen palästinensischen Kleider an. Mit der verschleierten Frau im Hintergrund ist wahrscheinlich die Darstellung einer (muslimischen?) Frau aus Pakistan oder Indien gemeint, da sie einen roten Punkt auf der Stirn trägt.

8 Der Nordafrikaner hat einen etwas dunkleren Teint und trägt einen Fez. Der Araber trägt das Koptuch, die *al-kûfiyya*, die von einer zu einem Ring gedrehten Kordel (*al-ʿiqâl*) gehalten wird und den offenen, bis zum Knöchel reichende Mantelüberwurf *al-miʿṭaf*.

9 Im Arabischen steht der Begriff ḥinṭî, abgeleitet von ḥinṭa = „Weizen".

10 SBK ES 3/1, 22.

11 SBK ES 3/1, 23.

12 Unter den Bildern ist eine freie Zeile mit Punkten markiert. Das Bild wurde als Titelbild der vorliegenden Untersuchung gewählt.

13 SBK ES 3/1, 24.

Zunächst einmal fällt bei der Behandlung des Themas „Toleranz“ auf, dass die religiöse Unterscheidung neben die rassischen und ethnischen Unterscheidungsmerkmale gestellt wird und dass es keine Höherwertung irgendwelcher Rassen, Ethnien oder Religionen gibt. Dem entsprechend wird im Begleittext gesagt, dass *„wir alle Religionen, Sitten und Gebräuche der Menschen respektieren müssen und wenn sich ihre Farbe unterscheidet.“* Es handelt sich also um eine prinzipielle Toleranz gegenüber *allen* Religionen, nicht nur gegenüber den drei monotheistischen Offenbarungsreligionen Judentum, Christentum und Islam. Dies ist deshalb bemerkenswert, da entsprechend der islamischen Tradition in den meisten Staaten des Nahen Ostens nur den drei Offenbarungsreligionen Rechte zugestanden werden.[14] Auch in der palästinensischen Verfassung wird nur gesagt, dass der Islam Staatsreligion ist und dass das "Christentum und die übrigen himmlischen Botschaften Verehrung und Respekt verdienen".[15] Von einer Respektierung *aller* Religionen ist nicht die Rede. Hier wird dagegen eine prinzipielle Toleranz gegenüber *allen* Religionen ausgesprochen und durch die Präsenz einer Asiatin und eines Indianers wird nahe gelegt, dass nicht-abrahamische Religionen in die Toleranz mit eingeschlossen sind. [16] Zudem ist aus den Bildern und den Texten zu entnehmen, dass hier nicht traditionelle Toleranz im Sinne eines Schutzverhältnisses gemeint ist, in dem eine höherwertige, mächtigere oder bedeutendere Religion (Islam) andere duldet (Christentum und Judentum), sondern, dass hier eine wirkliche Gleichwertigkeit der Religionen gemeint ist.[17] Die Schüler werden dazu aufgefordert, sich zu überlegen, wie die Respektierung der anderen praktisch zum Ausdruck gebracht werden kann. Die Schüler sollen also nicht nur das „Prinzip Toleranz“ als auswendig zu lernenden Merksatz behalten, sondern sie werden aufgefordert, Toleranz mit Fantasie praktisch im Alltag umzusetzen.

3.3. Gegenseitige christlich-muslimische Toleranz

Die Gegenseitigkeit der religiösen Toleranz wird am Beispiel von Christen und Muslimen in der folgenden Lektion näher ausgeführt. Zu Beginn der Lektion ist nochmals

---

[14] Vgl. dazu die Ausführungen in Teil 1/B, Kap. II.4.2 im Teil 1, 117ff.

[15] Zur Konzeption der Religionsfreiheit nach palästinensischen Verfassungstexten vgl. REISS 2004 Staatsreligion.

[16] In diese Richtung gehen auch Äußerungen im Schulbuch der Klasse 7, wo daran erinnert wird, dass im § 16 der Palästinensischen Nationalcharta (vom 17. Juli 1968) die "Freiheit der Anbetung für *alle* Religionen in Palästina" in Aussicht gestellt wurde. Vgl. SBK ES 7, 43.

[17] Zum Vergleich: In einem ägyptischen Schulbuch der Grundschule wird Toleranz dadurch ausgedrückt, dass ein größerer Junge vor einer Moschee einen kleineren christlichen Jungen vor einer Kirche umarmt. Man beschreibt hier religiöse Toleranz vornehmlich als ein assymetrisches Protektionsverhältnis des Islams gegenüber den „Schutzbefohlenen“, während man in Palästina ein gleichwertiges Verhältnis zum Ausdruck bringt. Vgl. oben Kap. I.3.5 und II.3.4. in Teil 1/B.

der Eingang der Auferstehungskirche abgebildet, links daneben – etwas kleiner und nicht gut zusammengefügt – der Eingang der ʿAmr Ibn Al-Ḫaṭṭâb-Moschee in Jerusalem. Darunter steht folgender Text:

> *„Nachdem Jerusalem durch den Kalif ʿUmar Ibn Al-Ḫaṭṭâb – möge Gott an ihm Wohlgefallen haben - erobert worden war, lud ein Mönch der Auferstehungskirche ihn zum Besuch der Kirche ein. Und als die Zeit des [islamischen] Gebets kam und er noch in der Auferstehungskirche war, da schlug ihm der Mönch der Stadt vor, das Gebet in ihr zu verrichten. Der Kalif lehnte dies jedoch ab, damit sich die Muslime sie nicht zur Moschee nehmen. So verrichtete er das Gebet in ihrer Nähe. Dort wurde eine Moschee erbaut, die man später die ʿUmar Ibn Al-Ḫaṭṭâb-Moschee nannte.*
>
> *Wir diskutieren über die folgenden Fragen:*
> *1. Worauf weist die Einladung des Jerusalemer Mönchs an ʿUmar Ibn Al-Ḫaṭṭâb zum Besuch der Kirche hin?*
> *2. Weshalb lehnte der Kalif ʿUmar Ibn Al-Ḫaṭṭâb das Gebet in der Auferstehungskirche ab?*
> *3. Worauf weist die Ablehnung des ʿUmar Ibn Al-Ḫaṭṭâb hin, das Gebet in der Kirche zu verrichten?“*[18]

Die Geschichte ist – wie die rituelle Formel „*Möge Gott an ihm Wohlgefallen haben*“ nach der Namensnennung von Kalif ʿUmar Ibn Al-Ḫaṭṭâb und die etwas despektierliche Bezeichnung "Mönch" für den griechisch-orthodoxen Patriarchen zeigt – der islamischen Überlieferung entnommen.[19] Sie möchte ausdrücken, dass die Toleranz eine gegenseitige ist. Dazu dienen auch die an den Text anschließenden Fragen, die nicht nur den Inhalt abfragen, sondern auch die dahinter stehenden Intentionen der handelnden Personen. Toleranz soll offenbar bedeuten, dass man den anderen willkommen heißt, ihn zu sich einlädt, dass man die Religiosität des anderen ernst nimmt und ihm Möglichkeiten zur Religionspraxis eröffnet (Angebot des Patriarchen, in der Grabeskirche zu beten). Zugleich bedeutet Toleranz, die Schwäche des anderen nicht auszunutzen[20] und seinerseits darauf zu achten, dass dem anderen die Möglichkeit bleibt, seiner Religion nachzugehen (ʿUmar Ibn Al-Ḫaṭṭâb). Toleranz soll offenbar heißen, mit Behutsamkeit, zuvorkommender Höflichkeit und Empathie miteinander umzugehen. Das Ergebnis solcher Toleranz wird den Kindern sichtbar vor Augen gestellt: Kirche und Moschee können nebeneinander bestehen. Diese Konzeption der Gegenseitigkeit der Toleranz wird sodann in Übungen vertieft:

---

18 SBK ES 3/1, 25f.

19 Die historische Begegnung wird auch in christlichen Texten überliefert. Vgl. unten Kap. II.4.2.

20 ʿUmar Ibn al-Ḫaṭṭâb hätte als Eroberer natürlich die Möglichkeit gehabt, das Gebet und die Umwandlung der Auferstehungskirche zu einer Moschee zu erzwingen.

„Wir lesen folgenden Dialog und diskutieren die darauf folgenden Fragen:

Unsere Feste

Ḥannân: Weißt du noch, Mammi, wie meine Freundin Nadia zu Besuch gekommen ist am ʿĪd al-Fiṭr? Heute ist doch Geburtsfest des Herrn Christus. Da will ich mich aufmachen und sie besuchen. Die Mutter: Schön, dass du dich daran erinnerst, Ḥannân, aber ruf sie erst vorher an!

Wir diskutieren:

1. *Was ist das für ein Fest, an welchem Nadia Ḥannân besuchte?*
2. *Was ist das für ein Fest, an welchem Ḥannân Nadia besuchen möchte?*
3. *Der Ausdruck, den wir anlässlich des Festes benutzen ist*
   a) *Gesegnetes [Fest]!*
   b) *Möge es euch das ganze Jahr über gut ergehen!*
   c) *Wohlergehen dir!*
4. *Schreibe und sende dann folgende Grußkarte zum Fest an deinen Freund oder deine Freundin, sei es an Weihnachten oder am Opferfest:"*[21]

Im Anschluss ist ein Briefpapier mit leeren Zeilen abgedruckt mit dem Wunsch *„Frohes Fest"* und *„Möge es Euch das ganze Jahr über gut gehen!"*. Mit diesen Übungen will man ein weiteres Mal den Kindern helfen, das theoretisch Gelernte in die alltägliche Praxis umzusetzen. Wiederum wird die Gegenseitigkeit, Höflichkeit und Vorsicht des Umgangs miteinander stark betont (Die muslimische Mutter ermahnt: *"Ruf aber vorher an!"*). Die beiden ersten Fragen bieten Gelegenheit, über den Anlass und die Bräuche der christlichen und islamischen Feste zu sprechen.[22] Es werden konkrete Hilfen gegeben, wie Christen und Muslime zu den Festtagen Grüße austauschen können und es wird konkrete Anweisung gegeben, dies bei nächster Gelegenheit auch zu tun.

3.4. Der Beitrag der Religionen zur Gesellschaft

Im Schulbuch der Klasse 6 werden in der Lektion „Subsidiare Rahmen, die die Gesellschaft bereichern" Einrichtungen aufgelistet, die zur Erziehung und Bildung der Kinder beitragen: Sie holen Kinder von der Straße, lenken ihre Aktivität in sinnvolle Bahnen und halten sie von Aktivitäten (Kriminalität) fern, die die Gesellschaft schädi-

---

[21] SBK ES 3/1, 26f.

[22] Zum Vergleich: In keinem ägyptischen Schulbuch werden den Kindern gegenseitig die wichtigsten christlichen und muslimischen Feste erläutert. Bei einer diesbezüglichen Nachfrage wurde dem Verf. in Gesprächen mit Vertretern des Erziehungsministeriums und der Al-Azhar explizit mitgeteilt, dass dies auch nicht als notwendig und sinnvoll angesehen wird. Wenn nämlich Christen zugestanden würde, dass sie gleichberechtigt über ihren Glauben, ihre Feste und Bräuche berichten, könnte dies sofort als christliche Mission verstanden werden [die in Ägypten verboten ist] und es könnte zum Streit in einer Klasse kommen. So die Direktorin des National Center for Ecuational Research and Development, Dr. Nadya Ǧamâl ad-Dîn, am 8.10.2002 und Prof. Dr. As-Sayyid aš-Šâhid von der al-Azhar-Universität am 25.10.2002.

gen.[23] Zu solchen Einrichtungen werden neben Kindergarten, Schule, Bibliotheken, sportlichen und karitativen Einrichtungen auch Kirche und Moschee gezählt. Obwohl dies nicht weiter erläutert wird, wird durch diese Bemerkung zweierlei deutlich: Erstens wird den Religionen eine wesentliche Bedeutung in der Gesellschaft zugemessen. Zweitens ist offensichtlich, dass auch hier nicht in der Bedeutung des Beitrags der muslimischen und christlichen Einrichtungen unterschieden wird.

3.5. Die Erziehung zum Aufbau einer westlich-säkularen Wohlstandsgesellschaft

Wer die Bücher für das Fach „Staatsbürgerkunde" nur flüchtig durchblättert und sich die Bilder anschaut, ist erstaunt, welche Welt und welche Gesellschaft hier präsentiert wird: Die überwiegende Mehrzahl der abgebildeten Frauen und Mädchen tragen ihre Haare offen.[24] Und wenn sie verschleiert sind, dann handelt es sich meist um Bilder von Großmüttern, um Landfrauen oder um Bilder, in denen die traditionelle Kleidung eher als folkloristisches Element benutzt wird. Die meisten Mädchen und Frauen sind mit kurzen Röcken und halbärmeligen Blusen bekleidet.[25] Die Küchen und Wohnzimmer sind meist großräumig und mit allem modernen Komfort ausgestattet. An den Wänden hängen Bilder von Einfamilienhäusern mit Garten. Fast alle Straßen, Häuser und öffentlichen Plätze sind blitzblank.[26] Alle Autofahrer benutzen Sicherheitsgurte und Kindersitze.[27] Kinder gehen stets über die Zebrastreifen und achten auf die Ampeln.[28] Alle sind eifrig darum bemüht, alles sauber zu halten und alle helfen sich gegenseitig.[29] Von der typischen Geschlechtertrennung des Orients ist ebenso wenig zu spüren wie von der autoritativen Distanz zwischen den Generationen. Jungen und

[23] Die Lektion ist das zweite Unterkapitel der Einheit „Die heile Gesellschaft: Die Gesellschaft, die frei ist von Verbrechen".

[24] In SBK ES 1/1 sind 7 Frauen unverschleiert (SBK ES 1/1, 3.7.30.31.33. 34. 36). Nur eine einzige Frau bei einem Gemüsegeschäft wird aus der Ferne mit Schleier gezeigt. (SBK ES 1/1, 9). In SBK ES 1/2 sind moderne Frauen unverschleiert und tragen kurze Röcke (SBK ES 1/2, 14.40. 41). Nur Frauem vom Land (SBK ES 1/2, 35.41) oder eine Großmutter trägt einen Schleier. In SBK ES 2/2 werden Frauen mit Kopftuch bei einer Dattelernte gezeigt. SBK 3/1, 7 abgebildete Frauen sind nicht verschleiert (SBK ES 3/1, Titelblatt, 3.6.9.32). Nur eine ältere Frau trägt den Schleier (SBK ES 3/1, 5) sowie eine junge Frau, die man unter der vielgestaltigen Völkerfamilie offensichtlich als arabisch-palästinensische Frau kennzeichnen will (SBK ES 3/1, 22). Auf einem Bild fällt auf, dass Mädchen erstmals unter dem knielangen Rock/Hemd zusätzlich eine Hose tragen (SBK ES 3/1, 19)

[25] SBK ES 1/1, 7.31.34.36.

[26] SBK ES 1/2, 2.8.10.19.26.

[27] SBK ES 1/2, 5.6.

[28] SBK ES 1/2, 2.3.

[29] SBK ES 1/2, 30.32-34.

Mädchen spielen, lernen, diskutieren, helfen im Haushalt und arbeiten zusammen bei Reinigungs- und Aufräumarbeiten. Fast immer werden Mädchen und Jungen nebeneinander abgebildet, sei es in der Schule, zuhause in der Familie und beim Sport.[30] Ebenso gleichberechtigt gehen Männer und Frauen miteinander um. Teilweise werden die traditionellen Rollen verdreht und man sieht Männer, die kochen, [31] den Tisch decken[32] und sich um Kleinkinder bemühen,[33] während Frauen den Kindern bei den Hausaufgaben oder am Computer helfen[34] und verschiedenen qualifizierten Berufen nachgehen.[35] Die Texte sind in inklusiver Sprache abgefasst. Überschriften werden meist in der 1. Pers. Singular oder Plural formuliert, die keine geschlechtliche Differenzierung kennt. Mädchen und Jungen werden bei Aufträgen oder Übungen stets mit beiden grammatikalischen Formen angesprochen, was ungewöhnlich ist, da die weiblichen Formen im Arabischen normalerweise nur dann benutzt werden, wenn ausschließlich weibliche Personen angesprochen werden. Die Sauberkeit, der Schutz der Umwelt und demokratisches Verhalten sind ständig wiederkehrende Themen.

Während diese Themen in den unteren Klassen vor allem durch die Illustrationen zum Ausdruck kommen, werden in der 8. Klasse die gesellschaftlich-kulturellen Wandlungen explizit zum Thema gemacht:

> *„Die palästinensische Familie war einst eine ländliche Großfamilie, die sich auf den Ackerbau stützte. Aufgrund von sozialen und wirtschaftlichen Veränderungen in der Gesellschaft begann sie sich zu einer Kleinfamilie zu verändern. Ebenso wurde ihre Form beeinflusst durch den Aufenthaltsort. Die Großfamilien waren vermehrt auf den Dörfern anzutreffen, während die Kleinfamilien in den Städten lebten. Die palästinensische Familie ist zur patriarchalischen Familie[nform] zu zählen, in der der Vater sich um die Angelegenheiten und die Ausgaben der Familie kümmert. Dies führte zu wenig Beteiligung der Familienmitglieder wenn familiäre Entscheidungen getroffen werden mussten. Das Familienbild spiegelt den Zustand der palästinensischen Gesellschaft in der Vergangenheit, Gegenwart und Zukunft. Unter den Entwicklungen, die verschiedene Seiten des Lebens betreffen, war auch das Eintreten der Frau in den Bereich der Arbeit außerhalb des Hauses. Der Vater ist [nun] nicht [mehr] die einzige Quelle der Einkünfte und der Ausgaben. Dadurch hat sich die Beteiligung der Frau und der Kinder in den Entscheidungen der Familie verbessert."*[36]

Und kurz darauf heißt es:

---

30 SBK ES 3/1, Titelbild: Jungen und Mädchen beim Tauziehen.

31 SBK ES 6, 8.14.

32 SBK ES 6, 18.

33 SBK ES 6, 10.12.

34 SBK ES 6, 10.

35 SBK ES 6, 26.30.

36 SBK ES 8, 3.

„Die Rollen und Verantwortlichkeiten in der Familie und Gesellschaft sind nicht festgelegt, sondern ein Produkt der wirtschaftlichen Umstände und kulturellen Charakteristika einer Gesellschaft. In den modernen Gesellschaften ist die Rolle der Frau aber nicht auf ‚nur Mutter und Ehefrau' beschränkt obwohl sie verantwortlich bleibt für die häusliche Arbeit, sondern sie wird zum ebenbürtigen Gegenüber des Mannes (ʿunṣuran musâwin li-r-rağul), die sich an der produktiven Arbeit beteiligt, in den wichtigsten Entwicklungen der Gesellschaft und am Unterhalt der Familie. Deshalb muss die Familie und die Gesellschaft ebenfalls Verantwortlichkeiten für die Aufgabe der Mutterschaft und ihre Erfordernisse übernehmen, speziell für eine gute Geburtsfürsorge und Sorge um die Kleinkinder, die als eine gewaltige Verantwortung anzusehen ist."[37]

Obwohl bzw. gerade weil diese Ausführungen und das in den Bildern und Themen ausgedrückte Gesellschaftsbild mit keinem Wort auf die Religion eingehen, haben sie erhebliche Folgen für diese. Das Fehlen religiöser Vorgaben eines Familien- und Gesellschaftsbildes durch den Islam eröffnet auch der christliche geprägten Minderheit Entfaltungsmöglichkeiten.

3.6. Die Stärkung des Individuums

In den Büchern des Faches Staatsbürgerkunde ist auffällig, dass immer wieder das Thema der Rechte des Einzelnen gegenüber der Gemeinschaft betont wird. Schon in der ersten Klasse wird zum Beispiel dem Kind durch Bilder anschaulich gemacht, dass jeder Junge und jedes Mädchen ein *Recht* auf Bildung, auf medizinische Versorgung, auf Nahrung und sogar auf das Spielen – sprich Ausleben seines Kindseins - hat.[38] Alleine diese einfache Feststellung ist für eine traditionelle orientalische Gesellschaft, die durch den Islam geprägt ist, von großer Bedeutung angesichts dessen, dass islamische Ethik traditionell eher als Pflichtenlehre gegenüber Gott und der Umma entfaltet wird und nicht so sehr als Lehre der Rechte eines Individuums. Zudem ist die Tatsache, dass Mädchen die gleichen Rechte und Möglichkeiten zur Bildung besitzen, in vielen Staaten den Nahen Ostens genauso wenig selbstverständlich wie die Bemühung um eine inklusive Sprache in den Schulbüchern, in der fast immer Jungen und Mädchen angesprochen werden und auf allen Bildern gleich berechtigt nebeneinander abgebildet sind. Drittens ist das Prinzip, dass der Einzelne gegenüber der Familie und der Gesellschaft unveräußerliche Rechte hat, revolutionär.[39] Bei den Fragen zu den Lektionen

---

37 SBK ES 8, 6.

38 SBK ES 1/1, 15.

39 In der dritten Klasse wird in einer Lektion eine Korrespondenz zwischen einem Kind der dritten Klasse und dem Bürgermeister abgedruckt, in dem das Mädchen ihn bittet, dass Verkehrszeichen aufgestellt und ein Zebrastreifen angelegt werden sollen, damit der Schulweg sicherer wird. Ihr Brief wird postwendend positiv beantwortet: Gerne wolle man diesen Vorschlag aufgreifen. Jeder *und jede* einzelne ist also aufgefordert, Ideen zur Verbesserung der Gesellschaft einzubringen, sie

werden die Kinder zum kritischen Denken und zum Abwägen verschiedener Lösungsmöglichkeiten angeregt.[40] Die Freiheit des Individuums, eine eigene Meinung zu haben und sie auch öffentlich auszudrücken wird immer wieder zum Thema, am stärksten in der Einheit „Ich nehme mein Recht wahr und achte das Recht der anderen".[41] Diese Erziehung zur Stärkung der individuellen Rechte kann maßgeblich dazu beitragen, dass auch die Interessen der christlichen Minderheit wahrgenommen und beachtet wird.[42]

3.7. Die Erziehung zum Frieden und zur Demokratie

Die Erziehung zum friedlichen Zusammenleben mit anderen und zu demokratischem Verhalten nimmt eine zentrale Stellung in den palästinensischen Schulbüchern der „Staatsbürgerkunde" ein. Insbesondere ist auffällig, dass die Anweisungen zur gelingenden Kommunikation mit anderen aus dem alltäglichen Umfeld der Schüler meist in einen größeren gesamtgesellschaftlichen Zusammenhang gebracht werden. Damit wird deutlich, dass demokratisches Verhalten im persönlichen Bereich beginnt, aber seine Auswirkungen und seine Entsprechung auch in sehr viel größeren Zusammenhängen hat.[43] Kinder äußern Ideen, welche Beiträge sie für die Gemeinschaft liefern können, dann werden gemeinschaftliche Aufgaben verteilt, wobei die jeweiligen natürlichen Gaben und Fähigkeiten berücksichtigt werden. Es wird auch auf die geachtet, die aus verschiedenen Gründen bestimmte Aufgaben nicht bzw. nicht alleine verrichten können.[44] Es wird vermittelt, dass es in menschlicher Gemeinschaft bisweilen zu Meinungsverschiedenheiten kommen kann, dass dann aber das Gespräch und Argumente

zu äußern und soll diese Vorschläge an die Zuständigen weiterleiten. Es bestünden durchaus Chancen, dass diese aufgegriffen werden. So könne sogar ein ca. 8jähriges Mädchen einen Beitrag für die palästinensische Gesellschaft leisten. Die Realität ist sicherlich in westlichen wie auch in der palästinensischen Gesellschaft eine andere. Dies vermindert jedoch nicht die Tatsache, dass man den Kindern zu solchen Schritten und zu solchem Verhalten ermutigen will.

40 Vgl. oben die Ausführungen zum Aufbau und Inhalt der Schulbücher II.1.2.

41 SBK ES 8, 30-41.

42 Vgl. dazu auch das nächste Kapitel.

43 In der Einheit der ersten Klasse „Das Gespräch mit den Anderen" wird in der ersten Lekton z. B. anhand von Bildern besprochen, wie sich die Schüler in der Schule verhalten sollen: Sie sitzen geordnet in den Bänken, hören zu, melden sich, reden nicht dazwischen. In der nächsten Lektion wird ein Bild von einem Telequiz gezeigt, bei dem der Moderator mit dem Mikrofon das Wort erteilt und die anderen zuhören. In der dritten Lektion wird sodann eine Versammlung von internationalen Delegierten (zum Umweltschutz) gezeigt, bei der alle einer Rede zuhören. Die Botschaft ist klar: Es gibt Zeiten, da einer das Recht hat, zu reden und die anderen die Pflicht, zuzuhören. Dies ist in der Schule nicht anders wie im Fernsehen oder auch in politischen Versammlungen von Erwachsenen. SBK ES 1/2, 14-21.

44 SBK ES 2/2, 4-17.

zu Lösungen führen können, die allseitig akzeptiert werden.[45] Es wird zur Empathie aufgefordert, d. h. zur Einfühlung in denjenigen, der anders ist, anders denkt und anderes will und es werden Formen besprochen, wie eine demokratische Entscheidung getroffen werden kann (z. B. durch Stimmabgabe oder durch Kompromiss). Abgesehen davon, dass diese Einübung in demokratische Grundformen auch für den interreligiösen Dialog eine elementare Basis schafft, ist in den Lektionen bisweilen bereits eine inter-religiöse Komponente angedeutet.

In der Lektion *„Wir unterscheiden uns und reden miteinander"* diskutieren z. B. Jungen miteinander, ob sie Fußball oder Basketball spielen wollen. Zunächst soll die Entscheidung durch Mehrheitsfindung gefällt werden. Dann schlägt jedoch ein Schüler einen Kompromiss vor, dem dann alle zustimmen. Dieser Junge hat einen typisch christlichen Namen, Ḥannâ (<Johannes), während es sich bei den anderen um Kinder mit muslimischen Namen handelt.[46] Auch wenn solche Lektionen nicht direkt von den Beziehungen zwischen Christen und Muslimen sprechen, so haben sie dennoch für eine Erziehung zu einem friedlichen Zusammenleben Bedeutung, denn hier wird zwischen den Zeilen zum Ausdruck gebracht, dass christliche und muslimische Kinder Freunde sind und dass sie bei Konflikten Kompromisse finden können.[47]

Die Grundlage für die Erziehung zu Demokratie und Frieden wird nach Anschauung der Schulbücher in der Familie gelegt. Deshalb ist die Beteiligung aller Familienmitglieder an Entscheidungen und die gleichberechtigte Zusammenarbeit der Familienmitglieder von eminenter Bedeutung. Jeder und jede hat das Recht, seine/ihre Anliegen vorzubringen. Illustriert wird dies z. B. durch ein jugendliches Mädchen, das seine Ansichten vor den anderen Familienmitgliedern zum Ausdruck bringt und ein Bild in der Küche, bei dem alle (auch der Mann und der Sohn) aktiv beteiligt sind.[48]

Die Kennzeichen einer *„demokratischen Familie"* im Unterschied zu einer *„nicht-demokratischen Familie"* werden folgendermaßen beschrieben:

> *„1. Mann und Frau teilen sich die Rollen. Der Frau ist insbesondere vergönnt, ihre Ansichten zum Ausdruck zu bringen, was die Situation und die Zukunft der Familie betrifft. Es ist ihr erlaubt, außerhalb des Hauses zu arbeiten, um der Familie in wirtschaftlicher Hinsicht zu helfen und ihre wirtschaftliche Unabhängigkeit zu verwirklichen, was ihr Sebstwertgefühl stärken wird und ihre Bedeutung und Rolle in der Gesellschaft.*
> *2. Die Beteiligung der Kinder in der Verantwortung für ihre Dinge und die der Familie in Übereinstimmung mit ihren geisteigen und körperlichen Fähgkeiten.*
> *3. Die demokratische Familie nimmt Zuflucht zur Schlichtung ihrer Auseinandersetzungen auf dem Weg des Gesprächs, des Sich-Miteinander-Verständigens über die verschiedenen Ansichten und nicht durch die Nötigung zu Ansichten.*

45 Vgl. die Einheit „Wir sprechen miteinander und bleiben Freunde" in: SBK ES 2/1, 28-42.

46 SBK ES 3/1, 12.

47 Ähnliches gilt für die Lektionen, in denen es um die Kooperation geht. Vgl. SBK ES 3/1, 28-35.

48 SBK ES 7, 41.

4. Die gleiche Behandlung der Kinder, seien es Jungen oder Mädchen hinsichtlich ihrer Bildung und Beteiligung oder auch Arbeit.
5. Die Beteiligung aller - darunter auch des Vaters und der Söhne - an der Hilfe bei den häuslichen Arbeiten.
6. Die Beteiligung des Vaters und der Mutter bei der Fürsorge für die Kinder in gesundheitlicher und seelischer Hinsicht, in der Erziehung und Bildung und guten Fürsorge um sie in sozialer und kultureller Hinsicht."[49]

Aus diesen Ausführungen geht hervor, wie sehr man darauf achtet, demokratische Strukturen in der kleinsten Gemeinschaft, der Familie, zu verankern und hier Änderungen zu bewirken. Nur wenn sich hier etwas grundlegend verändert, kann auch gesamtgesellschaftlich der Abbau der autoritären Strukturen gemeistert werden.

3.8. Die Erziehung zur Anerkennung der Menschenrechte

Die Menschenrechte sind Hauptgegenstand des Unterrichts der Klassen 6-9. In mehreren Lektionen wird der erste Artikel der Allgemeinen Menschenrechtserklärung von 1948 zitiert und die Freiheit und Gleichheit aller (bzw. Gerechtigkeit gegenüber allen) Menschen ungeachtet des Geschlechtes, der Herkunft, der Religion, der Meinung oder der Familie besonders hervorgehoben.[50] Der Einheit, die diese beiden Werte entfaltet, wird zwar ein Koranzitat[51] und ein Hadith vorangestellt, aber es wird – im Unterschied zu der Darstellung der Menschenrechte in ägyptischen Schulbüchern – nicht behauptet, dass der Koran bzw. die Tradition diese Rechte begründet habe.[52] Im Gegenteil wird durch einen Verweis auf Sokrates, der sich weigerte, nach seiner Verurteilung wegen Atheismus zu fliehen, behauptet, dass solche Werte der gleichen Behandlung vor dem Gesetz z. B. bereits im Heidentum vorhanden gewesen seien.[53] Das Recht des Menschen auf Freiheit und Würde wird ausdrücklich als ein „nicht diskutierbares und interpretierbares Recht" beschrieben, das zwar von den himmlischen Religionen bestätigt wurde, aber im Grunde schon ein angeborenes Recht ist.[54] Aus diesem vorgegebenen Recht wird dann abgeleitet, dass in der Familie und auch in der Gesellschaft den Frauen und den Kindern mehr Rechte eingeräumt werden müssen.[55] Die Informations- Kommunikations- und Meinungsfreiheit, auf die der Mensch sich berufen kann, wird in weiteren zwei Lektionen als eine der zentralen Freiheiten bezeichnet und ausführli-

49 SBK ES
50 SBK ES 7, 11.
51 Aus Sure 4, 58: „Wenn ihr unter den Menschen richtet, dann richtet mit Gerechtigkeit".
52 Vgl. oben Teil 1/B, II.3.5.
53 SBK ES 7, 10.
54 SBK ES 7, 38.
55 SBK ES 7, 39-42.

cher beschrieben.[56] Über die wichtigsten internationalen Menschenrechtserklärungen und deren Inhalt werden in einer gesonderten Lektion Informationen gegeben und auf ihre Bestätigung in verschiedenen Dokumenten des palästinensischen Staates hingewiesen.[57] Sogar das sensible Thema "Gewalt in der Familie" wird in einer Einheit ausführlich angesprochen und dazu aufgefordert, dies öffentlich zu machen und nicht zu tabuisieren.[58] An hervorgehobener Stelle – neben dem Artikel 1 der Allgemeinen Menschenrechtserklärung von 1948 – wird das Recht auf Religionsfreiheit zitiert, das bereits § 16 der Palästinensischen Nationalcharta (vom 17. Juli 1968) in Aussicht gestellt wurde: *„§ 16 des nationalen palästinensischen Abkommens bestätigt die Freiheit der Religionsausübung für alle Religionen in Palästina“*.[59] Auch hier findet sich die für viele Staaten des Nahen Ostens charakteristische Beschränkung auf die Offenbarungs- bzw. Schriftreligionen nicht.[60]

Die Gleichbehandlung aller vor dem Gesetz wird auch nochmals im Schulbuch der Klasse 8 des Faches Staatsbürgerkunde beschrieben. Es dürfe keine Benachteiligung geben wegen der Religionszugehörigkeit oder wegen der Zugehörigkeit zu einer bestimmten Herkunft, Sprache, Hautfarbe, sozialen Gruppe oder Schicht. Wieder wird auch hier ein Artikel eines palästinensischen Dokuments (§ 9 des Entwurfs für das Grundgesetz der Palästinensischen Nationalen Autonomiebehörde) dem § 7 der Allgemeinen Menschenrechtserklärung gegenübergestellt.[61] In der folgenden Einheit wird dann nochmals die Unabhängigkeitserklärung zitiert, in der *„die Freiheit der Meinung, die Freiheit Parteien zu bilden, die Sorge der Mehrheit für die Rechte der Minderheit und die Respektierung der Beschlüsse der Mehrheit durch die Minderheiten, die soziale Gerechtigkeit, die Gleichheit, die Nicht-Diskriminierung bei den allgemeinen Rechten auf der Basis von Rasse, Religion, Hautfarbe, Mann oder Frau“* festgehalten wer-

---

56 SBK ES 7, 28-37.

57 Es wird insbesonder auf die „Allgemeine Menschenrechtserklärung von 1948“, auf den „Internationalen Pakt über bürgerliche und politische Rechte von 1966“ sowie auf die „Welterklärung zu den Rechten des Kindes von 1989“ hingewiesen. SBK ES 7, 44.

58 SBK ES 8, 42-59.

59 SBK ES 7, 43.

60 Vgl. oben Kap. II.3.2. Die Vorgehensweise als charakteristisch zu bezeichnen: Während in ägyptischen Schulbüchern die Menschenrechte vereinnahmt werden, indem behauptet wird, dass bereits zu Zeiten von Muhammad die Menschenrechte in ihrem vollen Umfang eingesetzt worden seien und dass diese mit der Toleranz identisch seien, die traditionell im Bereich des Islam gegenüber den Offenbarungsreligionen geübt wurde, versuchen die palästinensischen Schulbücher des Faches Staatsbürgerkunde eher deutlich zu machen, dass alle palästinensischen Dokumente dem internationalen Völkerrecht entsprechen. Vgl. oben Teil 1/B, Kap. II.3.5.

61 SBK ES 8, 17f.

den.[62] Im Anschluss daran werden einige Paragrafen aus dem Entwurf für die palästinensische Verfassung explizit genannt:

> *§ 44 Die Freiheit religiöse Riten durchzuführen und zu den Stätten der Anbetung zu gelangen wird garantiert, sofern dabei nicht die öffentliche Ordnung gestört oder eine monotheistische Religion verunglimpft wird.*
> *§ 46 Die Freiheit der Gedanken und die Freiheit der Meinungsäußerung in Rede und Schrift oder mit anderen Mitteln wird garantiert. Das Gesetz regelt wie die Achtung der Rechte anderer und die Gleichheit verwirklicht werden.*
> *§ 47 Die Freiheit der Presse, des Drucks, der Veröffentlichung und der Medien wird durch die Verfassung geschützt. Es ist nicht erlaubt, sie aufzuheben außer durch eine juristische Entscheidung, bei der das Gesetz angewandt werden muss. Zensur ist nicht erlaubt. Das Gesetz garantiert ihre Unversehrtheit, die Möglichkeit zum Ausdruck verschiedener Meinungen, es ermutigt zur wissenschaftlichen, künstlerischen und literarischen Aktivität und garantiert die akademische Meinungsfreiheit.*
> *§ 48 Die Verfassung schützt die Vertraulichkeit und die Freiheit der Kommunikation. Sie darf nicht eingeschränkt werden außer in Situationen, die das Gesetz festlegt.*[63]

Die Rechte der Kinder werden nochmals mit einem Zitat aus der Internationalen Erklärung zu den Rechten des Kindes in Erinnerung gerufen;[64] die *„Pluralität und Vielgestaltigkeit"* Palästinas durch ein Zitat aus der Unabhängigkeitserklärung, in der festgehalten wird, dass alle Religionen und Kulturen in Palästina ihre Spuren hinterlassen hätten, und dass deshalb Palästina ein „Land der Vielfalt und der religiösen, geistigen, kulturellen und politischen Pluralität" sei.[65] Bestärkt wird dies nochmals durch ein Zitat aus § 18 der Allgemeinen Menschenrechtserklärung von 1948, in dem „jeder Person das Recht auf die geistige Freiheit , die Freiheit des Gefühlslebens und die Freiheit der Religion" zugesprochen wird.[66]

Interessant ist, dass man bei der Beschreibung der Pluralität und Vielfalt stets den Blick auf die Gemeinsamkeiten zu lenken versucht. Im zweiten Schuljahr wird zum Beispiel die Vorstellung von palästinensischen, chinesischen, äthiopischen und deutschen Kindern nicht unter die Überschrift „Wir sind verschieden" gestellt, sondern unter die Überschrift „Wir sind uns einander sehr ähnlich".[67] In der zweiten Lektion dieser Einheit wird auf die wirtschaftlichen Verflechtungen mit dem Westen hingewiesen.[68] Diese Perspektive des globalen Zusammenlebens wird bereits im Titelbild des Schulbuches deutlich. Ein dunkelhaariges Mädchen in einem Globus öffnet ein Fenster

---

62 Wörtliche Übersetzung des Verf. Eine freie deutsche Übersetzung des kompletten Textes der Unabhängigkeitserklärung vom 15. 11. 1988 findet sich in: NEUHAUS/STERZING 1991: 263-267.

63 SBK ES 8, 24.

64 SBK ES 8, 36.

65 SBK ES 8, 40.

66 SBK ES 8, 40.

67 SBK ES 2/2, 20-25.

68 SBK ES 2/2, 26-29.

und blickt nach draußen, wo ein blondes, ein kraushaariges dunkelhäutiges und ein gelbhäutiges Kind mit chinesischer Kopfbedeckung spielen.[69] Ähnliches kann man auch bei anderen Lektionen beobachten bei denen es um „den Anderen" oder „die Anderen" geht. Das Besondere dieser Lektionen liegt oftmals darin, dass gerade nicht genauer definiert wird, wer denn nun „dieser Andere" oder „die Anderen" sind. Es können Mitschüler oder Nachbarn damit gemeint sein, Mädchen oder Jungen, wie auch Andersgläubige oder Angehörige, die zu einer bestimmten Ethnie, einer bestimmten Gruppe oder Volk gehören. Die allgemeine Formulierung zeigt, dass die Menschenrechte auch an Stellen, wo man sie nicht explizit thematisiert, im Blick hat. In der 9. Klasse werden die verschiedenen Texte der Menschenrechtserklärungen im Detail behandelt. Am Ende des Buches werden die Allgemeinen Menschenrechtserklärung von 1948, der Konvention gegen die Diskriminierung der Frau von 1979 und der Konvention über die Rechte der Kinder von 1989 im vollen Wortlaut abgedruckt.[70]

4. Evaluation

4.1. Zusammenfassung

Die Bücher für Staatsbürgerkunde erwähnen das Christentum nur selten explizit. Der Gesamtumfang der expliziten Erwähnungen beträgt nur 0,75 % (vgl. oben Kap. II.2.2). Allerdings wird im Unterschied zu den Religionsbüchern auch der Islam nicht häufiger erwähnt. Zudem werden in der dritten Klasse zwei Lektionen einer Einheit der interreligiösen Toleranz gewidmet. Dabei stehen die christlich-muslimischen Beziehungen im Vordergrund. Der Umfang dieser beiden Kapitel beträgt 13,33 % des Schulbuches SBK ES 3/1. Auffällig bei den Schulbüchern für Staatsbürgerkunde ist die häufige bildliche Erwähnung des Christentums. Wann immer religiöse Stätten abgebildet werden, werden christliche und islamische Stätten in gleichem Umfang und Größe abgebildet - jüdische hingegen fehlen. In SBK ES 3/1 umfassen christliche Motive sogar 1/3 aller Bilder des Buches (33,33 %). Inklusive Erwähnungen finden sich in den Staatsbürgerkundebüchern keine. Bei den impliziten Erwähnungen sind allerdings bisweilen zwischen den Zeilen inklusive Sichtweisen auf Heilige Stätten des Christentums festzustellen. Indirekt wird auf das Christentum in 7 von 11 Schulbüchern Bezug genommen. Der Textumfang schwankt zwischen 0,18-5,33%. Auch hier ist eine Konzentration auf die dritte Klasse festzustellen. Die christliche Religion wird also in den Staatsbürgerkundebüchern rein quantitativ stärker berücksichtigt als in den Büchern für den islamischen Religionsunterricht. Während die Erwähnungen des Christentums

[69] SBK ES 2/2, Titelbild.

[70] SBK ES 9, 49-66.

in den Religionsbüchern vornehmlich im Zusammenhang mit historischen Erläuterungen zu Offenbarung, der Botschaft der Propheten und der friedlichen Ausbreitung des Islam erfolgen, stehen die Erwähnungen in den Staatsbürgerkundebüchern im Zusammenhang mit der auf die Gegenwart und den Alltag ausgerichteten Erziehung zu Demokratie und Toleranz anderer Religionen und Kulturen in der Gesellschaft. Indirekt ist ein Großteil des Stoffes von Bedeutung für die Stellung des Christentums. Die starke Betonung der Menschenrechte, der Gleichberechtigung und der Pluralität, die Erziehung zur Demokratie in Familie, Kommune und Staat, die Wahrung der Rechte jedes Individuums, die Aufforderung zum Einbringen seiner Ideen in die Gesellschaft, die Stärkung der Zivilgesellschaft und die Betonung der Rechte der Frauen und Kinder eröffnen auch der christlichen Bevölkerung große Perspektiven.

4.2. Bewertung und kritische Anfragen

Die gleichwertige Darstellung christlicher und muslimischer Heiligtümer (vgl. oben Kap. II.3.1.) ist sehr positiv zu bewerten. Bedauerlich ist jedoch, dass mit keinem Bild oder Text sichtbar gemacht wird, dass es in Jerusalem und in den palästinensischen Gebieten auch jüdische Heiligtümer gibt. Sollte ein *palästinensischer Staat* nicht auch darauf stolz sein können, dass es auf seinem Territorium jüdische Kultorte gibt, zu denen Juden aus aller Welt pilgern? Anderseits ist angesichts dessen, dass in der gegenwärtigen Politik jedes Zugeständnis des Vorhandenseins eines jüdischen Heiligtums zur Folge haben kann, dass Gebietsansprüche geltend gemacht werden, durchaus verständlich, dass man sich von palästinensischer Seite zurückhält, solches zu bestätigen. Das Fehlen jüdischer Kultorte ist weniger als Zeichen der Intoleranz gegenüber Juden zu deuten, als eine Vorsichtsmaßnahme gegenüber der israelischen Besatzungsmacht, der die Existenz oder die Wiederentdeckung jüdischer Heiligtümer und biblischer Orte immer wieder einen willkommenen Vorwand bietet, um palästinensisches Besitztum auf die eine oder andere Weise zu enteignen.[71]

Trotz der grundlegend positiven Einschätzung des Kapitels über die Toleranz (vgl. oben Kap. II.3.2.), sind auch einige kritische Punkte anzumerken. Zunächst einmal ist der Satz *„Jedes Volk der Völker der Erde hat seine spezielle Religion"* einfach falsch. Gerade das Christentum und der Islam mit ihrem Universalitätsanspruch sind beste Beispiele dafür, dass Religionen nicht einfach einem bestimmten Volk, Nation oder Land zuzuordnen sind. Umgekehrt ist z. B. auch dem palästinensischen Volk nicht

---

71 Zur israelischen Enteignungspolitik vgl. METZGER 1980, 27-62; WATZAL 1994, 81-317. Zur Legitimierung jüdischer Siedlungen in der Westbank mit Hilfe des Verweises auf die Herkunft biblischer Propheten vgl. jüngst Eljakim Haetzni: Waren die israelischen Siedlungen ein historischer Irrtum? in: JAW, 6.1.2005.

einfach eine Religion zuzuordnen, sondern es gibt Christen, Muslime, Juden, Samaritaner, Drusen und Bahai unter den Palästinensern. Des weiteren wird durch den Satz *„Alle himmlischen Religionen aber rufen dazu auf, sich gegenseitig zu achten"* der Eindruck erweckt, dass es ein besonderes Spezifikum des Judentums, des Christentums und des Islams sei, dass sie besonders tolerant seien. Dies ist jedoch nicht der Fall, weder gegenüber anderen Religionen noch untereinander. Das Judentum nicht, da es vom Ansatz her eher auf sich selbst bezogen ist und alle anderen Religionen als Götzendienst sieht. Das Christentum und der Islam nicht, da beide einen universalen Missionsanspruch, einen Totalitätsanspruch und einen Endgültigkeitsanspruch besitzen. Dies hat zur Folge, dass sie in jedem Andersgläubigen einen Heiden sehen, der möglichst bekehrt werden sollte.[72] Manche fernöstliche, afrikanische und synkretistische Religionen kennen keinen solchen Bekehrungseifer und solche Exklusivitätsansprüche und waren eher befähigt, andere Religionen und Kulte gleichberechtigt neben einander gelten zulassen oder haben sie friedlich miteinander vermengt.[73] Auch wenn also die Hervorhebung falsch ist, dass die „himmlischen Religionen" sich durch besondere Toleranz auszeichnen, bleibt jedoch äußerst positiv festzuhalten, dass zumindest hier nun ein allgemeiner Respekt gegenüber *allen* Religionen ausgedrückt wird.

Bedauerlich ist, dass auf dem Völkerbild das Bild eines orthodoxen Juden fehlt. Dies wäre ein mutiges Zeichen, um klar zu machen, dass der gegenwärtige Konflikt kein religiöser Konflikt, sondern ausschließlich machtpolitischer Art ist. Aber offensichtlich ist es leichter, Toleranz gegenüber weit weg liegenden Ethnien und Religionen zu zeigen (z. B. gegenüber dem abgebildeten Indianer oder dem Asiaten) als gegenüber der Religion und der Nation, mit der man im Kampf um das Land Israel/Palästina verstrickt ist. Dennoch wäre es völlig unangemessen, aus diesem Fehlen zu schließen, dass das palästinensische Schulbuch damit ausdrücke, dass keine Toleranz gegenüber dem Judentum zu üben sei. Die Aussage, dass alle Religionen zu respektieren sind, ist so generell, dass sie prinzipiell auch das Judentum mit einschließt. Es wäre allerdings besser, wenn dies auch explizit ausgesagt würde.

Die pädagogische Verwendung der Erzählung von der historischen Begegnung zwischen ʿUmar Ibn Al-Ḫaṭṭâb und Patriarch Sophronius (oben Kap. II.3.3.) ist außerordentlich gelungen. Um der historischen Redlichkeit willen muss jedoch hier ergänzt werden, dass das Treffen – sofern es tatsächlich stattgefunden hat - nicht ganz so harmonisch gewesen sein dürfte. Die Eroberung Jerusalems vollzog sich wie folgt: Der Kalif ordnete zunächst Beduinenstämmen aus dem Ḥiğâz wegen ungenügender Ausrüstung an, vorerst nur die Küstengegend und die ländlichen Gebiete in Palästina und

72 Vgl. hierzu ausführlich ZIRKER 1992.

Syrien zu überfallen und die Verkehrswege zu kontrollieren. Städte wie Jerusalem, Gaza, Jaffa, Caesarea, Nablus und Beth Schean waren bald wie Inseln abgeriegelt und schlossen ihre Tore. Sophronius beklagte bereits in seiner Weihnachtspredigt 634, dass die Christen in Jerusalem "angekettet und festgenagelt durch den Schrecken der Sarazenen" seien und dass ihr "wildes, barbarisches, blutgetrünktes Schwert" sie in der Stadt gefangen hält, so dass sie es sogar nicht mehr wagten, nur die wenigen Kilometer von Jerusalem nach Bethlehem zu pilgern. Unter dem Ansturm der eigentlichen Truppen fiel 635 Damaskus. 636 wurden die Byzantiner am Yarmuk vernichtend geschlagen. 637 fiel Gaza zum zweiten Mal in muslimische Hand. Byzantinische Verteidiger wurden vor die Stadtmauern Jerusalems geschleppt und dort 638 enthauptet. Da keine Hilfe von Byzanz zu erwarten war, beschloss Sophronius auf die Kapitulationsforderungen einzugehen.[74] Über die Details des Falls der Heiligen Stadt gibt es verschiedene Berichte. Der älteste und wahrscheinlichste von Balâḏurî berichtet, dass Jerusalem unter der Bedingung einer Tributzahlung von einem unbekannten Heerführer namens Ḫâlid Ibn Ṯâbit Al-Fahmî eingenommen wurde. Ein Vertrag wird nicht erwähnt. Bei Yaʿqûbî und Patriarch Eutychius von Alexandrien wird von einer Begegnung des Patriarchen mit dem Kalifen sowie von einem Vertrag gesprochen, in dem ein Schutz für Leben und Kirchen sowie das Recht zur Religionsausübung und zur Umsiedlung in byzantinsiches Gebiet gewährleistet wird. Später wurden noch weitere Details aus anderen Verträgen übernommen. Christen fügten in manchen überlieferten Dokumenten noch die Bedingung hinzu, das Juden kein Aufenthaltsrecht mehr gehabt hätten. In dieser Form wurde er auch von Ṭabarî und den meisten späteren muslimischen Historikern überliefert.[75]

Die Erziehung zum Aufbau einer Wohlstandsgesellschaft nach westlich-säkularem Vorbild, die von ähnlichen Werten und Problemen geprägt ist (vgl. oben Kap. II.3.5), ist aus westlich-christlicher Sicht zu begrüßen. Würde alles in der palästinensischen Gesellschaft verwirklicht, könnte Palästina eine Brückenfunktion zwischen dem Westen und dem Orient darstellen, da die sozialen und kulturellen Veränderungen im Osten wie im Westen die gleichen Folgen haben. Christen in Palästina, die aufgrund ihrer Religion von der Monogamie ausgehen und die sich traditionell stärker darum bemü-

---

73 Ein typisches Beispiel hierfür sind die Religionen Indiens, in denen verschiedene Kulte und Gottesverehrungen nebeneinander bestehen konnten und können.

74 HEYER 2000, 124; OTTO 1980, 199f.

75 Vgl. GRABAR, O.: Art. "Al-Kuds" in: EI V, 323f.; KHOURY 1980, 77f.; FATTAL 1958, 45-47; SCHÖNBORN 1972, 89; OTTO 1980, 200; HEYER 2000, 123. Das Jerusalemer Patriarchat gibt auf seiner Internetseite (http://www.jerusalem-patriarchate.org/en/home/homefr.htm (17.01.05) eine Version (ohne Quellenangabe) wieder, die dem Griechischen Patriarchat volle Jurisdiktionsgewalt über die Grabeskirche, die Geburtskirche und alle anderen christlichen Kommunitäten zugesteht.

hen, dass auch Mädchen gute Ausbildungen bekommen und beruflich tätig werden können, werden eine solche Gesellschaftskonzeption und ein solches Geschlechterverhältnis eher begrüßen als konservativ eingestellte Muslime. Das hier dargebotene westlich-säkulare Gesellschaftsbild eröffnet christlichen Frauen Möglichkeiten, sich zu entfalten, da es deren bereits vorhandenen Ambitionen legitimiert, fördert und zum Ziel der gesamten palästinensischen Gesellschaft erklärt. Zugleich öffnet es Möglichkeiten für muslimische Frauen, säkulare Strukturen zu nutzen, um sich von patriarchalischen Familienmustern zu befreien. Allerdings bleibt zu fragen, ob hier nicht ein Gesellschaftsmodell entworfen wird, das nur wenig mit den Realitäten zu tun hat. Die starken Tendenzen in Richtung einer Islamisierung der Gesellschaften des Nahen Ostens werden nicht wahrgenommen. Diejenigen, die zu traditionellen islamischen Werten und Vorstellungen zurückkehren möchten, werden nicht ernst genommen, ja noch nicht einmal wahr genommen. Fragestellungen der westlichen Welt dominieren (inklusive Sprache, Gewalt in der Familie, Frauenemanzipation, Umweltschutz). Die Fragen, die muslimische Reformer bewegen, nämlich wie orientalisch-islamische Identität bewahrt bzw. wieder entdeckt werden kann, welche Rolle die Scharia in einem modernen Staat spielen kann, an welche Formen der traditionellen Toleranz gegenüber religiösen Kollektiven angeknüpft werden kann, welche Stärken die traditionellen Familien-, Sippen- und Konfessions- und Religionsgemeinschaften haben etc., werden tabuisiert. Es hat den Anschein, als ob hier ein westlich-säkulares Gesellschaftsbild der palästinensischen Gesellschaft übergestülpt werden soll. Daher ist zu befürchten, dass sich zahlreiche Palästinenser mit dieser Vision nicht anfreunden und identifizieren können, da es nicht an ihrer Realität anknüpft und ihre orientalisch-islamischen Traditionen ignoriert. Obwohl daher aus westlicher Sicht die Erziehungsziele außerordentlich zu begrüßen sind, wäre zu fragen, ob nicht in den einzelnen Lektionen sehr viel stärker herausgearbeitet werden sollte, inwieweit dabei an Traditionen des Orients und speziell Palästinas angeknüpft werden kann. Es sollte deutlich gemacht werden wie religiöse Faktoren des Islam und der orientalischen Christen einen positiven Beitrag zur Gesellschaft leisten können und inwieweit die Stärken der jetzigen Strukturen (z. B. stärkere Familienbande als im Westen) genutzt werden können, um eine künftige palästinensische Gesellschaft neu aufzubauen. Darüber hinaus wäre es gut aufzuzeigen, inwieweit säkulare Strukturen dazu geeignet sind, auch konservativen Gruppen in der Gesellschaft Entfaltungsmöglichkeiten zu bieten. Es sollte also versucht werden, konservative und religiöse Kreise „mitzunehmen" und auch ihnen eine Vision zu eröffnen, die mit ihren Werten und Vorstellungen übereinstimmt. Dabei wäre es auch sehr hilfreich, wenn die gezeichneten Bilder einer westlich geprägten Gesellschaftsutopie durch reale Fotos ersetzt werden, die gegenwärtige Situationen und Zustände festhält und zeigt, wie diese konkret verbessert werden können.

Die Erziehung zur Stärkung des Individuums (vgl. oben Kap. II.3.6), zum Frieden und zur Demokratie (vgl. oben Kap. II.3.7) sowie zur Wahrung der individuellen Menschenrechte (vgl. oben Kap. II.3.8) in den Schulbüchern für Staatsbürgerkunde ist vorbildlich und antizipiert weitgehend die Forderungen, die im Arab Human Development Report 2003 erhoben wurden.[76]

Insbesondere die Betonung der Menschenrechte, ihre ausführliche Behandlung und ihre praktische Anwendung bei der Gestaltung der Abfassung der Schulbücher für das Fach Staatsbürgerkunde, zeigt, dass man sie für äußerst wichtig hält. Jedem Mädchen und Jungen sollen sie tief eingeprägt werden. Es soll um seine Rechte – auch gegenüber der Familie, der Gesellschaft und dem Staat – wissen. Es wird ihm verdeutlicht, dass Demokratie nicht eine Regierungsform ist, die „von oben" erlassen wird, sondern die „von unten" aufgebaut werden muss, und dass jeder das seine/jede das ihre dazu beitragen darf und soll, damit demokratische Verhältnisse entstehen.

Was hier bereits verwirklicht wurde, könnte als Vorbild für viele Länder im Nahen Osten dienen. Insbesondere die Verankerung und Konkretisierung dieser Erziehung in den kleinsten Einheiten von Familie, Schule, Stadtteil und Dorf ist revolutionär und als vorbildlich für eine orientalische Gesellschaft zu bezeichnen, die sich in einem sozialen und kulturellen Umbruch befindet und entspricht in vielem einem christlichen Familien- und Gesellschaftsbild. Insoweit werden damit auch Christen in Palästina zahlreiche Entfaltungsmöglichkeiten eröffnet.

76 AHDR 2003.

III. Die Nationale Erziehung (Elementarstufe)

1 Einleitung

Das Fach "Nationale Erziehung" (*at-tarbiyya al-waṭaniyya*) wird in der unteren Elementarstufe (1.-4. Klasse) und in der 10. Klasse mit zwei Stunden, in der oberen Elementarstufe (5.-9. Klasse) mit drei Wochenstunden unterrichtet. Bis zum Schuljahr 2003/04 sind jeweils zwei Schulbücher für die Klassen 1-4 und 6-7 sowie ein Schulbuch für die Klasse 5 erschienen. Für die Klassen 8 und 9 gibt es noch keine neuen Schulbücher.[1] Die äußere Gestaltung der Schulbücher der Klassen 1-4 und 6-7 folgt den allgemeinen Vorgaben für die neuen palästinensischen Schulbücher.[2] Der Rahmen dieser Schulbuchreihe ist beige-braun. Diese Schulbücher haben weitgehend eine frühere Reihe ersetzt, die den Titel "Die nationale *palästinensische* Erziehung" trug. Als Herausgeber wird hier noch die "Nationale palästinensische *Autorität*" (statt "Palästinensischer *Staat*") benannt. Zum Zeitpunkt der Analyse waren nur noch die Schulbücher der 4. und 5. Klasse dieser Reihe in Gebrauch. Der Drucksatz ist anders und die Bildqualität schlechter als die der neu herausgegebenen Schulbücher. Für jedes Jahr gibt es nur ein Schulbuch, während die neue Serie in zwei Bänden erscheinen. Alleine schon dadurch wird ersichtlich, dass es sich bei diesen Büchern um die Erstentwürfe der Bücher für das Fach Nationale Erziehung handelt, die im Eilverfahren in den Jahren 1995 und 1996 entstanden, nachdem die Erziehungsangelegenheiten in palästinensische Obhut überging.[3] Das Schulbuch der Klasse 4 wurde bis zum Schuljahr 2002/03, das der Klasse 5 bis zum Schuljahr 2003/04 noch benutzt und dann durch zwei Bände ersetzt. Sie wurden bei der Untersuchung ebenfalls herangezogen.

Auf der Titelseite des ersten Bandes der 1. Klasse (NE ES 1/1) sind ein Junge und ein Mädchen in einer Schulbank zu sehen, die sich melden. Auf dem zweiten Band (NE ES 1/2) sind Pfadfinder mit militärischem Gruß beim Hissen der palästinensischen Flagge abgebildet. Auf dem ersten Band der 2. Klasse (NE ES 2/1) werden drei Bilder nebeneinander gezeigt: ein Detail eines pharaonischen Papyrus, auf dem zum ersten Mal in der Geschichte die "Hebräer" abgebildet werden, ein Foto von Pfadfinderinnen bei einem Umzug sowie eine Briefmarke aus der Mandatszeit mit der englischen und arabischen Aufschrift "Palästina" (die Aufschrift "Israel" in hebräischen Lettern, die auf der originalen Briefmarke zu finden war, wurde beim Druck weggelassen). Band 2 (NE ES 2/2) zeigt einen Mann mit drei Jungen bei einer Wanderung vor

---

1 So Dr. Ṣalâḥ Yassîn, Direktor des Curriculum-Zentrums, in einer email vom 21.8.2004 an den Verfasser. Der Unterricht in diesen Klassen erfolgt nur mit Hilfe von "teachers guides".

2 Vgl. oben Kap. A.III.4, 351.

3 Vgl. oben Kap. A.II, 338.

einer archäologischen Stätte. Auf der Titelseite des ersten Bandes der 3. Klasse (NE ES 3/1) wird die Filmaufnahme von einer Nachrichtensprecherin abgebildet. Band 2 (NE ES 3/2) zeigt eine Zeichnung von Kindern im Weltall mit Raumanzug. Auf dem Band 1 der Klasse 4 (NE ES 4/1) schwenken ein Junge und ein Mädchen eine palästinensische Flagge, vor der eine weiße Taube wegfliegt. Band 2 (NE ES 4/2) zeigt Embleme Heiliger Stätten (Felsendom, Grabeskirche, Hischam-Palast). Die ältere einbändige Version des Buches für die 4. Klasse (NE ES 4) zeigt ein Stadtbild von Bethlehem (Blick von der Geburtskirche auf eine Moschee). Titelbild des älteren Schulbuches für die 5. Klasse ist das Damaskustor. Band 6 zeigt den Felsendom (bei dem die Silhouetten von Westjerusalem wegretuschiert wurden). Auf dem Titelbild von Band 7 wird das Mosaik des "Lebensbaums" des Hischam-Palasts in Jericho gezeigt (Granatapfelbaum mit Gazellen, die von einem Löwen angegriffen werden).[4]

Auf der ersten Seite der Bücher werden 4-6 Autoren genannt, daneben zwei Zuständige von Seiten des Curriculum-Zentrums. Bei den Schulbüchern, die in zwei Teilbände aufgeteilt wurden, bleibt das Autorenteam in der Regel gleich.[5] Auf Seite zwei wird ein „Nationales Team für das Curriculum der Sozialwissenschaften und der Nationalen Erziehung“ vorgestellt. Dieses besteht aus folgenden Personen: 1. Dr. Ġasân Al-Ḥilw, 2. Aḥmad ʿAšûr Ṣaqar, 3. Ḫalîl Dawfaš, 4. Yusrî Zaidân, 5. Dr. Ḥimâd Ḥussain, 6. Iḥsân Musṭafâ, 7. ʿAbdallah Abû Samra, 8. Dr. Yûsuf An-Nitšah und 9. Abdallah Abdallah. Die Bücher sind mit mehreren Farben in guter Qualität gedruckt. Ab der Klasse 7 wurden nur noch zwei Farben (Blau-Schwarz) verwandt, was manchen Fotos ein kitschiges Aussehen verleiht.

Die älteren Schulbücher für die Klassen 4-5 haben ein anderes Impressum. Autoren werden hier nicht genannt, sondern nur ein "Komitee zur Vorbereitung eines Probedrucks entsprechend den Beschlüssen der nationalen palästinensischen Erziehung für die Elementarstufe". Dieses besteht aus 26 (!) Personen sowie fünf Personen, die für das Layout, die sprachliche Bearbeitung und die Zeichnungen Verantwortung tragen. Gesamtverantwortung für das Projekt trägt Saʿîd ʿAbd Al-Fatâḥ ʿAssâf, der als "Generaldirektor für das Training, die Qualifizierung und die pädagogische Aufsicht" bezeichnet wird. Als Herausgeber wird nicht das Curriculum-Zentrum, sondern eine "Allgemeine Verwaltung für Bücher und pädagogische Schrifterzeugnisse" benannt.

4 Band 8 und 9 der neuen Reihe sind nach Auskunft von Dr. Ṣalâh Yâsîn, des Direktors Curriculumzentrums, noch nicht erschienen.

5 Nur bei dem Schulbuch der 3. Klasse wurde eine Person ausgewechselt

1.1 Bibliografische Angaben

Autoren	Titel	Teil	Umfang	Abkürzung
1. Ḫalîl Dawfaš 2. Taha ʿAǧwa 3. ʿAbîr Qauqâs 4. Lîlî Ar-Raǧʿî	Die nationale Erziehung, 1. Klasse der Elementarschule, 2. Probeauflage, Bîra-Râmallah 2003	1. Teil	2 Einheiten, 58 Seiten	NE ES 1/1
		2. Teil	3 Einheiten, 66 Seiten	NE ES 1/2
1. Ǧaudat Aḥmad Suʿâda 2. ʿAbd Al-Laṭîf Abû Muṭâwiʿ 3. Ḫalîl Dawfaš 4. ʿAbd Al-Muʿṭî Al-Āġâ *Für das Curriculum-Zentrum:* 1. ʿAbd Ar-Raḥmân Al-Maġrabî 2. ʿUmar Abû Al-Ḥummuṣ	Die nationale Erziehung, 2. Klasse der Elementarschule, 1. Probeauflage, Bîra-Râmallah 2001	1. Teil	2 Einheiten, 83 Seiten	NE ES 2/1
	Die nationale Erziehung, 2. Klasse der Elementarschule, 2. Probeauflage, Bîra-Râmallah 2003	2. Teil	2 Einheiten, 67 Seiten	NE ES 2/2
1. Amîn Abû Bakr 2. ʿAbd Al-Laṭîf Abû Muṭâwiʿ 3. Dâwus Abû Kišk 4. Iʿtimâd Waṣfî Al-Firâ *Für das Curriculum-Zentrum:* 1. Yusrî Zaidân 2. ʿUmar Abû Al-Ḥummuṣ	Die nationale Erziehung, 3. Klasse der Elementarschule, 2. Probeauflage, Bîra-Râmallah 2003	1. Teil	2 Einheiten, 67 Seiten	NE ES 3/1
1. Amîn Abû Bakr 2. ʿAbd Al-Laṭîf Abû Muṭâwiʿ 3. Ḫalîl Dawfaš 4. Iʿtimâd Waṣfî Al-Firâ *Für das Curriculum-Zentrum:* 1. Yusrî Zaidân 2. ʿUmar Abû Al-Ḥummuṣ	Die nationale Erziehung, 3. Klasse der Elementarschule, 1. Probeauflage, Bîra-Râmallah 2002	2. Teil	2 Einheiten, 66 Seiten	NE ES 3/2
1. Ǧaudat Aḥmad Suʿâda 2. Muṣṭafâ Aḥmad Aṣ-Ṣaifî 3. Maǧdûlîn Al-Ḥallâq 4. Muṣṭafâ ʿAṣîda *Für das Curriculum-Zentrum:* 1. Yusrî Zaidân 2. ʿUmar Abû Al-Ḥummuṣ	Die nationale Erziehung, 4. Klasse der Elementarschule, 1. Probeauflage, Bîra-Râmallah 2003	1. Teil	2 Einheiten, 66 Seiten	NE ES 4/1
	Die nationale Erziehung, 4. Klasse der Elementarschule, 1. Probeauflage, Bîra-Râmallah 2004	2. Teil	3 Einheiten, 67 Seiten	NE ES 4/2

Aus der Reihe von 1995/96: *Ausschuss von 26 Personen*[6] *Aufsicht:* Saʿîd ʿAbd Al-Fatâḥ ʿAssâf	Die nationale palästinensische Erziehung, 4. Klasse der Elementarschule, Râmallah 2002/03	9 Einheiten, 80 Seiten	NE ES 4
	Die nationale palästinensische Erziehung, 5. Klasse der Elementarschule, Râmallah 2002/03	4 Einheiten, 41 Seiten	NE ES 5

[6] Sûnâ Sulaimân, Aḥmad Al-Naǧǧâr, Ismâʿîl Ǧirâda, Alhâm Al-Baitûnî, Bâsim Muḥaisin, Ḫalîl Dawfaš, Dawûd Abû Ḥâṭir, Rûlâ Manṣûr, Salîm Al-Mubayyid, Šafîq Abû Šârib, Taha ʿAǧwa, ʿAbd Al-Qadir Abû Aṭʿîma, ʿAbd Al-Laṭîf Abû Muṭâwiʿ, ʿAbd Al-Laṭîf Abû Ḫalf, ʿAlî Abû Samâk, ʿAql Ǧuʿâfira, Karam Al-ʿAbwa, Muḥsin Al-ʿAṭârî, ʿAlyân Muḥammad, Muḥammad ʿAwaidât, Muḥammad ʿAlawî, Mûsâ Al-Ḥâǧ, Mûsâ Mišmiš, Yaʿqûb Muṭâwiʿ, Yûsuf Abû Ḥâmid, Muṣṭafâ Abu Ġânam.

1. Maḥmûd ʿAtâllah 2. ʿAlî Ḏiyâb Al-Aʿwar 3. Ṣifâʾ Bašîr 4. Muḥammad Aṣ-Ṣâdiq 5. ʿAbdallah ʿAbd Ar-Râziq 6. Yûsuf Ǧumʿa	Die nationale Erziehung, 6. Klasse der Elementarschule, 3. Auflage, Bîra-Râmallah 2002	4 Einheiten 83 Seiten,	NE ES 6
1. Amîn Abû Bakr 2. Nâṣir Saʿid Ḥumûda 3. Ḫoḍr Muḥammad ʿAuda 4. Yûsuf Ǧumʿa	Die nationale Erziehung, 7. Klasse der Elementarschule, 2. Probeauflage, Bîra-Râmallah 2002	4 Einheiten 90 Seiten,	NE ES 7

1.2 Aufbau und Inhalt

Die Bücher sind in zwei bis vier Einheiten eingeteilt, die nochmals in bis zu zwölf Lektionen untergliedert werden. Die Lektionen werden mit Fragen zur Selbstüberprüfung und mit Arbeitsaufträgen ("Aktivitäten") abgeschlossen. Nur bei dem Schulbuch der 6. Klasse werden den Einheiten jeweils Lernziele vorangestellt. Nur in diesem Buch (NE ES 6, 83) und im älteren Schulbuch der 5. Klasse (NE ES 5, 41) wird am Ende eine Literaturliste angegeben. In den Klassen 1-4 ist eine systematische Entfaltung der Inhalte festzustellen. Ausgehend von der Familie und der Schule wird der Blick nach außen geweitet: Die Familie, die Schule, der Stadtteil, die Stadt, das Land bis hin zum Menschen und der Schöpfung wird behandelt. Soziale, geographische und ökonomische Aspekte werden besprochen. Die Schulbücher der Klassen 4-5 haben einen anderen Aufbau: In ihnen werden einzelne Aspekte behandelt, die die palästinensische Gesellschaft begründen und zusammenhalten: Geographische, ökonomische, historische, religiöse und folkloristische Faktoren. Diese werden ohne einen erkennbaren Gesamtzusammenhang nacheinander abgehandelt. Einige dieser Themen werden in der 6. und 7. Klasse nochmals aufgegriffen, dann aber ausführlicher besprochen.

1.3 Gliederung

Die Nationale Erziehung	**Die Nationale Erziehung**
Klasse 1, Teil 1	**Klasse 1, Teil 2**
1. Einheit: Die Familie und das Haus	3. Einheit: Mein Stadtteil
2. Einheit: Ich und meine Schule	4. Einheit: Meine Stadt
	5. Einheit: Mein Land
Klasse 2, Teil 1	**Klasse 2, Teil 2**
1. Einheit: Unser Land Palästina	3. Einheit: Die Landschaftsformen meines Landes
2. Einheit: Meine Verbindung mit den Anderen	4. Einheit: Das Tun des Menschen [Wirtschaftsformen]
Klasse 3, Teil 1	**Klasse 3, Teil 2**
1. Einheit: Meine Provinz	3. Einheit: Der Mensch und die Natur
2. Einheit: Palästinensische Fenster zur Welt	4. Einheit: Die Schöpfung
Klasse 4, Teil 1	**Klasse 4, Teil 2**
1. Einheit: Mein Vaterland Palästina	3. Einheit: Die Wirtschaftsaktivitäten in Palästina
2. Einheit: Die Stadt Jerusalem	4. Einheit: Die palästinensische Tradition
	5. Einheit: Palästina und die Erdkugel

Ältere einbändige Versionen			
Klasse 4			
1. Einheit:	Mein Vaterland	6. Einheit:	Wasserquellen in meinem Land
2. Einheit:	Die Einnahmequellen meinesVaterlands	7. Einheit:	Aus dem Leben des heiligen Propheten
3. Einheit:	Religiöse und historische Stätten in Palästina	8. Einheit:	Von der palästinensischen Volkstradition
4. Einheit:	Bilder unseres Lebens	9. Einheit:	Schriftsteller meines Landes
5. Einheit:	Geschichtsträchtige Orte		
Klasse 5			
1. Einheit:	Die palästinensische Gesellschaft	3. Einheit:	Das arabisch-palästinensische Erbe
2. Einheit:	Das palästinensische Volk	4. Einheit:	Die palästinensische Gesellschaft und die wichtigsten Veränderungen, die ihr über die Jahrhunderte widerfuhren

Klasse 6, 1. Halbjahr		**2. Halbjahr**	
1. Einheit:	Die palästinensische Gesellschaft	3. Einheit:	[Fortsetzung von nation. Institutionen]
2. Einheit:	Die nationalen Institutionen	4. Einheit:	Ich und die Anderen
Klasse 7, 1. Halbjahr		**2. Halbjahr**	
1. Einheit:	Kurze Blicke auf das nationale Schicksal	3. Einheit:	Die Tradition
2. Einheit:	Die Bildung in Palästina	4. Einheit:	Der Tourismus

2 Quantität der Darstellung des Christentums

2.1 Ort und Umfang der Erwähnungen

Schulbuch	Einheit/ Seite	Ort der Erwähnung	Umfang Ex-plizit	In-klusiv	Im-plizit
NE ES 1/1		Keine Erwähnungen			
NE ES 1/2	E 3, 1-2	Bei einem Straßenbild sind nebeneinander eine Moschee, eine Kirche und ein Gebäude abgebildet, auf dem die palästinensische Flagge weht. Die Schüler werden zur Bildbeschreibung aufgefordert.			2 B
	E 3, 7	Es wird gefragt, wie man sich beim Besuch von Kirche und Moschee (nochmalige Abbildung) verhält.	1 Z 1 B		
	E 4, 33	Ein Souvenirhändler hat an einem Stand Bilder des Felsendoms und der Via Dolorosa hängen und verkauft Souvenirs an westliche Touristen.			1 B
	E 5, 48-49	Die östliche Stadtmauer wird zweimal gezeigt, hinter der die Kuppeln des Felsendoms und einer Kirche hervorschauen (Fotomontage!)			2 B
	E 5, 51-52	Felsendom, Hischam-Palast, Abrahamsmoschee, der Flugplatz von Gaza und die Geburtskirche werden abgebildet. Es wird gefragt, wo diese Orte liegen.			1 B 1 Z
NE ES 2/1	E 1, 8-10	Drei Propheten Palästinas werden vorgestellt: Abraham, Jesus und Muhammad.		6 Z 2 B	
	E 1, 13-14	Berühmte Eroberer werden erwähnt: 'Umar Ibn Al-Ḫaṭṭâb eroberte Jerusalem und gab der Stadt Sicherheit. Saladin befreite Palästina von den Franken, die aus Europa kamen.			2 Z
	E 1, 16	Unter einer Landkarte, auf der die islamisch-arabischen Länder hervorgehoben werden, wird gesagt, dass die Palästinenser die arabisch sprechen, dass die meisten Muslime und ein Teil Christen sind.	2 Z		

	E 2, 69	In Lektion 8 werden die religiösen Feste Palästinas erwähnt, u. a. auch das Weihnachts- und das Osterfest.	3 Z 1 B		
	E 2, 72-73	Bei den Fragen werden die Feste überprüft.	3 Z		
	E 2, 81	Unter den Wohltätigkeitsvereinen wird an 6. Stelle der Verein der christlichen Jugend genannt.			1 Z
NE ES 2/2	E 4, 60	Am Ende der Einheit wird in einem Kapitel über den Tourismus die Geburtskirche abgebildet			1 B
NE ES 3/1	E 2, 38-45 passim	Neben der Al-Aqsa-Moschee, dem Felsendom und dem Abrahamsheiligttum werden die Grabeskirche, die Geburtskirche und die Verkündigungskirche als Heilige Stätten abgebildet, die globale Bedeutung haben.	22 Z 6 B		
NE ES 3/2		Keine Erwähnungen			
NE ES 4/1	E 1, 9-10	In der Lektion "Die religiöse Bedeutung Palästinas" wird auf christliche Stätten hingewiesen. Es wird zum Besuch islamischer und christlicher Stätten aufgefordert.	10 Z 2 B		
	E 2, 50	Alle muslimischen Eroberungen werden als "Befreiungen", alle christlichen als "Besatzungen" bezeichnet.			4 Z
	E 2, 53-54	In Lektion 3 wird auf die Bedeutung der Stadt für die Christen hingewiesen.	7 Z		
	E 4, 55-58	Die Toleranz wird beschrieben, die ʿUmar Ibn al-Ḫaṭṭâb den christlichen Einwohnern bei der arabischen Eroberung gewährte.	25 Z		
NE ES 4/2	Titelseite	Emblem des Turms der Grabeskirche neben Felsendom, Abrahamsheiligtum und Hischampalast			1 B
	E 3, 21f.	Auf die christlichen Sehenswürdigkeiten wird hingewiesen, die für den Tourismus von Bedeutung sind.			2 Z 1 B
	E 4, 46-48 passim	Auf muslimische und christliche Feste wird hingewiesen.	10 Z 1 B		

NE ES 4 (alte Version)	Titelseite	Bild von Bethlehem, auf dem im Vordergrund der Glockenturm einer Kirche zu sehen ist.			1 B
	E 1, 5	Die Bedeutung Palästinas wird dadurch begründet, dass Palästina die Wiege des Christentums und des Islams war.	4 Z		
	E 1, 7	Bei den Fragen wird überprüft, ob die Schüler wissen, in welcher Stadt Jesus geboren wurde.	1 Z		
	E 2, 23	Beim Tourismus als Einkommensquelle wird gesagt, dass das palästinensische Volk muslimische und christliche Touristen anständig und mit Respekt behandelt.			8 Z
	E 3, 28-29	Nach Felsendom, Al-Aqsa-Moschee und Abrahamsmoschee werden die Auferstehungskirche und die Geburtskirche abgebildet und ihre Bedeutung beschrieben.	26 Z 2 B		
	E 5, 44	Das Kloster von Latrun wird abgebildet, in dessen Nähe mehrere historische Ereignisse stattfanden.			1 B
	E 5, 48	Die Kirche Johannes des Täufers bei Sebastiya wird erwähnt.			1 Z
	E 7, 66	Muḥammad habe die umliegenden Könige zum Islam aufgerufen. Der Äthiopische König habe den Islam angenommen, der byzantinische König nicht, habe jedoch eine freundliche Antwort gegeben			2 Z
NE ES 5	E 1, 6	Es wird gesagt, dass die palästinensische Gesellschaft sich durch eine Einheit der Sprache, Religion und der Sitten und Gebräuche auszeichne.			1 Z
	E 3, 27-28	Christliche Feste neben den muslimischen werden als Merkmal der palästinensisch-arabischen Tradition erwähnt. Die Schüler sollen sie aufzählen.	6 Z		

	E 4, 29 31	Die arabisch-muslimische Gesellschaft zeichne sich durch eine beispiellose Großmut gegenüber den Christen aus. Teile des ʿUmar-Vertrags werden zitiert. Die Schüler werden gefragt, welche Bedeutung der ʿUmar-Vertrag hatte und aufgefordert, sich mit ihm zu befassen.	8 Z		
	E 4, 32	Die Kreuzfahrerepoche wird kurz geschildert als eine Epoche der schlechten Behandlung, Ausbeutung, aber auch der Verbesserung der Bildung und des Einflusses auf die Europäer. Die Thematik wird mit mehreren Fragen beim Überprüfungsteil aufgegriffen.			18 Z

NE ES 6	Titel-bild	Blick auf Felsendom, Erlöserkirche, Grabeskirche (Fotomontage)			1 B
	E 1, 6	Bei der Beschreibung der Faktoren, die die Einheit des arabischen Vaterlandes ausmachen wird der Islam benannt, der für die Muslime und die arabischen Christen Geschichte, Kultur und Wissenschaft bedeutet.			1 Z
	E 1, 12	Bei der Lektion "Eigentümlichkeiten der palästinensischen Gesellschaft" werden die Al-Aksa-Mosche und die Gethsemanekirche nebeneinander abgebildet und die Frage gestellt, was diese beiden Bilder einer Moschee und einer Kirche Seite an Seite symbolisieren.	1 Z 1 B		
	E 1, 13	Die palästinensische Gesellschaft zeichne sich durch Brüderlichkeit und Toleranz zwischen Christen und Muslimen aus. Bei den Fragen wird dies überprüft sowie die Aufgabe gestellt, Abbildungen von islamischen und christlichen Stätten zusammenzutragen	4 Z		
	E 2, 32	Zitat aus der palästinensischen Unabhängigkeitserklärung, nach der keine Unterscheidung nach Herkunft, Religion, Hautfarbe oder Geschlecht getroffen werden soll.			1 Z
	E 2, 46-47	Bei den religiösen Gerichten werden neben islamischen die Gerichte der christlichen Denominationen erwähnt. Bei den Fragen wird abgeprüft, welches Recht die christlichen Gerichte bei Erbschaften anwenden müssen und es wird dazu aufgefordert staatliche und religiöse Gerichte zu besuchen.	7 Z		
	E 2, 47	Die Kinder werden aufgefordert, § 9 des Entwurfs des Grundgesetzes zu erläutern, nach dem alle Palästinenser vor dem Gesetz gleich sind.			4 Z
	E 3, 65	Ein Mann mit einem Kreuz hinter einem bewaffneten Soldaten wird abgebildet. Darunter wird aufgefordert, in den Schriften der monotheistischen Religionen nach Hinweisen zu suchen, die zur Toleranz aufrufen. Die Schüler sollen religiöse Einrichtungen besuchen um deren soziale und kulturelle Aktivitäten kennen zu lernen.			4 Z 1 B
	E 3, 69	Nachdem in einer Übung aufgefordert wird, 4 Texte von Suren nachzuschlagen, die bestimmte Werte bestätigen, wird in einer zweiten Übung dazu aufgefordert, einige allgemeine Werte aufzuzählen, zu denen die monotheistischen Schriften aufrufen.			1 Z
	E 3, 70	In der Lektion "Die Toleranz" wird anhand des Bildes eines Mönches und eines Scheichs, die sich die Hand reichen erläutert, was religiöse Toleranz bedeutet. Toleranz wird definiert, durch die Hl. Schriften und die Geschichte begründet und als allgemein geltender Wert verankert.			44 Z 1 B
	E 3, 74	Bei den verschiedenen Formen der Freiheit wird an erster Stelle die Glaubensfreiheit genannt (neben der Freiheit des Besitzes, der Meinung und der persönlichen Freiheit).			1 Z

NE ES 7	E 1, 13	Die Eroberung Jerusalems durch die Muslime wird in der Lektion "Der Omar-Vertrag" der Einheit 1 als Befreiung von der byzantinischen Besetzung geschildert. Patriarch Sephronius selbst habe die Schlüssel übergeben und ʿUmar habe ihm einen Vertrag geschrieben, der als Muster für alle späteren Verträge diente.			5 Z
	E 1, 14	Text des ʿUmar-Vertrags nach der Version von Aṭ-Ṭabarî.			20 Z
	E 1, 15	Sechs Fragen beschäftigen sich mit der Bedeutung Jerusalems im Islam. Eine fordert dazu auf, seine Meinung zum ʿUmar-Vertrag zu äußern.			1 Z
	E 2, 26	Palästina war die Wiege der himmlischen Religionen. Von hier aus habe sich das Christentum verbreitet.	2 Z		
	E 2, 27	Die kanaanäische Kultur hatte Einfluss auf die aramäische Kultur, auf die griechisch-römische Kultur und die christliche Religion, die sich von hier aus durch den Missionar Paulus verbreitete: Es wurden christliche Zentren, Diözesen, Schulen gegründet und es entstanden christliche Literatur und Gesetze.	4 Z		
	E 3, 47 49	Zu den Baudenkmälern der palästinensischen Tradition gehören neben Festungen, Toren und Moscheen auch die Kirchen. Es werden die Geburtskirche in Bethlehem, die Auferstehungskirche und die Getsemanekirche aufgezählt. Letztere wird auch abgebildet.			2 Z 1 B
	E 4, 58-60	Im Kapitel Tourismus werden Bilder der Verkündigungskirche, der Geburtskirche und der Auferstehungskirche, der Erlöserkirche neben dem Felsendom und der Taufstelle am Jordan mit Touristen/Pilgern gezeigt.			3 B
	E 4, 61	Beim religiösen Tourismus werden die christlichen und muslimischen Pilger erwähnt.			1 Z
	E 4, 64-66	Auf drei Seiten werden christliche Pilgerstätten aufgezählt und erklärt: Die Geburtskirche (Bild), das Hirtenfeld, die Auferstehungskirche (Bild), der Kreuzweg (Bild) und die Taufstelle am Jordan. In Übungen wird dazu aufgefordert, Heilsereignisse Orten zuzuordnen, christliche Pilgerstätten aufzuzählen, sie zu besuchen, Bilder zu machen und einen Artikel über Bethlehem 2000 zu schreiben.			33 Z 3 B
	E 4, 71	Bei dem Kulturtourismus wird auf verschiedene Kirchen, christliche Altertümer und Stätten hingewiesen.			8 Z 1 B
	E 4, 83	Im Kapitel über die Weiterentwicklung des Tourismus werden an erster Stelle die christlichen Sehenswürdigkeiten erwähnt und die Kirchen und Mosaikfußböden in Gaza besonders hervorgehoben (Bild).			3 Z 1 B
	E 4, 87	Neben den wirtschaftlichen wird auch die soziale und kulturelle Bedeutung des Tourismus hervorgehoben, da menschliche Beziehungen entstehen.			5 Z

2.2 Art und Quantität der Erwähnungen

Schulbuch	**Umfang**								
	Insgesamt	**Erwähnungen des Christentums**							
		Explizit		**Inklusiv**		**Implizit**		**Insgesamt**	
	S(eiten) = Z(eilen) + B(ilder)	Zeilen/ Bilder	Prozent	Zeilen/ Bilder	Prozent	Zeilen/ Bilder	Prozent	Zeilen/ Bilder	Prozent
NE ES 1/1	58 S = 140 Z 181 B	0	0 %	0	0	0	0 %	Z	0,00 %
NE ES 1/2	66 S = 194 Z 220 B	1 Z 3 B	0,52 % 1,36 %	0	0	1 Z 6 B	0,52 % 2,72 %	2 Z 9 B	1,03 % 4,09 %
NE ES 2/1	83 S = 479 Z 88 B	8 Z 1 B	1,67 % 1,17 %	6 Z 2 B	1,25 % 2,27 %	3 Z 0 B	0,63 % 0,00 %	17 Z 3 B	3,55 % 3,41 %
NE ES 2/2	67 S = 496 Z 97 B	0	0	0	0	0 Z 1 B	0,00 % 1,03 %	0 Z 1 B	0,00 % 1,03 %
NE ES 3/1	67 S = 583 Z 74 B	22 Z 6 B	3,77 % 8,11 %	0	0	0	0	22 Z 6 B	3,77 % 8,11 %
NE ES 3/2	66 S = 499 Z 48 B	0	0	0	0	0	0	0	0
NE ES 4/1	66 S = 580 Z 46 B	42 Z 2 B	7,24 % 4,35 %	0	0	4 Z 0 B	0,69 % 0,00 %	46 Z	7,93 % 4,35 %
NE ES 4/2	67 S = 681 Z 71 B	10 Z 1 B	1,47 % 1,41 %	0	0	2 Z 2 B	0,29 % 2,82 %	12 Z 3 B	1,76 % 4,22 %
NE ES 4	80 S = 1175 Z 68 B	31 Z 2 B	2,64 % 2,94 %	0	0	11 Z 2 B	0,94 % 2,94 %	42 Z 4 B	3,57 % 5,88 %
NE ES 5	41 S = 583 Z 15 B	14 Z 0 B	2,40 % 0,00 %	0	0	19 Z 0 B	3,26 % 0,00 %	33 Z 0 B	5,66 % 0,00 %
NE ES 6	83 S = 1022 Z 40 B	12 Z 1 B	1,17 % 2,5 %	0	0	56 Z 3 B	5,48 % 7,50 %	68 Z 4 B	6,65 % 10,00 %
NE ES 7	89 S = 1205 Z 63 B	6 Z 0 B	0,50 % 0,00 %	0	0	78 Z 9 B	6,47 % 14,29 %	84 Z 9 B	6,97 % 14,29 %
SUMME	**833 S = 7637 Z 1011 B**	**146 Z 16 B**	**1,91 % 1,58 %**	**6 Z 2 B**	**0,08 % 0,20 %**	**174 Z 23 B**	**2,28 % 2,27 %**	**326 Z 41 B**	**4,27 % 4,06 %**

3 Qualität der Darstellung des Christentums

3.1 Christentum und Islam prägen die palästinensische Gesellschaft

Wann immer man in den Schulbüchern für Nationale Erziehung auf religiöse und kulturelle Aspekte der palästinensischen Gesellschaft zu sprechen kommt, wird sowohl in den Texten als auch mit Illustrationen und Fotos versucht, eine Gleichwertigkeit der beiden Religionen Christentum und Islam auszudrücken. Bei Straßenbildern werden fast immer Ausschnitte gewählt, auf denen eine Moschee und eine Kirche nebeneinander abgebildet sind.[7] Ist das nicht möglich, behilft man sich sogar mit Fotomontagen: Im zweiten Band des Schulbuchs für die erste Klasse lugt direkt neben der Kuppe des Felsendoms eine Kirchturmspitze hinter der östlichen Stadtmauer hervor, die dort in Wirklichkeit nicht befindet.[8] Die Fotomontage wurde notwendig, weil die Einheit "Mein Vaterland" bzw. die Lektion "Mein Vaterland Palästina" illustriert werden sollte. Die unmissverständliche Aussage ist: Das Vaterland Palästina ist durch zwei Religionen gleichermaßen geprägt – durch den Islam *und* das Christentum. Immer wieder werden die Geburtskirche in Bethlehem, die Grabeskirche, die Gethsemanekirche in Jerusalem und die Verkündigungskirche in Nazareth - meist in Kombination mit einem Bild vom Felsendom, der Al-Aqsa-Moschee und der Abrahamsmoschee in Hebron – abgebildet bzw. im Text aufgezählt als Beispiele für Stätten nationaler, kulturhistorischer oder religiöser Identität Palästinas[9] sowie als Ziele des Tourismus[10]. Auffällig ist, dass auch an den Stellen, deren Bedeutung vor allem aus anderen Epochen oder anderen Zusammenhängen stammt, stets auch auf die christliche Epoche bzw. auf christliche Bauwerke und Traditionen hingewiesen wird.[11] Den Schülern wird mehrmals die Aufgabe gestellt, die christlichen und islamischen Stätten dem richtigen Ort zuzuordnen.[12] An anderen Stellen werden die Kinder aufgefordert, diese und andere Stätten zu besuchen, Bilder zu machen und darüber Berichte zu schreiben.[13] In der Lektion *"Palästina ist ein arabisch-islamisches Land"* wird explizit unter einer Land-

---

7 NE ES 1/2, 1-2; 7. Ähnlich NE ES 4, Titelbild: Stadtbild von Bethlehem mit Moschee und Geburtskirche; NE ES 6, Titelbild: Jerusalem mit Felsendom, Grabeskirche und Erlöserkirche (jüdisches Westjerusalem wegretuschiert).

8 NE ES 1/2, 47-48.

9 NE ES 1/2, 51; NE 2/2, 60; NE ES 3/1, 40-45; NE ES 4, Titelbild; NE ES 4, 5; NE ES 4, 44; NE ES 4/1, 9; NE ES 4/2, Titelbild; NE ES 6, 12; NE ES 7, 49.

10 NE ES 1/2, 33; NE ES 4/1, 53; NE ES 4, 5; 48; NE ES 4/2, 21; NE ES 4/2, 46; NE ES 7, 58-60.

11 Bei dem Kulturtourismus wird die Jungfrauenkirche auf dem Garizim bei Nablus abgebildet und die Kirche des Johannes des Täufers erwähnt. In Gaza wird u. a. auf die Kirchen aus byzantinischer Zeit hingewiesen, in Jericho auf das Versuchungskloster und die Taufstelle. Es wird eine Frage nach den christlichen Orte in der Region von Jericho gestellt.

12 NE ES 1/2, 52; NE ES 2/1, 10-11; NE ES 3/1, 43; 44; NE ES 6, 14; NE ES 7, 66.

karte gesagt, dass *"die Palästinenser die arabische Sprache sprechen"* und *"die meisten sich zum Islam bekennen während ein Teil von ihnen sich zum Christentum bekennt."*[14] Der Islam habe auch für die arabischen Christen Palästinas Bedeutung, da er auch für sie *"Geschichte, Kultur und wissenschaftliches Leben"* darstelle.[15] Bei der Beschreibung der Bedeutung Palästinas wird hervorgehoben, dass es das Entstehungsgebiet der christlichen Religion war, von wo aus es sich verbreitete und zu dem bis heute Christen pilgern. [16] Das einheimische Christentum wird also programmatisch als konstitutiver Bestandteil der palästinensischen Gesellschaft beschrieben – die Christen gehören historisch und aktuell dazu. Diese Betonung fällt aus zwei Gründen besonders auf: Erstens ist die Anzahl der palästinensischen Christen in den letzten Jahrzehnten durch Emigration drastisch geschwunden (unter 2% der Bevölkerung), so dass mittlerweile sogar palästinensische Christen selbst die Existenz des Christentums in Palästina gefährdet sehen.[17] Zweitens fällt die Betonung der christlichen Tradition, der christlichen Geschichte und der christlichen Stätten umso mehr auf, da jegliche Erwähnung einer jüdischen Tradition, Geschichte oder jüdischer Heiligtümer fehlt.[18]

3.2 Die palästinensische Gesellschaft ist tolerant

Die palästinensische Gesellschaft ist jedoch nicht nur durch die historische und aktuelle Koexistenz von Kirchen und Moscheen, christlicher und islamischer Heiligtümer geprägt. In den Schulbüchern wird auch vermittelt, dass die gute Beziehung beider Religionsgruppen zum charakteristischen Merkmal der palästinensischen Identität ebenso gehöre wie z. B. die Tatsache, dass es sich um eine Agrargesellschaft handele, dass man bestimmte Bräuche pflegt oder dass man zu verschiedenen Zeiten durch Besatzungen verfolgt und unterdrückt wurde. So heißt es bei der Beschreibung der spezi-

---

13 Vgl. NE ES 7, 66.

14 NE ES 2/1, 16. Dem widerspricht eine Aussage, die im älteren Schulbuch der Klasse 5 getroffen wird. Dort heißt es (NE ES 5, 6): *"Daraus folgt, dass man die palästinensische Gesellschaft deshalb nennt, weil es eine Volksgruppe ist, die auf einem geografischen Flecken lebt, der Palästina heißt. Es eint sie die Einheit der Sprache, der Religion, der Sitten und Gebräuche und der Hoffnungen hinsichtlich der Zukunft"*. Diese Aussage ist jedoch absolut singulär. In den seit 2000 erschienenen Schulbüchern wird größter Wert auf die Darstellung des Christentums neben dem Islam gelegt.

15 NE ES 6, 6.

16 NE ES 7, 27; 60-62 passim.

17 Vgl. RAHEB/STRICKERT 1998, 104: "Heute ist zum ersten Mal die weitere Existenz der christlichen Palästinenser bedroht." Vgl. dazu die Debatte über die Emigration der orientalischen Christen in: FLORES/EMW/INAMO 2001.

18 Die Schulbücher verfolgen damit dieselbe Konzeption wie die Bücher für Staatsbürgerkunde (vgl. oben Kap. II.3.1.), unterscheiden sich aber beträchtlich von der Konzeption der Bücher für den islamischen Religionsunterricht (vgl. oben Kap. I.3.8.).

fischen Charakteristika der palästinensischen Gesellschaft: *"Die palästinensische Gesellschaft ist durch Brüderlichkeit und Toleranz zwischen Muslimen und Christen geprägt."*[19] Mehrfach werden die historischen Religionsbestimmungen des Kalifen ʿUmar Ibn Al-Ḫaṭṭâb beschrieben um zu zeigen, dass in Palästina von Anfang an eine Atmosphäre der Toleranz herrschte. In der 2. Klasse wird erwähnt, dass ʿUmar Ibn Al-Ḫaṭṭâb nach der arabischen Eroberung *"den Einwohnern Sicherheit gab"*[20]. In der 4. Klasse wird gesagt:

> *"Die Muslime machten sich im Jahr 638 n. Chr. zur Befreiung Jerusalems von Byzanz auf, da der Patriarch der Stadt, Sophronius der Übergabe der Stadt an die Muslime ohne Kampfhandlung zustimmte, unter der Bedingung, dass ʿUmar Ibn Al-Ḫattab – möge Gott an ihm Wohlgefallen haben – sie persönlich in Besitz nimmt. So betrat er sie in Frieden und großer Bescheidenheit und behandelte ihre Bevölkerung in guter islamischer Weise so wie es offenbar wird in dem ʿUmar-Vertrag."*[21]

Die Kinder sollen in einer Übung, bei der die ersten Zeilen des Vertrages zitiert werden, auf den Charakter des Kalifen schließen.[22] In der 5. Klasse wird der ʿUmar-Vertrag als *"beispiellose Toleranz der arabisch-muslimischen Gesellschaft gegenüber den Christen"* bezeichnet und in Teilen zitiert.[23] In der 7. Klasse werden dann die Gründe für die arabische Eroberung Palästinas benannt und der Vertrag nach der Fassung bei Aṭ-Ṭabarî komplett zitiert:

> *"Warum wandten sich die Muslime bei ihren Eroberungen den Ländern Syriens (bilâd aš-šâm) zu?*
>
> *Die Muslime bemühten sich besonders um die Eroberung der Länder Syriens und Palästinas. Sie wollten sie aus der Hand der Byzantiner befreien, die sie besetzten, denn sie wurden in der Geschichte der Muslime erwähnt. Ihre religiöse Sehnsucht nach ihnen war gewaltig und ihre Verbindung mit der Geschichte des Islam, seinen Gedichten und Heiligtümern.*[24]
>
> *Die Konsequenz war, dass die islamischen Heerscharen sich dorthin wandten und sie nach der Niederlage der Byzantiner in der Schlacht am Yarmuk 636 n. Chr. eroberten. Es war aber nichts unzerstört geblieben in der Hand der Byzantiner außer Jerusalem. Da eroberten sie es friedlich als der Kalif ʿUmar Ibn Al-Ḫaṭṭâb nach Jerusalem gelangte. Die Schlüssel der Stadt wurden von Patriarch Sophronios ausgeliefert. Da schrieb ʿUmar ihm und seiner Gemeinde ein Dokument (den*

19 Vgl. NE ES 6, 13.

20 NE ES 2/1, 13.

21 NE ES 4/1, 56.

22 NE ES 4/1, 57.

23 NE ES 5, 29. Das Zitat besteht aus dem untenstehenden 1. Absatz des ʿUmar-Vertrages.

24 NE ES 7, 13. Zuvor wird in der Lektion erwähnt, dass Jerusalem die erste Gebetsrichtung war, dass die Al-Aqsa-Moschee als drittwichtigste Moschee des Islam gezählt wird und dass dort die Himmelsreise des Propheten Muhammad stattfand.

ʿUmar-Vertrag), das als Muster für den anständigen Umgang zwischen den Muslimen und den Schutzbefohlenen diente – nicht nur in Jerusalem und Palästina, sondern in allen Ländern, die die Muslime eroberten.

Der ʿUmar-Vertrag (Text nach Ǧaʿfar Aṭ-Ṭabarî)

Im Namen Gottes, des Barmherzigen

Dies ist die Sicherheitsgarantie, welche der Diener Gottes, ʿUmar, Gebieter der Gläubigen, der Bevölkerung Īliyâ's [=Jerusalem][25] gewährt. Er gewährt ihnen Sicherheit für ihre Personen und ihre Besitztümer, ihre Kirchen und Kreuze, gleich ob sie sich in gutem oder schlechtem Zustand befinden, und allem anderen, was zu ihrer Religion gehört. Ihre Kirchen werden weder zu Wohnzwecken benutzt noch zerstört. Sie und die angrenzenden Gebäude werden nicht beschädigt, desgleichen nicht ihre Kreuze noch irgendetwas von ihrem Besitz. Kein Zwang wird ihnen auferlegt hinsichtlich der Religion und keinem einzigen wird Schaden zugefügt. Kein Jude darf mit ihnen in Aelia wohnen.

Die Bewohner Aelias müssen die Kopfsteuer (al-ǧizya) entrichten wie die Bewohner der anderen Städte. Sie müssen die Byzantiner und die Räuber vertreiben. Wer von ihnen weggeht, erhält einen Sicherheitsbrief für Leben und Vermögen bis er einen sicheren Ort erreicht. Wer von ihnen bleibt, ist sicher unter der Bedingung, dass er die gleiche Kopfsteuer wie die Bewohner Aelias bezahlt. Diejenigen unter den Bewohnern Aelias, die mit den Byzantinern weggehen wollen und ihr Leben und ihr Vermögen mitnehmen wollen, aber ihr Veräußertes und ihre Kreuze zurücklassen, erhalten ebenfalls eine Sicherheitsgarantie für sich, ihr Veräußertes und ihre Kreuze, bis sie einen sicheren Ort erreicht haben. Wer von der Landbevölkerung vor dem tödlichen Kampf von N.N.[26] in der Stadt war, darf entweder in der Stadt bleiben unter der Bedingung, dass er die gleichen Abgaben entrichtet wie die Bewohner Aelias. Wer nicht will, kann abziehen mit den Byzantinern oder zu seiner Familie zurückkehren. Es wird ihnen aber nichts abgenommen bis sie ihre Ernte eingebracht haben.

Dies wird unter die Garantie Gottes und unter den Schutz (Dhimma) des Propheten, den Schutz der Kalifen und den Schutz der Gläubigen gestellt – unter der Bedingung, dass sie ihr Kopfgeld (al-ǧizya) entrichten. Dies bezeugen: Ḫâlid Ibn Al-Walîd, ʿAmru Ibn Al-ʿAṣ, ʿAbd Ar-Raḥmân Ibn ʿAuf, Muʿawiyya Ibn Abû Sufyân, der dieses Dokument an Ort und Stelle geschrieben hat im Jahr 15."[27]

---

[25] Die hier im Text gebrauchte Bezeichnung " Īliyâ'" ist die arabische Kurzfassung des damaligen offiziellen Namens von Jerusalem. Jerusalem war nach der Niederschlagung des Bar Kochba-Aufstands von 132-135 als römische Stadt mit der Bezeichnung "*Aelia* Capitolina" wieder aufgebaut worden. Die Bezeichnung geht auf *Aelius* Hadrianus und den *Jupiter* Capitolinus zurück, dessen Statue anstelle des zerstörten Tempels auf dem Tempelplatz errichtet worden war. Im Folgenden wird stets die lateinische Form Aelia gebraucht.

[26] Die Auslassung der Nennung des Städtenamens ist einer Gründe, warum zahlreiche Historiker meinen, dass es sich beim ʿUmar-Vertrag nicht um einen Mustervertrag aus späterer Zeit handelt und nicht um das historische Dokument, das zur Zeit der Übergabe Jerusalems abgefaßt wurde. Vgl.

[27] NE ES 7, 14.

Die Toleranz wird jedoch nicht nur als historisches Phänomen beschrieben. Sie wird auch als heute gültiges Prinzip der palästinensischen Gesellschaft dargestellt, das über die religiöse Toleranz hinaus von allgemeiner Bedeutung ist. Dies wird durch eine Lektion im Schulbuch der 6. Klasse deutlich. Dort wird anhand des Bildes eines Mönchs und eines Scheichs, die sich die Hand reichen, erläutert, was Toleranz bedeutet.[28] Die Kinder werden zunächst aufgefordert, das Bild zu beschreiben, zu sagen, worauf dieser Händedruck zwischen den beiden Religionsvertretern hinweist und schließlich zu beschreiben, wie nach ihrer Meinung die Haltung der islamischen und der christlichen Religion zu Beziehungen zur anderen Religion ist. In einer Zusammenfassung wird dann auf der nächsten Seite folgendes ausgeführt:

> *"Die Toleranz (at-tasâmuḥ)*
>
> *Sie ist die Akzeptanz der Ansichten der Anderen, der Respekt ihres Glaubens, ihrer Gedanken, ihrer Bräuche und Traditionen, auch wenn man nicht mit Ihnen übereinstimmt (w. harmoniert).*
>
> *I.*
>
> *1. Der Islam ruft zur Toleranz und zur Brüderlichkeit unter den Menschen auf und erlaubt die Achtung der menschlichen Freiheit welcher Religion, Rasse oder Hautfarbe auch immer man angehört. Der Erhabene sagt: 'Wir haben die Menschen geehrt' (Sure 'Die Nachtreise', 70) und 'Es gibt keinen Zwang in der Religion' (Sure 'Die Kuh', 256)*
>
> *2. Das Leben des geehrten Propheten Muhammads – Gott segne ihn und schenke ihm Heil – ist gegründet auf Toleranz und Liebe. Deshalb suchte ihn eine Delegation von Christen aus Nağrân in Medina auf. Er betrat aber am Nachmittag seine Moschee als die Zeit ihres Gebetes nahte. Er lud sie ein, es zu halten. Da wandten sie sich gen Osten und beteten.*
>
> *3. Der Verlauf unserer arabisch-islamischen Geschichte bestätigt die Toleranz der Muslime gegenüber anderen. Dies [erweist sich z.B.] in der Haltung, die ʿUmar Ibn Al-Ḫaṭṭâb gegenüber den Christen von Jerusalem einnahm, als er es eroberte. Er gab ihnen Sicherheit für ihr Leben, ihren Besitz, ihre Kirchen und ordnete an, sie gut zu behandeln.*
>
> *4. Die Haltung von Ṣalâḥ Ad-Dîn gegenüber den räuberischen Franken nach ihrer Niederlage bei Ḥiṭṭîn ist in die Annalen der Geschichte eingegangen. Er ließ ein hohes Maß an Ehrgefühl, noblem Verhalten und Anständigkeit zu Tage treten indem er das Leben von Offizieren, Soldaten, Männern, Frauen und Kindern schonte. Er gab [außerdem] den Christen die Freiheit, Pilgerreisen nach Jerusalem durchzuführen, ohne von ihnen irgendwelche Abgaben zu fordern.*
>
> *5. Das Dokument der palästinensischen Unabhängigkeit legt fest, dass die Palästinenser gleich sind vor dem Gesetz und vor den Gerichten und dass es keine Dis-*

[28] Ein ähnliches Bild (ohne Bezug im Text) gibt es bei der Einleitung der Einheit: Ein Mann mit einem Kreuz reicht einem orientalisch gekleideten Mann mit Bart und Turban die Hand. Davor steht ein bewaffneter Soldat. NE ES 6, 64-65.

kriminierung gibt aufgrund der Religion, der Konfession, des Geschlechtes, der Hautfarbe oder der politischen Meinung.

II.

Das Christentum ruft zur Wahrung der menschlichen Würde und seiner Freiheit auf und betont nachdrücklich die Toleranz, die Liebe, den Frieden und die Eintracht mit den Menschen, weil Jesus Christus unter anderem sagte: 'Tut denen Gutes, die euch hassen'.

III.

Die Toleranz ist nicht auf die Beziehungen zwischen den Anhängern der Religionen beschränkt, sondern umfasst die vielfältigen Beziehungen zwischen den Menschen, wie z. B. die Toleranz zwischen den Mitgliedern konkurrierender Mannschaften. Zweifellos beherrscht der Sportsgeist alle, die Gewinner ebenso wie die Verlierer. Und die Toleranz herrscht ebenso zwischen den nationalen Parteien, die sich in den Meinungen unterscheiden, denn sie treffen sich in dem einen Ziel, welches der Dienst an dem Vaterland und dem Bürger ist."[29]

Die einführende Beschreibung dessen, was Toleranz bedeutet, ist sehr allgemein gehalten. Es geht um die Achtung anderer Ansichten und anderen Verhaltens. Im ersten Abschnitt werden explizit Formulierungen aus der allgemeinen Menschenrechtserklärung aufgegriffen ("Achtung der menschlichen Freiheit welcher Religion, Rasse oder Hautfarbe auch immer man angehört"). Auch wenn der erste Abschnitt dann auf spezielle muslimisch-christliche Ereignisse in der Geschichte eingeht, so geht es doch um eine Erziehung zu allgemeiner Toleranz gegenüber anders denkenden Menschen aller Religionen und Weltanschauungen. Die Argumentation ist induktiv: Die historischen Beziehungen zum Christentum werden nur als Beispiel dafür genommen, wie der Islam in der Geschichte Toleranz verwirklichte. Dies zeigt auch der zweite Teil, in dem darauf hingewiesen wird, dass auch die christliche Religion eine Begründung für die Toleranz anderer Religionen und allgemein Andersdenkender liefert. Im dritten Teil wird schließlich die Toleranz auf den Bereich des Sports und der Parteien ausweitet. Aber auch dies sind nur Beispiele dafür, wo Toleranz geübt werden soll und kann.[30]

Besondere Beachtung verdienen schließlich die Lernziele, die der Einheit vorangestellt werden, in der diese Lektion über die Toleranz eingebettet ist: Die Kinder sol-

---

29 NE ES 6, 71.

30 Die vom Center for Monitoring the Impact of Peace vorgetragene Kritik zu dieser Stelle (Vgl. CMIP 2000 Grades One and Six, 14-15) trifft daher nur bedingt: Es ist zwar richtig, dass hier eine jüdische Begründung der Toleranz und ein Verweis auf die geschichtliche Toleranz, die gegenüber Juden ebenso wie gegenüber Christen geübt wurde, fehlt. Dies heißt jedoch nicht, dass Juden von dem hier vorgetragenen Verständnis von Toleranz ausgeschlossen sind. Da es um eine Begründung einer allgemeinen Toleranz gegenüber Andersdenkenden geht, sind Juden (und Vertreter anderer Religionen) mit eingeschlossen, auch wenn sie nicht ausdrücklich erwähnt werden.

len (unter anderem) nicht nur verstehen, was Toleranz bedeutet, sondern werden aufgefordert, *"in den Schriften der monotheistischen Religionen nach Hinweisen zu suchen, die zur Toleranz und Unterlassung von Gewalt aufrufen"*.[31] Ebenso werden sie aufgefordert *"religiöse Orte der verschiedenen Religionen aufzusuchen und sich über ihre kulturellen und sozialen Einrichtungen und Aktivitäten zu informieren"*.[32] Diese Aufforderung ist eine praktische Umsetzung der Toleranz, zu der in der Lektion später aufgerufen wird. Sie setzt erstens voraus, dass den Angehörigen anderer Religionen zugestanden wird, dass sie aus ihren eigenen Traditionen zu einer Begründung der Toleranz kommen können und die Offenheit, danach gemeinsam zu suchen. Sie setzt zweitens voraus, dass keine Berührungsängste bestehen, dass man sich gegenseitig an religiösen Orten (z. B. in Kirchen und Moscheen oder anderen religiösen Einrichtungen) besucht und sich informiert über Aktivitäten. Ein solches Verständnis von Toleranz unterscheidet sich erheblich von dem in ägyptischen Schulbüchern Vermittelten, in dem es mehr um die Verhinderung von Gewalt, Duldung und Vergebung gegenüber anderen geht, die nicht im Recht sind bzw. falsch gehandelt haben.[33] Toleranz bedeutet dort eher Abstand nehmen (von Aggression), während in den palästinensischen Schulbuch eher zu einer Annäherung an Andere aufgefordert und zugestanden wird, dass der Andere auch Anteil an der Wahrheit hat.

Mit Zitaten aus verschiedenen Dokumenten aus der Geschichte der palästinensischen Bewegung wird an einigen Stellen der Schulbücher betont, dass man sich von Anfang an für die Gleichberechtigung aller Palästinenser eingesetzt hat. Aus der Unabhängigkeitserklärung von 1988 wird zitiert, dass das Regierungssystem keine Diskriminierung zulassen wird, *"weder aufgrund von Herkunft, Religion oder Geschlecht .... Dies steht in völliger Übereinstimmung mit dem Jahrhunderte währenden geistigen und kulturellen Erbe der Toleranz und religiösen Koexistenz Palästinas."*[34] Des Weiteren wird aus dem Entwurf zum Grundgesetz zitiert, dass *"die Palästinenser vor dem Gesetz und dem Gericht gleich sind, dass es keine Unterscheidung zwischen ihnen gibt aufgrund des Geschlechtes, der Hautfarbe, der Religion oder der politischen Meinung."*[35] Die Kinder werden in einer Aufgabe aufgefordert zu erläutern, was dies konkret bedeutet. An anderer Stelle wird die Glaubensfreiheit an erster Stelle der verschiedenen Freiheiten erwähnt.[36]

---

31 NE ES 6, 65.

32 Ebda.

33 Vgl. oben Teil 1/B, Kap. 3.5, 88ff.

34 NE ES 6, 32. Vollständige deutsche Übersetzung der Unabhängigkeitserklärung in NEUHAUS/STERZING 1991, 263-267.

35 NE ES 6, 47.

36 NE ES 6, 74.

3.3 Die Förderung christlicher Pilgerfahrten

Nach der Darstellung der Schulbücher für Nationale Erziehung sind die christlichen Stätten nicht nur historische Relikte einer christlichen Tradition, sondern bis heute Anziehungspunkte für Christen und Orte religiöser Feiern. Mehrfach wird bei der Erwähnung von Kirchen darauf hingewiesen, dass sie Ziel christlicher Pilger und Touristen sind.[37] Zur Illustration werden Bilder von christlichen Pilgern gezeigt, so bei der Taufstelle am Jordan,[38] bei der Geburtskirche,[39] bei einer Kreuzwegsprozession auf der Via Dolorosa,[40] bei einer Palmsonntagsprozession (?) katholischer Mönche[41], bei der Grabeskirche.[42] Mönche und Priester erscheinen verschiedentlich auf Bildern. Christliche Religionspraxis wird also auch im Vollzug und als lebendige Religion dargestellt. Dies ist ein wesentlicher Unterschied zur Darstellung des Christentums in den ägyptischen Schulbüchern.[43]

Zur Einleitung eines Kapitels über den religiösen Tourismus wird im Schulbuch der 7. Klasse den Schülern ein christliches Lied vorgestellt: *"Ehre sei Gott in der Höhe und Frieden auf Erden – Lob und Dank sei ihm und Freude den Menschen".*[44] Den Schülern wird erläutert, dass dieses Lied an Weihnachten gesungen wird. Im Anschluss werden einige heilige Stätten kurz beschrieben:

> *"Die christlichen Heiligen Stätten, die mit dem Leben des Herren Christus – Friede sei mit ihm - zusammenhängen*
>
> *1. Die Geburtskirche (w: Kirche der Wiege): Sie liegt in Bethlehem und wurde über der Höhle errichtet in der der Herr Christus geboren wurde. Die Königin Helena, Frau des byzantinischen Imperators Konstantin, baute diese Kirche.*
>
> *2. Das Hirtenfeld: Es liegt zwischen Bethlehem und Beth Sâḥûr. Jene Hirten waren es, denen der Engel erschien und sie hörten eine himmlische Stimme, das der Herr Messias geboren wurde (Ehre sei Gott in der Höhe...)*
>
> *3. Die Grabeskirche (w: Auferstehungskirche): Die Grabeskirche wurde in Jerusalem über der Stelle errichtet, von dem die Christen meinen, dass dort Jesus*

---

37 NE ES 4, 5. In der Lektion "Die Heiligen Stätten" (NE ES 3/1, 42) wird vermittelt, dass die christlichen und muslimischen Heiligtümer Palästina ein "Fenster zur Welt" öffnen: Pilger und Touristen der ganzen Welt interessieren sich deshalb für Palästina. In NE ES 4/1, 10 werden die Schüler dazu angeregt, darüber nachzudenken, warum Palästina jedes Jahr Millionen von christlichen und muslimischen Besuchern anlockt. Vgl. a. NE ES 4/1, 53.

38 NE ES 7, 60.

39 NE ES 4/2, 46.

40 NE ES 7, 65.

41 NE ES 2/1, 69.

42 NE ES 3/1, 41 (Pilger auf dem Dach); NE ES 4/2, 21 (Pilger vor der griechisch-orthodoxen bzw. koptisch-orthodoxen Grabkapelle innerhalb der Grabeskirche).

43 Vgl. Teil 1/B, IV.4.2. und die kritischen Anmerkungen zu Kap. V.3.2. in Teil 1/B, Kap. V.4.2.

44 NE ES 7, 64.

Christus gekreuzigt wurde. Die Königin Helena erbaute sie ursprünglich. Nachdem die Perser sie verbrannt hatten, wurde sie aber wiederaufgebaut.

4. Der Kreuzweg (w: Leidensweg) in Jerusalem: Dies ist der Weg, auf dem der Herr Messias ging nachdem er zum Tode verurteilt worden war. Er trug ein schweres Holzkreuz. Deswegen wurde der Weg als Leidensweg bezeichnet. Die Christen begehen diesen Weg in großen Prozessionen, um seinen Schritten zu folgen und um sein Leiden nachzuahmen.

5. Die Taufstelle: Sie liegt am Jordanfluss, 6 km von Jericho entfernt. Es ist der Ort, wo der Herr Messias von Johannes dem Täufer getauft wurde."[45]

Der Text wird mit Bildern der Geburtskirche, der Grabeskirche und der Via Dolorosa (bei einer Prozession) illustriert. Zur Selbstüberprüfung wird den Schülern auf der nächsten Seite[46] die Aufgabe gestellt, Ereignisse in der christlichen Heilsgeschichte den richtigen Orten zuzuordnen:

Verkündigung
Auferstehung
Taufe
Wiege

Jerusalem
Nazareth
Bethlehem
Jordanfluss in der Nähe von Jericho

Außerdem sollen die Schüler die Orte aufzählen, die die christlichen Pilger und Touristen aufsuchen und einige touristische Produkte aufzählen, die mit den heiligen Stätten in Palästina verbunden sind.[47] Darüber hinaus wird bei den Aktivitäten aufgefordert, die christlichen Stätten in Bethlehem, Jerusalem und anderen Orten und Dörfern in Palästina zu besuchen und Berichte darüber anzufertigen. Es sollen Bilder gesammelt werden und ein Aufsatz über "Bethlehem 2000" angefertigt werden.

Dieses Kapitel zeigt, dass keine Berührungsängste gegenüber der christlichen Tradition vorhanden sind. Wichtige christliche Stätten werden mit Heilsereignissen aus der christlichen Geschichte verbunden, wenn auch die Beschreibungen nur sehr knapp ausfallen. Es wird versucht, dem Islam fremde religiöse Praktiken und heilsgeschichtliche Ereignisse (Taufe, Leidensweg, Weihnachtslied, Verkündigung auf dem Hirtenfeld, Kreuzigung) darzustellen, auch wenn man nicht mit der christlichen Tradition übereinstimmt: Die Grabeskirche ist nicht der Ort, wo Christus gekreuzigt wurde, son-

---

45 NE ES 7, 65. Ähnlich in NE ES 4/1: "Jerusalem ist auch eine wichtige und heilige Stadt bei den Christen. In ihr gibt es zwahlreiche heilige Stätten und Kirchen, die diesen gewidmet sind. Unter ihnen ist die Kirche der Auferstehung, die der römische Imperator Konstantin und seine Mutter Helena baute. Zu ihr kommen hunderttausende von christlichen Pilgern jedes Jahr aus allen Teilen der Welt."

46 NE ES 7, 66. Eine ähnliche Aufgabenstellung findet sich auch in NE ES 4/1, 11.

47 Ähnlich in NE ES 4/1, 12: Die Schüler werden aufgefordert einen Bericht über heilige Stätten zu schreiben, die nicht im Schulbuch erwähnt wurden.

dern von dem die Christen *glauben*, dass dies der Ort sei, wo Christus gekreuzigt wurde. Die Aufgabenstellung, weitere christliche Stätten zu besuchen, Fotos und Informationen über sie zu sammeln, macht es möglich, dass im Schulunterricht die Kenntnis über die christlichen Stätten im Umfeld der Schule und über weitere christliche Heilsereignisse noch erweitert werden.[48]

Auffällig ist auch, dass man auch auf einige nicht so bekannte christliche Stätten hinweist. So wird z. B. die Jungfrauenkirche auf dem Garizim bei Nablus abgebildet[49] oder auf die byzantinischen Kirchen und Mosaiken in Gaza mehrmals hingewiesen;[50] bei der historischen Ausgrabungsstelle in Samaria wird die Johanneskirche erwähnt;[51] in einer Aufgabe sollen die christlichen Orte in der Region von Jericho aufgezählt werden.[52] Es ist also ein deutliches Interesse erkennbar, die christlichen Traditionen und die christliche Geschichte zu bewahren und den christlichen Tourismus zu fördern. Diese Intention ist auch daran abzulesen, dass die Beschreibung des Tourismus zu christlichen Stätten genau die gleiche Seitenzahl umfasst wie die Beschreibung der islamischen Stätten (3 Seiten) und dass man das Kapitel über die christlichen Stätten voranstellt. Der Tourismus wird wie in den ägyptischen Schulbüchern als wichtiger Faktor für die Wirtschaft benannt[53] und es wird dazu aufgefordert, die Touristen anständig und mit Respekt zu behandeln.[54] Darüber hinaus wird dem Tourismus jedoch auch eine wichtige soziale und kulturelle Dimension zugewiesen: Er begründet "soziale Beziehungen zwischen dem Touristen und den Einwohnern unseres Landes".[55] An anderer Stelle wird der Tourismus als "Medium der Verbindung der Palästinenser mit den anderen Völkern" beschrieben.[56]

3.4 Jesus als islamischer Prophet

Obwohl durchaus ernsthafte Versuche vorhanden sind, sich mit der christlichen Tradition auseinanderzusetzen, ist doch an vielen Stellen eine inklusive islamische Sicht auf Jesus dominant. Dies wird zum einen dadurch deutlich, dass man ihn stets nach dem Koran als ʿĪsâ bezeichnet und seiner Erwähnung die rituelle Formel "Friede sei mit

48 Solche Intentionen und praktischen Aufgabenstellungen zur Erkundung christlicher Orte sind in ägyptischen Schulbüchern nirgendwo anzutreffen.

49 NE ES 7, 71.

50 NE ES 7, 72; 83 (mit Bild von Mosaik).

51 NE ES 4, 48.

52 NE ES 7, 73.

53 NE ES 4, 23.

54 NE ES 4, 23; NE ES 7, 87. Zu den ägyptischen Büchern vgl. Kap. IV.3.1 und V.3.7 in Teil 1/B.

55 NE ES 7, 87.

56 NE ES 4/2, 23.

ihm" beifügt, die im Islam üblicherweise für alle großen Propheten gebraucht wird. Die Hoheitstitel *as-sayyid* ("der Herr") *al-masîḥ* ("der Messias") werden zwar entsprechend dem Koran regelmäßig benutzt, niemals jedoch die biblischen Bezeichnungen *yasûᶜ* ("Jesus") und "*ar-rabb*" (Herr, Meister), die im Christentum üblich sind.[57] Zum anderen wird er in einem Schulbuch der 2. Klasse explizit in die Reihe der islamischen Propheten eingereiht. In einer Lektion mit dem Titel "Palästina – das Land der Propheten" werden neben Bildern der Abrahamsmoschee in Hebron, der Geburtskirche in Bethlehem und der Al-Aqsa-Moschee und des Felsendoms Erläuterungen zu den Propheten Abraham, ᶜÎsâ und Muḥammad gegeben. Zu ᶜÎsâ heißt es:

> *"Ebenso wurde unser Herr ᶜÎsâ – Friede sei mit ihm – in Bethlehem geboren. Und er rief in ihr zum Glauben an Gott auf."*[58]

Hier wird von Jesus als islamischem Propheten und von einer Wirkung in seiner Geburtsstadt Bethlehem gesprochen. Dies knüpft an die islamische Tradition an, nach der Jesus bereits in der Wiege das Wort erhob, um über sich selbst und seinen Auftrag zu predigen. So heißt es in Sure 3, 46: "Er (Jesus) wird schon als Kind aus der Wiege zu den Leuten sprechen ..." [59]

Noch deutlicher ist die inklusive islamische Perspektive auf christliche Stätten in einem Kapitel der dritten Klasse zu erkennen. Nach der Al-Aqsa-Moschee und dem Felsendom folgen auch christliche Stätten:

> *"c) Die Auferstehungskirche: Sie liegt in der Altstadt von Jerusalem, nordöstlich von der Al-Aqsa-Moschee. Man zählt sie zur zweiten Kirche, die auf der Welt gebaut wurde, nach der Geburtskirche."*
>
> *Die Stadt Al-Ḫalîl: Dort ist der heilige Abrahamsbezirk. Er wird so genannt nach Abraham, dem Propheten Gottes – Friede sei mit ihm, der dort beerdigt ist.*[60]

---

57 Der Titel *rabb* ("Herr") und insbesondere der Titel *rabb al-ᶜâlam* ("Herr der Welt"), der im arabischen Christentum die in zahlreichen Gebeten vorkommt und Christus als den "Pantokrator" bezeichnet, ist im Islam Gott vorbehalten. Deshalb wurde Sklaven verboten, ihren Herrn mit dem Titel *rabb* anzurufen. Sie mussten ihn stattdessen *sayyid* ("Herr") bzw. nennen. Vgl. FAHD, T./WENSINCK, A.J.: Art. "Rabb" in: EI 8, 350.

58 NE ES 2/1, 8.

59 Vgl. a. Sure 19, 29-33: "Sie (Maria) wies auf ihn (den Jesusknaben) hin. Sie sagten: Wie sollen wir mit einem Kind im Wiegenalter sprechen? Er sagte: 'Ich bin der Diener Gottes. Er wird mir das Buch geben und mich zum Propheten bestimmen. Er hat mich, wo immer ich bin, gesegnet und mir befohlen zu beten und die Zakat-Abgaben zu entrichten, solange ich lebe. Ich soll gut zu meiner Mutter sein. Er hat mich nicht zu einem anmaßenden, bösen Gewalttäter gemacht. Friede sei mit mir am Tag meiner Geburt, am Tag meines Todes und am Tag meiner Wiedererweckung zum Leben'."

60 NE ES 3/1, 41. Ähnlich heißt es NE ES 4/1, 10: *"Palästina stellt die Wiege der christlichen Religion dar. In ihm wurde ᶜÎsâ, der Prophet Gottes – Friede sei mit ihm - in der Stadt Bethlehem geboren. Dort wurde die Kirche der Wiege gebaut, die zu den wichtigsten christlichen Zentren in*

> [Neben Fotos der Kirchen:]*"Die Stadt Bethlehem: In ihr ist die Kirche der Wiege. Sie wird als älteste Kirche der Welt bezeichnet. Sie wurde über der Höhle gebaut, in der ʿĪsâ, Sohn der Maryam, der Prophet Gottes – Friede sei mit ihm – geboren wurde.*
>
> *Nazareth: In ihr ist die Verkündigungskirche. Sie wurde an dem Ort gebaut, an dem Maryam, der Tochter des ʿImrân, ein Sohn verkündet wurde: ʿĪsâ, der Prophet Gottes – Friede sei mit ihm."*[61]

Sehr deutlich ist hier der Stolz auf diese Heiligen Stätten herauszuhören. Die Geburts- und Grabeskirche werden sogar als die ältesten Kirchenbauwerke der Welt bezeichnet, obwohl es ältere Kirchen gibt.[62] Die Hoheitstitel für Jesus bringen die Verehrung deutlich zum Ausdruck, die man seiner Person und diesen Orten entgegenbringt. Allerdings ist es eine Verehrung, die sich auf den islamischen Propheten ʿĪsâ bezieht und auf das, was über ihn im Koran steht - nicht so sehr auf den dort in den Kirchen verehrten Jesus. Dies wird dadurch deutlich, dass man sich bei der Beschreibung ganz im dogmatischen Rahmen und in der Begrifflichkeit dessen bewegt, wie der Koran Jesus kennzeichnet: Er ist ein Prophet Gottes. Er wird ʿĪsâ, Sohn der Maryam, genannt. Maryam war nach dem Koran die Tochter des ʿImran (Sure 3, 35) und erhielt die wundersame Geburt durch einen Engel/Gesandten Gottes verkündet (Sure 3, 35-48 bzw. 19, 16-33). Zudem wird auch hier stets bei der Namensnennung die rituelle Formel "Friede sei mit ihm" beigefügt, die jedem großen islamischen Propheten gebührt. Andererseits wird bei der Beschreibung der Grabeskirche darauf verzichtet, darüber zu berichten, dass diese Kirche errichtet wurde, weil dort nach christlicher Auffassung der Ort des Todes und der Auferstehung Jesu ist. Dies wird vermutlich weggelassen, da diese beiden Heilsereignisse nach islamischer Auffassung nicht stattgefunden haben.[63] Christen würden an solchen Stellen Jesus unbedingt als "Sohn Gottes" bezeichnen, da in der Alten Kirche dogmatisch fixiert wurde, dass Maria als "Gottesgebärerin" gilt.

---

der Welt gezählt wird. Ebenso gibt es die Kirche der Auferstehung in der Stadt Jerusalem und die Kirche der Verkündigung in der Stadt Nazareth."

61 NE ES 3/1, 42.

62 Hauskirchen waren lange vor den konstantinischen Kirchenbauten vorhanden. Als älteste Kirche ist die Hauskirche in Dura-Europos am Euphrat erhalten geblieben. Sie wurde um 232/233 zur Kirche umgebaut, d. h. fast hundert Jahre vor den Kirchbauten in Jerusalem und Bethlehem. Ebenfalls älter ist die Kirche von Aquileia, die um 314-319 gebaut wurde und die Basilika von Tyrus, die 317 eingeweiht wurde und nach Euseb eine bereits ältere Kirche ersetze. Zwischen 313-317 wurde in Rom die "Salvator Christus-Kirche" gebaut, d. h. einige Jahre *vor* dem Besuch Helenas im Heiligen Land, der im Jahr 325 stattfand. Vgl. EFFENBERGER 1986, 87-89; 100-104; 107-108; 134-136.

63 Nach Sure 4, 157-158 wurde Jesus nicht getötet und ist nicht auferstanden, sondern wurde von Gott in den Himmel erhoben: "Die Wahrheit ist, daß sie ihn weder getötet noch gekreuzigt haben, sondern es war ein anderer, den sie für Jesus hielten. Sie sind über ihn im Zweifel, und ihre Ansichten gehen auseinander. Sie wissen darüber nichts, sondern gehen ausgeklügelten Vermutungen nach. Sie haben ihn gewiß nicht getötet. Gott hat ihn zu sich erhoben. Gott ist allmächtig und kenn keine Grenzen."

Daraus ergibt sich, dass zwar christliche Orte beschrieben werden, dass man aber bei der Beschreibung ganz und gar in der islamischen Terminologie bleibt, so als ob es sich um islamische Kultstätten handelte. Christen werden daher trotz des Respekts und der Verehrung, die in der Beschreibung deutlich wird, nicht eine Beschreibung der christlichen Stätten finden, wie sie sie selbst verstehen.[64]

3.5 Christliche Feste und Heilsereignisse

Nicht nur im Zusammenhang mit touristischen Sehenswürdigkeiten, sondern auch an anderen Stellen werden kurze Informationen über christliche Feste und Heilsereignisse gegeben. In der zweiten Klasse werden als religiöse Feste das *Īd Al-Fiṭr* und das *Īd Al-Aḍḥâ* genannt, an zweiter Stelle das "*Geburtsfest des Christus – Friede sei mit ihm*" und das "*Heilige Passah*"(-Fest).[65] In der 4. Klasse wird Weihnachten beschrieben:

> *"Die Christen unter den Söhnen unseres palästinensischen Volkes feiern einige Feste, unter ihnen das 'Fest der ruhmreichen Geburt', das am 25. Dezember jedes Jahr in der Kirche der Wiege begangen wird zur Erinnerung an die Geburt des Herrn Messias – Friede sei mit ihm. Sie wurde über der Höhle in Bethlehem erbaut, in der er geboren wurde. Ebenso feiern sie eine Reihe anderer Feste. Die wichtigsten von ihnen sind: Das Fest der Auferstehung und das Epiphaniasfest."*[66]

In der 5. Klasse wird nochmals in einer Lektion auf die verschiedenen Feste bei Muslimen und Christen hingewiesen. Bei den islamischen Festen werden nun noch zusätzlich der Erinnerungstag an den Beginn der Ḥiğra und das Geburtsfest des Propheten Muhammad erwähnt, bei den christlichen werden folgende Feste aufgezählt:

> *"Die religiösen Feste bei den christlichen Denominationen*
>
> 1. *Das Fest zum Beginn des christlichen Jahres. Dieses feiern die Christen am 1. Januar jeden Jahres.*
> 2. *Das Epiphaniasfest am 6. Januar jeden Jahres.*
> 3. *Das Heilige Passah-Fest. Das feiern die Christen am 11. April jeden Jahres."*[67]

Auffällig sind die Gleichrangigkeit der Aufzählungen von christlichen und islamischen Festen und deren Reihenfolge. Das wichtigste Fest ist für alle Christen das Osterfest, da der Glaube an die Auferstehung das Christentum erst zu einer eigenständigen Religion formierte. Dies wird jedoch dem Weihnachtsfest nachgeordnet, im zweiten Text sogar nach dem Fest der Jahreswende der christlichen Zeitrechnung und dem Epiphaniasfest. Letzteres wurde lange Zeit in der Alten Kirche in Abgrenzung zu den ausge-

[64] Dies ist etwas anders in einem Kapitel über den religiösen Tourismus im Schulbuch der 7. Klasse. Vgl. oben Kap. 3.3.
[65] NE ES 2/1, 69.
[66] NE ES 4/2, 47
[67] NE ES 5, 27.

lassen gefeierten heidnischen "Saturnalien" jedoch nicht als Festtag, sondern nur als Fasten- und Bußtag begangen und wird bis heute nicht mit besonderen kirchlichen Riten gefeiert. Dagegen fehlt bei der Aufzählung das Pfingstfest, das als Fest der Gründung der kirchlichen Gemeinschaft gilt und für alle Kirchen von großer Bedeutung ist.

3.6 Palästina unter den Kreuzfahrern

Zur Epoche der Kreuzfahrer wird in einem Kapitel des Schulbuchs der 5. Klasse ausgeführt, dass man die Bewohner Palästinas schlecht behandelte, ihnen hohe Steuern auferlegte und dass man das Land in Lehensgüter aufteilte bzw. Schenkungen an Kirchen und Klöster machte. Muslime und orientalische Christen seien die benachteiligte Bevölkerungsmehrheit gewesen. Dennoch sei es möglich gewesen in dieser Zeit Gelehrte hervorzubringen und die Zahl der Schulen zu vermehren. Außerdem seien die Kreuzfahrer durch die orientalischen Sitten und Gebräuche geprägt worden. Sie hätten sich angewöhnt, arabische Kleidung zu tragen und die Badehäuser zu besuchen. Schließlich aber habe Ṣalâh Ad-Dîn dem ein Ende gesetzt, in dem er sie besiegt und *"das Land von ihnen befreit und dem Land wieder Sicherheit und Kontinuität zurückgebracht hat."*[68] Auffällig ist, dass hier von den "Kreuzfahrern" (*aṣ-ṣalîbiyûn*) gesprochen wird, denn in den Geschichts- und Staatsbürgerkundebüchern wird konsequent immer nur von den "Franken" gesprochen. Dies gilt auch für die neuen Bücher für Nationale Erziehung. So heißt es im Schulbuch der 2. Klasse: *"Ṣalâḥ Ad-Dîn Al-Ayûbî befreite Palästina von den Franken, die aus Europa gekommen waren".*[69] Ebenso wird in einer Zeittabelle der 7. Klasse die Zeit von 1099-1291 mit *"Die Franken[-Herrschaft]"* überschrieben und Ṣalâḥ Ad-Dîn bzw. die Mamluken werden als diejenigen beschrieben, die die "Franken" vertrieben.[70] Vermutlich ist diese Abweichung dadurch zu erklären, dass es sich bei dem Schulbuch der 5. Klasse noch um ein Schulbuch handelt, das nicht nach dem 1998 verabschiedeten neuen Curriculumsplan entworfen wurde. In den neuen Schulbüchern für die 4. Klasse heißt es:

> *"Die Muslime eroberten Jerusalem und befreiten sie von der Herrschaft der Römer, die sie* Īlîya' *(= Aelia) nannten. ʿUmar Ibn al-Ḫattab selbst hatte Besitz von ihr ergriffen und die Muslime nannten sie Al-Quds ('Das Heiligtum') oder Bait Al-Muqaddas ('Heiliges Haus'). Dann besetzten sie die Franken bis dass der muslimische Held Ṣalâḥ Ad-Dîn Al-Ayûbî sie [wieder] befreite. Jetzt aber leidet sie unter der israelischen Besatzung und wartet auf ihre Befreiung".*[71]

[68] NE ES 5, 32.
[69] NE ES 2/1, 14.
[70] NE ES 7, 3-5.
[71] NE ES 4/1, 50.

Auffällig ist bei der Begrifflichkeit, dass bei arabischen Eroberungen stets euphemistisch von "Befreiung" (*taḥrîr*) und "Öffnung" (*futûḥ*) gesprochen wird, während bei nicht-islamischen Eroberungen stets pejorativ von "Überfall/Angriff" (*hağamât*) und "Besatzung" (*iḥtilâl*) gesprochen wird.[72] Dahinter steht die Auffassung, dass der Islam prinzipiell eher Friede (*silm*) und Sicherheit (*amân*) bringt, während Nichtmuslime prinzipiell Völker eher in "Krieg" (*ḥarb*) und "Diskontinuität" (*ʿadam al-istiqrâr*) stürzen und eine "Besatzung" (*iḥtilâl*) errichten. Dementsprechend erfolgt die klassische Zweiteilung der Welt in "*dar al-islâm*", wo der Islam und somit Friede und Sicherheit herrscht und dem "*dar al-ḥarb*", wo Krieg, Unsicherheit und Chaos herrscht.[73]

3.7 Christliche Institutionen

Verschiedentlich wird in den Schulbüchern für Nationale Erziehung auf christliche Einrichtungen hingewiesen: Im zweiten Schulbuch der 1. Klasse wird unter den Wohltätigkeitsvereinen an 6. Stelle ein "Verein der christlichen Jugend" genannt.[74] Im Schulbuch der 6. Klasse werden neben den islamischen Gerichten die Gerichte der christlichen Denominationen mit folgenden Zuständigkeiten erwähnt:

> *"b) Die Gerichtshöfe der christlichen Denominationen*
>
> *Jede christliche Denomination hat ihren speziellen Gerichtshof. Ihr Zentrum ist in Jerusalem. Sie beschäftigen sich mit den Festlegungen der Rechtsordnungen ihrer speziellen Gesetze im Zusammenhang mit der Heirat und der Scheidung. Was aber die Erbgesetze betrifft so werden die Rechtsordnungen des islamischen Rechts (Scharia) angewandt."*[75]

Bei den Fragen werden die Schüler nochmals ausdrücklich danach befragt, welches Recht bei Erbfragen angewandt werden muss. Die Schüler werden aufgefordert, muslimische und christliche Gerichte zu besuchen. Ebenso sollen Exkursionen zu andere

---

72 Vgl. unten Kap. IV.3.7.; oben Kap. V.4.2 in Teil 1/B.

73 Vgl. TIBI 2001, 57: "Arabische Muslime nennen diese *Djihad*-Kriege *al-Futuhat*, in der Bedeutung von *'Öffnungen'*. ... Einen Krieg (Harb) führen nur die Ungläubigen, um die Verbreitung des Islam zu verhindern. Im Koran heißt es, daß Allah die Menschheit in sein 'Haus des Friedens' (*Dar al-salam*) einlädt (Koran: Sure 10, Vers 25), und dies ist gleichbedeutend mit 'Haus des Islam'. Mit anderen Worten: Der Aufruf zum Islam ist ein Aufruf zum Frieden. Im Falle der Verweigerung einer friedlichen Konversion zum Islam darf die Mission mit den Mitteln der Gewalt verfolgt werden. Muslime wenden nämlich – der Doktrin zufolge – nur dann Gewalt an, wenn die anderen sie dazu zwingen ... Fügen sich die Ungläubigen freiwillig, dann erübrigt sich der Djihad. Aber selbst , wenn es zur Gewaltanwendung kommt, dann verstehen die Muslime nicht als Krieg. Aus diesem Grund nennen sie ihr Territorium 'Haus des Islam' (*Dar al-Islam*), sprich : 'Haus des Friedens' (*Dar al-salam*), wohingegen das ihrer Feinde als 'Haus des Krieges' (*Dar al-harb*) gilt." Vgl. a. a. O., 81.

74 NE ES 2/1, 81.

75 NE ES 6, 46-47.

christliche Institutionen durchgeführt werden.[76] Im 7. Schulbuch wird schließlich noch auf einige christliche Institutionen hingewiesen, die in der frühen Geschichte des Christentums entstanden. So wird bei der Beschreibung der kanaanäischen Kultur berichtet, dass das Christentum sich durch den Apostel Paulus in der griechisch-römischen Welt verbreitete und dass dabei eigenständige Institutionen und Wissenschaftsbereiche entstanden:

> *"Die christliche Religion ging vom Boden Palästinas aus und fand ihren Weg in die Länder der griechisch-römischen Welt durch den Apostel Paulus. Das Christentum verbreitete sich vor der der heidnischen Religion. Es entstanden christliche Zentren, Bistümer, Kirchen und Schulen zur Erziehung der Christen und des Studiums der Theologie (Religion), der Literatur, der Philosophie und des Rechts [Al-Qânûn]."*[77]

3.8 Christliche Werte

An zwei Stellen werden die Schüler in den Büchern für Nationale Erziehung dazu aufgefordert, sich mit christlichen Werten zu beschäftigen. So wird in einer Lektion zu den "Werten" in der 6. Klasse dazu aufgefordert, zunächst im Koran einige Suren nachzuschlagen, die von der Geduld, der Aufrichtigkeit und der Vergebung sprechen. Sodann wird aufgefordert "einige allgemeine Werte aufzuzählen, zu denen die himmlischen Religionen" aufrufen."[78] In der folgenden Lektion über die "Toleranz" wird ebenso darauf hingewiesen, dass das Christentum zur Wahrung der Menschenwürde und seiner Freiheit aufrief und Toleranz, Liebe, Frieden und Eintracht zwischen den Menschen predigt.[79] Eine religiöse Perspektive wird in den ersten Schuljahren durch die Person eines Großvaters, der mit seinen Enkeln spricht, eingebracht. Er wie auch die Kinder sind in solchen Momenten traditionell muslimisch gekleidet und der Großvater weist sie auf Stellen aus dem Koran oder der Sunna hin, die in Verbindung mit dem behandelten Thema stehen. So werden z. B. in den Lektionen "Die Zusammenarbeit in der Familie"[80], "Der Nachbar"[81], "Die Araber und die Muslime"[82] solche Bezüge aus der religiösen Tradition des Islam hergestellt. Auch in höheren Klassen wird (ohne die Figur des Großvaters) auf islamische Traditionen verwiesen - so z. B. in der

---

76 NE ES 6, 65.

77 NE ES 7, 27.

78 NE ES 6, 69.

79 Zu der Textstelle vgl. oben Kap. 3.2.

80 NE ES 1/1, 26.

81 NE ES 1/2, 13.

82 NE ES 1/2, 65.

Lektion "Palästina ist ein Land der Propheten"[83], "Palästina ist ein arabisch-islamisches Land"[84], "Die Gleichheit zwischen allen"[85], "Die Gute Tat"[86], "Die Pflanzen in der Natur"[87], "Der Mond unserer Erde"[88], "Die Bedeutung der Stadt Jerusalem"[89], "Die religiösen Feste, die wir feiern"[90], "Mein Vaterland"[91], "Religiöse Stätten und Altertümer in Palästina"[92], "Vom Heiligen Prophetenleben"[93], "Die Toleranz"[94], "Die Epoche ʿUmars"[95]. Diese Aufstellung zeigt, dass Koran und Sunna zwar nicht häufig, aber doch in allen Klassenstufen bei ganz verschieden Themengebieten präsent sind. Obwohl man durch Bilder und Texte versucht, die Gleichwertigkeit des Christentums auszudrücken, ist in diesem Bereich der Zitierung von Texten keine Gleichwertigkeit festzustellen. Nur einmal wird ein biblischer Text (ohne Quellenangabe) zitiert.[96] Aus der christlichen Tradition wird nur das "Ehre sei Gott in der Höhe ..." zitiert.[97] Texte aus der jüdischen Tradition kommen nicht vor.

3.9 Das Christentum begrüßte den Islam

Neben den Ausführungen zu der Toleranz, die der Islam gegenüber dem Christentum gewährte (vgl. oben Kap III.3.2 und III.3.6), gibt es noch eine kurze Passage, die die Reaktion der umliegenden Reiche auf Muhammads Ruf zum Islam beschreibt:

> *"Der Prophet – Gott segne ihn und schenke ihm Heil – schickte andere Gesandte zu den Herrschern der umliegenden Länder. Er schickte seine Gesandten und seine Botschaften an den König von Äthiopien, der den Islam annahm, an den König von Byzanz, der eine freundliche Antwort gab, aber nicht den Islam annahm und an den König von Persien, der eine üble Antwort gab."*[98]

---

83 NE ES 2/1, 11.
84 NE ES 2/1, 17.
85 NE ES 2/1, 51.
86 NE ES 2/1, 75.
87 NE ES 3/2, 25.
88 NE ES 3/2, 51.58.
89 NE ES 4/1, 52.
90 NE ES 4/2, 47.
91 NE ES 4, 5.
92 NE ES 4, 27.
93 NE ES 4, 64.66.67.
94 NE ES 6, 71.72.
95 NE ES 7, 12; 14.
96 NE ES 6, 71.
97 NE ES 7, 65.
98 NE ES 4, 66.

Diese Passage ist deshalb von besonderem Interesse, weil hier die Reaktion der umliegenden christlichen Herrscher sehr viel wohlwollender beschrieben wird als in den ägyptischen Schulbüchern. Insbesondere die Reaktion des byzantinischen Herrschers wird hier auffallend positiv beschrieben, während in den ägyptischen Schulbüchern berichtet wird, dass der byzantinische König den Boten Muhammads verhöhnt und getötet habe, woraufhin Muhammad erstmals seine Armee gegen die Byzantiner richtete. Diese Episode dient dort sogar zur Begründung des Rechtes auf den Dschihad mit den Alternativen des Sieges oder des Märtyrertodes.[99]

4 Evaluation

4.1 Zusammenfassung

Im Unterschied zu den Schulbüchern für Staatsbürgerkunde sind explizite Erwähnungen des Christentums in fast allen Schulbüchern für Nationale Erziehung zu finden (vgl. oben Kap. III.2.2). Der Umfang liegt zwar meist nur im Bereich von 1,5-2,5 % aber auch der Islam wird nicht häufiger erwähnt.[100] Insgesamt betragen die expliziten Erwähnungen in der Gesamtreihe 1,91 %. Dies ist zwar absolut gesehen eine geringe Zahl, aber im Vergleich zu den Büchern für Religion (0 %) und Staatsbürgerkunde (0,75) bereits eine Steigerung. Hinzu kommen die impliziten Erwähnungen, die ebenfalls über fast alle Bücher hinweg gestreut sind und insgesamt einen Umfang von 2,28 % ausmachen.[101] Noch häufiger als in den Staatsbürgerkundebüchern sind Bilder von Kirchen zu finden. In NE ES 3/1 zeigen 8,11 %, in NE ES 6 10 % und in NE ES 7 sogar 14,29 % der Bilder christliche Motive. Ein Bild einer Heiligen Stätte des Judentums ist in keinem Buch zu finden. Die für das Fach Islamische Religion typischen inklusiven Erwähnungen gibt es nur an einer einzigen Stelle im 2. Schuljahr. Dort wird von den drei islamischen Propheten Abraham, Moses und Jesus berichtet. Die Passage macht 1,25 % des Buches aus, in der Gesamtreihe 0,08 %. Mit Texten und Bildern wird sehr stark die Gleichwertigkeit von Christentum und Islam betont. Eine besondere Rolle für die Erziehung zur Toleranz spielt der ʿUmar-Vertrag, der mehrfach in Auszügen zitiert und diskutiert wird. Auffällig ist, dass die Schulbücher teilweise eine multiperspektivische Darstellung intendieren. Nicht nur islamische, sondern auch islamische Werte werden herangezogen, um die Toleranz zu begründen. Christliche Pil-

---

99 Vgl. oben Kap. II.3.3 in Teil 1/B.

100 Die Erwähnungen sind in der dritten und vierten Klasse konzentriert (3,77 % in NE ES 3/1, 7,24% in NE ES 4/1).

101 Eine Konzentration findet sich in den Klassen 5-7 (NE ES 5: 3,26 %; NE ES 6: 5,48 %; NE ES 7: 6,47 %).

gerfahrten, Heilige Stätten und Feste werden kurz beschrieben und zur Beschäftigung mit christlichen Institutionen und Werten angeregt.

4.2 Bewertung und kritische Anfragen

Während die quantitativ gleichrangige Illustration von islamischen und christlichen Stätten sehr positiv zu bewerten ist (Vgl. oben III.3.1. und III.3.3), fällt die Erläuterung in den begleitenden Texten zu den christlichen Bauwerken oft recht dürftig aus bzw. beschränkt sich auf die Benennung der Kirchen. Ebenso wie man bei der Al-Aqsa-Moschee und dem Felsendom auf die Nacht- bzw. Himmelsreise des Propheten hinweist und Texte aus dem Koran und der islamischen Tradition zitiert, wäre zu überlegen, ob man bei den Kirchen nicht auch biblische Texte aufnimmt und ausführlicher darauf hinweist, welche Ereignisse Christen mit diesen Orten verbinden. Das heißt man könnte bei der Gethsemanekirche z. B. auf Mt 26, 36 parr. hinweisen, wo über die Gefangennahme Jesu berichtet wird. Bei der Verkündigungskirche in Nazareth könnte auf Lk 1, 26 bzw. Sure 3, 45ff. bzw. Sure 19, 16 ff. verwiesen werden, wo berichtet wird, dass Maria die Geburt ihres Sohnes verheißen wurde, oder bei der Grabeskirche, dass hier nach christlicher Tradition der Ort der Kreuzigung, Grablegung und Auferstehung Jesu Christi gewesen ist und dass dies nach christlicher Auffassung das zentrale Heilsereignis darstellt. Die Bezeichnung des Landes als "arabisch-islamisches Land" (vgl. oben Kap. 3.1) ist problematisch, denn es stellt sich die Frage, welche Stellung dann die nicht-muslimische Bevölkerung hat bzw. die Bevölkerung, die andere Sprachen sprechen (z. B. die Armenier). Im Text selbst gibt es zwar bereits eine Selbstkorrektur, indem gesagt wird, dass ein Teil der Palästinenser sich auch zum Christentum bekennt. Es ist jedoch zu fragen, ob es nicht besser wäre, wenn man wie in den Büchern für Staatsbürgerkunde auch hier von einer religiösen Pluralität und kulturellen Vielgestaltigkeit des Landes spricht.[102]

In diesem Zusammenhang ist es auch als ein Mangel zu bezeichnen, dass nur islamische und christliche Geschichte, Tradition und heilige Stätten angesprochen werden, aber mit keinem Wort die jüdische, die genauso konstitutiv mit dem Land Palästina verbunden ist. Wäre dem nicht so, so könnte man den Zionismus und die Entstehung des Staates Israel nicht verstehen. Hier herrscht offenbar das gleiche Tabu wie in den Staatsbürgerkundebüchern. Es müsste bei einer klaren Unterscheidung zwischen Religion und aktueller Politik, eine Anerkennung der jüdischen Tradition und der jüdischen Stätten im Lande Palästina möglich sein. Genauso wie die Anerkennung und Wertschätzung einer christlichen Tradition und Geschichte im Lande nicht ein Recht auf politische Machtansprüche von europäischen oder orientalischen Christen begründet, braucht auch die Anerkennung und Wertschätzung jüdischer Tradition und Geschichte nicht die Zustimmung zu politischen Machtansprüchen des Staates Israels oder jüdischer Siedler zu signalisieren. Erwähnt man die jüdische Tradition nicht, kann dies andererseits als religiöse oder ethnische Diskriminierung missverstanden werden, die man an anderen Stellen eindeutig ablehnt. Zudem beraubt man sich selbst eines erheblichen Teils des historischen Erbes des Staates Palästina.

Umgekehrt wirft auch die Begründung der islamischen Eroberung im Schulbuchtext Fragen auf (vgl. oben Kap. III.3.2). Wenn geschichtliche Verbindungen, religiöse Sehnsüchte u. ä. kritiklos als gerechtfertigte Legitimation für die islamische Eroberung benannt werden, dann könnte man genauso gut auch eine christliche oder jüdische Rückeroberung rechtfertigen, denn religiöse Sehnsüchte und historische Verbindungen zu Jerusalem können das Judentum und das Christentum ebenso nachweisen. Hinsichtlich der Toleranzgewährung unter ʿUmar Ibn Al-Ḫaṭṭâb ist zu fragen, ob diese historischen Ereignisse heute noch ungebrochen und kritiklos als Vorbild für die Beziehungen zwischen Christen und Muslimen dienen können. Wer den Vertragstext genau liest, wird feststellen, dass es sich um einen Kapitulationsvertrag handelt, bei dem beide Seiten aus taktischen Gründen nur Schaden zu vermeiden versuchen. Der griechische Patriarch hat die kampflose Übergabe der Stadt nur deshalb angestrebt, weil seine Lage militärisch sowieso aussichtslos war. Dass er ein eigenes Interesse gehabt hätte von der byzantinischen Besatzung "befreit" zu werden, die seine Dominanz in der Stadt garantierte, ist nicht glaubhaft. Vielmehr ging es für ihn darum, angesichts der militärischen Lage wenigstens Leben zu retten und einige Rechte an den Heiligen Stätten zu wahren, wenn schon seine Schutzmacht abziehen musste. Der Kalif dagegen hat der Kapitulation zugestimmt, weil er dadurch sein Heer schonen konnte.[103] Außerdem kann die abgedruckte Vertragsversion nicht nur Toleranz, sondern auch Intoleranz begründen, denn er berichtet davon, dass sowohl die Byzantiner als auch die Juden aus der Stadt vertrieben werden. Es ist daher sehr fraglich, ob man heute noch diesen Text als ideales Beispiel für Toleranz und Gleichberechtigung heranziehen kann.

Der Aufbau der Argumentation bei der Begründung der Toleranz (vgl. Kap. 3.2) ist sehr hilfreich. Die Menschenrechte werden in den Formulierungen, wie sie ins Völkerrecht und zahlreiche moderne Verfassungen eingegangen sind, vorangestellt und nicht von einer Religion vereinnahmt. Sodann werden bei verschiedenen Religionen nach Ansatzpunkten aus den Hl. Schriften und der Geschichte gefragt, die diese Menschenrechte begründen können. Zu überlegen ist, ob bei der islamischen Begründung nicht auch die "*Ḫalîfat Allah*", die Stellvertretung bzw. Nachfolge Gottes auf Erden

---

[102] Vgl. SBK 8, 40-41.

[103] Vgl. oben Kap. II.4.2.

(Sure 2, 30), und die Befähigung mit dem Geist Gottes aufgenommen werden sollte (Sure 32, 9), weswegen sich nach dem Koran sogar die Engel vor dem Menschen beugen müssen (Sure 15,29; 38,72). Diese Stellen spielen bei der Begründung der Menschenrechte moderner muslimischer Denker eine zentrale Rolle.[104] Beim Christentum wäre es entsprechend hilfreich, mehrere Texte aus der Bibel zu zitieren, auf die Lehre von der Gottesebenbildlichkeit zu verweisen und auch auf geschichtliche Ansatzpunkte der Entwicklung der Toleranz in der westlichen Welt. Nicht zuletzt sollte die jüdische Tradition dargestellt werden, die in vielerlei Hinsicht ethische Grundlagen lieferte, an die das Christentum und der Islam später anknüpften.

Im Blick auf die Darstellung von Jesus als islamischem Propheten (vgl. oben Kap. III.3.4) ist zu fragen, ob nicht ebenso wie bei der Darstellung der Kreuzigung (*"Christen meinen, dass dort der Ort ist, wo Christus gekreuzigt wurde"*) eine Darstellung aus einer religionswissenschaftlichen Distanz angebracht ist. So könnte durch eine etwas vorsichtigere Formulierung, dass nach "*islamischer Tradition* Jesus in Bethlehem zum Glauben an Gott aufrief" deutlich gemacht werden, dass nur im Islam von einer Predigt Jesu in Bethlehem ausgegangen wird, während eine solche Tradition im Christentum nicht vorhanden ist: Nach biblischer Tradition waren die Eltern Jesu nur für sehr kurze Zeit in Bethlehem, bis sie nach Ägypten flüchteten und von dort zu ihrem Wohnort Nazareth zurückkehrten.[105] Jesus wirkte als erwachsener Prediger hauptsächlich in Galiläa und kam nur gelegentlich zu Wallfahrtsfesten nach Jerusalem. Von einer Tätigkeit in Bethlehem gibt es keine christliche Überlieferung.

Zudem ist zu überlegen, ob nicht grundsätzlich versucht werden sollte, eine Multiperspektivität bei der Beschreibung der religiösen Stätten einzuführen, da ja viele Heiligtümer für mehrere Religionen von Bedeutung sind. So ist es als ein Mangel anzusehen, dass mit keinem Wort darauf eingegangen wird, dass der "Heilige Bezirk" eine besondere Bedeutung für Juden hat, da hier der jüdische Tempel stand oder dass Bethlehem für alle drei Religionen von Bedeutung ist – als Stadt Davids für Juden, als Ort wo sich die Inkarnation ereignete für Christen und als Geburtsort des islamischen Propheten ʿĪsâ'. Ebenso könnte die Beschreibung des Heiligtums in Nazareth z. B. Anlass geben, sich sowohl mit den biblischen und der koranischen Versionen der Verkündigung an Maria zu beschäftigen. Dabei könnten Gemeinsamkeiten und Unterschiede herausgearbeitet und der Reichtum religiöser Traditionen erfahren werden. Anknüpfen kann eine solche Darstellung an Beschreibungen Jerusalems, bei denen immer christliche und islamische Stätten parallel vorgestellt werden.

---

[104] Vgl. REISS 2004 Menschenrechte.

[105] Historisch-kritische Analyse stellt sogar teilweise den Geburtsort Bethlehem, von dem nur im Lukasevangelium berichtet wird, ganz in Frage. Möglicherweise handelt es sich bei dem Kindheitsevangelium nur um eine Legende, die die davididische Herkunft beweisen will.

Im Blick auf die Darstellung der Feste (vgl. oben Kap. III.3.5) ist zu überlegen, ob es nicht besser wäre, die Feste nach ihrer theologischen Bedeutung für die Religion zu ordnen, so wie dies auch bei den islamischen Festen getan wird. Dann müsste das Osterfest an oberster Stelle stehen, weil es das Fest ist, das das Christentum konstitutiv begründete; dann das Epiphaniasfest am 6. Januar, weil es das älteste Fest ist, das kalendarisch festgelegt wurde und das bis heute gerade bei den orientalischen Kirchen größte Bedeutung hat; dann das Christfest, das erst ab Mitte des 4. Jahrhunderts als Ersatz für das heidnische Fest der Sonnenwende gefeiert wurde. Schließlich wäre zu überlegen, ob nicht anstelle der Jahreswende besser auf das Pfingstfest hingewiesen werden sollte, das für alle Kirchen von großer Bedeutung ist, weil hier die die Begründung der kirchlichen Gemeinschaft gefeiert wird.

Hinsichtlich der Terminologie bei der Schilderung islamischer und christlicher Eroberungen (vgl. oben Kap. III.3.6) ist zu fragen, ob die eindeutige Zuordnung positiver Begriffe zu muslimischen Kriegshandlungen und negativer zu christlichen Kriegshandlungen zu rechtfertigen ist. Die Kreuzfahrer verstanden selbstverständlich ihre Eroberungen ebenso als "Befreiungen" von der muslimischen "Besatzung" und hatten trotz massiver Gewaltanwendung den Anspruch, eine Religion der Liebe zu verkörpern. Theologen lieferten ihnen die Begründungen dafür, Gewalt und Krieg als eine Form der Buße und der Sündenvergebung anzusehen und forderten, dass Gewalt nur dann erlaubt sei, wenn Liebe als Beweggrund zugrunde liege.[106] Statt Kriegsanwendung zu legitimieren wäre es in einem modernen Schulbuch viel nötiger, die religiöse Legitimation von kriegerischen Handlungen prinzipiell in Zweifel zu ziehen.

Die Information über die christlichen Gerichtshöfe und ihre Zuständigkeit ist ebenso hilfreich wie die Aufforderung, solche Gerichte zu besuchen und sich eingehender über ihre Tätigkeit zu informieren (vgl. Kap. III.3.7). Was allerdings nicht thematisiert wird, ist die Frage, inwieweit dieses Rechtssystem mit dem Grundsatz der Gleichberechtigung übereinstimmt. Insbesondere stellt sich die Frage, warum bei den Erbgesetzen grundsätzlich islamisches Recht angewandt werden muss. So ist z. B. die islamische Erbregelung, dass Frauen grundsätzlich nur die Hälfte dessen erben können, was Männer erben, nach christlicher Rechtsauffassung ebenso als eine Benachteiligung anzusehen wie die Tatsache, dass eine christliche Frau ihren muslimischen Ehepartner nicht beerben kann.[107] Im Blick auf die historischen christlichen Institutionen beschränken sich die Informationen auf eine Aufzählung verschiedener Einrichtungen, bei der die Kirche selbst ausgespart bleibt. Es wäre zu überlegen, ob nicht eine Information über die Kirche und ihre Struktur (Laien-Priester-Bischof-

[106] Vgl. RILEY-SMITH 2004, 54-57.
[107] Vgl. ERBEL, Bernd: Art. "Erbrecht" in: LIW 1, 163; SHAMA 2000, 152.

Patriarch bzw. Gemeindemitglieder-Pastor-Kirchenleitung) angebracht ist. Ebenso ist zu überlegen, den Beitrag der Christen zur Pädagogik etwas stärker hervorzuheben, da sie in der Neuzeit die Grundlage für die pädagogische Erneuerung in Palästina legten und bis heute einen starken Schwerpunkt in der Schularbeit haben, von der Muslime gleichermaßen profitieren.[108]

Die Beschäftigung mit den ethischen Werten anderer Religionen (vgl. oben Kap. III.3.8.) eröffnet die Möglichkeit in gemischten Klassen, dass die Schüler jeweils aus ihrer Tradition heraus Werte begründen und in einen Dialog mit Kindern anderer Religionszugehörigkeit treten. In rein muslimischen oder rein christlichen Klassen kann eine Beschäftigung mit den Werten anderer Religionen erfolgen, die zum Verständnis beiträgt. Ähnliche Arbeitsaufträge sind an vielen anderen Stellen denkbar. Insbesondere wäre es eine Bereicherung, wenn neben Zitaten aus Koran und Sunna auch Zitate aus der Bibel und der christlichen und jüdischen Tradition erfolgten.

Bei der Darstellung der Haltung der christlichen Könige gegenüber Muhammads Aufruf zum Islam (vgl. oben Kap. III.3.9) ist fraglich, ob sie sich in der Tat so freundlich verhalten haben, wie hier im Buch dargestellt. Die Intention, ein freundliches Bild vom Christentum zu zeichnen, ist zwar zu begrüßen. Dies sollte jedoch nicht auf Kosten der historischen Wahrhaftigkeit gehen. Ein Übertritt des äthiopischen Herrschers zum Islam ist nicht historisch nachzuweisen und dass der byzantinische Kaiser freundlich auf die Aufforderung zum Islam reagiert haben soll, kaum wahrscheinlich.

[108] Vgl. oben Teil 2/A, Kap. III.1.

IV. Geschichte (Elementarstufe)

1. Einleitung

Das Fach Geschichte (*at-târîḫ*) wird ab der 6. Klasse in der Elementarstufe unterrichtet. Es gibt jeweils nur ein Schulbuch für eine Klasse. Bis zum Jahr 2003 wurden drei Schulbücher veröffentlicht, die vom palästinensischen Erziehungsministerium herausgegeben wurden. Die äußere Gestaltung orientiert sich an den allgemeinen Vorgaben für die neuen palästinensischen Schulbücher.[1] Der Rahmen bei den Geschichtsbüchern ist hell-beige, Wappen und Signets sind nach gleichem System angebracht. Im Unterschied zu den bis dahin untersuchten Schulbüchern wechselt der Titel der Schulbücher von Klasse zu Klasse: "Die Geschichte der Araber und der Muslime" (6. Klasse), "Die Geschichte des Mittelalters" (7. Klasse), "Die Geschichte der islamisch-arabischen Kultur" (8. Klasse). Auf der Titelseite des Geschichtsbuches für die 6. Klasse wird die Al-Aqsa-Moschee neben dem Spiralminarett der großen Moschee von Samara und der Mustansir-Medrese von Bagdad abgebildet. Das Buch der 7. Klasse wird mit einer Weltkarte illustriert, das Schulbuch der Klasse 8 zeigt einen Innenhof eines Palastes hinter dem der Felsendom am Rande erscheint.

Als Autoren werden auf der ersten Seite für das Schulbuch der Klasse 6 sechs Person genannt, bei den Schulbüchern der Klasse 7 und 8 jeweils 4 Personen sowie eine Personen zusätzlich, die von Seiten des Curriculum-Zentrums die Redaktion der Schulbücher begleitetet. Das nationale Team für die Geschichtsbücher ist dasselbe wie für die Bücher der "Nationalen Erziehung" (s. oben Kap. III.1). Die Druckqualität ist bei allen drei Schulbüchern recht gut (6. Klasse: Mehrfarbendruck; 7. und 8. Klasse: Zweifarbendruck). Das Bildmaterial ist gegenüber den Schulbüchern in den unteren Klassen erheblich reduziert. Bildunterschriften fehlen meist. Es gibt nur noch wenige Zeichnungen, dafür aber mehrere große Fotos. Im Schulbuch 7 sind eindrucksvolle großformatige Bilder eingebunden, die zeigen, dass auch bei Reduktion des Druckes auf zwei Farben eine gute Veranschaulichung möglich ist. Auf ein Männchen, das im Schulbuch 6 auf die verschiedenen Übungsteile und Unterabschnitte der Lektionen hinweist, wird ab der 7. Klasse verzichtet.

[1] Vgl. oben Kap. III.4. in Teil 2/A.

1.1. Bibliografische Angaben

Autoren	Titel	Klasse	Seiten	Abk.
1. Dr. Muḥammad ʿAtâllah 2. ʿAlî Ḏiyâb al-Aḥwar 3. Ṣifâʾ Bašîr 4. Muḥammad aṣ-Ṣâdiq 5. ʿAbdallah ʿAbd az-Zâriq 6. Yûsuf Ǧumʿa *Vom Curriculum-Zentrum:* Dr. ʿAbd ar-Rahmân al-Maġribî	Die Geschichte der Araber und der Muslime für die 6. Klasse der Elementarschule, Al-Bîra Râmallah, 2002³.	6	148	GES ES 6
1. Dr. ʿAbd ar-Rahmân Ḥamûda 2. Dr. Muḥammad ʿAtâllah 3. Ziyâd Šikšak 4. Marwân Bakîr *Vom Curriculum-Zentrum:* Dr. ʿAbd ar-Rahmân al-Maġribî	Die Geschichte des Mittelalters für die 7. Klasse der Elementarschule, Al-Bîra Râmallah, 2002² (Probedruck).	7	108	GES ES 7
1. Dr. ʿAbd ar-Rahmân Ḥamûda 2. Ǧamâl Sâlim 3. Dr. Muḥammad ʿAtâllah 4. Fadwâ Fatḥî aš-Šurfâ *Vom Curriculum-Zentrum:* Dr. ʿAbd ar-Rahmân al-Maġribî	Die Geschichte der islamisch-arabischen Kultur für die 8. Klasse der Elementarschule, Al-Bîra Râmallah, 2002¹ (Probedruck).	8	128	GES ES 8

1.2. Aufbau und Inhalt

In der Einleitung der Autoren werden die inhaltlichen Schwerpunkte der einzelnen Schulbücher vorgestellt und Bemerkungen zum didaktischen Aufbau gemacht. Im Schulbuch der 6. Klasse wird nach einer kurzen Auflistung der 6 Einheiten auf die verschiedenen didaktischen Bestandteile der Lektionen hingewiesen: An den Anfang einer Einheit oder Lektion werden als Einstieg in das Thema oft kurze historische Zitate gestellt. Als Quellen werden Abschnitte aus dem Koran, dem Hadith oder aus anderen geschichtlichen Texten (z. B. Ibn Hišâm, Al-Maġâzî, Al-Balâḏurî, Aṭ-Ṭabarî, Ibn Ḫaldûn) wiedergegeben. Es wird darauf hingewiesen, dass es nicht notwendig sei, sämtliche biografischen Informationen, den Verlauf der Kriege sowie alle historischen Ereignisse auswendig zu lernen. In den Fragen werden die Kinder aufgefordert, eigenständige Aufsätze zu den Themen zu schreiben; in den Übungen sollen Karten gezeichnet, Bilder zum Thema gesammelt, Bibliotheken besucht oder auch Ausflüge zu historischen Stätten unternommen werden. Darüber hinaus habe man Karten, Bilder und Tabellen hinzugefügt, um den Stoff anschaulicher zu machen.

Nicht ganz deutlich wird bei dieser Einleitung, dass den Büchern eine klare didaktische Systematik zugrunde liegt, die in allen drei Büchern weitgehend durchgehalten wird. Sie besteht aus folgenden vier Elementen:

1. Bild/Karte und/oder Historische Texte

Die meisten Kapitel werden mit einem oder mehreren historischen Texten (meist mit genauer Quellenangabe) eingeleitet. Bisweilen wird dem historischen Text eine Karte oder ein Bild vorangestellt oder dieses Bild oder diese Karte ersetzt die historische Quelle. Damit verbunden ist eine Bild- und/oder Textbetrachtung, die durch einige Fragen angeregt wird. Diese Betrachtungen dienen als Einstieg in das Thema.

2. Systematische bzw. pädagogische Zusammenfassung

Der Stoff wird sodann in systematischer Zusammenfassung präsentiert. Im Schulbuch der 6. Klasse wird dieser Teil stets überschrieben mit *„Wir tragen folgende Ergebnisse zusammen"*. Allerdings ist das, was hier geboten wird weit mehr als das, was aus den Karten oder historischen Texten abzulesen ist. Vielmehr handelt es sich um eine gut gegliederte Zusammenstellung der wichtigsten Fakten zu dem jeweiligen Thema. In den Geschichtsbüchern der Klasse 7 und 8 wird dieser Teil *„Pädagogische Zusammenfassung"* genannt.

3. Selbstüberprüfung

Unter der Überschrift „Ich prüfe mich selbst" bekommt der Schüler Fragen zum Thema gestellt, er muss Lückentexte ausfüllen oder entscheiden, ob bestimmte Aussagen richtig oder falsch sind.

4. Aktivitäten

Die Schüler werden zu Übungen und Aktivitäten unterschiedlicher Form angeregt. Teilweise sollen Tabellen mit Geschichtsüberblicken interpretiert oder es sollen Karten gezeichnet werden. Teilweise gehen die Aktivitäten mit Exkursionen und Besuchen von verschiedenen Einrichtungen auch über den schulischen Bereich hinaus.

Dieses gleich bleibende Schema wird mit geringen Varianten in allen drei Büchern beibehalten. Die Schulbücher sind in 4-5 Einheiten eingeteilt, die ein Thema behandeln. Im ersten Halbjahr sollen 2-3 Einheiten durchgenommen werden, im zweiten Schulhalbjahr stets nur 2 Einheiten. Jede Einheit ist unterteilt in 3-9 Lektionen, die beim Geschichtsbuch der Klasse 6 und 7 durchnummeriert werden, beim Geschichtsbuch der Klasse 8 jedoch bei jeder Einheit neu beginnen. Eine Besonderheit liegt im 6. Schulbuch dadurch vor, dass hier jeder Einheit eine zweiseitige ausführliche Beschreibung der Lernziele vorangestellt wird. Dabei wird differenziert zwischen Lernzielen a) auf der Wissensebene, b) auf der Ebene der Praxis und c) auf der emotionalen Ebene.[2] Diese Lernzielbestimmung fehlt in den Schulbüchern der Klasse 7 und 8. Am Ende jedes Buches findet sich eine Liste der Quellen und Sekundärliteratur, die den Büchern zugrunde gelegt wurde.[3]

Der Wissensstoff wird systematisch präsentiert. So werden z. B. im Schulbuch der Klasse 6 nach einer Einführung in die alt-arbischen Kulturen und die Zeit Muhammads die Epoche der „recht geleiteten Kalifen" sehr ähnlich behandelt wie die der Omaya-

2 GES ES 6, 2f.24f.48f.82f.112f.

3 GES ES 6, 147; GES ES 7, 106; GES ES 8, 126.

den und der Abbasiden: Innerhalb dieser Einheiten gibt es jeweils eine Lektion über den Aufstieg der Dynastien, eine über die Eroberungen, eine über die Organisation der Verwaltung und eine über die Wirtschaft. Ergänzt wird diese gleich bleibende Struktur durch Lektionen über besondere Entwicklungen in den jeweiligen Epochen und bei den Omayaden und Abbasiden durch eine Lektion über den Niedergang der Dynastie. Das Geschichtsbuch für die 7. Klasse ist zweigeteilt. In den ersten beiden Einheiten wird die kulturell-religiöse Situation in Europa im Mittelalter und die Entwicklungen beschrieben, die zur Errichtung der Kreuzfahrerstaaten im Nahen Osten führten. Der zweite Teil lenkt den Blick auf die Abwehr der Kreuzfahrer und die Errichtung des Mameluckenreiches. Während sich die Gliederung der Schulbücher der Klassen 6 und 7 im groben nach dem historischen Ablauf der Epochen richtet, weist das Schulbuch der Klasse 8 eine Gliederung nach systematischen Themenfeldern auf. Nach einer Einleitung wird die politische Ordnung, die rechtliche Ordnung, das wirtschaftliche und soziale Leben sowie das wissenschaftliche Leben beschrieben.[4]

1.3. Gliederung

Die Geschichte der Araber und der Muslime, 6. Klasse Elementarstufe	
1. Schulhalbjahr	2. Schulhalbjahr
1. Einheit: Die Araber vor dem Islam	4. Einheit: Das Kalifat der Omayaden
1. Das arabische Vaterland	16. Die Errichtung des omayadischen Kalifats
2. Das politische Leben	17. Die islamischen Eroberungen (al-futûḥât)
3. Das wirtschaftliche Leben	18. Die Verwaltungsmaßnahmen
4. Das religiöse und soziale Leben	19. Die wirtschaftlichen Maßnahmen
	20. Die Bauaktivitäen
	21. Der Niedergang des omayadischen Kalifats und sein Ende
2. Einheit: Das Erscheinen des Islam	5. Einheit: Mein Land
5. Die Organisation des Aufrufs zum Islam	22. Die Errichtung das abbasidischen Kalifats
6. Die Hiğra	23. Die islamischen Eroberungen (al-futûḥât)
7. Die Gründung des islamischen Staates	24. Die Verwaltungsmaßnahmen
8. Die Eroberungszüge des Propheten (al-ġazawât)	25. Die Bauaktivitäten
3. Einheit: Die rechtgeleiteten Kalifen	26. Die wissenschaftliche Aktivität
9. Die Errichtung des rechtgeleiteten Kalifats	27. Die Trennung der Provinzen und das Erscheinen der unabhängigen Kleinstaaten
10. Die Kriege gegen Abtrünnige	
11. Die islamischen Eroberungen (al-futûḥât)	28. Der Niedergang des abbasidischen Kalifats und sein Ende
12. Die Verwaltungsmaßnahmen	
13. Die wirtschaftlichen Maßnahmen	
14. Die Bauaktivitäten von Seiten der recht-geleiteten Kalifen	
15. Das Heer und die Flotte	

4 Viele Themen des 6. Schuljahreswerden dabei wieder aufgegriffen. Es gibt aber nur wenig Redundanz, denn es wird viel neues Material geboten.

Die Geschichte des Mittelalters **7. Klasse Elementarstufe**	
1. Schulhalbjahr	2. Schulhalbjahr
1. Einheit: Europa im Mittelalter	3. Einheit: Die islamische Ǧihâd-Bewegung gegen die Franken
1. Das Mittelalter 1: Das Feudalsystem 2. Das Mittelalter 2: Die Kirche 3. Das Mittelalter 3: Das Wachsen der Städte 4. Die Faktoren, die die europäische Renaissance am Ende des Mittelalters bewirkten 5. Das islamisch-arabische Erbe	11. Die Seldschuken und die Franken 12. Die Zankiden und die Franken 13. Die Ayubiden und die Franken 14. Die Schlacht von Ḥiṭṭîn 15. Die Befreiung des Hl. Jerusalem 16. Der Friedensvertrag von Ramla
2. Einheit: Der Zug der Franken gegen den islamisch-arabischen Orient	4. Einheit: Die Mamelucken
6. Europa vor den Zügen der Franken in den Orient 7. Der islamische Orient vor dem Frankenzug 8. Der fränkische Angriff gegen die Länder Syriens 9. Die Errichtung des lateinischen Königtums Jerusalem 10. Folgen des Frankenzuges gegen den Orient	17. Die Errichtung des mamelukischen Reiches in Ägypten und Syrien (aš-šâm) 18. Die Mamelucken und die islamische Welt 19. Die Mamelucken und die Franken 20. Die Mamelucken und die Tartaren 21. Das Ende des mameluckischen Reiches 22. Phänomene der mameluckischen Kultur

Die Geschichte des islamisch-arabischen Kulturkreises **8. Klasse der Elementarstufe**	
1. Schulhalbjahr	2. Schulhalbjahr
1. Einheit: Die islamisch-arabische Kultur und ihre Charakteristik	4. Einheit: Das wirtschaftliche und soziale Leben
1. Die Definition des Kulturkreises 2. Die Basis des islamisch-arabischen Kulturkreises 3. Charakteristika des islamisch-arabischen Kulturkreises	1. Der Ackerbau 2. Das Handwerk 3. Der Handel 4. Die Einkommensquellen der Staatskasse 5. Die Ausgaben des Reiches 6. Die Münzen 7. Die Formung der islamisch-arabischen Gesellschaft 8. Die Schichten der Gesellschaft 9. Phänomene des sozialen Lebens im islamisch-arabischen Reich
2. Einheit: Die politische Ordnung 1. Das Kalifat 2. Das Wesirat 3. Die Diwane 4. Die Verwaltung der Provinzen (al-wilâyât) 5. Das Heer und die Flotte	
3. Einheit: Die rechtliche Ordnung	5. Einheit: Das wissenschaftliche Leben
1. Das Richteramt – seine Enstehung und Entwicklung 2. Die Provinzialinstanz gegen Unrecht (wilâyat al-maẓâlim) 3. Die Marktaufsicht (al-ḥisba)	1. Die Rolle der Wissenschaft im Islam 2. Die religiösen Wissenschaften 3. Die Wissenschaften der Arabischen Sprache und ihrer Literatur 4. Die rationalen Wissenschaften 5. Die pädagogischen Wissenschaften 6. Die islamische Kunst 7. Der Einfluss der islamisch-arabischen Kultur auf die westliche Kultur

2. Quantität der Darstellung des Christentums

2.1. Ort und Umfang der Erwähnungen

Schulbuch	Seite	Ort der Erwähnung	Umfang		
			Explizit	Inklusiv	Implizit
GES ES 6	3	Als Lernziel für die erste Einheit wird die Akzeptanz der Anhänger der monotheistischen Religionen formuliert.			1 Z
1. Einheit	10 13	Es wird auf die Besetzung des arabischen Südreiches durch einen äthiopischen König hingewiesen, der das Heiligtum Mekkas in eine Kirche verwandeln wollte. In einer Übung sollen dazu Suren gelesen werden.			8 Z
	20	Die Verbreitung der Juden und Christen auf der arabischen Halbinsel wird erwähnt.			2 Z
2. Einheit	25	Bei den emotionalen Lernzielen wird auf die Achtung der Schriftbesitzer hingewiesen.			1 Z
	30	Die Hiğra nach Äthiopien wird erwähnt, dessen christlicher Herrscher positiv beschrieben wird.			5 Z
	37-39 passim	Der Vertrag mit den in Medina lebenden Juden wird beschrieben. Die Schüler sollen diskutieren, inwieweit dieser Vertrag von Medina das erste Dokument der Welt sei, das die Menschenrechte garantierte.			11 Z
	43-46 passim	Es wird erwähnt, dass der Prophet an die Herrscher der umliegenden Reiche Schreiben gerichtet habe. Die Byzantiner werden als Gegner genannt.			10 Z
3. Einheit	59-60 65	Die Toleranz der Muslime wird als Grund für den militärischen Erfolg angeführt. Die Schlacht am Yarmuk gegen die Byzantiner und die Gewährung der Toleranz gegenüber den Juden und Christen in Jerusalem habe zur Verdrängung der Byzantiner aus den Ländern Syriens geführt.			14 Z
	66f 70-71	Im Zusammenhang mit den Einkünften der Staatskasse werden die Steuern der Schutzbefohlenen beschrieben.			14 Z
4. Einheit	92 96	Es wird vom missglückten Versuch der Eroberung Konstantinopels und von der erfolgreichen Eroberung Rhodos', Nordafrikas und Spaniens berichtet.			20 Z
	96	Die "Arabisierung der Diwane" wird behandelt, bei der die christlichen Nationalsprachen und die Christen aus Führungspositionen verdrängt wurden.			10 Z
	98-100 passim	Die Arabisierung der byzantinischen Münzen wird behandelt.			22 Z 6 B
	109-110	Die Gier des byzantinischen und fränkischen Reiches habe u. a. den Niedergang des omayadischen Reiches bedingt.			5 Z
5. Einheit	118-120	Byzantinische Gebiete werden erobert.			44 Z
	133-134	Berichte über die Übersetzungsarbeit und die Übernahme der Wissenschaft aus den früheren Kulturen.	3 Z		27 Z
	145	Die Eroberungszüge und die Gier der fränkischen und westeuropäischen Herrscher werden als Faktoren benannt, die zum Niedergang des abbasidischen Reiches führten.			3 Z

GES ES 7		Fast das gesamte Buch hat implizite Bedeutung: In der ersten Einheit wird Europa zur Zeit des Mittelalters dargestellt, in der zweiten die Kreuzzüge, in der dritten die Abwehr der Kreuzfahrer. Nur im letzten Kapitel beschäftigen sich einige Passagen ausschließlich mit den inneren Entwicklungen bzw. mit der Abwehr der Mongolen.			1302 Z
1. Einheit	2-3	Eine Doppelseite mit dem Bild des Petersdoms eröffnet die 1. Einheit: "Europa in der Zeit des Mittelalters"	1 B		
	4	Die Zeit von 476-1453 n. Chr. wird als die Epoche der "Herrschaft der Kirche" bezeichnet.	4 Z		
	8	In einer Tabelle wird neben anderen Gesellschaftsschichten die Schicht der "Männer der Religion" beschrieben.	6 Z		
	10-13	Die zweite Lektion, die mit Bildern des Petersdomes, des Kaisers Konstantin und eines Mönches illustriert ist, ist komplett *„Der Kirche“* gewidmet.	55 Z 3 B		
	21	Schüler werden aufgefordert zu beurteilen, ob die Kirche im Mittelalter alle Bereiche des Lebens beherrschte. Die Schüler sollen mit dem Lehrer eine Kirche in Bethlehem oder in Sebastiyya zu besuchen, um einen Bericht über den romanischen Baustil abzufassen.	1 Z		
2. Einheit	28	Eine Quelle wird zitiert, die Papst Urban charakterisiert.	3 Z		
	29f.	Die Schwächung des byzantinischen Imperiums wird u. a. auf die Trennung der westlichen von der östlichen Kirche zurückgeführt. Die apokalyptische Endzeiterwartung habe in Europa zur Pilgerfahrt zu den Heiligen Stätten geführt.	8 Z		
	30	Die Zerstrittenheit der Christenheit wird erwähnt.	3 Z		
	31	Eine Predigt des Papstes Urban in Clermont aus dem Jahre 1095 wird bei den Übungen ganzseitig abgedruckt.	20 Z 1 B		
	36-37	Die Kreuzzüge werden u. a. damit begründet, dass der Papst die orientalischen Kirchen beherrschen und den Pilgerweg nach Jerusalem sichern wollte.	2 Z 1 B		
	39	In den Übungen dieser Lektion wird eine Übersicht über die acht Kreuzzüge geben, in der in einer Spalte der jeweilige Papst dieser Zeit aufgeführt ist.	1 Z		
	42	Ein Merkmal der fränkischen Herrschaft sei das Auftreten von religiösen Orden mit sozialer Zielsetzung gewesen.	6 Z		
	45-47 passim	Es werden mehrere kulturelle und religiöse Folgen der Kreuzzüge für Europa benannt	15 Z		
3. Einheit	57	Aufgrund der Rückeroberung des Emirats von Edessa durch ʿImâd ad-Dîn Zankî habe der Papst zum zweiten Kreuzzug aufgerufen.	1 Z		
	71-72	Die Großmut des Saladin wird mit dem Blutbad der Franken verglichen.	8 Z		
	76	Der Friedensvertrag von Ramla ermöglichte den christlichen Pilgern, wieder sicher die Hl. Stätten zu besuchen.	2 Z		

GES ES 8 2. Einheit	21	Im Gegensatz zu dem Amt des Wesirats, das mit Vollmachten ausgestattet war, habe das „durchführende Wesirat“ auch mit Schutzbefohlenen besetzt werden können.			2
	24	Die Arabisierung der Diwane wird besprochen.			24
	30	Der islamische Krieg sei nicht auf Vernichtung, sondern auf Unterwerfung ausgerichtet gewesen.			10
	34	Es wird darauf hingewiesen, dass Christen in Ägypten und Syrien beim Aufbau einer islamischen Flotte halfen.			8
4. Einheit	67-71	Die verschiedenen Steuerformen werden beschrieben, die vornehmlich die Christen zu leisten hatten.			39

	81f.	Drei Faktoren werden benannt, die zur Islamisierung und Arabisierung der Gesellschaft führten.			9
	83	Im einführenden Text werden die Schichten der Gesellschaft genannt, darunter die Schicht der Schutzbefohlenen.			7
5. Einheit	121-124	Der Einfluss des Islam auf die abendländisch-christliche Kultur wird beschrieben.			63

2.2. Art und Quantität der Erwähnungen

Schulbuch	Umfang								
	Insgesamt	Erwähnungen des Christentums							
		Explizit		Inklusiv		Implizit		Insgesamt	
	S(eiten) = Z(eilen) + B(ilder)	Zeilen/ Bilder	Prozent	Zeilen/ Bilder	Prozent	Zeilen/ Bilder	Prozent	Zeilen/ Bilder	Prozent
GES ES 6	146 S = 2142 Z 50 B	3 Z 0 B	0,14 % 0,00 %	0	0	197 Z 6 B	9,20 % 12,00 %	200 Z 6 B	9,34 % 12,00 %
GES ES 7	105 S = 1440 Z 40 B	135 Z 6 B	9,38 % 7,50 %	0	0	1113 Z 0 B	77,29 % 0,00 %	1248 Z 6 B	86,66 % 7,50 %
GES ES 8	125 S = 2090 Z 33 B	0	0	0	0	162 Z 0 B	7,75 % 0,00 %	162 Z 0 B	7,75 % 0,00 %
Summe	**376 S = 5672 Z 123 B**	**138 Z 6 B**	**2,43 % 4,88 %**	**0**	**0**	**1472 Z 6 Z**	**25,95 % 4,88 %**	**1610 Z 12 Z**	**28,38 % 9,76 %**

3. Qualität der Darstellung des Christentums

3.1. Das orientalische Christentum erfährt Toleranz

Die Toleranz der Muslime gegenüber Nichtmuslimen wird an mehreren Stellen in den Geschichtsbüchern angesprochen. Als eines der emotionalen Lernziele der ersten Einheit wird *„Die Akzeptanz der Angehörigen der monotheistischen Religionen"* benannt.[5] Im Text der vier folgenden Lektionen dieser Einheit wird dies allerdings nirgendwo erläutert. Es wird lediglich von der äthiopischen Besetzung Yemens und von der Existenz jüdischer und christlicher Gemeinden auf der arabischen Halbinsel[6] berichtet (die in der späteren Geschichte islamisiert oder vertrieben wurden). Wie daraus die Schüler eine Akzeptanz der monotheistischen Religionen ableiten sollen, bleibt unklar, zumal Christen in der ersten Einheit auch als Feinde des Islams bzw. seiner Heiligtümer erwähnt werden: Die aus den Religionsbüchern (vgl. IE ES 1/1,41) bekannte Geschichte des äthiopischen Königs, der Mekka im Geburtsjahr Muhammads

5 GES ES 6, 3.
6 GES ES 6, 20.

angriff, wird in der zweiten Lektion kurz erwähnt.[7][8] Eine ähnliche Lernzielformulierung findet sich auch für die zweite Einheit. Dort wird als emotionales Lernziel angegeben, dass die Schüler *„Die Achtung der Schriftbesitzer bezüglich ihrer Religion, ihrer Besitztümer und der Riten ihres Lebens“* lernen sollen.[9] Dies nimmt vermutlich auf die 7. Lektion Bezug, in der in einem Zitat von Ibn Hišâm der Vertrag mit den Juden in Medina wiedergegeben wird:

> *„Ibn Isḥâq sagte: Der Prophet Gottes schrieb ein Schriftstück zwischen den Ausgewanderten und den Anṣâr, in dem er niederlegte, was die Juden und ihre Behandlung betraf. Er erkannte ihre Religion und ihr Vermögen an, legte ihnen Bedingungen auf und machte ihnen zur Verpflichtung: 'Im Namen Gottes, des Barmherzigen, des Allerbarmers. Dies ist ein Schriftstück von dem Propheten Muḥammad [zur Regelung der Beziehungen] zwischen den Gläubigen und den Gläubigen der Quraiš und denen von Yaṯrîb, sowie jenen, die ihnen angehörten und jenen, die sich zu ihnen gesellten und mit ihnen kämpften. Sie sind eine einzige Gemeinschaft (umma) in Unterscheidung zu anderen Menschen ... es gibt keine Unterscheidung zwischen einem niedrigeren und einem höherstehenden Gläubigen ... und sofern uns einer folgt von den Juden, so genießt er Beistand - solange die Juden nicht heucheln und andere gegen die Gläubigen unterstützen. So schloss der Prophet Gottes Bruderschaft zwischen seinen Gefolgsleuten von den Ausgewanderten und den Anṣâr und sprach: verbrüdert euch in Gott, Brüder mit Brüder“.*[10]

Anschließend wird gefragt:

> 1. *Welche Grundlage wurde mit dem Dokument von Medina gelegt?*
> 2. *Wie behandelte das Dokument von Medina die Juden, die sich dort aufhielten?*
> 3. *Wie schloss der Prophet – Gott segne ihn und schenke ihm Heil – Bruderschaft zwischen den Ausgewanderten und den Anṣâr?“*[11]

In der Zusammenfassung wird dazu nochmals ausgeführt, dass es drei Gruppen in Medina gab: Erstens die aus Mekka Ausgewanderten (*al-muhâǧirûn*), zweitens die Einwohner Medinas, die den Islam angenommen hatten (*al-anṣâr*) und drittens *„Die Juden, die einen wirtschaftlichen Einfluss in der Stadt hatten"*.[12] Es wird festgestellt, dass dieser Vertrag von Medina die *„erste Verfassung im Islam“* sei, der die Beziehung zwischen den verschiedenen Gruppen regelte und der (unter anderem) *„die Achtung der jüdischen Bevölkerung in Medina hinsichtlich ihrer Religion und ihres Besitzes“* enthielt *„solange sie sich an den Vertrag hielten.“*[13] In der Selbstüberprüfung werden die Schüler schließlich noch dazu aufgefordert zu diskutieren, inwieweit dieser Vertrag das erste Dokument der Welt sei, das die Menschenrechte garantierte:

---

7 Vgl. IE ES 1/1, 41.

8 GES ES 6, 10. Der christliche Charakter dieses Herrschers wird hier deutlicher, da gesagt wird, dass er anstelle des Heiligtums von Mekka eine christliche Wallfahrtsstätte errichten wollte.

9 GES ES 6, 25.

10 GES ES 6, 37.

11 GES ES 6, 37.

12 GES ES 6, 38.

13 GES ES 6, 38.

„Der Vertrag von Medina, den der Prophet Gottes schloss, ist das erste Dokument der Welt, das die Menschenrechte anerkannte hinsichtlich sexueller, religiöser oder Glaubensdiskriminierung. Diskutiere dies."[14]

Die Bezeichnung des Vertrages als „erste Verfassung des Islam" und die Aufforderung an die Schüler, diesen Vertrag mit den modernen Menschenrechten zu vergleichen, zeigen, dass diesem Vertrag grundsätzliche Bedeutung zugemessen wird. Es handelt sich nicht nur um eine historische Regelung des speziellen Verhältnisses zu den Juden und den Anṣar in Medina zur Zeit Muhammads, sondern gilt darüber hinaus als Muster dafür, wie die Beziehungen zu anderen Ethnien und Religionen im islamisch geprägten Staat grundsätzlich zu regeln sind. Wichtig ist, welches Toleranzverständnis hier vermittelt wird. Auffällig ist zunächst, dass Muhammad die Initiative zu dem Vertrag ergreift und dass er Rechte auf Leben, Religion und Besitz der anderen Mitbewohner Medinas garantiert, obwohl er und sein Gefolge ja eigentlich die Verfolgten sind, die aus Mekka fliehen mussten, weil sie dort von den heidnischen Bewohnern angefeindet wurden. Statt dass ihm von den Bewohnern Medinas Schutz des Lebens und des Beistandes gegen die Feinde gewährt wird, wird hier geschildert, dass er die Beziehungen zu der ansässigen Bevölkerung regelte. Das Protektionsverhältnis wird umgekehrt. Nicht er und sein Gefolge als Zugewanderte erfahren Toleranz, sondern er selbst übt Toleranz gegenüber den einheimischen Bewohnern Medinas. Er lässt ihnen Leben, Vermögen und Religion. Die Frage, wer diese Werte antasten wollte, wer diese bedroht, wird nicht berührt. Eines ist aber klar: Wenn sich die Einheimischen nicht darauf einließen, wäre der Schutz von Leben, Vermögen und Religion von den Asylsuchenden in Frage gestellt. Zweitens ist auffällig, dass grundsätzlich unterschieden wird zwischen den Einheimischen, die die neue Religion der Exilanten annehmen und denen, die bei ihrer alten Religion bleiben. Die einen bilden eine *„einzige Gemeinschaft in Unterscheidung zu den anderen Menschen"* in der gleichberechtigte Bruderschaft geschlossen wird. Den anderen wird nur ein Recht auf Leben, Vermögen und eigene Religion zugestanden, *„solange sie den Vertrag halten"*. Die Toleranz gegen Andersgläubige ist also doppelt eingeschränkt: Einmal wird sie eingeschränkt dadurch, dass keine volle Mitgliedschaft in der *umma* möglich ist und demgemäß auch keine gleichberechtigte Bruderschaft. Zum anderen wird sie eingeschränkt durch die Bedingung *„solange sie den Vertrag halten"*. Halten sie ihn nicht, so sind die Werte des Lebens, des Vermögens und der Religionsausübung in Frage gestellt.

In der nächsten Lektion wird im Anschluss an die Beschreibung des Waffenstillstandes von Ḥudaybiyya erwähnt, dass Muhammad an die Herrscher der umliegenden Länder Schreiben gerichtet hat, in dem er sie zur Annahme des Islam aufforderte:

---

[14] GES ES 6, 39

„Die Folge dieses Waffenstillstandes war: 1. Der Prophet – Heil sei mit ihm und Frieden – ließ den Aufruf ausgehen, indem er an die Könige und Oberhäupter der Stämme schrieb und sie zum Islam aufrief, wie z. B. an den Kaiser von Byzanz, den Chosre von Persien, den Negus von Äthiopien und den Muqauqas von Ägypten. 2. Die Eingliederung der arabischen Stämme in die islamische Mission (Daʿwa)".[15]

Die Schilderung der Entsendung von Schreiben durch Muhammad an die umliegenden Königreiche gehört zum festen Bestand der islamischen Geschichtsschreibung. Der friedliche Charakter der islamischen "Mission" (*ad-daʿwa*) soll damit unterstrichen werden.[16]: Das Thema der Toleranz wird nochmals in der 6. Klasse aufgegriffen. Als einer der Gründe für den militärischen Erfolg des Islam wird die tolerante Haltung gegenüber den Schriftbesitzern angeführt und die Tatsache, dass Byzanz und Persien miteinander verfeindet waren.

„Die Gründe für die islamischen Eroberungen

- *Die islamische Religion wurde unter der Bevölkerung der umliegenden Gebiete ohne Zwang durchgeführt. Die Bevölkerung der Schriftbesitzer hatten die Möglichkeit, zwischen dem Islam und der Kopfsteuer zu wählen.*
- *Der Widerstand gegen die Gefahr der beiden Staaten, die die arabische Halbinsel umgaben, der byzantinische und der persische, die eine feindselige Position gegenüber der islamischen Mission (Daʿwa) einnahmen."*[17]

Für viele Christen in Syrien und Ägypten war die Möglichkeit, sich von den neuen islamischen Herren freizukaufen und gleichzeitig die Gewähr der Nichteinmischung in innere Angelegenheiten des Glaubens zu bekommen, tatsächlich ein Fortschritt gegenüber der byzantinischen Herrschaft. Diese bedrückte nicht nur durch Steuern, sondern versuchte auch mit allen Mitteln, die Dogmen des Patriarchen von Konstantinopel durchzusetzen, obwohl große Teile des Christentums in Ägypten und im Umfeld der syrischen Wüste die Konzilien von 431 und 451 ablehnten.[18] Ebenso hatte das lange Ringen zwischen Ostrom und dem Persischen Reich beide Reiche geschwächt und der Islam konnte in ein Machtvakuum vordringen, das zwischen den beiden Staaten entstanden war. Kurz darauf wird in dem Geschichtsbuch die widersprüchlich klingende Information gegeben, dass nach der Eroberung Jerusalems den christlichen und jüdischen *"Einwohnern Sicherheit gewährt worden sei, die bekannt geworden ist unter dem Namen ʿUmar-Vertrag"*, dass man andererseits aber durch die Eroberung *„die Macht der römischen Byzantiner aus den Ländern Syriens verdrängt habe."*[19]

Im Geschichtsbuch der Klasse 7 wird im 15. Kapitel, in dem es um die „Befreiung der Heiligen Stadt Jerusalem" geht, eine Passage eingeschoben, in der die Großmut des

[15] GES ES 6, 43.
[16] Vgl. oben Kap. II.3.3. in Teil 1/B; Kap. III.3.9. in Teil 2/B.
[17] GES ES 6, 59.
[18] Vgl. CAHEN 1968, 22 und Kap. I in Teil 1/A.
[19] GES ES 6, 60.

Ṣalâḥ Ad-Dîn (Saladin) mit dem Blutbad der Franken verglichen wird. Es wird explizit hervorgehoben, dass die orientalischen Christen bei den Muslimen bleiben durften und er keine Zerstörung der Kirchen zuließ:

> *„Phänomene der Großmut des Saladin*
>
> *Saladin nutzte seinen Sieg nicht aus, um an seinen Feinden ein Exempel zu statuieren, so wie sie es mit den Muslimen getan hatten, als sie Jerusalem besetzten, sondern er ließ sie mit ihrem Hab und Gut ziehen. Saladin sorgte sich um den Zustand ihrer Armen und erließ vielen von ihnen das Lösegeld. Er erlaubte den orientalischen Christen unter den Einwohnern der Stadt, bei den Muslimen zu bleiben. Saladin versuchte nicht die Kirchen zu zerstören, sondern ließ sie [unversehrt] - darunter an oberster Stelle die Kirche der Auferstehung."*[20]

Auffällig ist bei dieser Darstellung, dass zuvor berichtet wird, dass Saladin zunächst der Kapitulation nicht zustimmen wollte, weil *„er Rache nehmen wollte für die Muslime, die die Franken getötet hatten als sie Jerusalem besetzt hatten im Monat 492 der Ḥiğra bzw. 1099 n. Chr."*[21] Erst nach Beratung mit seinen Gefolgsleuten habe man sich darauf geeinigt, dass man die Franken gegen ein Lösegeld ziehen lassen wollte. Zudem wird nur darüber berichtet, dass es bei der Einnahme Jerusalems durch die Kreuzfahrer *„zu unmenschlichen Taten gegenüber den muslimischen Bewohnern"* gegenüber gekommen sei.[22] Die Gegensätze zwischen christlicher und muslimischer Besatzung werden also bei weitem nicht so scharf herausgearbeitet und mit negativen Emotionen verbunden, wie dies in ägyptischen Schulbüchern der Fall ist.[23] Das Thema der Toleranz wird nochmals im Kapitel „Friedensvertrag von Ramla" aufgegriffen:

> *„Folgen des Friedensvertrages von Ramla*
> *Die Pilgerwege wurden sicher und es gelangten eine große Anzahl von christlichen Pilgern in die Länder der Muslime."*[24]

Diese kleine Notiz macht auf ein besonderes Phänomen islamischer Toleranz aufmerksam: Die christlichen Pilgerfahrten aus dem Westen nach Jerusalem hoben schon im 4. Jh. an und wurden auch nach der arabischen Eroberung des Landes im 7. Jh. fortgeführt. Sie entwickelten sich allmählich zu Bußwallfahrten, die für Kapitalverbrechen als kanonische Strafe auferlegt wurden. Seit dem 10. Jh. nahm die Popularität und der Glaube an die Heilswirkung der Pilgerfahrt stark zu und unter dem Einfluss der Cluniazenser entwickelte sie sich zu einer „letzten Reise", die den Christen zum letzten religiösen Ziel gelangen ließ, an dem er bis zu seinem Tolde bleiben sollte.[25]

---

[20] GES ES 7, 71.
[21] GES ES 7, 70.
[22] GES ES 7, 41.
[23] Vgl. oben Kap. VI.3.7. in Teil 1/B.
[24] GES ES 7, 67.
[25] Vgl. MAYER 2000, 18.

Die Toleranz und der Humanismus des Islam, die bis dahin nur im Zusammenhang mit der Schilderung einzelner geschichtlicher Ereignisse und Herrschergestalten erwähnt wurden, werden im Schulbuch der Klasse 8 zum grundsätzlichen Kennzeichen des Islam erklärt. Nach dem Glauben an den einen Gott (*al-waḥdâniyya*) und der Totalität des islamischen Glaubens (*aš-šumûl*), der alle Bereiche des politischen, wirtschaftlichen, wissenschaftlichen und sozio-kulturellen Lebens ebenso umfasse und präge wie die des Individuums, wird folgende Erläuterung gegeben:

> *„3. Die Toleranz (at-tasâmuḥ)*
>
> *Es gibt einige Koranverse, die zur Nachsicht und zum Verzeihen drängen. So sagt der Erhabene: 'Wenn ihr verzeiht, Nachsicht übt und vergebt, ist Gott voller Vergebung und Barmherzigkeit' (Sure ‚Die Übervorteilung', 14)*[26] *Die Toleranz des Islam erscheint in seiner edelsten Haltung in der Haltung, die er gegenüber den Nichtmuslimen einnahm, denn es findet sich in der Geschichte kein Zwang und keine Nötigung zur Übernahme des Islam."*[27]

An vierter Stelle wird die Festigkeit/Echtheit (*al-aṣâla*) und schöpferische Fähigkeit/Originalität (*al-ibdâ'*) als Charakteristikum des Islams genannt, an fünfter (und letzter) Stelle der Humanismus (*al-insâniyya*):

> *„5. Der Humanismus*
>
> *Der Islam richtete den Ruf an alle Menschen, dass sie Beziehungen untereinander aufbauen auf der Basis der Brüderlichkeit, der Zusammenarbeit zum Guten und dem Abweisen des Bösen, denn ihr Gott ist Einer. Er schuf sie aus demselben Einen und es gibt keine Rechtfertigung dafür, irgendeine Trennung zwischen ihnen hinsichtlich der Farbe, des Geschlechtes, der Sprache oder der Herkunft aufzurichten. Damit rief die islamische Predigt zum ersten Mal weltweit zum Aufbau der humanen Gesellschaft auf basierend auf dem Dialog, dem gegenseitigen Kennenlernen, der Zusammenarbeit zur Kenntnis des Rechtes und der Arbeit dafür sowie des gegenseitigen Wetteiferns um das Tun des Guten, des Rechtschaffenen, des Gerechten und des Humanen. 'Oh ihr Menschen! Wir haben euch aus Mann und Frau erschaffen und haben euch zu Völkern und Stämmen werden lassen, damit ihr euch kennen lernt. Der Edelste vor Gott ist der Frömmste unter euch. Gottes Wissen und Kenntnis sind unermesslich'."(Sure ‚Die inneren Gemächer', 13)* [28] *Die islamische Kultur war die wichtigste Kultur, die sich für den Fortschritt der humanistischen Kultur interessierte und neben den Errungenschaften im Bereich des politischen, wirtschaftlichen, sozialen, wissenschaftlichen, kulturellen und militärischen Lebens war sie die erste Kultur, die die Menschenrechte verkündete und die Prinzipien der Freiheit, Brüderlichkeit und Gleichheit vorlegte."*

Was im Zusammenhang mit dem Abkommen von Medina im Geschichtsbuch der Klasse 6 nur als These formuliert wurde, die die Schüler diskutieren sollten, wird nun als Gewissheit vermittelt: Der Islam [und nicht der Westen] habe die Menschenrechte begründet und dies nicht erst in der Neuzeit, sondern bereits zu Anfang seiner Geschichte, d. h. Jahrhunderte vor der französischen Revolution bzw. der amerikanischen

---

26 Sure 64, 14
27 GES ES 8, 10.
28 Sure 49, 13.

Bill of Rights. Eine andere Darstellung der Humanisierung, die der Islam mit sich brachte, findet sich in einem anderen Zusammenhang. Zum Anfang der Lektion über „Das Heer und die Flotte“ wird der Historiker Šawqî Abû Ḫalîl zitiert:

> *„Auch wenn der Islam Kriege gegen seine Feinde führte, so ließ er sich doch nicht zu überstürzten Handlungen hinreißen. Sobald er seinen Willen auferlegt hatte, gab es eine psychische Hemmschwelle [Gräueltaten zu verüben] und Gerechtigkeit, denn der Krieg gehört nicht zu den Zielen des Islam und nicht zu seinen Erfindungen, sondern geht auf frühere Zeiten zurück. Der Islam band das Herz des Kämpfers (al-muǧâhid) zugleich an etwas höheres, nämlich an Gott, denn der Kampf des Muslim auf dem Weg Gottes hat seine Grenze/Beschränkung (ǧihâd al-muslim fî sabîl Allah ḥaṣran). Deshalb gibt es keine [prinzipielle] Feindschaft gegen Menschen, Vermögen oder Güter ...“*[29]

Zu dem Text werden folgende Fragen gestellt:

> *„Wir denken über das folgende nach und antworten:*
> - *Gehörte der Krieg zu den Zielen der Muslime?*
> - *Was ist (war) das Ziel der Schlachten, in die man sich gegen die Feinde stürzt(e)?*
> - *Was ist (war) das höchste Gut des muslimischen Kämpfers? Und was ist die Folge davon?“*[30]

Hier wird deutlicher als nirgendwo anders der spezifische Fortschritt benannt, den die islamischen Eroberungskriege mit sich brachten: Sie waren keine Vernichtungskriege. Man wollte andere Kulturen (zumindest die der anerkannten Offenbarungsreligionen) nicht zerstören, sondern es ging prinzipiell nur darum, anderen Völkern, Ländern und Kulturen *„den Willen aufzuerlegen“*. Sofern dies ohne Gewalt möglich war, gab sich der Islam schnell mit Tributzahlungen und der Unterwerfung zufrieden. Wenn dies geschah, konnte und sollte mit Nachsicht/Großmut/Toleranz gegenüber den (noch) Ungläubigen gehandelt werden. Es handelte sich also um eine Humanisierung des Kriegsrechtes und Schaffung eines rechtlichen Status, in dem andersgläubige Untergebene mit eingeschränkten Rechten leben konnten. Dieser Status diente zudem zur Sicherung der langfristigen Ausbeutung der eroberten Länder. Obwohl Christen und Juden immer wieder zu höchst bedeutenden Stellungen aufrücken konnten, stehen sie signifikanter Weise bei einer Beschreibung der verschiedenen Schichten der arabisch-islamischen Gesellschaft an siebenter und letzter Stelle, sogar den Bauern und verschiedenen Sklaven nachgeordnet.[31]

---

29 GES ES 8, 30. Als Quelle wird angegeben: „(Frei nach) Šawqî Abû Ḫalîl, Die Geschichte der islamisch-arabischen Kultur, S. 355“.

30 GES ES 8, 30.

31 GES ES 8, 83.

3.2. Der Islam knüpft an die Kultur der orientalischen Christen an

Die Existenz christlicher und jüdischer Gruppen auf der Arabischen Halbinsel vor dem Islam wird am Anfang des Schulbuches für die Klasse 6 bei der Beschreibung der politischen Situation dieser Region kurz erwähnt:

> *„Das Judentum war vor dem Islam in Yaṯrîb, Ḫaibar und dem Yemen verbreitet, das Christentum in Nağrân und in den nördlichen Regionen, die den Ländern von Syrien (aš-Šâm) gegenüberliegen, bei den Ġassaniden und den Al-Munâḏira."*[32]

Am Ende des gleichen Schulbuches wird über die Übersetzungsarbeit aus den Sprachen der christlichen Kulturen und über die Übernahme der Wissenschaft aus den früheren Kulturen berichtet:

> *„Die Bewegung zur Übersetzung und zum Transfer*
> 1. *Der Beginn des Interesses an der Übersetzung ist bei den Muslimen bis auf die Anfänge des Islam zurückzuführen. So ordnete der Prophet – Heil und Segen sei mit ihm – an, dass Zaid Ibn Ṯâbit die Sprache der Juden lernt, um vor ihrer List sicher zu sein, und ebenso das Syrische.*
> 2. *Die Omayaden interessierten sich für die Übersetzung infolge der Auseinandersetzung der Araber mit Anhängern anderer Kulturen in den eroberten Ländern, wegen der administrativen Notwendigkeit zur Arabisierung der Diwane und um aus dem Wissen der früheren Völker (über die Medizin, die Mathematik, Logik, Astronomie und Chemie) Nutzen zu ziehen. In der Zeit der Omayadendynastie fand die große Bewegung zur Arabisierung der Diwane statt im Blick auf alles, was in persisch im Irak und im Osten, griechisch und syrisch in den Ländern Syriens (Aš-Šâm) oder griechisch und koptisch in Ägypten aufgeschrieben war.*
> 3. *Die Bewegung zur Übersetzung und zum Transfer von den syrischen, koptischen, persischen, griechischen und indischen Sprachen in die arabische Sprache entwickelte sich in besonderer Weise zur Zeit der Abbasiden, in der die wichtigsten Bücher der fremden Kulturen in die arabische Sprache übertragen wurden.*
> 4. *Kalif Al-Manṣûr war der erste Kalif, der Astronomen kommen ließ und Regeln der Gestirne aufstellte. Ebenso interessierte er sich für Medizin. An oberster Stelle stand der Syrer Ibn Buḫtîšû*[33]*, der mehrere Sprachen beherrschte und zu seiner Zeit eine Anzahl medizinischer Bücher in die arabische Sprache übertrug.*
> 5. *Die Muslime zur Zeit des Kalifen Ar-Rašîd interessierten sich für philosophische und wissenschaftliche Bücher, die der Kalif aus den byzantinischen Ländern herbeischaffen ließ, wie z. B. die Bücher des Ptolemäus über die Astronomie und die Geografie, des Aristoteles und Plato über die Philosophie, des Hippokrates über Medizin, des Euklid über die Grundlagen der Geometrie und andere.*
> 6. *Der Kalif Al-Ma'mûn förderte die Bewegung zur Übersetzung in die arabische Sprache und ermunterte die Menschen zum Lesen dieser übersetzten Bücher. Und er errichtete zu seiner Zeit Sternwarten in der Hauptstadt. Er achtete die Gelehrten der Juden und Christen und umgab sich mit ihnen an seinen Sitzen wegen ihrer Gelehrtheit in der arabischen Sprache und ihrer Erfahrung in der griechischen Sprache und ihrer*

---

32 GES ES 6, 20.

33 Mit dem Namen können mehrere Personen gemeint sein. Bei den *Banû Boḫtîšû'* handelt es sich um eine Gelehrtenfamilie der Apostolischen Kirche des Ostens („Nestorianer"), die seit der sassanidischen Epoche bis ins 11. Jh. eine führende Position unter den Übersetzern und Gelehrten einnahm. Vgl. CAHEN 1968, 130; SOURDEL, D.: Art. "*Bukhtîshu*" in: EI 1, 298.

Literatur. Sie übersetzten Bücher der Philosophie und Geschichte, Geometrie und andere mehr.

7. *Die wichtigsten Übersetzer zur Zeit des Al-Ma'mûn waren:*

Name des Übersetzers	*Spezialisierung*
Ḥunain Ibn Isḥâq34	*Medizin*
Ṯâbit Ibn Qurra	*Mathematik*
Abdallah Ibn Al-Muqaffaʿ	*Literatur und Geschichte*

8. *Unter den wichtigsten allgemeinen Bibliotheken, die eine wichtige Rolle in der wissenschaftlichen Bewegung spielten, war das ‚Haus der Weisheit' in Bagdad, das von Hârûn Ar-Rašîd gegründet wurde und sich in der Zeit seines Sohnes Al-Ma'mûn weiterentwickelte."*[35]

Der Transfer des Wissens wird schließlich auch nochmals kurz in einer Lektion über „*Das Heer und die Flotte*" im Geschichtsbuch der Klasse 8 erwähnt:

> „*Bei der Ausweitung des islamischen Reiches im arabischen Osten und arabischen Westen gelangten sie an die Küsten der Meere und Ozeane, die zu militärischen Zentren ihrer Feinde wurden, um Angriffe gegen die islamischen Küsten zu unternehmen, speziell im Mittelmeer, das unter dem Namen ‚Römisches Meer' (baḥr ar-rûm) bekannt war. Deshalb wandten darauf Muʿâwiyya Abu Sufyân und ʿAbdallah Ibn Abû As-Siraḥ, die Gouverneure über Ägypten und Syrien (Aš-Šâm) ihr Augenmerk und der Kalif Oṯmân beschäftigte die nichtarabischen Nationen in den eroberten Ländern wegen ihrer Erfahrung im Bau von Schiffen – insbesondere die Kopten in Ägypten und die Christen in den Ländern Syriens.*"

Die Leistung der christlichen und jüdischen Bevölkerung zum Aufbau der islamisch-arabischen Kultur wird gewürdigt. Einige wichtige christliche Übersetzer werden namentlich aufgelistet. Es wird sogar angedeutet, dass manche muslimischen Herrscher einen freundschaftlichen Respekt vor der Bildung und Gelehrsamkeit der einheimischen Christen und Juden bezeugten, deren Länder man erobert hatte. Eine eigenständige Darstellung dieser Kultur erfolgt jedoch nicht.

3.3. Orientalische Christen, die Freunde der Muslime

Im Geschichtsbuch der 6. Klasse wird in einem Kapitel über die Ḥiğra ein Text von Ibn Hišam zitiert, in dem die Ḥiğra in das [christliche] Äthiopien geschildert wird:

> „*Ibn Isḥâq sagte: Als der Prophet Gottes sah, was seinen Gefährten an Heimsuchungen widerfuhr ... da sagte er zu ihnen: Zieht doch aus in das Land Äthiopien. Da gibt es einen König, der niemanden bei sich unterdrückt. Es ist ein befreundetes Land. Gott wird euch*

34 Zu seiner Person vgl. CAHEN 1968, 130: „Von den zahlreichen Übersetzern können wir nur einige bedeutende nennen, an ihrer Spitze den Arzt Ḥunain ibn Isḥâq, der durch philologische Methode und sprachliche Meisterschaft die Kunst der Übersetzung zu einer vor und nach ihm nicht erreichten Höhe brachte. Er war der Sohn eines christlichen Arabers, eines Apothekers in Ḥira, der ehemaligen Hauptstadt der Laḫmiden, und wurde von Mutawakkil an das Bait al-Ḥikma, die von Ma'mûn gegründete Akademie, berufen, wo er bis zu seinem Tode (873) wirkte und Schüler ausbildete, die sein Werk fortsetzten."

35 GES 6, 133f.

Erleichterung bereiten, wenn ihr dort seid. Daraufhin gingen welche von den Gefolgsleuten des Propheten Gottes in das Land Äthiopien, da sie den Bruderkrieg fürchteten und flüchteten zu Gott mit ihrer Religion. Dies aber war die erste Auswanderung im Islam.“[36]

Obwohl dies nicht explizit gesagt wird, kann diese Textstelle als vorsichtige Andeutung dafür angesehen werden, dass eine Freundschaft zwischen Muslimen und Christen möglich ist, denn dem muslimischen Leser der Geschichte ist - auch ohne dass dies explizit gesagt wird - klar, dass es sich bei dem Äthiopier um einen christlichen Herrscher handelt. Die Möglichkeit, dass Muslime eine Freundschaft zu Christen und Juden aufbauen können, wird auch in der Lektion „Wissenschaftliche Aktivität zur Zeit der abbasidischen Kalifen“ angedeutet. Der Abbaside al-Ma'mûn habe sich mit gebildeten Juden und Christen umgeben und sie wegen ihres Wissens und ihrer Sprachbegabung geschätzt.[37] In positiver Weise wird dann nochmals im Schulbuch der Klasse 6 erwähnt, dass koptische und syrische Christen beim Aufbau einer Flotte halfen.[38]

3.4. Die Verdrängung der Kultur des orientalischen Christentums

Die Geschichte und Kultur des orientalischen Christentums kommt als eigenständiges Thema in den Geschichtsbüchern nicht vor. Der Grund hierfür ist in der Definition der islamisch-arabischen Kultur zu Anfang des 8. Schulbuches zu finden. In der ersten Lektion wird ausgeführt, dass *al-haḍâra* die Summe der politischen, sozialen, wirtschaftlichen, wissenschaftlichen, religiösen, geistigen und kulturellen Phänomene in Städten und Dörfern meine, die in einer Großregion von Generation zu Generation weiter getragen werden. *Al-haḍâra* meine also gewissermaßen den Kulturkreis. *Al-madaniyya* sei vom städtischen/bürgerlichen Leben abgeleitet und meine das gehobene materielle und kulturelle Niveau. Der Begriff *aṯ-ṯaqâfa* komme dem Begriff *al-haḍâra* nahe, bezeichne jedoch vor allem den immateriellen Aspekt der Kultur: Die Glaubensformen, die Kunst, die Ethik, das Recht und die Sitten.[39]

Bei einer solchen Begriffsbestimmung liegt nahe, dass die Christen und Juden des Orients eingeschlossen sein müssten, da sie über Jahrhunderte gewichtige Beiträge zu all den genannten Bereichen lieferten und ein konstitutiver Bestandteil der orientalischen Kultur sind. Dies ist jedoch nicht der Fall, denn im zweiten Kapitel, in dem die „Grundlagen des islamisch-arabischen Kulturkreises“ aufgezählt werden, wird ihre Kultur systematisch ausgeschlossen:

---

[36] GES ES 6, 30. Als Quelle wird angegeben: „Ibn Hišâm: Das Leben des Propheten, 1. Teil, Seite 255“.

[37] Zur Textpassage vgl. das vorherige Kap. IV.3.2.

[38] Ebda.

[39] GES ES 8, 4.

Als erstes wird hier als Grundlage der *Islam* genannt.	Die religiöse Engführung auf den Islam schließt die nicht islamisierte Bevölkerung aus dem Kulturkreis aus.
An zweiter Stelle wird als Identität stiftendes Element die *arabische Sprache* genannt, als Sprache der erobernden Araber aber auch der verschiedenen Völker, die das Arabische annahmen und deren Sprachen verdrängt wurden.	Diejenigen, die eine Zweisprachigkeit seit Jahrhunderten pflegen, gehören also offenbar nicht mehr dazu.
Als drittes Element werden die *islamisierten Völker* genannt, die „nicht mit dem Schwert bekehrt wurden, sondern durch Überzeugung".	Die nicht islamisierten Teile der eroberten Länder und Völker gehören also nicht dazu.
Viertens werden die verschiedenen *früheren Kulturen* erwähnt, die dem Islam vorangingen und an die er anknüpfen konnte.	Nur die vorangegangenen gehören dazu, nicht die christlichen Kulturen, die innerhalb des islamisch-arabischen Kulturkreises noch immer bestehen.

Aufgrund der zahlenmäßigen Majorität der Christen und ihrer Bedeutung für die islamisch-arabische Kultur für viele Jahrhunderte lässt es sich jedoch kaum vermeiden, auf sie an vielen Stellen zu sprechen zu kommen. Dies geschieht vornehmlich dann, wenn der Übergang zur „islamisch-arabischen Kultur" beschrieben wird. Das Christentum hat „vorläufigen Charakter" – nicht nur im religiösen und kulturellen, sondern auch im sozialen und wirtschaftlichen Bereich. Über die Stellen hinaus, die von der Anknüpfung an die christliche Kultur während der Eroberungsphase sprechen (vgl. oben Kap. IV.3.2.), sind folgende weitere Stellen zu nennen, die vornehmlich über die zweiten Phase der Eroberung, der Etablierung und Konsolidierung des islamischen Reiches berichten. Im Kapitel über die Verwaltungsmaßnahmen zur Zeit des omayadischen Kalifats" wird von der „Arabisierung der Diwane" gesprochen:

„Die Arabisierung der Diwane

Die Sprache der Diwane vor der Zeit des Kalifen ʿAbd Al-Malik Ibn Marwân war wie folgt: In Syrien (Aš-Šâm) das Griechische, im Irak das Persische, in Ägypten das Griechische und Koptische. Wegen dieser Vielzahl der Sprachen, die in den Diwanen der Länder des islamischen Kalifats geschrieben wurden, befahl ʿAbd Al-Malik die Arabisierung der Diwane in diesen Ländern. Und es fand die Arabisierung Syriens und des Iraks statt, Ägypten aber kam erst später dran gegen Ende des Kalifats von Al-Walîd Ibn ʿAbd Al-Malik.

Folgen der Arabisierung

1. *Die Sprache der Diwane wurde die arabische Sprache. Und diejenigen, die ihnen vorstanden, waren nun arabische Muslime.*
2. *Es entstand die Schicht der Schreiber und Übersetzer, denen die Schreibarbeiten aufgetragen wurden und die Arbeiten zum Übertragen der ausländischen Sprachen ins Arabische."*[40]

[40] GES ES 6, 95f. "Dîwân" ist die Bezeichnung für oberste Verwaltungsorgane. Zuerst unter ʿUmar als Verwaltungsstelle für die Besoldung der Armee eingeführt, wurde sie unter den Abbasiden für

Obwohl hier die orientalischen Christen und Juden nicht explizit erwähnt werden, handelt das ganze Kapitel von ihnen, denn in den ersten Jahrhunderten der arabischen Eroberung haben jüdische und christliche Notabeln sowohl am Kalifenhof als auch in der Verwaltung und Armee wichtige Ämter bekleidet.[41] Es geht um die Beschreibung des Aneignungs- und Verdrängungsprozesses der einheimischen Christen und Juden durch die muslimischen Besatzer. Oftmals waren es die gelehrtesten und angesehensten Männer unter den Christen und Juden, die durch ihre Übersetzungsarbeit und Wissensvermittlung der Ausgrenzung ihrer eigenen Kultur den Boden bereiteten und sie erst möglich machten. Mehrere Quellen weisen darauf hin, dass man ihre Einsetzung auf wichtigen Posten als ein Übel ansah, dem man entgegentreten musste oder dem man nur vorübergehend zustimmen konnte.[42]

Freilich blieb es trotz solcher Bestimmungen und Einstellungen über Jahrhunderte hinweg Praxis, dass Christen und Juden bis in sehr hohe Stellungen aufrücken konn-

---

die zentrale Steuerverwaltung, die Rechnungskammer, Staatskanzlei u. a. unter Leitung eines Wesirs verwendet. Vgl. DURI, A. A.: Art. "Diwan" in: EI 2, 323-327.

41 Im Kalifat des im Text erwähnten Kalifen ʿAbd Al-Malik „leiteten die Oberhäupter der Christen in den Städten und in den ländlichen Gebieten noch alle Regierungsangelegenheiten". So Michael der Syrer zitiert nach BAT YE'OR 2002, 139.

42 Welche Einstellung man gegenüber den Schriftbesitzern hatte, die wichtige Ämter bekleideten, wird durch ein Responsum islamischer Rechtsgelehrter aus dem 13. Jh. deutlich (An-Nawawî: Al-Manṯurât - zitiert nach LEWIS 1987, 35f.): "Frage: Ein Jude ist als Aufseher ins Schatzamt der Muslime berufen worden; seine Aufgabe ist es, die hereinkommenden und ausgegebenen Dirhams zu wiegen, sie zu prüfen, und man verlässt sich dabei ganz auf sein Wort. Ist diese Ernennung unter dem Heiligen Gesetz statthaft oder nicht? Wird Allah den Herrscher belohnen, wenn er ihn entlässt und dafür einen sachkundigen Muslim einstellt? Wird jedem, der zu dieser Entlassung beiträgt, ebenfalls Allahs Lohn zuteil? Antwort: Es ist weder statthaft, den Juden auf einen solchen Posten zu berufen noch ihn dort zu belassen, und ebenso wenig, sich in einschlägigen Fragen auf sein Wort zu verlassen. Der Herrscher, möge Allah ihm Erfolg schenken, wird belohnt werden, wenn er ihn entläßt und dafür einen sachkundigen Muslime einstellt, und jedem, der zu seiner Entlassung beiträgt, wird ebenfalls Lohn zuteil werden. Allah sprach: ‚O Gläubige! Schließt keine Freundschaft mit solchen, die nicht zu eurer Religion gehören. Sie lassen nicht ab, euch zu verführen, und wünschen nur euer Verderben. Ihren Haß haben sie bereits mit dem Mund ausgesprochen, aber noch weit Schlimmeres ist in ihrer Brust verschlossen. Wir haben euch davon schon Beweise gegeben, wenn ihr sie nur verstanden habt.' (Koran III, 119). Das bedeutet, daß ihr keine Außenstehenden, das heißt Ungläubige, aufnehmen und ihnen gestatten solltet in eure ureigensten Bereiche vorzudringen. ‚Sie lassen nicht ab, euch zu verführen.' Das bedeutet, daß sie vor nichts, was in ihrer Macht steht, zurückschrecken, um euch Leid, Schaden oder Unrecht zuzufügen. ‚Ihren Hass haben sie bereits mit dem Mund ausgesprochen', denn sie sagen: ‚Wir sind eure Feinde'." Eine ähnliche Auffassung gegenüber den Diensten der christlichen und jüdischen Schutzbürger wird auch bei Gelehrten wie Ṭabarî und Ibn Taimiyya deutlich. Sie lehrten, dass die Schutzbürger ihren Status nur so lange genießen wie die Muslime ihre Dienste benötigen. Wenn diese nicht mehr gebraucht wurden, dann sollte der Imam nach dem Beispiel des Propheten die Schutzbürger verbannen, so wie auch die Juden von Ḫaibar verbannt wurden. Der Schutzbund (Ḏimma) wird hier verstanden als ein Ausbeutungsschutz, der beendet wird, sobald er nicht mehr rentabel ist. Vgl. FATTAL 1958, 83; KHOURY 1994, 98.

ten[43] – nicht so sehr deshalb, weil manche Herrscher eine bessere Meinung von ihnen gehabt hätten oder die Vorläufigkeit der Besetzung von Positionen in Frage stellten, sondern aus dem pragmatischen Grund heraus, dass man sie wegen ihres Wissens und ihren Fähigkeiten brauchte und sie oftmals die servileren Untergebenen waren. Ihre Verletzbarkeit als Nichtmuslime garantierte den Kalifen eine Ergebenheit wie sie bei den eigenen Glaubensgenossen kaum gefunden werden konnte.[44]

Die Arabisierung und Islamisierung wird noch im Zusammenhang mit den Münzen, die im islamischen Bereich in Gebrauch waren und im Zusammenhang mit den Bauaktivitäten angesprochen. Bei den Münzen werden drei Phasen unterschieden:

„Dieser Prozess verlief in folgenden drei Phasen:

1. *Die erste Phase: Die Omayaden benutzten die alten byzantinischen [Gold-] Dinare, auf denen ein Bild des Imperators Herkules und* [auf der Rückseite] *ein Kreuz abgebildet war.*
2. *Die zweite Phase: Es fand eine Verbesserung der Währung statt, indem man das Bild des Imperators durch das Bild des Omayaden-Kalifen ʿAbd Al-Malik Ibn Marwân ersetzte, der mit dem Schwert dastand und auf der Rückseite waren islamische Schriften.*
3. *Die dritte Phase: Es erschienen die islamischen Münzen ohne Kalifenbild. Nunmehr gab es auf beiden Seiten [islamische] Formeln wie z. B. die beiden Bekenntnisse oder Koranverse wie 'Sage: Gott ist ein Einziger ...'"*[45]

Eine Begründung für die Veränderungen wird nicht geliefert, obwohl es hier nahe liegen würde, über die verschiedene Einstellung zu den Bildern in Christentum und Islam zu sprechen sowie über die innere Entwicklung, die der Islam in dieser Hinsicht durchgemacht hat. Zu diesem Vergleich wird erst im Zusammenhang mit den Bauaktivitäten zur Zeit der Omayaden-Kalifen im darauf folgenden Kapitel angeregt. Hier werden nach Darstellung der wichtigsten Baudenkmäler der Omayaden-Zeit die Schüler gefragt: *„7. Überlege warum die Ornamentik der islamischen Moscheen frei sind von Tier- oder Menschenbildern“*[46] Im Schulbuch der 8. Klasse wird die Arabisierung der Diwane nochmals wiederholt. Neu dabei ist, dass nun die persische, „byzantinische“ und koptische Sprache als *al-luġât al-aǧnabiyya* ("die ausländischen Sprachen")

43 Vgl. die zweite Lektion der Einheit „Die politische Ordnung“ im Geschichtsbuch der Klasse 8 (GES ES 8, 21), in dem erwähnt wird, dass im Gegensatz zu dem Wesirat, das mit Vollmachten ausgestattet war, das „durchführende Wesirat“ auch mit Schutzbefohlenen besetzt werden konnte. In zahlreichen Ländern des Mittleren Ostens ist es bis in die Gegenwart üblich geblieben, dass Christen in höchste Regierungspositionen aufsteigen konnten. Beispiele für Ägypten sind der koptisch-orthodoxe Ministerpräsident Buṭrus Ġâlî, der Großvater des gleichnamigen letzten UN-Generalsekretärs; für Irak ist der langjährige Außenminister, Târiq ʿAzîz, ein chaldäischer Christ, und für Palestina ist Ḥanân ʿAšrâwî zu nennen, die bis vor einigen Jahren Ministerin für das palästinensische Hochschulwesen war und die durch ihr Auftreten bei den Nahost-Verhandlungen der Welt ein neues Palästina-Bild vermittelte. Vgl. ASHRAWI 1997.

44 Vgl. LEWIS 1987, 36; BAT YE'OR 2002, 140.

45 GES ES 6, 99f.

46 GES ES 6, 107.

bezeichnet werden, aus denen man ins Arabische übersetzt habe.[47] Dies ist allerdings sachlich falsch, denn bei diesen Sprachen handelt es sich um die alten Nationalsprachen dieser Länder, die teilweise schon auf eine Jahrtausende alte Tradition zurückblicken konnten.[48] Neu ist zudem die Offenheit, mit der man die Zielsetzung der Arabisierung benennt. An erster Stelle ging es darum, *„den Einfluss der Schutzbefohlenen in den Beamtenpositionen des Staates zu verringern"*.[49] Zusammenfassend werden in der Lektion „Die Bildung einer islamisch-arabischen Gesellschaft" drei Faktoren beschrieben, die zur Islamisierung und Arabisierung der Gesellschaft führten:

> *„Eine große Anzahl von arabischen Stämmen wurde in den Gebieten des islamisch-arabischen Reiches angesiedelt. Diese Stämme nahmen statt [ihres bisherigen] Nomadenlebens ein sesshaft-zivilisiertes Leben an. Die Araber, die in Ägypten, Syrien und dem arabischen Westen beheimatet wurden, vermischten sich mit den Rassen der Bevölkerung, die in diesen Ländern vorhanden waren. Es gab aber einige Faktoren, die bewirkten, dass diese Rassen schließlich arabisiert wurden:*
>
> 1. *Die Verbreitung der arabischen Sprache neben der islamischen Religion. Die Menschen wurden in sprachlicher Hinsicht arabisiert.*
> 2. *Die Vermischung der Araber mit den anderen Völkern auf dem Wege der Heirat und Verschwägerung, in sozialer Hinsicht durch das Zusammenleben und den Umgang mit den anderen Rassen.*
> 3. *Die arabische Herrschaft und das ehrenvolle Herantragen der islamischen Religion an die Menschen unterstützte die Araber dabei, sich die Nichtaraber zu unterwerfen und heraus kam eine Gesellschaft, die arabisch-islamisiert war."*[50]

Wieder werden mehrere Aspekte der Islamisierung besprochen. Als ein neues Element wird hier die gezielte Deportation von Bevölkerungsgruppen bzw. Kolonialpolitik benannt, die in der Tat einen wesentlichen Einfluss auf die Arabisierung und Islamisierung der eroberten Völker ausübte. Sie verdrängte Christen und Juden aus angestammten Regionen und Berufen, übte sozial-gesellschaftlichen Druck auf die Einheimischen aus, da die zugewanderten Muslime stets rechtlich besser gestellt waren. Zudem waren die rigiden familienrechtlichen Regelungen und der soziale Druck, die hier nur angedeutet werden, in der Tat wichtige Aspekte der Islamisierung.

3.5. Orientalische Christen, die Quelle des Reichtums

In der Lektion „Die Verwaltungsmaßnahmen zur Zeit der rechtgeleiteten Kalifen" des Schulbuches für die 6. Klasse wird kurz über die Gründung des Diwans für die Grundsteuer berichtet und in der folgenden Lektion „Die wirtschaftlichen Maßnahmen

---

47 GES ES 8, 24.

48 Das Koptische ist zum Beispiel nur die Spätform der altägyptischen Sprache, die bereits seit ca. 3.000 v. Chr. am Nil gesprochen wurde.

49 GES ES 8, 24.

50 GES ES 8, 81.

zur Zeit der rechtgeleiteten Kalifen" werden die verschiedenen Steuern, die von den Schutzbefohlenen erhoben wurden, im Zusammenhang mit den Einkünften der Staatskasse genauer beschrieben. Das Thema wird nochmals aufgegriffen im Geschichtsbuch für die 8. Klasse in der Lektion „Die Einkommensquellen der Staatskasse". Die Steuerbemessung verlief dabei zu einem großen Teil entlang der religiösen Grenzen und ist deshalb für die Position der Christen (und Juden) in der islamischen Gesellschaft sehr aufschlussreich. An erster Stelle wird die Almosensteuer (*az-zakât*) beschrieben. Dabei handelt es sich um die Abgabe, die zu den Grundsäulen des Islams gehört, die nur von Muslimen erhoben wurde und im Zehnten aller Einkünfte bestand. Sie ist hier weniger von Interesse, da sie nur Muslime betrifft. Bei der zweiten Steuer *al-ḫarağ* handelt es sich um die Steuer, die auf die Ländereien erhoben wurde:

> *„Al-Ḫarâğ ist ein bestimmter Geldbetrag, mit dem die Ländereien belegt wurden, die die Muslime erobert hatten und die in der Hand ihrer Besitzer blieben".*[51]

Im Schulbuch der 8. Klasse wird die Steuer folgendermaßen beschrieben:

> *„Die ḫarâğ ist die älteste Form der Steuern und war schon zur Zeit der Pharaonen bekannt. Sie ist ein Maß von Geld oder Naturalien, die die Muslime auf das Land erhoben. Der sie erhob war unter dem Namen ‚Herr der Bodensteuer' (ṣâḥib al-ḫarâğ) bekannt. Er musste gelehrt sein und sich im Recht (fiqh) auskennen, sich mit den Leuten der Meinung (ahl ar-ra'y*[52]*) beraten, tugendhaft und gerecht sein. Die wichtigsten Formen von Land, auf die diese Steuer erhoben wurde, waren folgende: [a] Die Ländereien, die die Muslime gewaltsam, d. h. mit Kampf, erobert hatten und die der Kalif nicht unter den Kämpfern verteilte als Entschädigung für ihre Beteiligung; vielmehr ihre Besonderheit zum allgemeinen Nutzen einsetzte. So tat dies ʿUmr Ibn Al-Ḫattâb mit den Ländern von Syrien (Aš-Šâm) und Irak. [b] Die Ländereien, deren Verwaltung die Muslime ohne Kampf übernahmen. Die Höhe der Bodensteuer war von mehreren Faktoren abhängig, z. B. der Fruchtbarkeit des Landes, der Art seiner Erträge und seiner Preise und der Art der Bewässerung. Wer für die Bewässerung Geräte einsetzen musste, hatte eine niedrigere Bodensteuer als der, der nur mit dem Regen bewässerte."*[53]

Die Bodensteuer wird korrekt beschrieben. Allerdings fehlt hier genauso wie in den ägyptischen Schulbüchern der Hinweis auf die religiöse Diskriminierung, die mit den Bodensteuern verbunden war.[54] Die Beschreibung der Personen gebundenen

---

51 GES ES 6,70.

52 Unter *ahl ar-ra'y* versteht man im Gegensatz zu den *ahl al-ḥadīṯ* diejenigen islamischen Gelehrten, die der selbständigen Meinung/dem eigenständigen Urteil (*ra'y*) bei der Rechtsfindung einen großen Wert zumaßen. Es handelt sich dabei allerdings um eine Bezeichnung, die nie von einer Rechtsschule als Selbstbezeichnung gewählt wurde, sondern polemischen Charakter hatte. So wurde insbesondere von den Schafiʿiten die hanafitische Rechtsschule als *ahl ar-ra'y* bzw. *aṣḥab ar-ra'y* bezeichnet, weil sie der selbständigen Urteilsfindung einen zu großen Wert zumaß. Vgl. SCHACHT: Art. *aṣḥab al-ra'y* in: EI 1, 691.

53 GES ES 8, 68f.

54 Vgl. oben Kap. VI.3.5. und VI.4.2. in Teil 1/B.

Kopfsteuer (*al-ǧizya*), die speziell von Juden und Christen als zusätzliche Steuer erhoben wurde, wird im Schulbuch der 6. Klasse folgendermaßen definiert:

> *„Sie ist ein bestimmtes Maß an Geld, das jährlich von den Schutzbefohlnenen (den Christen und den Juden) erhoben wurde entsprechend dem Vertrag, den die Muslime mit ihnen geschlossen hatten zu ihrem Schutz. Frauen, Jugendliche, Alte, Kranke, Arme und Leute der Religion waren davon ausgenommen. Sie wurde aber von ihnen genommen, sobald sie den Islam öffentlich verkündeten.“*[55]

Im Schulbuch der 8. Klasse wird sie wie folgt beschrieben:

> *„Die Kopfsteuer (al-ǧizya) war bei den Völkern vor dem Islam bekannt, bei den Sassaniden, den Römern und den Griechen. Sie war ein Geldbetrag, den die Schutzbefohlenen (ahl aḏ-ḏimma) zahlten. Sie wurde nur von den gesunden volljährigen Männern erhoben, die arbeiten. Sie wurde in bar oder Sachwerten in Raten bezahlt als Gegenleistung für den militärischen Dienst, als Gewährleistung der Sicherheit für sie. Sie entfiel mit [der Annahme des] Islam. Von Frauen, Jugendlichen und Greisen, die nicht arbeiten konnten, wurde sie nicht genommen, ebenso nicht von Blinden, Lahmen und geistig Verwirrten. Ebenso wurde sie nicht von Leuten der Religion genommen, außer wenn sie reich waren. Sie wurde anstelle der az-zakât erhoben, die die Muslime entrichten mussten.“*[56]

Wie in den ägyptischen Schulbüchern ist bei der Beschreibung der Kopfsteuer festzustellen, dass zwar die äußeren Fakten sachlich korrekt beschrieben werden, dass aber der militärische und soziale Unterwerfungsakt, die religiöse Diskriminierung und die willkürliche Eintreibung, die mit dieser Steuer verbunden war, keine Erwähnung finden.[57] Die Beschreibung versucht die Steuer in einem positiven Licht dazustellen: Erstens sei sie nichts anderes gewesen als das, was frühere Reiche auch gemacht hätten. Zweitens sei es nur um eine Gegenleistung für den militärischen Schutz gegangen, den die Muslime boten. Drittens habe es zahlreiche Ausnahmen gegeben, so dass die Kopfsteuer keine besondere Härte dargestellt hätte. Viertens hätten die Nichtmuslime im Gegenzug dafür nicht die Verpflichtung zur Zahlung der *az-zakât* gehabt, wobei nicht gesagt wird, dass die Höhe dieser Steuer wesentlich geringer war. Und fünftens habe jeder sowieso die Möglichkeit gehabt, sich dieser Steuer durch den Übertritt zum Islam auf einfache Weise zu entziehen. Die Steuer wird also als frei gewählte bzw. selbstverschuldete Steuer dargestellt, die keine besondere Härte darstellte, sondern viele Ausnahmeregelungen kannte und auch vorher schon üblich war.

Als weitere Steuer wird der Zehnte (*al-ʿušr*) genannt. Die Steuer wird im Schulbuch der Klasse 6 folgendermaßen definiert:

55 GES ES 6, 70.

56 GES ES 8, 69.

57 Vgl. oben Kap. VI.3.5. und VI.4.2. in Teil I/B.

„Sie ist die Steuer, die von den Ländereien genommen wird, deren Besitzer zum Islam übertraten. Die Höhe aber war der zehnte Teil ihrer Ernteerträge.“[58]

Im Geschichtsbuch der Klasse 8 wird darüber hinaus ein anderer Aspekt dieser Steuer beschrieben:

„Die ʿušûr sind die Steuern, die die Händler für ihre Waren bezahlten, die 200 Dirham überschritten, sobald sie von einem Land ins andere transferiert wurden. Entsprechend heutigen Begriffen würde man sie Zollgebühren oder Handelszölle nennen. Ihre Festsetzung erfolgte ungefähr so: 1/4 der ʿušr wurde von Muslimen genommen, die Hälfte von den Schutzbefohlenen, die gesamte ʿušr von den Polytheisten.“[59]

Die *ʿušr* bezeichnet also zwei ganz verschiedene Dinge: Zum einen handelt es sich um die Steuer, die vom Boden in muslimischem Besitz erhoben wurde, im Gegensatz zur – wesentlich höheren *ḫarağ*, die Nichtmuslime zu entrichten hatten. Zum anderen handelte es sich bei der *ʿušr* um einen Handelszoll, der auf Waren belegt wurde, die von anderen Ländern in das islamische Reich importiert oder exportiert wurden. Um die mindere Stellung der Schutzbefohlenen deutlich zu machen, mussten die Muslime nur die Hälfte dessen Zahlen, was Schutzbefohlene zahlen mussten. In dieser Beschreibung wird die religiöse Diskriminierung, die mit den Steuern verbunden war, angedeutet. Allerdings fehlt die grundlegende Unterscheidung zwischen den Ländereien in islamischem Besitz, die mit der *ʿušr*, und denen im Besitz von Nichtmuslimen, die mit der *ḫarâğ* besteuert wurden, um das Steuersystem verständlich zu machen.[60]

In dem Schulbuch der Klasse 6 wird als weitere Steuer die Kriegsbeute (*al-ġanîma*) erwähnt:

"Die al-ġanîma ist das, was die Muslime von ihren Feinden im Krieg an Vermögen, Ländern, Gefangenen und Sklaven erbeuteten."[61]

Im Schulbuch der Klasse 8 wird diese Steuer folgendermaßen beschrieben:

„Die Kriegsbeute ist das, was die Muslime durch Kampf erlangen konnten. Sie wird im Heiligen Koran in der Sure Anfal [Die Beute] beschrieben. Sie besteht aus vier Einkommensquellen: Den Gefangenen, den Sklaven, den Ländereien und dem Vermögen. Die Kriegsbeute wurde in fünf Teile geteilt. Vier Teile für die Soldaten, ein Teil für Gott und den Propheten, den Verwandten, den Waisen, den Bedürftigen und den Reisenden.“

Die Steuer, die in dem Schulbuch der 6. Klasse an letzter Stelle erwähnt wird, ist die *faiʾ*. Sie wird folgendermaßen definiert:

„Die faiʾ ist das was die Muslime von ihren Feinden ohne Kampf erbeuteten.“[62]

---

58 GES ES 6, 70.

59 GES ES 8, 69.

60 Vgl. oben Kap. VI.3.5. und VI.4.2. in Teil 1/B.

61 GES ES 6, 70.

62 GES ES 6, 70.

Im Schulbuch der 8. Klasse wird die Steuer ähnlich beschrieben:

> „*Die fai' ist das, was die Muslime von ihren Feinden kampflos erlangen konnten. Die Einkommensquellen der fai' waren verschiedener Art: Der Prophet nahm sich ein Fünftel für sich selbst, von dem was als Kriegsbeute (ġanâ'im) verteilt wurde. Nach seinem Tod wurde sein Fünftel zum Wohle der Muslime eingesetzt. Die vier restlichen Fünftel waren für die Soldaten bestimmt, bis dass ʿAmr Ibn Al-Ḫattâb einen Diwan begründete, um den Sold für die Soldaten zu bestreiten.*“[63]

Diese Definitionen greifen die ältere Bedeutung von *fai'* auf, die bereits in vorislamischer Zeit vorhanden war und synonym zu *ġanîma* gebraucht wurde. Dennoch sind sie missverständlich, denn mit dem Beginn der Eroberungen entwickelte sich allmählich eine neue Bedeutung von *fai'*, die sich von *ġanîma* deutlich unterschied. Nach Sure 59, 6 kam der Sieg über die Banû An-Naḍîr nicht durch die Leistung bzw. Aufwendung der kämpfenden Muslime zustande, sondern dadurch, dass Gott selbst seinem Gesandten den Sieg schenkte:

> „*Die Fai'-Beute, die Gott dem Gesandten von ihrem Hab und Gut bescherte, hat euch weder Pferde noch Kamele aufzubieten gekostet. Gott gibt seinem Gesandten die Oberhand über wen er will. Gottes Allmacht umfasst alles.*“

Dementsprechend sollte auch die Beute nicht als Belohnung unter die Kämpfer verteilt werden, sondern Gott und dem Propheten, bzw. der Gesamtheit der muslimischen Gemeinschaft zugute kommen.[64] Es geht in der neueren Bedeutung von *fai'* also weniger darum, ob etwas mit oder ohne Kampf erbeutet wurde oder um die Entlohnung von Soldaten. Vielmehr handelt es sich im Gegensatz zu der *ġanîma*, der beweglichen Kriegsbeute, die gleich verteilt werden konnte und meist bei Eroberungs- oder Raubzügen extern gewonnen wurde (Sklaven, Vieh, Schmuck, Gold), vornehmlich um die immobile Kriegsbeute (vornehmlich die Häuser und der Landbesitz), die langfristig prinzipiell den Muslimen als Beute (*fai'*) zur Verfügung stand, in das Eigentum der Muslime überging und in das islamische Reich integriert wurde.[65]

3.6. Die Feindschaft mit Byzanz

Die Feindschaft mit Byzanz fängt schon in vorislamischer Zeit an und setzt sich in verschiedenen Epochen fort. Im Geschichtsbuch der 6. Klasse wird beschrieben, dass im Jahre 525 ein äthiopischer König auf Geheiß des byzantinischen Kaisers den Yemen besetzte und die Kaaba zu einer Kirche umwandeln wollte. Dies sei jedoch mit

[63] GES ES 8, 69.

[64] LOKKEGAARD, Art. *fay'* in: EI², II, 869f.

[65] CAHEN 1968, 26. Ausführlicher hierzu oben Kap. VI.3.5. und VI.4.2. in Teil 1/B.

Gottes Hilfe verhindert worden.[66] Die christliche Besatzung wird als „ausländische Besatzung“ geschildert, von der dann zunächst die Perser und dann die Araber die Yemeniten „befreiten“.[67] Die Ausbreitung des Islam im 7./8. Jh. wird weniger in religiösen als in politischen Kategorien beschrieben. Als Gründe für die Eroberungen wird zwar genannt, dass *„man die islamische Religion ohne Zwang unter der Bevölkerung der angrenzenden Regionen ausbreiten wollte und der Bevölkerung der Schriftbesitzer die Wahl zwischen dem Islam und der Kopfsteuer (al-ğizya) ließ“*, aber ansonsten enthält man sich bei der Beschreibung der Ausbreitung weitgehend religiöser Begriffe. Die Feindschaft besteht weniger gegenüber dem Christentum als gegenüber dem politischen Machtzentrum Byzanz, das allerdings ebenso wie Persien *„eine feindliche Position im Blick auf die islamische Mission einnahm.“*[68] So werden die Eroberungen des Irak und Ägyptens, Chorasans, Aserbaidschans und Nordafrikas ohne Erwähnung von religiösen Aspekten beschrieben.[69] Nur bei Syrien (Aš-Šâm) wird kurz erwähnt, dass der ʿUmar-Vertrag abgeschlossen wurde, *„der der Bevölkerung Sicherheit gab.“*[70] Dementsprechend werden bei der Erwähnung von Festungsstädten an den Grenzen zum byzantinischen Reich,[71] bei der Beschreibung von Eroberungen in omayadischer[72] und abbasidischer Zeit[73] religiöse Begriffe nicht gebraucht, wenngleich klar ist, dass es sich um eine Frontstellung zwischen Muslimen und Christen handelte.

3.7. Die Gier der westlichen Christen

An verschiedenen Stellen der Geschichtsbücher wird vermittelt, dass das westliche Christentum eine machthungrige und gierige Haltung gegenüber dem islamisch-arabischen Kulturkreis einnimmt, obwohl geschichtlich zunächst einmal ein Großteil byzantinisch-christlichen Gebietes dem islamischen Hegemoniestreben zum Opfer fiel. In der Lektion „Der Niedergang des Omayaden-Reiches und sein Ende“ wird die Gier (*aṭmâʿ*) des byzantinischen und fränkischen Reiches als einer der Faktoren benannt, der die Schwächung und den Niedergang des Reiches bewirkte.[74] Der gleiche Charakterzug wird den westeuropäischen Herrschern in der Abbasidenzeit zugeschrieben und gilt als einer der Faktoren, der zur Schwächung und zum Niedergang des Abbasiden-

66 GES ES 6, 9f. Vgl. IE ES 1/41 sowie I.3.4 in Teil 1/B.

67 GES ES 6, 9.

68 Beide Zitate: GES ES 6, 59.

69 GES ES 6, 57-65.89-93.118-120.

70 Vgl. oben Kap. I.3.5., II.3.2., III.3.2. und IV.3.1. in Teil 2/B.

71 GES ES 6, 74-76.

72 GES ES 6, 90-92.

73 GES ES 6, 118-120.

74 GES ES 6,109.

reiches führte.[75] Die italienischen Städte sind im Mittelalter ebenfalls begierig nach den Märkten des Ostens.[76] Die Frankenzüge werden in einer Zusammenfassung damit begründet, dass der Papst die Herrschaft über die Ostkirchen wiedergewinnen wollte, dass man begierig darauf war, sich an den Gütern des Ostens zu bereichern und dass speziell die Ritter begierig darauf waren, sich im Osten Fürstentümer zu schaffen.[77] Arabische, persische, türkische oder tscherkessische Eroberungen, Machtgelüste und Begehrlichkeiten werden dagegen nie mit den Worten *ṭamaʿ/aṭmâʿ* bezeichnet. Sie sind auch niemals *ağnabî* („Ausländer"), selbst wenn sie aus ganz anderen Kulturkreisen in Asien kommen. Es handelt es sich dabei stets um Befreiungen (*taḥrîr*), um Öffnungen (*fatḥ*) oder um Siege (*intiṣâr*) verfeindeter muslimischer Reiche. Gier nach Macht scheint auch in den schiitisch-sunnitischen Auseinandersetzungen keine Rolle gespielt zu haben oder in den verschiedenen Dynastien, die sich bekämpften. Gier wird zu einem Hauptcharakteristikum der westlichen Christen.

3.8. Die Definition von Kirche

Während die vorangehenden Passagen vor allem aus den Geschichtsbüchern für die Klasse 6 und 8 stammen, sind die folgenden Ausführungen über die Kirche und die Kreuzzüge vornehmlich in dem Geschichtsbuch für die Klasse 7 zu finden, das den Titel trägt „Die Geschichte des Mittelalters". Die erste Einheit des Buches mit der Überschrift „Europa im Mittelalter" wird eingeleitet mit einem doppelseitigen Bild vom Petersdom in Rom. Nach einer Erläuterung des Lehensystems wird in der zweiten Lektion mit der Überschrift „Die Kirche" der Petersdom ein zweites Mal abgebildet und es wird eine Definition geliefert, was Kirche sei und wie sie sich entwickelt habe. Der Ort und das Symbol dieser ersten Auseinandersetzung mit dem Phänomen „Kirche" in den Geschichtsbüchern ist signifikant für die gesamte kommende Beschreibung dessen, was Kirche ist: Obwohl schon zuvor vom Christentum im Rahmen der Darstellung der Entwicklung der „Araber und der Muslime" die Rede war, erfolgt nun erst im Mittelalter eine Beschreibung der Organisationsform des Christentums im Zusammenhang mit einem Blick auf Europa. Kirche wird so zu einem europäisch-westlichen Phänomen. Prägnantes Symbol für diese Institution ist der Petersdom des Papstes in Rom, der dominierend über der ganzen Epoche steht und mehrfach abgebildet wird.[78] Das auffälligste Charakteristikum dieser Kirche ist ihre *Macht*. Dies wird bereits bei der ersten Erwähnung in einer Tabelle deutlich:

75 GES ES 6, 145.
76 GES ES 6, 29.
77 GES ES 6,
78 GES ES 7, 2-3 und 7, 10.

"Das Mittelalter

Name des Zeitalters	*Die Antike*	*Das Mittelalter*	*Die Neuzeit*
Zeitabschnitt	*5000 v. Chr. – 476 n.Chr.*	*476-1453 n. Chr.*	*1453-1789 n. Chr.*
Charakteristik	*Das Heidentum*	*Die Herrschaft der Kirche, Lehen*	*Die Renaissance, die geografischen Entdeckungen, die industrielle Revolution, der Kolonialismus, die Informationsrevolution*

Die Definition des Mittelalters

Im Jahr 395 teilte der römische Imperator Theodosius das römische Imperium zwischen seinen beiden Söhnen in zwei Teile auf:

1. *Das weströmische Imperium mit der Hauptstadt Rom, das 476 n. Chr. unterging*
2. *Das oströmische Imperium mit der Hauptstadt Konstantinopel, das im Jahr 1453 n. Chr. unterging. Die Zeit zwischen 476 und 1453 n. Chr. nennen die Historiker aber das Mittelalter."*[79]

Die beiden römischen Reiche und die Daten des Unterganges ihrer Hauptstädte Rom (476) und Byzanz (1453) sind in der Tat Eckdaten der Geschichte, auch wenn es bei Historikern Debatten über die Einteilung der Zeitalter gibt. Die Charakterisierung der Epochen hält historischer Überprüfung jedoch nicht stand.

1. Die charakteristische Verbindung von Kirche und Staat erfolgte in Byzanz bereits im 4.-6. Jh., im Westen erst im 7./8. Jh. Im Westen kam es im Karolingerreich im 8./9. Jh. aber nochmals zu einem starken Niedergang und Verfall von Kultur und Kirche bis unter Otto dem Großen (936-973) eine Reform des Staates und der Kirche anhob. Sie führte zunächst nicht zur Macht der Kirche, sondern zu einer starken Kontrolle und Abhängigkeit der Kirche durch den Kaiser. Erst nach dem Tod Heinrich III. (1056) gelang es der Kirche, sich vom Einfluss des deutschen Königtums frei zu machen, während gleichzeitig mit den Kluniazensern eine starke innere Reformbewegung anhob, die schließlich in die Reformbestrebungen von Papst Gregor VII. (1073-1085) mündeten und zur ersten großen Machtentfaltung der Kirche führte. In den Jahrzehnten danach hatte die Kirche große Macht, aber sie befand sich in einem ständigen Ringen mit dem deutschen Kaiser und bereits nach dem Pontifikat von Innozenz III. (1198-1216) begann sich das Blatt wieder zu wenden. Spätestens seit der Spaltung der Kirche und der Errichtung eines Doppelpapsttums in Rom und Avignon (1309-1377 und 1378-1415) war die Kirche wieder im Niedergang begriffen. Insoweit ist es nicht richtig, die gesamte Epoche von 476-1453 als eine Zeit der „Macht der Kirche" zu bezeichnen. Vielmehr vollzog sich während dieses Zeitraumes ein allmählicher Aufstieg und auch ein Niedergang der Kirche.
2. Ebenso ist der Gegensatz von Heidentum und Macht der Kirche nicht haltbar für die genannte Epoche. Im byzantinischen Reich hatte die Kirche bereits ab Ende des 4. Jh. eine große Machtposition inne. Sie verdrängte das Heidentum im 5./6. Jh. fast vollständig und versuchte nationale kirchliche Bestrebungen (z. B. in Ägypten und Syrien) mit staatlicher Gewalt zum geltenden Bekenntnis zu zwingen, während andererseits weite Teile Europas erst während des 10.-13. Jh. christianisiert wurden.
3. Defizitär ist an der Tabelle, dass die konfessionelle Spaltung Europas und die Religionskriege bei der „Neuzeit" nicht erwähnt werden. Wenn man die religiösen Entwicklungen

[79] GES ES 7,

bei der Geschichtseinteilung heranzieht, müssen auch die Reformation und Gegenreformation erwähnt werden, denn ohne sie ist die Geschichte Europas nicht zu verstehen.

Das Phänomen Kirche wird in der zweiten Lektion nach nochmaliger Abbildung des Petersdomes wie folgt beschrieben:[80]

„Pädagogische Zusammenfassung

1. Das Verständnis der Kirche:
Sie ist ein Ort, der bei den Christen speziell für die Anbetung benutzt wird.

2. Das Wachstum der Kirche und ihre Entwicklung:

Das Christentum erschien in Europa. Es wurde als offizielle Religion des Staates von Imperator Konstantin dem Großen[1] im Jahr 313 n. Chr. anerkannt. Es gab aber Streitigkeiten und Auseinandersetzungen innerhalb der Kirche im 9. Jh. n. Chr. wegen verschiedenen Richtungen in der Interpretation der Glaubenslehre zwischen den beiden römischen Imperien, dem östlichen und dem westlichen, was zur Teilung der Kirche im Jahr 1054 n. Chr. führte.
Die beiden Teile aber waren:
a) Die griechisch-orthodoxe Kirche[2], der der Patriarch von Konstantinopel vorstand
b) Die westlich-katholische Kirche[3], die in Rom ihr Zentrum hatte und der der Papst vorstand.“

1- Konstantin der Große ist der römische Imperator, der 305 n. Chr. den Thron bestieg. Er erkannte das Christentum als offizielle Religion im Staat an und war Gründer der Stadt Konstantinopel im Jahr 330 n. Chr..
2- Die Orthodoxen: Alter lateinischer Begriff, der ‚Wahrheit‘ oder eine ‚richtige Angelegenheit‘ bedeutet. So wurden die östlichen Christen genannt.
3- Die Katholiken: Alter lateinischer Begriff, der die ‚Mehrheit‘ bedeutet. So wurden die westlichen Christen genannt. Katholizismus aber bedeutet die ‚weltweite Sendung‘.

Deutlich ist an diesem Text festzustellen, dass man sich um sachliche Informationen bemüht. Zahlreiche Informationen sind jedoch fehlerhaft. Sie stammen gewiss nicht aus der Feder eines sachkundigen Christen.

1. Die Definition von Kirche ist defizitär. Die Kirche ist nicht primär ein bauliches Phänomen, sondern bezeichnet in erster Linie die Gemeinschaft der Gläubigen - unabhängig von ihrem Versammlungsort: Die Christen sind nicht *in* der Kirche, sondern sie *sind* die Kirche, das „wahre Gottesvolk“.[81] Im 2./3. Jh. n. Chr. wird die Herausbildung der Amtskirche mit verschiedenen Ämtern (Bischof-Presbyter-Diakon) mehr und mehr zum Kennzeichen der Kirche, aber im apostolischen Bekenntnis wird sie noch als „Gemeinschaft der Heiligen“ definiert. In späterer Zeit gewinnt die Tradition, die hierarchische Struktur, die Heilsvermittlung und die apostolische Sukzession größere Bedeutung dafür, wie man Kirche im Christentum in den verschiedenen Denominationen versteht. In der Reformation wird die rechte Verwaltung von Wort und Sakrament als Hauptkennzeichen der Kirche hervorgehoben. In keiner christlichen Konfession wird jedoch ein spezieller Ort als maßgeblich für die Konstituierung von Kirche angese-

---

80 GES ES 7, 11.

81 Vgl. Stendahl: Art. *Kirche* in RGG3, 1295-1303.

hen.[82] Deshalb ist die hier gegebene Definition von Kirche als einem Ort, wo Anbetung stattfindet eine Beschreibung, die der Ergänzung bedarf.

2. Eine Falschinformation besteht in der Aussage, dass *„das Christentum in Europa erschienen ist."* Das Christentum ist zuerst in der Region erschienen, in dem das Schulbuch veröffentlicht wurde und erst später nach Europa getragen worden. „Wachstum und die Entwicklung der Kirche" werden gerade nicht aufgezeigt, sondern es werden nur zwei Ereignisse aufgelistet, die als *Endpunkte* von längeren Entwicklungen innerhalb der Kirche anzusehen sind – die Anerkennung der christlichen Religion und die Trennung zwischen römisch-katholischer und byzanzinisch-orthodoxer Reichskirche.
3. Die Beschreibung der konstantinischen Wende ist ungenau. Mit dem Mailänder Edikt von 313 ist das Christentum zwar als religio licita anerkannt worden, aber die Anerkennung als Staatsreligion erfolgte erst unter Theodosius 380.
4. Auch die nachfolgenden Entwicklungen werden nur unzureichend beschrieben, denn zwischen der konstantinischen Wende und dem Schisma von 1054 gab es natürlich nicht nur „Streitigkeiten und Auseinandersetzungen innerhalb der Kirche im 9. Jh.". Vielmehr wurden im 4./5. Jh. die dogmatischen und strukturellen Grundlagen für die Kirche gelegt und bereits damals erfolgten die Hauptspaltungen der Christenheit.
5. Das Schisma von 1054 wird vor allem als politische Auseinandersetzung „zwischen zwei Imperien" gedeutet. Sicherlich haben politische Faktoren eine Rolle gespielt, jedoch darf die Auseinandersetzung um Glaubensinhalte nicht in dieser Weise unterbewertet werden, sonst werden die bis heute andauernden Streitigkeiten zwischen den Kirchen in westlicher Tradition einerseits und orthodoxen/orientalisch-orthodoxen Kirchen andererseits nicht verständlich, die fortbestehen, obwohl sich die politischen Blöcke längst aufgelöst haben.
6. Die in den Fußnoten gegebenen Erklärungen sind falsch. Es handelt sich nicht um lateinische, sondern um griechische Begriffe. Ὀρθο–δοξία bedeutet nicht „Wahrheit", sondern „rechte Lehre". „Orthodox" bezeichnet im konfessionellen Sinne die Kirchen byzantinischer und slawischer Tradition, die das Konzil von Chalzedon 451 n. Chr. (und drei weitere Ökumenische Konzile) anerkannten, die dieselbe Lehre von den *zwei* Naturen Jesu Christi haben, die eine einheitliche Liturgie und Abendmahlsgemeinschaft haben, die dem Kaiser von Byzanz anhingen (>„Melkiten") und dem Patriarchen von Konstantinopel einen *Ehren*primat einräumen, auch wenn sie an ihrer jurisdiktionellen Selbständigkeit (Autokephalie) und an dem Prinzip der Konziliarität festhalten. Sie sind zu unterscheiden von den fünf orientalisch-orthodoxen Kirchen, die das Konzil von Chalzedon (und alle weiteren) ablehnten. Sie formierten den nationalen Widerstand gegenüber der griechisch-byzantinischen Reichskirche und werden im Arabischen als die östlichen/orientalischen Kirchen (*al-kanâ'is aš-šarqiyya*) bezeichnet. Sie unterscheiden sich seit dem 5. Jh. durch die Lehre von der *einen* (fleischgewordenen) Natur Jesu Christi, die Sprache und andere Liturgieformen von den orthodoxen Kirchen und wurden oftmals sogar von diesen als „Monophysiten" verfolgt. καθολικός bedeutet nicht „Mehrheit" oder „weltweite Sendung", sondern bedeutet im wörtlichen Sinne „allgemein, allumfassend" und bezeichnet im konfessionellen Sinne heute alle Kirchen, die sich jurisdiktionell dem Papst von Rom unterstellt haben. Darunter befinden sich auch zahlreiche Kirchen im Nahen und im Fernen Osten, so dass es nicht richtig ist, die katholische Kirche als die Kirche der „westlichen Christen" zu

82 Deshalb können unter bestimmten Bedingungen auch orthodoxe und katholische Priester außerhalb von Kirchengebäuden Gottesdienste zelebrieren.

> bezeichnen. Umgekehrt sind nicht alle Christen im Westen Mitglieder der katholischen Kirche, sondern es gibt hier eine Vielfalt von christlichen Konfessionen, die reformierte, lutherische, katholische, orthodoxe, orientalisch-orthodoxe und andere Denominationen umfassen.

Indirekt werden in einem dritten Punkt bei der „Pädagogischen Zusammenfassung" (GE ES 7, 12) noch weitere allgemeine Merkmale der Kirche angesprochen, wenn auch unter einer Überschrift, die eigentlich eine spezielle historische Situation beschreiben will:

> *3) Die Kirche im Mittelalter*
>
> *Der Klerus – das sind christliche Männer der Religion – und die Mönche nahmen im Mittelalter einige Aufgaben in der Kirche und in der Gesellschaft wahr:*
>
> 1. *Die Aufsicht über die Ehe und die Scheidung*
> 2. *Die Verbreitung des Christentums unter einer Reihe von Barbarenstämmen*
> 3. *Die Bewahrung des kulturellen Erbes der Griechen und Hellenen*
> 4. *Die Sorge für die Armen und Elenden von einer Gruppe des Mönchtums[1] wie zum Beispiel die Bettelmönche[2]*
> 5. *Das Interesse für die Bildung, das Kopieren von Büchern, die Öffnung von Schulen in Klöstern und es erschienen eine Menge von Gelehrten und Reformern, die zu den religiösen Reformbewegungen beitrugen.*
>
> ---
>
> [1] *Das Mönchtum ist eine Bewegung der Askese, der Kasteiung, der Mystik (des Sufismus) und der Entsagung von der vergänglichen Welt und entstand in Ägypten.*
>
> [2] *Die Bettelmönche sind eine Gruppierung von Mönchen, die sich in das Leben einmischten, um zu predigen, um recht zuleiten und um unter den Menschen zu verkündigen. Sie sammelten Geld durch Betteln, um Bedürftigen und Armen zu helfen, um Schulen für die Bildung zu bauen. Es waren z. B. die Franziskaner und die Dominikaner.*

Auffallend bei diesem Abschnitt ist, dass man hier einige Definitionen zur Kirche nachholen bzw. in Fußnoten und Parenthesen einschieben muss, weil sie anderswo bis dahin nicht erklärt werden. Trotz aller Bemühung um sachliche Informationen entstehen dadurch verkürzte bzw. unzureichende Darstellungen, wie im folgenden aufgezeigt werden soll.

1. Die Definition von „Klerus" ist nicht zutreffend. Unter „christlichen Männern der Religion" könnten z. B. auch Religionslehrer oder Laienprediger verstanden werden. Dies meint jedoch der Begriff Klerus nicht. Vielmehr handelt es sich um die Mitglieder der Kirche, die durch Weihen in ein besonderes kirchliches Amt eingeführt werden, mit dem exklusive sakramental-liturgische und Leitungsdienste verbunden sind. Der Stand des Klerus unterscheidet sich in der Katholischen Kirche grundsätzlich vom Stand der Laien, dem diese sakramental-liturischen und Leitungsdienste nicht erlaubt sind.[83] Die beiden wichtigsten Funktionen des Klerus, die Verwaltung der Sakramente und die Leitung der Kirche werden nicht genannt.[84]

---

83 BARION 1951, 18-45.

84 Die Leitungsfunktion wird nur in einer Tabelle zur sozialen Gliederung kurz angedeutet. Neben den Bauern, dem Adel und den Rittern habe es die „Schicht der Männer der Kirche" gegeben: *„Sie umfasste die Männer der Kirche, die die Verwaltung der Kirche wahrnahmen und die*

2. Der Klerus führt keine „Aufsicht über die Ehe und die Scheidung“. Vielmehr wird eine Ehe in der katholischen Kirche durch das gegenseitige Versprechen und die Segnung eines Priesters in einem kirchenrechtlich gültigen sakramentalen Akt beschlossen. Der Priester beaufsichtigt/kontrolliert aber nicht die Ehe und schon gar nicht die Scheidung, da die Möglichkeit einer Scheidung im katholischen Kirchenrecht fast völlig ausgeschlossen wird. Die Ungültigkeit einer Ehe oder der Dispens zur Scheidung kann nur durch päpstlichen Beschluss festgestellt werden.
3. Neben der Ehe führt der Klerus andere sakramentale Handlungen (Eucharistie, Taufe, Krankenölung etc.) und Amtshandlungen durch (z. B. Beerdigung), die weit wichtiger sind für die Tätigkeit des Klerus, die hier jedoch nicht genannt werden.
4. Die „Bewahrung des kulturellen Erbes der Griechen und Hellenen“ als Beschreibung der Haupttätigkeit des Klerus *vor* den Kreuzzügen ist ein Anachronismus. Ein Großteil des antiken Erbes ist erst während der Kreuzzüge und in den Jahrhunderten nach den Kreuzzügen nach Europa gelangt.
5. Das Mönchtum wird mit zutreffenden Begriffen beschrieben, aber die Gründe für seine Entstehung und seine geschichtliche Entwicklung sowie seine beiden Grundformen (Anachorese-Koinobitentum) fehlen. Dies sollte aber erfolgen, bevor man auf die sehr spezielle, späte Form der Bettelmönche zu sprechen kommt. In ihnen lebte die alte monastische Idee *in den Städten* wieder auf. Zugleich aber führten sie in Folge der kluniazensischen Reformbewebung, in der sich mehrere Klöster zu einer Kongregation verbanden, zu einem völlig neuen Typ von „Orden“, der sich von der alten Form der Einzelklöster sehr stark unterschied.[85]
6. Es ist richtig, dass durch die Vita Antonii des Kirchenvaters St. Athanasius ein ägyptischer Mönch zum Vor- und Idealbild des Mönchtums wurde. Es sollte aber in einem palästinensischen Schulbuch nicht unerwähnt bleiben, dass es ungefähr zur selben Zeit auch in Syrien und Palästina bereits Anachoreten und frühe Mönchslauren gab.[86]

Die Bettelorden werden kurz und zutreffend beschrieben, allerdings wird auf die Gründerväter Franziskus von Assisi und Dominikus nicht hingewiesen. Am Ende der Lektion steht eine Übung, die mit Hilfe einer Tabelle die „Verwaltung der Kirche“ erläutern will (GES ES 7, 13):

„Die Verwaltung der Kirche

Die Kirche legte eine hierarchische Verwaltung fest, um die Klöster, Kirchen und Lehensbesitztümer zu überwachen. Sie fängt bei dem Priester an und hört beim Papst auf, ungefähr folgendermaßen:

Der Rang (ar-rutba)	***Art der Ernennung und Aufgabe***
1. Der Priester (al-kâhin)	*Er wird vom Bischof ernannt. Er beschäftigt sich mit der lokalen Kirche. Die nennt man Diözese (abrašiyya).*
2. Der Bischof (al-usquf)	*Er wird vom Erzbischof ernannt, dem Metropoliten. Er beschäftigt sich mit der Verwaltung von einigen Diözesen (abrašiyât).*

Mönche. Sie erstreckte sich auf großen Reichtum an Besitzungen und Fürstentümern“ GES ES 7, 8. Der Charakter der inneren Leitungsaufgaben des Klerus in der Kirche wird jedoch damit gerade nicht beschrieben.

85 HEYER 1977, 96.

86 In der Regel wird Hilarion von Gaza (291-ca. 361) als Begründer des palästinensischen Mönchtums angesehen, aber es muss darauf hingewiesen werden, dass einer der ersten christlichen Einsiedler Bischof Narkissos von Jerusalem war, der sich nach Euseb bereits zu Anfang des 3. Jh. „viele Jahre in wüsten und entlegenen Gegenden“ zurückgezogen hat, d. h. mehrere Generationen vor St. Antonius. Vgl. LOHSE 1969, 175f. Zur monastischen Entwicklung in Palästina vgl. oben Kap. I in Teil 2/A.

3. Der Erzbischof (ra'îs al-asâqifa)	*Er wird vom Papst ernannt und hat seinen Sitz in einer Provinzhauptstadt. Er beschäftigt sich mit der Verwaltung von einigen Bischofsdiözesen (usqufiyyât)*
4. Der Patriarch (al-batriyark)	*Er wird vom Papst ernannt und ist Bischof von einer der großen Hauptstädte der Kirche wie z. B. von Jerusalem, von Konstantinopel, Antiochia oder Alexandria. Er steht in der Rangfolge an zweiter Stelle nach dem Papst.*
5. Der Rat der Kardinäle (mağlis al-karâdila)	*Er besteht aus einer kleinen Auslese von Religionsmännern. Sie sind damit beschäftigt, den Papst zu beraten, ihm in der Verwaltung beizustehen, im Hirtenamt der Kirche und in der Wahl eines Nachfolgers unter ihnen im Falle des Todes des Papstes*
6. Der Papst (al-bâbâ)	*Er wird aus dem Rat der Kardinäle gewählt. Er ist der geistliche Vater für die katholischen Christen. Er versteht sich als Nachfolger des Petrus und hat die oberste Gewalt in der Kirche.*

Die in der Tabelle gegebenen Informationen zeigen das Bemühen um sachliche Informationen über eine andere Religion. Sie sind jedoch in vielen Teilen falsch.

1. Ein Priester steht nicht einer *abrašiyya* (Diözese) vor, sondern einer lokalen Kirchengemeinde. Die arabischen Worte dafür sind je nach Region und Aspekt *ra'îya* (Pastoralbezirk, Pfarrei), *ğamâ'a* (Gemeinde), *dâ'irat al-kanîsa* (Kirchlicher Sprengel bzw. Verwaltungsbezirk) oder einfach nur *al-kanîsa* (Kirche), nie aber *abrašiyya* (> επαρχία), da dieser Begriff immer eine Diözese bzw. eine Kirchenprovinz meint, die von einem Bischof, Erzbischof oder Metropoliten geleitet wird und mehrere Gemeinden beinhaltet.
2. Ein Erzbischof/Metropolit ist nicht für mehrere Diözesen zuständig, sondern zunächst nur für eine Diözese und für die darin befindlichen Gemeinden. Es kann allerdings sein, dass ihm mehrere Bischöfe in der Betreuung seiner Diözese beiseite stehen.
3. Eine klare jurisdiktionelle hierarchische Stufung von Bischofsgraden gibt es nicht. Bei den Erzbischöfen, Metropoliten, Patriarchen, Kardinälen und dem Papst handelt es sich vielmehr um Vertreter des *einen* Bischofsamtes, die prinzipiell den gleichen bischöflich kirchlichen Weiherang (*rutba*) des Bischofs innehaben. Nach altkirchlicher Tradition gibt es nur drei kirchliche Ränge: Den Rang des Diakons, des Priesters und des Bischofs. Dass manche Bischöfe einen besonderen Vorzug (*ruqîya*) haben, liegt an der Größe und Bedeutung, die manche Diözesen mit der Zeit gewannen. So entwickelten sich aus den Bischofsämtern in großen Städten allmählich Metropolitensitze, die den Inhabern immer mehr Aufsichtsrechte gegenüber ihren Kollegen einräumten. Aus den größten Metropolitensitzen entwickelten sich wiederum Patriarchate, die aber jurisdiktionell unabhängig blieben. Zum Teil handelt es sich bei manchen Bischofstiteln aber auch nur um Ehrentitel, die keine jurisdiktionelle Höherordnung zur Folge haben.[87] Insoweit ist die hier gebotene hierarchische Stufung falsch: Ein Bischof kann nur ein einziges Mal durch Weihe (*risâma*) in den bi-

[87] Vgl. Adam: Art. *Kirchenverfassung II* in: RGG3, III, 1533-1545; BARION: Art. *Bischof II*, in: RGG 3, I, 1303-1306; BARION, Art. *Metropolit* in: RGG3, IV, 921. Im kirchlichen Sprachgebrauch des Arabischen wird unterschieden zwischen der einen Bischofsweihe (*risâma*), die zum Weihegrad des Bischofs führt (*ar-rutba al-usqufiyya*). Dieser ist nicht grundlegend anders, ob man nun zum Bischof einer Landdiözese, zum Metropoliten oder Patriarchen geweiht wird und der „Erhöhung" (*tarqiyya*), die einen Bischof nur mit größeren jurisdiktionellen Rechten ausstattet.

schöflichen Rang (*ar-rutba al-usqufiyya*) kommen, allerdings kann er innerhalb dieses Ranges durch Versetzung eine höhere Jurisdiktionsgewalt bekommen (*tarqîya*).

4. Die Patriarchen von Jerusalem, Konstantinopel, Antiochia oder Alexandria unterstehen nicht dem Papst und stehen nicht *„an zweiter Stelle nach dem Papst in der Hierarchie"*. Die genannten Patriarchate gehören jurisdiktionell überhaupt nicht zur Römisch-Katholischen Kirche. Es handelt sich um unabhängige (autokephale) Patriarchate, die auf *gleicher* Stufe mit dem Bischof von Rom stehen und diesem höchstens einen *Ehren*primat einräumen.

3.9. Detailinformationen zum westlichen Christentum

An einigen Stellen werden Detailinformationen über das Christentum gegeben. Zum Beispiel wird gesagt, dass die griechische Kultur mit ihrem Humanismus, Individualismus und Laizismus das christliche Europa stark beeinflusst habe, während die römische Kultur ihre Kunst, ihr Recht und Staatsverständnis geprägt habe.[88] Zur Veranschaulichung wird zu einer Klassenexkursion nach Bethlehem oder Sebastiya aufgefordert, um den romanischen Baustil kennenzulernen.[89] In einer späteren Lektion erfährt der Schüler darüber hinaus, dass gotische Kirchen mit farbigen Glasfenstern ausgestattet wurden.[90] Ebenso wird auch auf das Wirken der Spital- und Ritterorden hingewiesen. Die Johanniter hätten *„eine humane Rolle in der Förderung der medizinischen Dienste bei den Franken gehabt"* ebenso wie die Templer und der Antonius-Orden einen Beitrag geleistet hätten *„zum Schutz und Verteidigung des Königtums zusätzlich zur Gründung einiger fränkischer Festungen und Burgen in den Ländern Syriens"*.[91] Ein weiteres Charakteristikum, das genannt wird, ist das der apokalyptischen Endzeiterwartung im europäischen Christentum :

> *„Die Prophetie vom Erscheinen des Herrn Christus verbreitete sich. Jeder Christ sollte sich zur Buße aufmachen vor dem Ende der Zeiten. Die Kirche aber ermöglichte die Verwirklichung dieses Ziels durch die Pilgerfahrt und den Heiligen Krieg."*[92]

Hier wie auch bei vielen anderen Stellen, die die Kirche beschreiben, wird deutlich, dass man sich um eine sachliche Darstellung des westlichen Christentums bemüht und dass Versuche gemacht werden, das Christentum aus seinem Selbstverständnis heraus zu verstehen.

---

88 GES ES 7, 18-21.
89 GES ES 7, 21.
90 GES ES 7, 42.
91 GES ES 7, 42.
92 GES ES 7, 29.

3.10. Die Kirche und Europa vor den Kreuzzügen

Nachdem die Macht der Kirche im Mittelalter besonders hervorgehoben wird, werden die Zustände in der Kirche und in Europa mit Hilfe einer europäischen Quelle (Fulcher von Chartres[93]) beschrieben:[94]

> *„Im Jahre 1095 nach Christi Geburt, als Heinrich, der Kaiser genannt wurde, Deutschland regierte und König Philipp in Frankreich, weitete sich aufgrund ins Wanken geratenen Glaubens das Böse aller erdenklichen Art über ganz Europa aus. Papst Urban II. regierte damals in der Stadt Rom. Er war ein in seinem Leben und seinen Eigenschaften hervorragender Mann, der bestrebt war, die Stellung der heiligen Kirche besonnen und tatkräftig immer weiter zu erhöhen. Ferner sah er, dass der Glaube der Christenheit von allen, sowohl vom Klerus als auch vom Laienstand, mit Füßen getreten und der Frieden gänzlich missachtet wurde, denn die Fürsten der Länder befanden sich in unablässigem Kriegszustand, indem sie sich mit dem einen oder dem anderen befehdeten. Er sah, dass die Menschen sich gegenseitig irdische Güter wegnahmen, dass viele zu unrecht gefangen genommen und auf das barbarischste in schmutzige Verliese geworfen und zu unverhältnismäßig hohen Summen wieder freigekauft wurden oder dort durch drei Leiden, nämlich Hunger, Durst und Kälte gepeinigt und klammheimlich umgebracht wurden...“*[95]

In der gleichen Lektion wird aus dem Aufruf zum ersten Kreuzzug von Clermont nach der gleichen Quelle ganzseitig zitiert:

> *„Geliebte Brüder, ich, Urban, Pontifex und mit Gottes Erlaubnis Prälat der gesamten Welt, bin in dieser Zeit drängendster Not zu Euch, den Dienern Gottes in diesen Gebieten, als Überbringer göttlicher Ermahnung gekommen. Ich hoffe, dass jene, die Verwalter geistlicher Ämter sind, wahrhaftig und gläubig und frei von Heuchelei angetroffen werden. Denn wenn einer verschlagen und unredlich ist und sich weit von einem Maß an Vernunft und Gerechtigkeit entfernt hat und das Wort Gottes auf der Erde vereitelt, dann werde ich mit göttlicher Unterstützung versuchen, ihn zurechtzuweisen ....*[96] *Bessert Euch also zuerst selbst, so dass Ihr dann ohne Vorwurf jene, die unter Eurer Obhut stehen, zurechtweisen könnt. Wenn Ihr wahrhaftig Freunde Gottes heißen wollt, dann tut frohen Herzens das, wovon Ihr wisst, dass es Ihn erfreut. Seht insbesondere zu, dass die Angelegenheiten der Kirche getreu ihrem Gesetz bewahrt werden, so dass die Häresie der Simonie nicht unter Euch Wurzeln schlägt. Sorgt dafür, dass Verkäufer und Käufer, von den Peitschenhieben des Herrn gegeißelt, elendiglich hinausgetrieben werden durch die engen Pforten in die völlige Verdammnis.*
>
> *Haltet die Kirche in all ihren Rängen gänzlich frei von weltlicher Macht, veranlaßt, dass der Zehnte aller Gaben der Erde gewissenhaft an Gott abgetreten wird, und lasst nicht zu, dass er verkauft oder einbehalten wird. Wer auch immer sich an einem Bischof vergriffen hat, soll verflucht sein. Wer immer sich an Mönchen oder Priestern oder Nonnen und ihren Dienern oder Pilgern und Händlern vergriffen hat und sie beraubt hat, möge verflucht sein.*

---

93 Fulcher von Chartres (1059-1127) war Mönch in der Abtei St. Père en Vallée, nahm 1095 an dem ersten Kreuzzug teil und wurde Kaplan bei Balduin I., dem zweiten König von Jerusalem. Er verfasste eine bis 1127 reichende Geschichte des ersten Kreuzzugs und des Königreichs Jerusalem. Als Quelle wird im Schulbuch eine arabische Übersetzung von Ziyâd Al-ʿAsalî, Amman-Beirut 1990 angegeben.

94 GES ES 7, 28.

95 Bei dem Text handelt es sich um den Anfang des Berichtes von Fulcher von Chartres.

96 Im Text gekennzeichnete Auslassung einer längeren Passage.

Diebe, Brandschatzer und ihre Helfershelfer sollen aus der Kirche verbannt und exkommuniziert werden. [...][97] *Und er sagte: „Oh geliebte Brüder, Ihr habt die Welt lange Zeit in solchem Übel und Fehlverhalten gesehen und ganz besonders in manchen Teilen Eurer Provinzen, wie man uns erzählt hat. Vielleicht aufgrund unserer eigenen Schwäche, Recht zu sprechen, wagt sich kaum noch einer, der auf Sicherheit baut, auf den Straßen zu reisen, aus Angst, am Tag von Räubern heimgesucht zu werden oder in der Nacht von Dieben, mit Gewalt oder Hinterlist, zu Hause oder draußen. Und deshalb sollte der Gottesfriede, wie er genannt zu werden pflegte, der vor langer Zeit von den heiligen Vätern eingeführt wurde, erneuert werden."*[98]

Besonders auffallend bei dem hier abgedruckten Text ist, dass der eigentliche Aufruf zum Kreuzzug, der sich direkt an diesen Text anschließt, und in dem unter anderem heftig gegen die Muslime polemisiert wird,[99] gerade nicht abgedruckt wird. Vielmehr wird die Einleitung der Rede zitiert, in der einiges über die sozialen und kirchlichen Zustände in dieser Zeit deutlich wird. Diese Darstellungsweise zeigt, dass es nicht um Polemik geht, sondern um einen Versuch einer sachlichen Analyse der sozialen und religiösen Faktoren, die die Kreuzzüge bedingten. Dies lässt sich auch bei den Zusammenfassungen, Analysen und Fragen zu den Texten bzw. zum Thema erkennen. Selbst wenn man nicht alle historischen Einschätzungen teilt, so ist doch in jedem Fall ein hohes Maß an Bemühen um eine sachliche und differenzierte Darstellung der historischen Vorgänge erkennbar.
Es werden vier Hauptfaktoren benannt, die die Situation in Europa vor den Kreuzzügen kennzeichneten:

1. Die Schwächung des byzantinischen Reiches durch die Angriffe des islamischen Reiches, der türkischen Seldschuken und des Schismas zwischen der westlichen und der östlichen Kirche.
2. Die Schwächung des Adels in Westeuropa durch Kriege, die Verarmung der Bauern, die mangelnde innere Sicherheit, die Vorhersagung des Kommens Christi, der Aufruf zur Buße vor dem Weltenende und die Verwirklichung dieser Buße auf dem Wege der Pilgerfahrt und des Heiligen Krieges.

97 Nicht gekennzeichnete Auslassung im Text.

98 GES ES 7, 31.

99 Die „Türken, ein persisches Volk" haben nach Urban II. „immer mehr Länder an sich gerissen .... viele getötet und gefangengenommen, Kirchen zerstört und Gottes Königsreich verwüstet." Deshalb fordert der Papst die Anwesenden und Abwesenden dazu auf, „diese wertlose Rasse in unseren Ländern auszurotten und den christlichen Bewohnern rechtzeitig zu helfen." All denen, die diesen Aufruf folgen, wird ein genereller Ablass erteilt. Umgekehrt malt Urban II. nach dem Zeugnis von Fulcher von Chartres den Zuhörern das Schreckensbild vor Augen, welche Schande und Schuld die Christen auf sich laden würden, wenn sie ihren Mitchristen im Orient nicht beistehen würden und wenn die Muslime „eine Rasse, die so verächtlich, so verkommen und von Dämonen geknechtet ist, auf solche Art ein Volk überwinden sollte, welches mit dem Glauben an den allmächtigen Gott ausgestattet ist und im Namen Christi glänzt."

3. Der Wunsch der aufstrebenden Städte Italiens (Pisa, Genf und Venedig) nach der Ausweitung des Handels in Richtung Orient.[100]
4. Die Person Urban II. und die Tatsache, dass das Papsttum gespalten war wegen Auseinandersetzungen innerhalb der Kirche.

Diese vielschichtige Perspektive, die soziale, politische, religiöse, kirchenpolitische und ökonomische Faktoren als Anlass zu den Kreuzzügen gleichermaßen nennt, hebt sich ab von der Darstellung in den ägyptischen Geschichtsbüchern, die ausschließlich „imperialistische" Gründe für die Kreuzzüge aufführt und eine religiöse Motivation grundsätzlich abstreitet.[101] Interessant ist in diesem Zusammenhang auch die unterschiedliche Begrifflichkeit: Während in palästinensischen Schulbüchern entsprechend der älteren muslimischen Geschichtsschreibung prinzipiell immer der Begriff „Frankenkriege" (*al-ḥurûb al-farangiyya*) gebraucht wird, wird in den ägyptischen Geschichtsbüchern konsequent nur der Begriff „Kreuzzüge" (*al-ḥurûb aṣ-ṣalîbiyya*) gebraucht. In den palästinensischen Geschichtsbüchern werden die Kreuzzüge also als machtpolitische Auseinandersetzung geschildert, bei der religiöse Faktoren eine gewichtige Rolle spielten, während in Ägypten die Kreuzzüge als religiöse Auseinandersetzung geschildert werden, bei der dem Gegner die Wahrhaftigkeit der religiösen Motivation abgesprochen wird. Diese vielschichtige Begründung der Kreuzzüge wird im Kapitel „Die Angriffe der Franken gegen die Länder Syriens" jedoch wieder zurückgenommen. Nun heißt es, dass die Kreuzzüge folgende Gründe gehabt hätten:

> „*1. Der Versuch des Papstes, die Herrschaft über die Orientalischen Kirchen zurückzugewinnen.*
> *2. Die Gier nach dem Besitz der Güter des Orients.*
> *3. Die Gier der Ritter nach der Gründung von eigenen Fürstentümern im Orient.*
> *4. Die falsche Behauptung des Papstes, dass die Muslime die christlichen Pilger auf ihrem Weg nach Jerusalem schlecht behandeln würden.*"[102]

Die Faktoren, die zu den Kreuzzügen führten, werden nun wieder auf „imperialistisches" Hegemoniestreben reduziert, was der Geschichtsdarstellung in den ägyptischen Schulbüchern weit näher kommt. Außerdem wird der religiösen Motivation der Boden entzogen, indem sie als fälschliche Behauptung (*iddiʿâʾ*) bezeichnet wird.

---

[100] Das Aufblühen der italienischen Städte wird in einer Lektion der ersten Einheit nach der Lektion über die Kirche ausführlich beschrieben. GES ES 7, 14-17.

[101] Vgl. dazu die Aussagen in den ägyptischen Schulbüchern (Kap. IV.3.3 und VI.3.7 in Teil 1/B)!

[102] GES ES 7, 37.

3.11. Die Zerstrittenheit in Christentum und Islam

Als besonderes Charakteristikum der Kirche im Mittelalter wird an mehren Stellen die Zerstrittenheit des westlichen Christentums genannt. Beim Zustand der Kirche vor den Kreuzzügen wird die Trennung der östlichen und westlichen Kirche erwähnt, die zur Schwächung des byzantinischen Kirche geführt habe.[103] Am Ende dieser Lektion wird auch auf die innere Zerstrittenheit der Römisch-Katholischen Kirche hingewiesen[104] und in der Lektion, die über die unmittelbaren Angriffe der Franken berichtet, wird als erster Grund für die Kreuzzüge der Versuch des Papstes genannt, *„die Herrschaft über die östlichen Kirchen zu erlangen“*.[105] Zweifellos sind dies wichtige Faktoren, die bei den Kreuzzügen eine Rolle spielten. Über den Inhalt und Gegenstand der Auseinandersetzungen erfährt der Leser jedoch weder beim Konflikt zwischen Ost und West noch innerhalb der Römisch-Katholischen Kirche etwas. Bemerkenswert ist, dass die Zerstrittenheit nicht einseitig als ein Charakteristikum in der christlichen Welt dargestellt wird. Zum Eingang der 9. Lektion über die Situation im Nahen Osten vor den Kreuzzügen wird als Quelle Ibn Al-Aṯîr zitiert, nach dem die Fatimiden die Kreuzfahrer explizit auffordert hätten, in den Osten aufzubrechen, um ein Reich zu gründen, das einen Puffer zwischen dem Seldschukenreich und ihrem Reich darstellt:

> *„Dann drangen sie im Jahre 491 nach der Higra (1098 n. Chr.) ein. Es wird aber gesagt, dass die Herren Ägyptens, die den Alawiten zugehörten, sich fürchteten und sich an die Franken wandten, um sie dazu aufzufordern, nach Syrien zu ziehen, um es in Besitz zu nehmen und um zwischen ihnen und den Muslimen zu sein, weil sie die Stärke des Seldschukenreiches sahen und die Möglichkeit greifbar schien, dass diese die Gebiete von Syrien bis Gaza einnehmen könnten und dadurch kein anderes Gebiet mehr zwischen ihnen und Ägypten läge, das sie hindern könnte nach Ägypten zu marschieren und es zu belagern – Gott allein weiß es.“*[106]

Obwohl Ibn Al-Aṯîr diese Absprache zwischen Fatimiden und Kreuzfahrern eher als ein Gerücht kennzeichnet (*„es wird gesagt .... Gott allein weiß es“*) wird in den dazugehörigen Fragen im Schulbuch diese „Übereinkunft“ als historisches Faktum gewertet und mehrfach abgefragt. Wie immer man diese Quelle historisch beurteilt, so fällt auf, dass man selbstkritisch auf die innere Zerrissenheit des Islam als Grund für die Kreuzzüge hinweist. Als weitere Faktoren, warum die Kreuzfahrer im Orient Fuß fassen konnten, wird die sunnitisch-schiitische Spaltung, die schnelle Abfolge der abbasidischen Herrschern in der Kreuzzugszeit, sowie die Existenz vieler unabhängiger Fürstentümer im syrisch-palästinensischen Bereich erwähnt, die sich mal stärker an die

[103] GES ES 7, 29.
[104] GES ES 7, 30.
[105] GES ES 7, 38.
[106] Zitat nach GES ES 7, 32.

eine oder andere Großmacht anlehnten.[107] Kernaussage dieser Darstellung ist, dass der religiösen und politischen Zerrissenheit des Christentums eine ebensolche im Islam – zumindest im Bereich Syrien/Palästina entsprach. Bei den Kreuzzügen wird demnach nicht einfach von eine Gegenüberstellung von „den" Christen und „den" Muslimen ausgegangen. Vielmehr wird vermittelt, dass sowohl auf europäischer Seite mit Byzanz und Rom als auch auf orientalischer Seite mit türkischen Seldschuken, sunnitischen Abbasiden, schiitischen Fatimiden und Regionalfürsten verschiedene Herrscher um das Gebiet von Syrien/Palästina konkurrierten, das politisch zerrissen war und das in verschiedenen Allianzen mal hierhin mal dorthin wechselte.

3.12. Die westlichen Christen im Orient

Die Präsenz der westlichen Christen im Orient wird durch eine Karte mit den christlichen Fürstentümern, dann mit einem Überblick über die verschiedenen Angriffe der Franken und schließlich mit einer Tabelle erläutert. Der Angriff habe sich nicht nur gegen die Länder Syriens gerichtet, sondern auch gegen Ägypten, gegen Konstantinopel und gegen Nordafrika. In der Übersichtstabelle erfahren die Schüler, wann die Kreuzzüge stattfanden, was jeweils der konkrete Anlass für sie war, wie viele daran beteiligt waren, wie die Führer der Kreuzzüge hießen und welcher Papst zur jeweiligen Zeit herrschte.[108] Das Kapitel „Die Gründung des lateinischen Königtums in Jerusalem" wird mit Passagen aus dem Werk von Ibn Al-Aṯîr eingeleitet.

> *„Jerusalem gehörte damals den Türken ... und als die Franken in Antiochia gesiegt hatten und sich teilten .... sahen die Fatimiden die Herrschaft über Jerusalem .... sie setzten einen Mann ein, der für Prahlerei des Staates bekannt war... die Franken aber gingen geradewegs auf Jerusalem zu nachdem sie Akko belagert hatten. Als sie ankamen, belagerten sie die Stadt mehr als 40 Tage .... und sie besetzten sie und plünderten sie und töteten die Muslime eine Woche lang. Die Franken töteten aber in der Al-Aqsa-Moschee mehr als 70.000 Mann, darunter muslimische Imame und Gelehrte, Fromme und Asketen, die ihre Heimatländer verlassen hatten, um an diesem heiligen Orte zu sein ..."*[109]

In der pädagogischen Zusammenfassung wird erläutert, dass die Kreuzfahrer auch nach dem Zeugnis der fränkischen Geschichtsschreiber *„zahlreiche unmenschliche Taten gegen die muslimischen Bewohner der Stadt verübten"*, da sie das Ziel gehabt hätten, *„die Stadt und ihre Umgebung von den muslimischen Bewohnern zu entvölkern."* Viele Muslime seien gezwungen gewesen, Richtung Syrien zu flüchten.[110] Trotz des Zitates des Blutbades und dieser kurzen Erläuterung bei der Eroberung von

[107] GES ES 7, 32-34.
[108] GES ES 7, 39.
[109] GES ES 7, 40.
[110] GES ES 7, 41.

Jerusalem handelt es sich nicht um eine Darstellung, die gegen den Westen oder die Christen polemisiert. Nur wenige Zeilen einer historischen Quelle werden wiedergegeben. Das Geschichtsbuch fährt sofort in der Lektion fort mit einer nüchternen Schilderung der Errichtung des lateinischen Königtums, seiner Verwaltungsmaßnahmen, den Finanzierungsquellen des Königtums, den Orden (denen positive charitative und militärische Funktionen zugestanden werden) und mit der Beschreibung der Schwierigkeiten, mit denen das Kreuzfahrerreich konfrontiert wurde.[111] Das Blutbad bei der Eroberung wird also benannt, aber es wird – im Gegensatz zu der Darstellung in den ägyptischen Geschichtsbüchern – nicht ins Zentrum der Geschichtsdarstellung gerückt und in mehreren Versionen in seiner vollen Brutaltität ausgemalt, um die Grausamkeit und Barbarei der europäischen Christen herauszustellen.[112]

3.13. Das Aufblühen des christlichen Abendlandes

In der Lektion „*Folgen des Frankenzuges für den Orient*" werden im Gegensatz zu der Überschrift vornehmlich die politischen, kulturellen, religiösen, wirtschaftlichen und geografischen *Auswirkungen für Europa* beschrieben. Politisch hätten die Kreuzzüge das Ende des Feudalsystems und die Hinauszögerung des Niedergangs von Konstantinopel zur Folge gehabt. Kulturell habe Europa vieles aus dem Orient übernommen, im Blick auf die Sprache, im Blick auf die griechische Kultur, im Blick auf die islamische Dichtung, Philosophie und Wissenschaft, im Blick auf Produktions- und Militärtechniken und im Blick darauf, dass den *„christlichen Europäern bewusst wurde, dass die Nicht-Christen zivilisierte Menschen sind, die ein vorzügliches ethisches Verhalten aufwiesen, das das ihrer Kultur überstieg."*[113] In religiöser Hinsicht hätten die Kreuzzüge die Folge gehabt, dass das Papsttum aufstieg, dass der Reichtum der Klöster sich vermehrte, dass die christliche Mission sich auf die nicht-europäischen Völker speziell in Asien ausweitete, dass religiös-militärische Orden/Organisationen sich spalteten, dass *„das Denken bestärkt wurde, während der katholische Glaube, den das Papsttum zur Pflicht machte, schwächer wurde"*.[114] In wirtschaftlicher Hinsicht habe es einen Auftrieb gegeben durch die Anwendung der muslimischen Methoden im Handel und der Produktion. Darüber hinaus habe die italienische Handelsflotte seitdem das Mittelmeer beherrscht, das bis dahin in den Händen der Muslime oder der Byzantiner gewesen sei. Neue Handelsgüter, Pflanzen und Produkte seien eingeführt worden ebenso wie das islamische Bankensystem. Schließlich hätten die neuen geografischen Infor-

---

111 GES ES 7, 41f.

112 Vgl. oben Kap. VI.3.7 in Teil 1/B.

113 GES ES 7, 45.

114 GES ES 7, 45.

mationen aus dem Orient der Kartografie und der Suche nach neuen Ländern ebenso Auftrieb gegeben wie die Benutzung des Kompass, des Schießpulvers und des Papiers. Diese Ausführungen werden in dem Kapitel noch ergänzt durch zwei Quellen, in denen zum einen die Pflanzen, Gewürze, Stoffe und andere Güter genauer beschrieben werden, die nach Europa gelangten ebenso wie eine Bewertung von Usâma Ibn Al-Munqiḏ, der sagt, dass die Kreuzritter außer der Tugend der Tapferkeit keinerlei Tugenden gehabt hätten und dass er keinen hohen Rang oder Würde erkennen konnte außer bei den Rittern. Diese Auflistung von orientalischem Wissen und Gütern, die während der Kreuzzüge nach Europa gelangten knüpft an Lektion 5 des Schulbuches an, die der Schilderung der Kreuzzüge im Geschichtsbuch vorangestellt ist und bei der es vor allem um den geistig-kulturellen Transfer des islamischen Erbes nach Europa auf dem Wege über Sizilien und Spanien ging. Während dort die Bedeutung der arabischen Universitäten und der Transfer des Wissens in den Bereichen von Philosophie, Mathematik, Astronomie, Medizin, Chemie, Geografie hervorgehoben wird,[115] sind es hier eher die materiellen, militärischen und geostrategischen Neuerungen, durch die der Westen seit der Begegnung mit dem Orient Auftrieb erfuhr. Das Thema wird auch nochmals am Ende des Geschichtsbuches für die 8. Klasse aufgegriffen. Dort werden in einer Lektion nochmals die Wege des Wissenstransfers (Sizilien, Spanien, die Frankenkriege und dem Handel) wiederholt und einige arabische Begriffe erläutert, die es bis heute in europäischen Sprachen gibt.[116]

3.14. Die Vertreibung der westlichen Christen

Während der erste Kreuzzug durch den Blick auf die kirchlichen und sozialen Strukturen Europas zum Beginn der Kreuzzüge reichlich explizites und implizites Material zum Christentum bietet, erfolgt die weitere Beschreibung der Kreuzzugszeit vorwiegend in politischen und militärischen Kategorien. Nur ganz knapp wird erwähnt, dass der Papst nach der Rückeroberung Edessas durch ʿImâd ad-Dîn Zankî auch zum zweiten Kreuzzug aufrief.[117] Bei der Eroberung Akkos wird erwähnt, dass Salaḥ ad-Dîn den Kreuzfahrern freien Abzug gewährte.[118] Diese „Großmut" bzw. „Toleranz" (samâḥa) wird bei der Eroberung von Jerusalem etwas breiter geschildert:

> *„1. Ṣalâḥ ad-Dîn handelte bei seinen Siegen nicht nach dem Exempel, das seine Feinde an den Muslimen bei der Eroberung Jerusalems statuiert hatten. Vielmehr ließ er sie mit ihren Gütern und ihrem Vermögen die Stadt verlassen.*

[115] GES ES 7, 22-25.
[116] GES ES 8, 121-124.
[117] GES ES 7, 57.
[118] GES ES 7, 67.

2. *Ṣalâḥ ad-Dîn sorgte sich um die Situation der Armen und ließ viele von ihnen ziehen ohne das Lösegeld zu zahlen.*
3. *Er erlaubte den orientalischen Christen der Stadt bei den Muslimen zu bleiben.*
4. *Ṣalâḥ ad-Dîn versuchte nicht die Kirchen zu zerstören, sondern ließ sie [bestehen], an vornehmster Stelle die Auferstehungskirche.*"[119]

Ähnlich wie in den ägyptischen Schulbüchern wird hier Saladins Toleranz bei der Eroberung der Barbarei der Kreuzfahrer gegenübergestellt. Aber genauso wie die Brutalität der Kreuzfahrer in dem palästinensischen Geschichtsbuch nicht intensiver ausgemalt wurde, wird nun auch nicht Saladin völlig glorifiziert. Der Text, in dem seine Toleranz beschrieben wird, ist relativ kurz. Vor allem wird aber zuvor erwähnt, dass Saladin das erste Kapitulationsangebot der Kreuzfahrer abgelehnt habe, *„weil er für die Muslime Vergeltung haben wollte, die die Franken getötet hatten als sie Jerusalem im Monat Šaʿbân 392 n. H. (Juli 1099 n. Chr.) eroberten".*[120] Nur weil seine Berater ihm dies rieten, habe er sich schließlich dazu entschlossen, die Kapitulation gegen ein Lösegeld doch anzunehmen. Auch wenn hier also ein Vergleich zwischen christlichen Eroberern und den muslimischen Eroberern gezogen wird, [121] so muss doch gesagt werden, dass hier in dem palästinensischen Schulbuch eine nicht so krasse Gegenüberstellung von Muslimen und Christen vorgenommen wird wie dies in den ägyptischen Schulbüchern der Fall ist.[122] Dass man darum bemüht ist, keine grundsätzlichen Feindbilder zwischen dem Westen und dem Orient entstehen zu lassen trotz aller kritischen Sicht der Kreuzzüge ist auch an einer Aufgabe zu erkennen, die als letzte Übung vor dem Ende der Einheit über den islamischen ǧihâd gegen die Franken den Schülern aufgetragen wird:

> *„Wir beschäftigen uns mit palästinensischen Statistiken, die sich mit dem europäischen Tourismus beschäftigen, dem Umfang des Handelsaustausches und der Art von Hilfen, die die europäischen Staaten erbringen zur Realisierung der guten Beziehungen zwischen den europäischen Völkern und Palästina."*[123]

Überraschend ist, dass man in einem Buch über das Mittelalter plötzlich auf das Gebiet der Wirtschaft und in die Gegenwart wechselt. Die Intention ist klar: Man will vermeiden, dass sich bei den Schülern ein Feindbild vom Westen aufbaut, wenn man ihn schon seitenweise als Feind und als minderwertige Kultur beschrieben hat.

---

119 GES ES 7, 71.

120 GES ES 7, 70.

121 Zu diesem Vergleich wird explizit in einer Übung aufgerufen: *„Schreibe einen Report, in dem du vergleichst wie die Franken die Muslime behandelten und wie Ṣalâḥ Ad-Dîn den König von Jerusalem behandelte."* GES ES 7, 66.

122 Vgl. oben Kap. VI.3.7. in Teil 1/B.

123 GES ES 7, 77.

Das Schulbuch schließt mit einer Einheit über die Mameluckenzeit ab. Hierin werden der Aufstieg und Niedergang der Mameluckenherrschaft und die wichtigsten Ereignisse in politisch-militärischer, religiöser und kulturell-wirtschaftlicher Hinsicht geschildert. Der Einfall der Tartaren, die Zerstörung des abbasidischen Kalifates und die Wiederbelebung des Kalifates werden ebenso beschrieben wie die friedlichen und kriegerischen Beziehungen zu den Franken. Der Sieg über die Kreuzfahrer wird als „Reinigung des Landes von den Franken" bezeichnet. Die gesamte Zeit des lateinischen Königreiches wird damit negativ gewertet. Andererseits erfährt die Zerstörung Bagdads und des abbasidischen Kalifates eine relativ neutrale Bewertung, ebenso wie die Machtergreifung der Mamelucken, obwohl diese Herrscher von außen kamen und während ihrer Herrscherzeit von der einheimischen Bevölkerung isoliert blieben. Wie in den ägyptischen Schulbüchern werden auch hier die Eroberer mit verschiedenem Maß gemessen. Der wichtigste Unterschied zu den ägyptischen Schulbüchern besteht jedoch darin, dass die Mameluckenzeit überhaupt behandelt wird. Dadurch schließt die Kolonialzeit nicht direkt an die Kreuzzugszeit an, so dass nicht von einer kontinuierlichen Bedrohung durch Europa gesprochen werden kann.

4. Evaluation

4.1. Zusammenfassung

Die Tabellen und Grafiken zeigen, dass der Anteil der Texte, in denen explizit über das Christentum gesprochen wird, im Geschichtsbuch der 6. und 8. Klasse minimal ist (0,14 bzw. 0 %). Dies ist zum Teil dadurch begründet, dass die Titel dieser Schulbücher bereits eine Abgrenzung zum Ausdruck bringen: Es geht nicht um eine Darstellung der Geschichte der arabisch-orientalischen Kultur, in der arabische Christen und Juden ebenso beheimatet sind, sondern speziell um die „Geschichte der [heidnischen] Araber und der *Muslime*" (Klasse 6) bzw. um eine „Geschichte des *islamisch*-arabischen Kulturkreises" (Klasse 8). Die orientalischen Christen haben, obwohl sie über Jahrhunderte in vielen Ländern die Mehrheit der Bevölkerung darstellten, in dieser Geschichtsschreibung keinen expliziten Platz, sondern sind eine Randerscheinung, auf die man an verschiedenen Stellen zu sprechen kommen muss, um bestimmte Phänomene in der *islamisch*-arabischen Kultur zu erklären. Ebenso wenig kommt die jüdisch-arabische Kultur vor, die bis ins 20. Jh. einen bedeutenden Faktor im Orient darstellte. Es ist also die Geschichte der herrschenden Minderheit, die hier beschrieben wird, nicht die der beherrschten Mehrheit. Die Stellen, in denen indirekt bzw. implizit von den Christen und Juden gesprochen wird, belaufen sich in beiden Büchern auf 9,20 bzw. 7,75 %.

Im Geschichtsbuch für die 7. Klasse ("Die Geschichte des Mittelalters") sieht es etwas anders aus. Hier werden einige, zum Teil sehr detaillierte Einzelinformationen über das westliche Christentum gegeben (9,38 % explizite Erwähnungen). Allerdings handelt es sich dabei fast ausschließlich um Informationen über die katholische Kirche zu einer bestimmten Epoche, die abgesehen von dem vierseitigen Kapitel „Die Kirche" über das ganze Buch verstreut sind. Indirekt hat jedoch fast das gesamte Buch Bedeutung für die Darstellung des Christentums (86,66 %), denn im Mittelpunkt der Darstellung steht die Auseinandersetzung mit den „Franken". Die Kreuzzüge – hier durchgehend nach der alten islamischen Tradition als „Eroberungszüge der Franken" und nicht als „Kreuzzüge" bezeichnet - werden vornehmlich als politische und nicht als religiöse Gegner beschrieben. Dennoch hat die geschichtliche Darstellung Rückwirkungen auf das Bild vom Christentum, die im Rahmen dieser Untersuchung von großer Bedeutung sind. Der Anteil christlicher Motive im Schulbuch der Klasse 6 und 7 ist mit 12% und 7,5 % recht hoch, allerdings niedriger als in manchen Büchern für Nationale Erziehung (vgl. oben Kap. III.4.1).

Wie in den anderen Schulbüchern wird die islamische Toleranz hervorgehoben, die man in Medina, bei den islamischen Eroberungen und unter Saladin den Nichtmuslimen gewährte. An die Kultur der Christen knüpft man bewusst an, aber in den Geschichtsbüchern wird auch der Verdrängungsprozess und die finanzielle Ausbeutung der Nichtmuslime beschrieben. Eine Darstellung der Entwicklung der Kirche im Orient fehlt. Im Geschichtsbuch der 7. Klasse wird dafür ein Blick auf die katholische Kirche und auf die soziale Situation in Europa im Mittelalter geworfen. Die Darstellung bemüht sich um Sachlichkeit und Ausgewogenheit auch bei der Darstellung der Kriege und der anderen Religion. Allerdings sind zahlreiche sachliche Fehler bei den Erläuterungen festzustellen.

4.2. Bewertung und kritische Anfragen

Die Aufforderung, das Abkommen von Medina mit den Allgemeinen Menschenrechten zu vergleichen (vgl. oben Kapitel IV.3.1), ist eine ausgezeichnete Übung. Allerdings müssten dem Schüler zuvor wenigstens ansatzweise die Elemente der islamischen Toleranz und ihrer Grenzen sowie die Konzeption der Allgemeinen Menschenrechtserklärung bzw. der Debatte über die Menschenrechte deutlich gemacht werden, damit er sie vergleichen kann. Es wäre anzuraten, deutlich herauszustellen, dass der in Medina beschlossene Vertrag ein wichtiger Schritt in Richtung einer Entwicklung von Menschenrechten angesehen werden muss, da die islamische Toleranz nur eine bedingte Toleranz war, die nicht jedem Individuum zustand, sondern von der Zugehörigkeit zu einem anerkannten Religionskollektiv abhängig war.

Die Begründungen für den Erfolg der islamischen Eroberungen in Kap. IV.3.1. sind nicht ausreichend. Insbesondere die innerkirchlichen Streitigkeiten bzw. die ethnisch-nationalen Strömungen sollten näher erläutert werden, um die divergierenden Kräfte deutlich zu machen, die dem Islam das Vordringen in zahlreiche Gebiete erleichterte. Der Hinweis darauf, dass es sowohl Sicherheitsgewährung und Verdrängung von Einwohnern der eroberten Länder gab, bedarf genauerer Erläuterung. Man muss wissen, dass sich die Toleranz und die Gewährung der Sicherheit bei den Eroberungen vor allem auf die Christen bezog, die im Streit mit Byzanz lagen: Den „Monophysiten" und „Nestorianern", die sich den orthodoxen Dogmen der Kaiserkonzilien von 431 und 451 nicht hatten beugen wollen und die bis dahin verfolgt wurden, wurden nun Kirchen und Klöster der byzantinisch-orthodoxen Reichskirche übereignet und Patriarchen, die zum Teil im Untergrund leben mussten, wurden wieder eingesetzt. Die griechisch sprechende Oberschicht der Länder wurde dagegen weitgehend entmachtet und aus dem Lande vertrieben, während die aramäisch und koptisch sprechende Landbevölkerung, die in vielen Ländern die Mehrheit bildete, nun Unterstützung von den islamischen Herren bekam. Die islamische Religionstoleranz ist also auch auf dem Hintergrund eines machtstrategischen Denkens zu verstehen: Die arabischen Herrscher wollten sich die Unterstützung und Kollaboration der Christen zunutze machen, die im Gegensatz zu Byzanz standen, um ihre eigene Position zu verbessern. Gleichzeitig ging der Toleranz jedoch stets eine militärische Bedrohung voraus und sie wurde davon abhängig gemacht, dass die Christen und Juden sich unterwarfen und die neuen muslimischen Herren finanziell und militärisch unterstützten. Taten sie dies nicht, war es mit der Religionsfreiheit und Toleranz vorbei und es gab meist nur noch die Wahl zwischen Übertritt zum Islam und dem Tod.[124]

Bei dem Vergleich zwischen der Eroberung Jerusalems durch die Kreuzfahrer und durch Saladin ist bedauerlich, dass die orientalischen Christen wieder nur als Objekte der muslimischen Toleranz Erwähnung finden. Welche Position sie gegenüber der Bedrohung der Franken einnahmen, wird mit keinem Wort erwähnt. Auch nicht, dass Juden und Christen Jerusalems bei der Eroberung durch die Kreuzfahrer ebenso wie Muslime niedergemetzelt wurden. Insoweit muss man die geübte Toleranz in ihrer

---

[124] Vgl. KHOURY 1994, 97f.: „Aber was geschieht mit dem Schutzbürger, der seinen Status durch Mißachtung unabdingbarer Pflichten verletzt? In diesem Falle gilt das Schutzabkommen als aufgekündigt, und der Schutzbürger wird wie ein Kämpfer (Ḥarbî) ein Feind des Islams, behandelt. Er muß hingerichtet werden, seine Frau und seine Kinder werden zu Sklaven gemacht, so die Meinung Abû Ḥanîfas. Für Shafiʿî und Ibn Hanbal hat die islamische Obrigkeit die Wahl zwischen vier Möglichkeiten: den zum Feind gewordenen Schutzbürger hinrichten zu lassen, ihn zum Sklaven zu erklären, ihn gegen ein Lösegeld freizulassen oder endlich ihm seine Übertretung und seine Schuld nachzulassen. [...] Die Bekehrung zum Islam enthebt den vertragsbrüchigen Schutzbürger all dieser Sanktionen, denn er wird damit zum vollen Mitglied der islamischen Gemeinschaft und genießt alle Rechte der Gläubigen."

Ambivalenz sehen: So wie man zur Zeit der ersten Eroberung die byzantinischen Christen entmachtet und verdrängt hatte, dafür aber lokalen Christen entgegen gekommen war, wurden nun die „Franken" verdrängt und die orientalischen Christen und Juden wurden wieder in ihre alten (eingeschränkten) Rechte eingesetzt.

Die Möglichkeit der Pilgerfahrt in islamische Länder verdient ausführlicher behandelt zu werden. Meinst wird darauf nur in negativem Zusammenhang hingewiesen. Dann nämlich, wenn man im Westen die fehlende Sicherheit der Pilgerwege beklagte. Es wäre jedoch zu überlegen, sehr viel positiver hervorzuheben, dass diese Möglichkeit überhaupt von islamischer Seite eingeräumt wurde. Nicht nur die lokalen Christen im *dâr al-islâm* hatten prinzipiell ein Recht, ihrer Religion nachzugehen, sondern dies wurde auch Christen eingeräumt, die aus dem *dâr al-ḥarb* kamen, den Ländern, mit denen das islamische Reich sich im Krieg oder Waffenstillstand befand. Dies ist eine Form der Toleranz, die zu würdigen ist, denn Gleiches wäre in Europa in dieser Zeit, die von der Verfolgung jedes Menschen ausgeht, der sich nicht im vollen Umfange zu der katholischen Kirche bekannte, nicht denkbar gewesen. Zudem könnte ein Kapitel, das über die Tradition der Pilgerwallfahrten in das Heilige Land informiert, wesentliche Hilfestellung geben, um die religiösen Motive der Kreuzfahrer besser zu verstehen, zumal einige Wissenschaftler in den Kreuzzügen nichts anders als eine bewaffnete Pilgerwallfahrt sehen.[125]

Bei den Ausführungen zu den Werten Toleranz und Humanismus (vgl. oben Kap. IV.3.1.) ist positiv zu bewerten, dass man die Menschenrechte prinzipiell bejaht und sie mit der eigenen Tradition verbindet. In der islamischen Welt hat es tatsächlich bereits

[125] Vgl. MAYER 2000, 19: „Der Kreuzfahrer unterschied sich vom Pilger durch seine Waffen, aber der Kreuzzug war im Grunde nichts anderes als eine bewaffnete Wallfahrt, die mit besonderen geistlichen Privilegien ausgestattet war und als besonders verdienstvoll galt. Der Kreuzzug war eine konsequente Fortbildung der Pilgeridee. Niemandem wäre es eingefallen, zur Eroberung des Hl. Grabes auszuziehen, wären nicht schon Jahrhunderte hindurch die Menschen immer und immer wieder dorthin gewallfahrt Der ständige Pilgerstrom musste in der Christenheit den Wunsch aufkeimen lassen, das Grab Christi selbst zu besitzen, nicht um die Schwierigkeiten der Pilgerfahrt zu beseitigen, sondern weil der Gedanke, die Hl. Stätten, das ‚Erbgut Christi', in der Hand der Heiden zu wissen, für die Menschen allmählich immer unerträglicher wurde. Der Zusammenhang zwischen Wallfahrt und Kreuzzug liegt offen zutage; das Verdienst, beides institutionell verknüpft zu haben, gebührt Urban II. Wenn man auch mit den zunehmenden Schwierigkeiten der Pilgerfahrt als Wurzel der Kreuzzüge heute besser nicht mehr argumentiert, so ist doch die Bedeutung der Wallfahrt für die Entstehung der Kreuzzüge ganz entscheidend. Urban ‚machte den populären, aber sachlich unfruchtbaren Wallfahrtsgedanken für den Heidenkreig fruchtbar' (Erdmann). Die Zeitgenossen waren zunächst bezeichnenderweise gar nicht imstande, deutlich zwischen dem einen und dem anderen zu unterscheiden. Die mittellateinische Sprache hat ein Wort für den Begriff ‚Kreuzzug' erst sehr spät (Mitte des 13. Jh.) entwickelt und dann selten gebraucht; auch die deutsche kennt es erst seit der Zeit Lessings. Man behalf sich im Mittelalter ganz überwiegend mit Umschreibungen wie *expeditio*, *iter in terram sanctam* (Reise ins Hl. Land) und – vor allem zu Beginn der Kreuzzüge – mit *peregrinatio*, dem Fachausdruck für die Wallfahrt. Der Übergang ist deutlich fließend."

schon sehr früh Bestrebungen gegeben, die Differenzen von Sprache, Rasse, und Herkunft zu überwinden, was sich im Aufstieg der islamisierten Mawâli und verschiedener islamisierter Völker ebenso zeigt wie in der Möglichkeit des Aufstiegs von Sklaven, die sich prinzipiell freikaufen konnten. Ob die islamische Kultur tatsächlich die „wichtigste Kultur" gewesen ist, die sich um Humanisierung der menschlichen Gesellschaft bemühte, bleibt einem ausführlichen Kulturvergleich zu diesem Thema vorbehalten. Wichtiger in diesem Zusammenhang ist die Frage, inwieweit sich der Anspruch, die Menschenrechte verkündet zu haben, mit dem Passus über die Toleranz gegenüber Nichtmuslimen aufrecht erhalten lässt. Hierzu muss festgestellt werden: Die Gleichheit und Brüderlichkeit, die unter dem Punkt „Humanismus" ausgesprochen wird, bezieht sich nur auf die islamische *umma*, die Gemeinschaft der Muslime, nicht auf die Mitbürger anderen Glaubens. Im Bezug auf die Christen wird bei dem Beginn des Kapitels „Charakteristika der islamisch-arabischen Kultur" mit einem Zitat der Sure 112 gleich klargestellt, dass diese zu dieser Kultur nicht dazugehören: *"Sprich: Gott ist der Einzige. Gott ist der allein Anzuflehende. Weder zeugt er, noch ist er gezeugt worden. Ihm gleicht niemand".*[126] Sie gehören der islamisch-arabischen Kultur nicht an und im Bezug auf Christen und Juden gilt nach islamischer Tradition nicht das Prinzip der vollen Gleichheit und Brüderlichkeit, sondern nur das Prinzip der Toleranz. Gerade die Tatsache, dass man neben der Charakteristik des Humanismus noch einen zweiten Punkt der Toleranz aufführt, weist daraufhin, dass die islamische Gesellschaft gerade nicht durch Gleichheit aller gekennzeichnet war und ist, sondern durch eine prinzipielle Unterscheidung zwischen den Muslimen und den Nichtmuslimen, die als "Schutzbefohlene" nur eingeschränkte Rechte hatten bzw. für die andere Rechte galten.[127] Neben dem viel zitierten Prinzip "Es gibt kein Zwang in der Religion" der Sure 2, 256 galt gegenüber Schriftbesitzern zugleich immer auch das Prinzip, das in der Sure 9, 29 zum Ausdruck kommt. Und dieses heißt: "Kämpft gegen sie ... bis sie von dem, was ihre Hand besitzt, Tribut (*al-ğizya*) entrichten, als Erniedrigte".[128] Islamische Toleranz hat daher stets ein asymmetrisches Beziehungsverhältnis zu den Schriftbesitzern intendiert, keine Gleichberechtigung. Darüber hinaus ist es nicht richtig, dass niemals in der Geschichte Zwang zur Bekehrung ausgeübt wurde. Immer dann nämlich, wenn man von islamischer Seite der Überzeugung war, dass ein Schutzvertrag verletzt wurde,[129] ging der

126 GES ES 8, 9.

127 Zum Verständnis von Toleranz vgl. oben Kap. I.3.5. bzw. I.4.2.

128 Im Arabischen steht der Begriff *‚ṣağirûn'*. Seine Bedeutung ist „klein, gering, unterwürfig, niedrig, kriecherisch, demütig sein". Vgl. WEHR, 468.

129 Die Verletzung des Schutzvertrages konnte man durch verschiedene Ursachen begründet sehen: Teilweise waren es ausbleibende Steuerzahlungen, teilweise waren es nicht genehmigte Kirchenbauten, teilweise war es offener Widerstand, aber teilweise konnte es auch bereits eine

Schutzbefohlene seiner sämtlichen Rechte verlustig und es war der Willkür des jeweiligen Herrschers anheim gestellt, wie er mit dem Schutzbefohlenen umging.[130] Es wäre daher von großer Bedeutung, dass man einerseits die islamische Toleranz und ihr menschheitsgeschichtlicher Beitrag zur Humanisierung der Gesellschaft in den Schulbüchern genauer beschreibt, andererseits aber auch ihre Grenzen gegenüber einem modernen Verständnis von Gleichheit, Freiheit und Brüderlichkeit aller Menschen aufzeigt wie es in den Menschenrechtserklärungen der Gegenwart ausgedrückt ist. Eine Vereinnahmung der Menschenrechte durch den Islam wird jedenfalls dem historischen Geschehen nicht gerecht und verschleiert nur den Beitrag des Islam, der zweifellos erheblich ist.

Die Tatsache, dass die Existenz christlicher und jüdischer Gruppen auf der arabischen Halbinsel erwähnt wird (vgl. oben Kap. IV.3.2.), ist zu würdigen. Bedauerlich ist jedoch, dass über den oben zitierten Satz hinaus keine genaueren Informationen über diese Gruppen gegeben werden, während man sich gleichzeitig auf immerhin 20 Seiten des Buches um ausführlichere Informationen über die geografischen, politischen, wirtschaftlichen, sozialen und kulturellen Konstellationen auf der arabischen Halbinsel vor dem Islam bemüht. Angesichts dessen, dass Christen und Juden den Gedanken an den einen Gott auf die arabische Halbinsel trugen und Muhammad an die Offenbarungen und Schriften des Judentums und des Christentums anschloß, wäre es von großer Bedeutung, genauere Informationen über die christlichen und jüdischen Gruppen zu geben, die zur Zeit Muhammads lebten. Zum Beispiel wäre es wichtig zu vermitteln, wann die jüdischen und christlichen Gemeinden auf die arabische Halbinsel kamen, welche Glaubenstraditionen sie mitbrachten,[131] wie ihr Verhältnis zu den Polytheisten war und welche soziale Stellung sie innehatten.

Dass die Darstellung des Kulturtransfers durch die syrischen Christen (vgl. oben Kap. IV.3.2) in den palästinensischen Schulbüchern ausführlicher als in den ägyptischen erfolgt[132] und dass einige Übersetzer namentlich genannt werden, ist erfreulich. Im Zentrum der Darstellung steht jedoch nicht die hohe Kultur, die Christen und Juden hatten und die sie nun an die neuen muslimischen Herren weitervermittelten, sondern die Leistung der muslimischen Auftraggeber. [133] Diese bestand zunächst einmal nur

nicht genügende Demutshaltung sein oder die Verletzung religiöser Gefühle von Muslimen, die zum Entzug aller Rechte führte.

130 Vgl. den Exkurs oben in Kap. V.4.2. sowie die Ausführungen in II.4.2 und III.4.2 in in Teil 1/B.

131 Es ist z. B. nicht unerheblich für das Verständnis, dass es sich wahrscheinlich um „nestorianische" Christen handelte, denen Muhammad begegnete, denn diese hatten besondere Lehren, die von der Gesamtkirche seit 431 nicht geteilt wurden.

132 Vgl. die Ausführungen im Abschnitt "Die syrisch-aramäische Kultur" in Kap. VI.4.2 in Teil 1/B.

133 Rein grammatikalisch drückt sich dies dadurch aus, dass im Text die muslimischen Herrscher stets die handelnden Personen sind, während die Christen und Juden die Objekte der Handlung

darin, an der Bildung der Christen und Juden Interesse zu haben und den Transfer des Wissens in das Arabische zu fördern. Faktisch waren es in der Anfangszeit jedoch vornehmlich Christen und Juden, die die immense Leistung des Kulturtransfers bewältigten. Sie waren es, die in einem mehrere Generationen währenden Prozess die wissenschaftlichen und auch die sprachlichen Grundlagen der „islamisch-arabischen Kultur" schufen, die schließlich zu einer gemeinsamen Kultur der orientalischen Muslime, Christen und Juden verschmolz.[134] Mit Hilfe der orientalischen Christen und Juden wurde aus dem Arabischen eine Sprache der Bildung, in der komplizierte philosophische Begriffe und Gedankengänge ebenso ausgedrückt werden konnten wie Termini der antiken und der „neuen" Wissenschaften, denen die Araber auf ihrem Siegeszug begegneten. Wenn diese kulturelle Leistung der orientalischen Juden und Christen klar und deutlich herausgestrichen würde und die Kultur, die sie verkörperten, eigenständig beschrieben und in dem Schulbuch entfaltet würde, so könnte dies einen wesentlichen Beitrag dazu leisten, deutlich zu machen, dass die orientalischen Christen und Juden ein untrennbarer Bestandteil der islamisch-arabischen Kultur sind, da sie selbst maßgeblich daran mitgearbeitet haben, die wissenschaftlichen und sprachlichen Grundlagen dieser Kultur zu erarbeiten.[135]

Aus demselben Grund sind auch die Titel der Geschichtsbücher bereits problematisch: Wenn nur die „Geschichte der [heidnischen] Araber und der *Muslime*" (Klasse 6) und die „Geschichte der *islamisch*-arabischen Kultur" (Klasse 8) behandelt wird, so wird automatisch ein wesentlicher Teil der Kultur des Orients verdrängt: Die Geschichte der Christen und Juden, die über Jahrhunderte in zahlreichen Ländern des islamischen Reiches noch die Mehrheit der Bevölkerung bildeten und bis heute einen wesentlichen Beitrag zur orientalisch-arabischen Kultur leisten. Es wäre daher zu überlegen, ob man nicht von vornherein eine andere Konzeption der Geschichtsbücher

---

sind (Die Muslime interessierten sich, die Omayaden und die Abbasiden veranlassten Übersetzungen, Kalif al-Manṣur ließ Gelehrte kommen, ar-Rašîd ließ wissenschaftliche Bücher der Antike übersetzen etc....).

134 Vgl. Strohmaier, der Hunain Ibn Ishaq folgendendermaßen charakterisiert: Er war "the most important mediator of ancient Greek science to the Arabs. It was mainly due to his reliable and clearly written translations of Hippocrates [...] and Galen [...], that the Arab physicians of the Middle Ages became worthy successors of the Greek. STROHMAIER, G.: Art. "Ḥunayn b. Isḥâq al-ʿIbâdî" in: EI 3, 578-580.

135 Diese Arbeit endete übrigens auch durchaus nicht im Mittelalter, sondern wurde über die Jahrhunderte fortgeführt und erfuhr in der arabischen Renaissance, die ab der Mitte des 19. Jh. anhub, ihre erstaunliche Wiederholung: Es waren vornehmlich orientalische Christen, die die Schätze der arabischen Literatur wieder entdeckten und mit Grammatiken, Enzyklopädien, den ersten Zeitungen und Verlagen die Grundlage für die moderne arabische Hochsprache legten. Vgl. HARB 2000. Allerdings soll mit diesen Hinweisen natürlich nicht bestritten werden, dass der Islam auch eigenständige Denker hervorgebracht hat oder dass die Wissenschaften

entwerfen könnte, die nicht nur die Geschichte der Religion des Islams beschreibt, sondern die aller drei Religionen, die im Nahen Osten ihren Ursprung haben und seine Kultur bis heute prägen. In einer „Geschichte der orientalisch-arabischen Kultur" könnte man zunächst die wichtigsten Kulturen beschreiben, die vor dem Islam vorhanden waren (antike heidnische Kulturen in Ägypten, Mesopotamien, Griechenland, Persien und Indien), dann die Kultur des orientalischen Judentums und der christlichen Kulturen (byzantinischer, koptischer und syrisch-aramäischer Prägung). Schließlich könnte man den Beitrag des Islam entfalten.[136]

Der Hinweis auf freundschaftliche Beziehungen zwischen Muslimen und Christen (vgl. oben Kap. IV.3.3.) sind sehr knapp gehalten und nur wenig aussagekräftig. Orientalische Christen und Muslime haben nunmehr eine 1400 Jahre währende gemeinsame Geschichte im Nahen Osten. Die Frage ist, ob es nicht sinnvoll wäre, die positiven Zeiten des Zusammenlebens sehr viel genauer zu beschreiben. Material genug gibt es dazu in der islamischen Geschichtsschreibung ebenso wie in der der orientalischen Christen. Mehr als mit der häufig wiederholten Behauptung, dass stets Toleranz geübt wurde, könnte damit aufgezeigt werden, dass der Islam zu bestimmten Zeiten in der Tat auf eine Tradition des friedlichen multireligiösen und multikulturellen Zusammenlebens verweisen kann, an die heute angeknüpft werden sollte. Pluralität und Multikulturalität sind zwar heute Schlagworte westlicher Gesellschaften geworden. Aber gerade die islamische Welt kann hierbei auf weit ältere Erfahrungen zurückgreifen. Wenn diese Möglichkeiten ohne Übersehung der Begrenzungen dokumentiert würden, könnte dies ein wesentlicher Beitrag zum besseren Verständnis zwischen den Religionen und Kulturen darstellen. Zudem würde dann deutlich, dass der Aufruf in den palästinensischen Staatsbürgerkundebüchern zu einer pluralistischen, multikulturellen Gesellschaft nicht eine Übernahme westlicher Vorstellungen ist, sondern an eigenständige uralte Tradition des Orients anknüpft, die im Islam und im Orientalischen Christentum tief verwurzelt sind.

Angesichts der Beschreibung der islamisch-arabischen Kultur (vgl. oben Kap. IV.3.4.) ist zu fragen, welchen Platz dann Nichtmuslime einnehmen, die ihre Religion, ihre Traditionen und zum Teil ihre Sprachen (bei den Christen z. B. koptisch, aramäisch und armenisch, bei den Juden hebräisch) über die Jahrhunderte beibehalten haben und dennoch eng mit der arabisch-islamischen Kultur verwoben sind, ja sogar viel zur Entwicklung und zum Aufblühen dieser Kultur getan haben. Ein christlicher Schüler, der dieses Kulturverständnis zu lernen hat, wird jedenfalls schmerzlich zur Kenntnis

weiterentwickelt wurden. Darauf weist zurecht das Geschichtsbuch in der Lektion über die rationalen Wissenschaften hin (GES ES 8, 106).

[136] Parallel dazu wäre anzustreben, dass dem arabisch-islamischen Erbe in europäischen Schulbüchern wesentlich mehr Raum eingeräumt wird.

nehmen müssen, dass er dieser Kultur nicht zugerechnet wird und gewissermaßen „heimatlos“ ist, da er sich weder dem Orient noch dem Okzident zuordnen kann. Zudem stellt sich die Frage, ob die beiden Kapitel logisch miteinander verknüpft sind, denn wenn zum Verständnis der Phänomene einer Kultur alle „Glaubensformen und Anbetungsformen der Gesellschaft“ betrachtet werden müssen – so Punkt 4 der Begriffsbestimmung von *al-ḥaḍâra-*[137], dann gehören das orientalische Christentum und das orientalische Judentum unabdingbar dazu.

Zweifellos wird man die Schaffung einer einheitlichen Sprache für die Verwaltung als einen großen Vorteil ansehen müssen, der die Maßnahmen der muslimischen Herrscher zur Arabisierung und Islamisierung verständlich macht. Andererseits wird man jedoch nicht darüber hinwegsehen dürfen, dass damit eine religiöse Diskriminierung verbunden war, die heute in einem kritischen Licht gesehen werden sollte. Das allmähliche Verschwinden der Nationalsprachen hatte auch seine Schattenseiten: Die islamisch-arabische Kultur erhielt gerade durch die Zweisprachigkeit und die Vermittlungsfähigkeit ihrer christlichen und jüdischen Bürger einen gewaltigen kulturellen Impuls, der überhaupt erst zur Blüte der arabisch-islamischen Kultur führte. Und auch im 14./15 Jh. und im 18./19. Jh. waren es die orientalischen Christen, die durch ihre Vermittlungsfähigkeit sowohl im Okzident als auch im Orient neue Phasen der europäischen bzw. arabischen Renaissance einleiteten. Insoweit wäre zu überlegen, ob in diesem Kapitel über die Arabisierung und Islamisierung die Situation der Christen nicht deutlicher zur Sprache kommen könnte und dass auch die Nachteile der Verdrängung der konkurrierenden Religionen, Kulturen und Sprachen deutlich benannt würden. Besonders sind die Darstellungen in Frage zu stellen, nach der die einheimischen Sprachen als "ausländische Sprachen" bezeichnet werden. Dies ist historisch zum einen sachlich nicht richtig. Zum anderen wird hier eine Einstellung und Perspektive gegenüber der Kultur der einheimischen Christen vermittelt, die sehr fragwürdig ist: Nicht die arabischen Eroberer werden als Ausländer gesehen, sondern die einheimischen Christen und Juden gelten nun als „Fremde“ und „Ausländer“ in ihrer eigenen Heimat – eine Charakterisierung, die für orientalische Christen bis heute sehr verletzend ist.

Bei den Passagen, die über die Veränderungen hinsichtlich der bildlichen Darstellungen handeln, erfolgt bedauerlicherweise keine Erläuterung des islamischen Bilderverbotes oder eine Beschreibung, welche Bedeutung Bilder im Christentum haben. Es wird ebenfalls nicht erwähnt, dass bei den meisten großen Bauwerken der Frühzeit des Islam, die in diesem Kapitel vorgestellt werden, noch sehr starke byzantinische Einflüsse zu spüren sind, was nicht verwunderlich ist da die meisten islamischen Herrscher in den neu eroberten Gebieten christliche Architekten beauftragten.

---

[137] GES ES 8, 4.

Es ist positiv zu werten, dass die Faktoren der Verdrängung der Nichtmuslime im Schulbuch der Klasse 8 nüchtern benannt werden. Das Problem besteht darin, dass sie nicht kritisch kommentiert werden, denn dadurch werden die Diskriminierungen und die sozial-gesellschaftlichen Verdrängungsprozesse der Nichtmuslime, die bis heute größtenteils unvermindert in den Staaten des Nahen Ostens fortbestehen, historisch legitimiert und als „Normalzustand“ beschrieben, obwohl sie im Zusammenhang mit anderen Faktoren in der Gegenwart zu einer Emigrationswelle geführt haben, die mittlerweile die Existenz des orientalischen Christentums in ihrer Substanz gefährdet. Dass dies auch für die islamische Gesellschaft von Nachteil ist und bedrohliche gesellschaftliche Veränderungen zur Folge hat, wird bisher nur von wenigen Muslimen erkannt.[138] Es wäre ein bedeutender Fortschritt, wenn sich solche Einsicht in die Gefährlichkeit der Verdrängung von Nichtmuslimen auch bei den geschichtlichen Darstellungen in den Schulbüchern auswirken würden. Zumindest wäre es wichtig, den ambivalenten Charakter dieser Verdrängungsprozesse herauszustreichen: Einerseits führten die Islamisierung und Arabisierung zu einer Homogenisierung der Gesellschaft, andererseits aber auch zu einer kulturellen Verarmung, denn kulturelle Anstöße und Neuerungen gingen nun einmal verstärkt von den „Minderheiten“ aus.

Im Blick auf die Darstellung des Steuersystems (vgl. oben Kap. IV.3.5.) ist ebenso wie bei den ägyptischen Schulbüchern[139] zu bemängeln, dass die Verbindung zwischen dem fiskalischen Charakter und dem religiösen Charakter der Steuern nicht stärker herausgearbeitet und deutlich gesagt wird, welche Diskriminierungen damit verbunden waren. Zudem wird nicht deutlich, dass der Reichtum des islamischen Staates größtenteils auf den Steuern der Christen und Juden beruhte. Es sollte überlegt werden, ob nicht auch eine kritische Bewertung dieser Finanzpolitik notwendig ist. Denn wenn an anderen Stellen Imperialismus und westlicher Kolonialismus scharf kritisiert werden, dann sollte auch eine kritische Bewertung der historischen Ausbeutung der unterwor-

[138] Eine Ausnahme bilden die Autoren, die in der der kulturellen Beilage der libanesischen Tageszeitung An-Nahar mit dem Titel „Stoppt die Auswanderung der orientalischen Christen“ am 10. Januar 1998 Beiträge lieferten, in denen den Sorgen um die gesellschaftlichen Auswirkungen Ausdruck verliehen wurde, die mit der Auswanderung der Nichtmuslime verbunden sind. Der Journalist Muḥammad Sayyid Aḥmad schrieb darin: „Das Schweigen der Araber zur Emigration ihrer Christen in den Westen ist eine ‚Waffe‘, mit der sich die Araber selbst schlagen, kann man doch keine Demokratie .... in einer Gesellschaft einführen, die einem kontinuierlichen Ausbluten durch eine Emigration ausgesetzt ist. Diese Emigration schadet im Kern der Fähigkeit der Gesellschaft, den Anforerungen des Pluralismus und den Notwendigkeiten der Demokratie genüge zu tun. Außerdem steht sie im Widerspruch zu den Anforderungen der Zivilgesellschaft, in der die Akzeptanz der Meinung des Anderen und das Zusammenleben von Gruppen und Konfessionen, die nicht unbedingt harmonieren und nicht nach Einklang streben, gefordert sind.“ Muḥammad Sayyid Aḥmad in: Al-Mulḥaq Aṯ-Ṯaqâfî, 10.1.1998.

[139] Vgl. oben Kap. VI.4.2. in Teil 1/B.

fenen Länder und Völker unter der Herrschaft des Islam erfolgen. Ansonsten werden die Ausführungen zu europäischem Kolonialismus und Imperialismus unglaubwürdig.

Dass die Beschreibung der Auseinandersetzung mit Byzanz vornehmlich in politischen Kategorien und nicht in religiösen erfolgt (vgl. Kap. IV.3.6), ist positiv zu werten. Dass das Hegemoniestreben westlicher Reiche ausschließlich mit negativen Begriffen bezeichnet wird (vgl. IV3.7), während dasselbe von islamischen Reichen nur mit positiven Begriffen bezeichnet wird, ist jedoch eine Einseitigkeit.

Aufgrund fehlerhafter Definition der Kirche, der unzureichende Darstellung ihrer Geschichte und der falschen Erklärung ihrer Ämter (vgl. oben Kap. IV.3.8) sollte in Erwägung gezogen werden, dass ein christlicher Fachmann dieses Kapitel überprüft und völlig neu gestaltet. Jedenfalls ist es für einen Schüler bei den Aufgaben in der „Selbstüberprüfung“ mit den gemachten Definitionen unmöglich, auf die Fragen nach den Definitionen von Kirche, orthodoxer Kirche, Klerus, Mönchtum und Bettelmönchtum einigermaßen korrekt zu antworten, geschweige denn darauf, welche religiösen Richtungen es im 11. Jh. in Europa gegeben habe oder welche Rolle der Klerus und das Mönchtum in Kirche und europäischer Gesellschaft des Mittelalters gehabt hat.[140] Zu überlegen wäre, ob die Einführung, was Kirche ist und welche organisatorische Struktur sie hat, bereits schon viel früher erfolgt. Dann könnte sich das hier gebotene Kapitel ganz und gar auf die spezielle Situation zur Zeit des Mittelalters beschränken. Außerdem würde dann deutlich, dass das Phänomen „Kirche“ in den orthodoxen und orientalischen Kirchen natürlich ebenso vorhanden ist. Bei aller Kritik ist allerdings positiv anzumerken, dass man sich überhaupt diesem Thema stellt und in sachlicher Weise Informationen über die Kirche bieten will. Solche sachlichen Informationen über Kirche finden sich in den ägyptischen Schulbüchern an keiner Stelle. Ohne Zweifel ist die Anleitung zur Beschäftigung mit Quellen der europäischen Geschichte eine der großen Stärken des Geschichtsbuches. Daraus spricht der Versuch, die Geschichte nicht nur aus dem eigenen historischen Standpunkt zu betrachten, sondern auch aus den Augen des historischen Gegners.

Diese positiv-wohlwollende Beschreibung der Orden, die Hinweise auf die baulichen und sozialen Besonderheiten der Kultur des westlichen Christentums (vgl. oben Kap. IV. 3.9.) setzen ein leichtes Gegengewicht zu der Beschreibung der Franken bei der Eroberung Jerusalems im gleichen Kapitel, bei der die Unmenschlichkeit der Eroberer hervorgehoben wird: Dem Schüler wird dadurch deutlich gemacht, dass zumindest innerhalb der Gemeinschaft der europäischen Christen eine gewisse Menschlichkeit herrschte.

---

[140] So die Fragen am Ende der Lektion über die „Kirche“, GES ES 7, 12f.

Bei der Begründung der Kreuzzüge (vgl. Kap. IV.3.10), der Darstellung der Zerstrittenheit in Islam und Christentum (vgl. IV.3.11) und der Kreuzfahrer im Orient (vgl. Kap. IV3.12) ist deutlich zu spüren, dass man sich um eine sachliche und differenzierte Darstellung bemüht, allerdings ist an manchen Stellen ein Rückfall in eine anti-westliche Polemik festzustellen. Es wäre gut, solche Stellen nochmals zu bedenken und den sachlichen Ton beizubehalten, der größtenteils die Darstellung dominiert.

Schülern bewusst zu machen, dass zahlreiche kulturelle, technische und wissenschaftliche Errungenschaften des Westens ursprünglich auf den Errungenschaften der islamischen Welt basieren (vgl. Kap. IV.3.14), ist mit Sicherheit eine wichtige Aufgabe, um Feindbilder zwischen West und Ost, zwischen Christen und Muslimen abzubauen und die Gemeinsamkeit der kulturellen Wurzeln zu betonen. Störend ist nur der bei diesen Schilderungen oft mitschwingende Unterton der Polemik, durch den die europäische Kultur zu einer minderwertigen wird und die fehlende Perspektive einer gesamtgeschichtlichen Schau. Mit der gleichen Argumentation könnte man schließlich auch die islamische Kultur als eine minderwertige Kultur von „räuberischen Nomadenhorden aus der arabischen Wüste“ karikieren, deren Leistung nur darin bestand, dass sie sich die Länder und Kulturen der unterworfenen Völker aneigneten. Denn dass die islamisch-arabische Kultur sich erst aufgrund der Adaption der persischen, indischen, griechischen, ägyptischen und aramäischen Hochkulturen zu einer Hochkultur entwickelte, ist auch in der islamischen Geschichtsschreibung unbestritten. Genauso wie man den Transfer des Wissens der Antike in der Abbasidenzeit zu Recht als kulturelle Leistung preist, könnte man also auch Europa zugestehen, dass der Kulturtransfer des antiken und islamischen Wissens im Mittelalter eine große Leistung war. Dies wird jedoch nirgends deutlich. Vielmehr wird der Kulturtransfer eher als Raub und Imitation der islamischen Kultur gekennzeichnet.

Der Verweis auf die heutigen wirtschaftlichen Beziehungen am Ende des Buches (vgl. IV.3.15) zeigt, dass man sich deutlich darum bemüht, kein Feindbild zu schaffen. Freilich wird diese Thematik seltsam zusammenhanglos hintangestellt. Wenn man tatsächlich eine Relativierung des Feindbildes möchte, dann wäre es wohl sehr viel besser wenn man in der Zeit des Mittelalters bliebe und hier die Relativierung betriebe, wenn man die aufstrebende Kultur des Westens besser analysierte und wenn man die Aufteilung von Zuordnung von Toleranz und Intoleranz auf die beiden Kulturen noch stärker in Frage stellte.

LITERATURVERZEICHNIS

Für die Wiedergabe des Arabischen wird die Transkription der Deutschen Morgenländischen Gesellschaft (DMG) benutzt. Die langen Vokale werden mit ^ gekennzeichnet (d. h. â, î, û statt ā, ī, ū). Bei Zeitschriften und Namen wird teilweise die vereinfachte englische Transkription benutzt, sofern sich diese Schreibung im Westen eingebürgert hat.

Zeitschriften/Periodika

AL-AHRAM	Al-Ahrâm (= "Die Pyramiden"), Kairo.
AL-AYYAM	Al-Ayyâm ("Die Tage") Jerusalem [incl. Al-Multaqa At-Tarbawî = "Die pädagogische Beilage")], Jerusalem
AL-GUMHURIYA	AL-Ǧumhûriya (= "Die Regierung"), Kairo
AL-HAYAT	Al-Ḥayât (= Das Leben), London
AL-MIDAN	Al-Midân (= "Der Platz"), Kairo
AL-QUDS AL-ARABI	Al-Quds Al-ʿArabî ("Das arabische Jeruslem"), London
AL-SHARQ AL-AWSAṬ	Aš-Šarq Al-Ausaṭ (= "Der Mittlere Osten"), London
AL-USBUA	Al-Usbûʿ (= "Die Woche"), Kairo
AQIDATI	ʿAqîdatî (= "Meine Überzeugung"), Kairo
AWR	Arab West Report, Kairo
Catholica	Catholica. Jahrbuch für Kontroverstheologie, Münster
Copts	The Copts. Christians of Egypt, Jersey City, NJ
COst	Der Christliche Osten, Würzburg
Haaretz	Hâ'âreṣ, Tel Aviv
ID	Islam im Dialog. Zeitschrift für den Dialog des Islam mit anderen Religionen, Hamburg
IJGG	Internationales Jahrbuch für Geschichts- und Geographieunterricht, Braunschweig
IOK	Informationen aus der Orthodoxen Kirche. Neue Folge, Hannover
ISF	Internationale Schulbuchforschung. Zeitschrift des Georg-Eckert-Instituts, Hannover
JAW	Jüdische Allgemeine Wochenzeitung
JES	Journal of Ecumenical Studies,
KNA/ÖKI	Katholische Nachrichtenagentur. Ökumenische Nachrichten, Bonn
KVRG	Kölner Veröffentlichungen zur Religionsgeschichte, Köln
MD	Materialdienst des Konfessionskundlichen Instituts des Evangelischen Bundes, Bensheim
MES	Middle Eastern Studies,
MISR	Miṣr (= "Ägypten"), Kairo
MUSÉON	Muséon. Revue d'études orientales, Louvain
OCTOBER	October Magazine, Kairo
Orient	Orient. Zeitschrift des Deutschen Orient-Institutes, Opladen
PBK	Pädagogische Beiträge zur Kulturbegegnung, Hamburg
PJ	Palästina Journal. Zeitschrift der Deutsch-Palästinensischen Gesellschaft, Berlin
PIJ	Palestine-Israel Journal, Jerusalem
POLIS	Polis. Report der Deutschen Vereinigung für Politische Bildung, Braunschweig

RNSAW	Religious News Service of the Arab World, Kairo
SIS	Studien zur Internationalen Schulbuchforschung. Schriftenreihe des Georg-Eckert-Instituts, Brauschweig
ThLZ	Theologische Literaturzeitung, Leipzig
US	Una Sancta, Zeitschrift für ökumenische Begegnung, Meitingen
WATANI	Waṭanî (= "Mein Heimatland"), Kairo
ZKA	Zeitschrift für Kulturaustausch, Stuttgart
ZMR	Zeitschrift für Missionswissenschaft und Religionswissenschaft, Münster

Hilfsmittel

BWANT	Beiträge zur Wissenschaft vom Alten und Neuen Testament
CEnc	The Coptic Encyclopedia, hg. v. Aziz S. Atiye, 8 Volumes, New York/NY 1991.
EI	Encyclopaedia of Islam. New Edition, Leiden I-X 1954ff.
EI[1]	Encyclopaedia of Islam (=) Engl. Edition der Encyclopédie de l'Islam, Leiden 1-4, 1913–1936, Suppl. 1938.
GRAF	GRAF, Georg: Verzeichnis arabischer kirchlicher Termini, Louvain 1954[2].
HINDS/BADAWI	Hinds, Martin/Badawi, El-Said: A Dictionary of Egyptian Arabic. Arabic-English, Beirut 1986.
KINDER/HILGEMANN	Kinder, H./Hilgemann, W. (Hg): dtv-Atlas zur Weltgeschichte, Bd. II, München [12]1977.
LIW	Lexikon der Islamischen Welt, 3 Bände, hg. v. Kreiser, Klaus/Diem, Werner/Majer, Hans Georg, Stuttgart u. a. 1974.
RGG[3]	Religion in Geschichte und Gegenwart. Handwörterbuch für Theologie und Religionswissenschaft, 3. Auflage, Tübingen
RGG[4]	Religion in Geschichte und Gegenwart. Handwörterbuch für Theologie und Religionswissenschaft, 3. Auflage, Tübingen
SCHREGLE	Schregle, Götz: Deutsch-Arabisches Wörterbuch, Wiesbaden/Beirut 1977.
WEHR	Wehr, Hans (Hg): Arabisches Wörterbuch für die Schriftsprache der Gegenwart und Supplement, Wiesbaden/Beirut 41977.

Quellen aus der islamischen und christlichen Tradition

AL-MUNTAKHAB. Auswahl aus den Interpretationen des Heiligen Koran. Arabisch-Deutsch, [Sinngemäße offizielle deutsche Übersetzung des Korans in islamischer Tradition] hg. von der Al-Azhar/Ministerium für Religiöse Stiftungen/Oberster Rat für Islamische Angelegenheiten mit Vorworten von Scheich Muḥammad Sayyid Ṭanṭâwî und Minister Mahmûd Ḥamdî Zakzûk, Kairo 1999.

DER KORAN, Übersetzung von Rudi Paret, Stuttgart u.a. 1979.

ABU YUSUF 1889: kitâb al-ḫarâğ (Buch der Bodensteuer), Bulâq 1889.

BUḪÂRÎ 1991 = Saḥîḥ al-Buḫârî. Nachrichten von Taten und Aussprüchen des Propheten Muhammad, hg. von Dieter Ferchl (Auswahl und Übersetzung aus dem Arabischen), Stuttgart 1991.

BALADHURI 1916 = Al-Baladhuri: kitâb futûḥ al-buldân (The Origins of the Islamic State, Bd. 1, übers. von Hitti, Philip Khuri, New York 1916.

BALADHURI 1924 = Al-Baladhuri: kitâb futûḥ al-buldân. The Origins of the Islamic State, Bd. 1, übers. von Murgotten, Francis Clark, New York 1924.

GIMRET/JOLIVET/MONNOT 1985-93 = Gimret, D./Jolivet, J./Monnot, G.: Livre des religions et des sectes, 2 vols., Louvain 1985-93.
GRAF 1944-1953 Bd. 1-5 = Graf, Georg: Geschichte der christlichen arabischen Literatur. Bd. 1: Die Übersetzungen, Studi e testi 118, Vatikanstadt 1944 (1966²); Bd. 2: Die Schriftsteller bis zur Mitte des 15. Jahrhunderts, Studi e testi 133, Vatikanstadt 1947 (1975²); Bd. 3: Die Schriftsteller von der Mitte des 15. Jahrhunderts bis zum Ende des 19. Jahrhunderts. Melchiten, Maroniten, Studi e testi 146, Vatikanstadt 1949; Bd. 4: Die Schriftsteller von der Mitte des 15. Jahrhunderts bis zum Ende des 19. Jahrhunderts. Syrer, Armenier, Kopten, Missionsliteratur, Profanliteratur, Studi e testi, 147, Vatikanstadt 1951; Bd. 5: Register, Studi e testi 172, Vatikanstadt 1953.
IBN ISḤÂQ 1976 = Ibn Isḥâq: Das Leben des Propheten, hg. und übersetzt von Gernot Rotter, Tübingen/Basel 1976.
IBN MUNQIDH 2004 = Ibn Munqidh, Usâma: Ein Leben im Kampf gegen Kreuzritterheere, Lenningen 2004.
MAQRÎZÎ 1979 = Al-Maqrîzî, Taqî ad-Dîn: Aḫbâr qibṭ miṣr - Macrizi's Geschichte der Copten. Aus den Handschriften zu Gotha und Wien mit Übersetzung und Anmerkungen von Ferdinand Wüstenfeld, Hildesheim-New York 1979² (Nachdruck der Ausgabe Göttingen 1845).
SHAHRASTÂNÎ 1969 = Ash-Shahrastânî, Abû Al-Fatḥ Muḥammad Ibn ʿAbd Al-Karîm Ibn Aḥmad: al-milal wan-niḥal, Übersetzung von HAARBRÜCKER, Th.: Asch-Schahrastani's Relgionspartheien und Philosophenschulen, Hildesheim 1969 (Nachdruck der Erstauflage Halle 1850-51, 2 Bände in einem).
TABARI 11 (1993) = [Aṭ-Ṭabarî, Abû Ǧaʿfar Muḥammad Ibn Ǧarîr: Târîḫ ar-rusul wa-l-mulûk] The History of al-Ṭabarî, Vol. 11: The Challenge of the Empires, translated by Khalid Yahya Blankinship, Albany (NY) 1993.
TABARI 12 (1992) = [Aṭ-Ṭabarî, Abû Ǧaʿfar Muḥammad Ibn Ǧarîr: Târîḫ ar-rusul wa-l-mulûk] The History of al-Ṭabarî, Vol. 12: The Battle of Al-Qâdisiya and the Conquest of Syria and Palestina, translated by Yohanan Friedmann, Albany (NY) 1992.
TABARI 13 (1989) = [Aṭ-Ṭabarî, Abû Ǧaʿfar Muḥammad Ibn Ǧarîr: Târîḫ ar-rusul wa-l-mulûk] The History of Aṭ-Ṭabarî, Vol. 13: The Conquest of Iraq, Southwestern Persia, and Egypt, translated by Gautier H. A. Juynboll, Albany (NY) 1989.
ṬURṬÛŠÎ 1872 = ṬURṬÛŠÎ, Sirâǧ al-Mulûk, Kairo 1872.

Untersuchte und zitierte Schulbücher aus Ägypten

Herausgeber aller untersuchten Schulbücher ist: Ǧumhûriyat Misr Al-ʿArabiya. Wizarat At-Tarbiya wat-Taʿlîm. Qiṭâʿ Al-Kutub (Die Arabische Republik Ägypten, Ministerium für Erziehung und Bildung, Schulbuchabteilung). Die Namen der Autoren, Redaktoren und Überarbeiter jedes einzelnen Schulbuches sind im Abschnitt „Bibliographische Angaben" bei der Besprechung der Schulbücher zu finden. Die ägyptischen Schulbücher werden mit Abkürzungen zitiert, die hier aufgeschlüsselt werden. Die Schulbücher aus den Bereichen Arabische Sprache, Englische Sprache, Französische Sprache, Naturwissenschaften, Mathematik, Hauswirtschaftslehre, Philosophie, Historische Literatur u. a., die nur gesichtet wurden, aber nicht bei der Analyse herangezogen wurden (s. Einleitung) wurden nicht aufgelistet.

1. Islamischer Religionsunterricht (Grundstufe)

IRE GS 1/1 = At-tarbiya ad-dîniya al-islâmiya, Aṣ-ṣaff al-awwal al-ibtidâ'î, Al-faṣl ad-dirâsî al-awwal, Aṭ-ṭabʿa 2001/02, Al-Qâhira 2001 (Die islamische Religionserziehung, 1. Klasse der Grundstufe, Teil 1, Edition 2001/02, Kairo 2001).
IRE GS 1/2 = At-tarbiya ad-dîniya al-islâmiya, Aṣ-ṣaff al-awwal al-ibtidâ'î, Al-faṣl ad-dirâsî aṯ-ṯânî, Aṭ-ṭabʿa 2001/02, Al-Qâhira 2001 (Die islamische Religionserziehung, 1. Klasse der Grundstufe, Teil 2, Edition 2001/02, Kairo 2001).

IRE GS 2/1 = At-tarbiya ad-dîniya al-islâmiya, Aṣ-ṣaff aṯ-ṯânî al-ibtidâ'î, Al-faṣl ad-dirâsî al-awwal, Aṭ-ṭabʿa 2001/02, Al-Qâhira 2001 (Die islamische Religionserziehung, 2. Klasse der Grundstufe, Teil 1, Edition 2001/02, Kairo 2001).
IRE GS 2/2 = At-tarbiya ad-dîniya al-islâmiya, Aṣ-ṣaff aṯ-ṯânî al-ibtidâ'î, Al-faṣl ad-dirâsî aṯ-ṯânî, Aṭ-ṭabʿa 2001/02, Al-Qâhira 2001 (Die islamische Religionserziehung, 2. Klasse der Grundstufe, Teil 2, Edition 2001/02, Kairo 2001).
IRE GS 3/1 = At-tarbiya ad-dîniya al-islâmiya, Aṣ-ṣaff aṯ-ṯâliṯ al-ibtidâ'î, Al-faṣl ad-dirâsî al-awwal, Aṭ-ṭabʿa 2001/02, Al-Qâhira 2001 (Die islamische Religionserziehung, 3. Klasse der Grundstufe, Teil 1, Edition 2001/02, Kairo 2001).
IRE GS 3/2 = At-tarbiya ad-dîniya al-islâmiya, Aṣ-ṣaff aṯ-ṯâliṯ al-ibtidâ'î, Al-faṣl ad-dirâsî aṯ-ṯânî, Aṭ-ṭabʿa 2001/02, Al-Qâhira 2001 (Die islamische Religionserziehung, 3. Klasse der Grundstufe, Teil 2, Edition 2001/02, Kairo 2001).
IRE GS 4/1 = At-tarbiya ad-dîniya al-islâmiya, Aṣ-ṣaff ar-râbiʿ al-ibtidâ'î, Al-faṣl ad-dirâsî al-awwal, Aṭ-ṭabʿa 2001/02, Al-Qâhira 2001 (Die islamische Religionserziehung, 4. Klasse der Grundstufe, Teil 1, Edition 2001/02, Kairo 2001).
IRE GS 4/2 = At-tarbiya ad-dîniya al-islâmiya, Aṣ-ṣaff ar-râbiʿ al-ibtidâ'î, Al-faṣl ad-dirâsî aṯ-ṯânî, Aṭ-ṭabʿa 2001/02, Al-Qâhira 2001 (Die islamische Religionserziehung, 4. Klasse der Grundstufe, Teil 2, Edition 2001/02, Kairo 2001).
IRE GS 5/1 = At-tarbiya ad-dîniya al-islâmiya, Aṣ-ṣaff al-ḫâmis al-ibtidâ'î, Al-faṣl ad-dirâsî al-awwal, Aṭ-ṭabʿa 2001/02, Al-Qâhira 2001 (Die islamische Religionserziehung, 5. Klasse der Grundstufe, Teil 1, Edition 2001/02, Kairo 2001).
IRE GS 5/2 = At-tarbiya ad-dîniya al-islâmiya, Aṣ-ṣaff al-ḫâmis al-ibtidâ'î, Al-faṣl ad-dirâsî aṯ-ṯânî, Aṭ-ṭabʿa 2001/02, Al-Qâhira 2001 (Die islamische Religionserziehung, 5. Klasse der Grundstufe, Teil 2, Edition 2001/02, Kairo 2001).

2. Islamischer Religionsunterricht (Mittelstufe)

IRE MS 1/1 = At-tarbiya ad-dîniya al-islâmiya, Aṣ-ṣaff al-awwal al-iʿtidâ'î, Al-faṣl ad-dirâsî al-awwal, Aṭ-ṭabʿa 2001/02, Al-Qâhira 2001 (Die islamische Religionserziehung, 1. Klasse der Mittelstufe, Teil 1, Edition 2001/02, Kairo 2001)
IRE MS 1/2 = At-tarbiya ad-dîniya al-islâmiya, Aṣ-ṣaff al-awwal al-iʿtidâ'î, Al-faṣl ad-dirâsî aṯ-ṯânî, Aṭ-ṭabʿa 2001/02, Al-Qâhira 2001 (Die islamische Religionserziehung, 1. Klasse der Mittelstufe, Teil 2, Edition 2001/02, Kairo 2001)
IRE MS 2/1 = At-tarbiya ad-dîniya al-islâmiya, Aṣ-ṣaff aṯ-ṯânî al-iʿtidâ'î, Al-faṣl ad-dirâsî al-awwal, Aṭ-ṭabʿa 2001/02, Al-Qâhira 2001 (Die islamische Religionserziehung, 2. Klasse der Mittelstufe, Teil 1, Edition 2001/02, Kairo 2001)
IRE MS 2/2 = At-tarbiya ad-dîniya al-islâmiya, Aṣ-ṣaff aṯ-ṯânî al-iʿtidâ'î, Al-faṣl ad-dirâsî aṯ-ṯânî, Aṭ-ṭabʿa 2001/02, Al-Qâhira 2001 (Die islamische Religionserziehung, 2. Klasse der Mittelstufe, Teil 2, Edition 2001/02, Kairo 2001).
IRE MS 3/1 = At-tarbiya ad-dîniya al-islâmiya, Aṣ-ṣaff aṯ-ṯâliṯ al-iʿtidâ'î, Al-faṣl ad-dirâsî al-awwal, Aṭ-ṭabʿa 2001/02, Al-Qâhira 2001 (Die islamische Religionserziehung, 3. Klasse der Mittelstufe, Teil 1, Edition 2001/02, Kairo 2001).
IRE MS 3/2 = At-tarbiya ad-dîniya al-islâmiya, Aṣ-ṣaff aṯ-ṯâliṯ al-iʿtidâ'î, Al-faṣl ad-dirâsî aṯ-ṯânî, Aṭ-ṭabʿa 2001/02, Al-Qâhira 2001 (Die islamische Religionserziehung, 3. Klasse der Mittelstufe, Teil 2, Edition 2001/02, Kairo 2001).

3. Islamischer Religionsunterricht (Oberstufe)

IRE OS 1 = At-tarbiya ad-dîniya al-islâmiya, Aṣ-ṣaff al-awwal aṯ-ṯânawî, Aṭ-ṭabʿa 2001/02, Al-Qâhira 2001 (Die islamische Religionserziehung, 1. Klasse der Oberstufe, Edition 2001/02, Kairo 2001) [9. Klasse].
IRE OS 1 (P) = Šaḫṣiyat al-muslim kamâ yaṣnaʿhâ al-Islâm liṣ-ṣaff al-awwal aṯ-ṯânawî, Aṭ-ṭabʿa 2001/02, Al-Qâhira 2001 (Die Persönlichkeit des Muslim wie sie der Islam entwirft, 1. Klasse der Oberstufe, Edition 2001/02, Kairo 2001 [9. Klasse].

IRE OS 2 = At-tarbiya ad-dîniya al-islâmiya lil-marḥala al-ûla min at-tânawîya al-ʿâmma, Aṭ-ṭabʿa 2001/02, Al-Qâhira 2001 (Die islamische Religionserziehung, 1. Stufe der Oberstufe, Edition 2001/02, Kairo 2001) [10. Klasse].

IRE OS 2 (S) = Al-aman fî al-Islâm, Al-marḥala al-ûla min at-tânawîya al-ʿâmma, Aṭ-ṭabʿa 2001/02, Al-Qâhira 2001 (Die Sicherheit im Islam, 1. Stufe der Oberstufe, Edition 2001/02, Kairo 2001) [10. Klasse)

IRE OS 3 = At-tarbiya ad-dîniya al-islâmiya lil-marḥala at-tânîya min at-tânawîya al-ʿâmma, Aṭ-ṭabʿa 2001/02, Al-Qâhira 2001 (Die islamische Religionserziehung, 2. Stufe der Oberstufe, Edition 2001/02, Kairo 2001) [11. Klasse].

IRE OS 3 (D) = Muḫtârât min adab al-ḥiwâr fî al-islâm, Ta'alîf ad-duktûr Muḥammad Sayyid Ṭanṭâwî, Šaiḫ al-Azhar: At-tarbiya ad-dîniya al-islâmiya Al-marḥala at-tânîya min at-tânawîya al-ʿâmma, Aṭ-ṭabʿa 2001/02, Al-Qâhira 2001 (Auszüge aus [dem Buch] "Die Kultur des Dialogs im Islam" von Dr. Muḥammad Sayyid Ṭanṭâwî, Scheich der Al-Azhar, 2. Stufe der Abiturklasse, Edition 2001/02, Kairo 2001) [11. Klasse].

4. Sozialkundeunterricht (Grundstufe)

SK GS 4/1 = Ad-dirâsât al-iğtimâʿiya liṣ-ṣaff ar-râbiʿ al-ibtidâ'î, Muḥâfiẓatî ğuz' min miṣr, Al-faṣl ad-dirâsî al-awwal, Aṭ-ṭabʿa 2001/02, Al-Qâhira 2001 (Die Sozialkunde, 4. Klasse der Grundstufe: Mein Gouvernement – Ein Teil von Ägypten, Teil 1, Edition 2001/02, Kairo 2001).

SK GS 4/2 = Ad-dirâsât al-iğtimâʿiya liṣ-ṣaff ar-râbiʿ al-ibtidâ'î, Muḥâfiẓatî ğuz' min miṣr, Al-faṣl ad-dirâsî at-tânî, Aṭ-ṭabʿa 2001/02, Al-Qâhira 2001 (Die Sozialkunde, 4. Klasse der Grundstufe: Mein Gouvernement – Ein Teil von Ägypten, Teil 2, Edition 2001/02, Kairo 2001).

SK GS 5/1 = Ad-dirâsât al-iğtimâʿiya, Aṣ-ṣaff al-ḫâmis al-ibtidâ'î, Bî'ât wa-šaḫṣiyât misr, Al-faṣl ad-dirâsî al-awwal, Aṭ-ṭabʿa 2001/02, Al-Qâhira 2001 (Die Sozialkunde, 5. Klasse der Grundstufe: Ägyptische Landstriche und Personen, Teil 1, Edition 2001/02, Kairo 2001).

SK GS 5/2 = Ad-dirâsât al-iğtimâʿiya, Aṣ-ṣaff al-ḫâmis al-ibtidâ'î, Bî'ât wa-šaḫṣiyât misr, Al-faṣl ad-dirâsî at-tânî, Aṭ-ṭabʿa 2001/02, Al-Qâhira 2001 (Die Sozialkunde, 5. Klasse der Grundstufe: Ägyptische Landstriche und Personen, Teil 2, Edition 2001/02, Kairo 2001.

SKÜ GS 4/1 = SK GS 4/1, kurrasat al-anšiṭa wat-tadrîbât (Übungs und Aktivitätsheft).

SKÜ GS 4/2 = SK GS 4/2, kurrasat al-anšiṭa wat-tadrîbât (Übungs und Aktivitätsheft).

SKÜ GS 5/1 = SK GS 5/1, kurrasat al-anšiṭa wat-tadrîbât (Übungs und Aktivitätsheft).

SKÜ GS 5/2 = SK GS 5/2, kurrasat al-anšiṭa wat-tadrîbât (Übungs und Aktivitätsheft).

5. Sozialkundeunterricht (Mittelstufe)

SK MS 1/1 = Ad-dirâsât al-iğtimâʿiya, Waṭanî miṣr al-makân waz-zamân, Aṣ-ṣaff al-awwal al-iʿtidâ'î, Al-faṣl ad-dirâsî al-awwal, Aṭ-ṭabʿa 2001/02, Al-Qâhira 2001 (Die Sozialkunde, 1. Klasse der Mittelstufe: Mein Vaterland Ägypten. Der Ort und die Zeit, Teil 1, Edition 2001/02, Kairo 2001).

SK MS 1/2 = Ad-dirâsât al-iğtimâʿiya, Waṭanî miṣr al-makân waz-zamân, Aṣ-ṣaff al-awwal al-iʿtidâ'î, Al-faṣl ad-dirâsî at-tânî, Aṭ-ṭabʿa 2001/02, Al-Qâhira 2001 (Die Sozialkunde, 1. Klasse der Mittelstufe: Mein Vaterland Ägypten. Der Ort und die Zeit, Teil 2, Edition 2001/02, Kairo 2001).

SK MS 2/1 = Ad-dirâsât al-iğtimâʿiya, Ğuġrâfiyat al-waṭan al-ʿarabî wa-maʿâlim at-târiḫ, Aṣ-ṣaff at-tânî al-iʿtidâ'î, Al-faṣl ad-dirâsî al-awwal, Aṭ-ṭabʿa 2001/02, Al-Qâhira 2001 (Die Sozialkunde, 2. Klasse der Mittelstufe: Geografie des arabischen Vaterlandes und Stationen der islamischen Geschichte, Teil 1, Edition 2001/02, Kairo 2001).

SK MS 2/2 = Ad-dirâsât al-iğtimâʿiya, Ğuġrâfiyat al-waṭan al-ʿarabî wa-maʿâlim at-târiḫ, Aṣ-ṣaff at-tânî al-iʿtidâ'î, Al-faṣl ad-dirâsî at-tânî, Aṭ-ṭabʿa 2001/02, Al-Qâhira 2001 (Die Sozialkunde, 2. Klasse der Mittelstufe: Geografie des arabischen Vaterlandes und Stationen der islamischen Geschichte, Teil 2, Edition 2001/02, Kairo 2001).

SK MS 3/1 = Ad-dirâsât al-iğtimâʿiya, Ğuġrâfiyat al-ʿâlam wa-dirâsât fî târiḫ misr al-ḥadit, Aṣ-ṣaff at-tâlit al-iʿtidâ'î, Al-faṣl ad-dirâsî al-awwal, Aṭ-ṭabʿa 2001/02, Al-Qâhira 2001 (Die Sozialkunde, 3. Klasse der Mittelstufe: Die Geographie der Welt und Studien zur modernen Geschichte Ägyptens, Teil 1, Edition 2001/02, Kairo 2001).

SK MS 3/2 = Ad-dirâsât al-iǧtimâ'iya, Ǧuġrâfiyat al-'âlam wa-dirâsât fî târiḫ misr al-ḥadit̠, Aṣ-ṣaff at̠-t̠âlit̠ al-i'tidâ'î, Al-faṣl ad-dirâsî at̠-t̠ânî, Aṭ-ṭab'a 2001/02, Al-Qâhira 2001 (Die Sozialkunde, 3. Klasse der Mittelstufe: Die Geographie der Welt und Studien zur modernen Geschichte Ägyptens, Teil 2, Edition 2001/02, Kairo 2001).
SKÜ MS 1/1 = SK MS 1/1, kurrasat al-anšiṭa wat-tadrîbât (Übungs und Aktivitätsheft).
SKÜ MS 1/2 = SK MS 1/2, kurrasat al-anšiṭa wat-tadrîbât (Übungs und Aktivitätsheft).
SKÜ MS 2/1 = SK MS 2/1, kurrasat al-anšiṭa wat-tadrîbât (Übungs und Aktivitätsheft).
SKÜ MS 3/1 = SK MS 3/1, kurrasat al-anšiṭa wat-tadrîbât (Übungs und Aktivitätsheft).
SKÜ MS 2/2 = SK MS 2/2, kurrasat al-anšiṭa wat-tadrîbât (Übungs und Aktivitätsheft).
SKÜ MS 3/2 = SK MS 3/2, kurrasat al-anšiṭa wat-tadrîbât (Übungs und Aktivitätsheft).

6. Geschichte (Oberstufe)

GES OS 1 (Edition 1998/99) = Miṣr wa-ḥaḍârât al-'âlam al-qadîm, li-ṣ-ṣaff al-awwal at̠-t̠ânawî, Aṭ-ṭab'a 1998/99, Al-Qâhira 1998 (Ägypten und die Kulturen der Alten Welt für die 1. Klasse der Oberstufe, Edition 1998/99, Kairo 1998).
GES OS 1 = Miṣr wa-ḥaḍârât al-'âlam al-qadîm, li-ṣ-ṣaff al-awwal at̠-t̠ânawî, Aṭ-ṭab'a 2001/02, Al-Qâhira 2001 (Ägypten und die Kulturen der Alten Welt für die 1. Klasse der Oberstufe, Edition 2001/02, Kairo 2001).
GES OS 3 (Edition 1996/97) = At-târîḫ li-t̠-t̠ânawîya al-'âmma, Aṭ-ṭab'a 1996/97, Al-Qâhira 1996 (Die Geschichte für die Allgemeine Oberstufe [3. Klasse der Oberstufe], Edition 1996/97, Kairo 1996.
GES OS 3 = At-târîḫ lit̠-t̠ânawîya al-'âmma, Aṭ-ṭab'a 2001/02, Al-Qâhira 2001 (Die Geschichte für die Allgemeine Oberstufe [3. Klasse der Oberstufe], Edition 2001/02, Kairo 2001.
Anhang zu GES OS 3 = Anhang zur Geschichte für die Allgemeine Hochschulreife. Die liberale Epoche „Die Demokratie" (Dr. 'Abd al-'Aẓîm Ramaḍân:). Die Revolution vom 23. Juli 1952. Der Oktoberkrieg 1973 (Al-Liwâ' Arkân Harb/ Ǧamâl Ḥimâd), Edition 1997/98, Kairo 1997.

7. Geographie (Oberstufe)

GEO OS 1 = Ǧuġrâfiyat al-insân wal-bî'a wal-mawârid li-ṣ-ṣaff al-awwal at̠-t̠ânawî, Aṭ-ṭab'a 2001/02, Al-Qâhira 2001 (Die Geographie des Menschen, der Umwelt und der Einnahmequellen für die 1. Klasse der Oberstufe, Edition 2001/02, Kairo 2001).
GEO OS 3 = Al-ǧuġrâfiyâ lit̠-t̠ânawîya al-'âmma, Aṭ-ṭab'a 2001/02, Al-Qâhira 2001 (Die Geographie für die Allgemeine Oberstufe [3. Klasse der Oberstufe], Edition 2001/02, Kairo 2001].

8. Arabischunterricht (Mittelstufe)

AR GS = Lughatinâ al-ǧamîla. Al-qirâ'a wa-n-nuṣûṣ, Aṣ-ṣaff al-awwal al-i'tidâ'î, Al-faṣl ad-dirâsî al-awwal, Aṭ-ṭab'a 2001/02, Al-Qâhira 2001 (Unsere schöne Sprache. Lesen und Texte, 1. Klasse der Mittelstufe, Teil 1, Edition 2001/02, Kairo 2001).

Untersuchte und zitierte Schulbücher aus Palästina

Herausgeber aller neuen untersuchten palästinensischen Schulbücher ist: Daulat filasṭîn. Wizârat at-tarbiya wa-t-ta'lîm. Markaz al-manâhiǧ (Staat Palästina, Ministerium für Erziehung und Bildung, Curriculum-Zentrum). Bei der Nennung von Autoren und bei der Zitierung wurde wie bei den ägyptischen Schulbüchern verfahren.

1. Islamischer Religionsunterricht (Elementarstufe)

IE ES 1/1 = At-tarbiyya al-islâmiyya, aṣ-ṣaff al-awwal al-asâsî, al-ǧuz' al-awwal, aṭ-ṭab'a at̠-t̠âlit̠a, al-bîra râmallâh 2002 (Die islamische Erziehung, 1. Klasse der Elementarstufe, Teil 1, 3. Aufl., Bira-Ramallah 2002).
IE ES 1/2 = At-tarbiyya al-islâmiyya, aṣ-ṣaff al-awwal al-asâsî, al-ǧuz' at̠-t̠ânî, aṭ-ṭab'a at̠-t̠âniyya at-taǧribiyya 2002, al-bîra râmallâh 2002 (Die islamische Erziehung, 1. Klasse der Elementarstufe, Teil 2, 2. Probeauflage, Bira-Ramallah 2002).

IE ES 2/1 = At-tarbiyya al-islâmiyya, aṣ-ṣaff aṯ-ṯânî al-asâsî, al-ǧuz' al-awwal, aṭ-ṭabʿa aṯ-ṯâniyya at-taǧribiyya 2002, al-bîra râmallâh 2002 (Die islamische Erziehung, 2. Klasse der Elementarstufe, Teil 1, 2. Probeauflage, Bira-Ramallah 2002).
IE ES 2/2 = At-tarbiyya al-islâmiyya, aṣ-ṣaff aṯ-ṯânî al-asâsî, al-ǧuz' aṯ-ṯânî, aṭ-ṭabʿa aṯ-ṯâliṯa at-taǧribiyya, al-bîra râmallâh 2003 (Die islamische Erziehung, 2. Klasse der Elementarstufe, Teil 2, 3. Probeauflage, Bira-Ramallah 2003).
IE ES 3/1 = At-tarbiyya al-islâmiyya, aṣ-ṣaff aṯ-ṯâliṯ al-asâsî, al-ǧuz' al-awwal, aṭ-ṭabʿa al- al-ûlâ at-taǧribiyya, al-bîra râmallâh 2002 (Die islamische Erziehung, 2. Klasse der Elementarstufe, Teil 1, 1. Probeauflage, Bira-Ramallah 2002).
IE ES 3/2 = At-tarbiyya al-islâmiyya, aṣ-ṣaff aṯ-ṯâliṯ al-asâsî, al-ǧuz' aṯ-ṯânî, aṭ-ṭabʿa aṯ-ṯâniyya at-taǧribiyya, al-bîra râmallâh 2003 (Die islamische Erziehung, 3. Klasse der Elementarstufe, Teil 2, 2. Probeauflage, Bira-Ramallah 2003).
IE ES 4/1 = At-tarbiyya al-islâmiyya, aṣ-ṣaff ar-râbiʿ al-asâsî, al-ǧuz' al-awwal, aṭ-ṭabʿa al-ûlâ at-taǧribiyya, al-bîra râmallâh 2003 (Die islamische Erziehung, 4. Klasse der Elementarstufe, Teil 1, 1. Probeauflage, Bira-Ramallah 2003).
IE ES 4/2 = At-tarbiyya al-islâmiyya, aṣ-ṣaff ar-râbiʿ al-asâsî, al-ǧuz' aṯ-ṯânî, aṭ-ṭabʿa al-ûlâ at-taǧribiyya, al-bîra râmallâh 2004 (Die islamische Erziehung, 4. Klasse der Elementarstufe, Teil 1, 1. Probeauflage, Bira-Ramallah 2004).
IE ES 6/1 = At-tarbiyya al-islâmiyya, aṣ-ṣaff as-sâdis al-asâsî, al-ǧuz' al-awwal, aṭ-ṭabʿa aṯ-ṯâliṯa at-taǧribiyya, al-bîra râmallâh 2002 (Die islamische Erziehung, 6. Klasse der Elementarstufe, Teil 1, 3. Auflage, Bira-Ramallah 2002).
IE ES 6/2 = At-tarbiyya al-islâmiyya, aṣ-ṣaff as-sâdis al-asâsî, al-ǧuz' aṯ-ṯânî, aṭ-ṭabʿa al-ûlâ, al-bîra râmallâh 2001 (Die islamische Erziehung, 6. Klasse der Elementarstufe, Teil 2, 1. Probeauflage, Bira-Ramallah 2002).
IE ES 7/1 = At-tarbiyya al-islâmiyya, aṣ-ṣaff as-sâbiʿ al-asâsî, al-ǧuz' al-awwal, aṭ-ṭabʿa aṯ-ṯâniyya at-taǧribiyya, al-bîra râmallâh 2002 (Die islamische Erziehung, 7. Klasse der Elementarstufe, Teil 1, 2. Probeauflage, Bira-Ramallah 2002).
IE ES 7/2 = At-tarbiyya al-islâmiyya, aṣ-ṣaff as-sâbiʿ al-asâsî, al-ǧuz' aṯ-ṯânî, aṭ-ṭabʿa aṯ-ṯâniyya at-taǧribiyya, al-bîra râmallâh 2002 (Die islamische Erziehung, 7. Klasse der Elementarstufe, Teil 2, 2. Probeauflage, Bira-Ramallah 2002).
IE ES 8/1 = At-tarbiyya al-islâmiyya, aṣ-ṣaff aṯ-ṯâmin al-asâsî, al-ǧuz' al-awwal, aṭ-ṭabʿa al-ûlâ at-taǧribiyya, al-bîra râmallâh 2002 (Die islamische Erziehung, 8. Klasse der Elementarstufe, Teil 1, 1. Probeauflage, Bira-Ramallah 2002).
IE ES 8/2 = At-tarbiyya al-islâmiyya, aṣ-ṣaff aṯ-ṯâmin al-asâsî, al-ǧuz' aṯ-ṯânî, aṭ-ṭabʿa aṯ-ṯâniyya at-taǧribiyya, al-bîra râmallâh 2003 (Die islamische Erziehung, 8. Klasse der Elementarstufe, Teil 2, 2. Probeauflage, Bira-Ramallah 2003).
IE ES 9/1 = At-tarbiyya al-islâmiyya, aṣ-ṣaff at-tâsiʿ al-asâsî, al-ǧuz' al-awwal, aṭ-ṭabʿa al-ûlâ at-taǧribiyya, al-bîra râmallâh 2003 (Die islamische Erziehung, 9. Klasse der Elementarstufe, Teil 1, 1. Probeauflage, Bira-Ramallah 2003).
IE ES 9/2 = At-tarbiyya al-islâmiyya, aṣ-ṣaff at-tâsiʿ al-asâsî, al-ǧuz' aṯ-ṯânî, aṭ-ṭabʿa al-ûlâ at-taǧribiyya, al-bîra râmallâh 2004 (Die islamische Erziehung, 9. Klasse der Elementarstufe, Teil 2, 1. Probeauflage, Bira-Ramallah 2004).
IREZ ES 6 = At-tilâwa wa-t-taǧwîd, aṣ-ṣaff as-sâdis al-asâsî, aṭ-ṭabʿa aṯ-ṯâliṯa, al-bîra râmallâh 2002 (Die Interpretation und Rezitation, 6. Klasse der Elementarstufe, 3. Auflage, Bira-Ramallah 2002).
IREZ ES 7 = At-tilâwa wa-t-taǧwîd, aṣ-ṣaff as-sâbiʿ al-asâsî, aṭ-ṭabʿa aṯ-ṯâniyya at-taǧribiyya, al-bîra râmallâh 2002 (Die Interpretation und Rezitation, 7. Klasse der Elementarstufe, 2. Probeauflage, Bira-Ramallah 2002).
IREZ ES 8 = At-tilâwa wa-t-taǧwîd, aṣ-ṣaff aṯ-ṯâmin al-asâsî, aṭ-ṭabʿa al-ûlâ at-taǧribiyya, al-bîra râmallâh 2002 (Die Interpretation und Rezitation, 8. Klasse der Elementarstufe, 1. Probeauflage, Bira-Ramallah 2002).

2. Staatsbürgerkunde (Elementarstufe)

SBK ES 1/1 = At-tarbiyya al-madaniyya, aṣ-ṣaff al-awwal al-asâsî, al-ğuz' al-awwal, aṭ-ṭab'a aṯ-ṯâliṯa, al-bîra râmallâh 2002 (Die Staatsbürgerkunde, 1. Klasse der Elementarstufe, Teil 1, 3. Auflage, Bira-Ramallah 2002).
SBK ES 1/2 = At-tarbiyya al-madaniyya, aṣ-ṣaff al-awwal al-asâsî, al-ğuz' aṯ-ṯânî, aṭ-ṭab'a aṯ-ṯâliṯa, al-bîra râmallâh 2002 (Die Staatsbürgerkunde, 1. Klasse der Elementarstufe, Teil 2, 3. Auflage, Bira-Ramallah 2002).
SBK ES 2/1 = At-tarbiyya al-madaniyya, aṣ-ṣaff aṯ-ṯânî al-asâsî, al-ğuz' al-awwal, aṭ-ṭab'a aṯ-ṯâniyya at-tağribiyya 2002, al-bîra râmallâh 2002 (Die Staatsbürgerkunde, 2. Klasse der Elementarstufe, Teil 1, 2. Probeauflage, Bira-Ramallah 2002).
SBK ES 2/2 = At-tarbiyya al-madaniyya, aṣ-ṣaff aṯ-ṯânî al-asâsî, al-ğuz' aṯ-ṯânî, aṭ-ṭab'a aṯ-ṯâniyya at-tağribiyya, al-bîra râmallâh 2002 (Die Staatsbürgerkunde, 2. Klasse der Elementarstufe, Teil 2, 2. Probeauflage, Bira-Ramallah 2002).
SBK ES 3/1 = At-tarbiyya al-madaniyya, aṣ-ṣaff aṯ-ṯâliṯ al-asâsî, al-ğuz' al-awwal, aṭ-ṭab'a al- al-ûlâ at-tağribiyya, al-bîra râmallâh 2002 (Die Staatsbürgerkunde, 3. Klasse der Elementarstufe, Teil 1, 1. Probeauflage, Bira-Ramallah 2002).
SBK ES 3/2 = At-tarbiyya al-madaniyya, aṣ-ṣaff aṯ-ṯâliṯ al-asâsî, al-ğuz' aṯ-ṯânî, aṭ-ṭab'a al-ûlâ at-tağribiyya, al-bîra râmallâh 2002 (Die Staatsbürgerkunde, 3. Klasse der Elementarstufe, Teil 2, 1. Probeauflage, Bira-Ramallah 2002).
SBK ES 4/1 = At-tarbiyya al- madaniyya, aṣ-ṣaff ar-râbi' al-asâsî, al-ğuz' al-awwal, aṭ-ṭab'a al-ûlâ at-tağribiyya, al-bîra râmallâh 2003 (Die Staatsbürgerkunde, 4. Klasse der Elementarstufe, Teil 1, 1. Probeauflage, Bira-Ramallah 2003).
SBK ES 6 = At-tarbiyya al-madaniyya, aṣ-ṣaff as-sâdis al-asâsî, aṭ-ṭab'a aṯ-ṯâliṯa, al-bîra râmallâh 2002 (Die Staatsbürgerkunde, 6. Klasse der Elementarstufe, 3. Auflage, Bira-Ramallah 2002).
SBK ES 7 = At-tarbiyya al-madaniyya, aṣ-ṣaff as-sâbi' al-asâsî, aṭ-ṭab'a aṯ-ṯâniyya at-tağribiyya, al-bîra râmallâh 2002 (Die Staatsbürgerkunde, 7. Klasse der Elementarstufe, 2. Probeauflage, Bira-Ramallah 2002).
SBK ES 8 = At-tarbiyya al-madaniyya, aṣ-ṣaff aṯ-ṯâmin al-asâsî, aṭ-ṭab'a al-ûlâ at-tağribiyya, al-bîra râmallâh 2002 (Die Staatsbürgerkunde, 8. Klasse der Elementarstufe, 1. Probeauflage, Bira-Ramallah 2002).
SBK ES 9 = At-tarbiyya al-madaniyya, aṣ-ṣaff at-tâsi' al-asâsî, aṭ-ṭab'a al-ûlâ at-tağribiyya, al-bîra râmallâh 2003 (Die islamische Erziehung, 9. Klasse der Elementarstufe, 1. Probeauflage, Bira-Ramallah 2003).

3. Nationale Erziehung (Elementarstufe)

NE ES 1/1 = At-tarbiyya al-waṭaniyya, aṣ-ṣaff al-awwal al-asâsî, al-ğuz' al-awwal, aṭ-ṭab'a aṯ-ṯâniyya, al-bîra râmallâh 2003 (Die Nationale Erziehung, 1. Klasse der Elementarstufe, Teil 1, 2. Aufl., Bira-Ramallah 2003).
NE ES 1/2 = At-tarbiyya al-waṭaniyya, aṣ-ṣaff al-awwal al-asâsî, al-ğuz' aṯ-ṯânî, aṭ-ṭab'a aṯ-ṯâliṯa, al-bîra râmallâh 2002 (Die Nationale Erziehung, 1. Klasse der Elementarstufe, Teil 2, 3. Auflage, Bira-Ramallah 2002).
NE ES 2/1 = At-tarbiyya al-waṭaniyya, aṣ-ṣaff aṯ-ṯânî al-asâsî, al-ğuz' al-awwal, aṭ-ṭab'a al-ûlâ at-tağribiyya 2001, al-bîra râmallâh 2001 (Die Nationale Erziehung, 2. Klasse der Elementarstufe, Teil 1, 1. Probeauflage, Bira-Ramallah 2001).
NE ES 2/2 = At-tarbiyya al-waṭaniyya, aṣ-ṣaff aṯ-ṯânî al-asâsî, al-ğuz' aṯ-ṯânî, aṭ-ṭab'a aṯ-ṯâniyya at-tağribiyya, al-bîra râmallâh 2003 (Die Nationale Erziehung, 2. Klasse der Elementarstufe, Teil 2, 2. Probeauflage, Bira-Ramallah 2003).
NE ES 3/1 = At-tarbiyya al-waṭaniyya, aṣ-ṣaff aṯ-ṯâliṯ al-asâsî, al-ğuz' al-awwal, aṭ-ṭab'a aṯ-ṯâniyya at-tağribiyya, al-bîra râmallâh 2003(Die Nationale Erziehung, 3. Klasse der Elementarstufe, Teil 1, 2. Probeauflage, Bira-Ramallah 2003.
NE ES 3/2 = At-tarbiyya al-waṭaniyya, aṣ-ṣaff aṯ-ṯâliṯ al-asâsî, al-ğuz' aṯ-ṯânî, aṭ-ṭab'a al-ûlâ at-tağribiyya, al-bîra râmallâh 2002 (Die Nationale Erziehung, 3. Klasse der Elementarstufe, Teil 2, 1. Probeauflage, Bira-Ramallah 2002).

NE ES 4/1 = At-tarbiyya al-waṭaniyya, aṣ-ṣaff ar-râbiᶜ al-asâsî, al-ǧuzʼ al-awwal, aṭ-ṭabᶜa al-ûlâ at-taǧribiyya, al-bîra râmallâh 2003 (Die Nationale Erziehung, 4. Klasse der Elementarstufe, Teil 1, 1. Probeauflage, Bira-Ramallah 2003).
NE ES 4/2 = At-tarbiyya al-waṭaniyya, aṣ-ṣaff ar-râbiᶜ al-asâsî, al-ǧuzʼ aṯ-ṯânî, aṭ-ṭabᶜa al-ûlâ at-taǧribiyya, al-bîra râmallâh 2004 (Die Nationale Erziehung, 4. Klasse der Elementarstufe, Teil 2, 1. Probeauflage, Bira-Ramallah 2004).
NE ES 6 = At-tarbiyya al-waṭaniyya, aṣ-ṣaff as-sâdis al-asâsî, aṭ-ṭabᶜa aṯ-ṯâliṯa, al-bîra râmallâh 2002 (Die Nationale Erziehung, 6. Klasse der Elementarstufe, 3. Auflage, Bira-Ramallah 2002).
NE ES 7 = At-tarbiyya al-waṭaniyya, aṣ-ṣaff as-sâbiᶜ al-asâsî, aṭ-ṭabᶜa aṯ-ṯâniyya at-taǧribiyya, al-bîra râmallâh 2002 (Die Nationale Erziehung, 7. Klasse der Elementarstufe, 2. Probeauflage, Bira-Ramallah 2002).

Alte Reihe
Die ältere Reihe wurde herausgegeben von: As-sulṭa al-waṭaniyya al-filasṭiniyya, wizârat at-tarbiyya wat-taᶜlîm, idârat al-ᶜâmma lil-kutub wal-maṭbûᶜât at-tarbawiyya (Palästinensische Autonomiebehörde, Ministerium für Erziehung und Bildung, Allgemeine Verwaltung für Bücher und pädagogische Druckerzeugnisse).

NE ES 4 = At-tarbiyya al-waṭaniyya al-filasṭîniyya, aṣ-ṣaff ar-râbiᶜal-asâsî, aṭ-ṭabᶜa 2002/03, al-bîra râmallâh 2002 (Die Nationale Palästinensische Erziehung, 4. Klasse der Elementarstufe, Edition 2002/03, Bira-Ramallah 2002).
NE ES 5 = At-tarbiyya al-waṭaniyya al-filasṭîniyya, aṣ-ṣaff al-ḫâmis al-asâsî, aṭ-ṭabᶜa 2002/03, al-bîra râmallâh 2002 (Die Nationale Palästinensische Erziehung, 5. Klasse der Elementarstufe, Edition 2002/03, Bira-Ramallah 2002).

4. Geschichte (Elementarstufe)

GES ES 6 = Târîḫ al-ᶜarab wa-l-muslimîn, li-ṣ-ṣaff as-sâdis al-asâsî, aṭ-ṭabᶜa aṯ-ṯâliṯa, al-bîra râmallâh 2002 (Die Geschichte der Araber und der Muslime für die 6. Klasse der Elementarschule, 3. Auflage, Al-Bira-Ramallah 2002[3]).
GES ES 7 = Târîḫ al-ᶜuṣûr al-wusṭa, li-ṣ-ṣaff as-sâbiᶜ al-asâsî, aṭ-ṭabᶜa aṯ-ṯâniyya at-taǧribiyya, al-bîra-râmallâh 2002 (Die Geschichte des Mittelalters für die 7. Klasse der Elementarschule, 2. Probeauflage, Al-Bîra-Ramallah 2002).
GES ES 8 = Târîḫ al-ḥaḍâra al-ᶜarabiyya al-islâmiyya li-ṣ-ṣaff aṯ-ṯâmin al-asâsî, aṭ-ṭabᶜa al-ûlâ at-taǧribiyya, al-bîra râmallâh 2002 (Die Geschichte der islamisch-arabischen Kultur für die 8. Klasse der Elementarschule, 1. Probeauflage, Al-Bîra-Ramallah 2002).

Sekundärliteratur

Die Sekundärliteratur wird abgekürzt zitiert mit dem Namen des Autors/Herausgebers und dem Jahr der Veröffentlichung. Falls mehrere Publikationen desselben Autors im selben Jahr erfolgten wird noch ein Stichwort aus dem Titel angegeben. Artikel aus Enzyklopädien und Lexika werden vollständig zitiert.

AADC 2002 = Anglican/Al-Azhar Dialogue Commission (Hg.): Statement of the Anglican/Al-Azhar Dialogue Commission, 11.9.2002 in: RNSAW 43/2002 (25.-31.10.2002), Art. 16, 39-41.
ABD EL-KARIM 1946 = Abd El-Karim, Ahmad Ezzat: Die Geschichte der Bildung in Ägypten vom Ende der Herrschaft Mohammad Alis bis zu den Anfängen der Herrschaft Taufiks 1848–1882, Bd. 2, Kairo 1946.
ABDALLAH 1985 = Abdallah, Ahmed: The Studentmovement and National Politics in Egypt 1923–1973, London 1985.
ABU DUHOU 1996 = Abu Duhou, Ibtisam: Schools in Palestine under the Occupation and the Palestinian Authority in: PIJ 3 (1996), 15-16.

ADWAN 2001 = Adwan, Sami: Schoolbooks in the Making. From conflict to peace. A critical analysis of the new Palestinian textbooks for grades one and six in: Palestine-Israel Journal of Politics, Economics and Culture, vol. VIII, No. 2, 2001.

ADWAN 2005 = Adwan, Sami: Interreligious Dialogue in Palestine/Interreligiöser Dialog in Palästina [Vortrag auf dem Jahresfest des Jerusalemvereins, 6.2.2005].

AEI 2004 = Arab Educational Institute in Bethlehem (ed.): Statement on Sharon's charge of "incitement" in Palestinian textbooks and the continuing problems of access to Palestinian schools, 23 November 2004.

AL-HAQ 2001 = Al-Haq: Education Under Siege. A Future in Jeopardy, Ramallah March 2001.

AL-HAQ 2004 = Al-Haq: Four Years Since the Beginning of the Intifada. Systematic Violations of Human Rights in the Occupied Palestinian Territories, Ramallah September 2004.

ALT 1980 = Alt, Ernst: Ägyptens Kopten – eine einsame Minderheit. Zum Verhältnis von Christen und Moslems in Ägypten in Vergangenheit und Gegenwart (= Sozialwissenschaftliche Studien zu internationalen Problemen, Heft 51), Saarbrücken/Fort Lauderdale (USA) 1980.

ALTANER/ STUIBER 1978 = Altaner, Berthold/Stuiber, Alfred: Patrologie. Leben, Schriften und Lehre der Kirchenväter, Freiburg-Basel-Wien [9]1978.

ALTBACH 1987 = Altbach, Philipp G.: Textbooks in comparative context in: THOMAS, R. Murray/KOBAYASHI, Victor N. (Hg.): Educational technology. Its creation, development and cross-cultural transfer, Oxford 1987.

ANAN 2001 = Anan, Kofi: Brücken in die Zukunft. Ein Manifest für den Dialog der Kulturen, Frankfurt 2001.

ANGERMEYER 1974 = Angermeyer, Helmut: Weltmacht Islam, Göttingen 1974.

ANTES 1979 = Antes, Peter: Religiöse Erziehung im Iran in: Ulrich Haarmann/Bachmann, Peter (Hg.): Die islamische Welt zwischen Mittelalter und Neuzeit, Beirut 1979, 35-43.

ANTES 1983 = Antes, Peter: Die Darstellung des Christentums in ägyptischen Schulbüchern von 1981/82 in: Zeitschrift für Missionswissenschaft und Religionswissenschaft 67 (1983), 1-18.

APPLE 1991 = Apple, Michael W.: The Politics of the textbook, London 1991.

ARAB WEST REPORT 2003 = Arab West Report (Hg.): Religious Freedom in Egypt, Cairo 2003 [Eine Kurzfassung des Textes ist Bestandteil des EKD-Textes 78: Bedrohung der Religionsfreiheit. Erfahrungen von Christen in verschiedenen Ländern. Eine Arbeitshilfe, Hannover 2003, 37-42; = Hulsmann 2003].

AHDR 2002 =

AHDR 2003 = Arab Human Development Report. Building a knowledge society, hg. v. United Nations Programm. Regional Bureau for Arab States, New York (N.Y.) 2003.

AHDR 2003 Kurzfassung: Arabischer Bericht über die Menschlische Entwicklung 2003. Deutsche, englische und arabische Kurzfassung, hg. von der Deutschen Gesellschaft für die Vereinten Nationen, Berlin 2003.

ARZT 1990 = Arzt, D. E.: The Application of International Human Rights Law in Islamic States, 215ff. in: Human Rights Quaraterly 12 (1990), 202-230.

ASHMAWI 1996 = Ashmawi, Fawzia Al-: L'image de l'autre dans les manuels scolaires des pays des deux rives de la Méditerranée, in: ISF 18 (1996), 211-228.

ASSAD 1973 Identität = Assad, Maurice: Prägung der koptischen Identität, in: VERGHESE 1973, 87–116.

ASSAD 1973 Mönchtum= Assad, Maurice: Ägyptisches Mönchtum – Noch immer eine einflußreiche Kraft in: VERGHESE 1973, 49-55.

ASSAR 2001 = Assar, Khairallah: Peace Education and the Religions. An Analysis of the Algerian and Syrian experiences in: LÄHNEMANN 2001 VII. Forum, 165-172.

ATEEK/ELLIS/RUETHER 1992 = Ateek, Naim/Ellis, Marc H./Ruether, Rosemary Radford: Faith and the Intifada. Palestinian Christian Voices, New York 1992.

ATIYA 1938 = Atiya, Aziz Sourial: The Crusade in the Later Middle Ages, London 1938.

ATIYA 1964 = Atiya, Aziz Sourial: Kreuzfahrer und Kaufleute. Die Begegnung von Christentum und Islam, Stuttgart 1964.

ATIYA 1968 = Atiya, Aziz Sourial: A History of Eastern Christianity, London 1968.

ATIYA, Aziz S., Art. "Dimyânah and her forty virgins", in: CEnc 3, 903.
ATIYA, Aziz S.: Art. "Mamluks and the Copts" in CEnc 5, 1517f.
ATIYA, Aziz S.: Art. "Mamluks and the Copts" in: CEnc 5, 1517f.
ATIYA, Aziz S.: Art. "Ottomans, Copts under the" in: CEnc 6, 1856f.
ATIYA, Aziz S.: Art. „Awlâd Al-ÝAssâl“ in: CEnc 1, 309-311.
ATIYA, Aziz S.: Art. „Catechetical School of Alexandria“ in: CEnc 2, 469-473.
ATIYA, Aziz S.: Art. „Tulunids and Ikhshids, Copts under the“ in: CEnc 7, 2280f.
BARAMKI 1996 = Baramki, Gabi: Palestinian University Education under Occupation in: PIJ 3 (1996), 37-43.
BARION 1951 = Barion, H.: Sacra Hierarchia, 1951.
BARTH 2001 = Barth, Hans Martin: Evangelischer Glaube im Kontext der Weltreligionen. Ein Lehrbuch, Gütersloh 2001.
BARTSCH 2004 = Bartsch, Patrick: Die Darstellung des Islam in türkischen und iranischen Schulbüchern, [Studie, die parallel zu dem hier vorgelegten Forschungsprojekt erfolgte und 2004 gemeinsam mit der Analyse der ägyptischen und palästinensischen Schulbücher im EBV-Verlag Hamburg veröffentlicht wird].
BASILI = Basili, Abuna Pigol: Haben die Kopten die arabische Eroberung von Ägypten begrüßt? Frankfurt o.J. (Arabisches Typoskript, 63 Seiten).
BAT YE'OR 1980 = Bat Ye'or: Le Dhimmi. Profil de L'oprimé en Orient et en Afrique du Nord depuis la conquête arabe Paris 1980.
BAT YE'OR 1985 = Bat Ye'or: The Dhimmi Jews and Christians under Islam, Rutherford, N.J. 1985.
BAT YE'OR 1994 = Bat Ye'or: Juifs et Chrétien sous l'Islam: Les dhimmis face au défi intégriste, Paris 1994.
BAT YE'OR 2002 = Bat Ye'or: Der Niedergang des orientalischen Christentums unter dem Islam, Gräfelfing 2002.
BECHMANN/RAHEB 1995 = Bechmann, Ulrike/Raheb, Mitri (Hg.): Verwurzelt im Heiligen Land. Einführung in das Palästinensische Christentum, Frankfurt 1995.
BECHMANN 2000 = Bechmann, Ulrike: Vom Dialog zur Solidarität. Das christlich-islamische Gespräch in Palästina, Trier 2000
BEHRENS-ABOUSEIF 1972 = Behrens-Abouseif, Doris: Die Kopten in der ägyptischen Gesellschaft. Von der Mitte des 19. Jh. bis 1923 (= Islamkundliche Untersuchungen, Bd. 18), Freiburg i. Br. 1972.
BERGSTRÄSSER 1913 = Bergsträsser, G.: Ḥunain Ibn Isḥâq und seine Schule, Leiden 1913.
BETA 2002 = Bundesvereinigung Evangelischer Tageseinrichtungen für Kinder e.V. – Fachverband im Diakonischen Werk der Evangelischen Kirche in Deutschland): Vielfalt leben – Profil gewinnen. Interkulturelle und interreligiöse Erziehung in evangelischen Tageseinrichtungen für Kinder, Stuttgart 2002.
BETTS 1975 = Betts, Robert Brenton: Christians in the Arab East. A political study, Athen 1975.
BIELEFELDT 1999 = Bielefeldt, Heiner: Dialogue of the Cultures: The Future of Relations between Western and Islamic Societies. International Conference at Bellevue Palace, 22-23 April 1999 in Berlin in: Orient 40 (1999), 38-47.
BIENER 2004 = Biener, Hansjörg: Das Aufeinandertreffen von Christentum und Islam als Herausforderung an Schulbücher für den Religions-, Ethik- und Geschichtsunterricht. Eine Problemdarstellung anhand exemplarischer Schulbuchanalysen [unveröffentlichter Auszug aus Kap. 1.3–1.5., Seite 76-137, Stand vom 18.2.2004, zur Veröffentlichung 2004 geplant].
BIN TALAL = Bin Talal, El-Hassan: Das Christentum in der arabischen Welt,
BIŠRÎ 1988 = Bišrî, Ṭâriq Al-: Al-muslimûn wa-l-aqbâṭ fî iṭâr al-ǧimâʿa al-waṭaniya (= "Die Muslime und die Kopten im Rahmen der nationalen Gemeinschaft"), Kairo 1988^2.
BLAUSTEIN/FLANZ 1971 = Blaustein, A. P./Flanz, G. H.: Constitutions of the countries of the world (Loseblattsammlung), New York 1971ff.
BOURGUET 1967 = Bourguet, Pierre du: Die Kopten, Baden-Baden 1967.
BOURGUET, Pierre du: Art. „Art, Historiography of Coptic“ in: CEnc 1, 254-261.
BOURGUET, Pierre du: Art. „Copt“ in: CEnc 2, 599-601

BOUTROS 1961 = Boutros, Marcos: Die westlichen Missionen in ihrer Begegnung mit der koptischen Kirche, Hamburg 1961.

BROCKELMANN 1953 = Brockelmann, C.: Das Aramäische, einschließlich des Syrischen in: Handbuch der Orientalistik III/1 1953, 135-162.

BROWN 2001 = Brown, Nathan: Democracy, history, and the contest over the Palestinian curriculum, Washigton/DC, 2001.

Brown 2002 = Brown, Natan: Education as a Site of Contestation. Democracy, Nationalism and the Palestinian Curriculum (Draft 14.2.2002 sent to the author, 28 pp.).

BROWN 2003 = Brown, Nathan: Palestinian Politics after the Oslo Accords: Resuming Arab Palestine, Berkeley 2003.

BRUNNER-TRAUT 1984 = Brunner-Traut, EMMA: Die Kopten. Leben und Lehre der frühen Christen in Ägypten (= Diederichs Gelbe Reihe 39), Köln 1984[2].

BRUNNER-TRAUT 1988 = Brunner-Traut, Emma: Ägypten. Kunst- und Reiseführer mit Landeskunde, Stuttgart-Berlin-Köln-Mainz 1988[6].

BÜREN 1970 = Büren, Rainer: Die Arabische Sozialistische Union. Einheitspartei und Verfassungssystem der Vereinigten Arabischen Republik unter Berücksichtigung der Verfassungsgeschichte von 1840–1968, Opladen 1970.

BURMESTER 1967 = Burmester, O. H. E. KHS-: The Egyptian or Coptic Church, Cairo 1967.

BUSSE 1991 = Busse, Heribert: Die theologischen Beziehungen des Islams zu Judentum und Christentum, 1991[2].

BÜTTNER/KLOSTERMEIER 1991 = Büttner, Friedemann/Klostermeier, Inge: Ägypten, München 1991.

CAHEN 1998 = Cahen, Claude: Der Islam I. Vom Ursprung bis zu den Anfängen des Osmanenreiches, Frankfurt 1998 (Erstausgabe 1968).

CAHEN, C.: Art. "Dhimma" in: EI^2 II, 227-231.

CAHEN, C.: Art. "Kharâdj" in EI^2 IV, 1030ff.

CAHEN: Art. "Djizya" in: EI^2, 559ff.

CAMPENHAUSEN 1936 = Campenhausen, H. Freiherr von: Die Idee des Martyriums in der Alten Kirche, Göttingen 1936.

CARTER 1988 = Carter, B. L.: The Copts in Egyptian Politics 1918–1952, Cairo 1988.

CEOSS 1999 = Coptic Evangelical Organization for Social Services (Hg): Annual Report 1999.

CEOSS 2002 = Coptic Evangelical Organization for Social Services(Hg.): Annual Review 2002.

CHESHIN/HUTMAN/MELAMED 1999 = Cheshin, Amir/Hutman, Bill/Melamed, Avi: Separate and Unequal: The Inside Story of Isreali Rule in East Jerusalem 1999.

CHITHAM 1986 = Chitham, E. J.: The Coptic Community in Egypt. Spatial and Social Change, Durham 1986 (= Occasional Papers Series No. 32 of the Centre for Middle Eastern and Islamic Studies, University of Durham)

CMIP 1998 Palestinian Authority= Center for Monitoring the Impact of Peace) (Hg): Palestinian Authority School Textbooks, Jerusalem-New York 1998 (2. Aufl. März 2001).

CMIP 2000 Grades one and six = Center for Monitoring the Impact of Peace (Hg): Itamar Marcus: The New Palestinian Authority School Textbooks for Grades One and Six, Jerusalem-New York 2000.

CMIP 2000 Israeli textbooks = Center for Monitoring the Impact of Peace (Hg): Amos Yovel: Arabs and Palestinians in Israeli Textbooks, Jerusalem-New York 2000.

CMIP 2000 Palestinian Authority = Center for Monitoring the Impact of Peace (Hg): Antisemitism in the Textbooks of the Palestinian Authority and Syria; Jerusalem-New York 2000.

CMIP 2000 Teachers' Guides = Center for Monitoring the Impact of Peace) (Hg): Itamar Marcus: Palestinian Authority Teachers‘ Guides, Jerusalem-New York 2000.

CMIP 2001 Syrian Textbooks = Center for Monitoring the Impact of Peace (Hg): Arnon Groiss: Jews, Zionism and Israel in Syrian School Textbooks, Jerusalem-New York 2001.

CMIP 2002 Examinations = Center for Monitoring the Impact of Peace (Hg): Arnon Groiss: Jews, Israel and Peace in the Palestinian Authority Textbooks and High School Final Examinations. A Complementary Report, Jerusalem-New York 2002.

CMIP 2003 Saudi Arabian Textbooks = Center for Monitoring the Impact of Peace (Hg): Arnon Groiss: The West, Christians and Jews in Saudi Arabian Schoolbooks, Jerusalem-New York 2003.

CMIP 2004 Egyptian Textbooks = Center for Monitoring the Impact of Peace (Hg): Arnon Groiss: Jews, Christians, War and Peace in Egyptian Textbooks, Jerusalem-New York 2004.
COQUIN, Charalambia: Art. "Church of Muʿallaqah" in CEnc 2, 557-560.
COQUIN, René Georges/MARTIN, Maurice: Art. "Dayr Shahrân" in: CEnc 862f.
COURBAGE/FARGUES 1998 = Courbage, Youssef/Fargues, Philippe: Christians and Jews under Islam, London-New York 1998.
DAMM 1993 = Damm, Thomas: Palästinensische Befreiungstheologie. Annäherungen und Würdigung aus der Sicht eines deutschen Theologen, Trier 1993.
DBK 1991 = Deutsche Bischofskonferenz (Hg.): Päpstlicher Rat für den Interreligiösen Dialog. Kongregation für die Evangelisation der Völker. Dialog und Verkündigung, Bonn 1991 (= Verlautbarungen des Apostolischen Stuhls 102).
DBK 2000 = Deutsche Bischofskonferenz (Hg.): Kongregation für die Glaubenslehre. Erklärung Domine Iesus. Über die Einzigkeit und die Heilsuniversalität Jesu Christi und der Kirche, Bonn 2000 (Verlautbarungen des Apostolischen Stuhls 148).
DECASTELL/LUKE/LUKE 1989: DeCastell, Suzanne/Luke Allen/Luke, Carmen (Hg.): Language, authority and criticism. Readings on the school textbook, London 1989.
DONNER, H.: Art. „Philister" in RGG[3], Bd. 5, 339-341.
DONNER 1979 = Donner, Heribert: Pilgerfahrt ins Heilige Land. Die ältsten Berichte christlicher Palästina-Pilger, Stuttgart 1979.
DOORN-HARDER/VOGT 1997 = Doorn-Harder, Nelly van/Vogt, Kari (Hg.): The Coptic Orthododox Church Today, Oslo 1997
DÖRRIE, H.: Art. „Märtyrer. I. Religionsgeschichtlich" in: RGG[3] Bd. 3, 587f.
DUBY 1953 = Duby, D.: La société aux XIe et XII siècles dans la region mâconaise, 1953.
DUBY 1981 = Duby, D.: Le chevalier, la femme et le prêtre. Le mariage dans la France féodale, 1981.
DURI, A. A.: Art. "Diwan" in: EI 2, 323-327.
DZIELSKAS 1995 = Dzielskas, Maria: Hypatia of Alexandria, Cambridge 1995.
ḪALID, 1994 = Ḫâlid, Ḫâlid Muḥammad: Ad-dîn liš-šaʿb (Religion für das Volk), Kairo 1994.
EISSA/TORONTO 2003 = EISSA, Muhammad/Toronto, James A.: The Debate over Religions and National Identiy in Egypt: the Role of Islamic Education Textbooks (Vortrag, der auf der Konferenz "Contructs of Inclusion and Exclusion: Religions and Identity Formation in Middle Eastern School Curricula, Providence 14-15 November 2003, gehalten wurde; 28seitiges Typoskript).
EIßFELDT, O.: Art. „Kanaanäische Religion" in: RGG[3], Bd. 3, 1111-1113.
EKD 2000 = Evangelische Kirche in Deutschland. Kirchenamt im Auftrag des Rates der EKD (Hg.): Zusammenleben mit Muslimen in Deutschland. Gestaltung der christlichen Begegnung mit Muslimen, Gütersloh 2000.
EKD 2003 = Evangelische Kirche in Keutschland. Kirchenamt (Hg.): Christlicher Glaube und nichtchristliche Religionen. Theologische Leitlinien. Ein Beitrag der Kammer für Theologie der Evangelischen Kirche in Deutschland, Hannover 2003 (= EKD-Texte 77).
ELDER 1958 = Elder, Earl E.: Vindicating a Vision. The Story of the American Mission in Egypt 1854–1954, Philadelphia 1958.
ELIADE 1963 = Eliade, Mircea/Kitagawa, Josef M.: Grundfragen der Religionswissenschaft, Salzburg 1963.
EMOK 2003 Protokoll = Evangelische Mittelostkommission der Evangelischen Kirche in Deutschland: Protokoll der Sitzung am 26.3.2003 in Hannover, 4. 9.2003 (AZ: 1200/6D.331-Gl/Kln; 7seitiges Typoskript).
EMW 1999 = Evangelisches Missionswerk (Hg.): Die Begegnung von Christen und Muslimen. Eine Orientierungshilfe mit pädagogischen Hinweisen für die Arbeit in Gruppen, Hamburg 1999[6].
EMW/EMOK 2001 = Evangelisches Missionswerk/Evangelische Mittelostkommission der Evangelischen Kirche in Deutschland (Hg.): Geschwister im Glauben. Christen im Mittleren Osten, Hamburg 2001.
ENDE, Werner: Art. „Kreuzzüge" in LIW 2, 111.
ENDE/STEINBACH 1996 = Ende, Werner/Steinbach, Udo: Der Islam in der Gegenwart, München 1996[4].
ERBEL, Bernd: Art. "Erbrecht" in: LIW 1, 163.

ESS/KÜNG 2001 = Ess, Josef van /Küng, Hans: Christentum und Weltreligionen. Islam, Zürich 2001[5].

FALATURI 1986 Bd. 1 = Falaturi, Abdoljavad (Hg.): Der Islam in den Schulbüchern der Bundesrepublik Deutschland Teil 1: TWORUSCHKA, Monika: Analyse der Geschichtsbücher zum Thema Islam, Braunschweig 1986.

FALATURI 1986 Bd. 2 = Falaturi, Abdoljavad (Hg.): Der Islam in den Schulbüchern der Bundesrepublik Deutschland Teil 2: TWORUSCHKA, Udo: Analyse der evangelischen REligionsbücher zum Thema Islam, Braunschweig 1986.

FALATURI 1987 Bd. 4 = Falaturi, Abdoljavad (Hg.): Der Islam in den Schulbüchern der Bundesrepublik Deutschland Teil 4: Fischer, Gerhard: Analyse der Geographiebücher zum Thema Islam, Braunschweig 1987.

FALATURI 1988 Bd. 3 = Falaturi, Abdoljavad (Hg.): Der Islam in den Schulbüchern der Bundesrepublik Deutschland Teil 3: VÖCKING, Hans/ZIRKER, Hans/TWORUSCHKA, Udo/FALATURI, Abdoljavad: Analyse der katholischen Religionsbücher zum Thema Islam, Braunschweig 1988.

FALATURI 1988 Bd. 5 = Falaturi, Abdoljavad (Hg.): Der Islam in den Schulbüchern der Bundesrepublik Deutschland Teil 5: Schultze, Herbert: Analyse der Richtlinien und Lehrpläne der Bundesländer zum Thema Islam, Braunschweig 1988.

FALATURI 1988 Bd. 6 = Falaturi, Abdoljavad (Hg.): Der Islam in den Schulbüchern der Bundesrepublik Deutschland Teil 6: Braun, Klaus: Registratur und Literatur zum Gesamtprojekt, Braunschweig 1988.

FALATURI 1990 Bd. 7 = Falaturi, Abdoljavad (Hg.): Der Islam in den Schulbüchern der Bundesrepublik Deutschland Teil 7: Stöber, Georg/Tworuschka, Udo/Tworuschka, Monika: Nachträge 1986-1988 zur Analyse der Schulbücher in der Bundesrepublik Deutschland zum Thema Islam in den Fächern Ethik, Geographie, Geschichte, Evangelische und Katholische Religion, Frankfurt 1990.

FALATURI/TWORUSCHKA 1991 = Falaturi, Abdoljavad (Hg.)/Tworuschka, Udo: Der Islam im Unterricht. Beiträge zur Interkulturellen Erziehung in Europa, Braunschweig 1991

FALATURI/TWORUSCHKA 1992 = Falaturi, Abdoljavad/Tworuschka, Udo: A guide to the presentation of Islam in school textbooks, Birmingham 1992 (= CSIC Papers Africa/Europe No. 8.

FARAH 1986 = Farah, Nadia Ramsis: Religious Strife in Egypt, Montreux 1986.

FATTAL 1958 = Fattal, Antoine: Le statut légal des non-musulmans en pays d'Islam, Beirut 1958 (Nachdruck Beirut 1995[2]).

FELDTKELLER 1998 = Feldtkeller, Andreas: Die 'Mutter der Kirchen' im 'Haus des Islam', Erlangen 1998.

FERRÉ, André: Art. "Ḥâkim Bi-Amr-illah Abû ʿAlî Manṣûr al-" in: CEnc 4, 1200-1203.

FERRÉ, André: Art. „Fatimides and the Copts“ in: CEnc 4, 1097.

FIRER/ADWAN 2004: Firer, Ruth/Adwan, Sami: The Israeli-Palestinian Conflict in History and Civics Textbooks of Both Nations, Hannover 2004 (= SIS 110/1).

FLORES/EMW/INAMO 2001 = Flores, Alexander/Evangelisches Missionswerk in Deutschland/Informationsprojekt Naher und Mittlerer Osten (Hg.): Die Zukunft der orientalischen Christen. Eine Debatte im Mittleren Osten, Hamburg-Berlin 2001.

FOEHRLÉ 1992 = Foehrlé, Roger: L'islam pour les Profs. Recherches pédagogiques, Paris 1992.

FORD 1998 = Ford, Peter: A Modern Muslim Assessment of Jesus: A translation and analysis of ʿAbbâs Maḥmûd al-ʿAqqâd's "The Genius of Christ", Vols. 1-2 Temple University 1998.

FORSTNER 1991 = Forstner, Martin: Das Menschenrecht der Religionsfreiheit und des Religionswechsels als Problem der islamischen Staaten, in: Kanon. Kirche und Staat im christlichen Osten X, Wien 1991, 105–186.

FRAENKEL 1962 = Fraenkel, S.: Die aramäischen Fremdwörter im Arabischen, Leiden 1886, Nachdruck 1962.

FRASER, P. M: Art. „John of Nikiou“ in: CEnc 5, 1366f.

FRIELING 1971 = FRIELING, Reinhard: "Mischehe" – aber wie?, Göttingen 1971.

GABRA 2001 = Gabra, Gawdat (Hg.): Be Thou There. The Holy Family's Journey in Egypt, Cairo-New York 2001.

GABRIELI 1975 = Grabrieli, Francesco: Die Kreuzzüge aus arabischer Sicht, Zürich 1975.

GEI 1977 = Georg-Eckert-Institut für Internationale Schulbuchforschung (Hg.): Empfehlungen für Schulbücher der Geschichte und der Geographie in der Bundesrepublik Deutschland und in der Volksrepublik Polen. Gemeinsame deutsch-polnische Schulbuchkommssion, Braunschweig 1977 (rev. Fassung 1995).

GEI 1992 = Georg-Eckert-Institut für Internationale Schulbuchforschung (Hg.): Deutsch-israelische Schulbuchempfehlungen, Braunschweig 1985 (rev. Fassung Frankfurt 1992).

GEI 2003 (Georg-Eckert-Institut für Internationale Schulbuchforschung): Contested Past, Disputed Present. Curricula in Israeli and Palestinian Schools, Hannover 2003 (= SIS 110/2).

GEISLER 1997 = Geisler, Ralf: Das Eigene als Fremdes. Chancen und Bedingungen des christlich-islamischen Dialogs, Hannover 1997.

GERHARDS/BRAKMANN 1994 = Gerhards, Albert/Brakmann, Heinzgerd (Hg.): Die koptische Kirche. Einführung in das ägyptische Christentum, Stuttgart-Berlin-Köln 1994.

GIMARET, D.: "al-milal wa'l-niḥal" in EI^2 VII, 54f.

GIRGIS 1938 = Girgis, Habib: Al-madrasa al-iklîrîkîya bain al-mâḍî wal-ḥâḍir (= Das Theologische Seminar in Vergangenheit und Gegenwart), Kairo 1938.

GIRGIS 1987 = Girgis, Girgis Daoud: Abba Benjamin the Coptic Patriarch in the 7th Century in: Scholz, P. O./Stempel, R. (Hg.): Nubia et Oriens Christianus (Festschrift für C. Detlef G. Müller zum 60. Geburtstag), Tübingen 1987.

GLUBB 1973 = Glubb, J.: Soldiers of Fortune: The Story of the Mamlukes, New York 1973.

GOLLER 2004 = Goller, Wilhelm: Intifada 2. Tagebuchaufzeichnungen eines Schulleiters September 2000-Januar 2003, Köln 2004.

GRABAR, O.: Art. "al-Ḳuds" in: EI^2 V, 322-338.

GRÄBE 1999 = Gräbe, Uwe: Kontextuelle palästinensische Theologie, Erlangen 1999.

GRAHAM-BROWN 1987 = Graham-Brown, Sarah: Die Palästinenser. Bildung, Repression, Befreiung, Darmstadt 1987.

GREGORIUS 1968 = Gregorius, Bischop: The Catechetical or Theological School of Alexandria, in: Coptic Orthodox Patriarchate (Hg.): St. Mark and the Coptic Church, Cairo 1968, 59-83.

GRIFFITH 1988 = Griffith, Sidney H.: The Monks of Palestine and the Growth of Christian literature in Arabic in: The Muslim World 78 (1988), 1-28.

GRIFFITH 1992 = Griffith, Sidney H.: Arabic Christianity in the Monateries of Ninth Century Palestine, London 1992.

GRILLMEIER/ BACHT 1962 = Grillmeier, Alois/BACHT, Heinrich (Hg.): Das Konzil von Chalkedon. Geschichte und Gegenwart, Bd. I-III (1951-54[1]), Würzburg 1962[2].

GRILLMEIER/HAINTHALLER 1989 Bd. II/2= Grillmeier, Alois/Hainthaller, Theresia: Jesus der Christus im Glauben der Kirche, Bd. II/2: Die Kirche von Konstantinopel im 6. Jahrhundert, Freiburg-Basel-Wien 1989.

GRILLMEIER/HAINTHALLER 1990 Bd. I = Grillmeier, Alois: Jesus der Christus im Glauben der Kirche, Bd. I: Von der Apostolischen Zeit bis zum Konzil von Chalzedon (451), Freiburg-Basel-Wien (1979[1], 1982[2]) 1990[3].

GRILLMEIER/HAINTHALLER 1990 Bd. II/4 = Grillmeier, Alois/Hainthaller, Theresia: Jesus der Christus im Glauben der Kirche, Bd. II/4: Die Kirche von Alexandrien mit Nubien und Äthiopien ab 451, Freiburg-Basel-Wien 1990.

GRILLMEIER/HAINTHALLER 1991 Bd. II/1 = Grillmeier, Alois: Jesus der Christus im Glauben der Kirche, Bd. II/1: Das Konzil von Chalzedon (451). Rezeption und Widerspruch (451-518), Freiburg-Basel-Wien (1986[1]) 1991[2].

GRILLMEIER/HAINTHALLER 2002 Bd. II/3 = Grillmeier, Alois/Hainthaller, Theresia: Jesus der Christus im Glauben der Kirche, Bd. II/3: Die Kirchen von Jerusalem und Antiochien nach 451 bis 600, Freiburg-Basel-Wien 2002.

GROSSMANN, Peter: Art. „Basilica“ in: The CEnc 2, 353-356.

GUILLAUMONT, Antoine: Art. "Antony of Egypt, Saint" in: CEnc 1, 149-151.

GUILLAUMONT, Antoine: Art. "Macarius the Egyptian, Saint" in CEnc 5, 1491f.

GUNNEWEG 1984 = Gunneweg, Antonius H. J.: Geschichte Israels bis Bar Kochba Stuttgart u. a. 1984[5].

HAGE 1997 = Hage, Wolfgang: Apostolische Kirche des Ostens (Nestorianer) in: HEYER, Friedrich: Konfessionskunde, Berlin-New-York 1977, 202-214.
HANAFI 2003 = Hanafi, Hassan: Dialogue about dialogue between religions specially between Islam and Christianity in: ID 2 (2003), 33-39.
HARB 2000 = Harb, Boulos: Orientalische Christen als Vermittler zwischen Abend- und Morgenland in: Blickpunkt Libanon Nr. 2/2000, hg. vom Deutsch-Libanesischen Verein, Reinbek 2000, 53-63.
HÄRENSTAM 1993 = Härenstam, Kjell: Skolbooks-Islam. Analys av bilden av islam i läroböcker i religionskunskap, Göteborg 1993 (= Goeteborg Studies in Educational Science 93).
ḪALID 1958 = Ḫâlid, Ḫâlid Muhammad: Maʿan ʿalâ ṭ-ṭarîq, Kairo 1958.
ḪALID 1994 = Ḫâlid, Ḫâlid Muhammad: Insâniyât Muḥammad, Kairo 1994.
HARTMANN 1980 = Hartmann, Klaus-Peter: Untersuchungen zur Sozialgeographie christlicher Minderheiten im Vorderen Orient (= Beihefte zum Tübinger Atlas des Vorderen Orients, Reihe B, Nr. 43), Wiesbaden 1980.
HASSAN-IDRISSI 1996 = Hassan-Idrissi, Mostafa: L'Europe dans les manuels scolaires d'histoire d'un pys musulman, le Maroc, in: ISF 18 (1996), 45-56.
HAUSMANN 1981 = Hausmann, Wolfram: Der Erdkundeunterricht an ägyptischen Schulen, in: International Schulbuchforschung 3 (1981), 222-229.
HEINE 2001 = Heine, Peter: Terror in Allahs Namen.Extremistische Kräfte im Islam, Freiburg u.a. 2001.
HELFENSTEIN 1998 = Helfenstein, P.F.: Grundlagen des interreligiösen Dialogs. Theologische Rechtfertigungsversuche in der ökumenischen Bewegung und die Verbindung des trinitarischen Denkens mit dem pluralistischen Ansatz, Frankfurt 1998.
HENRIX/KRAUS 2001 = Henrix, H. H./Kraus, W. (Hg.): Die Kirchen und das Judentum II, Paderborn 2001.
HENRIX/RENDTORFF 1988 = Henrix, H. H./Rendtorff, R. (Hg.), Die Kirchen und das Judentum I, Paderborn 1988.
HERLIHY 1958 = Herlihy, D.: The agrarian revolution in Southern France and Italy, in: Speculum 33 (1958), 23ff.
HEUSER 1966 = Heuser, Gustav: Evangelischer Religionsunterricht heute, Frankfurt 1966.
HEYER 1977 = Heyer, Friedrich: Konfessionskunde, Berlin-New-York 1977.
HEYER 1978 = Heyer, Friedrich: Die Kirche Armeniens. Eine Volkskirche zwischen Ost und West, Stuttgart 1978 (= Kirchen der Welt 18).
HEYER 2000 = Heyer, Friedrich: 2000 Jahre Kirchengeschichte des Heiligen Landes, Hamburg 2000 (= Studien zur Orientalischen Kirchengeschichte 11).
HEYER 2001 Arabisierung = Heyer, Friedrich: Die Arabisierung der Kirchen im Heiligen Land in: TAMCKE 2001 Repression, 43-52.
HEYWORTH-DUNNE 1938 = Heyworth-Dunne, J.: An Introduction to the History of Education in Modern Egypt, London 1938.
HEYWORTH-DUNNE 1940 = Heyworth-Dunne, James: Education in Egypt and the Copts, in: BSAC 6 (1940), 91–108.
HIRSCHFELD 1993 = Hirschfeld, Y.: The Judean Desert Monasteries in the Byzantine Period, New Haven 1992.
HIRSCHFELD 1990 = Hirschfeld, Y.: List of the Byzantine Monasteries in the Judean Desert in: Bottini, G.C./Di Segni, L./Allata, E. (ed.): Christian Archeology in the Holy Land, Jerusalem 1990, 1-90.
HOCK 1989 = Hock, Klaus: Christliche Mission und islamische Daʿwa. Sendung und Ruf im geschichtlichen Wandel in: LÄHNEMANN 1989 III. Nürnberger Forum, 153-166.
HOCK 1995 = Hock, Klaus: Schulprojekte in interreligiöser und internationaler Zusammenarbeit in: LÄHNEMANN 1995 (V. Nürnberger Forum 1994), 321-330.
HOCK 2002 = Hock, Klaus: Einführung in die Religionswissenschaft, Darmstadt 2002.
HOLM 1993 = Holm, Nils G.: Teaching Islam in Finnlang, Åbo 1993 (= Religionsvetenskapliga skrifter 26).
HOLMBERG, B.: Art. "Nasṭûriyyûn" in: EI² VII, 1030-1032.

HOWEIDY 1999 = Howeidy, Amira: New history for new millenium in: AL-AHRAM Weekly Nr. 427 (29.4.-5.5.1999).
HULSMAN 2003 Misstrauen = Hulsman, Cornelis: Von Mißtrauen bestimmt – Das Verhältnis von Christen und Muslimen in Ägypten in: Bedrohung der Religionsfreiheit. Erfahrungen von Christen in verschiedenen Ländern. Eine Arbeitshilfe hg. von der Evangelischen Kirche in Deutschland, Hannover 2003 (= EKD Texte 78).
HUNKE 2001 = Hunke, Sigrid: Allahs Sonne über dem Abendland. Unser Arabisches Erbe, Frankfurt 2001 (Erstauflage Stuttgart 1960).
HUNTINGTON 1993 = Huntington, Samuel P.: The clash of the civilisations? In: Foreigh Affairs 72 (1993), Nr. 3, 22-49.
HUNTINGTON 1996 = Huntington, Samuel P.: Kampf der Kulturen. Die Neugestaltung der Weltpolitik im 21. Jahrhundert, München 1996.
HUSSAIN 1985 = Hussain, Taha: Kindheitstage, Berlin 1985.
IBN TALÂL 1995 = Ibn Talâl, Prince Hassan: Christianity in the Arab World, London 1995.
IBRAHIM 1989 = Ibrahim, Fouad N.: Die wachsende Islamisierung in Ägypten und die Situation der Kopten, in: ST. MARKUS , Heft Okt.–Dez. 1989, 8–15.
IBRAHIM/TADROS/SHAFIK 1996 = Ibrahim, Saad Eddin/Tadros, Marlene/Shafik, Suleiman: Egyptian Copts, Kairo 1996.
ICDS 1999 = Ibn Khaldun Center for Development Studies (ed.): An Overview of Goals and Activities, Kairo 1999.
IPCRI 2003 = Israeli/Palestine Center for Research and Information (Hg.): Analysis and Evaluation of the New Palestinian Curriculum. Reviewing Palestinian Textbooks and Tolerance Education Program, Jerusalem 2003.
IHTIYAR/JALIL/ZUMBRINK 2004 = Ihtiyar, N./Jalil, S./Zumbrink, P.: Der Islam in deutschen Schulbüchern (1995-2002) in: ISF 26 (2004), 223-288.
ISESCO 2001 = Islamic Educational, Scientific and Cultural Organisation (Hg.): Tunis Appeal on "Dialogue Among Civilisations", Tunis 12-13 November 2001, zitiert nach: World Education on Religion and Peace. Peace Education Standing Commission (Hg.): A soul for education. Projects for Spiritual and Ethical Learning Across Religions, Nürnberg 2002, 60f.
ISLAMRAT 2001 = Islamrat für die Bundesrepublik Deutschland (Hg.): Islam im Schulbuch, Kandern 2001.
IZM 1984 = Islamisches Zentrum München/Islamic Council London (Hg.): Die islamische Deklaration der Menschenrechte [von 1981], München-London, 1984.
JACOBMEYER 1990 = Jacobmeyer, Wolfgang: International textbook research, Goteborg 1990.
JARRAR 1979 = Jarrar, Ghalib: Die Entwicklung des ägyptischen Bildungssystems unter der nasseristischen Herrschaft, 1952–1970, in: ORIENT 20 (1979), Nr. 4, 39–74.
JOHNSTONE, T. M.: Art. "Ghazw" in: EI^2 II, 1055f.
JOSEPHUS 1978 = Josephus, Flavius: Geschichte des Jüdischen Krieges, Tel Aviv 1978.
JÜRGENSEN 1993 = Jürgensen, Eva: Jesus und Mohammed. Unterrichtsmodelle mit Texten, Liedern, Bildern für den Religionsunterricht 3.-6. Schuljahr, Lahr 1993.
KÄHKÖNEN 2000 = Kähkönen, Esko: Dialogisuuden ongelma islamin esittämissessä. Falaturin ja Tworuschka teologis-pedagogisen ohjelman tausta ja toteutuminen, Helsinki 2000.
KANDIL 1998 = Kandil, Fuad: Religiöser Pluralismus als Problem für die Selbstgewißheit': Zwei Ansätze zur subjektiven Verarbeitung des Problems im Koran in: LÄHNEMANN 1998 (VI. Nürnberger Forum 1997), 79-90.
KARAS 1986 = Karas, Shawky F.: The Copts since the Arab Invasion: Strangers in their land, Jersey City 1986.
KARLSBACH, Adolf: Die altkirchliche Einrichtung der Diakonissen bis zu ihrem Erlöschen, Freiburg 1926.
KHALED = Khaled, Muhammad Abu-Kattab: Azhar-Universität, in: PAPYRUS 10/1989, 5–11.
KHELLA/FARAG 1980 Bd. 1 = Khella, Karam/Farag, Youssef: Die Kopten Bd. 1, Hamburg 1980.
KHELLA/FARAG 1981 Bd. 2 = Khella, Karam/Farag, Youssef: Die Kopten Bd. 2, Hamburg 1981.
KHELLA/FARAG 1983 Bd. 3 = Khella, Karam/Farag, Youssef: Die Kopten Bd. 3, Hamburg 1983.

KHOURY 1980 = Khoury, Adel Theodor: Toleranz im Islam, Mainz-München 1980.
KHOURY 1994 = Khoury, Adel Theodor: Christen unterm Halbmond, Freiburg u. a. 1994.
KICKEL 1984 = Kickel, Walter: Das gelobte Land. Die religiöse Bedeutung des Staates Israels in jüdischer und christlicher Sicht, München 1984.
KIRCHSCHLÄGER/STIRNEMANN 1992 = Kirchschläger, R./Stirnemann, A. (Hg.): Chalzedon und die Folgen. 1. Wiener Konsultation mit der Orientalischen Orthodoxie 1971. – Dokumentation des Dialogs zwischen der armenisch-apostolischen und der rmisch-katholischen Kirche sowie des Dialogs zwischen chalzedonensischer und nicht-chalzedonensischer Orthodoxie (= Pro Oriente, Bd. 14), Innsbruck/Wien 1992.
KKS 1997 = Karl Kübel Stiftung für Kind und Familie (Hg.): Familie – religiös und tolerant, Bensheim 1997.
KOLTA 1985 = Kolta, Kamal Sabri: Christentum im Land der Pharaonen. Geschichte und Gegenwart der Kopten in Ägypten, München 1985.
KOLTA 1993 = Kolta, Kamal Sabri: Von Echnaton zu Jesus. Auf den Spuren des Christentums im Alten Ägypten, München 1993.
KRÄMER 1986 = Krämer, Gudrun: Ägypten unter Mubarak: Identität und nationales Interesse, Baden-Baden 1986 (= Internationale Politik und Sicherheit, Bd. 22).
KRAMM 2002 = Kramm, Jochen: Auswertungsbericht zum Projekt der Evangelischen Kirche in Hessen und Nassau "Qualifizierung für den christlich-islamischen Dialog", Groß Gerau 2002 [17seitiges unveröffentlichtes Typostkript].
KRAUSE, Martin: Art. „Coptology“ in: CEnc 2, 616-618.
KRIENER 2001 = Kriener, Jonathan: Die palästinensischen Schulbücher und ihre Kritik durch das CMIP in: Palästina Journal 47/48 (Dezember 2001), 26-31.
KRIENER 2001 Fremdbilder = Kriener, Jonathan Sixtus: Fremdbilder im Konflikt. Wie nehmen Israelis und Palästinenser einander wahr? (= Magisterarbeit für das Fach Islamwissenschaft an der Fakultät für Geisteswissenschaften der Universität Bochum, unveröffentlichtes Typoskript 150 Seiten).
KRÜGER 2000 = Krüger, Jürgen: Die Grabeskirche zu Jerusalem. Geschichte, Gesalt, Bedeutung, Regensburg 2000.
KÜHN 1992 = Kühn, Peter: Bildung und Erziehung im Konzept der ägyptischen Muslimbruderschaft unter Hasan al-Bannâ, in: Orient 33 (1992), Nr. 2, 253–264.
KUHN, K. H.: Art. „Shenute, Saint“ in: CEnc 7, 2131-2133.
KUHN, K. H.: Art. "Shenoute, Saint", in: CEnc 7, 2131–2133.
KUHN, K.H.: "Shenute, Saint" in: CEnc 7, 2131-2133.
KÜNG 1990 = Küng, Hans: Projekt Weltethos, München 1990.
LÄHNEMANN 1983 I. Forum = Lähnemann, Johannes (Hg.): Kulturbegegnung in Schule und Studium. Türken-Deutsche, Muslime-Christen. Ein Symposium, Nürnberg 1982 [= Dokumentation des I. Nürnberger Forums], Hamburg 1983 (= PBK 1).
LÄHNEMANN 1986 II. Forum = Lähnemann, Johannes (Hg.): Erziehung zur Kulturbegegnung. Modelle für das Zusammenleben von Menschen verschiedenen Glaubens. Schwerpunkt Christentum – Islam. Referate und Ergebnisse des [II.] Nürnberger Forums 1985, Hamburg 1986 (= PBK 3).
LÄHNEMANN 1987 Rezension = Lähnemann, Johannes: Rezension zu FALATURI Bd. 1 in: ThLZ 112 (1987), 453-466.
LÄHNEMANN 1989 III. Forum = Lähnemann, Johannes (Hg.): Weltreligionen und Friedenserziehung. Wege zur Toleranz. Schwerpunkt: Christentum-Islam. Referate und Ergebnisse des [III.] Nürnberger Forums 1988, Hamburg 1989 (= PBK 7).
LÄHNEMANN 1992 IV. Forum = Lähnemann, Johannes (Hg.): Das Wiedererwachen der Religionen als pädagogische Herausforderung. Interreligiöse Erziehung im Spannungsfeld von Fundamentalismus und Säkularismus [Dokumentation des IV. Nürnberger Forums], Hamburg 1992 (= PBK 10).
LÄHNEMANN 1995 V. Forum = Lähnemann, Johannes (Hg.): Das Projekt Weltethos in der Erziehung. Referate und Ergebnisse des [V.] Nürnberger Forums 1994, Hamburg 1995 (= PBK 14).
LÄHNEMANN 1998 Religionspädagogik = Lähnemann, Evangelische Religionspädagogik in interreligiöser Perspektive, Göttingen 1998.

LÄHNEMANN 1998 VI. Forum = Lähnemann, Johannes (Hg.): Interreligiöse Erziehung 2000 - Die Zukunft der Religions- und Kulturbegegnung. Referate und Ergebnisse des [VI.] Nürnberger Forums 1997, Hamburg 1998 (= PBK 16).
LÄHNEMANN 1999 Christentum = Lähnemann, Johannes: Das Christentum in Schulbüchern islamisch geprägter Länder in: Mediendienst Forschung der Friedrich-Alexander-Universtität Erlangen-Nürnberg Nr. 562 (28.9.1999), 5f.
LÄHNEMANN 2000 Christianity = Lähnemann, Johannes: Christianity in textbooks of countries with an Islamic tradition, in: UNESCO Newsletter 2000, 3f.
LÄHNEMANN 2001 VII. Forum = Lähnemann, Johannes (Hg.): Spiritualität und ethische Erziehung. Erbe und Herausforderung der Religionen. Referate jund Ergebnisse des [VII.] Nürnberger Forums 2000, Hamburg 2001 (= PBK 20).
LÄHNEMANN 2003 Presentation = Lähnemann, Johannes: The presentation of Christianity in textbooks of countries with an Islamic tradition, Germany in: UNESCO Newsletter 2003, 3f.
LÄHNEMANN/HOCK 2001 Darstellung = Lähnemann, Johannes/ HOCK, Klaus: Die Darstellung des Christentums in Schulbüchern islamisch geprägter Länder in: PBK 20, 519-521.
LÄHNEMANN/HOCK 2001 Presentation = Lähnemann, Johannes/HOCK, Klaus: The presentation of Christianity in religious textbooks of Islamic countries, in: World Conference on Religion and Peace (WCRP). Peace Education Standing Commission (Hg.): Peace Education from Faith Traditions. Contributions to the "Dialog Amang Civilisations" (UN-Year 2001), Nürnberg 2001.
LANE 1989 = Lane, Edward William: An Account of the Manners and Customs of the Modern Egyptians written in Egypt during the Years 1833–1835, London ³1989 (Third Reprint of ²1895).
LAPIDE/LUZ JOSE1980 = Lapide, Pinchas/Luz, Ulrich: Der Jude Jesus. Thesen eines Juden. Antworten eines Christen, Zürich, Einsiedeln-Köln ²1980.
LCHR 2001 = Land Center for Human Rights (Hg.), The Effects of the Land Law no. 96/1992 on the Education Conditions in Rural Egypt, Kairo 11.3.2001.
LEHNERT/LANDROCK 1993 = Lehnert & Landrock (Hg.): The escape to Egypt according to Coptic tradition, Barcelona 1993.
LEHNHARDT/OSTEN-SACKEN 1987 = Lehnhardt, Pierre/Osten-Sacken, Peter von der: Rabbi Akiva, Berlin 1987.
LEIRVIK 1999 = Leirvik, Oddbjørn: Images of Jesus Christ in Islam, Uppsala 1999 (= Studia Missionalia Upsaliensia 76).
LEUZE 1994 = Leuze, Reinhard: Christentum und Islam, Tübingen 1994.
LEWIS 1983 = Lewis, Bernhard: Die Welt der Ungläubigen. Wie der Islam Europa entdeckte, Frankfurt u.a. 1983.
LEWIS 1987 = Lewis, Bernhard: Die Juden in der islamischen Welt, München 1987.
LILIENFELD, Fairy von: Art. "Mönchtum II. Christlich" in: TRE 23, 150-193.
LÖFFLER 2001 = Löffler, Paul: Zur Lage palästinensischer Christen heute in: TAMCKE 2001 Repression, 53-63.
LOHSE 1969 = Lohse, Bernhard: Askese und Mönchtum in der Antike und in der alten Kirche, München 1969 (= COLPE, C./DÖRRIE, H. (Hg.): Religion und Kultur der alten Mittelmeerwelt in Parallelforschungen Bd 1).
LOHSE 1984 = Lohse, Eduard: Grundriß der neutestamentlichen Theologie, Stuttgart u.a. 1984³.
LUPPRIAN, Karl-E.: Art. „Sklaven“ in: LIW Bd. 3, 110-112.
LUXENBERG 2000 = Luxenberg, Christoph: Die syro-aramäische Lesart des Koran. Ein Beitrag zur Entschlüsselung der Koransprache, Berlin 2000.
MAALOUF 2003 = Maalouf, Amin: Der Heilige Krieg der Barbaren. Die Kreuzzüge aus der Sicht der Araber, München 2003.
MACCOULL, Leslie S. B.: Art. "Law, Coptic" in CEnc 5, 1428-1432.
MADEY 1981 = Madey, Johannes: Die kumenischen Beziehungen zwischen der katholischen und der koptisch-orthodoxen Kirche seit 1973, in: Cath (M) 35 (1981), 141–153.
MAEGERS 1992 = Maegers, Annemarie: Hypatia, die Dreigestaltige, Hamburg 1992.
MAEGERS 1995 = Maegers, Annemarie: Hypatia II, Hamburg 1995.
MAIER 1995 = Maier, Franz Georg: Byzanz, Frankfurt 1995 (Unveränderter Nachdruck von 1973).

MANOR 7.10.2003 Email= Manor, Yohanan: Email an den Verf. vom 7.10.2003.
MARCHON 1994 = Marchon, Benoit: Gibt's bei euch auch Weihnachten? Die Weltreligionen für Kinder erklärt, Stuttgart 1994.
MARIENFELD 1976 = Marienfeld, Wolfgang: Schulbuchanalyse und Schulbuchrevision: Zur Methodenproblematik in: IJGG 17 (1976), 48f.
MASRI 1978 = Masri, Iris Habib el-: The Story of the Copts, Cairo 1978.
MASRI 1985 Bd. 6a= Masri, Iris Habib Al-: Geschichte der Koptischen Kirche, d. h. die Geschichte der Ägyptischen Orthodoxen Kirche, die der Evangelist St. Markus gründete, Bd. 6a (1828–1946), Kairo 1985.
MASRI 1985 Bd. 6b = Masri, Iris Habib Al-: Geschichte der Koptischen Kirche, d. h. die Geschichte der Ägyptischen Orthodoxen Kirche, die der Evangelist St. Markus gründete, Bd. 6b (1928–1952), Kairo 1985.
MASRI 1988 Bd. 7 = Masri, Iris Habib Al-: Geschichte der Koptischen Kirche, d. h. die Geschichte der Ägyptischen Orthodoxen Kirche, die der Evangelist St. Markus gründete, Bd. 7 ("Die Blütezeit" 1956–1971), Kairo 1988.
MASRI 1988 Bd. 8 = Masri, Iris Habib Al-: Geschichte der Koptischen Kirche, d. h. die Geschichte der Ägyptischen Orthodoxen Kirche, die der Evangelist St. Markus gründete, Bd. 8 ("Das Wunder unserer Gegenwart"), Kairo 1988.
MATUZ, Josef: Art. "Pascha", in: LIW 3, 35.
MAYER 2000 = Mayer, Hans Eberhard: Geschichte der Kreuzzüge, Stuttgart-Berlin-Köln 2000[9].
MEHLINGER 1985 = Mehlinger, Howard D.: International textbook revision: Examples from the United States in: ISF 7 (1985), 287.
MEINARDUS 1960 Jerusalem = Meinardus, Otto: The Copts in Jerusalem, Cairo 1960.
MEINARDUS 1970 Faith and Life = Meinardus, Otto: Christian Egypt. Faith and Life, Kairo 1970.
MEINARDUS 1977 Ancient and Modern = Meinardus, O. F. A.: Christian Egypt. Ancient and Modern, Kairo 21977 (Erstaufl.: 1965).
MEINARDUS 1987 Pharaonismen = Meinardus, Otto F. A.: Pharaonismen in der Neo-Koptischen Kunst, in: GöMisz 98 (1987), 61–66.
MEINARDUS 1988 Heilige Familie = Meinardus, Otto: Die Heilige Familie in Ägypten, Kairo 1988.
MEINARDUS 1988 Heilige Woche = Meinardus, Otto: Die Heilige Woche in Jerusalem, Würzburg 1988.
MEINARDUS 1998 Weißes Kloster = Meinardus, Otto: Zur Anerkennung des 15. koptischen Klosters: Schenute und das Weiße Kloster in: Kemet 3/1998,
MEINARDUS 1999 Dreigestirn = Meinardus, Otto F. A.: Das ägyptische jungfräuliche Dreigstirn: Damiana, Katharina, Hypatia in: Kemet 2/1999, 1-7.
MEINARDUS 2000 Erbe = Meinardus, Otto F. A.: Die Kopten als Träger des altägyptischen Erbes, in: Kemet 2/2000.
MEINARDUS 2000 Georg = Meinardus, Otto F. A.: Ein koptischer Kulturtransfer: Die Kettenheilungen des hl. Georg in: Kemet 4/2000, 1-4.
MEINARDUS 2000 Mameluckenzeit = Meinardus, Otto F. A.: Die wiederentdeckten Heiligen der Mameluckenzeit in: Kemet 1/2000, 1-6.
MEINARDUS 2001 Drachentöter = Meinardus, Otto F. A.: Die koptischen Drachentöter als Lebensretter in: Kemet 4/2001.
MERTEN 1997 = Merten, Kai: Die syrisch-orthodoxen Christen in der Türkei und in Deutschland, Hamburg 1997.
MEYER/URBAN/VISCHER 1983 = Meyer, H./Urban, H. J./Vischer (Hg.): Dokumente wachsender Übereinstimmung. Sämtliche Berichte und Konsenstexte interkonfessioneller Gespräche auf Weltebene, Bd. 1 (1931–1982), Paderborn-Frankfurt 1983.
MEYER/URBAN/VISCHER 1990 = Meyer, H./Urban, H. J./Vischer (Hg.): Dokumente wachsender Übereinstimmung. Sämtliche Berichte und Konsenstexte interkonfessioneller Gespräche auf Weltebene, Bd. 2 (1982–1990), Paderborn-Frankfurt 1990.
MIRBT = Mirbt, C.: Quellen zur Geschichte des Papsttums und des römischen Katholizismus, 1924[4].
MONOT, G: Art. "al-Shahrastâni" in: EI[2] IX, 214-216.

MORONY, M.: Art. "Madjûs" in: EI² V, 1110-1116.
MUḤAMMAD 1990 = Muḥammad, Anwar: As-Sâdât wal-Bâbâ. Asrâr aṣ-ṣidâm bain an-niẓâm wal-kanîsa (= Sadat und der Papst. Die Hintergründe der Kollision zwischen dem Regime und der Kirche), Kairo 1990.
MÜLLER 1956 = Müller, C. D. G.: Benjamin I, 38. Patriarch von Alexandrien, in: Le Muséon 69 (1956), 313-340.
MÜLLER 1959 = Müller, C. D. G.: Neues über Benjamin I., 38. und Agathon, 39. Patriarch von Alexandrien, in: Le Muséon 72 (1959), 323-347.
MÜLLER 1969 Benjamin = Müller, C. D. G.: Der Stand der Forschungen über Benjamin I, den 38. Patriarchen von Alexandrien, in: ZDMG, Supplement I, 2 (1969), 404-410.
MÜLLER 1969 Grundzüge = Müller, C. D. G.: Grundzüge des christlich-islamischen Ägypten von der Ptolemäerzeit bis zur Gegenwart (= Grundzüge Bd. 11), Darmstadt 1969.
MÜLLER 1981 = Müller, C. D. G.: Geschichte der orientalischen Nationalkirchen, Göttingen 1981.
MÜLLER, C. D. G.: Art. „Benjamin I", in: CEnc 2, 376.
MÜLLER 1994 = MÜLLER, Klaus: Tora für die Völker. Die noachidischen Gebote und Ansätze zu ihrer Rezeption im Christentum, Berlin 1994 (= Studien zu Kirche und Israel 15).
MURQOS 1984 = Murqos, Samir: Die Geschichte des Sonntagsschuldienstes und seiner pädagogischen Auswirkungen im Zeitraum von 1900–1950 n. Chr., in: SSM 37 (1984), Nr. 9/10, 72–85.
NASÎM 1983 = Nasîm, Sulaimân: Al-aqbat wat-taʿlîm fî miṣr al-ḥadîṯa (= Die Kopten und die Bildung im Ägypten der Neuzeit, Kairo o. J. [1983].
NCERD 2001 = National Center for Educational Research and Development (Hg.): Education Development. National Report of Arab Republic of Egypt from 1990 to 2000, Cairo 2001.
NEDKOFF 1942 = Nedkoff, B. Chr.: Die Gizya (Kopfsteuer) im Osmanischen Reich, Leipzig 1942.
NEPP 1976 = Nepp, Maria H.: Theologengespräche in Wien, in: COst 31 (1976), 150–153.
NESSIM, Soliman: Art. "Education, Coptic" in: CEnc 3, 931–933.
NEUHAUS/STERZING 1991 = NEUHAUS, Dietrich/STERZING, Christian (Hg.): Die PLO und der Staat Palästina, Frankfurt 1991 (= Schriftenreihe des DIAK 21).
NIPKOW 1961 = Nipkow, Karl Ernst: die Weltreligionen im Religionsunterricht der Oberstufe in: Der evangelische Erzieher 13 (1961), 150-162.
NORDBRUCH 2002 = Nordbruch, Goetz: Narrating Palestinian Nationalism. A study of the New Palestinian Textbooks, Washington/DC 2002 (hg. vom Middle East Media Research Institute).
NOTH 1930 = Noth, M.: Das System der zwölf Stämme Israels in: BWANT IV, 1, 1930.
NOTH 1996 = Noth, Albrecht: Der Islam und die nichtislamischen Minderheiten in: ENDE/STEINBACH 1996, 684-695.
NOTH, M.: Art. "Phönizier" in: RGG³ 5, 360-362.
O'MAHONY 2003 = O'Mahony, Anthony: The Christian Communities of Jerusalem and the Holy Land, Cardiff 2003.
ÖNSÖZ/OTTO 2001 = Önsöz, Eren/Otto, Kim: Feindbild Islam. Rassismus in deutschen Schulbüchern, Manuskript Nr. 482 der WDR-Sendung MONITOR vom 18.10.2001.
OSMAN 1977 = Osman, Fathi: Jesus in Jewish-christian-Muslim Dialogue in: JES 14 (1977), 448-454.
OTTO 1980 = Otto, Eckart: Jerusalem – Die Geschichte der heiligen Stadt, Stuttgart u. a. 1980.
PACHA 1889 = Pacha, Yacoub Artin: L'Instruction Publique en Egypte, Paris 1889.
PAYER 1985 = Payer, Alija: Shenoude III., Papst und koptischer Patriarch von Alexandrien und ganz Afrika, in: COst 40 (1985), 162–171.
PCDC 1997 = *Markaz taṭwîr al-manâhiğ al-filasṭîniya*/Palestinian Curriculum Development Center (Hg.): *Al-Minhağ al-filasṭînî al-awwal lit-taʿlîm al-ʿâm*/A Comprehensive Plan for the Development of the first Palestinian Curriculum for General Education, Ramallah 1997.
PCDC 1998 = Palestinian Curriculum Development Center (Hg.): First Palestinian Curriculum Plan, Ramallah 1998.
PEDERSEN 1994 = Pedersen, Kirsten Stoffregen: Die äthiopische Kirche in Jerusalem, Trier 1994.
PENNINGTON 1982 = Pennington, J. D.: The Copts in Modern Egypt, in: MES, Bd. 18 (1982), Heft 2, 150–179.

PESEK 2004 = Pesek, Michael: Allah strafe England! Wie die Deutschen im ersten Weltkrieg den Dschihad entdeckten und Afrikas Muslime zum Heiligen Krieg gegen die feindlichen Aliierten aufstachelten in: DIE ZEIT Nr. 9, 19.2.2004, 84

PETERSEN 1995 = Petersen, Udo: Bildungsreform und Geographieunterricht in Ägypten in: ISF 17 (1995), 309-313.

PETRY, Carl F.: Art. "Copts in late medieval Egypt" in: CEnc 2, 618-635.

PETTIT 1988 = Pettit, C. D. B.: The Coptic Christians National Ideology and Minority Status in Egypt, in: COPTS 15 (1988), Nr. 1/2, 3–10.

PINGEL 1999 = Pingel, Falk: UNESCO Guidebook on textbook research and textbook revision, Hannover 1999 (= SIS 103).

PINGEL 2004 = Pingel, Falk: No Highway on the Road-Map to Peace in: ISF 25 (2003), 343-369.

PIRENNE/GABRIELI 1993 = Pirenne, Henri/Gabrieli, Francesco u.a.: Mohammed und Karl der Große: Die Geburt des Abendlandes (Sonderausgabe), Stuttgart-Zürich 2003[2].

PODEH 2003 = Podeh, Elie: Recognition without legitimization. Israel and the Arab-Israeli conflict in Egyptian history textbooks in: ISF 25 (2003), 371-398.

POUZET, L.: Art. "Sheykhû, Luwîs" in: EI[2] IX, 405.

PRADER 1991 = Prader, Josef: Das Personalstatusrecht der christlichen Religionsgemeinschaften in den Ländern des Vorderen Orients, in: Kanon. Kirche und Staat im christlichen Osten X, Wien 1991, 195–221.

PRIME 2003 = Peace Research Institute of the Middle East (Hg.): Learning each other's historical narrative, Bethlehem 2003.

PRIME 2002 = Peace Research Institute of the Middle East (Hg.): Taʿallum ar-ruwâya at-târiḫiya lil-âḫir (Die Geschichtsauffassung des Anderen kennenlernen), Beit Jala 2002

PRIOR/TAYLOR 1994 = Prior, Michael/Taylor, William (Hg.): Christians in the Holy Land, London 1994.

RADWAN 1951 = Radwan, Abou El-Futouh Ahmad: Old and New Forces in Egyptian Education, New York 1951.

RAHEB 1990 = Raheb, Mitri: Das reformatorische Erbe unter den Palästinensern, Gütersloh 1990 (= Die Lutherische Kirche. Geschichte und Gestalten Bd. 11).

RAHEB 1994 = Raheb, Mitri: Ich bin Christ und Palästinenser, Gütersloh 1994.

RAHEB 1995 = Raheb, Viola: Bildung ist ein Weg zur Veränderung. Der Einfluß der Politik auf das Bildungswesen in Palästina in: BECHMANN/RAHEB 1995, 216-227.

RAHEB 1998 = Raheb, Viola: Friedenserziehung nach der Intifada – Visionen und Versuche in Palästina in: LÄHNEMANN 1998 VI. Forum, 351-359.

RAHEB/STRICKERT 1998 = Raheb, Mitri/Strickert, F.: Bethlehem 2000, Heidelberg 1998.

REISS 1992 Perspektiven 1 = Reiss, Wolfram: Perspektiven für das Gespräch zwischen der Koptisch-Orthodoxen und der Evangelischen Kirche in Deutschland [Teil 1], in: ST. MARKUS 17 (1992), Nr. 2, 30–32.

REISS 1993 Perspektiven 2 = Reiss, Wolfram: Perspektiven für das Gespräch zwischen der Koptisch-Orthodoxen und der Evangelischen Kirche in Deutschland (2. Teil), in: ST. MARKUS 18 (1993), Nr. 1, 19-22.

REISS 1994 Gespräche = Reiss, Wolfram: Gespräche der Koptisch-Orthodoxen Kirche mit anglikanischen, lutherischen und reformierten Kirchen, in: GERHARDS/BRAKMANN, Einführung, 154–167, 182–195, 235–240.

REISS 1995 Episkopat = Reiss, Wolfram: Neue Formen des Episkopats in der Koptisch-Orthodoxen Kirche, in: "Horizonte der Christenheit", Festschrift für Friedrich Heyer zu seinem 85. Geburtstag, hg. von Kohlbacher, M./Lesinski, M. (= Oikonomia Bd. 34), Erlangen 1995, 550–560.

REISS 1998 Erneuerung = Reiss, Wolfram: Erneuerung in der Koptisch-Orthodoxen Kirche, Hamburg 1998 (= Studien zur Orientalischen Kirchengeschichte Bd. 5 = Dissertation Heidelberg 1996)

REISS 1998 Lehre Cyrills = Reiss, Wolfram: Die Lehre Cyrills als Maßstab. Gemeinsame Erklärung der orientalisch-orthodoxen Patriarchen, in: KNA/ÖKI Nr. 17 (21. 04. 1998), 22-24.

REISS 2001 Antisemitismen = Reiss, Wolfram: Zur Debatte um Antisemitismen in palästinensischen Schulbüchern, in: KNA-ÖKI Nr. 46, 13. November 2001, 10-19; gekürzte Form der Darstellung nochmals in: Palästina-Journal Nr. 47/48 (2001), 31-34.

REISS 2001 Verständnis der Kulturen = Reiss, Wolfram: Zum besseren Verständnis der Kulturen und Religionen erziehen. Revision der Darstellung des Islams und des Christentums in der Schule dringend notwendig, in: KNA/ÖKI Nr. 43, 23. 10. 2001, 6-12.

REISS 2001 Wende = Reiss, Wolfram: Die Koptisch-Orthodoxe Kirche an der Wende zum 21. Jahrhundert: Von einer Nationalkirche zu einer internationalen christlichen Konfession in: Tamcke, Martin: Orientalische Christen zwischen Repression und Migration. Beiträge zur jüngeren Geschichte und Gegenwartslage, Hamburg 2001, 201-210.

REISS 2002 Anglican Church = Reiss, Wolfram: Why did the Azhar and the Anglican Church decide to correct the religious curricula? in: RNSAW 43/20002, 25-31.10.2002. [Übersetzung eines Artikels von Iqbal El-Seba'i aus der arabischen Wochenzeitschrift Rose al-Youssef, 28.9-4.10.2002, 27-28].

REISS 2002 Bericht = Reiss, Wolfram: Bericht über Fachgespräche in Ägypten zur Information über Ergebnisse des Forschungsprojektes, Kairo 4.-12.10.2002 [unveröffentlichtes Typoskript, 46 Seiten]

REISS 2002 Bündnis = Reiss, Wolfram: Problematisches Bündnis. Christlich-muslimische Versöhnung gegen Israel in: KNA Nr. 29/30 (16.7.2002), 14-19.

REISS 2002 Christentum = Reiss, Wolfram: Das Christentum in Schulbüchern islamisch geprägter Länder in: Martin Tamcke: Daheim und in der Fremde. Beiträge zur jüngeren Geschichte und Gegenwartslage der orientalischen Christen (= Studien zur Orientalischen Kirchengeschichte 21), LIT-Verlag, Hamburg 2002, 57-65.

REISS 2002 Debate = Reiss, Wolfram: Debate on the Representation of Christianity and Judaism in Egyptian textbooks in: RNSAW 43, 25.-31.10. 2002

REISS 2002 Image of Jews = Reiss, Wolfram: The Image of Jews in Egyptian Textbooks, Vortrag bei dem Seminar „The Debate on Palestinian and Israeli Textbooks", Georg-Eckert-Institute for International Textbook Research, Braunschweig, 8.-10.12. 2002.

REISS 2002 Revision = Reiss, Wolfram: Christentum und Islam im Schulunterricht - Eine Revision der Schulbücher ist angesagt in: Siedler, Dirk Chr. / Nollmann, Holger (Hg.), „Wahrhaftig sein in der Liebe!" - Christliche und islamische Perspektiven zum interreligiösen Dialog, Berlin 2002, 127-135.

REISS 2002 Rose el-Youssef = Reiss, Wolfram: Comment on Rose el-Youssef's article on religious curricula in: Religious News Service from the Arab World 43/2002, 25.-31.10.2002.

REISS 2002 Weniger Hass = Reiss, Wolfram: Weniger Hass und Vorurteile. Leserbrief zum Artikel "Arafat bombt, Europa zahlt" IN: DIE ZEIT, 20.6.2002, 18.

REISS 2003 Christian Communities = Reiss, Wolfram: Christian Communities in Jerusalem Today [Vortrag an der Boston University, Dept. of Religion vom 11.11.2003].

REISS 2003 Conclusions = Reiss, Wolfram: The portrayal of Christianity in Egyptian textbooks. Conclusions of investigations and proposals for improvement. In: Arab-West Report, Week 15 (10.-16. April 2003), 40-55

REISS 2003 Europa = Reiss, Wolfram: Europa - Der Erzfeind der islamisch-arabischen Kultur? Die Darstellung des Christentums in ägyptischen Schulbüchern in: TAMCKE, Martin (Hg.): Koexistenz und Konfrontation, Hamburg: LIT 2003, 35-49.

REISS 2003 Juden = Reiss, Wolfram: Die Juden im islamischen Religionsunterricht. Ein Vergleich ägyptischer, jordanischer und palästinensischer Schulbücher, Teil I in: KNA-ÖKI Nr. 49, 9.12. 2003, 8-15; Teil II in: KNA-ÖKI Nr. 50, 16. 12. 2003, 16-19, Teil III in: KNA-ÖKI Nr. 51/52, 23. 12. 2003, 14-19.

REISS 2003 Portrayal of Christianity = Reiss, Wolfram: The Portrayal of Christianity in Egyptian textbooks [Vortrag auf der Konferenz "Constructs of Inclusion and Exclusion. Religion and Identity Formation in Middle Eastern School Curricula, Watson Institute for International Studies, Brown University Princton, 14-15 November 2003; dieser und alle anderen Vorträge dieser Konferenz werden von Eleanor A. Doumato 2004 veröffentlicht unter dem Titel "Religion, Identity and Nation in Middle Eastern Textbooks].

REISS 2003 Response to Al-'Awa = Reiss, Wolfram: Islamic Religious Education in Egyptian Primary Schools. A response to Dr. Muhammed Selim al-'Awa's article „Teaching Islam“ in: Al-Usbua, December Nr. 15, 2003, 4, in: AWR 51, 2003, 16.-23.12. 2003.

REISS 2003 Schlussbewertung = Reiss, Wolfram: Schlussbewertung zu den palästinensischen Schulbüchern des Faches ‚Staatsbürgerkunde‘ in: Palästina-Journal 52/März 2003, 32.

REISS 2003 Symposium = Reiss, Wolfram: Bericht über den Forschungsbereich Ägypten bei dem Symposium Interreligiöse Schulbuchforschung. Schwerpunkt: Die Darstellung des Christentums in Schulbüchern islamisch geprägter Länder, Nürnberg 27.9.2003 (im Anschluss an das VIII. Nürnberger Forum 21.9.-26.9.2003) [2seitiges Typoskript].

REISS 2003 Weltbank = Reiss, Wolfram: Ethnic, Religious and Gender-Specific Issues in Palestinian Textbooks. An Analysis of School Textbooks of the Palestinian Authority in the Areas of Vocational Training, Science, and Mathematics, ed. by Georg-Eckert-Institute for International Textbook Research (ed.): Oct. 2003 Braunschweig, [Emergency Project der Weltbank (ESSP) zur Entscheidung darüber, ob die Produktion palästinensischer Schulbücher unterstützt werden kann].

REISS 2004 Habil = Reiss, Wolfram: Die Darstellung des Christentums in ägyptischen Schulbüchern [Habiliationsschrift zur Erlangung der Lehrbefugnis für das Fach Religionsgeschichte an der Theologischen Fakultät der Universität Rostock, Juli 2004; unveröffentlichtes Manuskript, XXXVI + 367 Seiten]

REISS 2004 Habil C = Reiss, Wolfram: Schwierigkeiten und Chancen des Gesprächs über die Darstellung des Christentums in ägyptischen Schulbüchern [Teil C der Habilitationsschrift von Reiss (REISS 2004 Habil, 270-340); Teil C wird von Teil A und B getrennt veröffentlicht in: Beiheft zur Zeitschrift für Mission 2005].

REISS 2004 Islamic Education = Reiss, Wolfram: Reviews on Palestinian Textbooks. Palestinian textbooks on the subject of Islamic Education: http://www.gei.de/english/projekte/israel.shtml), 12.5.2004.

REISS 2004 Menschenrechte = Reiss, Wolfram: Art. "Menschenrechte, Islamisch" in: Klöckner, Michael/Tworuschka, Udo: Handbuch Orientierung. Ethik der Religionen, Darmstadt, 2004.

REISS 2004 Obedience = Reiss, Wolfram: Islam – a religion of obedience and understanding? [Response to Dr. Salim al-Awa's article „Teaching Islam (4)“] in: al-Usbua, 29.12.2003, 4 (= Arab West Report 52, 23.-31.12. 2003) in: Arab West Report Nr. 1, 1.-7.1. 2004.

REISS 2004 Staatsreligion = Reiss, Wolfram: Islam als Staatsreligion? Positionen zur Religionsfreiheit in Palästina (Vortrag an der Universität Frankfurt, 11.11.2004, Typoscript 20 Seiten; zur Veröffentlichung vorgesehen in: Palästina-Journal 3/2005).

REISS 2004 Visions = Visions of Society and Peace Education in Palestinian Textbooks [überarbeiteter Vortrag an der Boston University, 10 November 2003] in: Ministry of Education and Higher Education (ed.): Palestinian School Textbooks. A Collection of Reports and Articles, Ramallah 2004, 21-40.

REISS 2005 = Reiss, Wolfram: Religiöse Toleranz und die Erziehung zu Demokratie und Gleichberechtigung in palästinensischen Schulbüchern in: POLIS 1/2005, 17-19.

REISS, W.: Art. "Kyrill IV." in RGG[4], Bd. I-K, 1920f.

REISS, W.: Art. "Kyrill V." in RGG[4], Bd. I-K, 1921.

REISS, W.: Art. "Sonntagsschule III" in RGG[4], Bd. S, 744f.

RENDTORFF 1989 = Rendtorff, Rolf: Hat den Gott sein Volk verstoßen? Die evangelische Kirche und das Judentum seit 1945. Ein Kommentar, München 1989.

RIDGEON 2001 = Ridgeon, Lloyd (ed.): Islamic Interpretations of Christianity, Richmond 2001.

RIGBY 1995 = Rigby, Andrew: Palestinian Education: The Future Challenge, Jerusalem 1995.

ROBINSON 2001 = Robinson, Neal: Sayyid Qutb's Attitude Towards Christianity, in: RIDGEON 2001, 159-178.

RÖHLING 2000 = Röhling, Markus: Die christlichen Kirchen des Heiligen Landes und ihre Rolle in Israel und Palästina, Jerusalem 2000.

RONECKER 1998 = Ronecker, Karl-Heinz (Hg.): Dem Erlöser der Welt zur Ehre. FS zum 100jährigen Jubiläum der Einweihung der evangelischen Erlöserkirche in Jerusalem, Leipzig 1998.

ROTH 1987 = Roth, E.: Rez. zu FALATURI 1986 Bd. 2 in: Erziehung und Unterricht 137 (1987), 504.

RUNCIMAN 1968 = Runciman, Steven: A History of the Crusades, Vol. I-III (1951-1954), Cambridge 1968 (Sonderausgabe in einem Band).
RUNCIMAN 1968 = Runciman, Steven: Geschichte der Kreuzzüge (3 in einem Band), München 1968.
RUSSEL 1987 = Russel, Josiah Cox: „The Population of Medieval Egypt", New York 1987.
RUTSCHOWSCAYA, Maire-Hélène/WIPSZYCKA, Ewa/BOURGUET, Pierre du/: Art. „Textiles, Coptic" in: CEnc 7, 2210-2230.
SABAH 1999 = Sabah, Michel: Christians in the Holy Land, Vortrag in Washington, 15.9.1999 (5seitiges Typoskript).
SABBAH 2001 = Sabâḥ, Michel: Christianity and Jerusalem. Present and Future Perspectives. Speech delivered at the Conference of England and Wales about "Christianity in the Holy Land", London 23.1.2001.
SADAT 1990 = Sadat, Jehan: Ich bin eine Frau aus Ägypten. Eine Autobiographie einer außergewöhnlichen Frau unserer Zeit, Bern-München-Wien 1990[7].
SAMEH 1998 = Sameh, Fawzi: The Grievances of the Copts, Kairo 1998.
SAMUEL 1973 = Samuel, Bischof Anba: Der Beitrag der koptischen Kirche zum universalen Christentum in: Verghese, Paul (Hg.): Koptisches Christentum. Die orthodoxen Kirchen Ägyptens und Äthiopiens (= Die Kirchen der Welt, Bd. 12), Stuttgart 1973, 28-39
SCHÄFER 1998/99 = Schäfer, Christian: Development of textbook research in: World Conference on Religion and Peace (WCRP). Peace Education Standing Commission (Hg.): Report on Commission Development and Outcomes 1998/99, 12-14.
SCHÄFER 2000 = Schäfer, Christian: Arbeitsbericht des DFG-Projekts "Die Darstellung des Christentums in Schulbüchern islamisch geprägter Länder" im Bereich Ägypten über den Zeitraum von Oktober 1999 bis Juli 2000, o.O. Juli 2000 (unveröffentlichtes Typoskript, 86 Seiten].
SCHALLENBERGER 1976 = Schallenberger, Ernst Horst (Hg.): Studien zur Methodenproblematik wissenschaftlicher Schulbucharbeit, Kastellaun 1976.
SCHENUDA 1986 = Al-Bâbâ Šinûda: Intilâq ar-rûḥ, Al-Qâhira [6]1986; *Übers. ins Englische* von Wedad Abbas mit Illustrationen von Sr. Susan: The Release of the Spirit, Cairo 1990.; *Übers. ins Deutsche* von Gewied Ghaly Tawadros und Marianne Hermann, hg. v. Koptisch-Orthodoxen Patriarchat: Die Befreiung der Seele, Kairo 1993.
SCHIENERL 1985 = Schienerl, P.: Koptische und Muslimische Grundschulausbildung in früheren Zeiten, in: PAPYRUS 1985, Heft 5/6, 46f.
SCHIFFERS /GÜLER 1998 = Schiffers, Brigitte/Güler, Cevriye: Zeig mir, wie du bestest! Christliche und islamische Bräuche – Kindern erklärt. Bausteine für Kindergarten und Grundschule, Aachen 1998.
SCHILLER 1932 = Schiller, Arthur: Koptisches Recht. Eine Studie aufgrund der Quellen und Abhandlungen, in: Kritische Vierteljahresschrift für Gesetzgebung und Rechtswissenschaft 25 (1932), 250-296.
SCHILLER 1934 = Schiller, Arthur: Koptisches Recht. Eine Studie aufgrund der Quellen und Abhandlungen (Fortsetzung), in: Kritische Vierteljahresschrift für Gesetzgebung und Rechtswissenschaft 27 (1934), 18-46.
SCHIMMEL 1975 = Schimmel, A.: Mystical Dimensions of Islam, Chapel Hill 1975.
SCHIMMEL 1995 = Schimmel, Annemarie: Meine Seele ist eine Frau. Das Weibliche im Islam, München 1995.
SCHMIDT 1969 = Schmidt, Günter Rudolf: Die theologische Propädeutik auf der gymnasialen Oberstufe, Heidelberg 1969.
SCHMIDT 1993 = Schmidt, Günter Rudolf: Religionspädagogik, Göttingen 1993.
SCHNELLER 1911 = Schneller, Ludwig: Wünschet Jerusalem Glück! FS zum 50-jährigen Jubiläum des Syrischen Waisenhauses in Jerusalem, Münster 1911.
SCHNELLER 1960 = Schneller, Hermann: Mein Herz freut sich, daß du so gerne hilfst. 100 Jahre Syrisches Waisenhaus in Jerusalem, St. Georgen 1960.
SCHÖLCH /MEJCHER 1992 = Schölch, Alexander/Mejcher, Helmut (Hg.): Die Ägyptische Gesellschaft im 20. Jahrhundert, Hamburg 1992 (= Schriftenreihe des Deutschen Orient-Instituts/Hamburg und der Arbeitsstelle Politik des Vorderen Orients an der Freien Universität Berlin, hg. v. Friedemann Büttner und Udo Steinbach).

SCHÖNBORN 1972 = Schönborn, Christoph von: Sophrone de Jerusalem, Paris 1972.
SCHOON 1986 = Schoon, Simon: Christliche Präsenz im jüdischen Staat, Berlin 1986.
SCHULTZE 1994 = Schultze, Herbert (ed.): Islam in Schools of Western Europe, Köln-Weimar-Wien 1994 (= Kölner Veröffentlichungen zur Religionsgeschichte Bd. 24).
SCHWAIGERT 2002 = Schwaigert, Wolfgang: Zur Situation der Christen in der Türkei in: TAMCKE 2002, 11-23.
SCHWANITZ 2004 = Schwanitz, Wolfgang G.: Dschihad, "made in Germany" in: Junge Welt, 30.3.2004.
SCHWIKART 1997 Julia = Schwikart, Georg: Julia und Ibrahim: Christen und Muslime lernen einander kennen, Düsseldorf 1997³.
SCHWIKART 1997 Namen = Schwikart, Georg: Gott hat viele Namen. Kinder aus aller Welt erzählen von ihrem Glauben, Düsseldorf 1997².
SHAHED 2003 = Shahed, El-Sayed El-: Interreligiöse Schulbuchforschung. Schwerpunkt: Die Darstellung des Christentums in Schulbüchern islamisch geprägter Länder, Nürnberg 27.9.2003 (im Anschluss an das VIII. Nürnberger Forum 21.9.-26.9.2003) [7seitiges Typoskript].
SHAHED Nichtmuslime = Shahed, El-Sayed El-: Nichtmuslime in der islamischen GEsellschaft. Eine theologische Betrachtung aus islamischer und christlicher Sicht (7seitiges Typoskript eines Vortrages, der gemäß Dr. Tharwat Kades an der Universität Frankfurt gehalten wurde), o. O. o. J.
SHAMA 2000 = Shama, Muhammad: Zu Fragen der Frau im Islâm, Kairo 2000.
SHAROUBIM 1989 = Sharoubim, G. R.: The Hamayouni Writ and the Azabi Writ: Reflections on the National Unity, in: Copts 16 (1989), Nr. 3/4, 2f.
SIDHOM-PETERSON 2003 = Sidhom-Peterson, Samiha: The Portrayal of Christianity in Egyptian Textbooks. Response on behalf of Egypt [Reaktion auf die Forschungsergebnisse bei dem Symposium Interreligiöse Schulbuchforschung. Schwerpunkt: Die Darstellung des Christentums in Schulbüchern islamisch geprägter Länder, Nürnberg 27.9.2003 (im Anschluss an das VIII. Nürnberger Forum 21.9.-26.9.2003) [5seitiges Typoskript].
SLOMP 2003 = Slomp, Jan: Eine kritische Würdigung der Leitlienien "Christlicher Glaube und nichtchristliche Religionen" aus der Sicht des christlich-muslimischen Dialogs, Bochum 2003 (11seitiges Typoskript) [= Vortrag auf dem Studientag der Synodalbeauftragten für christlich-islamische begegnung der rheinischen und westfälischen Landeskirchen, 3. 11.2003].
SOURDEL, D.: Art. "Bukhtîshû" in: EI 1, 298
SPERBER 19= Sperber, Jutta:
SPERBER 1999 = Sperber, Jutta: Dialog mit dem Islam, Göttingen 1999.
SPULER 1964 = Spuler, Bertold: Die morgenländischen Kirchen, in: Handbuch der Orientalistik, 1. Abt., Bd. 8, 2. Abschnitt, Leiden/Köln 1964.
SPULER 1968 = Spuler, Bertold: Die Gegenwartslage der Ostkirchen in ihrer nationalen und staatlichen Umwelt, Frankfurt ²1968.
SPULER 1977 = Spuler, Bertold: Die koptische Kirche in der Gegenwart, in: ZDMG Supplement III/1 (= XIX. Deutscher Orientalistentag 1975 in Freiburg, Bd. 1), Wiesbaden 1977, 275–280.
SPULER 1980 = Spuler, B.: Ein Witz – oder: Die koptische Kirche heute, in: ORIENT 21 (1980), 479–485 (= Khella/Farag, Bd. 2, 283–295).
STARRET 1998 = Starret, Gregory: Putting Islam to Work. Education, Politics, and Religious Transformation in Egypt, Berkeley-Los Angeles-London 1998.
STARRET 2003 = Starret, Gregory: Others Then, Brothers Now: History and Polity as Textbook Contents (Vortrag, der auf der Konferenz "Contructs of Inclusion and Exclusion: Religions and Identity Formation in Middle Eastern School Curricula" gehalten wurde, Providence 14-15 November 2003; 27seitiges Typoskript).
STEINBRECHER 2001 = Steinbrecher, Günter: Kopien der Titelseiten aller arabischer Schulbücher, die im Schuljahr 2001/02 an der Deutschen Evangelischen Oberschule in Gebrauch waren.
STIRNEMANN/WILFINGER 1997 = Stirnemann, Alfred/Wilflinger, Gerhard (Hg.): Der Wiener Altorientalendialog. Fünf Pro Oriente Konsultationen mit den Altorientalischen Kirchen. Bd. 1: Kommuniqués und gemeinsame Dokumente Wien 1997, Bd. 2: Zusammenfassungen der Vorträge, Wien 1997.

STROHMAIER, G.: Art. "Ḥunayn B. Isḥâq al-ʿIbâdî" in IE² III, 578-580.
STROTHMANN 1932 = Strothmann, Rudolf: Die koptische Kirche in der Neuzeit (= Beiträge zur Historischen Theologie, Heft 8), Tübingen 1932.
SUBANI 1999 = Ṣubânî, Ṣalâh aṣ-: The Problems of Arab Education and the Conditions of Maintenance and Progress in the Third Millenium in: Al-Ayyâm. Al-Multaqa At-Tarbawî, Nr. 10, Dezember 1999.
SUCKER/LELL/NITZSCHKE 1959 = Sucker, Wolfgang/Lell, Joachim/Nitzschke, Kurt: Die Mischehe. Handbuch für die evangelische Seelsorge, Göttingen 1959.
SUERMANN 2001 = Suermann, Harald: Zwischen Halbmond und Davidsstern. Christliche Theologie in Palästina heute, Freiburg u.a. 2001.
SUERMANN 2002 = Suermann, Harald: Koptische Texte zur arabischen Eroberung Ägyptens und der Umayyadenherrschaft in: Journal of Coptic Studies 4 (2002), 167-186.
SUERMANN, Harald: Art. "Theodor Abû Qurrah" in: TRE 33, 237-239.
SUNDERMEIER 1996 = Sundermeier, Theo: Den Fremden verstehen. Eine praktische Hermeneutik, Göttingen 1996.
TAMCKE 2001 Repression = Tamcke, Martin (Hg.): Orientalische Christen zwischen Repression und Migration. Beiträge zur jüngeren Geschichte und Gegenwartslage, Hamburg 2001 (= Studien zur Orientalischen Kirchengeschichte 13).
TAMCKE 2002 Daheim = Tamcke, Martin (Hg.): Daheim und in der Fremde. Beiträge zur jüngeren Geschichte und Gegenwartslage der orientalischen Christen, Münster-Hamburg-London 2002 (= Studien zur Orientalischen Kirchengeschichte 21).
TAMCKE 2003 Koexistenz = Tamcke, Martin (Hg.): Koexistenz und Konfrontation. Beiträge zur jüngeren Geschichte und Gegenwartslage der orientalischen Christen, Münster-Hamburg-London 2003 (= Studien zur Orientalischen Kirchengeschichte 28).
TAMCKE 2004 Blicke = Tamcke, Martin (Hg.): Blicke gen Osten. FS für Friedrich Heyer zum 95 Geburtstag, Münster 2004 (= Studien zur Orientalischen Kirchengeschichte 30).
THÖNISSEN 2003 = Thönissen, Wolfgang: Ökumene vor der Herausforderung der Religionen in: Catholica 57 (2003), 163-174.
TIBAWI 1956 = Tibawi, Abdul Latif: Arab Education in Mandatory Palestine. A Study of Three Decades of British Administration, London 1956.
TOMICHE, N.: Art. "Nahḍa" in EI² VII, 900-903.
TSIMHONI 1993 = Tshimhoni, Daphne: Christian Communities in Jerusalem and the West Bank since 1948. A Historical, Social and Political Study, London 1993.
TWORUSCHKA 1977/78 = Tworuschka, Monika: Das Bild Europas in libyschen Geschichtsbüchern in: IJGG 18 (1977/78), 170-189.
UHSADEL 1957 = Uhsadel, Walter: Das evangelische Religionsbuch in: HEUMANN, H.: Handbuch der Unterrichtshilfen, Essen 1957, 167-171.
ULLMANN 1970 = Ullmann, M.: Die Medizin im Islam, Leiden 1970.
ULLMANN, M.: Art. "Khâlid b. Yazîd b. Muʿâwiya" in: IE² IV, 929f.
UNICEF 1993 = UNICEF (ed.): Summary of a Study on Student Achievment in Jordan and in the West Bank. A Comparative Perspective, Jerusalem 1993.
UNNIK 1960 = Unnik, W. C. v.: Evangelien aus dem Nilsand, Frankfurt 1960.
VATIKIOTIS 1985 = Vatikiotis, P. J.: The History of Egypt from Muhammad Ali to Mubarak, London ⁵1985.
VEILLEUX, Armand: Art. "Pachomius, Saint" in: CEnc 6, 1859-1864.
VELKD/AK 1991 = Vereinigte Evangelisch Lutherische Kirche in Deutschland/Arnoldshainer Konferenz (Hg.): Religionen, Religiosität und christlicher Glaube. Eine Studie, Gütersloh 1991.
VERDOODT 1964 = Verdoodt, A.: Naissance et Signification de la Déclaration Universelle des Droits de l'Homme, Louvain 1964.
VERGHESE 1973 = Verghese, Paul (Hg.): Koptisches Christentum. Die orthodoxen Kirchen Ägyptens und Äthiopiens (= Die Kirchen der Welt, Bd. 12), Stuttgart 1973.
VRIES 1976 = VRIES, Wilhelm de: Die Konsultationen zwischen den Altorientalischen Kirchen und der Römisch-Katholischen Kirche in Wien 1971 – 1973 – 1976 in: COst 31 (1976), 22–26.

WAARDENBURG 1993 = Waardenburg, Jacques: Islamisch-Christliche Beziehungen. Geschichtliche Streifzüge, Altenberge 1993 (= Religionswissenschaftliche Studien 23).
WAKIN 1984 = Wakin, Edward: A Lonely Minority. The Modern Story of Egypt's Copts, New York 1963.
WATERBURY 1984 = Waterbury, John: The Egypt of Nasser and Sadat. The Political Economy of Two Regimes, Princeton/New Jersey 1984.
WATSON 1904 = Watson, Andrew: The American Mission in Egypt, Pittsburgh ²1904.
WATSON 1907 = Watson, Charles R.: Egypt and the Christian Crusade, Philadelphia 1907.
WATT 1967 = Watt, William Montgomery: The Christianity criticised in the Qur'ân in: The Muslim World 577 (1967), 197-201.
WENSINCK, A. J.: Art. "rahbâniyya" in: IE^2 VIII, 396.
WIETZKE 1993 = Wietzke, Joachim: Mission erklärt. Ökumenische Dokumente von 1972 bis 1992, Leipzig 1993.
WILLIAM 1939 = William, James: Education in Egypt before British Control, Birmingham 1939.
WINKELMANN 1979 = Winkelmann, F.: Ägypten und Byzanz vor der arabischen Eroberung in: BySl 40 (1979), 161-182.
WINKELMANN 1984 = Winkelmann, F.: Die Stellung Ägyptens im oströmisch-byzantinischen Reich in: Graeco-Coptica. Griechen und Kopten im byzantinischen Ägypten, hg. von P. Nagel, Halle 1984, 11-35.
WINKLER 1997 = Winkler, Dietmar W.: Koptische Kirche und Reichskirche. Altes Schisma und neuer Dialog, Innsbruck-Wien 1997 (= Insbrucker Theologische Studien, Bd. 48).
WINKLER 1997 Ostkirchen = Winkler, Dietmar W.: Die Ostkirchen, Graz 1997.
WURMSER 2000 = Wurmser, Meyrav: The Schools of Baathism. A Study of Syrian Schoolbooks, Washington 2000 (hg. v. Middle East Media Research Institute).
YAHUDIYA MASRIYA 1976 = Yahudiya Masriya [„Eine jüdische Ägypterin" - Pseudonym von Bat Ye'or]: The Copts in Egypt. Case Studies on Human Rights and Fundamental Freedoms. A World Survey, IV 79-93, Den Haag 1976.
YONAN 1982 = Yonan, Gabriele: Die Kopten. Die Diskriminierung der "ältesten Ägypter", in: POGROM 13 (1982), Nr. 92, 23–29.
ʿUṮMÂN 1966 = ʿUṯmân, Fatḥî: Maʿ al-masîḥ fî al-anâǧîl al-arbaʿa, Al-Qâhira 1996^2 (1961^1).
ZIRKER 1992 = Zirker, Hans: Christentum und Islam – sind sie dialogfähig? In: Una Sancta 49 (1992), Heft 3, 264-272.
ZIRKER 1999 = Zirker, Hans: Der Koran. Zugänge und Lesarten, Darmstadt 1999.
ZITELMANN 1989 = Zitelmann, Arnulf: Hypatia, Basel 1989.

Internetseiten

EMOE = Egyptian Ministery of Education: Achievements at the different education stages in: http://www.emoe.org/ministry/ch11.htm (18.3.02, 6 Seiten).
EMOE = Egyptian Ministery of Education): Egypt's educational reform strategy in: http://www.emoe.org/ministry/ch2.htm (18.3.02, 3 Seiten).
EMOE = Egyptian Ministery of Education): National and international challenges in: http://www.emoe.org/ministry/ch1.htm (18.3.02, 3 Seiten).
EMOE = Egyptian Ministery of Education): Reforming Curricula and school textbooks in: http://www.emoe.org/ministry/ch7.htm (18.3.02, 6 Seiten).
ʿAMÂR, Ḥâmid: Illâ at-taʿlîm Amrika! ("Alles, außer der Bildung Amerika!") in: AL-USBUʿ Nr. 302, 16.12.2002, 12. (= www.elosboa.co.uk/elosboa/issues/302/0903.asp), 5.3.2003.
ʿAMÂR, Ḥâmid: Illâ at-taʿlîm Amrika! ("Alles, außer der Bildung Amerika!") in: Al-Usbuʿ, Nr. 303 (23.12.2002). 19 = www.elosboa.co.uk/elosboa/issues/303/1000.asp, 5.3.2003.
UNESCO (Hg.): Statistical overview. Basic data. Egypt 2000, in: www.ibe.unesco.org/International/Databanks/Dossiers/segypt.htm.

RELIGIOSCOPE, Fribourg 2002: REISS, Wolfram: La représentation du christianisme dans les manuels scolaires en Egypte. Résultats d'une enqête et propositions pour des améliorations in: http://www.religioscope.com/dossiers/manuels/2002_01_reiss_a.htm), 15.4.2004.
REISS, Wolfram: Reviews on Palestinian Textbooks. Palestinian textbooks on the subject of Islamic Education: http://www.gei.de/english/projekte/israel.shtml, 12.5.2004.
NCERD = National Center for Educational Research and Development (Hg.): Development of Education in Arab Republic of Egypt 1994/95-1995/96, Cairo 1996 (= Vortrag auf der 45. Internationalen Konferenz für Erziehung 30.9.-5.10.1996, Genf 1996) [Typoskript 61 Seiten, 18.3.02 = www.ibe.unesco.org/International/Databanks/Dossiers/regypt.htm].
NCERD = National Center for Educational Research and Development (Hg.): Egypt National Report. Education for all 2000 Assessment (= Bericht für den Kongress „Education for all. October 1999"), [35seitiges Typoskript, 18.3.02] =
a) www2.unesco.org/wef/countryreports/egypt/contents.html (2 Seiten);
b) www2.unesco.org/wef/countryreports/egypt/rapport_1.htm (10 Seiten);
c) www2.unesco.org/wef/countryreports/egypt/rapport_1_1.htm (14 Seiten);
d) www2.unesco.org/wef/countryreports/egypt/rapport_1_2.htm (9 Seiten).
NIFCON = Network for Interfaith Concerns in the Anglican Communion (Hg.): Agreement for Dialogue between the Anglican Communion and al-Azhar al-Sharif in: http://www.anglicannifcon.org/DialoguePrint.htm, 20.4.04
GEI = Georg-Eckert-Institut für Internationale Schulbuchforschung: Textbook Projekt with Israel and Palestine = www.gei.de/english/projekte/israel.shtml, 7.5.04.
DSB Kairo = Deutsche Schule der Borromäerinnen: http://www.dasan.de/dsbkairo, 5.5.04.
DSB Alexandria = Deutsche Schule der Borromäerinnen: http://www.dasan.de/dsb_alexandria.5.5.04
DEO = Deutsche Evangelische Oberschule: http://www.gega.net/deokairo/start.html.
BROWN 2002 = Brown, Nathan: The international controversy regarding Palestinian textbooks (Vortrag im Georg-Eckert-Institut für Internationale Schulbuchforschung, 9.12.2002). (= www.geocities.com/nathanbrown1/Georg_Eckert.htm).
BAKRI 2002 Plan = Bakri, Muṣṭafâ: Der Plan Washingtons, die Bildungspläne in Ägypten und der Arabischen Welt zu ändern" in: AL-USBÛʿ Nr. 300 (2.12.2002), Leitartikel. (= www.elosboa.com/elosboa/issues/300/1000.asp, 20.1.2003). Englische Übersetzung in: AWR 2003.
BAKRI 2003 Powell = Bakri, Muṣṭafâ: Die Durchführung der Initiative von Colin Powell's. Der Plan den religiösen Diskurs der Muslime zu amerikanisieren! AL-USBÛʿ Nr. 306 (13.1.2003), 3 (= www.elosboa.com/elosboa/issues/306/1000.asp, 20.1.2003).
BAKRI 2002 Intervention = Bakri, Muṣṭafâ: Eine offensichtliche amerikanische Intervention in innere Angelegenheiten Ägyptens und der Region, AL-USBÛʿ Nr. 300 (2.12.2002), 6 (= www.elosboa.com/elosboa/issues/300/0600.asp, 20.1.2003).
WCIC = World Council of the Islamic Call: Final Committee of the 14th Symposion of the World Council of the Islamic Call in Tripolis, 22.-22.9.2003. http://taarafu.islamonline.net/English/Taarafo_Conference/2003/article22a.shtml., 8.5.04.
PCADMR 1998 = The Permanent Committee of al-Azhar for Dialogue with the Monotheistic Religions (Hg.): Agreement between "The Pontifical Council for Inter-religious Dialogue (Vatican City)" and "The Permanent Committee of al-Azhar for Dialogue with the Monotheistic Religions (Cairo)" for the creation of a joint committee for dialogue, Vatican City, May 28, 1998 / 3 Safar, 1419 in: http://www.alazharinterfaith.org/alazhar/jcommitte.htm., 14.4.04.
ADWAN, Samy/BAR-ON, Dan: Shared History Booklet Project. Project backround and description in: http://vispo.com/PRIME/internat.htm., 20.4.04.
PETROS VII., Pope and Patriarch of Alexandria and All Africa: Christianity and Islam in Dialogue (Vortrag beim zwölften Internationalen Treffen zum Thema „People and Religion" am 31st August, 1998; in:: http://www.gopatalex.org/islam.html., 7.6.2003.
NAGIB, Fayez: Exilregierung der Koptisch-Pharaonische Rebublik: www.cpr-goverment.org, 24.4.04.
TILLYRIDES, H. E. Archbishop Makarios: The Patriarchate of Alexandria down the centuries in: www.greeece.org/gopalex/pathistory.html, 7.6.2003.

Das

IX. Nürnberger Forum

ist geplant für

Dienstag, 26. – Freitag, 29. September 2006

Thema:

Visionen wahr machen

Interreligiöse und interkulturelle Bildung auf dem Prüfstand

Anfragen hierzu an:

Universität Erlangen-Nürnberg, Erziehungswissenschaftliche Fakultät
Lehrstuhl für Religionspädagogik und Didaktik des Evangelischen Religionsunterrichts
Prof. Dr. theol. Johannes Lähnemann
Regensburger Str. 160
D-90478 Nürnberg

Tel. ++49-911-5302-549(8) - ++49-911-5302-502
E-Mail: Nuernberger-Forum@ewf.uni-erlangen.de

Im EB-Verlag sind außerdem erschienen:

In der Reihe „Pädagogische Beiträge zur Kulturbegegnung“

(Hg. Johannes Lähnemann)

Johannes Lähnemann (Hg.)

Band 3: Erziehung zur Kulturbegegnung

Modelle für das Zusammenleben von Menschen verschiedenen Glaubens
Schwerpunkt: Christentum – Islam -
Referate und Ergebnisse des Nürnberger Forums 1985
455 Seiten, kart., ISBN 3-923002-27-0

Georg Tsakalidis

Band 6: Der Religionsunterricht in Griechenland

326 Seiten, kart., ISBN 3-923002-42-4

Heiner Aldebert

Band 8: Christenlehre in der DDR

Evangelische Arbeit mit Kindern in einer säkularen Gesellschaft
Eine Standortbestimmung nach zwanzig Jahren „Kirche im Sozialismus“
und vierzig Jahren DDR
302 Seiten, kart., ISBN 3-923002-56-4

Johannes Lähnemann (Hg.)

Band 10: Das Wiedererwachen der Religionen als pädagogische Herausforderung

Interreligiöse Erziehung im Spannungsfeld von Fundamentalismus und Säkularismus
448 Seiten, kart., ISBN 3-923002-62-9

Günther Gebhardt

Band 11: Zum Frieden bewegen

Friedenserziehung in religiösen Friedensbewegungen
300 Seiten, kart., ISBN 3-923002-72-6

Johannes Lähnemann (Hg.)

Band 14: „Das Projekt Weltethos“ in der Erziehung

Referate und Ergebnisse des Nürnberger Forums 1994
410 Seiten, kart., ISBN 3-923002-86-6

Johannes Lähnemann (Hg.)

Band 16: Interreligiöse Erziehung 2000

Die Zukunft der Religions- und Kulturbegegnung -
Referate und Ergebnisse des Nürnberger Forums 1997
529 Seiten, kart., ISBN 3-930826-43-7

Johannes Lähnemann, Werner Haußmann (Hrsg.)

Band 17: Unterrichtsprojekte Weltethos I

Grundschule – Hauptschule – Sekundarstufe I
Mit einem Vorwort von Hans Küng und einem Nachwort von Karl Ernst Nipkow
251 Seiten, kart., ISBN 3-930826-55-0

Heiner Aldebert

Band 19: Spielend Gott kennenlernen

Bibliodrama in religionspädagogischer Perspektive
482 Seiten, Geb., ISBN 3-930826-70-4

Johannes Lähnemann (Hg.)

Band 20: Spiritualität und ethische Erziehung

Erbe und Herausforderung der Religionen
Referate und Ergebnisse des Nürnberger Forums 2000
548 Seiten, kart., ISBN 3-930826-71-2

Klaus Hock, Johannes Lähnemann (Hrsg.)

Die Darstellung des Christentums in Schulbüchern islamisch geprägter Länder

in zwei Bänden

Wolfram Reiss

Band 21: I Ägypten und Palästina

529 Seiten, kart., ISBN 3-936912-27-0

Patrick Bartsch

Band 22: II Türkei und Iran

555 Seiten, kart., ISBN 3-936912-28-9

Johannes Lähnemann (Hg.)

Band 23: Bewahrung - Entwicklung - Versöhnung

Religiöse Erziehung in globaler Verantwortung
Referate und Ergebnisse des Nürnberger Forums 2003
Globales Denken: auch in den Religionen! Der Band bietet mehr als 50 Beiträge engagierter Theologen, Politiker, Pädagogen.
482 Seiten, kart., ISBN 3-936912-26-2

Hansjörg Biener

Band 24: Herausforderungen zu einer multiperspektivischen Didaktik

Eine Problemdarstellung anhand einer Lehrplananalyse zur Berücksichtigung des Islam im Religions- Ethik- und Geschichtsunterricht. Religionsbegegnung als fächerübergreifende Herausforderung: Ideal und Wirklichkeit werden detailliert untersucht, pädagogisch und theologisch reflektiert, Verbesserungen werden aufgezeigt
ca. 500 Seiten, kart., ISBN 3-936912-29-7

In der Reihe „Studien zum interreligiösen Dialog"

(Hrsg. Hans-Christoph Goßmann, André Ritter):

Olaf Schumann

Band 1: Hinaus aus der Festung

Beiträge zur Begegnung mit Menschen anderen Glaubens und anderer Kultur
250 Seiten, kart., ISBN 3-930826-24-0

André Ritter

Band 2: Der Monotheismus als ökumenisches Problem

Eine Studie zum trinitarischen Denken und Reden von Gott im Kontext des christlich-muslimischen Dialogs
365 Seiten, kart., ISBN 3-930826-39-9

Axel Stöbe

Band 3: Islam – Sozialisation – Interkulturelle Erziehung

Die Bedeutung des Islam im Sozialisationsprozess von Kindern türkischer Herkunft und für Konzepte interkultureller Erziehung
287 Seiten, kart., ISBN 3-930826-40-2

Christoph Baumann

Begegnung mit dem Islam

Eine Arbeitsmappe zur Anregung von Gruppenarbeit, Gesprächskreisen und Seminaren.
73 Seiten, kart., ISBN 3-923002-83-1

Christoph Baumann

Begegnung mit dem Hinduismus am Beispiel der Tamilen

Am Beispiel der Tamilen und einer exemplarischen Darstellung ihres gelebten Glaubens werden wichtige Aspekte der Hinduistischen Religionen aufgezeigt.
77 Seiten, kart., ISBN 3-923002-85-8

Jörgen Nielsen

Muslime in Westeuropa

(aus dem Englischen von Hans-Jürgen Brandt und R. Schade)
235 Seiten, kart., ISBN 3-923002-87-4

Hans-Christoph Goßmann (Hrsg.)

Zwischen Kirche und Moschee

Muslime in der kirchlichen Arbeit. Begegnungen in der Gemeinde.
107 Seiten, kart., ISBN 3-923002-88-2